国家自然科学基金项目：
信息备灾体系及其面向服务的协作式系统研究成果

国家"985工程"建设项目：
西部经济社会发展哲学社会科学创新基地研究成果

政府绩效与公共管理丛书

包国宪 主编

公共危机信息管理

沙勇忠 ◎ 等著

Public Crisis Information Management

中国社会科学出版社

图书在版编目(CIP)数据

公共危机信息管理/沙勇忠等著. —北京：中国社会科学出版社，2014.6(2022.1重印)

（政府绩效与公共管理丛书）

ISBN 978-7-5161-4265-3

Ⅰ.①公… Ⅱ.①沙… Ⅲ.①国家行政机关—突发事件—公共管理—信息管理—研究 Ⅳ.①D035.1

中国版本图书馆 CIP 数据核字(2014)第 097907 号

出 版 人	赵剑英
责任编辑	郭晓鸿
特约编辑	王 彬
责任校对	王立峰
责任印制	戴 宽

出　　版	中国社会科学出版社
社　　址	北京鼓楼西大街甲 158 号
邮　　编	100720
网　　址	http://www.csspw.cn
发 行 部	010-84083685
门 市 部	010-84029450
经　　销	新华书店及其他书店

印　　刷	北京明恒达印务有限公司
装　　订	廊坊市广阳区广增装订厂
版　　次	2014 年 6 月第 1 版
印　　次	2022 年 1 月第 2 次印刷

开　　本	710×1000 1/16
印　　张	41
插　　页	2
字　　数	696 千字
定　　价	99.00 元

凡购买中国社会科学出版社图书，如有质量问题请与本社营销中心联系调换
电话：010-84083683
版权所有　侵权必究

总　序

20世纪90年代以来，包括政府绩效管理在内的一系列公共管理理论、方法、工具以及相关的公共管理实践活动被大量地介绍到我国。中国学者从我国体制改革和公共管理学科建设需要出发，在吸收消化的基础上，进行了创新性的研究，取得了丰硕成果。

中国的体制改革是从经济体制改革开始的，由承认生产者经营自主权切入。在农村实行家庭联产承包责任制，在工商企业和城市经济中，实行多种形式的承包经营责任制和资产租赁经营责任制。当时把这一系列的改革形式叫作放权松绑。这不仅仅是经营形式的调整，而且意味着政府与企业、政府与农业生产单元——家庭的关系在发生着深刻变革。改革的深化使市场机制的作用越来越大，在商品市场成长完善的同时，要素市场也发展起来。建立社会主义市场经济体制成为我国改革的目标，要求政府在市场配置资源这一基础作用下发挥作用、履行职能，并界定政府与市场的关系。

面对这一新型关系，政府面临着严峻的考验与挑战。政府职能需要转变，角色需要重新定位，政府体制改革提上了议事日程。建设服务型政府成为这一改革的目标。政府的成本与绩效、政府的职能架构与职责、政府的行为与价值取向、政府的工具与能力等重大理论问题需要解决。

行政管理体制改革的重要成果就是对政府有了全新的认识，就像当年对市场的认识一样，我们得出一个基本结论：政府不是万能的，也不需要万能的政府。因为随着政府与社会、政府与市场关系的调整，政府使命的重新界定，它在社会治理和公共管理中的角色与作用需要重构。一是公共管理的主体由一元向多元发展，在公共管理中，一个包揽一切的无限政府完成了它的历史任务；二是政府管理向公共治理转变，政府既是公共管理的重要主体，同时与其他主体构成了伙伴关系，共同承担管理公共事务的职责；三是在这个主体结构中，政府的行为方式在发生变化，由计划、命令式向合作、协商、协同等方式转变。与此相适应，非政府组织在蓬勃发展，公民社会在兴起。公民自我意识的觉醒为政府体制的创新和行为的理性回归创造了条件。这种互动关系的形成，可以说既是行政管理体制改革的重要成果之一，又是公共管理体制创新的重要任务。

公共管理学科建设首先基于人才培养的需要。从 20 世纪 80 年代末在大学开设行政管理专业，1997 年我国开始单独设立管理学门类，到 1999 年教育部决定进行 MPA 教育试点，公共管理教学体系和学科体系逐步趋于完善。与之相适应的学术研究也从学科的基础问题向更广泛的理论和实践领域拓展。

由兰州大学中国地方政府绩效评价中心的专家、教授完成的《公共管理与政府绩效管理丛书》适应了公共管理实践和学术研究的需要。一方面以政府绩效管理为主线选题，突出特色；另一方面又选取了目前公共管理学术研究领域的热点问题，显现出内容的丰富广泛性。丛书包括包国宪教授的《中国地方政府绩效评价的组织模式与管理研究》、高小平教授的《政府生态管理》、沙勇忠教授的《公共危机信息管理》、吴妤教授的《理想中的城市——建设生态与循环型城市的理论与政策》、焦克源教授的《西部农村社会救助制度研究》、王海鸿教授的《土地资源管理与政策》、李少惠教授的《行政文化与公共精神》、王浩权的《公共项目管理：理论、方法与案例》、张定安博士的《基于平衡计分卡的公共部门绩效管理》和基于 2006 年 9 月 23 日在兰州大学召开的全国政府绩效管理研究会成立大会暨首届"政府绩效评估与行政管理体制改革"研讨会上的优秀论文结集而编的《政府绩效评价与行政管理体制改革》等 10 部著作。

本丛书得以出版，得到了国家自然科学基金委管理科学部的支持和兰州大学国家"985 工程"计划的资助，也得到了很多领导和专家的支持帮助。他们是兰州大学党委副书记兼副校长甘晖教授、兰州大学发展规划办主任张正国研究员、副主任李兴业同志、兰州大学西部经济社会发展哲学社会科学创新基地负责人杨建新教授、聂华林教授、兰州大学科研处常务副处长霍红辉同志，以及中国社会科学出版社责任编辑郭晓鸿博士。在此表示由衷的感谢！

包国宪

2007 年 7 月 19 日于兰州大学

前　言

公共危机信息管理（Public Crisis Information Management，PCIM）是公共危机管理与信息管理交叉而成的一个新的研究领域，主要探讨公共危机管理中的信息问题和信息管理问题。由于信息渗透于公共危机管理的各方面和全过程，公共危机管理减缓阶段的风险管理、脆弱性评估，准备阶段的预案建设、资源准备，响应阶段的应急决策、协调联动，以及恢复阶段的灾害评估、重建规划等，这些公共危机管理的关键流程都离不开对相应信息的需求和信息管理的支持，因此，PCIM 是公共危机管理体系的基础和核心，其研究对促进公共危机管理理论完善和实践发展具有基础性的意义。

PCIM 作为一个正在兴起的新领域，尚未有清晰一致的学科概念来界定。国外的相关概念主要有：危机信息学（Crisis Informatics），致力于在危机的全生命周期中，对危机从技术的、社会的和信息的方面进行综合研究；灾害信息学（Disaster Informatics），研究灾害和其他危机事件减缓、准备、响应和恢复过程的信息和技术应用问题。此外，PCIM 在应急准备信息（Emergency Preparedness Information）、信息准备（Information Preparation）、数据准备（Data Preparation）、备灾（Disaster Preparedness）等概念中均有不同程度的体现，并应用于美国国家安全信息网络（Homeland Security Information Network，HSIN）、国家危机管理信息系统（National Emergency Management Information System，NEMIS）以及社区灾害信息系统（Community Disaster Information System）等危机管理信息系统概念中。由荷兰、比利时和美国的三位学者发起成立的相关研究组织名为"危机响应与管理的信息系统"（Information Systems for Crisis Response and Management，ISCRAM）协会，致力于危机响应与管理的信息系统的设计、开发、部署、应用与评估，是一个由研究人员、实践人员和政策制定者共同加盟的国际组织（international community）。该组织创办了以其组织名称命名的国际会议，自 2004 年开始每年定期举办一次，并于 2009 年创办了《应急响应与管理信息系统国际学刊》（*The International Journal of Information Systems for Crisis Response and Management*），标志着 PCIM 领域专业学术研究组织及学术期刊的建立及其常态化。除此之外，政府、大学以及研究机构的危机管理研究组织中，也都不同程度地开展了围绕危机信息和危机信息管理的研究，共同推动 PCIM 向学科领域迈进。

兰州大学 PCIM 研究团队从 2006 年开始关注公共危机信息管理这一前沿性的学科交叉领域。2007 年获批国家自然科学基金面上项目"政府危机管理的信息问题研究：面向地方政府的实证分析"（70673030），正式开始了 PCIM 的研究。接着获批国家自然科学基金委（NSFC）和美国国家科学基金会（NSF）联合资助的国际合作项目"基于地理信息协作的危机管理"（70711120410），于 2008 年分别在兰州大学和美国宾夕法尼亚州立大学举办了两次"中美基于地理信息协作的危机管理双边研讨会"（China-US Workshop on GeoCollaborative Crisis Management），与以宾夕法尼亚州立大学信息科学与技术学院蔡国瑞教授为首的研究团队建立了稳定的学术合作关系。2009 年获批国家自然科学基金委启动的重大研究计划项目"非常规突发事件的应急管理"之首批培育项目"信息备灾体系及其面向服务的协作式系统研究"（90924025），除进一步从理论研究上对 PCIM 领域的重要主题进行了拓展和深化之外，还开发了"中国公共危机事件案例知识库"（Chinese Case Knowledge Base of Public Crisis Management），系统收集 2007 年以来我国发生的四级以上关于自然灾害、事故灾难、公共卫生、社会安全以及网络舆情的突发公共事件案例，为公共危机管理教学研究人员、政府应急管理人员及社会公众提供我国公共危机事件的基础数据和管理平台。目前，案例知识库已收录案例 1000 多个，2011 年 6 月以来面向社会提供开放服务，访问量稳步增加，产生了良好的社会效益和影响。同时，与甘肃省应急管理办公室合作编写了教材《应急管理实务：理念与策略指导》（兰州大学出版社 2010 年版），被甘肃省政府指定为"甘肃省应急管理从业人员培训教材"；开发了"公众感知的社区风险管理系统"、"青铜鼎物流信息管理系统"、"蓝箭紧急疏散决策支持系统"等应急管理应用系统，申请了专利和计算机软件著作权登记，并在兰州市部分国家减灾示范性社区进行验证性推广使用。此外，培养 PCIM 领域在读博士研究生 5 名，毕业硕士研究生 23 名。兰州大学 PCIM 研究团队成为推进国内 PCIM 学术研究、人才培养、系统开发和社会服务的一支重要力量。

《公共危机信息管理》是在上述研究的基础上，面向 PCIM 领域系统的知识建构所勉力写出的一本学术专著。其基本目标是：提供 PCIM 领域基础性的知识框架，探索其学科内涵并阐述主要的分主题，展现 PCIM 领域基本的知识图景和知识进化信息。为实现这一目标，除系统梳理国际范围内 PCIM 领域的知识积累和最佳实践之外，还按照 PCIM 领域学科建构的需要，力图有新的视野、新的框架和新的发现。全书以公共危机管理和信息管理双生命周期理论为基础，以所提出的 PCIM 的 EPFMS 理论分析框架为依据，侧重从 PCIM 的过程视角，阐述了 PCIM 相关理论、基本知识、关键技术、管理方法、应用系统和政策法规，为方便和拓展读者阅读，还以"相关链接"的形式提供了一些最新的案例和有价值的信息。

本书由沙勇忠提出写作大纲，合作作者分头撰写，最后由沙勇忠统稿。各章的写作分工如下：第一章：沙勇忠；第二章：牛春华；第三章：阎劲松；第四章：李慧佳；第五章：瞿琼丹，沙勇忠；第六章：沙勇忠，丁磊，郑玲；第七章：沙勇忠，李文娟，刘亚杰；第八章：沙勇忠，张华，刘永晖；第九章：沙勇忠，史忠贤；第十章：赵润娣，沙勇忠。硕士研究生陆莉、曹文玉承担了全书的技术校对工作。

在本书出版之际，感谢国家自然科学基金项目以及国家"985 工程"建设项目对本研究的支持，感谢中国社会科学出版社付出的智慧和辛劳。同时，要向我们引用、参考过的文献作者表示由衷的感谢，他们的工作是我们研究的起点和重要的学术资源。

由于本书是国内第一部以公共危机信息管理命名的著作，难免存在一些问题和不足之处，真诚欢迎大家批评指正，并期待有更多的学界同人投入该领域的研究，以使 PCIM 这一新的学科领域在我国能得到蓬勃发展，以建构者的姿态服务于我国全面转型期公共危机管理的伟大实践。

沙勇忠

2013 年 10 月 26 日于兰州大学

目　录

第一章　绪论 …………………………………………………………（1）
　第一节　公共危机与公共危机信息 ……………………………（1）
　第二节　公共危机信息管理 ……………………………………（10）
　第三节　公共危机信息管理框架 ………………………………（24）
　第四节　公共危机信息管理的学科基础 ………………………（39）
　第五节　公共危机信息管理的热点主题 ………………………（54）

第二章　公共危机信息需求分析 …………………………………（68）
　第一节　公共危机信息需求概述 ………………………………（68）
　第二节　多视角的公共危机信息需求分析 ……………………（74）
　第三节　基于AT的公共危机信息需求分析 ……………………（87）
　第四节　公共危机信息需求的结构表达 ………………………（118）

第三章　公共危机信息准备 ………………………………………（138）
　第一节　公共危机信息准备概述 ………………………………（138）
　第二节　公共危机信息准备的模式和流程 ……………………（159）
　第三节　公共危机信息准备的构成要素和功能 ………………（171）
　第四节　公共危机信息管理的运行机制 ………………………（184）

第四章　公共危机信息监测与预警 ………………………………（195）
　第一节　公共危机信息获取分析 ………………………………（195）
　第二节　公共危机监测预警信息系统集成 ……………………（212）

第三节　公共危机监测预警知识网络平台 …………………（260）

第五章　公共危机信息分析 ……………………………………（285）
　　第一节　风险信息分析与评估 ……………………………（285）
　　第二节　舆情信息分析 ……………………………………（311）
　　第三节　应急决策信息分析 ………………………………（324）

第六章　公共危机信息传播与利用 ……………………………（342）
　　第一节　公共危机信息的传播特征 ………………………（342）
　　第二节　公共危机信息公开 ………………………………（356）
　　第三节　公共危机处置中的信息沟通 ……………………（373）

第七章　公共危机知识管理 ……………………………………（393）
　　第一节　公共危机知识表示 ………………………………（394）
　　第二节　公共危机知识检索 ………………………………（423）
　　第三节　公共危机知识推理 ………………………………（441）

第八章　公共危机信息管理技术 ………………………………（456）
　　第一节　公共危机信息管理技术概述 ……………………（456）
　　第二节　5S 技术 ……………………………………………（461）
　　第三节　应急通信技术 ……………………………………（472）
　　第四节　信息可视化技术 …………………………………（483）
　　第五节　公共危机管理的信息技术战略 …………………（496）

第九章　公共危机信息管理平台与系统 ………………………（507）
　　第一节　公共危机信息管理平台的架构 …………………（507）
　　第二节　公共危机信息管理平台的内容 …………………（513）
　　第三节　应急信息管理应用系统 …………………………（524）
　　第四节　典型应急管理信息系统介绍 ……………………（544）

第十章　公共危机信息灾备 ……………………………………（569）
　　第一节　公共危机信息灾备概述 …………………………（569）

第二节　公共危机信息灾备技术 …………………………………（581）
第三节　公共危机信息灾备系统与应用 …………………………（594）
第四节　公共危机信息灾备政策法规与标准 ……………………（603）

参考文献 ……………………………………………………………（616）

第一章 绪论

公共危机信息管理（Public Crisis Information Management，PCIM）是公共危机管理与信息管理交叉而成的一个新的研究领域，主要探讨公共危机管理中的信息问题和信息管理问题。由于信息渗透于公共危机管理的各方面和全过程，公共危机管理减缓阶段的风险管理、脆弱性评估，准备阶段的预案建设、资源准备，响应阶段的应急决策、协调联动，以及恢复阶段的灾害评估、重建规划等，这些公共危机管理的关键流程都离不开对相应信息的需求和信息管理的支持，因此，PCIM 是公共危机管理体系的基础和核心，其研究对促进公共危机管理理论完善和实践发展具有基础性的意义。

第一节 公共危机与公共危机信息

一 公共危机

（一）公共危机的概念

"危机"一词在汉语语境被解释为两个方面——"危"和"机"，危指的是危险，而机则指转机，寓意承受危机的主体会有新的机会。在英文中，危机对应的单词是 crisis，源于希腊文中的"决定"（krimein），其原意为决定病人是走向死亡，还是逐渐恢复的关键时刻，以形容一种至关重要的、需要立刻做出相应决断的状态。它与"紧急状态"（state of emergency）、"风险"（risk）、"危险"（hazard）、"灾难"（disaster）、"事件"（incident）、"事故"（accident）及"冲突"（conflict) 等概念有所关联，但层次有别，属性各异，因而防治之道既有共通又有差别。①

关于危机的概念，危机管理专家赫尔曼（Hermann，1969）将危机定义为一种情境状态，在这种情境中，决策者的根本目标受到威胁，做出反应的时间有限，形势的发生出乎决策者的意料；②罗森塔尔（Uriel Ronsenthal，1989）认为，危机就是对一个社会系统的基本价值和行为准则架构产生严重威胁，并且在时间压力极大和不确定性极高的情况下，必须对其做出关键决策的事件；③布里克（Michael Brecher，1978）认为，危机是一种情况，它具有以下四种充分必要的性质，即内外环境的激烈改变，对基本价值的威胁，可能伴随或导致军事冲突的可能性，对外在威胁只有有限的反应时间。④上述定义有异曲同工之处，其中罗森塔尔的定义更能反映危机一词的本质，概言之，危机一词有以下基本内涵：（1）它是一种突发事件或状态，可能是自然的原因引发，也可能是人为的原因引发；（2）这种突发事件或状态对一个社会系统的基本价值和行为准则架构产生严重威胁；（3）在时间压力极大和不确定性极高的情况下，必须对其做出反应和关键决策。

"公共危机"一词在西方文献中并没有专门的英文词汇与之对应，很多情况下，只是因为作为研究对象的危机事件是发生在公共组织中的，为了用中文更准确地表达危机的概念（危机属性、公共属性），而将其称为"公共危机"。对于从事公共组织危机研究的人员，他们表述的"危机"与"公共危机"的词意，在内涵和外延上没有本质区别。事实上，私人组织（private sector）中所发生的危机大多也具有公共影响。因此，我们不严格区分危机与公共危机的概念，将其作为同一语汇进行使用。

（二）公共危机的分类

按照不同的判断标准，公共危机的类型可以有不同的划分（表1—1）。

---

① 詹中原：《危机管理——理论架构》，（台北）联经出版社2004年版，第11—12页。
② Hermann Charles F., ed, *International Crisies: Insights From Behavioral Research*, New York: Free Press, 1972.
③ Rosenthal Uriel, Charles Michael T., ed, *Coping with Crises: The Management of Disasters, Riots and Terrorism*, Springfield: Charles C. Thomas, 1989.
④ 詹中原：《危机管理——理论架构》，（台北）联经出版社2004年版，第8页。

表1—1　　　　　　　　　危机类型一般划分概览

划分标准	危机类型
动因性质	自然危机（自然现象、灾难事故）、人为危机（恐怖活动、犯罪行为、破坏性事件等）
影响时空范围	国际危机、区域危机、国内危机、组织危机
主要成因及涉及领域	政治危机、经济危机、价值危机、社会危机
采取手段	和平方式的冲突方式（如静坐、示威、游行等）、暴力性的流血冲突方式（如恐怖活动、骚乱、暴乱、国内战争等）
特殊状态	核危机、非核危机
严重、紧急程度	特别重大、重大、较大、一般
危机的诱因	内生型、外生型、内外双生型

资料来源：胡宁生主编：《中国政府形象战略》，中共中央党校出版社1998年版，第1173—1177页，作者有所增补。

危机管理理论学者纽德（Mayer Nudell）和安托可（Norman Antokol）在《紧急及危机管理手册》（*The Handbook for Effective Emergency and Crisis Management*）中将危机界定为以下五大类型：

1. 自然灾害（natural disasters）：包括风灾、地震、洪水等；

2. 交通意外事件（accidents）：如车祸、飞机失事等；

3. 科技意外事件（technological accidents）：如化学、核能意外灾难等；

4. 人为诱发的灾难（induced catastrophes）：如政治示威事件、绑票犯罪等恐怖事件；

5. 战争对民众所形成的危机（war-related emergency of civilians）。

戴维·亚历山大（David Alexander）从危险（hazard）的角度将危机划分为自然危险、技术危险和社会危险三大类型：[①]

1. 自然危险（natural hazards）

包括（1）地质的：地震、火山喷发、滑坡、泥石流、岩石崩塌、加速侵蚀等；（2）气象的：飓风、龙卷风、暴风雪、闪电风暴、冰雹、雾、干旱、雪崩等；（3）水文学的：洪水、山洪暴发等；（4）生物学的：森林

---

① Jeffrey B. Bumgarner, *Emergency Management*, Santa Barbara: ABC-CLIO, Inc., 2008, pp.13—14.

火灾、作物枯萎病、虫害、疾病爆发、流行病等。

2. 技术危险（technological hazards）

包括（1）有毒物质：如致癌物、诱变剂、重金属、毒素等；（2）危险过程：如结构破坏、辐射、与有毒物质相关的交通事故等；（3）设备和机器：如爆炸物、武器、与车辆及航空器等有关的交通事故等；（4）工程和工厂：如桥梁、水坝、矿井、冶炼厂、发电站、石油和天然气终端及存储工厂、输电线、管道、摩天大楼等。

3. 社会危险（social hazards）

包括（1）恐怖主义事件：如爆炸、枪杀、劫持人质、劫持、大规模杀伤性武器袭击等；（2）群体性事件：如骚乱、游行示威、人群挤压、踩踏等；（3）战争：如意想不到的平民伤亡等。

我国2007年实施的《突发事件应对法》中，将突发事件划分为自然灾害、事故灾难、公共卫生和社会安全四大类，各类事件的主要特征和常见事例如表1—2所示。

表1—2　　　　　　　　　四类突发事件的特征及事例

事件类型	特征描述	具体事例
自然灾害	由于自然原因而导致的突发事件	水旱灾害，台风、冰雹、雪、高温、沙尘暴等气象灾害，地震、山体崩塌、滑坡、泥石流等地质灾害，森林火灾和重大生物灾害等
事故灾难	主要由人为原因造成的紧急事件，包括那些由于人类活动或者人类发展所导致的计划之外的事件或事故	民航、铁路、公路、水运、轨道交通等重大交通运输事故，工矿企业、建筑工程、公共场所及机关、企事业单位发生的各类重大安全事故，造成重大影响和损失的供水、供电、供油和供气等城市生命线事故以及通信、信息网络、特种设备等安全事故，核辐射事故，重大环境污染和生态破坏事故等
公共卫生	主要由病菌或病毒引起的大面积的疾病流行等事件	突然发生，造成或可能造成社会公共健康严重损害的重大传染病疫情、群体性不明原因疾病、重大食物和职业中毒，重大动物疫情，以及其他严重影响公众健康的事件
社会安全	主要由人们主观意愿产生，会危及社会安全的突发事件	重大刑事案件、涉外突发事件、恐怖袭击事件以及规模较大的群体性突发事件

（三）公共危机的特征

一般而言，公共危机具有以下几个明显的特征：

(1) 公共危机发生的非预期性（突发性）和普遍性

公共危机的发生往往是人们意想不到的，经常在人们没有准备的情况下爆发，而且很少有人会意识到发生的危机。2001 年的美国"9·11"恐怖袭击事件、2008 年的中国汶川"5·12"大地震都是如此。纵观整个人类社会的发展史，我们发现危机是伴随着人类社会的一种客观现象，危机是普遍存在的，认识到这点，对于我们把握危机管理有重要意义。

(2) 公共危机发展的不确定性

危机发生之后，危机管理者会尽最大的努力干预其发展方向，但是在危机状态下，由于无法获得全面信息以及无法利用常规性知识和经验进行判断，因此对于危机的性质、未来的发展方向，很难准确把握，这就使危机的不确定性增强。同时，由于事物之间的联系日益呈现多元和共时的特征，资源的有限性也会导致事实上的顾此失彼，形成米特洛夫（Mitroff）和皮尔森（Pearson）所谓的"连带反应"，把危机的影响放大。①

(3) 公共危机决策的权变性和紧迫性

权变理论（contingency theory）或情境理论（situation approach）认为，不存在一成不变、普遍适用的最佳管理理论和方法，组织管理应根据组织所处的内部和外部条件随机应变。权变理论把内部条件和外部环境等因素看成是自变量，把管理思想、管理方式和管理技术看成是因变量，因变量随自变量的变化而变化，管理者应根据自变量与因变量之间的函数关系来确定一种最有效的管理方式。危机管理的决策方式就是一种权变的决策，危机管理者必须根据危机事件的内部条件和外部环境等因素，做出决策。在危机过程中，危机管理者必须在有限的时间里做出决策，响应危机事件，不然会酿成更大的危机，危机决策具有紧迫性。

(4) 公共危机过程中信息的不充分性与模糊性

2005 年的世界灾害报告主题为灾害中的信息问题，信息作为灾害减除的关键资源，有很重要的作用。危机发生后，政府、组织以及个人都需要基于充分、准确、及时的信息作出决策，但是在灾害情境下，信息往往是不

---

① 所谓"连带反应"，就像一粒石子投进池水里引起阵阵涟漪那样，初始的危机事件会对外部产生一系列的负面影响，所引起的冲击破坏可能包含石子撞击池底、在水面及周边溅出水花和涟漪荡漾而引起的波动。米特洛夫和皮尔森把这种由于危机初期管理不善而造成的涟漪反应称为"连带反应"，典型的例子如环境污染事件。参见薛澜等《危机管理》，清华大学出版社 2003 年版，第 28 页。

充分的，不完全的，不对称的，而且在很多情况下，还是模糊的、虚假的、会影响危机的决策，近几年来，关于公共危机中谣言的传播研究也是学术界比较关注的问题之一。

(5) 公共危机影响的社会性与扩散性

公共危机影响涉及的主体不是单个的个人或者某一具体的组织，而是社会公共部门；其影响的范围不是某一具体的场域，而是一个社区，一个城市，甚至是整个社会、整个国家乃至整个世界；它往往会对公共利益或者公共价值产生威胁。扩散性主要是指公共危机的发生和发展经常具有涟漪反应或者连锁反应，一个公共危机的发生会引发另一公共危机。

二　公共危机信息

(一) 概念及类型

公共危机信息可以从广义和狭义两个角度界定，狭义的危机信息为表征危机即将出现的信息；广义的危机信息是指在危机生命周期全过程中的信息（数据、消息、情报、知识）集合。我们采用广义的公共危机信息概念。从公共危机管理的实际需求出发，可将公共危机信息分为危机事件信息、预案和法律法规信息、储备资源信息、案例知识信息、专家支持信息五大类（表1—3）。

(1) 危机事件信息

危机事件信息包括危机的相关属性信息和伴随信息，如危机形成的原因、前兆、开始时间、持续时间、发生地点、影响范围、破坏强度、传播速度、动态变化情况等信息。危机是实时发生发展的，危机事件信息必须规范化以使危机管理人员能便捷地获取关键信息，同时必须标准化以加速数据处理速度，用通用格式传递数据以使正确的信息传递给正确的组织。

(2) 预案和法律法规信息

应急预案是指为了应对突发公共危机而预先做出的科学而有效的计划和安排。完整的预案体系包括各级政府的总体预案、各级政府部门专门预案，组织及家庭个人应急预案。《国务院有关部门和单位制定和修订突发公共事件应急预案框架指南》中规定了应急预案的构成，为各级单位提供了一个基本的样板。

危机管理法律法规信息由国家突发事件应对法和各专项法律及中央部

门、地方政府出台的相关法规构成。法律法规在危机管理中起到准绳的作用，依法管理是保证危机管理高效、科学、公平的依据。

（3）储备资源信息

储备资源信息由物资信息、人员信息和应急避险场所信息组成。包括救灾可调用的救援力量、物资储备、财力信息、搜救基地、避险场所、疏散路线等。储备资源信息一般分中央级（区域性）、省级、市级和县级四级管理，统一调度。

（4）案例知识信息

案例知识信息由发生过的公共危机管理实践案例、抢险救灾业务知识、危机管理常识、社会经济基础数据等构成。没有总结就没有进步，将危机案例的处理总结梳理成特定的模式，修订有针对性的预案，同类危机的应对便可有经验可循。知识和常识在危机管理中的作用首先在于减少遇险人数，并使其转变为抢险救援人员，可以说，一本指南的作用是难以估计的。基础数据在辅助信息分析中起载体和限制的作用。

（5）专家支持信息

专家支持信息的作用在于为危机管理工作提供决策咨询和技术支撑。专家在危机管理中承担着理论方法创新和相关人才培养的任务，其掌握的专业知识是不可替代的，合理利用专家信息能使危机决策效率提高，事半功倍。

以上五类公共危机信息配合危机管理组织体系网络构成了目前公共危机管理主流的"一网五库"标准配置，可以满足实践需要。目前国内省、市两级政府都在大规模建设"一网五库"，但还都没有形成很好的利用和维护机制，如何让这些网络数据库运转起来，并真正为公共危机管理所用是时下理论和实践都要探讨的论题。

表1—3　　　　　　　　　公共危机信息分类

信息类型	所回答问题	具体信息举例	信息源
危机事件信息	事件进展如何	时间、地点、损失等属性	现场简报
预案和法律法规信息	如何处理危机	各种预案、防震减灾法	预案法规库
储备资源信息	有哪些资源解决危机	储备目录、库存量等	储备数据库
案例知识信息	我们知道什么	案例、指南、手册等	案例知识库
专家支持信息	专家知道什么	咨询报告、现场会诊等	专家库

(二）公共危机信息的特点

公共危机信息贯穿危机管理的全过程，与一般信息相比，具有以下几个明显的特点：

(1) 突发性大量产生

公共危机信息本身的产生不同于传统的信息，一般需要大量的生产成本，并有一定的加工周期，其处于潜伏期时的预兆信息非常有限，且隐秘性强，在突发事件发生的同时瞬间井喷式出现，数量巨大。

(2) 特殊的传播模式

公共危机信息一旦产生，会马上利用周围环境存在的一切信息传递渠道进行传播，而且由于其突发性特点，公共危机信息在大众传播和群体传播中会引起典型的"羊群行为"，公共危机信息会沿着应急决策序列的方向流动，构成应急信息流。

(3) 供需倒挂

公共危机信息的自我配置极不均衡，在其传播渠道内的信息量庞大，冗余现象严重，难以管理。与之相对应的是，外部在急需相关危机信息资源时却得不到满足。在"5·12"汶川地震中，强震摧毁了灾区与外界联系的一切信道，以至于在震后几天里重灾区一度与外界隔绝，灾情等信息无法传递出去，而掌握着关键救灾物资的外界却焦急地等待着灾情信息以展开下一步的救援行动。

(4) 不确定性强

在应急状态下，情境的高频变化使得危机信息的时效性很强，要求在第一时间将危机信息高速传递出去，已经极度脆弱的信道要面对稳定性和可靠性的考验，加之多信源进行交叉传递的干扰，外界噪音的影响，使得公共危机信息的不确定性增强。灾害还会对应急信息基础设施造成一定程度的破坏，如何保障应急通信的畅通，降低这种不确定性也是公共危机信息管理关注的问题。

(5) 公共物品属性

信息与信息基础设施在很多情况下可以视为公共物品，而公共危机信息资源更是影响着社会环境中的全体公民，具有显著的非排他性，是一种公共物品。这类资源配置的外部性问题增加了公共危机信息资源配置的难度。

（三）公共危机信息的一个分析框架

根据我们的定义，公共危机信息是在公共危机生命周期全过程中的信息集合。这里所说的信息是危机管理者根据自己的需求定义的。根据美国联邦应急管理局（Federal Emergency Management Agency，FEMA）所采用的危机管理的生命周期模型，将公共危机管理过程划分为减缓（Mitigation）、准备（Preparedness）、响应（Response）和恢复（Recovery）四个阶段，减缓和准备是在危机发生之前，响应和恢复是在危机发生之后，每一阶段都有其主要任务，四个阶段构成了危机管理循环往复的过程。我们可以结合该危机管理的生命周期模型进一步分析公共危机信息：危机管理的每一阶段都有其不同的任务，执行这些任务需要不同的信息支持，这些信息的集合即构成公共危机信息（表1—4）。

表1—4　　　　　　　　公共危机信息的分析框架

阶段	减缓	准备	响应	恢复
任务	·基础设施建设 ·风险分析 ·安全状况评估 ·宣传和培训 ·应急演练 ……	·应急预案建设 ·法律法规制定 ·应急资源准备 ·应急平台建设 ·应急能力评估 ……	·预测预警 ·应急决策 ·指挥调度 ·资源配置 ·协调联动 ……	·灾害统计分析 ·受灾补助管理 ·灾后规划 ·灾后重建 ·总结评估 ……
信息	自然地理信息 基础设施信息 社会环境信息 经济状况信息 致灾因子评估信息 脆弱性评估信息 ……	应急法律法规信息 应急预案信息 应急相关产业信息 应急资源信息 应急能力信息 其他辅助信息 ……	危机事件信息 危机主体信息 危机环境信息 危机组织信息 危机案例信息 危机知识信息 ……	危机评估信息 危机影响信息 保险赔偿信息 废墟管理信息 建设规划信息 重建监督信息 ……

（1）减缓阶段。减缓是指采取任何行动，以尽量减少灾害或潜在灾害的影响，如实施建筑标准尤其是基础设施建设标准，进行致灾因子和脆弱性分析等。其所需要的信息主要是有关自然地理和经济社会发展的基础信息，以及风险评估信息等。

（2）准备阶段。准备是指通过领导能力、政策、资金和技术援助，以及培训和演练来加强备灾能力，如制订应急计划、建立预警系统、成立应急运行中心、进行灾害救援培训与演练等。其所需要的信息主要是关于应急法规、应急预案、应急资源、应急产业、应急能力等方面的信息。

（3）响应阶段。响应是开展应急工作的过程，包括应急人员运用应急救护设备拯救生命和挽救财产损失，疏散潜在受害者，提供受灾人员必需的食物、水、避难所以及医疗护理,恢复关键的公共服务和公共设施等。其所需要的信息主要是有关危机事件、危机主体、危机环境、危机组织、危机决策、危机处置、危机案例等方面的信息。

(4)恢复阶段。恢复是灾区重建的过程,个人、企业和政府在危机得到有效控制之后,依赖自身努力,恢复正常的生活和社会秩序,并防止未来的危险。这一阶段所需要的信息主要有危机评估、保险赔偿、废墟管理、重建规划、建设管理等方面的信息。

需要指出的是,危机管理四个阶段的划分是相对的,各个阶段的工作在实践中会有交叉。同样,与危机管理四个阶段相对应的信息内容划分也是相对的。从某种意义上说,减缓和准备阶段的信息都是基础信息,前者是侧重自然与社会状态的基础信息,后者是侧重面向危机管理的基础信息;响应和恢复阶段的信息都是任务信息,前者侧重危机处置保障,后者侧重恢复重建保障,信息的实时性和针对性更强,并且都需要调度和使用减缓与准备阶段的自然及社会状态的基础信息以及面向危机管理的基础信息。简而言之,公共危机信息分析框架提供了一种从危机管理生命周期视角观察和认识公共危机信息的方式。

第二节 公共危机信息管理

一 信息管理

(一)信息管理的概念

现代信息管理是在传统信息管理、现代信息技术、现代管理理论和管理实践的综合推动下逐步形成的,近30年来,信息管理已发展成为影响最广、作用最大的管理领域之一,并不断催生新的信息职业、信息专业团体和信息教育,成为一门受到广泛关注的新学科。

关于信息管理的概念,学术界还没有完全一致的说法。一般来说,存在着两种基本的理解:一种认为,信息管理就是对信息的管理,即对信息进行组织、控制、加工、规划等,并将其引向预定的目标;另一种则认为,信息管理不单单是对信息的管理,而是对涉及信息活动的各种要素(信息、人、机器、机构等)进行合理的组织和控制,以实现信息及有关资源的合理配置，从而有效地满足社会的信息需求，为显示这一区别，大多以信息资源管理一词称之。可以看出前一种理解是狭义的，后一种理解是广义的，区别在于管理的对象是信息还是信息资源①。由于信息是信息资源的核心要素，与信息相关的人员、设备、物资、制度、技术等是支持要素，在管理实践中一般不对二者做本质区分，我们亦将信息管理和信息资源管理作为等同的术语使用。

以下列举几种有代表性的信息管理的定义，以加强我们对其内涵的理解：

（1）美国信息管理专家霍顿（F. W. Horton）认为，信息资源管理是对一个机构的信息内容及支持工具（信息设备、人员、资金等）的管理。他强调 IRM 属于资源管理，是把资源管理的概念拓展应用于数据、信息和知识的管理。②

（2）英国学者马丁（W. J. Martin）认为，"信息管理"与"信息资源管理"没有区别，人们之所以采用"信息管理"一词是因为它比较简短。信息管理是与信息相关的计划、预算、组织、指挥、培训和控制过程，它是围绕信息本身以及相关资源，如人力、设备、资金、技术等而展开的。③

（3）博蒙特（J. R. Beaumont）和萨瑟兰（E. Sutherland）认为，信息资源管理是一个集合名词，包括所有能够确保信息利用的管理活动。信息资源核心是由信息和通信技术组成的技术平台，信息资源管理构成企业所有活动的平台。信息资源管理包罗的知识领域涉及商业知识、经济学知识、法律知识、社会学知识及技术知识。④

（4）德国学者施特勒特曼（K. A. Stroetmann）认为，信息管理是对信息资源与相关信息过程进行规划、组织和控制的理论，信息资源包括：①信

---

① 根据美国行政管理与预算局（Office of Management and Budget）发布的《联邦信息资源的管理》（即 A-130 号通告），信息资源的范围包括信息本身以及与信息相关的人员、设备、资金、技术等，其中，信息是核心要素，处于关键地位，与信息活动相关的人员、物资、设备、制度、技术等是支撑要素，它们与信息要素相辅相成、相互作用，共同构成信息资源要素以支持管理活动。参见邱均平、沙勇忠编《信息资源管理学》，科学出版社 2011 年版，第 4 页。

② Horton Jr Forest Woody, *Information Resources Management*, *Englewood Cliffs* (*New Jersey*): Prentice-Hall, Inc., 1985.

③ Martin W John, *The Information Society*, London: Aslib, Information House, 1988.

④ Beaumont John R and Sutherland Ewan, *Information Resources Management: Management in our knowledge-based Society and Economy*, Oxford: Butterworth-Heinemann, Ltd., 1992.

息内容,既包括产生于信息服务或从外部信息源获取的信息,也包括与内部活动有关的理论和方法论信息、管理和操作信息、与决策相关的信息,还包括与外部活动有关的交易信息、用户信息和市场信息;②信息系统,其要素包括系统目标、操作人员、信息内容、软件、硬件、内部规则等;③信息基础结构,在此是指一个组织结构的信息基础结构,它由各种可共享的数据库、计算机硬件设备、数据库管理系统和其他软件、局域网等所构成。信息内容、信息系统、信息基础结构形成了一个组织的信息管理的三位一体结构。[①]

(二) 信息管理的生命周期

1985年,霍顿(F. W. Horton)在《信息资源管理》一书中提出,信息是一种具有生命周期的资源,其生命周期由一系列逻辑上相关联的阶段或步骤组成,体现了信息运动的自然规律。霍顿定义了两种不同形态的信息生命周期:(1)基于人类信息利用和管理需求的信息生命周期,由需求定义、收集、传递、处理、储存、传播、利用等7个阶段组成;(2)基于信息载体的信息生命周期,由创造、交流、利用、维护、恢复、再利用、再包装、再交流、降低使用等级、处置等10个阶段组成。[②] 此后众多学者相继提出了信息生命周期的组织视图、业务视图、价值成本过程等,并应用于图书馆和政府信息资源管理,标志着信息生命周期管理(Information Lifecycle Management,ILM)理论的形成。

2004年,世界知名的IT设备生产商EMC公司开始将信息生命周期管理引入数字存储领域,推出了一系列具有ILM特征的IT产品(存储设备和存储系统),从应用的角度推动了信息生命周期理论的发展:一方面,它将人们关注信息生命周期的视角从理论转向了实践,特别是信息生命周期理论在数字存储与管理领域的技术实现问题;另一方面,它引发了信息生命周期研究的第二次热潮。相关文献表明,2004年以后的信息生命周期管理迅速成为IT领域新的研究热点。

借鉴信息生命周期管理理论的思想,我们提出精简的信息管理的生命周期模型,它由信息生产、信息组织、信息传播与信息利用(消费)四大

[①] Scammell Alison, *Handbook of Information Management*, 8th Ed. Aslib - Imi, 2001.
[②] Horton Jr Forest Woody, *Information Resources Management*, *Englewood Cliffs* (*New Jersey*): Prentice - Hall, Inc., 1985.

部分构成，其中，中间两个环节即信息组织和信息传播是信息管理的核心内容，信息生产与信息消费是其两个端点，它们共同构成了完整意义上的信息管理活动。

1. 信息生产

信息生产是指以脑力劳动为主导生产信息、信息技术及其产品的活动。思维是信息生产的重要机制。从信息的观点看，思维就是在外界信息（负熵）不断流入的条件下，人脑中各种功能成分吸收负熵以形成趋向于有序的自组织运动过程。思维的存在与运行需要三种条件：一是社会实践活动（基础），二是文化信息（素材），三是逻辑（程序和方法）。经过思维，人的认识实现了从感性认识到理性认识的飞跃，并形成具有一定信息结构的知识，从而构成潜在的信息资源。与物质生产不同的是，信息生产所形成的信息产品一般不是最终消费品，而是信息再生产的重要资源，其价值的最终实现要与人类创造物质财富的实践活动相结合；同时，信息生产是一个相当个体化的现象，信息生产的任务主要是由个人来承担的。波拉特（M. U. Porat）从美国的 422 种职业中归纳出五大类属于信息劳动和信息服务的职业，其中职业研究人员、职业作家、记者、决策者、教师等是社会的主要信息生产者。虽然他们可采取集体研究的形式，但最终的信息生产却是由每个个体的大脑分别完成的。信息生产的终结正是信息管理的起点，信息管理通过一系列有序环节将生产者生产的信息及其产品传递给消费者，从而在信息的生产与消费之间建立起通道和桥梁。

2. 信息组织

信息组织（information organization）从广义上来理解，包括信息获取（acquiring）、信息处理（processing）和信息存储（storing）等环节。它是根据一定的原则和方法，将处于无序状态的特定信息，组织成有序状态的过程，以方便人们利用和传播信息。信息组织的方法多种多样，从语言学角度，可划分为语法信息组织方法（如字顺、代码、地序、时序组织法等）、语义信息组织方法（如元素、逻辑、分类、主题组织法等）和语用信息组织方法（如权值、概率、特色、重要性递减组织法等）。从技术上看，数据库技术与超媒体技术的结合是信息组织技术的重点和发展方向。目前，多种智能技术和软件技术如数据仓库（Data Warehouse）、群件（Group Ware）、数据挖掘（Data Mining）、知识发现（Knowledge Discovery）、数据融合（Data Fusion）、推送技术（Push）、智能搜索（Intelligent Search）等已广泛应用于各种类型的信息组织，极大地提高了信息组织和管理的效率。

3. 信息传播

信息传播是指将经过信息管理机构组织的信息或信息产品提供给用户，以满足用户信息需求的过程。"传播"与"服务"是两个具有密切联系的概念，在信息管理框架内，传播与服务是一个过程的两个方面，传播是服务的实质，服务则是传播的外在形式。如广播电视节目的播放是一种传播活动，但同时也是广播电视部门所提供的一种服务；图书馆藏书外借、阅览是一种典型的服务形式，究其实质不外乎是知识信息的传播。信息传播与服务的方式因信息机构的不同而不同，如予以归纳，当代信息传播方式主要有以下三大类型：一是基于信息检索的传播与服务，即信息提供服务；二是基于信息开发的传播与服务，即信息咨询服务；三是基于信息网络技术的网络信息资源提供与开发服务，这是前两类服务在网络环境中的集成和统一。当代信息传播注重通过手段的改进和内容的深层开发来谋求信息服务的效率和效益。

4. 信息利用

信息利用是指人们通过接受信息服务来吸收和消费信息，从而改变知识结构，进而影响社会实践的过程。信息利用（消费）是社会信息活动的目的和归宿。按照著名的布鲁克斯（B. C. Brooks）信息方程，信息的效用表现在可改变接收者的知识结构。信息与接收者原有的知识结构越匹配，信息越能被充分吸收，其效用也越大。信息利用的最终效用体现在对社会的影响上，一方面，信息作为消费资料，被人们利用后提高了个人素质和社会文明水平；另一方面，信息作为生产资料，投入信息再生产可形成新的信息资源，与人们创造物质财富的活动相结合可形成新的生产力，提高决策的有效性和社会经济活动的效率。也就是说，信息利用对个人的影响是直接的，对社会的影响是间接的。信息利用中所产生的新的需求，又对信息生产、信息组织和信息传播等环节产生导向和约束作用。

二 公共危机管理

（一）公共危机管理的概念

作为一个相对独立的研究领域，危机管理理论出现于 20 世纪 60 年代，其主要的研究有三个方面：（1）以企业为视域的公共危机管理研究；（2）以国家为视域的公共危机管理研究；（3）全球公共危机管理研究。目前，危机管理已发展成为一个独立的领域，成为一门涉及社会科学、自然科学和工程技术的综合性学科。在美国等西方国家，危机管理（emergency management）的概念同时包含风险管理（risk management）、危险管理（hazard management）及灾害管理（disaster management）三个方面的含义：风险管理侧重减少危险发生的概率，危险管理侧重限制危险发生的条件，灾害管理侧重减轻危险造成的影响与后果，体现了应急管理"预防为主"、"防救结合"的原则。[1]

关于危机管理的概念，斯蒂文·芬克（Steven Fink）从组织角度给出的定义被广为引述，即危机管理是"对于组织前途转折点上的危机，有计划地避免风险与不确定性，使组织更能掌握自己前途的艺术"。[2] 张成福从公共管理学科的角度，认为危机管理是一种有组织、有计划、持续动态的管理过程，政府针对潜在的或者当前的危机，在危机发展的不同阶段采取一系列的控制行动，以期有效地预防、处理和消弭危机。危机管理的重点在于：危机信息的获取和预警；危机的准备和预防；危机的控制与回应；危机后的恢复和重建；持续不断的学习和创新。

2003年，危机管理（crisis management；emergency management）一词引入我国后，正式采用的对应术语是应急管理，显示了对该词语的一种本土化表达。虽然如刘拓等所认为的，应急管理与危机管理是有区别的，应急管理是以"事件"为中心，而危机管理是以"风险"为中心，危机管理是应急管理的关口再前移，应急管理是行动的哲学，而风险管理更多的是化解风险的哲学（表1—5），[3] 但事实上，应急管理在中国语境下所秉持的理念和所展开的内容，与西方危机管理概念有大同而无殊异，应将其视为等同概念对待。

---

[1] 邓仕仑：《美国应急管理体系及其启示》，《国家行政学院学报》2008年第3期。
[2] Steven Fink, *Crisis Management: Planning for the Invisible*, New York: American Management Association, 1986.
[3] 刘拓：《公共危机伪信息复杂性管理研究》，哈尔滨工业大学博士学位论文，2009年。

表 1—5　　　　　　　　　危机管理与应急管理的区别

	危机管理	应急管理
对象	危机的风险	突发性事件
起点	更主动地预防和减少"增量风险"	预防"存量风险"转化成"事件"
重心	重在预防危机产生	重在消除不良影响
目标	预防和减少增量风险、消除或控制存量风险	以尽可能小的代价预防和减少突发公共事件及其造成的损害
范围	面向演化过程	基于突发事件
特征	是一种管理策略，偏理论，偏基础	是一种行动策略，重实践、重应用
区别	可以采取有针对性的措施，能够使有限资源发挥最大作用	往往是事后紧急决策，难以保证资源配置的最优

资料来源：刘拓：《公共危机伪信息复杂性管理研究》，哈尔滨工业大学博士学位论文，2009年。

（二）公共危机管理的生命周期

很多学者从生命周期角度出发对危机管理进行描述，有两阶段模型、三阶段模型、四阶段模型、五阶段模型等（表1—6）。

表 1—6　　　　　　　　　危机管理阶段论之比较

	倡议者	危机爆发前		危机爆发后	
二阶段	斯尼德和戴生	前危机阶段		危机阶段	
		避免危机升级造成危害		危机必须通过沟通、协调等多次处理才得以解决	
三阶段	努纳马科等	危机爆发前的潜伏阶段		危机发生时的处理活动	危机发生过程中的运作与活动
		建构危机预警系统、研拟危机计划说明书		正确迅速地对危机加以回应	尽快组织恢复正常运作
四阶段	FEMA	舒缓阶段	准备阶段	回应阶段	恢复阶段
		规划减轻损害的回应措施	发展回应危机运作能力	对灾难采取必要的行动	重建基本民生机能
	希斯	减少（Reduction）	预备（Readiness）	响应（Response）	恢复（Recovery）
	查尔斯和金	舒缓阶段	准备阶段	回应阶段	恢复阶段
		危机评估、减轻灾害发生	规划形势反应能力	立即反应避免复发	短期修护 长期恢复
	芬克	潜伏期		爆发期	后遗症期　解决期
		避免危机发生，着重"管理"功能		扭转危机，"应变"	转危化安，"复建"　认清危机，"学习"

续表

	倡议者	危机爆发前			危机爆发后	
五阶段	布兰克利	评估	预防	准备	回应	恢复
		危机评估测量	拟定危机计划	检测模拟计划	计划须弹性易懂且迅速回应	学习经验作为下次危机参考

资料来源：黄琼瑜：《现行疫病防治危机管理机制之研究——台湾防 SARS 经验与亚洲各地区之比较》，新竹中华大学出版社 2005 年版，第 26—27 页，作者有所增补。

我们采用美国联邦应急管理局（FEMA）在罗伯特·希斯（Robert Heath）4R 模型的基础上所修正的危机管理四阶段模型。该模型将公共危机管理过程划分为减缓（mitigation）、准备（preparedness）、响应（response）和恢复（recovery）四个阶段，减缓和准备在危机发生之前，响应和恢复在危机发生之后，四个阶段构成了危机管理循环往复的过程（图1—1）。

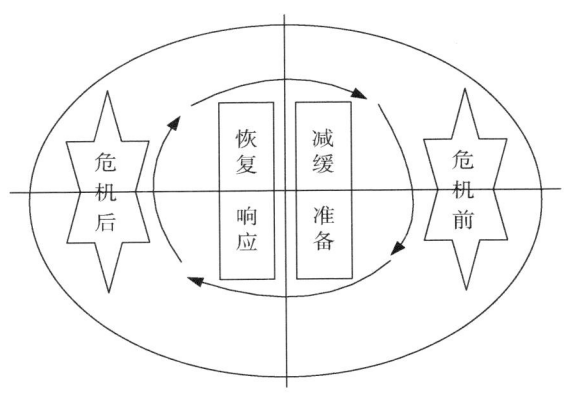

图 1—1　FEMA 的危机管理生命周期模型

（1）减缓，是指采取任何行动，以尽量减少灾害或潜在灾害的影响。减缓可以在灾难之前、中间或之后，但是这个术语常指针对潜在灾害所采取的行动。减缓不同于其他的应急管理阶段，相对于准备、响应、恢复等相对短期的行为来说，减缓是一种长期的行为，更加强调减少风险的长期解决方案。减缓措施包括：基础设施建设（如防御洪水或加固建筑物）、风险管理（如脆弱性评估，致灾因子和承载力调查）以及公共教育方面的培训等。

减缓可以说是应急管理和公共安全的首要目标，通过减缓措施，可以保护生命，减少伤亡人数，同时，可以减少或防止财产损失，降低社会紊乱和压力水平，以及减少对关键基础设施和公共服务的损坏。虽然如此，切实有效的减缓行动常常面临障碍，因为减缓的本质是在不可见的危机到来之前采取行动。在没有明显眼前收益的情况下，让政策制定者、企业和纳税人自觉而切实地采取行动是一件困难的事。① 减缓的理念和主要内容如图1—2所示。

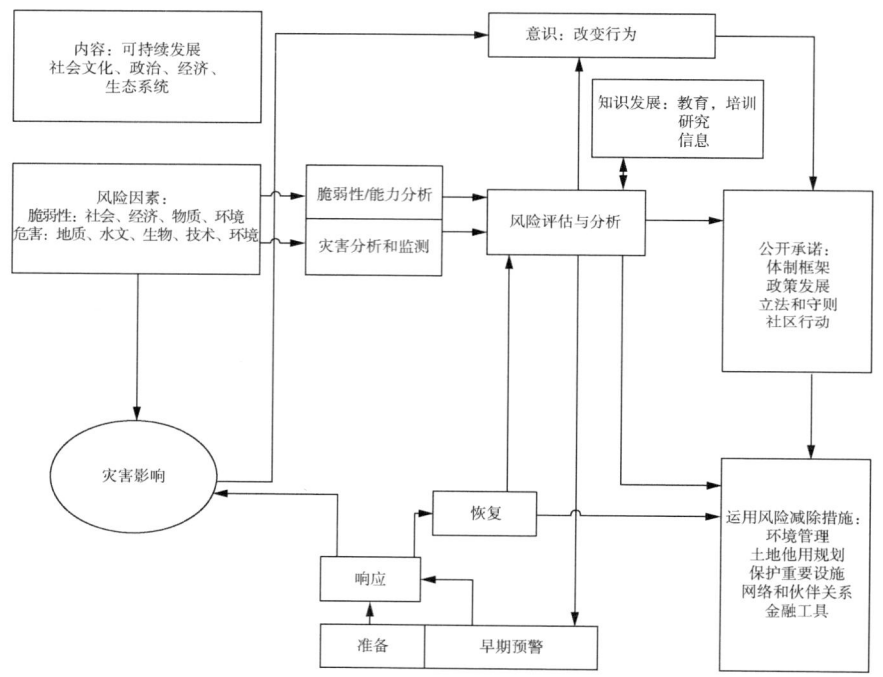

图1—2　减缓的内容框架

（2）准备，是指通过领导能力、政策、资金和技术援助，以及培训和演练来加强备灾能力。一方面，应急准备可以增强社区和部落的备灾能力；另一方面，经过培训和演练的应急工作人员、社区领导人员和公众通过应急准备能够做好灾害防范、灾害减缓、灾后响应以及有效的灾后恢复工作。应急准备不仅限于政府和公共部门，而且延伸到社会的所有部门，

---

① Jeffrey B. Bumgarner, *Emergency Management*, Santa Barbara: ABC - CLIO, Inc., 2008, p.18.

包括私人部门、非政府组织以及社会公众等。减缓和准备的区别在于，减缓主要是降低致灾因子发生的风险，而准备主要考虑如果灾害发生该如何响应；准备假设事件发生，减缓则是阻止灾害的发生。

危机的多样性决定了准备的复杂性，一般来说，准备包括以下内容：

①规则准备：指危机管理者制定相关法律、法规、部门规章等规范性文件，以作为应对危机时的行为准则。

②组织准备：指危机管理相关机构的建立，如危机管理委员会、危机管理职能部门、专业救助机构、教育与培训组织、非政府组织等。

③资源准备：指为未来危机处理阶段预备的资金、人员、技术、设备、信息等资源。

④知识准备：危机准备中的知识准备具有两方面的含义，一方面指危机管理者的知识积累（通过研究性活动得以实现）；另一方面指的是普通公众的知识积累（依靠大规模的普及教育与训练）。

⑤行动规划：指危机响应与处理计划的创制，对危机状态下应有的响应行为作出提前设计和安排，如危机规划、应急预案等。

肯特（R. Kent）提出了一个富有参考价值的准备的内容框架，如表1—7所示。

表1—7　　　　　　　　　　准备的内容框架

1. 脆弱性评估 规划和准备作为起点，要与长期减灾和发展措施，以及备灾工作紧密联系起来	2. 规划 备灾计划应取得同意并就位，而且其中的承诺和资源能够得到保证，计划可以实现	3. 体制框架 各个层面完善的统筹备灾和反应系统，与承诺有关的利益相关者界定明确的角色和职责
4. 信息系统 利益相关者间高效及可靠的信息收集和分享系统（如预报和警报、相对信息容量、角色分配和资源）	5. 资源基地 货物（如存粮，紧急避难所和其他材料），服务（如搜救，医疗，工程，营养专家）和救灾资金（针对不易储存或未预先设立的物品）的获得和利用	6. 预警系统 通信系统（技术，基础设施，人），具有有效向处于危险之中的人们传递警告的能力
7. 反应机制 确定和了解救灾机构和受害者（可能包括：疏散程序和庇护所、搜救队、需要评估小组，应急救生设施的启动，安置灾民的接待中心和避难中心）	8. 教育和培训 在高危人群和灾难应急人员中组织建立培训班、讲习班和推广方案。通过宣传和教育体系普及风险和灾后恰当处置的知识	9. 演练 演练、评估和改进疏散应急程序

资料来源：R. Kent, Disaster Preparedness (New York/Geneva: UNDP/DHA Disaster Training Programme, 1994。

（3）响应，是突发事件发生后开展应急工作的过程，包括应急人员运用应急救护设备拯救生命和挽救财产损失，疏散潜在受害者，提供受灾人员必需的食物、水、避难所以及医疗护理，恢复关键的公共服务和公共设施等。

不同层级的政府应该具有不同的响应措施，省、市（州）、县、乡政府的响应要针对区域范围的类型，制定相应的措施；本地响应主要是指基于社区层面的响应，这一层次大多是常规性的灾害，可以让志愿者组织协助政府部门，为受灾人员提供住所、食物、衣物等。响应阶段的主要问题是各个部门之间的协调联动，如何更好地解决这个问题是响应成功的关键。

（4）恢复，是灾区重建的过程，个人、企业和政府在危机得到有效控制之后，依赖自身努力，恢复正常的生活和社会秩序，并防止未来的危险。恢复不但要满足一些短期需求，同时也要为受损坏物体提供重建的机会，可以使个人或者社区拥有更优越的发展基础。

恢复的主要内容包括以下四个方面：①物资恢复：主要指衣食住行等日常起居的恢复；②经济恢复：通过赔偿、补偿和救助等进行财产恢复；③业务恢复：主要指加工制造业、金融保险业、房地产业、服务业等企业和商业组织的日常业务恢复；④心理恢复：危机对人的心理的影响可分为近期、中期和长期影响，每种影响都有不同的外在表现，在各个阶段应注意观察。

三 公共危机信息管理

（一）公共危机信息管理的概念

公共危机信息管理（PCIM）作为一个正在兴起的新领域，尚未有清晰一致的学科概念界定。国外的相关概念主要有：危机信息学（Crisis Informatics），致力于在危机的全生命周期中，对危机从技术的、社会的和信息的方面进行综合研究；灾害信息学（Disaster informatics），研究灾害和其他危机事件的减缓、准备、响应和恢复过程中的信息和技术应用问题。此外，PCIM 在应急准备信息（Emergency Preparedness Information）、信息准备（Information Preparation）、数据准备（Data Preparation）、备灾（Disaster Preparedness）等概念中均有不同程度的体现，并应用于美国国家安全信息网络（Homeland Security Information Network，HSIN）、国家危机管理信息系统（National Emergency Management Information System，NEMIS）以及社区灾害信息系统（Community Disaster Information System）等危机管理信息系统概念中。由荷兰、比利时和美国的三位学者发起成立的相关研究组织名为"危机响应与管理的信息系统"（Information Systems for Crisis Response and Management，ISCRAM）协会，[①] 致力于危机响应与管理的信息系统的设计、开发、部署、应用与评估，是一个由研究人员、实践人员和政策制定者共同加盟的国际组织（international community）。该组织创办了以其组织名称命名的国际会议，自2004年开始每年定期举办一次，并于2009年创办了《应急响应与管理信息系统国际学刊》（The International Journal of Information Systems for Crisis Response and Management），标志着PCIM领域专业学术研究组织及学术期刊的建立及其常态化。除此之外，政府、大学以及研究机构的危机管理研究组织中，也都不同程度地开展了围绕危机信息和危机信息管理的研究，共同推动PCIM向学科领域迈进。

对PCIM进行准确界定是困难的。虽然如此，我们仍给出对PCIM的基本定义：PCIM就是应用信息技术和信息管理的原理和方法，结合公共危机领域的特殊性，对公共危机管理全过程中的信息资源进行搜集、组织、规划、分析和利用，以满足公共危机管理的信息需求的活动。信息、信息架构、信息系统、信息网络、信息平台是逻辑上相互递进的五个PCIM的核心概念和研究领域。

王伟根据危机信息管理的内容特征，从公共危机信息资源管理、公共危机传播管理、公共危机信息系统建设三个维度构建了PCIM研究框架（图1—3）。[②] 该三维研究框架有助于我们从另一种视角加深对公共危机信息管理内涵的理解。

方向一：全流程的公共危机信息资源管理。公共危机信息资源管理不仅是在公共危机的全流程中提供有效的危机信息，还应具有多重含义，形成螺旋式的危机信息资源管理循环。一是要以危机管理为目标；二是要以危机决策为轴心；三是要以信息资源管理为内容。

---

① 该协会的门户网站为：http://www.iscramlive.org/portal/。
② 王伟：《公共危机信息管理体系构建与运行机制研究》，吉林大学博士学位论文，2007年。

方向二：多主体的公共危机信息传播控制。危机信息是通过多渠道传播的，在传播过程中，相关主体包括政府、媒体、社会公众等。因各个主体在传播过程中担负的职能不尽相同，应该采取不同的管理策略和管理方法。

方向三：全方位的公共危机信息系统建设。包括基于不同层次不同功能的多网整合，分层次的全球战略和区域应对系统以及多功能的互联互通危机应急网络。

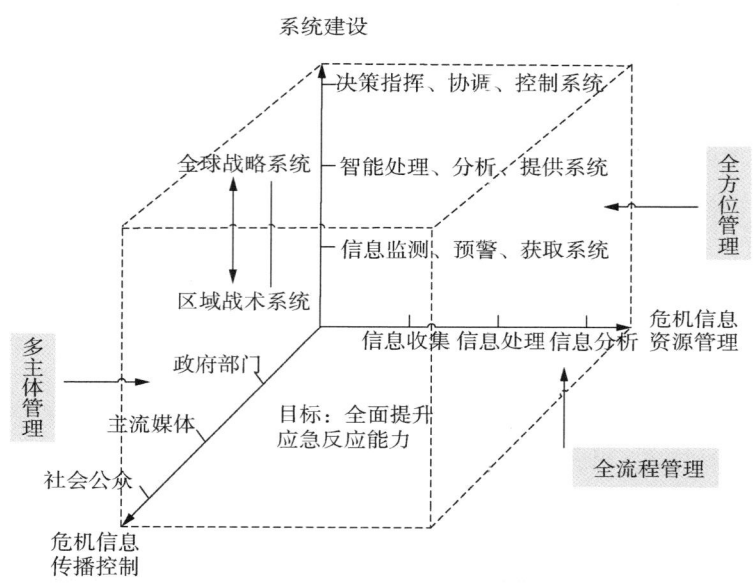

图1—3 公共危机信息管理的三维研究框架

（二）公共危机信息管理的双生命周期模型

如前所述，公共危机信息管理是公共危机管理与信息管理交叉而成的一个新领域。公共危机管理的生命周期由减缓、准备、响应和恢复四个阶段构成，信息管理的生命周期由信息生产、信息组织、信息传播和信息利用四个阶段构成，二者的结合构成公共危机信息管理的双生命周期理论模型（图1—4）。

该模型显示了PCIM的以下基本思想：

（1）PCIM是公共危机管理与信息管理交叉而成的一个领域，其理论基础是公共危机管理理论和信息管理理论，本模型是从生命周期理论的视角进行概括的。

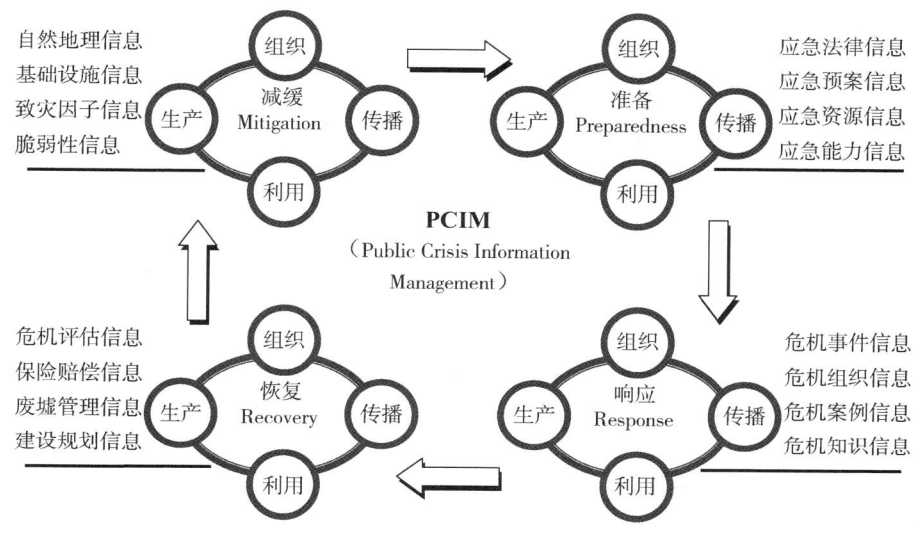

图 1—4　PCIM 的双生命周期模型

（2）公共危机管理的每一个阶段都需要相应信息的支持，这需要相应的信息管理，信息管理的内容从生命周期的角度可概括为信息生产、信息组织、信息传播和信息利用。

（3）公共危机管理的每一个阶段的信息管理根据其需求不同，内容上是有所侧重的。减缓和准备阶段所需要的信息主要是基础信息，故减缓阶段侧重对自然与社会状态基础信息的管理，准备阶段侧重对面向危机处置基础信息的管理；响应和恢复阶段的信息主要是任务信息，故响应阶段侧重对危机处置保障信息的管理，恢复阶段侧重对恢复重建保障信息的管理。从时效性方面看，响应和恢复阶段信息管理的实时性和针对性更强，并且都需要调度和使用减缓与准备阶段的自然及社会状态的基础信息以及面向危机处置的基础信息。

（4）信息管理生命周期的四个环节中，信息生产主要是指与公共危机管理有关的知识发展，涉及科学研究、技术开发、产业成长以及通过教育与培训活动的知识普及；信息组织包括对公共危机信息的获取、处理和存储等，是将通过多种手段收集的处于无序状态的公共危机信息，根据一定的原则和方法组织成为有序状态的过程，以方便人们传播和利用；信息传播是指将信息管理机构组织好的信息或信息产品提供给危机管理机构或利益相关者，以满足危机管理信息需求的过程，传播与服务是一个过程的两个方面，期间往往还要针对特定用户的需求，对信息进行深度分析和加工；信息利用是指危机管理机构和利益相关者通过接受信息服务来吸收和消费信息，从而进行危机决策和行动，进而影响危机管理实践的过程。

（5）双生命周期模型既是一种理论概括，也是一种分析框架，对我们从事公共危机信息管理具有理论指导意义和实践参考价值。

第三节　公共危机信息管理框架

公共危机信息管理（PCIM）主要研究公共危机管理中的信息问题和信息管理问题。作为一个正处于发展中的新领域，国内外 PCIM 研究成果众多且增长迅速，但总体来看研究显得比较分散，问题域（problem domain）设置比较随意，使公共危机管理研究的深入在信息维度上存在明显的不足和缺陷。

为了从总体上认识和把握公共危机信息管理，本书提出了 PCIM 的 EPFMS 理论分析框架，认为 PCIM 领域有以下 5 个核心问题域或研究范畴，即 PCIM 要素论（Element）、PCIM 过程论（Process）、PCIM 功能论（Function）、PCIM 方法论（Methodology）和 PCIM 系统论（System），每个问题域或研究范畴都有其核心科学问题和研究侧重点，它们共同构成 PCIM 的 EPFMS 理论分析框架（表1—8）。

表1—8　　　　　　公共危机信息管理的 EPFMS 框架

（过程论）危机生命周期	（要素论）产生的相关信息	（方法论）运用的技术方法	（功能论）危机信息的功能	（系统论）危机信息系统
减除（Mitigation）	基础资源信息 应急保障信息 社会信息 地理信息 经济信息…	联合需求调查法 网络采集 历史类比法 专家预测法 灰色系统预测…	需求分析 信息采集 危机预测	安全信息采集系统 危机预测预报系统
准备（Preparedness）	报警信息 图像信息 空间信息 保障资源信息 其他辅助信息	危机状态评估法 环境因素优序图法 头脑风暴法 案例分析法 内容分析法…	危机监测 环境分析 深度研究	动态数据监测系统 反跟踪监测系统

续表

（过程论）危机生命周期	（要素论）产生的相关信息	（方法论）运用的技术方法	（功能论）危机信息的功能	（系统论）危机信息系统
响应（Response）	应急处置信息 应急决策信息 指挥调度信息 现场反馈信息 通信信息…	决策树分析 交互决策领域分析 不确定情境决策模型法 动态博弈分析…	应急决断 执行控制	决策支持系统、人员及应急设备调度系统、危机公关信息系统、专家库系统
恢复（Recovery）	评估信息 调查信息 善后信息 其他信息	平衡分析法 实际预期比较法 模糊评价法 层次分析法…	灾害评估 危机善后	环境污染评测系统、综合理赔系统、公共及个人财产损害评估系统

一 PCIM 要素论

要素论主要研究 PCIM 的构成要素以及要素之间的关系，通过揭示各要素的基本内涵和理论问题，分析常态和危机状态下各要素之间的联系方式和作用机制，建立对 PCIM 结构要素的基本认识。

从广义的角度，可把 PCIM 的构成要素概括为主体要素（包括政府、媒介、公众、企业、NGO 等）、客体要素（信息）以及环境要素（政策法规、经济、技术、文化等）（图1—5）。

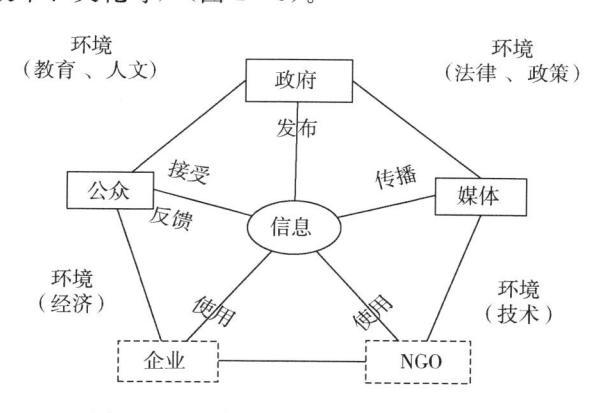

图1—5 公共危机信息管理的构成要素

PCIM 主体要素有政府、媒体、公众、企业、NGO 等。根据公共治理理论，有效的公共危机管理应该是政府、企业组织、NGO、公众等多元主体共同参与的过程。他们是公共危机管理的利益相关者（Stakeholders），在危机管理过程中有不同的地位、作用、利益需求以及表达渠道与方式，需要探寻不同主体间的信息协调机制，尤其是不同主体信息平台的良性互动和不同主体间良性的信息关系的构建等问题。根据公共危机中利益相关者的相关度、影响力和紧急性三个属性，可以将利益相关者划分为三类，即核心的利益相关者、边缘的利益相关者和潜在的利益相关者。一般来说，政府、受害的社会组织和公众、危机诱发者是核心的利益相关者，媒体、NGO、公共服务部门是边缘的利益相关者，危机旁观者是潜在的利益相关者。[①] N. Bharosa 从社区（宏观）、组织（中观）、个人（微观）三个层面分析了灾害响应过程中影响信息共享和协作的因素，发现救灾工作者更愿意获取对他们有用的信息而不是向其他人提供信息。要实现信息共享，理解每一个人及其他组织的工作过程和信息系统的性能是非常重要的，他据此提出了对信息系统设计者及政策制定者的六条建议。

信息是 PCIM 的客体要素，是 PCIM 要素论研究的核心内容。危机信息的概念有广义和狭义之分，狭义的危机信息是危机潜伏、爆发、持续、解决等一系列过程中与危机管理相关的各种信息，广义的危机信息除了信息要素之外，还包括危机管理过程中与信息相关的人员、技术、设备、资金等，即危机信息资源。信息要素的研究首先需要分析公共危机的信息需求，研究危机信息及其传播特点；其次对相关信息进行分类分级，建立信息目录体系，按目录层级和轻重缓急收集和分析信息；再次从信息主体和客体间的相互作用研究信息的传递、共享和使用问题，主要围绕信息机构如何组织信息资源、政府机构如何发布信息、媒介组织如何传播信息、社会公众如何接受和选择信息这几条主线展开。

环境要素是 PCIM 主体要素和客体要素之间相互作用的通道和桥梁，主要包括与 PCIM 相关的政策法规、产业经济条件、信息技术、减灾防灾文化等。环境要素是 PCIM 的支持要素和保障要素，良好的环境是 PCIM 主客体有效作用、信息顺畅传递和发挥作用的有力保障。

PCIM 要素论要研究的主要内容有：（1）PCIM 构成要素及其相关理论问题；（2）PCIM 主体间的信息关系及相互作用问题，如政府和媒体、

---

① 沙勇忠、刘红芹：《公共危机的利益相关者分析模型》，《科学·经济·社会》2009 年第 1 期。

政府和公众、媒体和公众、政府和企业、政府和 NGO 等之间的信息传递与信息沟通；(3) PCIM 主体、客体与环境之间的相互作用及信息关系问题，如信息流程、信息共享、信息反馈、信息架构（Information Architecture）以及信息伦理、信息政策、信息成本控制等。

二　PCIM 过程论

在公共危机信息管理的四个阶段中，减除是指减少影响人类生命、财产的自然或人为危险要素，如实施建筑标准、推行灾害保险、颁布安全法规等；准备是指发展应对各种突发事件的能力，如制订应急计划、建立预警系统、成立应急运行中心、进行灾害救援培训与演练等；响应是指灾害发生的事前、事中与事后采取行动以挽救生命、减少损失，如激活应急计划、启动应急系统、提供应急医疗援助、组织疏散与搜救等；恢复既指按照最低运行标准将重要生存支持系统复原的短期行为，也指推动社会生活恢复常态的长期活动，如清理废墟、控制污染、提供灾害失业救助、提供临时住房等。PCIM 过程论就是从公共危机管理的四个阶段出发，研究每一阶段的信息保障和信息管理问题（图 1—6）。

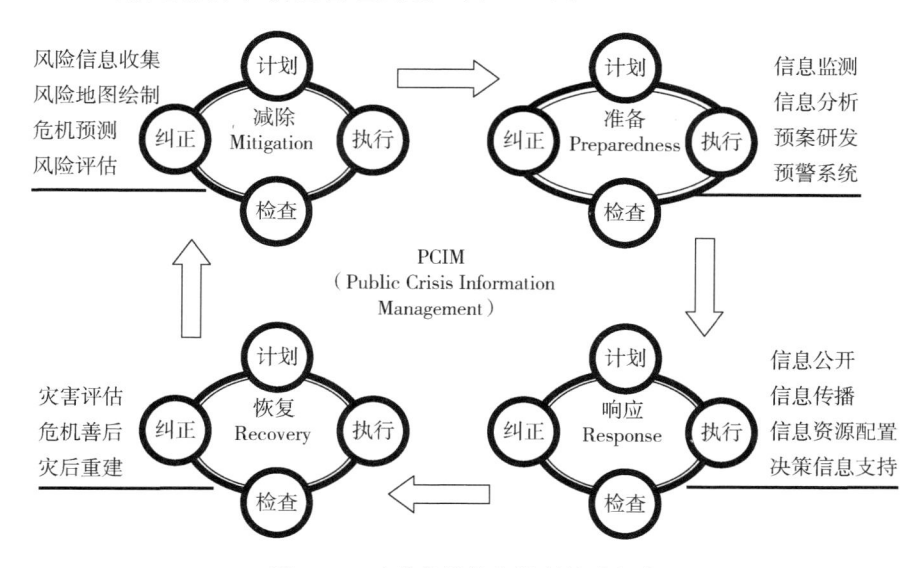

图 1—6　公共危机信息管理的过程论

从管理学的 PDCA（计划、执行、检查、纠正）活动角度看，PCIM 不仅仅是在公共危机的全流程管理中提供有效的信息，它应以"决策和执行"为轴心，在危机信息管理活动中不断重复 PDCA 管理功能，不断改进，形成螺旋式的公共危机信息管理循环。公共危机管理的每个阶段都有 PDCA 循环，后一阶段的 PDCA 循环以前一阶段为基础，是对前一阶段的修正和改进。例如，响应阶段的 PDCA 以准备阶段的 PDCA 为前提和基础。

公共危机管理的四个阶段都涉及信息的收集、处理、存储、传播和使用，但各个阶段的信息管理内容是有所侧重和不同的。"减除"阶段主要内容有：风险信息收集、风险地图绘制、危机预测、风险评估等；"准备"阶段主要内容有：信息监测、信息分析、预案研发、预警系统等；"响应"阶段内容有：信息公开、信息传播、信息资源配置、决策信息支持等；"恢复"阶段主要内容有：灾害评估、危机善后、灾后重建等。

从公共危机管理的发展趋势来看，其重心已从灾后应对转向灾前准备，进而转向风险管理，即由被动响应变为主动防御，由主动防御变为风险消除。与此对应，PCIM 的研究重点也将逐步转向风险信息管理和灾前信息准备，信息备灾将作为一个重要概念被提出并逐步上升为 PCIM 的一个重大研究领域。

三 PCIM 功能论

功能论主要研究 PCIM 在公共危机管理中的功能和作用，探析 PCIM 最基本、最普遍的功能及其作用机制与方式。一方面，这些最基本、最普遍的功能可以概括各种具体的 PCIM 的工作目标，另一方面，这些最基本、最普遍的功能又是相互不能替代和兼容的，它们表征了 PCIM 的基本价值和作用。

在经典文献中，阿利森和泽利科在《决策的本质——解析古巴导弹危机》(*Essence of Decision：Explaining the Cuban Missile Crisis*) 中阐述了危机与决策的关系以及决策模式，将危机管理看成是决策论的一个分支加以研究，强调了信息在危机决策中的作用。米特洛夫和皮尔森在其著作《危机管理》(*Crisis Management*) 中指出，搜集、分析和传播信息是危机管理的直接任务。[①] 奥托·莱宾格尔在《危机主管：直面风险与不确定性》

---

① Mitroff and Pearson, *Crisis Management*, San Francisco: Jossey-Bass Publishers, 1993.

一文中，从信息角度分析了危机管理者的职能和素质。[①] 罗纳德·伯克和卡里·库珀在《持续性危机沟通：规划、管理和响应》一书中分析了危机管理中的信息需求问题，提出了持续性的危机管理方法，探讨了信号寻求、危机预防、危机准备、危机识别、危机遏阻、危机恢复等相关问题。[②]

通过归纳、比较、综合不同层次、不同类型的公共危机信息管理所提出的各种工作任务，结合公共危机管理对 PCIM 工作的需求，将 PCIM 的功能划分为基础功能和核心功能两大部分。基础功能包括对危机信息的收集、处理（组织）、存储、传播和使用；核心功能包括利用危机信息进行预测、预警、决策、执行（指挥、调度）和评估。基础功能是一般信息管理都有的功能，核心功能是在基础功能的基础上，PCIM 支持公共危机管理的最基本、最普遍的功能。PCIM 的基础功能和核心功能都贯穿于整个公共危机管理活动中，基础功能是前提和基础，核心功能是本质和中心；任何一个核心功能的实现都离不开基础功能，同样，基础功能要想体现其价值和作用，又要通过核心功能来实现（图1—7）。

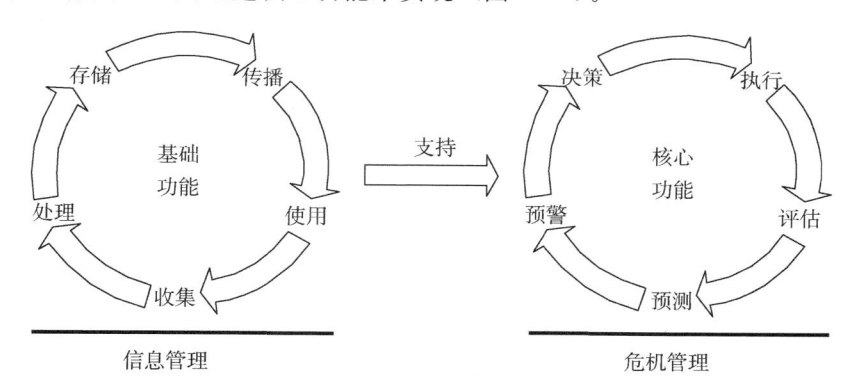

图1—7 公共危机信息管理功能论

（一）PCIM 基础功能

1. 信息收集

实时、准确、全面地监测和收集与公共危机相关的各种数据和信息，

[①] Otto Lerbinger, *the Crisis Manager: Facing Risk And Responsibility*, New Jersey: Lawrence Erlubaum Associates, 1997.

[②] Ronald J Burke and Cary L Cooper, *the Organization in Crisis: Downsizing, Restructuring and Privatization*, Malden, Ma: Blackwell Publishers, 2000.

强调对危机征兆信息的捕捉,重视遥感、遥测、GIS、GPS 等信息技术的使用以及信息的实时动态更新。随着社交媒体的兴起,社交媒体正成为公共危机信息监测与收集的重要渠道。①

2. 信息处理

对危机信息进行选择、组织和加工整理,是把无序的信息流转化为有序信息流和支持危机决策的知识。在当前大数据环境下,对海量实时危机信息流的处理和挖掘分析在技术上已成为可能,正成为社会计算（Social Computing）、计算社会科学（Computational Social Science）、商务智能（Business Intelligence）等学科的研究热点。②

3. 信息存储

将已加工处理的危机信息存储到介质中,以方便公共危机利益相关者使用和传播。云存储和云计算是海量实时危机信息存储的一个基本趋势。

4. 信息传播

将经过处理的危机信息提供给用户,以满足用户信息需求的过程。信息公开是 PCIM 的一个核心原则。新媒体在危机信息传播中的作用日益受到关注,③ 同时,公共危机中虚假信息和伪信息的传播问题也成为研究热点。④

5. 信息使用

利益相关者利用信息或信息服务进行公共危机管理的过程。信息使用是 PCIM 的目的和归宿,是 PCIM 基础功能和核心功能联系的桥梁和纽带。

信息收集、信息处理、信息存储、信息传播和信息使用构成信息管理

---

① Austin, et al, "How Audiences Seek Out Crisis Information: Exploring the Social – Mediated Crisis Communication Model", *Journal of Applied Communication Research*, Vol. 40, No. 2, 2012, pp. 188—207.

② Dearstyne, Bruce W, "Big Data's Management Revolution", *Harvard Business Review*, Vol. 90, No. 12, 2012, pp. 16—17.

③ Song Xiaolong, "Influencing Factors of Emergency Information Spreading in Online Social Networks: a Simulation Approach", *Journal of Homeland Security and Emergency Management*, Vol. 9, No. 1, 2012, pp. 1515/1547—7355.

④ 沙勇忠、史忠贤:《公共危机伪信息传播影响因素仿真研究》,《图书情报工作》2010 年第 5 期。

的生命周期，是一个不断循环往复的过程。

（二）PCIM 核心功能

1. 预测与预警

预测与预警贯穿危机生命周期全过程。在危机爆发前需要对其进行监测和预测，找到潜在的危机并尽可能消除。在危机发生伊始，要对所发生的危机做出恰当的预警，引导和指挥公众应对危机。在危机爆发后，也需要根据危机的不断变化和特有性征调整计划和方案，达到以少量代价解决危机的目的。危机预控职能是有效避免危机的关键职能，主要存在于危机爆发前的潜伏期、生成期和高潮期中。利用无线传感网络、空间视频系统及人工智能（移动机器人）等可以有效地收集地理数据和环境状态数据，[①]并通过预测模型得出哪些地区会受到威胁，及时做出预警。利用从急救中心及突发事件举报中心获得的数据，可以分析危机事件发生的频率及时空分布。[②]

2. 决策

支持危机决策是 PCIM 的核心功能，危机信息的收集、组织、分析、解读均以决策目标为中心。贾尼斯在《决策与危机管理中的领导》（*Crucial Decision：Leadership in Policymaking and Crisis Management*）一书中，在总结各类决策模式的基础上，提出了危机决策流程的约束模型和四大步骤，阐述了信息搜集在问题确认、信息资源利用、分析和方案形成以及评估和选择中的作用。[③] Roberto G. aldunate 等人研究并提出了一种分布式协同决策模型，主要用于大规模减灾行动。[④] De Maio 等研究了一种基于语义网络来协调异质数据和柔性计算的方法，用来处理不确定性因素

[①] Curtis Andrew and Mills Jacqueline W，"Spatial Video Data Collection in a Post-Disaster Landscape：the Tuscaloosa Tornado of April 27th 2011"，*Applied Geography*，Vol. 32，No. 2，2012，pp. 393—400.

[②] Barrientos Francisco，"Interpretable Knowledge Extraction From Emergency Call Data Based On Fuzzy Unsupervised Decision Tree"，*Knowledge-Based Systems*，Vol. 25，No. 1，2012，pp. 77—87.

[③] Janis Irving L，*Crucial Decision：Leadership In Policymaking And Crisis Management*，New York：Freepress，1989.

[④] Roberto G. Aldunate, Feniosky Pena-Mora and Genee. Robinson，"Collaborative Distributed Decision Making For Large Scale Disaster Relief Operations：Drawing Analogies From Robust Natural Systems"，*Wiley Periodicals*，Inc. 2005.

和模拟应急计划中的因果推理，来支持应急决策和资源调度。① GIS 可通过获取数据、存储数据、处理数据、分析数据以及可视化数据，为危机管理者提供决策支持。② 除决策系统设计之外，决策信息的传达及领导绩效的测量也受到了关注。③

决策功能贯穿整个危机管理活动，事前的决策主要是以常规决策和程序化决策为主，决策的问题一般都具有良好的结构，可以广泛征求意见，充分发扬和体现民主决策。协商民主（Deliberative Democracy）、基于地理信息的协商（GeoDeliberation）等作为重要研究主题，在公共危机管理领域正引起广泛的关注。危机一旦发生，危机的决策目标就会随着危机事态的演变而变化，人们需要不断地做出调整和修正，危机决策变为非程序化决策。这时，决策的第一目标是控制危机的蔓延和事态的进一步恶化，决策者通常以经验和灵感决策为主，由于情况紧急，往往将权威决策者的决定作为最后的决策结果。

决策过程中要解决的主要信息问题有：①准确定义危机决策问题；②针对可能出现的各种危机情境，应用专家知识和经验编制危机应急预案和应对计划；③根据出现的异常问题，判别危机情境，借助于 DSS、知识库、预案仿真等技术得到处理危机的初步方案。

3. 执行

高效的执行是危机决策发挥作用的有利保证。执行阶段主要的问题有人员设备和其他资源的调度，灾害现场的实时反馈，突发情况的灵活应对等。在执行的过程中，协作是至关重要的，大规模的危机事件响应是一个综合协作的过程，需要相邻区域的多部门主动参与和有效协作。④ 对公众参与来说，开放地理信息系统（volunteered geographic information）、移

---

① Kruke Bjorn Ivar and Olsen Odd, "Einarknowledge Creation and Reliable Decision – Making In Complex Emergencies", *Disasters*, Vol. 36, No. 2, 2012, pp. 212—232.

② A. E. Gunes, "Modified Crgs (M – Crgs) Using Gis in Emergency Management Operations", *Journal of Urban Planning and Development –Asce*, Vol. 68, 2000, pp. 6—149.

③ De Maio and G Fenza, "Knowledge – Based Framework For Emergency Dss", *Knowledge – Based Systems*, Vol. 24, No. 8, 2011, pp. 1372—1379.

④ Aedo Ignacio, Diaz Paloma and Carroll John M, "End – User Oriented Strategies To Facilitate Multi – Organizational Adoption Of Emergency Management Information Systems", *Information Processing & Management*, Vol. 46, No. 1, 2011, pp. 11—21.

动地理信息系统等是有效工具,① 一方面会提供重要的信息交互,另一方面也会提高应急处置的效率。

4. 评估

不仅是对危机后的评价,还包括对危机前的风险评估以及对危机中"可减缓性"、"可挽救性"与"可恢复性"的评价,其中尤其要注重危机前的风险评估,因为它具有"可消除性"。美国联邦应急管理署发布了一系列与风险有关的文件,其中包括风险制图、评估和规划(RiskMAP)的项目管理、战略、技术服务和用户数据服务等内容。② 日本学者 Ana Maria Cruz 和 Norio Okada 研究了由自然灾害引发的灾难(Natech),并提出了针对此类灾难进行风险评估的方法论。③ 德国的备灾评估项目中建立了比较成熟的备灾指标和框架,可进行多种与灾难相关的评估(Center for Hazards Research and Policy Development University of Louisville,2006)。④ 在火山、地震、泥石流、海啸等自然灾害风险评估与灾害影响评估中,交互式绘图信息系统、地理空间信息技术、遥感遥测等技术得到了广泛应用。⑤

四 PCIM 方法论

著名学者拉普拉斯说过:认识研究方法比发明、发现本身更重要。如果我们把发明和发现比喻为"黄金",那么研究方法就是"炼金术"。方法论是对方法的理论说明与逻辑抽象,是具体的、个别的方法的体系化与理

---

① Erharuyi N and Fairbairn D,"Mobile Geographic Information Handling Technologies To Support Disaster Management",*Geography*,Vol. 88,2003,pp. 312—318.

② *Federal Emergency Management Agency Risk Mapping*,*Assessment*,*And Planning*(*Riskmap*)*Draft Statement Of Objectives*(*Program Management*),Retrieved June 2009 from Http://www. Fema. Gov/Pdf/Plan/Program _ Management. Draft _ Soo _ 02202008. Pdf.

③ Ana Maria Cruz and Norio Okada,"Methodology For Preliminary Assessment of Natech Risk In Urban Areas s",*Nat Hazards*,Vol. 46,2008,pp. 199—220.

④ Center For Hazard Research And Policy Development University Of Louisville,*Indicator Issues And Proposed Framework For A Disaster Preparedness Index*(*Dpi*)*Draft Report To The*;*Fritz Institute. Disaster Preparedness Assessment Project* Retrieved July 2009 from http://www. Fritzinstitute. Org/PdFs/White Paper/Davesimpson%20indicatorsrepor. Pdf.

⑤ Kunz Melanie,Gret - Regamey Adrienne and Hurni Lorenz,"Visualization Of Uncertainty In Natural Hazards Assessments Using An Interactive Cartographic Information System",*Natural Hazards*,Vol. 59,No. 3,2011,pp. 1735—1751.

论化，因此相对于方法而言，方法论具有理论性、系统性和统一性等特征。

信息管理方法研究在危机管理领域虽然取得了一定的发展，但还没有形成系统的成果。公共危机信息管理有其自身的特点，所运用的方法要侧重于应用性与可操作性，必须与实际情况相适应，这就决定了PCIM的方法体系与传统的信息管理方法体系有所不同。

对PCIM方法体系的建构来说，一方面，方法是实现PCIM各项具体工作目标或任务的工具，因此，方法的结构应该从总体上保证PCIM各种功能的实现，即符合功能—结构的对应原则。另一方面，由于PCIM方法的来源是多方面的，方法的类别和数量是众多的，方法的性质是多元的，固此，应构建一个尽可能全面的、有机的方法框架，既能明确反映各种具体方法的"位置"、方法之间的联系和区别，又是可以扩充和发展的，可为新方法的并入提供余地。

根据公共危机管理的四阶段模型，从支持公共危机管理流程的主要功能出发，建构的与主要功能相对应的PCIM方法体系如图1—8所示。

PCIM方法体系由需求分析方法、信息采集方法、危机预测方法、危机监测方法、环境分析方法、深度研究方法、应急决断方法、执行控制方法和综合评价方法这9大类方法构成，每一类方法又包括各种具体方法，本书只列举了部分常用或重要的方法。

公共危机发生之前是信息管理的准备阶段，所需要做的是需求分析、信息采集与危机预测。需求分析方法保证了需求分析阶段所划定的信息需求范围的合理性，信息采集方法保证了所采集信息的质量与数量，而危机预测方法则直接关系到危机预报的准确性。

公共危机过程中的信息管理过程就是危机决策的过程，对应于危机决策的5个步骤，信息管理实现危机监测、环境分析、深度研究、应急决断与执行控制这5个功能。这个过程直接关系到公共危机管理的效果，对各类方法的应用也最为广泛。

公共危机发生后的信息管理的作用是对危机管理的效果进行评价并进行及时反馈，此时的方法也主要是各类评价方法。

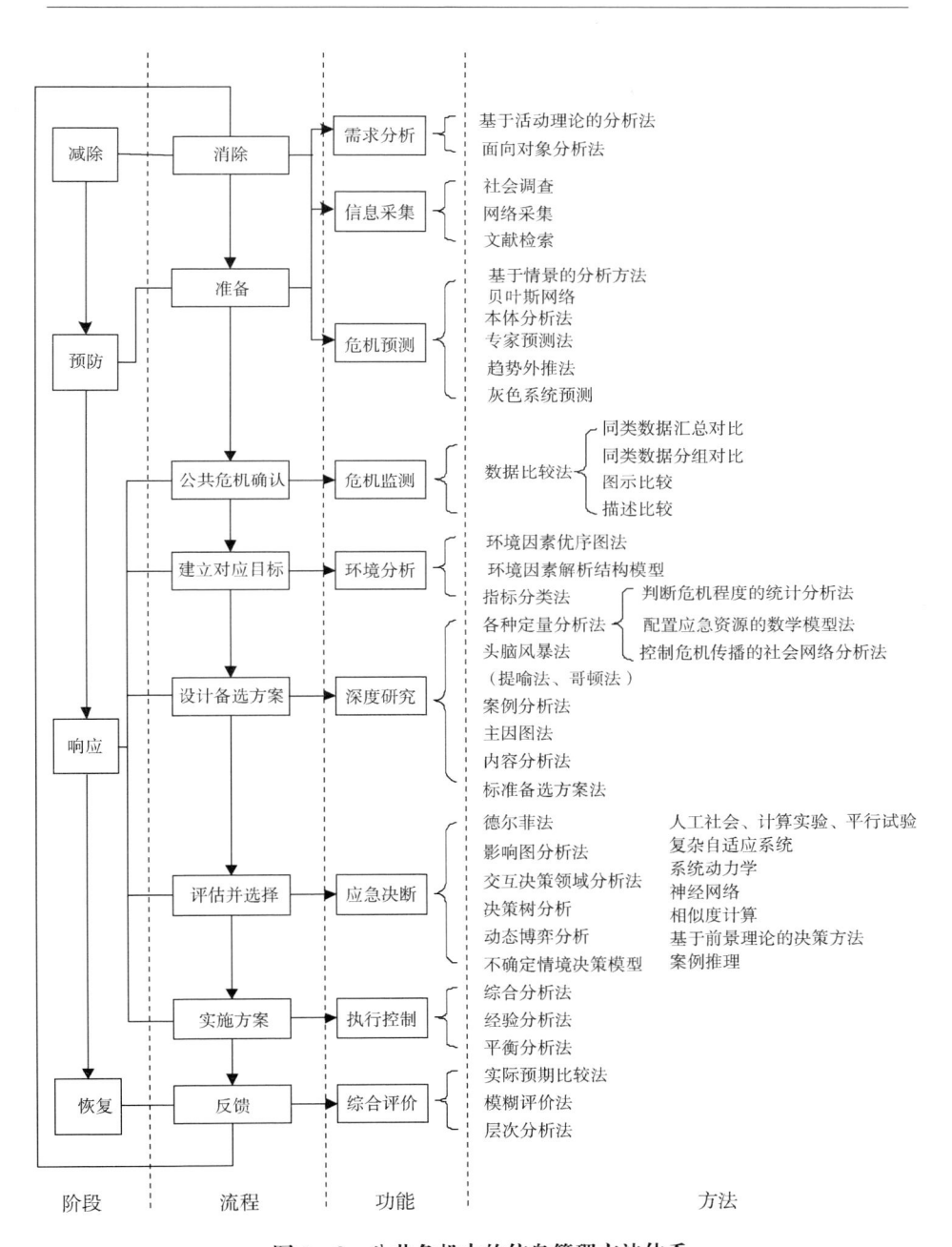

阶段	流程	功能	方法
减除	消除	需求分析	基于活动理论的分析法；面向对象分析法
预防	准备	信息采集	社会调查；网络采集；文献检索
		危机预测	基于情景的分析方法；贝叶斯网络；本体分析法；专家预测法；趋势外推法；灰色系统预测
响应	公共危机确认	危机监测	数据比较法：同类数据汇总对比；同类数据分组对比；图示比较；描述比较
	建立对应目标	环境分析	环境因素优序图法；环境因素解析结构模型；指标分类法
	设计备选方案	深度研究	各种定量分析法：判断危机程度的统计分析法；配置应急资源的数学模型法；控制危机传播的社会网络分析法；头脑风暴法（提喻法、哥顿法）；案例分析法；主因图法；内容分析法；标准备选方案法
	评估并选择	应急决断	德尔菲法；影响图分析法；交互决策领域分析法；决策树分析；动态博弈分析；不确定情境决策模型；人工社会、计算实验、平行试验；复杂自适应系统；系统动力学；神经网络；相似度计算；基于前景理论的决策方法；案例推理
	实施方案	执行控制	综合分析法；经验分析法；平衡分析法
恢复	反馈	综合评价	实际预期比较法；模糊评价法；层次分析法

图1—8 公共危机中的信息管理方法体系

五　PCIM 系统论

PCIM 系统论主要研究支持公共危机管理的各种应用信息系统、信息架构和信息技术。美国纽约大学商学院劳顿教授认为：信息系统不只是一个技术系统，还是一个管理系统和组织系统，也是一个社会系统。危机管理信息系统是基于不同层次、不同功能和技术的多维整合（图1—9）。[①]

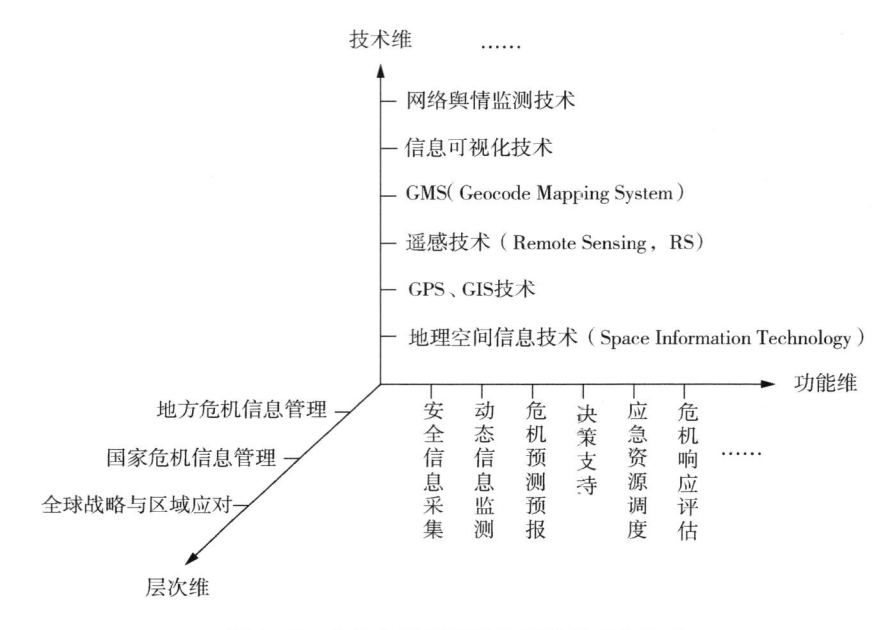

图1—9　公共危机管理信息系统的三个维度

技术维：网络舆情监测技术、信息可视化技术、GMS（Geocode Mapping System）、遥感技术（Remote Sensing，RS）、GPS、GIS技术、地理空间信息技术（Space Information Technology）

功能维：安全信息采集、动态信息监测、危机预测预报、决策支持、应急资源调度、危机响应评估……

层次维：地方危机信息管理、国家危机信息管理、全球战略与区域应对

从技术维的角度，各种公共危机管理应用信息系统和信息平台的建设需要广泛采用各种信息技术。除计算机硬件、软件、存储技术、通信和网络技术等最基本的技术之外，还需要利用遥感技术（RS）、GPS 技术和分布式数据库技术，有效地集合分散的信息资源；采用网格技术、GMS（Geo-code Mapping System）技术、数据仓库（DM）等，建立完整、动态的危机管理综合数据库；采用 GIS 技术、信息可视化技术、XML 技术

---

① Laudon Kenneth C and Laudon Jane P, "Management Information Systems: Organization And Technology In The Networked Enterprise", 6th Ed. Prentice - Hall Inc., 1999.

和决策模型，建立相互关联的决策支持子系统；采用地理空间信息技术，建立协作式危机管理系统；① 采用网络舆情监测技术，实现对网络群体性突发事件危机信息传播动态的实时监测；② 采用仿真技术，实现对危机事件的发生、演化机理分析，加深人们对危机治理的理解和认知。③

在经典文献中，1984 年，沙特朗（R. L. Chartrand）等人在名为《用于应急管理的信息技术》（Information Technology for Emergency Management：Report）的研究报告中，着重研究了应急通信系统、与自然灾害有关的信息存储与检索系统，以及其他信息技术在减灾和危机管理等方面的应用问题。科林（Nick Collin）讨论了危机信息管理中对信息和技术管理重构的重要性。④ 1999 年，美国国家研究理事会（National Research Council，NRC）编著的《用于危机管理的信息技术研究》（*Information Technology Research for Crisis Management*）详细介绍了各种可用于危机管理的信息技术的特点、作用等，并强调要通过运用信息技术来应对各种危机。⑤ 在危机管理实践中，全球著名的 ESI 公司开发了基于 Web 的应急信息管理系统——Web EOC 系统，该系统已得到了广泛利用，可以使组织在没有建立紧急事件处理中心的情况下也能很好地预防和应对危机。

从层次维的角度，地方危机管理信息系统支持地方政府的公共危机管理，各应用信息系统一般由政府专门部门建设，通常系统可操作性强，但可集成、可扩展性差。国家危机管理信息系统支持国家层面的公共危机管理，是地方危机管理信息系统的集成，建设中主要解决不同系统间的数据融合、共享和扩展问题。全球战略与区域应对信息管理系统支持国际层面

---

① A. M. Maceachren, et al, "Geocollaborative Crisis Management: Designing Technologies To Meet Real-World Needs, In Proceedings", *7th Annual National Conference On Digital Government Research*, San Diego, Ca, 2005.

② O. Oh and M. Agrawal, "Information Control An Terrorism: Tracking The Mumbai Terrorist Attack Through Twitter", *Inormation Systems Frontiers*, Vol. 13, 2010, pp. 33—43.

③ Kim Sung-Duk, Lee Ho-Jin and Park Jae-Sung, "Simulation Of Seawater Intrusion Range In Coastal Aquifer Using The Femwater Model For Disaster Information", *Marine Georesources & Geotechnology*, Vol. 30, No. 3, 2012, pp. 210—221.

④ Nick Collin, "Information Management In Crisis: Getting Value For Money From It Investments By Rethinking The Management Of Information And Technology", *Computer Audit Update*, Vol. 2, 1995, pp. 6—11.

⑤ David Mendonça, National Research Council. *Information Technology Research For Crisis Management*, National Academy Press, 1999.

的公共危机管理，在"全球风险社会"背景下，是支持跨国危机管理和全球危机管理的信息基础设施。在上述三个层次的危机信息系统中，国家危机管理信息系统居于核心地位。以美国国家突发事件管理系统（National Incident Management System，NIMS）为例，美国国土安全部成立后，NIMS将美国已有的最佳经验整合为一个统一的适用于各级政府和职能部门应对各种灾难的国家突发事件管理方案，使联邦、州、各级地方政府与私人团体能够有效、高效、协调一致地对国内突发事件作出准备、反应以及从突发事件中恢复。在实用系统层面，Sahana作为一个开放的灾害管理信息系统，能有效地促进政府、公众、企业及非政府组织之间的协作，协作主体可以跨越组织界限共享数据，共同响应灾害。[1]

从功能维的角度，公共危机管理信息系统按照功能可以划分为安全信息采集系统、动态数据监测系统、危机预测预警系统、应急预案系统、应急演练系统、应急仿真系统、应急决策系统、应急指挥系统、应急资源配置与调度系统、环境污染评测系统、灾害综合理赔系统、财产损害评估系统、医疗救助系统等。这些应用信息系统通过统一的应急信息平台进行集成，支持公共危机管理各项功能的实现。

六 简要总结

EPFMS分析框架是在公共危机管理与信息管理双重视域的交叉结合中基于问题域及其关系建构起来的PCIM研究框架，说明PCIM既有其背景学科——公共危机管理与信息管理——的知识支撑，又有其不同于背景学科的独特的知识元素和学科气质。

EPFMS分析框架的PCIM要素论主要研究PCIM的构成要素以及要素之间的关系，建立关于PCIM结构要素的基本认识；PCIM过程论基于公共危机管理的典型生命周期理论，研究每一阶段的信息保障和信息管理问题；PCIM功能论主要研究PCIM在公共危机管理中的功能和作用，探析PCIM最基本、最普遍的功能及其作用机制与方式；PCIM方法论研究

---

[1] Currion Paul, De Silva Chamindra and Van De Walle Bartel, "Open Source Software For Disaster Management - Evaluating: How The Sahana Disaster Information System Coordinates Disparate Institutional And Technical Resources In The Wake Of The Indian Ocean Tsunami", *Communications of The Acm*, 2007, Vol. 50, No. 3, pp. 61—65.

PCIM 的方法来源、方法原理、方法应用以及方法体系的建构问题；PCIM 系统论主要研究支持公共危机管理的各种应用信息系统、信息架构和信息技术。每个研究范畴都有其核心科学问题和研究侧重点，它们共同构成公共危机信息管理的 EPFMS 理论分析框架。为了便于对 EPFMS 分析框架有更加明确的认识，将其主要研究内容以及未来研究方向等总结如下表（表 1—9）。

表 1—9　　　　　　　EPFMS 的主要研究内容和方向

EPFM 框架	研究时间	研究成熟度	研究的核心问题	未来发展方向
要素论	稍晚	不成熟	公共危机信息管理的主体、客体、环境，以及主体和客体间的信息传递、作用机制等	由要素内容转向要素关系研究
过程论	较早	欠成熟	以决策为轴心研究公共危机信息的螺旋式周期管理	由灾害应对转向信息备灾和风险管理
功能论	较早	较成熟	以决策功能为核心研究公共危机信息收集、处理、存储、传播和使用中的问题，支持危机预测预警、决策、评估	智能化决策，突发事件的动态仿真与计算实验
方法论	稍晚	不成熟	危机信息的收集方法、组织方法、决策方法、评估方法以及改进	新方法的引入，独有方法的建构
系统论	早	较成熟	支持信息系统建设的关键技术，如 GIS、网格技术、卫星遥感、可视化技术等。不同信息系统的集成和融合问题，如数据共享、数据兼容	综合危机信息管理系统

第四节　公共危机信息管理的学科基础

公共危机信息管理作为一个正在发展中的新领域，是多学科交叉综合形成的产物。由于公共危机的复杂性和作为公共危机表征的信息的复杂性，公共危机信息管理需要调度多学科的资源来建构自己的知识体系。概言之，信息科学、公共管理、复杂科学、人工社会等为公共危机信息管理提供了基本的学术资源和学科建构材料，是其主要的学科基础。

一　信息科学基础

（一）信息科学概述

信息科学（Information Science）是指以信息为主要研究对象，以信息的运动规律和应用方法为主要研究内容，以计算机等技术为主要研究工具，以扩展人类的信息功能为主要目标的一门新兴的综合性学科。信息科学是由信息论、控制论、计算机科学、仿生学、系统工程与人工智能等学科互相渗透、互相结合而形成的。

信息科学正在形成和迅速发展，人们对它的研究范围尚无统一的认识。目前，主要的研究内容涉及以下几个方面：（1）信源理论和信息的获取，研究自然信息源和社会信息源，以及从信息源提取信息的方法和技术；（2）信息的传输、存储、检索、变换和处理；（3）信号的测量、分析、处理和显示；（4）模式信息处理，研究对文字、图像、声音、视频等信息的处理、分类和识别，研制机器视觉系统和语音识别装置；（5）知识信息处理，研究知识的表示、获取和利用，建立具有推理和自动解决问题能力的知识信息处理系统，即专家系统；（6）决策和控制，在对信息的采集、分析、处理、识别和理解的基础上作出判断、决策或控制，从而建立各种控制系统、管理信息系统和决策支持系统。（7）信息社会，研究信息与信息技术在社会中的角色，信息的社会影响以及信息的社会测度等。信息过程普遍存在于生物、社会、工业、农业、国防、科学实验、日常生活和人类思维等各种领域，因此信息科学对工程技术、社会经济和人类生活等方面都有巨大的影响。

（二）信息科学与公共危机信息管理

1. 信息需求分析

信息需求分析包括危机信息需求的分类、分析流程、分析方法等。危机信息需求的分类可以根据危机管理的生命周期理论划分，也可以根据危机信息系统建设需求划分，如根据国内省、市两级政府正在建设的"一网五库"标准配置，分为危机事件信息、预案及法律法规信息、储备资源信息、案例知识信息和专家支持信息。危机信息需求的分析流程除传统的分析流程外，近年来兴起的基于活动理论（Activity Theory）的分析流程是一个重要的趋势。信息需求分析方法在沿用传统的信息需求分析方法（如问卷与访谈、日记法、观察法等）的同时，也融入其他学科的研究成果，产生了诸如关键成功因素法、基于数据流的分析方法、基于任务的分析方法等方法。

2. 信息管理

信息管理从管理过程看，主要研究信息规划、收集、整理、组织、检索、分析、传播、利用和评价等；从管理模式看，主要研究信息的技术管理、信息的经济管理与信息的政策法规管理。其中，管理过程中的信息规划对 PCIM 具有全局的意义，包括数据规划、信息资源规划、信息系统规划、信息资源网络规划等，需要结合公共危机的特点进行全局谋划；管理模式中的信息资源配置（经济管理模式的核心内容）与信息规划有紧密联系，需要研究配置模式、机制、政策与法规调控，以及配置结构的优化、配置效率的评价等。

3. 知识表示与知识推理

知识表示与知识推理是建设知识库和专家系统的核心。知识表示（knowledge representation）就是要把问题求解中涉及的对象、条件、相关算法等知识组织成为计算机可处理的数据结构以及解释这种结构的某些过程。有了合适的知识表示方法，才能在计算机中有效地储存、检索、利用和修正知识。知识推理（knowledge reasoning）可分为三种类型：基于案例推理（case - based reasoning，CBR）、基于规则推理（rule - based reasoning，RBR）及基于模型的推理（model - based reasoning，MBR）。知识表示与知识推理方法和技术的进步，可为危机管理挖掘隐含于各种数据、事实、案例中的经验和知识，从而在人工智能和语义层面支持公共危机决策。

4. 信息系统开发

信息系统的发展与信息处理技术的进步密切相关，大体经历了电子数据处理系统（EDPS）、管理信息系统（MIS）、决策支持系统（DSS）、专家系统（ES）等几个发展阶段。美国纽约大学商学院教授劳顿（K. C. Laudon）指出："信息系统不只是一个技术系统，还是一个管理系统和组织系统，也是一个社会系统。"[①] 通过建立分层次、多功能的公共危

---

① Laudon Kenneth C and Laudon Jane P，*Management Information Systems*：*Organization and Technology in the Networked Enterprise* (6th ed.)，Prentice - Hall Inc，1999.

机信息系统，达到对危机信息自动监测、及时预警、快速获取、高速传递、智能分析、联动共享、正确决策的目的。这就需要对与各类危机信息系统设计和应用有关的组织、技术、人以及认知因素有综合、准确的理解，信息科学可以为危机信息系统开发提供帮助。

5. 信息技术应用

信息技术应用在危机管理中具有巨大的潜力。在紧急状态下做出好的决策并采取合适的行动，需要通信、数据和计算资源的支持，以有效协调地理上分散的大规模的参与者和资源，进行各种各样的信息交流，并对应急预案和应急响应做出评估。一份来自美国国家研究委员会的应用信息技术加强灾害管理分委员会（Committee on Using Information Technology to Enhance Disaster Management，National Research Council）的研究报告指出，信息技术具有帮助人们清楚地认识灾害以及快速地做出决策的能力，还可用来对灾害管理各阶段有关的复杂细节进行监测和留痕。报告列出了减灾管理中应用信息技术提高响应和快速恢复能力的短期和长期的机会清单，指出成功的信息技术应用意味着多种因素的结合——更明智的应用已有技术，创造机会开发和采纳新的技术，以及为更好地使用这些技术改进流程，同时，建立促进信息技术开发和有效应用的机制也是至关重要的。[①] 对 PCIM 来说，公共危机管理的信息技术战略、信息技术投资决策、信息技术价值评估、信息技术的集成管理以及信息技术项目管理等，都是相对重要的主题。

二 公共管理基础

（一）公共管理概述

公共管理（Public Management）学科来自公共行政学（Public Administration）。自"二战"以来，在美国，公共行政学一直在努力寻求建立自己的学科地位、学术身份和学理规范。这种努力引起了公共行政学内部的各种流派纷争，20 世纪 70 年代后，公共行政学进入以新公共行政、

[①] Committee on Using Information Technology to Enhance Disaster Management, National Research Council. *Improving Disaster Management: The Role of IT in Mitigation, Preparedness, Response, and Recovery*, Washington, D.C.: The National Academies Press, 2007.

公共政策学派和公共选择学派为代表的学科分裂阶段。20世纪70年代末80年代初，随着新公共管理（New Public Management）运动的兴起，以及西方社会科学跨学科、交叉综合研究趋向的深入，以经济学、管理学为主导，融合各学科相关知识和方法，力图构建公共管理（尤其是政府管理）新的知识框架的公共管理学术路线开始确立，并最终导致了公共管理的出现。从现在的情况来看，公共管理这个概念能够统领该领域的学术研究和知识积累，许多流派正在聚拢，公共管理的核心知识范畴正在形成。

公共管理学科的主要流派和理论前沿有：

1. 公共选择学派

20世纪60年代初，布坎南和图洛克两人合写了《允诺的微积分：宪政民主的逻辑基础》，尝试用经济学中的"理性经济人假设"来解释政治运作和决策的过程，包括宪法理性。这就是大家所知的公共选择学派。这一学派认为所有的人都是理性自私的，国家只是人们在一起进行公共决策和执行决策的工具，如果收益大于成本，人们就会参与决策，否则人们就不参与。参与的人越多，决策成本越高，但执行成本越低；参与的人越少，决策成本越低，但执行成本越高。理性经济人的假设也影响了对组织管理感兴趣的学者，如道恩斯（Downs）、文森特·奥斯特罗姆等，另外，委托代理理论、交易经济理论和尼斯堪南的以公共选择为基础的官僚行为理论，都属于用理性经济人的假设分析社会管理体制的学派。

公共选择理论的优点在于找到了一个定义清楚、逻辑一贯、有相当预见力的衡量组织运作的描述和测量方法。它的问题在于忽视了组成国家的不完全是具有经济理性的人，还有非经济理性的，更致命的弱点是公共选择学派对传统自由主义思想中公共利益的否定。[1]

2. 新公共管理

新公共管理严格来说并不是一个理论或一种学说，而是一种思潮在公共管理领域里的体现。按照其代表学者戴维·奥斯本和特德·盖布勒的概括，新公共管理主要有十个方面的特征：（1）起催化作用的政府：掌舵而不是划桨；（2）社区拥有的政府：授权而不是服务；（3）竞争型政府：把竞争机制引入服务提供中去；（4）有使命感的政府：改变照章办事的组织；（5）讲究效果的政府：按效果而不是按投入拨款；（6）受顾客驱使的政府：

---

[1] 蓝志勇、陈国权：《当代西方公共管理前沿理论述评》，《公共管理学报》2007年第3期。

满足顾客的需要而不是官僚政治的需要;(7) 有事业心的政府:有收益而不浪费;(8) 有预见的政府:预防而不是治疗;(9) 分权的政府:从等级制到参与和协作;(10) 以市场为导向的政府:通过市场力量进行变革。①这十项原则构成了新公共管理的主体内容。

新公共管理强调以效率为中心,通过引进工商企业的管理理论来改进公共部门,以提高公共部门的效率。这种管理理念虽然从某种意义上说确实可以提高管理效率,但在实践中很容易导致公平、正义等民主价值的弱化,从而与公共行政追求公民权利、人性尊严、社会公正、公共利益、社会责任等价值的本质背道而驰。

3. 新公共服务理论

丹哈特夫妇指出:所谓新公共服务,指的是关于公共行政在以公民为中心的治理系统中所扮演角色的一套理念。与以往传统行政理论将政府置于中心位置而致力于改革和完善政府本身不同,新公共服务理论将公民置于整个治理体系的中心,强调公共管理的本质是服务,重视政府与社区、公民之间的对话沟通与合作共治。新公共服务理论的基本内涵有七点:(1) 政府应是服务而非掌舵;(2) 追求公共利益,公共利益是主要目标而非副产品;(3) 战略地思考,民主地行动;(4) 超越企业家身份,重视公民身份,服务于公民而不是顾客;(5) 责任并不是单一的;(6) 重视人而不只重视生产率;(7) 超越企业家身份,重视公民权和公共服务。新公共服务理论超越了新公共管理的管理理念,为建设服务型政府提供了理念基础。

4. 公共治理理论

治理一词开始出自 1989 年世界银行专家针对发展中国家挪用国际援助款、腐败等问题提出的对策。罗德斯（Rhodes）指出,治理一词至少有六种含义:作为最小国家的管理活动的治理;作为公司管理的治理;作为新公共管理的治理;作为善治的治理;作为社会控制体系的治理;作为自组织网络的治理。罗德斯更倾向于自组织网络的治理应用,并将治理看作是网络的自治管理。

斯托克（Stoker）提出了关于治理的五个核心论点:(1) 治理关注一系列源于政府但又不限于政府的公共机构和参与者;(2) 治理明确指出在

---

① 戴维·奥斯本、特德·盖布勒:《改革政府——企业精神如何改革着公共部门》,周敦仁等译,上海译文出版社 1996 年版。

解决社会和经济问题的过程中存在边界和责任上的模糊；（3）治理明确肯定了在涉及集体行动的公共机构之间存在权力依赖；（4）治理意味着参与者将形成一个自治性的自组织网络；（5）治理认为政府办好事情的能力并不是依赖于政府的权力与权威，而是能够利用新的工具与技术实现调控与指导。治理理论的核心是网络管理，罗德斯将自组织定义成一种自主且自我管理的网络，提出了治理在网络视角下的四点特征：（1）公共组织、私人组织、志愿者组织之间相互依赖；（2）由于资源交换和协商共同目标的需要，网络成员间持续互动；（3）博弈式互动来源于信任，并受网络参与者协商且达成一致的赛局规则的限制；（4）很大程度上网络脱离政府而自治。①

治理理论有三种主要研究途径：政府管理的途径、公民社会的途径和合作网络的途径。其中，合作网络的途径显示了治理的更多新特征。②

（二）公共管理与公共危机信息管理

1. 公共危机信息属于准公共物品

公共危机信息具有非排他性、非竞争性特点，属于准公共物品。这意味着政府和公共组织是公共危机信息的主要提供者和管理者；同时，公共危机管理中要坚持信息公开原则，使公众等利益相关者了解事实真相，并按照政府信息统一的发布去应对危机。

2. 公共危机决策中的信息支持

危机信息具有不确定性，由此延伸出其不对称、不完全和非均衡特征，意味着要在信息不确定条件下保证危机决策的快速、准确和有效，需要区分常规决策和非常规决策，优化决策流程和约束条件，并通过区分决策重点和加强信息反馈来优化决策策略，有关公共决策的知识可为这一问题提供支持。

3. 协调联动中的信息沟通

所谓协调联动，就是在应急管理过程中有效地构建不同层级的政府之间、政府内部各部门之间、政府与社会组织之间的治理网络，通过良好的沟通与有效的信息交流，整合资源，共同行动，协调处理用于处置公共危机的规律性运作模式。③ 要使信息沟通的基础作用有效发挥，不同的公共

---

① 娄成武、谭羚雁：《西方公共治理理论研究综述》，《甘肃理论学刊》2012年第2期。
② 陈振明：《公共管理学》，中国人民大学出版社2005年版，第76—86页。
③ 刘红芹、沙勇忠：《应急管理协调联动机制构建：三种视角的分析》，《情报杂志》2011年第4期。

危机类型、危机管理的不同阶段,以及危机管理组织结构这三方面都要有相应的变革,公共组织理论和网络治理理论等会为之提供学术资源。

4. 公共危机管理的信息平台

在电子政府建设的基础上,如何构建公共危机管理平台,并与电子政府平台有效对接,电子政府的相关理论和实践可提供重要参考。

三 复杂科学基础

(一) 复杂性与复杂科学概述

1. 复杂性与复杂系统

复杂性是系统由于内在元素非线性交互作用而产生的行为无序性的外在表象,包括生物复杂性、生态复杂性、演化复杂性、经济复杂性、社会复杂性等。复杂系统主要研究由微观层次上各子系统之间的相互作用所导致的宏观层次上的系统结构与行为。它涉及自然科学、工程学、经济学、管理学、人文与社会科学等各个领域,可概括为自然界演化过程中形成的复杂系统,以及社会经济复杂系统。从复杂系统的结构与工艺,以及非均匀性、非线性性、自适应性和网络性等特性上看,复杂性寓于复杂系统之中,对于复杂性事务来说,必须用复杂性的方法来研究,对复杂系统的研究也就是对复杂系统内客观存在的复杂性问题的研究。

2. 复杂科学理论的发展

20世纪40年代,贝塔朗菲建立了一般系统论,维纳提出了控制论,申农提出了信息论,形成第一代系统观,20世纪70年代,霍兰对许多混乱而复杂的系统进行研究,发现整体大于部分之和的事实,促进了第二代系统观——非线性科学的兴起。1977年,普里高津等人开创了耗散结果理论,讨论了自组织涨落等新的概念。随后又先后出现了协同理论、突变理论等新的研究领域,为现代系统科学注入新的学术思想,同时也为复杂系统理论的产生提供了理论基础。20世纪90年代以来,随着计算机技术的发展,中外学者开始对系统中个体环境的互动进行深入研究。美国圣塔菲研究所的霍兰揭示了复杂现象的本质,提出了复杂适应系统的新概念,形成了一套比较完整的理论体系,为人们认识、理解、控制、管理复杂系统提供了新的思路。复杂科学是"21世纪的科学"。复杂科学的出现极大地促进了科学的纵深发展,使人类对客观事物的认识由线性上升到非线性、由简单均衡上升到非简单均衡、由简单还原论上升到复杂整体论，系统科学发展进入一个新阶段。

（二）复杂适应系统及其一般特征

复杂适应系统以"适应性主体"或称"智能体"为核心，有 7 个重要概念：

聚集（aggregation）——个体通过"黏合"（adhesion）形成较大的多主体聚集的聚集体。相似的主体可以聚集成类，而且简单的主体通过复杂的相互作用可以涌现出大尺度的复杂行为。"聚集"意味着新型的、更高层次上的个体的出现。

非线性（non-linearity）——系统个体之间的相互影响不是简单的、被动的、单向的因果关系，而是主动的"适应"关系以及各种反馈作用（包括负反馈和正反馈）交互影响、相互缠绕的复杂关系。系统表现出的总和效果不等于系统的所有主体单独表现效果之和。

流（flows）——资源在主体之间的流动。其中起关键作用的是"信息流"，并遵循乘数效应（multiplier effect）和再循环效应（recycling effect）。

多样性（diversity）——主体在适应过程中，由于种种原因，个体之间的差别会发展与扩大，最终形成分化，并表现出丰富多彩的特性。

标识（tag）——主体区别于其他主体的显著特征，其意义就在于提出了个体在环境中搜索和接收信息的具体实现方法。CAS 理论在这方面的发展就在于把信息的交流和处理作为影响系统进化过程的重要因素加以考虑。强调"流"和"标识"就为把信息因素引入系统研究创造了条件。

内部模型（internal models）——主体内置环境预测机制，并可通过内部模型推演行为后果。

构筑块（building blocks）——又译作"积木"或"构件"，通过对原有构筑块的重新组合，形成复杂的系统功能。

在上面提到的这些概念中，"主体"是 CAS 最核心的概念，系统中的"主体"是多层次的、与外界不断交互作用的、不断发展和演化的、"活"的个体。由于复杂适应系统具有这一特点，因此可以为我们探讨危机信息管理及其运行机制奠定理论基础。

总而言之，复杂适应系统具有以下四个特征：

基于适应性主体（adaptive agent）——适应性主体具有感知和响应的

能力，自身具有目的性、主动性和积极的"活性"，能够与环境及其他主体随机进行交互，自动调整自身状态以适应环境，或与其他主体进行合作或竞争，争取最大的生存和延续自身的利益。主体适应性造就了纷繁复杂的系统复杂性。

共同演化（co-evolution）——适应性主体可以从一种多样性统一形式转变为另一种多样性统一形式。然而，适应性主体不仅仅是演化，而且是共同演化。共同演化产生了无数能够完美地相互适应并能够适应其他生存环境的适应性主体。

趋向混沌的边缘（edge of chaos）——CAS具有将秩序和混沌融入某种特殊平衡的能力。它的平衡点就是混沌的边缘。一方面，每个适应性主体为了有利于自己的生存和延续，显然都会稍稍加强与对手的相互配合，这样就能很好地根据其他主体的行动来调整自己，从而使整个系统在共同演化中向着混沌的边缘发展，其整体适应度（fitness）就会上升。特别是在介于有序状态和混沌状态之间时，整体适应度将达到顶峰。另一方面，混沌的边缘远不是简单地介于完全有秩序的系统与完全无序的系统之间的区界，而且是自我发展地进入的特殊区界。在这个区界中，系统会产生涌现现象。

涌现现象（emergency）——通过互联、自组织，形成群体行为后出现的一种单个个体不具有，也无法控制的现象。涌现最为本质的特征是由小到大、由简入繁。涌现使整体行为远比各部分行为的总和更为复杂，并充满了更多非线性作用。此外，涌现具有动态性、规律性和层次性，在所生成的既有机构的基础上，可以生成具有更多组织层次的结构。

复杂适应系统模型中的实体可以是人，也可以是组织。尽管不同领域对主体的认识有差异，但一般来说，主体应该具有这样几个特性：

适应性（adaption）——主体能够与环境以及其他主体进行交互作用，在这种持续不断的交互过程中，不断地"学习"或"积累经验"，并根据学到的经验改变自身的结构和行为方式。

社会能力（social ability）——主体间进行信息交换的能力。这种能力除了受主体智能水平和知识基础影响外，还受主体个人、人际、结构和技术等因素的影响。

反应能力（reactivity）——指主体对环境的感知能力。一般来说，主体都拥有一定数量的资源，能够在有限的范围内感知环境并与其他主体交流信息，能够根据自身具备的资源、技能、感知到的环境信息和通过通信获得的信息，为达成目标，在"条件—动作"规则指导下做出决策，并采取一定的行动。

多主体效应（multi-agent effect）——主体并非单一的，而是一个多主体系统，是由一组交互作用的、种类相同或不同的、在系统结构中分别担任不同角色的主体组成的，这些不同功能和构造的主体，可以利用全局信息、相互的通信，以及自身的信息和规则进行写作和决策。由于它们之间错综复杂的相互作用，可以表现单个主体所不具有的特性。

归纳起来，CAS的基本内容和主要观点有以下三点：第一，复杂适应系统包含具有适应能力的主体，而主体间存在差异。第二，主体进化和学习的动力源于主体与环境的交互作用，后者是系统演化的动力。第三，主体的演化过程是一个动态的自然选择过程。

（三）复杂适应系统与公共危机信息管理

从哲学视角分析，复杂适应系统理论所揭示的"适应性造就复杂性"以及"主体是活的实体"的观点丰富了事物辩证法中有关运动的思想，因此有着重要的看论和方法论上的意义。从复杂适应系统角度看危机信息管理的复杂性，主要有以下五大特点：

1. 危机信息本身的复杂性

主要表现为危机事件的突发性、破坏性、紧迫性、不确定性、敏感性、可变性和公开性等特点。正是这些特点的存在，使得危机信息管理具有知识敏感性和时间敏感性两大特性同时并存的特点，加大了危机信息搜集、处理、分析和利用，以及危机决策和管理的难度。

2. 危机中心理变化的复杂性

突发事件使人们处于一种心理应激状态。危机中的心理表现为应激反应和情绪改变，如焦虑、抑郁、恐惧、愤怒、震惊、责难、内疚、改变信念等。危机中的心理变化在不同个体中既具有相似性，同时也具有差异性，因此给利用有针对性的信息实施危机心理干预造成了困难。

3. 危机信息管理流程的复杂性

危机信息管理具有自身的规律和特点，但同时又必须遵循危机发展的自身演化规律和危机管理的基本原则，最终实现危机管理的目标。因此，在探寻科学的危机信息管理流程的同时，应使其与危机演化流（危机生命周期）、危机管理流（计划、组织、指挥、协调、控制）契合，形成危机管理的"三螺旋"结构。

4. 危机信息传播交流的复杂性

危机信息传播作为一种异化情境下的特殊的信息传播形态，是一种在特定"场域"内进行的由信息生产者或控制者到信息使用者的可控过程，是适用性主体（危机利益相关者）特定社会关系的体现。传递双方通过彼此间的符号编码与解码、意义建构与解读活动实现危机信息共享。

5. 危机信息系统建设的复杂性

危机信息系统是一个涉及众多领域，集软、硬件系统于一体的复杂适应系统。危机信息系统以建立一套有效的信息收集、分析和评估系统为核心，实现对危机管理的重要支持。危机信息系统建设具有多层次、多功能特点，因此，整合分散、独立和功能各异的现有系统，建构全面整合的危机信息管理系统就成为提高应对突发公共事件能力的一项重要任务。

四 人工社会基础

（一）人工社会的内涵

1991 年，兰德公司的 Builder 和 Bankes 针对信息技术对社会的冲击和影响问题提出了人工社会（artificial society）的概念。1995 年，Nigel Gilbert 和 Rosaria Conte 编辑出版了《人工社会：社会生命的计算机仿真》（*Artificial societies - The computer simulation of social life*）一书，收集了 Agent 技术用于社会科学各个领域的论文，从此，人工社会被正式提出并变成了一个相对独立的学科领域。1996 年，Epstein 和 Axtell 两人完成了著作《发展中的人工社会：从下到上的社会科学》《*Growing Artificial Societies - The social science from bottom up*》，书中阐述了人工社会系统——糖域（Sugarscape）模型，Epstein 等人把它当作计算机中的一个社会科学实验室，通过不断地变换 Agent 遵循的规则，观察各种各样的社会现象。1997 年，Axelrod 出版了他的著作《合作的复杂性》（*The complexity of cooperation*），被誉为基于 Agent 的社会学仿真领域的经典读物。1998 年，英国萨里大学主办的国际学术期刊《人工社会与社会仿真杂志》开始发行，标志着这个领域的成熟。目前人工社会的应用领域比较广泛，尤其是在战争模拟、人口学研究、传染病研究、环境承载力等方面。

人工社会是基于多智体的社会仿真（agent-based social simulation，ABSS）。由于人类社会是由大量的个人构成的复杂系统，因而可以在计算机中建立每个人的个体模型，计算机中的人模型被称为 Agent，然后让这些 Agent 遵循一定的简单规则相互作用，最后通过观察这群 Agent 整体作用的涌现（Emergence）属性找到人工社会的规律，并用这些规律解释和理解现实人类社会中的宏观现象。人工社会通过人造对象的相互作用，利用计算机和代理技术"培育"社会，模拟并"实播"人工社会系统的各种状态和发展特性，是一种自下而上的主动综合型研究方法。与传统社会仿真不同的是，传统社会仿真固守"实际社会是唯一现实存在"的信念，并以实际社会作为检验研究成果的唯一参照和标准，追求"真实"；而人工社会已迈向了"多重社会"的认识，认为人工社会也是一种现实，是现实社会的一种可能的替代形式。

（二）人工社会方法论

人工社会的核心方法是基于代理的建模、模拟和分析方法（Agent-based Modeling，Simulation and Analysis），一般认为代理系统具有如下主要特性：

（1）自主性：在不涉及其他代理的情况下，一个代理能够主动利用其能力追求其目标，不论是在它的决策方面还是信念方面。

（2）社交能力：代理之间可用其特有的语言进行交流和通信，并具有进行合作、服从、冲突等社会活动的能力。

（3）学习进化能力：代理具有观察自身和其他代理的行动、结果及所处环境的能力，并从中学习进化、改进其决策能力和基础信念。

（4）移动能力：代理具有根据自己选择的时间和地方，在网络中迁移其"住处"的能力。这是一个非本质的技术特性，但对于在网络环境下构造分布式复杂人工社会系统却是至关重要的。

人工社会的代理方法主要有 3 部分，即代理、环境和规则。代理即人工社会中的"人"，具有自己的内部状态、行为规则，并可以随着时间、交流和外部世界的变化而变化。环境或空间是代理赖以生存的地方，是它们"生命"的舞台，可以是实际的物理环境，也可以是虚拟的数学或计算机过程，一般表示为存有代理事物的场所（sites）所形成的网格（lattice）。最后，规则是代理及场所本身、代理之间、场所之间、代理与场所之间"行事处世"的准则和步骤，从简单的代理移动规则，到复杂的文化、战争和贸易规则。利用面向对象的编程（object – oriented programming，OOP）技术，代理、环境和规则可以方便地被实现为对象（object），尤其是 OOP 的内部状态和规则的封装（encapsulation）特点，目前 OOP 是构造基于代理的社会模型的最佳工具。

代理方法已在解析模型和计算方法上有了坚实的基础。在模型上，有从 Neumann 的自我繁殖自动机、元胞自动机，到 Brooks 的基于行为的有限状态机；在算法上，有神经元网络、遗传算法、蚂蚁算法和免疫算法；在方法论上，有 Ashby 和维纳的控制论、分布式人工智能，还有人工生命。此外，人工社会的一些建模软件也相继开发出来，如社会学仿真软件 mathematica、Santafe 研究所开发的社会学仿真平台 Swarm、由 MIT 开发的简单好用的复杂适应系统建模工具 Starlogo 等，还有各式各样满足单独学科需求的计算机软件平台，比如用于网络分析的 Projek、用于经济系统的 TNG 平台等。

（三）人工社会与公共危机信息管理

人工社会对公共危机信息管理的意义在于，通过构建公共危机管理的人工社会，可以对涉及范围广，具有罕见性、多变性、突然性等特征，拥有极端环境、资源紧张、信息匮乏等特殊边界条件的非常规突发事件进行仿真模拟，为危机决策、管理控制、预案评估、研究成果验证、心理培训等提供支持，从而使通过实验方法研究和探析公共危机信息管理的相关规律成为可能。

王飞跃教授的团队在该领域所做的工作值得学界重视。2004 年，他们正式提出"人工社会（Artificial Societies）—计算实验（Computational Experiments）—平行执行（Parallel Execution）"相结合的 ACP 社会计算方法，[①] 是人工社会思想与控制论结合的新进展，针对的是如何利用计算实验方法来综合解决实际社会系统中不可准确预测、难以拆分还原、无法重复实验等复杂性问题，ACP 方法为面向"以人为核心"的复杂社会问题研究提供了完整解决方案。之后，他们将 ACP 社会计算方法引入突发事件应急管理领域，提出了平行应急管理系统（Parallel Emergency Management Systems，PeMS）理论，[②] 该系统的设计思想如下（图1—10）：

[①] 王飞跃：《计算实验方法与复杂系统行为分析和决策评估》，《系统仿真学报》2004 年第 5 期。

[②] 王飞跃：《基于平行系统的非常规突发事件计算实验平台研究》，《复杂系统与复杂性科学》2010 年第 4 期。

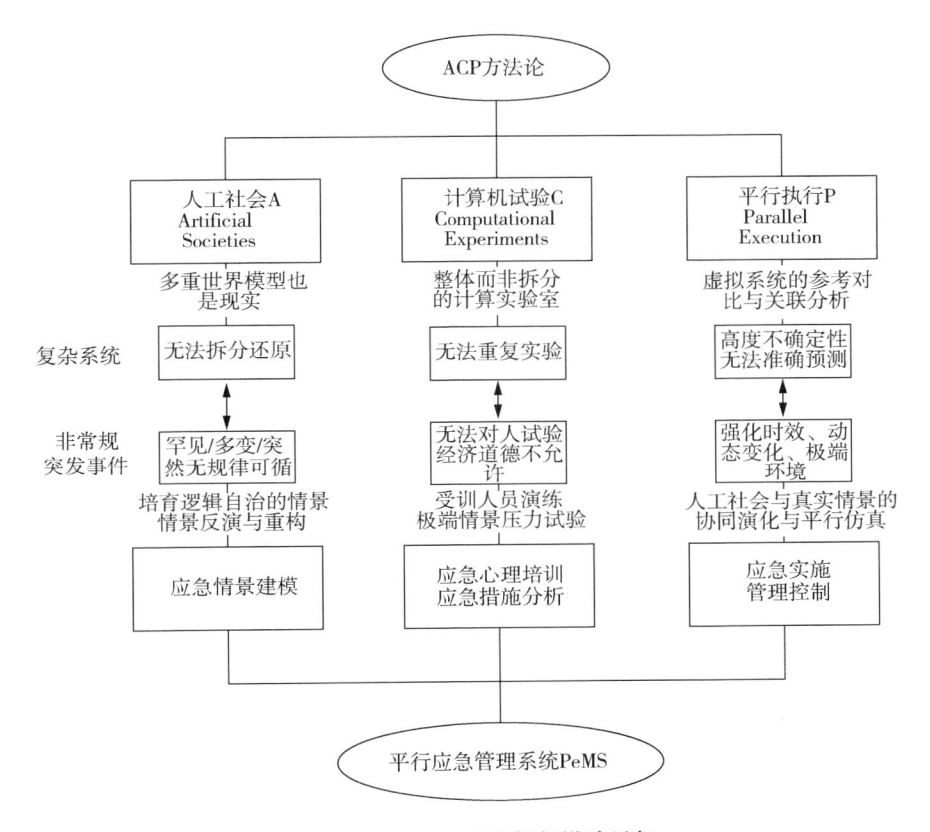

```
                    ┌─────────────┐
                    │  ACP方法论   │
                    └──────┬──────┘
         ┌─────────────────┼─────────────────┐
    ┌────┴─────┐      ┌────┴─────┐      ┌────┴─────┐
    │ 人工社会A │      │计算机试验C│      │ 平行执行P │
    │Artificial│      │Computational│    │ Parallel │
    │ Societies│      │Experiments│     │Execution │
    └──────────┘      └──────────┘      └──────────┘
```

图 1—10　PeMS 系统框架设计思想

（由于图中包含多重世界模型也是现实／无法拆分还原／罕见多变／突然无规律可循／培育逻辑自治的情景情景反演与重构／应急情景建模；整体而非拆分的计算实验室／无法重复实验／无法对人试验经济道德不允许／受训人员演练极端情景压力试验／应急心理培训应急措施分析；虚拟系统的参考对比与关联分析／高度不确定性无法准确预测／强化时效、动态变化、极端环境／人工社会与真实情景的协同演化与平行仿真／应急实施管理控制，汇总至"平行应急管理系统 PeMS"。左侧分别标注"复杂系统""非常规突发事件"。）

人工社会的设计思路：采用情景建模的方式来整体研究突发事件中动态变化的人群，在一个标准化、开放式的计算环境下，基于人群复杂行为的各类模型库、知识库、方法库和集成场景库，构建与真实的非常规突发事件相对应的计算机化的人工社会。

计算实验的设计思路：利用计算机智能体来代替现实中的人，构建人工社会，形成以人为中心的非常规突发事件的计算实验场，在映射复杂人群活动的非常规突发事件的人工社会试验场中，研究和设计同自然科学中的重复实验方法和工具相类似的理论、方法和标准操作工具，即计算实验问题，主要包括人工社会初始化、驱动人工社会实验的动力学引擎及对实验过程和结果进行标定、计量、统计、分析、回溯、恢复、重置和假定。

平行执行的设计思路：利用现代科学技术条件，尤其是日益普及互联网与移动网络，可以实现对非常规突发事件的全程动态监测，实现事件相关信息的自动收集、结构化处理与人工社会的无缝集成，使人工社会与真实的事件演化处于并行运行状态。然后，利用计算机对人工社会的时间调节功能，使人工社会具有"透视"未来的作用，掌握和预测非常规突发事件的动态演化的全过程，实现应急响应的动态优化。

为满足非常规突发事件应急情景的特殊边界条件，非常规突发事件动态模拟仿真与计算实验平台应具备以下功能：(1) 具有支持高性能、开放式、可延展的模拟仿真环境，提供基础的自然、社会与人文环境的标准化建模支持。(2) 支持智能体在可计算的自然、社会与人文环境中交互和自适应调整，实现构件的互操作与协调。(3) 能够实现对设定情景的主动培育，支持单一模式下用于逼近某一现实场景的仿真，以满足不同情景需求的成批仿真。(4) 支持实时感知信息的自动获取与多源异构数据的语义聚融，实现"虚"、"实"空间信息的互动与互补，支持智能体对象的自我学习，实现人工社会与真实事件系统的交互与协同演化。(5) 能够基于在线监测信息，实现对非常规突发事件的在线风险评估与预警。(6) 在仿真计算实验过程中，具有对群体涌现行为进行有效标定与回溯的能力，以便通过计量化方式科学合理地评估应急预防、准备与防控等措施。(7) 人机结合的动态可视化展示与交互功能，支持基于标准化的构件来对模拟仿真平台进行计算实验操作。(8) 提供基于模拟仿真平台的综合集成决策支持，能够对多种涌现过程与结果进行标定分析与统计分析，实验结论能以多样化的方式呈现。(9) 提供计算实验所需要的各类资源的管理功能，根据非常规应急管理涉及的模拟仿真过程、仿真对象、实验方法和展现方式等的不同，支持构建不同的实验应用系统。

第五节 公共危机信息管理的热点主题

如前所述，PCIM作为一个新的学科交叉领域，近年来受到人们的广泛关注并成为学术研究的热点。那么，PCIM研究文献发展态势如何？有哪些核心作者和研究机构？研究的知识图谱能否描述？有哪些热点研究主题？本节运用文献计量分析方法，对PCIM研究的这些问题进行回答。

一 数据收集与研究方法

(一) 分析样本的建立

以汤姆森·路透科技信息集团 Web of Science 中的《科学引文索引》(Sciences Citation Index，SCI) 和《社会科学引文索引》(Social Sciences Citation Index，SSCI) 为样本来源，检索得到 SCI 和 SSCI 收录的 PCIM 研究文献 1672 篇，作为国外 PCIM 研究状况进行分析的样本。检索式如下：

(TI＝ (emergency information) or TI＝ (emergency knowledge) OR TI＝ (emergency data) OR TI＝ (crisis information) OR TI＝ (crisis knowledge) OR TI＝ (crisis data) OR TI＝ (hazard information) OR TI＝ (hazard knowledge) OR TI＝ (hazard data) OR TI＝ (disaster information) OR TI＝ (disaster knowledge) OR TI＝ (disaster data)) NOT ((TI＝ emergency contraception) or (TI＝ emergency department))

Timespan＝All Years. Databases＝ SCI‐EXPANDED，SSCI.

(二) 研究方法

利用 SCI 和 SSCI 数据库的分析功能识别本领域的核心作者、核心研究机构及研究机构分布。运用 CitespaceII 的文献同被引分析 (Co‐Citation) 功能绘制 PCIM 研究的知识图谱。文献同被引分析方法的原理是：两篇文献如果同时被后来的某一篇或者多篇文献引用，则称这两篇文献为同被引；同被引频次越高，说明它们之间的联系越紧密。因此，根据文献的同被引关系可以分析它们之间的亲疏关系，通过聚类图谱来分析 PCIM 研究的主要主题及其关联。同时，结合知识图谱分析与文献内容分析，可探寻 PCIM 领域的研究热点。

二 公共危机信息管理研究现状整体描述

(一) 文献量增长

总体来看，PCIM 作为一个研究主题或领域，20 世纪 80 年代在公共危机管理研究中兴起，90 年代以来受到广泛关注，文献量呈快速增长的态势（图 1—11）。

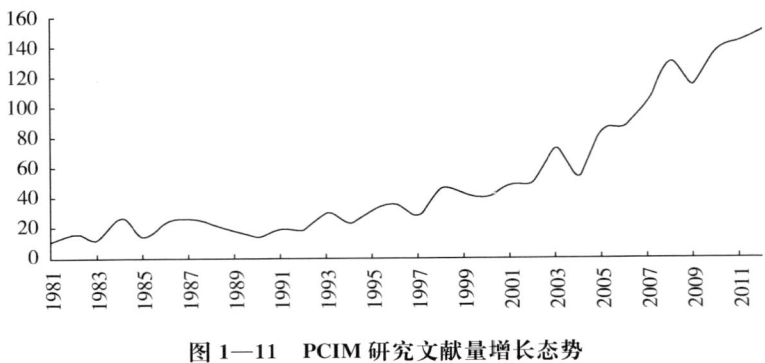

图 1—11　PCIM 研究文献量增长态势

(二) 核心作者

对作者发文量和被引用频次进行统计分析，可以识别出 PCIM 领域的高产作者以及作者的学术影响力。本书识别出了发文量前 20 位和单篇被引频次前 20 位的作者（表 1—10、表 1—11）。

M. Chino、J. W. Cai、C. J. Cherpitel 发文量在 10 篇以上，是 PCIM 领域的高产作者，但他们与发文量前 20 位的其他作者差别不甚明显。单篇文献被引频次排前 20 位的作者中，E. H. Blackstone、S. Greenfield、D. M. Finkelstein 被引频次在 200 次以上，说明他们在 PCIM 领域有突出的学术影响力。J. W. Cai 同时出现在表 1—10、表 1—11 中，说明他既是高产作者，又具有高学术影响力。

表 1—10　　　　　　　　发文量前 20 位的作者

序号	作者	篇数	序号	作者	篇数
1	M. Chino	12	11	E. J. Gallagher	6
2	J. W. Cai	11	12	G. L. Hoffman	6
3	C. J. Cherpitel	10	13	M. Dean	5
4	H. Ishikawa	9	14	M. Helm	5
5	D. G. Perina	8	15	R. C. Korte	5
6	J. G. Sun	8	16	S. Lee	5
7	H. A. Thomas	8	17	E. A. Witt	5
8	B. F. Bock	7	18	Y. Ye	5
9	R. E. Collier	7	19	H. B. Zhou	5
10	M. A. Reinhart	6	20	J. M. Dean	5

表 1—11　　　　　　　单篇论文被引频次前 20 位的作者

序号	作者	频次	序号	作者	频次
1	E. H. Blackstone	351	11	D. G. Altman	89
2	S. Greenfield	232	12	G. Cvetkovich	88
3	D. M. Finkelstein	216	13	A. Kijko	79
4	M. Siegrist	163	14	A. Kijko	78
5	K. Hemminki	146	15	D. A. Binder	77
6	R. Mundil	115	16	P. Royston	74
7	S. F. Altekruse	110	17	E. Chuvieco	72
8	J. M. Rouchy	101	18	S. F. Delbanco	72
9	L. J. Frewer	96	19	J. W. Cai	71
10	F. Galadini	91	20	D. V. Nguyen	69

(三) 主要研究机构

从国别来看，PCIM 领域发文量前 12 位的研究机构美国占 11 个，日本占 1 个，说明美国的公共危机信息管理研究活跃且处于领军地位，日本是跟进者，这与公共危机管理 20 世纪 60 年代兴起于美国、70 年代后期美国最早在联邦政府中设立联邦危机管理局（FEMA）以及美国率先推进国家信息基础设施计划（National Information Infrastructure）等，均有密切关联。从研究机构类型上看，发文量排前 12 位的机构有 9 个是高校，3 个是政府机构，可见高校是该领域的主要研究力量（表 1—12）。

表 1—12　　　　　　　　发文量前 12 位的机构

序号	机构	篇数	国别	类型
1	Harvard University	35	美国	高校
2	North Carolina Stconsumed University	32	美国	高校
3	Columbia University	16	美国	高校
4	Medical Coll of Wisconsin	16	美国	高校
5	University Michigan	14	美国	高校
6	University Calif Davis	13	美国	高校
7	University Maryland	13	美国	高校
8	University Toronto	13	美国	高校
9	American Board of Emergency Medicine	12	美国	政府机构
10	Center Disease Control & Prevent	12	美国	政府机构

续表

序号	机构	篇数	国别	类型
11	Japan Atom Energy Research Institute	12	日本	政府机构
12	University Texas	12	美国	高校

三 公共危机信息管理研究的知识图谱分析

(一) 知识图谱的整体描述

将 1672 篇样本文献的题录信息保存为 Dcwnload＊＊.txt 格式，导入 CiteSpaceⅡ软件，设定时域空间为 1980—2012，2 年一个间隔，网络的节点选择为被引文献（Cited Reference），其他参数不变，运行 CiteSpaceⅡ，生成 PCIM 领域引文聚类的知识图谱，图中每个圆形的结点代表被引文献，结点的聚类代表研究主题或知识领域（图1—12）。

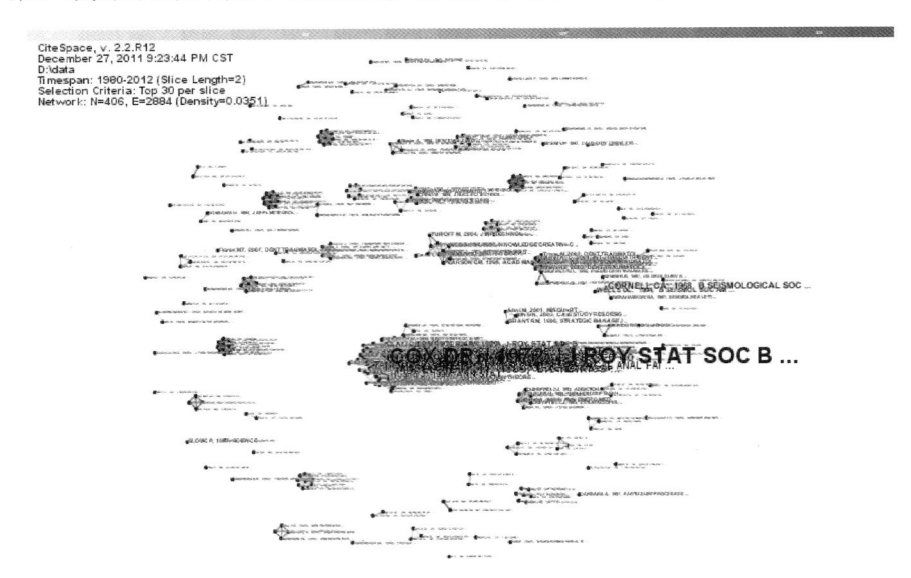

图1—12 公共危机信息管理研究的知识图谱

结果显示，PCIM 领域整体的知识图谱比较分散，共有 62 个聚类，但是每个聚类内部的联系却比较密切，信息技术在危机管理中的应用居于中心突出位置，是 PCIM 主要的研究和知识积累领域。知识图谱中各个聚类的颜色代表的是不同的年份，颜色由浅到深表示年份由远到近，可以看出随着时间的变化，PCIM 的研究主题是变化的。

（二）知识图谱的结构描述

应用 LLR（Log-likehood Ratio）法则从施引文献 Title 中抽取名词短语来对每个聚类进行自动标识，导出关于聚类（62个）的文本信息，对62个聚类的文本信息以及文献进行阅读分析（表1—13），通过聚类标签合并，得出 PCIM 领域的主要研究内容分为Ⅰ、Ⅱ、Ⅲ、Ⅳ、Ⅴ五类。

表 1—13　　　　　公共危机信息管理研究热点聚类标识

聚类号	文章数	聚类标签（（LLR））	聚类号	文章数	聚类标签（（LLR））
#23	52	Gi-Technology	#9	4	Disparate Data；Standard
#47	31	Proportional Hazards Model	#52	3	Knowledge Transfer
#46	30	Proportional Hazards Model	#51	3	Forest Fire Hazard Mapping；GIS
#50	18	Life-History Data；Hazard Rate	#42	3	Hazard Modeling
#32	12	Natural Disaster Management	#41	3	Volcanic Hazard Assessment
#57	12	Knoledge；Emergency	#35	3	Information Technology；Data
#7	10	Hazard Evaluation System	#34	3	Interactive Information-Processing
#17	10	Fuzzy Unsupervised Decision Tree	#33	3	Crisis Prediction
#2	9	Sharing；Disaster Knowledge；Information Technology	#15	3	Integrated Plannin Information-System
#38	9	Health-Hazard Appraisal	#14	3	Environmental Carcinogenic Hazard
#40	9	Hazard General-Model	#10	3	Major Hazard
#49	9	Hazard Function；Diagnostic	#5	3	Geographic Information-System
#61	9	Administrative Need	#4	3	Electrical Cable；Fire Test
#6	8	Earthquake Mechanism；Data；Tectonic Pattern	#53	2	Dispersion Long-Range Transport；Chernobyl
#37	8	Information System	#31	2	Seismic Hazard Evaluation
#54	8	Speedi	#30	2	Utilizing Paleoenvironment Modeling
#19	7	Chemical Emergency	#29	2	Hazard Assessment
#36	7	Hazard Information	#28	2	Community；Informationtechnology

续表

聚类号	文章数	聚类标签（LLR）	聚类号	文章数	聚类标签（LLR）
♯48	7	Proportional Hazards Model	♯27	2	Teamwork Training
♯60	7	Emergency Room Data	♯26	2	Emergency Room Population
♯21	6	Emergencymanagementsystem	♯25	2	Numerical–Model
♯45	6	Proportional Hazard Model	♯24	2	Seismic Hazard
♯59	6	Knowledge Transfer	♯22	2	Hazard Evaluation
♯39	5	Proportional Hazards Model	♯20	2	Emergency Data Management
♯44	5	Proportional–Hazard Model	♯18	2	Emergency Relief Event
♯56	5	Seismic Hazard Analysis	♯16	2	Collaborative Analysis Project
♯58	5	Disaster Response；Coordinating	♯11	2	Material Safety Data Sheet
♯55	4	Emergency Contraceptive Pill；Knowledge	♯8	2	Emergency Medicine Residency Program
♯43	4	Proportional Hazard Model	♯3	2	Toxicitydata；Physico–Chemical Property
♯13	4	Technique	♯1	2	Gambling Crisis Telephone Hotline
♯12	4	Knowledge	♯0	2	Emergency Medical–Care

类Ⅰ为信息技术在危机管理中的应用，包括聚类♯21、♯23、♯5、♯15、♯35等。涉及遥感和地理信息系统的应用、危机管理信息系统的设计、危机管理系统中知识管理的技术实现、信息技术的危机管理等，其中地理信息系统的应用研究最多。

类Ⅱ为社区减灾信息管理，包括聚类♯28。涉及社区减灾中的信息准备和信息管理，尤其是如何利用信息技术帮助社区进行灾害预警和信息沟通等内容。

类Ⅲ为风险信息沟通，包括聚类♯2、♯59等。涉及灾害知识共享、应急管理中不同组织之间的信息沟通、跨组织的信息系统构建、风险地图等。

类Ⅳ为单灾种灾害应对信息管理，包括聚类♯20、♯52、♯57、♯24、♯6、♯4、♯22、♯31、♯42等。涉及地震、火山、火灾、洪水等单灾种灾害应对的数据收集与测量、数据分析与共享、风险评估、风险地图绘制及其应用等。

类Ⅴ为环境风险信息监测及应急医学信息学，包括聚类♯25、♯54、♯55、♯60、♯26、♯8等。

这五类研究内容是目前PCIM领域的研究热点，显示了PCIM领域的主要知识积累。它们不是孤立的，而是有不同程度的联系。类Ⅰ（信息技术在危机管理中的应用）和类Ⅱ（社区减灾信息管理）、类Ⅲ（风险信息沟通）和类Ⅳ（单灾种灾害应对信息管理）的聚类标签中有共词现象，说明其内容有一定程度的交叉和关联。

四 公共危机信息管理相关研究的热点主题

结合PCIM知识图谱结构分析和聚类文献的内容分析，得到PCIM研究的6个热点主题。

（一）地理信息系统（Geographic Information System，GIS）

由于灾害事件的发生具有一定的时空特征，GIS对公共危机管理具有基础性的意义。作为应急管理的一个重要工具，GIS通过获取数据、存储数据、处理数据、分析数据以及可视化数据，为危机管理者提供了决策支持[1]。在公共危机管理生命周期的每个阶段，GIS都会起到支持作用。在准备阶段，空间观测器会收集数据，并通过预测模型得出哪些地区会受到威胁；在响应阶段，GIS实时更新灾害数据，为决策提供支持；在恢复阶段，需要比较灾前灾后的情况，并为从公共价值的角度设定重建的优先顺序提供支持[2]。

随着GIS在灾害管理领域的深入，出现了地理信息系统地图（GIS Maps）和网络地理信息系统（Internet GIS）。GIS Maps主要用于标识居民附近的风险以及风险来临时的逃生路线，以帮助人们更好地减灾避灾。C. Zarcadoolas分析了GIS设计和用户理解使用之间存在的鸿沟，指出公众对GIS理解得越好越能促进地理信息系统的应用[3]，J. Sanyal从实证的

---

[1] A. E. Gunes, "Modified Crgs (M-Crgs) Using Gis in Emergency Management Operations", *Journal of Urban Planning and Development-Asce*, Vol. 68, 2000, pp. 136—149.

[2] S. Zlatanova, P. V. Oosterom and E. Verbree, "Geo-information Support in Management of Urban Disasters", *Open House Internationa*, Vol. 31, pp. 62—69.

[3] C. Zarcadoolas, "GIS Maps to Communicate Emergency Preparedness: How Useable Are They For Inner City Residents?", *Journal of Homeland Security and Emergency Management*, Vol. 4, 2007, p. 16.

角度，研究了 GIS 环境下洪水风险地图的绘制[①]。Internet GIS 是地理空间技术（遥感技术、地理信息系统、全球定位系统）与网络技术、计算机科学、应急计划与灾害管理的集成，具有多学科交叉的特性，在灾害管理中主要关注以下内容：(1) 网络，是指社会—技术网络，主要实现技术和人的联通。(2) 数据，是指关于避灾所、逃生路线、疏散人员等的基础信息。(3) 传输，是指信息或者数据从供应商及时传输到应急管理者手中。(4) 产品，是指基于网络地理信息系统开发的产品，如多功能数据库、开源的 GIS 应用软件、互联网服务、地图等。(5) 交互性，是指用户可从数据库中下载和往数据库中加入数据条目。(6) 连通性，是指人们可以从互联网上获取信息[②]。

(二) 信息技术在公共危机管理中的应用

除 GIS 之外，公共危机管理中比较通用的信息技术还有互联网技术、无线技术、遥感技术、灾害分析与仿真技术以及应急管理决策系统和预警系统[③]，它们中的一种或几种会被集成在不同的技术平台中，并被应用于危机管理。

在自然灾害管理中，信息技术用于监测自然灾害（地震、海啸、洪水、火山等）的表征信息，获取数据，通过模型仿真推演，对自然灾害事件进行预测[④]。在社区危机管理中，信息技术可以用于建立社区的基础资源数据库，支持社区危机管理中的危机沟通、危机响应、危机决策以及危机恢复[⑤]。计算机网络、数字图书馆、卫星通信、遥感、地理信息系统和决策支持系统，促进了灾害信息在世界范围内的交换。有效的网络数据共享和检索方法，使危机信息的获取超越区域、国家和学科的界限[⑥]。随着

---

① J. Sanyal and X. Lu, "GIS - based Flood Hazard Mapping at Different Administrative Scales: a Case Study in Gangetic West Bengal, India, Singapore", *Journal of Tropical Geography*, Vol. 27, 2006, pp. 207—220.

② M. Laituri and K. Kodrich, "on Line Disaster Response Community: People as Sensors of High Magnitude Disasters Using Internet Gis", *Sensors*, Vol. 8, 2008, pp. 3037—3055.

③ R. R. Rao, J. Eisenberg and T. Schmitt (eds.), *Improving Disaster Management: the Role of IT in Mitigation, Preparedness, Response, and Recovery*, Washington: the National Academies Press, 2007.

④ Y. Atoji and T. Koiso, "An Information Filtering Method For Emergency Management", *Electrical Engineering in Japan*, Vol. 147, 2004, pp. 60—69.

⑤ D. A. Troy and A. Carson, "Enhancing Community - Based Disaster Preparedness With Information Technology", *Disasters*, Vol. 32, 2008, pp. 149—165.

⑥ F. Marincioni. "Information Technologies and the Sharing of Disaster Knowledge: the Critical Role of Professional Culture", *Disasters*, Vol. 31, 2007, pp. 459—476.

互联网的广泛应用，网络舆情日益受到危机管理者的重视，信息技术（话题监测、话题发现等）被用于监测网络社区危机信息的传播，追踪危机事件的发展动态。O. Oh 通过分析孟买恐怖事件中 Twiter 的内容，在恐怖主义背景下提出了基于情景意识的信息控制概念①。

然而，信息技术在危机管理中的应用也遇到了一些障碍，危机中的信息过滤问题以及其他影响信息技术应用的因素，如组织文化因素、组织人员因素、组织结构因素等②③都引起了人们的关注。

（三）危机管理中的信息共享与协作

在灾害管理中，缺乏协作将会导致灾害应对的失败④。有关信息共享与协作的研究主要聚焦于危机管理的地理信息协作系统，研究在危机情境下，各危机管理小组如何利用地理信息协同合作，快速有效地处理危机事件。Alan MacEachren 通过分析危机情景下基于地理信息的个人和团队工作中的信息共享问题，应用协同同一地点和不同地点的危机管理活动的地理信息技术，设计开发了计算机支持的协同工作系统（Computer Supported Collaborative Work System，CSCW）⑤。Guoray Cai 开发了帮助危机管理人员通过可视化界面和地理信息系统自然交互，进行对话协商的原型系统⑥。此外，组织内部以及组织之间的信息共享与协作问题也受到了关注。L. K. Comfort 用计算机仿真技术模拟了基于多智体合作的灾害反应系

---

① O. Oh, M. Agrawal and H. Raghav Rao, "Information Control an Terrorism: Tracking the Mumbai Terrorist Attack Through Twitter", *Inormation Systems Frontiers*, Vol. 13, 2010, pp. 33—43.

② L. Carver and M. Turoff, "Human-Computer Interaction: The Human and Computer as a Team in Emergency Management Information Systems", *Communications of the ACM*, Vol. 50, 2007, 33—38。

③ D. Coursey and D. F. Norris, "Models of E-Government: Are They Correct? An Empirical Assessment", *Public Administration Review*, Vol. 68, 2008, pp. 523—536.

④ N. Bharosa, J. Lee and M. Anssen, "Challenges and Obstacles in Sharing and Coordinating Information During Multi-Agency Disaster Response: Propositions From Field Exercises", *Information Systems Frontiers*, Vol. 12, 2010, pp. 49—65.

⑤ A. M. Maceachren, et al, "Geocollaborative Crisis Management: Designing Technologies To Meet Real-World Needs, In Proceedings", 7th Annual National Conference On Digital Government Research, San Diego, Ca, 2005.

⑥ Gguoray Cai, A. M. Maceachren and I. Brewer, "Map-Mediated Geocollaborative Crisis Management", *Intelligence and Security Informatics*, Proceedings, Vol. 3495, 2005, pp. 429—435.

统①，M. Turoff 在应急响应系统中提出专家的在线沟通有助于应急计划的实施，研究了信息在危机管理团队内部的共享问题②。同时，信息共享与协作会受到一些因素的影响，N. Bharosa 分析了灾害响应过程中影响信息共享的三个因素：社区、组织以及个人，并提出了相应的改进建议③。

（四）社区减灾信息管理

社区是减灾管理的基层单位，社区减灾信息管理的研究主要包含在以下两个方面的研究中。其一，关于社区恢复力（Community Resilience）的研究。社区恢复力是指发生干扰或出现逆境之后，社区网络的适应能力，是一个动态的过程④。F. H. Norris 把信息与沟通能力作为社区恢复力（经济发展、社会资本、信息和沟通以及社区能力）的一个子能力，指出公众需要关于危险（灾害）和"如何行动"的准确、及时的信息，同时强调了信息沟通基础设施的重要性。其二，关于社区灾害准备（Community-Based Disaster Preparedness）的研究。主要关注信息技术以及信息系统在社区减灾中的应用，D. A. Troy 针对社区灾害准备的需求，研究了构建社区灾害信息系统（Community Disaster Information System）以加强社区中非政府组织与政府以及政府之间的合作问题，从而提升社区的应急准备能力。P. T. Jaeger 阐述了在应急事件特别是生物安全和生物恐怖事件中，社区响应网络（Community Response Grids）在居民之间、居民和应急专业人员之间的沟通应用，以及应急响应网络的概念、目标和设计⑤。S. Deng 提出了改进的社区响应网络（Modified CRGs），描述了信任模型框架，并以中国南方的雪灾为例，验证了改进的社区响应网络能提升应急

---

① L. K. Comfort, K. Ko and A. Zagorecki, "Coordination in Rapidly Evolving Disaster Response Systems: the Role of Information", *American Behavioral Scientist*, Vol. 48, 2004, pp. 295—313.

② M. Turoff, "Past and Future Emergency Response Information Systems", *Communications of the Acm*, Vol. 45, 2002, pp. 29—32.

③ N. Bharosa, J. Lee and M. Janssen, "Challenges and Obstacles In Sharing And Coordinating Information During Multi-Agency Disaster Response: Propositions From Field Exercises", *Information Systems Frontiers*, Vol. 12, 2010, pp. 49—65.

④ F. H. Norris, "Community Resilience As A Metaphor, Theory, Set Of Capacities, and Strategy for Disaster Readiness", *American Journal of Community Psychology*, Vol. 41, 2008, pp. 127—150.

⑤ P. T. Jaeger, "Community Response Grids: Using Information Technology to Help Communities Respond to Bioterror Emergencies, Biosecurity and Bioterrorism-Biodefense", *Strategy Practice and Science*, Vol. 5, 2007, pp. 335—345.

响应的效率①。

（五）风险地图

风险地图绘制是指按照一定的数学法则，用特定的图形符号和颜色将空间范围内行为主体对客观事物认识的不确定性所导致的结果的概率表达出来的过程，即利用地图表达环境中的风险信息。风险地图的主要类型有：孕灾环境图、致险危险性图、承险危险性程度图、单险种风险损失图以及多灾种综合风险损失图。V. Meyer 针对洪水灾害，提出了基于 GIS 的多视角（经济、环境及社会）评估框架，在此基础上绘制了洪水灾害的空间风险地图，并用软件工具 FloodCalc 做了实证研究②。A. Carpignano 提出了基于多风险方法（Multi-Risk Approach）的决策支持系统和多风险地图的定义③。E. Tate 研究了多风险地图绘制（Multi-hazard Mapping），内容包括一个地区灾害发生的频率、灾害对基础设施破坏的程度以及社会脆弱性指数（Social Vulnerability Index）④。D. Dransch 基于风险沟通的特殊障碍和挑战，提出了交互性风险地图的设计思路以及应用框架。此外，R. Nave 以意大利斯特隆博利岛火山灾害为例，以当地的立法者、管理者、政策实施者为对象，调查了他们对火山灾害风险信息的感知，以及对等高线地图、数字地图、空间地图、3D 地图的使用情况，并根据调查结果提出了改进火山风险地图与提高应用效率的建议⑤。

（六）风险沟通（Risk-communication）

R. E. Lundgren 等将风险沟通定义为鼓励利益相关的小组成员一起工作，共同决定如何管理（预防、减少）风险⑥。风险沟通的实质是关于孕

---

① S. Deng and P. Zhang, "Trust Model Based on M-Crgs in Emergency Response", *Web Information Systems and Mining*, *Proceedings*, Vol. 5854, 2009, pp. 545—553.

② V. Meyer, S. Scheuer and D. Haase, "A Multicriteria Approach for Flood Risk Mapping Exemplified at the Mulde River, Germany", *Natural Hazards*, Vol. 48, 2009, pp. 17—39.

③ A. Carpignano, E. Golia and C. Di Mauro, "A Methodological Approach for the Definition of Multi-Risk Maps at Regional Level: First Application", *Journal of Risk Research*, Vol. 12, 2009, pp. 513—534.

④ E. Tate, S. L. Cutter and M. Berry, "Integrated Multihazard Mapping", *Environment and Planning B-Planning & Design*, Vol. 37, 2010, pp. 646—663.

⑤ R. Nave, R. Isaia and G. Vilardo, "Re-Assessing Volcanic Hazard Maps for Improving Volcanic Risk Communication: Application to Stromboli Island, Italy", *Journal of Maps*, 2010, pp. 260—269.

⑥ R. E. Lundgren and A. H. McMakin (eds.), *Risk Communication: a Handbook for Communicating Environmental Safety, and Health Risks*, Ohio: Battelle Press, 2004, p. 438.

灾环境、承灾体、致灾因子的信息的沟通。风险沟通有四个主要研究领域，即环境风险沟通，灾害管理，健康促进与沟通（Health Promotion and Communication），以及媒体与传播研究[1]。

在风险沟通的理论方面，B. Reynolds 描述了一个危机和应急风险沟通模型，结合危机管理的生命周期理论，研究了在危机管理的不同阶段如何定义交流内容以及如何进行风险沟通的技巧[2]。L. Frewer 提出了在风险沟通中要关注公众的真正需求，了解公众的需求是有效风险管理的战略基础[3]。T. Horlick-Jones 从风险感知的角度探讨了风险沟通。G. W. Breakwell 从公众的特征、信息源以及信息的内容角度研究了影响风险沟通的因素[4]。

在风险沟通应用方面，T. Martens 探讨了洪水风险信息的沟通方法，并以德国的不来梅市为例，调查了不同群体为避免洪水灾害所采取的预防措施，描述了一个会根据不同群体的多样性生产和定制信息的信息系统原型[5]。R. Burns 针对不同的社区类型调查了森林火灾风险和沟通策略的感知方式，得出森林火灾准备以及知识的扩散是不平衡的，应该关注社区发展、信息发布和咨询服务以满足人们的需求[6]。D. C. Glik 采用定性的方法验证了肉毒杆菌风险信息的沟通策略，指出在危机风险沟通方案中应该重视重新组织现有的信息，而不是发布新的信息，这项研究结果已经被用于美国的疾病控制与预防中心的风险宣传材料[7]。在新媒体时代，大众媒

---

[1] D. C. Glik, "Risk Communication for Public Health Emergencies", *Annual Review of Public Healt*, Vol. 28, 2007, pp. 33—54.

[2] B. Reynolds and M. W. Seeger, "Crisis and Emergency Risk Communication as an Integrative Model", *Journal of Health Communication*, Vol. 10, 2005, pp. 43—55.

[3] L. Frewer, "the Public and Effective Risk Communication", *Toxicology Letters*, Vol. 149, 2004, pp. 391—397.

[4] G. W. Breakwell, "Risk Communication: Factors Affecting Impact", *British Medical Bulletin*, Vol. 56, 2000, pp. 110—120.

[5] T. Martens, H. Garrelts and H. Grunenberg, "Taking the Heterogeneity of Citizens Into Account: Flood Risk Communication in Coastal Cities - A Case Study of Bremen", *Natural Hazards and Earth System Sciences*, Vol. 9, 2009, pp. 1931—1940.

[6] R. Burns, P. Robinson and P. Smith, "From Hypothetical Scenario to Tragic Reality: a Salutary Lesson in Risk Communication and the Victorian 2009 Bushfires", *Australian and New Zealand Journal of Public Health*, Vol. 34, 2010, p. 24.

[7] D. C. Glik, A. Drury and C. Cavanaugh, "What Not To Say: Risk Communication For Botulism, Biosecurity and Bioterrorism - Biodefense Strategy", *Practice and Science*, Vol. 6, 2008, pp. 93—107.

体和人际媒体在信息传播过程中扮演着重要角色。C. Huang 通过实证研究，发现 Web 2.0 技术和 SNN 技术在中国台湾遭受"莫拉克"台风期间，对社区居民、专业救援队、政府、志愿者参与以及救援物资的配置发挥了重要作用，指出应用互联网技术建立应急响应系统对于危机信息沟通具有重要意义[①]。

总而言之，PCIM 于 20 世纪 80 年代在公共危机管理研究中兴起，90 年代以来受到广泛关注，逐渐成为一个涉及公共管理学、信息科学、传播学、地球科学与计算机科学等学科的综合交叉研究领域。信息技术在危机管理中的应用、社区减灾信息准备、风险信息沟通、单灾种灾害应对信息管理、环境风险信息监测及应急医学信息学，是 PCIM 的五个主要研究内容，是 PCIM 的核心知识区域或研究范式；地理信息系统、信息技术在危机管理中的应用、危机管理中的信息共享与协作、社区减灾信息管理、风险地图以及风险沟通，是 PCIM 的热点研究主题，涵盖于或靠近五个核心知识区域，它们共同构成 PCIM 的核心知识范畴。

从发展趋势上看，公共危机管理的实践需求和 PCIM 多学科交叉的特点将不断促使 PCIM 领域的知识积累和核心知识范畴的演进。一方面，PCIM 五个核心知识区域的形成及其沿各自方向的有效知识积累，将不断拓展和深化 PCIM 的研究内容和知识范畴；另一方面，核心知识区域或研究范式的交叉渗透又会产生新的知识生长点和新的知识融合，最终推动 PCIM 核心知识范畴的更新乃至学科体系的形成。

---

① C. Huang, E. Chan and A. A. Hyder, "Web 2.0 and Internet Social Networking: a New Tool For Disaster Management? Lessons from Taiwan", *Bmc Medical Informatics and Decision Making*, Vol. 10, 2010, p. 57.

第二章 公共危机信息需求分析

当前公共危机管理的重心已由被动的事后应对转向主动的事前预防和准备。掌握准确的公共危机信息需求是事前预防和准备的重要内容，是公共危机信息管理的基础，也是开展其他一切公共危机管理工作的前提，直接影响公共危机管理的效率。本章首先探讨公共信息需求的内涵和分析方法；在此基础上，从公共危机的生命周期、不同类型的公共危机事件以及公共危机中的不同主体三个视角对其信息需求进行分析；接着引入活动理论，阐述基于活动理论的公共危机信息需求分析的原理并进行实证研究，最后应用本体理论对公共危机信息需求的表达问题进行分析。

第一节 公共危机信息需求概述

一 公共危机信息需求的内涵

泰勒（Taylor）第一次用信息领域的观点将信息需求描述为个人的、心理上的、有时是难以形容的、模糊及无意识的情形。他将信息需求划分为四个层次：本能的需求、意识的需求、正式的需求、妥协的需求。

科亨（Kochen）将信息需求划分三个层次："需求的客观状态"、"需求的认识状态"、"需求的表达状态"。并解释了信息需求形成最终状态的演化过程。[1]

Wilson 和 Streatfield 将信息需求定义为主观的、只在个人心底经历的

---

[1] 胡昌平、乔欢：《信息服务与用户》，武汉大学出版社2001年版，第154页。

相对概念。[①] Krikelas 则将其定义为对存在的不确定性的认识。[②]

电气和电子工程师协会（Institute of Electrical and Electronics Engineers，IEEE）将需求定义为：（1）用户解决问题或实现目标所需的条件或能力；（2）系统或系统部件要满足合同、标准、规范或其他正式规定文档所需具有的条件或能力；（3）一种反映上述条件和能力的说明。

结合上述关于信息需求的定义，我们将公共危机信息需求定义为整个危机管理生命周期内，组织或个人在完成风险减除、危机准备、危机响应和恢复重建四个阶段的任务的过程中所必需的各种信息及相关能力的总和。

二　当前主要的信息需求分析方法比较

（一）问卷与访谈

问卷调查法是信息需求识别当中最常用的方法之一。问卷调查法由样本选取、问卷设计、数据统计与分析等主要步骤构成。具体问卷至少包括两个部分，一部分是关于用户的基本信息，例如年龄、性别、职业背景、学历、专业等，另一部分主要用于引导调查对象真实地反馈特定环境下的信息需求。通常，研究者也会在问卷中询问用户对提供这些信息的信息系统和服务的利用情况，以完善信息系统和信息服务的设计。随着网络技术的发展，越来越多的研究利用网络平台发放和回收问卷，避免了纸质版问卷方式所带来的耗时耗力、数据输入困难等局限性。

虽然问卷当中除了封闭性问题以外，也会包含开放性题目，但通常对用户信息需求的考察主要是通过预先制定的列表，由填表人对其选择或者补充添加。对于应急管理来说，在常规性的工作环节，例如应急工作简报制作和存档，研究人员可以根据现有案例和历史工作记录，预设信息需求的范围，但对于大多数应急处置环节的工作过程，能够预设的仅仅是信息需求的类别，例如：人口数据、应急物资、疏散路线、法律法规等，无法就某个决策环节罗列具体的信息需求，尤其是那些动态的信息需求。因此，单独依靠这种和应急任务具体决策环节没有建立联系的、笼统的信息

[①] Wilson T. D., Streatfield D. R., "Structured Observation in the Investigation of Information Needs", *Social Science Information Studies*, Vol. 1, 1981, pp. 173—184.

[②] Krikelas J., "Information Seeking Behavior: Patterns and Concepts", *Drexel Library*, No. 19, 1983, pp. 5—20.

需求识别结果，对于设计应急响应决策的支持应急信息系统来说是远远不够的。

与问卷法相比，访谈法可以避免预先罗列信息需求的问题。访谈是根据事先设计的提纲，通过与用户的面对面交流，询问关于信息需求内容本身、它在决策当中的作用以及相关的各种语境，挖掘深层次数据，发现量化数据所不能反映的深层次信息需求和信息行为。除了研究者和用户一对一的形式，还可以进行专题小组访谈。① 在小组访谈中，首先对访谈对象以同质性为基础进行分组，避免访谈对象的个体差异对结果的影响。为了避免访谈过程过于分散，还可以采用 Dervin 创造的时间线访谈法。②

访谈开始时，研究者需要先解释研究目的，然后根据访谈大纲进行提问。访谈当中，对于研究者来说最为困难的是：一方面，为了使受访者透彻地理解问题，需要尽可能地进行解释；另一方面又需要注意不能对访谈对象造成人为引导和干扰。真正要发挥访谈的优势和作用，核心问题是要有适用于研究问题的理论来指导提纲的设计，例如，对于语境的考察，到底应该了解哪些知识和提出哪些问题。

（二）日记研究

日记研究（Diary Study）是一种利用参与者的自我记录（self-logging）进行研究的历时性方法。在研究过程中要求参与者在产生信息需求的时候进行记录，除了信息内容，也可以记录产生信息需求的时间、地点、相关语境以及信息行为的细节等。通常情况下，研究者会选取一定数量的参与者，并根据特定的研究目的，要求参与者在一段连续的时间内就某些数据进行记录。例如，Max L Wilson 等人为了研究人们在日常休闲阅读时产生的信息需求和采取的信息行为，选取了 24 位参与者，首先要求他们在一周时间内，记录各自进行休闲阅读的时间、地点，并描述在此期间所进行的信息搜索，主要回答想要查找什么信息、为什么需要这些信息以及是如何进行搜索的等问题。然后，建立了一个类似内容分析中使用的编码框架，从日记条目中提取阅读目的、检索动机、检索焦点、信息来源等几个方面的关键数据，进行

---

① 曾庆苗、徐建华、李桂华：《基于小组访谈法的青少年信息需求分析》，《四川图书馆学报》2009 年，第 5 页。

② 吴丹、邱瑾：《国外协同信息检索行为研究述评》，《中国图书馆学报》2012 年第 6 期。

分析和讨论[①]。目前，日记方法在信息需求[②]以及移动设备研究方面得到了广泛应用。主要用来了解移动设备用户的信息需求、采用的查询策略和方法以及信息需求背后的动机，以便为移动设备的界面设计提供支持。

日记方法之所以受到欢迎，主要在于它具有如下优点：可以帮助获取研究者难以观察的环境下的用户信息需求和信息行为数据，这些数据往往带有参与者自己的个人理解。由于没有外部干扰，因此所记录的行为也比实验研究中的更为接近真实情况。

但是，一旦参与者忘记记录或者选择性记录（例如认为不重要而没有汇报）的话，就会造成数据缺失。此外，缺乏方法指南，虽然早在1993年，Rieman和Corti就已经针对日记方法提出了使用建议，其他学者也不断地进行讨论，但对方案设计方面的认识还不够深入，操作上随意性较大。

除了以上问题，如果在应急环境下使用日记研究法，还面临其他困难。首先，工作人员来不及及时记录。尤其在应急响应阶段，完成工作的时间压力很大，信息需求的变化很快，事后补记往往会造成数据缺失。其次，日记研究的周期也难以把握。日常的信息需求和信息行为周期较短，重复性较高，数周的数据积累就可以支持研究目的，但应急环境下的工作任务周期差异性较大，研究者很难确定用多长时间段的数据才比较合适。

（三）观察法

观察法是信息科学领域普遍使用的一种数据和资料获取方法。研究者根据一定的研究目的观察被研究对象，除了直接观察以外，还经常借助录像设备。观察方式有参与观察和非参与观察、结构性观察和非结构性观察、连续观察和非连续观察以及自然观察和实验观察等多种类型。不同的类型分别有其适用的条件，例如，对于参与观察来说，只有"所研究的问题是从局内人的角度看的，涉及人类的互动和意义；所研究的现象在日常生活情境或场景中可以观察得到以及研究者能够进入合适的现场（setting）之中"时才可以使用。[③]

观察法的优势在于允许实时数据的采集，往往能搜集到一些无法言表

[①] Wilson M. L., Alhodaithi B. and Hurst M., "A Diary Study of Information Needs Produced in Casual-Leisure Reading Situations", In: Search4Fun Workshop at ECIR, April, 2012.

[②] 曾庆苗、徐建华、李桂华：《基于小组访谈法的青少年信息需求分析》，《四川图书馆学报》2009年。

[③] 丹尼·L. 乔金森：《参与观察法》，龙筱红、张小山等译，重庆大学出版社2009年版。

的材料，也可以避免问卷调查或者访谈等方法中因为脱离了原始场景而造成的遗忘。鉴于上述特点，Wilson 和 Streatfield 等人在 INISS 项目中采用观察法对社会工作者中的大约 6000 项交流事件进行了研究。① 然而，同时，他们也发现了观察法的不足，那就是不能引出数据的思维过程。尤其当面对复杂的研究内容时，观察法往往只能获取表面的行为特性。为此，很多时候，观察法是和其他方法结合在一起使用的，例如实验法、调查法等。

（四）关键成功因素法

1961 年，Daniel 首次提出可以将关键成功因素法（Critical Success Factors，CSF）作为确定组织当中管理者信息需求的方法，② 其核心思想是：任何组织都有一些特定的因素对其获得成功非常重要，如果同这些因素相关的目标没有实现的话，组织运行就会失败。因此，在使用关键成功因素法时，首先需要通过一系列访谈或调查表的方式确定管理者的工作目标，并讨论影响目标实现的各种因素。在此基础上，进一步确定哪些因素可以合并、删除，从而找出主要关键因素。最后，确定因素的性能指标值及相关的信息需求。

与其他方法相比，关键成功因素法具有层次清晰、针对性强和兼容性强等特点。这种逐层展开的实施方法，对于用户确定信息需求的决定因素、明确信息需求涉及的范围很有帮助。至于针对性强，是指关键成功因素法注重不同行业和组织以及个体在信息需求方面的差异。在具体应用中采用了逐一访谈的方式，促进用户各自潜在信息需求的显性化。关键成功因素法兼容性强的特征主要表现在"可以和多种方法相结合"以及"能根据内外部环境变化及时调整具体指标"两个方面。鉴于以上优点，关键成功因素法被 Wilson 当作战略信息管理方法的重要组成部分。在识别管理者个人信息需求以及企业信息需求方面得到反复验证和应用。例如，针对大学学术部门领导人的信息需求研究③、中小企业信息需求识别等。

但是，关键成功因素法最重要的使用前提是组织目标明确、工作流程

---

① Wilson T. D., Streatfield D. R., "Structured observation in the investigation of information needs", *Social Science Information Studies*, No. 1, pp. 173—184.

② "*Critical Success Factor, Wikipedia*", Retrieved 2008 from http：//en.wikipedia.org/wiki/Critical _ success _ factor.

③ Huotari M. -L., Wilson T. D. (2001), "Determining organizational information needs: the Critical Success Factors approach", *Information Research*, Vol. 6, No. 3, July 2002, Available at：http：//InformationR.net/ir/6—3/paper108.html.

清晰、关键成功因素易于评价。例如，可以用边际利润率这个因素来衡量销售利润。只有这样，才能找到组织当中的相关负责人进行访谈，逐步识别出目标和关键因素，建立起关键成功因素的具体评价体系。并在这个评价体系的基础上，确定针对每个指标的信息需求，包括信息来源、内容、提供方式、获取地点等。

然而，对于社区应急管理人员来说，他们的应急管理工作往往和其他工作交织在一起，而且由于是全过程和全方法管理，工作范围和目标庞杂。工作流程也由于受到不确定因素的影响而缺乏如同商业组织一样的规范性和一致性。因此，关键成功因素法也并不能很好地适用于社区应急管理人员的信息需求分析。

从以上对主要的信息需求分析方法的梳理当中可以看到，虽然每一种方法都有其不可替代的优势，但单独使用这些方法并不能够满足应急管理人员信息需求分析的要求。很多研究者开始尝试根据分析问题的需要，将各种不同的方法结合在一起进行研究。例如，曾庆苗等人在进行青少年信息需求分析时，除了主要采取专题小组访谈的方法以外，还同时进行了问卷调查以获取相关辅助信息，同时利用内容分析法深度分析数据。[1] Devadason 和 Lingam 则提出了一个信息需求识别的概念模型，[2] 认为在识别用户信息需求之前应该首先完成对组织环境、用户的具体环境以及用户的研究。同时，在整个过程中分别在不同的环节使用调研、正式访谈以及直接和间接的各种方法（图2—1）。

综合使用各种信息需求分析方法的确可以相互补充，但是核心的问题仍然没能解决。那就是如何建立一个信息需求分析的框架，以指导访谈、调研提纲以及问卷等的设计，从而达到能描述应急信息需求语境、将信息需求和任务当中的微观操作过程结合起来等目的。而活动理论具有这方面的潜质和优势，我们将在第三节详细探讨。

---

[1] 曾庆苗、徐建华、李桂华：《基于小组访谈法的青少年信息需求分析》，《四川图书馆学报》2009年。

[2] Devadason F. J., Lingam P. P., "A Methodology for the identification of information needs of users", *IFLA Journal*, Vol. 1, No. 23, 1997, pp. 41—51.

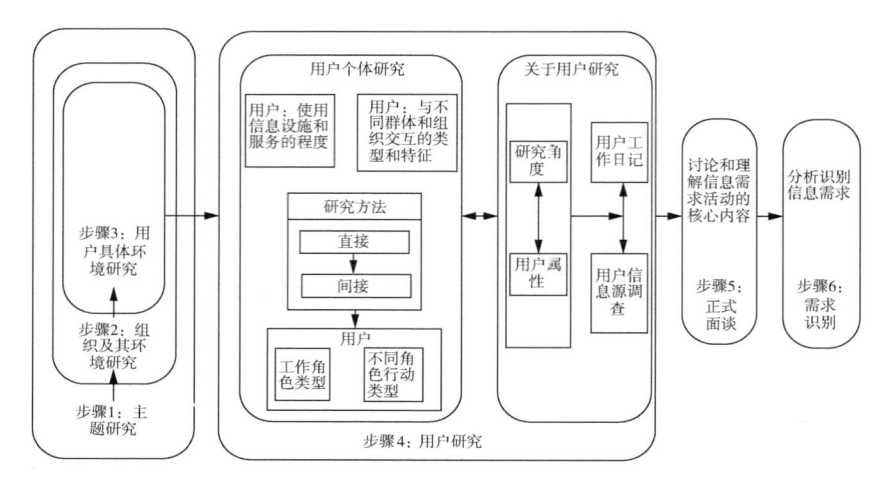

图 2—1　Devadason 和 Lingam 的信息需求识别概念模型

第二节　多视角的公共危机信息需求分析

一　基于公共危机生命周期的信息需求分析

信息需求贯穿公共危机管理的整个生命周期，在公共危机管理的每个阶段，"老"的信息需求不断满足，"新"的信息需求不断出现，在这种循环交替中，公共危机管理工作不断完善，公共危机管理体系日趋成熟。

基于生命周期的信息需求分析就是从公共危机管理的四个阶段出发，研究每一阶段的信息保障和信息需求问题（表 2—1）。

表 2—1　　　　　　　基于生命周期的信息需求分析[①]

危机生命周期	信息需求重点内容	目的
减缓	(1) 与突发公共事件相关的法律、法规、政府规章； (2) 突发公共事件应急预案	(1) 让公众了解相关法律、法规，明确自身在应急管理中的权利与义务； (2) 让公众了解应急预案，知晓周围环境中的危险源、风险度、预防措施及自身在处置中的角色

---

① 李喜童：《政府应对突发事件的信息发布机制研究》，《中国应急救援》2011 年第 2 期。

续表

危机生命周期	信息需求重点内容	目的
准备	(1) 预测预警信息； (2) 突发公共事件应急预案	(1) 让公众接受预测预警信息，敦促其采取相应措施以避免或减轻突发事件可能造成的损失
响应	(1) 突发公共事件的性质、程度和范围； (2) 初步判明的原因； (3) 已经和正在采取的应对措施； (4) 事态发展趋势； (5) 受影响的群体及其行为建议等	(1) 传递权威信息，避免流言、谣言引起的社会恐慌； (2) 使社会公众掌握突发事件的情况，并采取相应措施以避免遭受更大损失； (3) 让公众了解、监督政府在突发事件中的行为； (4) 便于应急管理社会动员的顺利实施
恢复	(1) 突发公共事件处置的经验和教训； (2) 相关责任的调查和处理； (3) 恢复重建的政策规划及执行情况； (4) 灾区损失的补偿政策和措施； (5) 防灾、减灾的新举措等	(1) 与社会公众一道反思突发事件的教训，总结应急管理经验，加强全社会的公共安全意识； (2) 接受社会公众监督，实现救灾款物分配、发放的透明化，强化责任追究机制； (3) 吸纳社会公众参与到灾后恢复重建活动之中

(一) 减缓阶段的信息需求

通过预警与辨识，预估出可能发生危机事件，就需要全力进行危机的预防。预防危机需要掌握可能发生的危机其本身的属性信息，包括时间、地点、影响程度、受威胁区域防御状况及受威胁对象信息、预防危机所需要资源信息等[①]。像自然灾害类危机，一旦要发生，往往不能阻止其发生，但可以通过长期自然资源合理利用来减少其发生，它的预防就是正确决策并采取措施以使遭受的损失降到最低。如台风的预防，需要台风发生的时间、台风的大小、登陆及影响的区域、所在区域目前防御台风的能力状况、所在区域民众信息、当地和周边可调度资源信息，利用这些信息做出关于台风预防的决策，如加固堤坝、转移群众等。像灾难事故如民航坠机的预防，如果及时预警就可以阻止其发生，针对恶劣的飞行气候、飞机故障可以做出延迟起飞、紧急迫降的决策，这需要用到气候信息、飞机故障修复信息等。像突发公共卫生事件如 SARS 的预防，预警发出后，对疑似

---

① 胡代平、雷爱中、王琪：《政府危机管理的信息需求及获取》，《科学技术与工程》2007 年第 5 期。

病例隔离、观察治疗，加强公共场所及公共交通环境的卫生防护及旅客健康检查，需要用到医院诊疗病人信息及病人病情信息、公共场所信息、公共交通信息及旅客流动信息等。像突发社会安全事件如恐怖袭击的预防，可以实施加强公共场所的安全防备工作、加强公共交通旅客的安全检查等措施，需要恐怖分子或可疑人员及其活动信息、公共场所与公共交通信息以及旅客信息。

（二）准备阶段的信息需要

在准备阶段，社会公众的信息需求并不强烈。这一阶段，关注信息的主要是政府部门、潜在受影响的群体。他们关注的焦点是危机的预警系统、机制和预警能力，以及危机信息的日常监测等。政府要利用危机信息管理平台广泛收集各种预兆信息，完善预案体系，保持与监管部门和专业技术部门以及危机管理专家咨询机构的良好沟通，及时向潜在受影响的人群发布预防信息和应对知识。对于自然灾害如台风、水旱灾、森林火灾等的预警，需要气象信息、水资源储存与利用信息、森林资源信息等；对于灾难事故如民航坠机、矿难、核泄漏等，需要飞机状况与维护信息、厂矿及核电站安全生产监测信息等；对于突发公共卫生事件如 H1N1、重大食物中毒等，需要医院诊疗病人信息与病人病情信息、食堂管理信息与食物资源信息等；对于突发社会安全事件如恐怖袭击、战争、大规模游行示威等，需要恐怖分子及其活动信息、外交信息、领土安全监测信息、群众活动投诉上访信息等。经济危机如能源资源和生活用品严重短缺、金融信用危机等，需要能源与生活用品供应、储备及使用信息、金融机构运营信息及大的财团资金动态信息等。

（三）响应阶段需要的信息

在响应阶段，社会公众对危机信息的需求非常强烈，其关注的焦点是危机所造成的损失、危机应对的方法、政府的应对措施等。这时由于政府和公众的信息地位不对称，公众就有可能根据有限的信息进行主观判断，并将这些不全面甚至完全错误的判断传播出去，形成流言甚至谣言，这对危机管理是非常不利的。所以，政府要采用多种大众传播渠道，并通过公众信息需求调查、专家咨询等手段，了解公众的信息需求，第一时间把确定的消息发布出去，对于不能确定的消息要做出合理的说明。危机事件中的直接受害者和关联受害者更关注损失的补偿、危机责任人的处理、危机恢复的措施和计划等，对这类群体需要采取点对点的传播方式，要将相应的危机信息准确传递。① 如自然灾害台风出现后,政府要对台风遭受区域进行紧急抢险,需要遭受台风袭击的民众信息、紧急抢险的可调度的人力信息(如地方警察及人民军队)、可调度的紧急救援物资信息等。像灾难事故如民航坠机发生后,要及时救助,需要民航航空管理信息、旅客资料信息、发生地点及到达该地的交通状况、救助可调度的人力信息(如警察和医生)、交通工具(如直升机和汽车)信息、机上人员受伤情况、能进行人员抢救的周边医院信息等。像突发公共卫生事件如 SARS 出现后,危机控制就是对病人的隔离、救治,公共环境、公共交通中对旅客的健康检查,通过媒体对公众发布病人信息、稳定物价等,需要疑似病人以及确诊病人本人的信息、病情状况、曾经活动过的路径及与其接触过的人员信息,进行救治的可调度的人员信息(如医务人员、警察、军队、公共管理人员等信息),公共交通与公共环境信息,各种救援物资信息,生活日用品价格变化信息等。像社会安全公共危机事件如恐怖袭击已发生,政府对遭受到袭击区域的人员进行紧急疏散、救援,需要遭受袭击的区域信息,建筑物结构、受损情况以及受损后的变化情况,受伤及被困的人员信息,紧急救援可调用的人力、物力、财力信息。像经济危机如金融危机出现后,政府进行危机控制就要及时获取金融机构的运营信息、大财团尤其是国际炒家的资金流动信息及活动状况,采取应对措施或补救措施,以尽可能地稳定金融市场、稳定汇率、稳定股价、稳定物价等。

(四)恢复阶段需要的信息

在恢复阶段,人们的信息需求有所降低,但这正是政府利用危机事件总结教训、进行培训教育的良好时机。

危机过后,政府如果不及时进行恢复重建,危机的危害可能会加大,有时还可能会出现新的危机。历史上就有危机过后又出现饥荒、瘟疫、动乱的情况。政府在危机过后,要对危机造成的损失和影响进行评估,要投入人力、物力、财力进行恢复和重建,帮助人们走出困境,稳定安抚社会。危机恢复需要获取遭受危机灾害的各种损失信息。对于自然灾害危机如台风过后,需要获取人民生命、财产损伤信息,如人员的伤亡信息,房屋、农田、公共设施(如堤坝、道路、交通、供电、通信)的受损信息等,还需要进行恢复重建可调用的人员、物资、资金的信息。像灾难事故如

---

① 胡代平、雷爱中、王琪:《政府危机管理的信息需求及获取》,《科学技术与工程》2007 年第 5 期。

民航坠机过后的恢复，政府同民航部门以及保险公司等相关部门进行受害、受伤人员的赔偿、亲属接待安抚工作时，需要获取旅客受害受伤信息，旅客的姓名、居住地址、亲属等信息。像突发公共卫生事件如 SARS 过后，危机恢复要对 SARS 造成的损失进行评估，政府要提供相应的救助，需要已故和治愈病人的信息，抢救医院、医务工作者及相关工作人员的信息，受影响区域的信息等。像社会安全公共危机事件如恐怖袭击过后，政府要获取受害人员的伤亡信息，建筑物、公共设施等的损失信息，并进行救助。像经济危机如金融危机过后，政府的危机恢复须对经济造成的影响进行评估，并制定相应的恢复措施，需要获取相关的经济、金融信息。

二 基于不同类型危机事件的信息需求分析

突发公共事件主要分为自然灾害、事故灾难、公共卫生事件和社会安全事件四类。四类突发公共事件的发生过程、性质、机理和处置方式不同，其信息需求也不一样。

（一）自然灾害信息需求分析

自然灾害情况统计的基本任务是及时、准确、客观、全面地反映自然灾害情况和救灾工作情况。自然灾害情况统计内容包括灾害发生时间、灾害种类、受灾范围、灾害造成的损失以及救灾工作开展情况等。

为及时、准确地掌握自然灾害情况，为救灾工作和其他有关工作提供决策依据，民政部制定了《自然灾害情况统计制度》，共包含《自然灾害情况统计快报表》、《救灾工作情况统计快报表》、《自然灾害情况统计年报表》、《救灾工作情况统计年报表》、《受灾人员冬春生活需救助情况统计表》、《受灾人员冬春生活已救助情况统计表》、《因灾死亡失踪人口台账》、《因灾倒损住房户台账》、《受灾人员冬春生活政府救助人口台账》9 个表格。其中《自然灾害情况统计快报表》的相关统计内容如表 2—2 所示。

表 2—2 自然灾害情况统计快报表

填报单位（盖章）：＿＿＿省（自治区、直辖市）＿＿＿地（市）＿＿＿县（市、区）

指标名称	代码	计量单位	数量
甲	乙	丙	1
灾害种类	A001	—	

续表

指标名称	代码	计量单位	数量
甲	乙	丙	1
灾害发生时间	A002	年/月/日/时	
灾害结束时间	A003	年/月/日	
受灾乡镇名称	A004	—	
受灾乡镇数量	A005	个	
台风编号	A006	年/号	
地震震级	A007	里氏级	
受灾人口	A008	人	
因灾死亡人口	A009	人	
因灾失踪人口	A010	人	
因灾伤病人口	A011	人	
紧急转移安置人口	A012	人	
被困人口	A013	人	
饮水困难人口	A014	人	
需救助人口	A015	人	
其中：需过渡性救助人口	A016	人	
饮水困难大牲畜	A017	头/只	
受淹城区	A018	个	
受淹镇区	A019	个	
受淹乡村	A020	个	
农作物受灾面积	A021	公顷	
其中：农作物成灾面积	A022	公顷	
其中：农作物绝收面积	A023	公顷	
草场受灾面积	A024	公顷	
毁坏耕地面积	A025	公顷	
倒塌房屋	A026	间	
其中：农房倒塌户数	A027	户	
其中：五保户	A028	户	
低保户	A029	户	
重点优抚对象	A030	户	
其他户	A031	户	
农房倒塌间数	A032	间	
严重损坏房屋	A033	间	
其中：农房严重损坏户数	A034	户	
其中：五保户	A035	户	

续表

指标名称	代码	计量单位	数量
甲	乙	丙	1
低保户	A036	户	
重点优抚对象	A037	户	
其他户	A038	户	
农房严重损坏间数	A039	间	
一般损坏房屋	A040	间	
其中：农房一般损坏户数	A041	户	
其中：五保户	A042	户	
低保户	A043	户	
重点优抚对象	A044	户	
其他户	A045	户	
农房一般损坏间数	A046	间	
因灾死亡大牲畜	A047	头/只	
因灾死亡羊只	A048	只	
直接经济损失	A049	万元	
其中：农业损失	A050	万元	
工矿企业损失	A051	万元	
基础设施损失	A052	万元	
公益设施损失	A053	万元	
家庭财产损失	A054	万元	

单位负责人：　　　填报人：　　　报出日期：

（二）事故灾难信息需求分析

主要包括工矿商贸等企业的各类安全事故，交通运输事故，公共设施和设备事故，环境污染和生态破坏事件等。具体事例包括民航、铁路、公路、水运、轨道交通等重大交通运输事故，工矿企业、建筑工程、公共场所及机关、企事业单位发生的各类重大安全事故，造成重大影响和损失的供水、供电、供油和供气等城市生命线事故，以及通信、信息网络、特种设备等安全事故，核辐射事故，重大环境污染和生态破坏事故等。该类事件需要如下方面的信息：应急保障、模拟演练、监测预警、方案编制和指挥协调系统。

（三）公共卫生事件信息需求分析

在突发公共卫生事件发生早期，往往缺乏权威的信息传播渠道，公众无法在短时间内获得有关事件的正确信息，特别是某些涉及新发、罕见疾病的突发公共卫生事件，公众基本处于零知晓状态，甚至医务人员也处于未知状态。政府告诉公众已采取的措施，进行有效的沟通，不仅能使公众对自己的生命和健康做出明智的选择，还能支持社会做出明智的选择。

在传染病突发公共卫生事件发生后，公众既需要了解传染病的特征和防护措施，又需要了解政府处理该事件的方针、措施和办法，也需要了解获取相关信息的途径。当然，随着事态的发展，公众还需要进一步了解事件的发展情况，如疫情波及范围、每日疫情状况等。

然而，在事件早期，可以提供的信息往往是有限的，而且这些信息在传播过程中又时常出现严重变形、扭曲。此时，谣言就有可能迅速膨胀、传播。公众由于缺乏对信息正确判断和认知的能力，容易接受各种失真信息，掌握未经证实或错误的知识。因此，基于这些情况，卫生应急人员应当监测事件中公众普遍关注的相关信息，了解公众获取信息的渠道，适时开展公众风险沟通需求评估，以确定公众的信息需求，开发出最有针对性的健康信息传播方法，并在目标人群中进行测试和完善[1]。

针对以上突发公共卫生事件的信息需求，卫生部办公厅印发了《突发公共卫生事件相关信息报告卡》。该报告卡包含了突发公共卫生事件相关信息报告范围，包括可能构成或已发生的突发公共卫生事件相关信息（表2—3）。

表2—3　　　　　突发公共卫生事件相关信息报告卡

□初步报告□进程报告（次）□结案报告

填报单位（盖章）：＿＿＿＿＿＿＿＿＿＿填报日期：＿＿＿年＿＿月＿＿日
报告人：＿＿＿＿＿＿＿联系电话：＿＿＿＿＿＿＿
事件名称：＿＿＿＿＿＿＿＿＿＿
信息类别：1. 传染病；2. 食物中毒；3. 职业中毒；4. 其他中毒事件；5. 环境卫生；6. 免疫接种；7. 群体性不明原因疾病；8. 医疗机构内感染；9. 放射性卫生；10. 其他公共卫生
突发事件等级：1. 特别重大；2. 重大；3. 较大；4. 一般；5. 未分级；6. 非突发事件
初步诊断：＿＿＿＿＿＿＿＿＿＿初步诊断时间：＿＿＿年＿＿月＿＿日
订正诊断：＿＿＿＿＿＿＿＿＿＿订正诊断时间：＿＿＿年＿＿月＿＿日

---

[1] 解瑞谦、阚坚力：《公众对传染病突发公共卫生事件的信息需求特征分析》，《中国健康教育》2010年第1期。

续表

确认分级时间：_____年___月___日　　订正分级时间：_____年___月___日

报告地区：省　市　县（区）

发生地区：省　市　县（区）　乡（镇）

详细地点：_____

事件发生场所：1. 学校；2. 医疗卫生机构；3. 家庭；4. 宾馆饭店写字楼；5. 餐饮服务单位；6. 交通运输工具；7. 菜场、商场或超市；8. 车站、码头或机场；9. 党政机关办公场所；10. 企事业单位办公场所；11. 大型厂矿企业生产场所；12. 中小型厂矿企业生产场所；13. 城市住宅小区；14. 城市其他公共场所；15、农村村庄；16. 农村农田野外；17. 其他重要公共场所；18. 如是医疗卫生机构，则：（1）类别：①公办医疗机构；②疾病预防控制机构；③采供血机构；④检验检疫机构；⑤其他及私立机构；（2）感染部门：①病房；②手术室；③门诊；④化验室；⑤药房；⑥办公室；⑦治疗室；⑧特殊检查室；⑨其他场所；19. 如是学校，则类别：（1）托幼机构；（2）小学；（3）中学；（4）大、中专院校；（5）综合类学校；（6）其他

事件信息来源：1. 属地医疗机构；2. 外地医疗机构；3. 报纸；4. 电视；5. 特服号电话95120；6. 互联网；7. 市民电话报告；8. 上门直接报告；9. 本系统自动预警产生；10. 广播；11. 填报单位人员目睹；12. 其他

事件信息来源详细：_____

事件波及的地域范围：_____

新报告病例数：_____　新报告死亡数：_____　排除病例数：_____

累计报告病例数：_____　累计报告死亡数：_____

事件发生时间：_____年___月___日___时___分

接到报告时间：_____年___月___日___时___分

首例病人发病时间：_____年___月___日___时___分

末例病人发病时间：_____年___月___日___时___分

主要症状：1. 呼吸道症状；2. 胃肠道症状；3. 神经系统症状；4. 皮肤黏膜症状；5. 精神症状；6. 其他（对症状的详细描述可在附表中详填）

主要体征：（对体征的详细描述可在附表中详填）

主要措施与效果：（见附表中的选项））

附表：传染病、食物中毒、职业中毒、农药中毒、其他化学中毒、环境卫生事件、群体性不明原因疾病、免疫接种事件、医疗机构内感染、放射卫生事件、其他公共卫生事件相关信息表

注：请在相应选项处划"○"

（四）社会安全事件信息需求分析

社会安全事件主要包括恐怖袭击事件、经济安全事件和涉外公共危机事件等，是由人们主观意愿产生，会危及社会安全的突发事件。如果说事故灾难中的人为因素是无意之举的话，那么社会安全事件则是人们有意识引发和造成的。社会安全事件的发生是一定政治、经济、文化、意识等社

会矛盾的综合反映。

我国社会安全事件信息收集是各地方党委、政府以及公安系统等机构通过对信访信息和网络舆情信息的调查分析来实现的。根据信访工作应急预案中的相关规定，按照"属地管理、分级负责"、"谁主管、谁负责"的信访中应急管理原则，严格落实信访工作责任制，坚持以人为本，预防为主，将群体性事件等有可能扰乱社会安全的突发事件化解在萌芽状态。另外，社科院系统、大学、政府政策研究机构、专业舆情研究机构等都不同程度地致力于社会安全事件的信息收集工作和网络舆情分析工作。

三 基于不同主体的公共危机信息需求分析

公共危机管理往往涉及多个利益相关者。[①] 因此，公共危机事件不是某一个部门或机构单独可以应对的。政府需要发挥其社会动员功能，使社会团体的资源及时得到利用，只有形成合力，才能真正构建起完整有效的公共危机事件应急处置体系，才能有效控制公共危机事件，最大限度地降低损失，从而达到使社会恢复常态的目的。危机管理中要最大限度地实现参与主体的多元化，使非政府组织、企业、媒体和社会公众在政府的主导和动员下，积极参与到公共危机事件应急管理中来。我国正逐渐形成以政府为主导，非政府组织、企业、媒体和社会公众共同参与的公共危机事件应急管理格局。

在同一公共危机事件中，不同主体扮演着不同角色，他们获取信息的方式和主要内容也不相同（表2—4）。

表2—4　　　　　　　　不同主体信息需求对比分析[②]

主体	角色	获取方式	主要内容
政府	决策者、收集者	主动收集	时间、地点、损失、应急预案、防震减灾法、储备目录和库存量实践案例、指南、手册、咨询报告、公众反馈等全部危机信息

---

① 刘红芹：《公共危机管理的协调联动机制研究》，兰州大学硕士学位论文，2009年，第36—37页。
② 李喜童：《政府应对突发事件的信息发布机制研究》，《中国应急救援》2011年第2期。

续表

主体	角色	获取方式	主要内容
非政府组织	接收者、反馈者	被动接收、主动反馈	危机事件发生、发展实况，政府所采取的救援方案等灾害信息，救灾所需物资信息以及政府允许的救援方式
企业	责任者	主动收集	时间、地点、损失、应急预案、防震减灾法、储备目录和库存量实践案例、指南、手册、咨询报告等全部危机信息
企业	非责任者	被动接收	危机事件基础信息和救灾物资捐赠途径信息
媒体	传播者	主动传播	时间、地点、损失、应急预案、防震减灾法、储备目录和库存量实践案例、指南、手册、咨询报告等全部危机信息
公众	直接受影响者	被动接收、主动反馈	危机基础信息、政府采取的救援方案信息、自救信息、救灾物资发放信息
公众	间接受影响者	被动接收、主动反馈	危机事件发展信息、危机应对知识信息等

（一）公共危机条件下政府的信息诉求

在公共危机条件下，作为公共政策的制定者、公共服务的提供者和公共事务的管理者，政府相对于其他主体具有明显的信息优势。其主要承担信息收集者和发布者的工作，需要掌握与危机事件相关的全部信息。在危机减除阶段，它可以通过遍布全国的危机预警网络获取风险信息、应急保障信息、基础资源信息、人口信息等；在危机预警阶段，它可以通过主动监测和民众上报等，第一时间获取灾难信息并将此信息通过媒体传递给公众、企业和非政府组织；在危机处置阶段，它可以通过启动应急预案引导公众、企业和非政府组织参与救灾，并向其提供自己掌握的灾情信息和处置措施信息；在危机恢复阶段，它可以通过专家评估灾害损失制定赔偿方案，以及制定危机恢复计划。

但是由于所获取的信息与其职责往往难以匹配，政府仍然具有很强的信息诉求。在公共危机产生之后，政府凭借其行政特权可以在第一时间获取相关的信息，并据此决定应对策略。但是这种信息优势并不能够直接转化为决策优势，这主要是因为：首先，政府所掌握的危机信息并不充分。

相对其他主体，政府可以更快、更全面地掌握有关公共危机的信息。但是在重大的危机面前，这种信息优势并不足以支撑政府做出必然正确的选择。由于造成公共危机的因素十分复杂，而且处在不断变化的过程中，所以政府很难获得充分的信息。在某些情况下，错误的信息还可能引导政府做出错误的政策选择。其次，政府倾向于对信息进行筛选甚至是屏蔽。除一些不可抗力造成的危机以外，一部分公共危机的产生和发展都是有人为因素的。在某些情况下，公共危机与政府部门及其工作人员的行政不作为有着一定的联系。所以，在面对公共危机时，政府部门及其工作人员会倾向于对相关信息进行筛选，尽量防止传媒和公众了解到对自身不利的信息。最后，在特殊情况下，政府还可能对信息"视而不见"。在突发性公共危机尤其是自然灾害型公共危机发生前，往往会出现种种先兆。出于社会稳定和多方面的考虑，政府很可能会对其中的某些信息暂不做出反应。而在危机爆发之后，出于控制风险和减少损失的考虑，政府也可能会继续选择对此类信息控制或有选择地传播。①

（二）公共危机条件下企业的信息诉求

企业往往是公共危机的受害者，有时也是危机的责任者。在突发事件发生后，企业要利用自身的优势，及时响应政府的指令参与到应急救援当中，通过各种方式为灾区提供资金、物资、技术设备、人员等各方面的帮助。同时，企业参与应急救援，不仅可以确保自身正常运转，还可以提高企业的声誉和影响力，获得丰厚的回报。

当企业作为公共危机的受害者时，其信息诉求与公众相同，即需要及时、准确、全覆盖和有针对性的危机信息。当企业作为危机的责任者时，它应承担灾情信息上报、核实，受灾公众救助、赔偿等责任，它将由信息的接收者变为信息的收集者，需要收集事故原因、影响范围、伤亡人数、经济损失等全部危机信息。

（三）公共危机条件下非政府组织的信息诉求

非政府组织（NGO）是指独立于政府和企业之外的社会组织，具有非政府性、非营利性、自治性、志愿性、组织性等特征。因此，与政府在具体参与突发事件应急管理的目标、资源调动、决策过程等许多方面存在较大的差异。非政府组织是突发事件应急管理体系中不可或缺的有机构成部

---

① 彭宇：《公共危机条件下的信息博弈与管理》，《经济师》2008年第6期。

分，它贴近民间和公众，对社会基层的危机信息反应敏感；善于整合和调动民间资源；能够发挥公众的志愿精神，促进公众的参与意识，在突发事件应急管理中发挥着越来越大的作用。

在危机减除和预警阶段，NGO 对特定突发公共事件的发生有着更加敏锐、前瞻的洞察力，可以运用其技术优势为社会提供公共危机的风险预测，向政府提出政策建议和应对措施，需要政府提供完善的沟通渠道；在危机处置阶段，NGO 积极筹集急需物资，组织国内募捐，透过国际关系争取国外援助，招募与管理志愿者等，需要政府提供有效的救援通道和实时的灾情信息；在危机恢复阶段，NGO 能运用当地的智能和魄力，其工作远比程序化和技术化的政府危机恢复计划更具弹性，对当地的情况也更加敏感，需要政府提供灾后损失报告、灾民救助情况等。

（四）公共危机条件下媒体的信息诉求

在突发事件应急管理中，媒体是最主要的信息渠道，也是联结政府与公众最直接的桥梁和纽带。在危机状态下，媒体能够在第一时间了解危机真实信息，向社会公众公布，使危机信息和政府救治行为公开化、透明化。同时，由于媒体具有引导社会舆论的强大作用，这使得媒体能够对地方政府的救治行为形成有效监督。然而，在现实中，不少地方政府领导为了封锁危机真实信息，采用各种手段阻止记者采访，使得媒体与地方政府时有矛盾发生。因此，媒体对信息的真实性和全面性有着很强的信息诉求。政府必须保持一定的新闻自由度，各级政府不得给媒体采访设置障碍。同时，要主动与媒体配合以保证媒体的监督作用。事实上，地方政府如果加强与媒体的沟通，建立良好的合作关系，就能够通过媒体的舆论导向作用，寻求广大公众对地方政府的支持和积极配合。

（五）公共危机条件下社会公众的信息诉求

危机状态下，关注危机信息的公众可划分为两类：直接受影响者和间接受影响者。直接受影响者是受到或将要受到危机事件冲击的群体，如台风即将来临时，处于危险区域的人群。这类人群对危机信息的迫切需求是如何避免在危机中受到损失，他们需要及时、准确、全覆盖和有针对性的危机信息。而间接受影响者是尚未受到危机事件冲击，但面临潜在危险的群体，如某地发生特大生产安全事故，而其他有潜在类似事故隐患的工厂属于这类群体。间接受影响者数量多，分布广，他们对危机事件的发展信息、危机应对知识信息等有很强的需要。

另外，社会公众还承担向政府反馈信息诉求效果、反馈政府危机应对效果等职责。

第三节　基于 AT 的公共危机信息需求分析

一　活动理论及其进行危机信息需求分析的优势

（一）活动理论概述

活动理论（Activity Theory，AT）是为数不多的起源于前苏联，但同时能够被西方世界认可的社会科学学派。到目前为止，活动理论的发展可以大体划分成三个阶段。其代表人物依次为维果斯基（Vygotsky）、列昂节夫（Leont'ev）和芬兰学者恩格斯托姆（Engeström）。尤其是恩格斯托姆，作为当代活动理论的主要倡导者，在继承前两代活动理论的基础上极大地丰富了该领域的研究。人类的活动在早期的活动理论当中被视为由主体、工具和客体构成的三角结构，后来恩格斯托姆等人进一步考虑了社群、规则和劳动分工等社会因素，从而将其拓展为更复杂和全面的理论框架。[①]

虽然活动理论是作为心理学理论提出的，但是在其他学科领域也得到了广泛的应用，比如教育学、文化研究、人类学、组织行为，以及信息系统、人机交互、用户界面设计等。较早认识到活动理论在信息科学领域具有应用潜力的是 Bødker、[②] Kuutti、[③] Blumenthal 和 Gornostaev、[④] Kapte-

---

[①] 程时伟、石元伍、孙守迁：《移动计算用户界面可用性评估的眼动方法》，《电子学报》2009 年第 37 期。

[②] Bødker S., "Applying Activity Theory to Video Analysis: How to Make Sense of Video Data in Human-Computer Interaction" //B. A. Nardi. *Context and Consciousness: Activity Theory and Human-Computer Interaction*, Cambridge, MA: MIT Press, 1996, pp. 147—174.

[③] Kuutti K., "The Concept of Activity as a Basic Unit of Analysis for CSCW Research", *The Second European Conference on Computer-Supported Cooperative Work*, Amsterdam, The Netherlands, 1991, pp. 249—264.

[④] Blumenthal B., J. Gornostaev, et al., "Activity theory: Basic Concepts and Applications", *Human-Computer Interaction*, Vol. 1015, 1995, pp. 189—201.

linin 和 Nardi、①② Spasser、③ Hjørland、④ Hasan⑤ 以及 Ditsa⑥ 等人。他们除了介绍活动理论的基本概念和原理，讨论活动理论对于信息科学研究的意义外，还逐步利用活动理论对人类的信息技术利用等行为进行分析（例如，通过分析视频录像研究计算机产品的使用），利用活动理论解释支持高级管理人员进行战略决策的信息系统的设计、开发和使用。

  关于活动理论在信息科学领域引起重视的原因，Spasser 将其总结为：从概念上来说，活动理论把我们的视线从孤立的用户和机器之间的交互转移到人和环境之间的交互上来，显然，后者是一个更广阔、更符合现实的语境，引导我们关注人际交互、信息系统设计与评估的动态和演化特性，从多个层面和多个维度认识特定情境中以计算机为中介的活动。从方法论上来说，活动理论强调足够长的研究时间对于理解用户目标和行为的重要性；将行为模式置于广阔的、充分的语境中进行研究；针对研究问题和研究兴趣灵活选用各种数据收集方式；从用户的视角理解事件、产品和活动。最重要的是，活动理论为信息科学提供了丰富、统一和启发式的重要语汇和概念框架，不仅有利于改善实践，也有利于保障知识的转移（transferability）和积累。

  在这些研究的基础上，Wilson 在其 2006 年发表的论文《对活动理论语境中信息搜寻行为的再思考》中明确提出，活动理论可以很好地适用于

---

  ① Kaptelinin V., B. Nardi, et al, "The Activity Checklist: A Tool for Representing the 'Space' of Context", *Interactions*, Vol. 6, No. 4, 1999, pp. 27—39.

  ② Nardi B. A., "Activity Theory and Human-Computer Interaction" //B. A. Nardi. *Context And Consciousness: Activity Theory And Human-Computer Interaction*, Cambridge, MA: MIT Press, 1996.

  ③ Spasser M. A., "Informing Information Science: The Case for Activity Theory", *Journal of the American Society for Information Science*, Vol. 50, No. 12, 1999, pp. 1136—1138.

  ④ Hjørland, B., *Information Seeking and Subject Representation: An Activity-Theoretical Approach to Information Science*, Westport, CT: Greenwood Press, 1997.

  ⑤ Hasan, H., "Activity Theory: A Basis for the Contextual Study of Information Systems in Organisations" // H. Hasan, E. Gould, P. Hyland, *Information Systems and Activity Theory: Tools In Context*. Wollongong, Australia: University of Wollongong Press, 1998, pp. 19—38.

  ⑥ Ditsa, G., "Activity Theory as a Theoretical Foundation for Information Systems Research" // G. Ditsa. *Information Management: Support Systems & Multimedia Technology*, Hershey, PA: Idea Group Publishing, 2003, pp. 192—231.

信息行为的研究①。Wilson 的结论主要是基于英国利兹大学商学院的"适应信息管理与技术研究组（AIMTech②Research Group）"所做的一系列相关工作得出的。该研究组采用活动理论作为研究框架，其工作主要涉及英国应急服务中的移动信息系统研究等内容。

Wilson 认为对活动理论的关键要素的分析，可以直接帮助我们探索人类信息行为。例如，社会工作者的信息与交流行为中，社会服务部门（社群）的任务之一是照顾当地的儿童，因此，隶属于社会服务部的社会工作者们被分配了各自负责的孩子。整个活动的对象（客体）就是这些儿童，动机是确保孩子们幸福生活，目标则是保障儿童安全。为此，采取的行动是：访问儿童所在的家庭，观察判断父母和子女的关系，考察养育孩子的方式，包括梳洗等日常行为。在对这些方面进行评估的基础上，确定哪些孩子需要社会服务部门的帮助。行动过程中，所采用的中介工具是笔和纸、社会工作者的实践经验以及关于类似情况的理论知识。整个活动得出的结果也许是一个决定：把孩子送进福利院、送进儿童之家等待进一步评估或者是进行法庭诉讼、起诉孩子的父母虐待儿童等。无论是哪种情况，都会激发另一个新活动的开始。

通过上述分析，研究者可以进一步洞察早期的研究中没能深入理解和关注的很多方面③，例如，各活动当中不同的用户使用的信息、活动过程中所产生的信息、活动当中建立的用以管理各种信息资源的技术系统、不同活动之间信息的流动，等等。

（二）利用活动理论进行危机信息需求分析的优势

之所以借助活动理论进行应急管理人员信息需求分析，除了活动理论能够集合各种信息需求方法，各取所长以外，最重要的是活动理论能够很好地帮助研究者关注信息需求的语境，并极大地方便了信息行为与信息需求研究和信息系统设计实践之间的交流。

---

① Wilson T. D. , "A Re‑examination of Information Seeking Behaviour in the Context of Activity Theory", *Information Research*, Vol. 11, No. 4, 2006, p. 260.

② *Adaptation Information Management and Technology* from http://lubswww.leeds.ac.uk/aimtech/about‑aimtech/.

③ Wilson T. D. , D. R. Streatfield. , "*You Can Observe a Lot …'A Study of Information Use in Local Authority Social Services Departments Conducted by Project INISS*", Retrieved 14 March, 2011, from http://informationr.net/tdw/publ/INISS/.

1. 有利于信息需求研究和信息系统设计的沟通

虽然信息科学关于信息行为、信息需求等主题做了很多研究,但是这些成果在信息系统设计方面的影响非常有限。[1] 具体表现在:很多研究结论和模型并没有能够在系统设计中得到实施,[2][3] 系统设计中没有真正引入对用户认知和用户行为的充分理解。[4] 之所以发生这样的情况,一方面在于以用户为中心的研究没能给出实质性的解决方案。纵览众多认知视角下的信息需求模型和理论,的确较为缺乏可以直接延伸到系统设计的操作性;[5][6] 另一方面是缺乏使得"信息行为研究"和"系统设计与开发领域"能有效交流的通用语言。Järvelin 和 Ingwersen 指出:"到目前为止,信息搜索行为研究在支持信息管理和信息系统设计方面表现最为薄弱……信息行为方面的研究成果没能传播到系统设计领域"。[7]

早在 20 世纪 80 年代早期,Rouse 等人就注意到系统设计和信息行为领域合作的潜力,[8] 试图把心理学、图书馆学、管理学、计算机科学和信息系统工程方面的相关研究置于人类信息搜寻行为和信息系统设计的整体视角下进行考察,从而把来自信息行为研究和系统设计领域的概念集成在一起。相关的努力从来就没有停止过,研究者始终在试图构建信息系统设计和信息行为与需求研究之间交流的桥梁。然而到目前为上,双方仅仅交

---

[1] Fidel R., A. M. Pejtersen, "From Information Behavior Research to the Design of Information Systems: The Cognitive Work Analysis Framework", *Information Research*, Vol. 10, No. 1, 2004, p. 210.

[2] Keshavarz H., "Human Information Behavior and Design, Development and Evaluation of Information Retrieval Systems", *Program-Electronic Library and Information Systems*, Vol. 42, No. 4, 2008, pp. 391—401.

[3] Xie, I, *Interactive Information Retrieval in Digital Environments*, Hershey: IGI Publishing, 2008.

[4] Borgman C. L., "Why are Online Catalogs Still Hard to Use?", *Journal of the American Society for Information Science*, Vol. 47, No. 7, 1996, pp. 493—503.

[5] Saracevic T., "Information Science.", *Journal of the American Society for Information Science*, Vol. 50, No. 12, 1999, pp. 1051—1063.

[6] Fidel R., A. M. Pejtersen, "From Information Behaviour Research to the Design of Information Systems: The Cognitive Work Analysis Framework", *Information Research*, Vol. 10, No. 1, 2004, p. 210.

[7] Järvelin K., P. Ingwersen, "Information Seeking Research Needs Extension Towards Tasks and Technology", *Information Research*, Vol. 10, No. 1, 2004, p. 212.

[8] Rouse W. B., S. H. Rouse, "Human Information Seeking and Design of Information Systems", *Information Processing & Management*, Vol. 20, No. 1—2, 1984, pp. 129—138.

换了零散的想法和概念。① 我们迫切需要找到一种两个领域研究者都能使用并熟悉的语言、理论或者模型。

随着认知科学和心理学理念在教育学和信息科学等领域的推广和应用,研究者逐渐认识到活动理论可以做到这一点,它将为连接信息行为与信息需求、信息系统以及人际交互等领域的研究提供概念框架和通用的语言②。在活动理论提供的一系列概念工具的帮助下,研究者们可以分析和解释人类信息行为背后的意识和目的,而不仅仅是摸索和捕捉信息行为的表现形式。近几年,信息需求和信息行为研究者已经开始了通过活动理论来研究系统设计的尝试。von Thaden 在 2007 年对机舱设计和训练进行的研究就是这方面的典型代表。她分别研究了发生事故时和没有发生事故时机组人员的行为,并据此提出了一个框架,用来评估变化和危险的环境中团队成员的信息识别、信息收集和信息使用行为。通过这项实证研究,验证了使用活动理论能找出机组表现的弱点,并识别出发生危险时,哪些人员行为有误,哪些人行为适当。③ 这些发现无论对于机组人员的培训还是对于构建相应的支持系统都非常有用。

2. 便于考察信息需求的语境

不仅信息需求和信息行为研究,而且信息系统的设计都需要考察用户产生信息需求和进行信息行为的语境,这已经成为研究者的共识。④⑤⑥ 但是,要分析应急管理人员所处的语境,面临的最大问题就是该如何操作。理论上来说,整个社会系统就是所有活动发生的语境,可是社会系统整体

---

① Sawyer S., H. Y. Huang, "Conceptualizing Information, Technology, and People: Comparing Information Science and Information Systems Literatures", *Journal of the American Society for Information Science and Technology*, Vol. 58, No. 10, 2007, pp. 1436—1447.

② Allen D., S. Karanasios, et al., "Working With Activity Theory: Context, Technology, and Information Behavior", *Journal of the American Society for Information Science and Technology*, Vol. 62, No. 4, 2011, pp. 776—788.

③ von Thaden T. L., "Building a Foundation to Study Distributed Information Behavior", *Information Research*, Vol. 12, No. 3, 2007, p. 312.

④ Belkin N. J., "Intelligent Information Retrieval: Whose Intelligence", *5th International Symposium for Information Science*, Universitätsverlag Konstanz, 1996, pp. 25—31.

⑤ Ingerwersen P., "Cognitive Perspectives of Information Retrieval Interaction: Elements of a Cognitive IR Theory", *Journal of Documentation*, Vol. 52, No. 1, 1996, pp. 3—50.

⑥ Saracevic T., "The Stratified Model of Information Retrieval Interaction: Extension and Application", *60th Annual Meeting of the American Society for Information Science*, Vol. 34, No. 2, 1997, pp. 313—327.

过于庞大和杂乱，不具有分析的可行性。

在实际研究中，大多采用的是研究者主观确定的语境分类系统。表2—5给出了部分研究中对语境的划分。① 其中，Massimo Benerecetti 把语境划分为物理语境和文化语境两大类，物理语境由一系列环境特征构成，而文化语境包括了用户信息、社会环境等内容。Albrecht Schmidt 则将语境扩展到三个维度，包括了物理环境、人的因素和时间。这里所说的人的因素和 Massimo Benerecetti 的分类中的文化语境包含的特性相同。此外，Lieberman、Richard Hull、Chalmers、Lucas、Bill Schilit、Anind K. Dey 等人也都给出了各自的定义和分类。与上述各研究不同，Guanling Chen 对语境的划分采用了非常宽泛的类型：积极的语境和被动的语境。所谓积极的语境，是指对人类行为产生了影响的语境，而被动的语境则指虽然和人类行为相关但影响不大的那一部分语境。

表2—5　　　　　　　　实际研究中采用的语境分类系统

研究者	地点	条件	基础设施（计算环境）	关于用户的信息	社会	用户行为	时间	设备特征
Massimo Benerecetti②	物理环境			文化语境				
Albrecht Schmidt③	物理环境			人的因素			√	
Lieberman H.④	用户环境	物理环境	√	用户环境				
Richard Hull⑤		物理环境		√				√

---

① Kaenampornpan M., E. O'Neill, "Modelling Context: an Activity Theory Approach", *Ambient Intelligence: Second European Symposium*, Eindhoven, The Netherlands, 2004, pp. 367—374.

② Benerecetti M., P. Bouquet, et al., "Distributed Context - Aware Systems", *Human - Computer Interaction (Special Issue on Context - aware Computing)*, Vol. 16, No. 2—4, 2001, pp. 213—228.

③ Schmidt A., M. Beigl, et al., "There is More to Context Than Location", *Computers and Graphics*, Vol. 23, No. 6, 1999, pp. 893—901.

④ Lieberman H., T. Selker, "Out of Context: Computer Systems that Adapt to, and Learn from, Context", *IBM Systems Journal*, Vol. 39, No. 34, 2000, pp. 617—632.

⑤ Hull R., P. Neaves, et al., "Towards Situated Computing", *Proc. of The First Int. Symposium on Wearable Computers*, Bristol, UK, 1997.

续表

研究者	地点	条件	基础设施（计算环境）	关于用户的信息	社会	用户行为	时间	设备特征
Chalmers D.①	√		√		√	√		√
Lucas P.②	物理环境			信息语境				√
Bill Schilit③	物理环境		√	用户环境				
Anind K. Dey④	√			身份		√	√	身份
Guanling Chen⑤				积极的/被动的				

活动理论很好地解决了上述问题。在活动理论中，将活动作为分析单元，活动本身包含了最小的个人行为语境（minimal meaningful context）⑥⑦。它比研究人员主观选择的语境更合理、更稳定，同时也比社会系统更好操作。因为语境已经包括在分析单元中，即便研究的核心关注点在个人的行为上，活动分析也已经集成了语境的因素。这个最小的个人行为语境包含了对人类行为产生影响的主要的语境要素，并通过活动的6大要素提供了一个相对标准和统一的形式。同时，活动要素的三角示意图还为我们展示了各个语境要素之间的关系，使得对语境要素的考察不再是相互割裂开来的状态。

---

① Chalmers D., M. Sloman, "QoS and Context Awareness for Mobile Computing", *Lecture Notes in Computer Science*, Vol. 1707, 1999, pp. 380—382.

② Lucas P., "Mobile Devices and Mobile Data-Issues of Identity and Reference", *Human-Computer Interaction*, Vol. 16, No. 2, 2001, pp. 323—336.

③ Schilit B., N. Adams, et al., "Context-Aware Computing Applications", *IEEE Workshop on Mobile Computing Systems and Applications*, Santa Cruz, CA, 1994.

④ Dey A. K., G. D. Abowd, "CybreMinder: A Context-Aware System for Supporting Reminders", *Second Int. Symposium on Handheld and Ubiquitous Computing*, Bristol, UK, 2000.

⑤ Chen G., D. Kotz, *A Survey of Context-Aware Mobile Computing Research*, Dartmouth College: Hanover, NH, 2000.

⑥ Kuutti K., "Activity Theory as a Potential Framework for Human-Computer Interaction Research" // B. A. Nardi. *Context and Consciousness: Activity Theory and Human-Computer Interaction*, Cambridge, MA: MIT Press, 1996, pp. 17—44.

⑦ Kuutti K., "The Concept of Activity as a Basic Unit of Analysis for CSCW Research", *The Second European Conference on Computer-Supported Cooperative Work*, Amsterdam, The Netherlands, 1991, pp. 249—264.

具体来说，活动理论可以帮助我们获取应急管理人员的个人语境、任务语境、时空语境、环境语境以及社会语境等各种类型的语境信息[①]，活动的每个构成要素都对应着特定的语境信息（图2—2）。

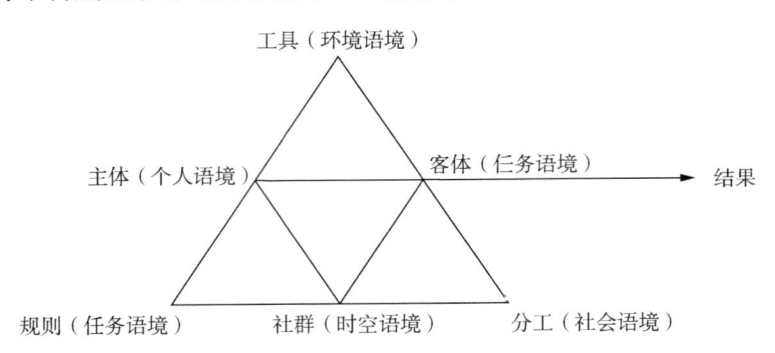

```
                    工具（环境语境）
                         △
                        ╱ ╲
                       ╱   ╲
                      ╱     ╲
    主体（个人语境）──────客体（任务语境）────→ 结果
                    ╱ ╲   ╱ ╲
                   ╱   ╲ ╱   ╲
                  ╱     ╳     ╲
                 ╱     ╱ ╲     ╲
    规则（任务语境）──社群（时空语境）──分工（社会语境）
```

图2—2 Kofod‐Petersen A. 和 J. Cassens 的活动理论与语境对应图

其中，个人语境又分为心理语境和生理语境两个部分，包括心情、专长甚至身体是否残疾等信息；任务语境是关于用户正在做的事，包括目标、任务、活动等；时空语境则指的是时间、地点等属性；环境语境包括用户周围的服务、人员、设备以及可获得的信息；社会语境则体现用户社会性的方面，例如承担的角色等。

二 基于活动理论的危机信息需求分析过程与步骤

正如 Nardi 指出的那样，[②] 虽然活动理论在分析人类实践活动方面的确有很大的潜力，但它最初被提出的时候是作为一个描述性工具，而不是规范性理论（prescriptive theory），仅仅建立了分析人类活动的一般性概念框架，缺乏分析的步骤和具体方法，更没有形成细致的数据收集方法。当前的研究中，虽然应用了活动理论，但并没有指出具体的步骤。有的虽然简单描述了步骤，但缺乏对数据收集过程和方法的介绍。在当前研究的

---

① Kofod‐Petersen A., J. Cassens, "Using Activity Theory to Model Context Awareness", *Second International Workshop on Modeling and Retrieval of Context*, Edinburgh, UK, 2005.

② Nardi B. A., "Activity Theory and Human‐Computer Interaction" //B. A. Nardi. *Context and Consciousness: Activity Theory and Human‐Computer Interaction*, Cambridge, MA: MIT Press, 1996.

基础上，结合对应急管理人员信息需求的认识，我们提出以下活动分析过程模型（图 2—3）。这个过程是基于以下三个原则进行设计的：

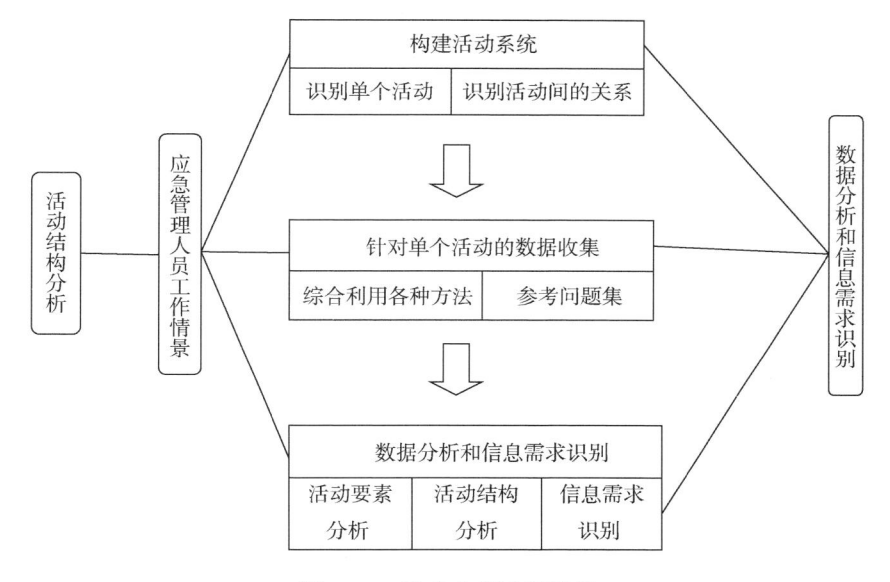

图 2—3　活动分析过程模型

第一，活动分析是基于整个活动系统[①]的。没有任何一个活动是完全独立存在的，活动之间的关系也应该纳入考察范围之内。

第二，将数据收集和数据分析区分开来，无论后续的活动分析如何设计，数据收集阶段所要考虑的基本问题集合大体上应该是一致的。之所以强调这一点，是因为在当前的部分研究中，这两者之间的界限不是很清楚，使得数据收集阶段设计的问题集中包含了本来应该在分析阶段完成的任务，不利于实际的操作。

第三，数据分析的设计要与研究目的相结合。并不是活动理论当中提及的任何原则、要素、子系统以及它们之间的动态关系都要进行分析，而是应该看通过分析哪些原则或者概念才能为解决实际的研究问题提供帮

---

① 在有些文献中用活动系统（Activity System）指代单个活动中活动要素构成的三角结构。例如 David H Jonassen、Ibrahim Latheef 等人的文章中即是如此，而 Jyoti Laxmi Mishra 等人则用其指代多个相互联系的活动。在这里，活动系统指的是活动及其子活动以及它们之间的联系共同构成的网络系统。

助。例如，按照活动理论的观点，活动各要素之间都有可能存在矛盾。然而在 Mishra[①] 等人的研究中，由于关注的是活动主体与客体通过媒介（工具、规则和分工）进行的交互，因此，只需要考察主体和工具、主体和规则、主体和社群以及分工之间的矛盾。

在这个过程中，信息需求分析研究人员要以应急管理人员工作情景为基础，首先识别情景中包含的单个活动及活动之间的关系，构建出整个工作情景对应的活动系统。然后针对这个活动系统中的单个活动，在数据收集推荐问题集的指导下，利用文献调查、访谈、观察等各种方法进行相关数据收集。最后，从收集的数据当中，提取该活动的各个活动要素及活动的结构；在活动结构的各个层级上标识应急管理人员的信息需求，并结合活动要素之间的关系及活动结构，确定每个信息需求的三个维度（内容、格式、与系统的交互）。需要注意的是，无论是哪个步骤，并不是一次调研或者访谈就可以采集到可用的数据并理解活动参与者的动机和意图，需要研究人员不断通过来自活动参与者的反馈，对结果进行确认或者纠正。因此，反复的调研和访谈以及反馈是不可避免的。

（一）活动识别与活动系统构建

对构建好的情景进行分析的第一步就是识别出其中的活动，以及活动之间的关系。那么，如何区分不同的活动以及如何区分活动和行动，并确定每个活动开始和结束的时间以及活动之间的转换？按照活动理论，人类的任何活动都是有目的的，是主体针对特定客体进行的。因此，判断活动主体的动机（motivation），就可以区分不同的活动，同样也可以用来作为区分活动和行动（action）的标准。[②] 对此，我们可以通过两个例子来理解：第一个例子来自课堂。课堂上学生的举手。如果是为了请求回答老师提出的问题，那么举手就是整个活动的操作或者动作，因为刺激活动的动机并不是举手。但如果学生就是单纯想要举手，那么举手就构成一个完整的活动，因为刺激这个活动的动机就是举起手来。[③] 第二个例子是地震救

---

① Mishra J. L., D. K. Allen, et al., "Activity Theory as a Methodological and Analytical Framework for Information Practices in Emergency Management", *8th International ISCRAM Conference*, Lisbon, Portugal, 2011.

② Bardram J., A. Doryab, "Activity Analysis - Applying Activity Theory to Analyze Complex Work in Hospitals", *CSCW*, Hangzhou, China, 2011.

③ 于璐：《列昂捷夫的活动理论及其生态学诠释》，吉林大学博士学位论文，2011年。

援的现场，有几个受灾居民分别被困在各自的房屋里，那么，每一个受困居民就可以作为一个活动的客体，对每一个居民的救助就是一个活动。但是，在社区卫生检疫中心，对送来的20份居民血液样本进行分析时，它们的目的是排除是否有某种疾病在社区传播，这个时候，把对每个居民血液样本的检测作为单个活动显然是不合适的，更好的选择是把对这一批所有样本的检测作为一个活动来对待。

在很多情况下，作为旁观者，如果不是那么容易确认活动的目的，那么就需要反复询问从事某个活动的人员，为什么要这样做或者那样做，其目的是什么。如果能够现场跟踪活动主体的整个活动过程，最理想的状态是随时提问。然而，这个方法在某些状态下是不可用的。例如，研究人员和活动主体的对话对活动主体的工作造成干扰的时候。这种情况下研究者必须通过观察来确定工作的目的。当然，事后的补充访谈也会有很大的帮助。

在完成整个工作任务的过程中，各个活动之间是相互联系的。[1] 因此，在识别了单个的活动以后，我们需要通过找出它们之间的联系，从而把各个活动统一在一个体系当中。这一点正体现了Jonassen[2]提出的活动分析的基本要求之一：关注活动发生的整体模式（broad patterns of activity）。之所以这样做，是因为除了单个活动的结构构成和状态变迁之外，活动之间的关系也是很重要的信息，它是活动管理的重要资源。[3] 甚至可以说，它就是活动所处的语境的表现之一。具体到信息需求分析来说，活动之间的关系对推断信息需求有直接的帮助。例如，在火灾救援的过程中，我们观察到社区应急管理人员进行的一项活动是确认火灾发生的地点。那么，关于地点的信息以什么形式表现最为合适呢？继续分析发现，与这个活动联系的下一个活动是引导救援车辆（消防车和救护车）到达现场。通过这个语境，我们可发现最适合的形式是可以输入GPS导航系统的包含街道、门牌等信息的数字格式，以便救援车辆使用。

---

[1] Zott C., R. Amit, "Business Model Design: An Activity System Perspective", *Long Range Planning*, Vol. 43, 2010, pp. 216—226.

[2] Jonassen D. H., L. Rohrer - Murphy, "Activity Theory as A Framework for Designing Constructivist Learning Environments", *Etr&D - Educational Technology Research and Development*, Vol. 47, No. 1, 1999, pp. 61—79.

[3] Suchman L., *Plans and Situated Actions: The Problem of Human - Machine Communication*, Cambridge University Press, 1987.

在完成一个共同的工作任务时，活动之间的联系分为两种类型，[①] 一种是层级关系，一种是时序关系（图 2—4）。无论是哪种关系，它们之间都拥有共同的目标，只不过这个目标也许非常大，需要通过子活动的子目标来进行分解。比如一次地震的救援，如果以这次地震救援为目标，形成一个活动的话，就需要很多子活动的配合才能完成这项工作。

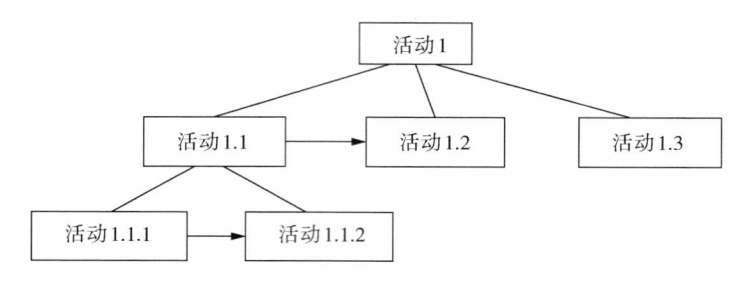

图 2—4　活动系统的层级关系和时序关系

层级关系：一个活动可以分解为多个子活动，子活动的执行都是为了完成同一个更高层次的活动目标。子活动根据需要还可再分成多个更小的子活动。在图 2—4 中，活动 1 有三个子活动，而活动 1.1 拥有两个子活动。

时序关系：在一个活动的内部，子活动之间有时也会产生执行的先后顺序。例如，前面提到的确定火灾地点的活动如果不完成，就无法进行引导救援车辆到达现场的活动。在图 2—4 中，用箭头标识的活动之间具有这种逻辑关系。

因此，在活动分析的第二步，我们需要识别出单个的活动，并把活动之间的层级关系和时序关系表示出来。

（二）针对单个活动的数据收集

按照活动理论的观点，分析的单元是活动。因此，我们需要在活动系统中选出感兴趣或者重要的活动进行有针对性的数据收集和分析。虽然目前各领域对活动理论的应用越来越广泛，但这个问题始终没有得到妥善的解决。最早对此做出尝试的，是瑞典 Umeå 大学的 Kaptelinin 和美国宾夕法尼亚州州立大学的 Jonassen 等人。目前活动理论研究中的数据收集大多

[①] 邓昌智、敖翔等：《以活动为中心的个人信息管理》，《软件学报》2008 年第 6 期。

都是以他们的工作为基础的。[1][2]

1999年,由于意识到如果把活动理论的几个基本原则应用于实际的系统设计或评估的话过于抽象,为了便于使用,Kaptelinin[3]等人具体化了活动理论的概念系统。具体来说,就是把活动理论的目标指向、内化与外化、活动的层次结构、工具中介以及发展原则与要设计或者评估的目标技术(target technology)和交互系统(软件、网站等)的具体情境结合,编制出活动理论检查表(checklist),用以阐明最重要的人机交互语境因素,这些因素会影响技术在现实场景中的使用。系统设计者和评估者通过核查列表中的这些问题,可以找到设计有可能出现问题的地方,从而加以改进。不可否认,这一工作改进了活动理论的操作性,尤其是用来对实际问题进行分析时,对数据的采集做出了很好的指导。然而,检查表的目标在于分析人类是如何使用计算机技术的,或者将会如何使用计算机技术,因此,在设计过程中非常强调工具对人类活动的媒介作用。这样的思路,使得检查表主要适用于系统设计和评估,对以描述和分析人类活动为目的的研究缺乏适用性。

同样是在1999年,在设计建构主义学习环境时,David H Jonassen[4]使用活动理论作为分析框架,通过明确活动目的,分析活动系统,分析活动结构、中介、活动所处语境和活动的发展性等6个步骤和15个子步骤进行数据收集和分析。对于每个子步骤,列出了用来向活动参与者提出的问题。Jonassen的工作后来被广泛引用和借鉴,例如Latheef and Romeo[5]在研究教学过程中使用交互式白板的情况时,就借鉴了Jonassen提出的步骤和数据收集方法。然而,分析Jonassen提出的框架,还是可以发现有进一步改进的空间。首先,不同步骤所包含的提问存在重复现象。其次,步骤

---

[1] 吕巾娇、刘美凤、史力范:《活动理论的发展脉络与应用探析》,《现代教育技术》2007年第1期。

[2] Uden L., "Activity Theory for Designing Mobile Learning", *Int. J. Mobile Learning and Organisation*, Vol. 1, No. 1, 2007, pp. 81—102.

[3] Kaptelinin V., B. Nardi, et al., "The Activity Checklist: A Tool for Representing the 'Space' of Context", *Interactions*, Vol. 6, No. 4, 1999, pp. 27—39.

[4] Jonassen D. H., L. Rohrer-Murphy, "Activity Theory as A Framework for Designing Constructivist Learning Environments", *Etr&D - Educational Technology Research and Development*, Vol. 47, No. 1, 1999, pp. 61—79.

[5] Latheef I., G. Romeo, "Using Cultural Historical Activity Theory to Investigate Interactive Whiteboards", *ACEC 2010: Digital Diversity Conference*, Melbourne, Australia, 2010.

的划分和具体提问的逻辑位置不够合理。

综合以上的分析，在借鉴这两种主要的数据收集框架的基础上，我们进行了以下三个方面的改进，形成了用于应急管理人员信息需求活动分析的数据收集问题集（表2—6）。

表2—6　　社区应急管理人员信息需求活动分析数据收集问题集

主体	负责这一活动的是哪位工作人员？他的知识背景如何？
	活动最终达到预期目标或者没有达到预期目标，分别对这位工作人员有什么样的影响？
	为了得到预期的结果，采用的工作方法和步骤？为什么他会采取这样的方法和步骤？背后隐含了什么理念和假设？
	除了已经采用的方式，还有没有其他方式能够达到预期的活动结果？这些方式如何实现？为什么没有采用这些方式？
	对于各种可能的完成活动的方式，各自需要使用什么工具？如何获得？为什么要利用这些工具？（利用这些工具是想完成什么工作）工具利用效果如何？
	对于各种可能的完成活动的方式，在执行过程中会受到哪些规则的约束或者指导？这些规则是如何形成的？对活动的完成有什么样的作用？
	这位工作人员的具体工作职责是什么？
	活动主体对哪个机构的哪个工作人员负责？
	在活动执行过程中遇到了哪些困难？
客体和结果	活动的操作对象是什么？是以什么形式存在的（如纸质版的文件、电子版三维地图等）？
	活动的结果是为了支持什么工作任务？由谁利用这一结果？
	如何评价活动的结果？由谁来确定结果的评价规则并进行评价？
社群	对于各种可能的完成活动的方式，分别需要哪些人共同参与？他们的知识背景如何？
	这些参与者在活动当中起什么作用？分别担当什么角色？承担什么职责？
	活动最终达到预期目标或者没有达到预期目标，分别对各参与者有什么样的影响？
	为了顺利完成各自承担的职责，他们都是如何做的？为什么会采取这样的方法？
	他们分别需要使用什么工具？如何获得？为什么要利用这些工具？工具利用效果如何？
	在完成活动的过程中，受到哪些规则的约束或者指导？这些规则是如何形成的，对活动的完成有什么样的作用？
	在活动执行过程中遇到了哪些困难？

第一，把对工具、规则以及角色的考察合并入对主体和社群的考察过程中。以主体和社群为中心，分别收集活动参与人员在活动过程中借助的工具、承担的角色以及遵循的规则。以往的数据收集方案，都是分别针对活动的主体、客体、社群以及工具、规则和角色进行问题设计，然而，任何工具、规则和角色都不是单独存在的，只有和具体的人员联系起来才有意义，割裂开来收集数据不利于活动参与者理解并提供有效的信息。

第二，尽可能地将问题具体化。原来的方案中存在很多过于抽象的表述，例如：主体和共同体如何共同作用于客体？活动中有哪些能量和资源？中心活动周围可能会出现哪些更高级文化形式的活动？虽然这些问题并不等同于访谈或者调查表中的提问，但过于抽象的表达增加了研究者理解和使用的难度。

第三，把数据收集和数据分析区分开来。数据收集阶段关注的是如何引导或者获取关于活动的基础数据，而数据分析则是研究者根据这些基础数据对人类活动进行理解、解读和重构的过程。例如"根据阶段，将目的分为多个具体的目标，目标之间的关系如何"等问题就是分析阶段需要做的事，而不是数据收集阶段的任务。

关于这个问题集的使用，有两点需要进行说明。首先，问题集不是线性的，没有严格的先后顺序。这一点，Kaptelinin在检查表的使用当中也提出过同样的意见。其次，虽然是问题集，但并不是说这些答案只能通过访谈得到。例如，Latheef和Romeo在收集课堂活动的数据时[①]，其数据来源就包括课堂录像、观察、访谈、相关文件（例如教学计划）、问卷调查等多种渠道。事实上，设立问题集的目的之一就是帮助研究者更有效地利用各种数据收集技术和方法。

（三）数据分析与信息需求识别

作为一个定性的研究方法，活动理论的数据分析没有严格的公式可循，它实际上是研究人员借助活动理论的概念和框架解读应急管理人员的活动，从而试图理解其深层次的意图。这是一个持续的过程，也许还随时需要进行进一步的深入调查。

活动理论为我们从不同的层次展示了人类活动，首先是活动之间的网

---

① Latheef I., G. Romeo, "Using Cultural Historical Activity Theory to Investigate Interactive Whiteboards", *ACEC 2010: Digital Diversity Conference*, Melbourne, Australia, 2010.

络关系；其次是单个活动的要素构成；最后是活动的层次结构。这种视角的转变，使得我们能够逐渐认识到微观层次上人与环境之间的交互，[①] 并从中分析交互过程中产生的信息需求。鉴于前面的步骤中已经完成了活动系统的构建，这里的数据分析部分将从活动要素分析、活动层次结构分析和信息需求识别三个方面展开。

1. 活动要素分析

由活动的 6 个要素构成的三角结构，在不同的文献中有不同的提法。有的将其称为活动模型（Activity Model），有的将其称为活动的结构（the Structure of an Activity）。为了避免混淆，这里将其称为活动要素分析。下面以社区应急管理人员的工作片段（判断可疑人员发放的传单是否涉及邪教）为例，进行活动要素分析（图 2—5）。

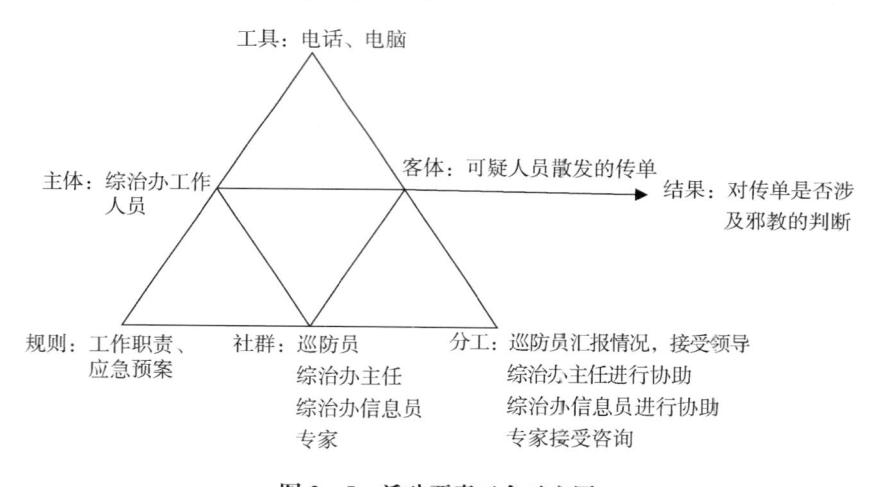

图 2—5 活动要素三角示意图

按照 Kofod‑Petersen[②] 等人的观点，活动的要素对应了个人语境、任务语境、时空语境、环境语境以及社会语境等各种语境信息。因此，活动要素分析实际上是帮助我们把数据收集阶段了解到的各种语境信息进行分

---

① Mishra J. L., D. K. Allen, et al., "Activity Theory as a Methodological and Analytical Framework for Information Practices in Emergency Management", 8th International ISCRAM Conference, Lisbon, Portugal, 2011.

② Kofod‑Petersen A., J. Cassens, "Using Activity Theory to Model Context Awareness", Second International Workshop on Modeling and Retrieval of Context, Edinburgh, UK, 2005.

门别类的梳理（表2—7），以备将来进行信息需求分析时使用。

表2—7　　　　　　　　　　活动要素的描述

要素	描述
主体	综治办工作人员是负责这一活动的主体，该工作人员具有法律学士学位，参加工作不久
客体	可疑人员散发的传单和宣传品，有纸质版和光盘等形式。夹杂了很多佛教内容，具有较强的伪装性
工具	巡防员汇报信息、综治办工作人员请求同事协助以及向专家咨询都是利用电话进行沟通。此外，利用电脑查询了综治信息
规则	具体的规则有综治员工作职责、城关区开展大巡防工作实施意见以及城关区突发公共事件总体应急预案等。其中涉及的相关要点包括：街道没有执法权，发现邪教相关事件应通知公安机关予以处置；第一时间调查情况和原因，不轻易对事件进行定性。事件发生后，相关街道办事处必须承担先期处置任务
社群	巡防员，巡防员由招聘的40多岁下岗人员担任，对本地环境较熟悉，但文化水平较低；综治办主任，工作经验丰富；街道维稳和反邪教工作信息员参加过反邪教方面的培训，具备基本的相关知识，对专家库中的专家研究方向等较为熟悉。专家，具备宗教方面的专业知识，但不能提供现场帮助
分工	巡防员负责汇报情况，并接受领导；综治办主任以及信息员有责任和义务进行协助；专家负责提供咨询
结果	对该可疑人员发放的传单是否涉及邪教的判断。这一结果由综治办工作人员传递给巡防员，以指导其下一步的行动

2. 活动层次结构分析

按照列昂捷夫的观点，活动由行动构成，并最终分解为操作。以图2—6为例，这是对图2—5所描述的活动进行的层次结构分解。在这个活动当中，综治办工作人员有三个方案可以选择，要么借鉴类似事件的处理结果，要么请求宗教方面的专家进行帮助，或者直接提交给上级主管部门请求指示。如果一种方案没能解决问题，工作人员会转向另一个方案。在层次结构的第三层，分解了用来完成每个行动方案的操作步骤。

3. 信息需求的识别

信息需求的识别包括两个部分的工作，首先是在活动层次结构分解的基础上，把信息需求和应急管理人员工作中的行为及操作联系在一起；其次是根据各种语境信息判断每个信息需求的内容、格式和对系统交互的要求。第一部分的工作产生活动层次结构中信息需求的分布（图2—7）；而

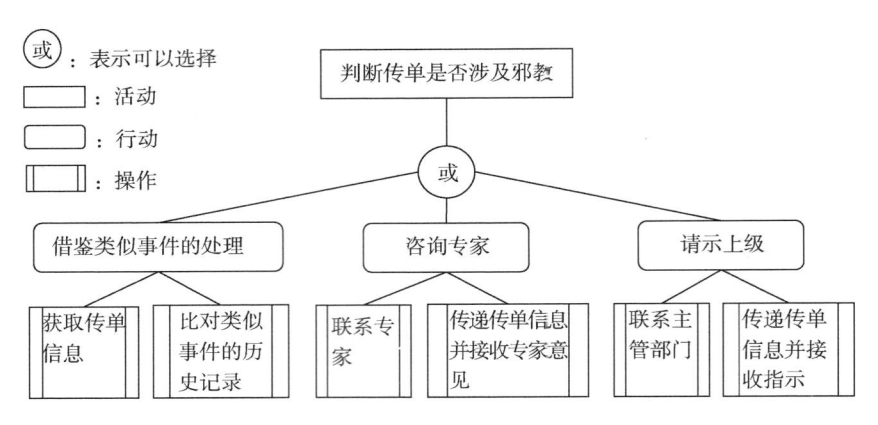

图 2—6　"判断传单是否涉及邪教"活动的层次结构

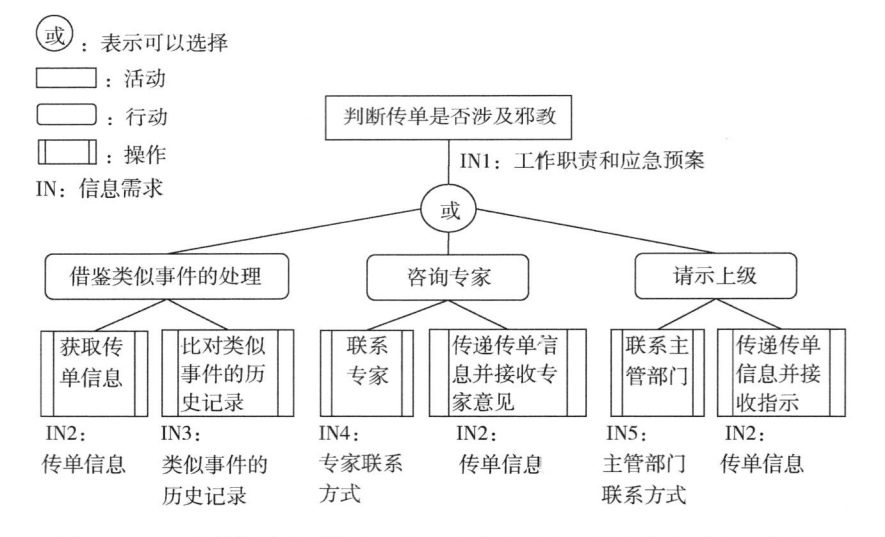

图 2—7　"判断传单是否涉及邪教"活动的层次结构中信息需求的分布

后一个部分的工作则产生信息需求的三个维度说明表（表 2—8）。

表 2—8　　　　　信息需求三个维度的说明

编号	内容	格式	与系统的交互
IN1	工作职责和应急预案	纸质版和电子版	能够标识和便于查找与该工作人员最为相关的部分内容
IN2	传单原始信息	电子版	支持文本识别并能提取和放大清晰的图片

续表

编号	内容	格式	与系统的交互
IN3	综治信息和综治简报的历史记录/或者其他地区相关案例	网络数据库	提供全文检索并可以按照类别、时间等进行排序和筛选
IN4	专家名录和联系方式	纸质版和电子版	可以按照专家专长等进行排序和筛选
IN5	上级主管部门联系方式	纸质版和电子版	可以按照部门分类排序

在活动的最初，综治办工作人员首先依据自己的工作职责以及应急预案当中的相关规定（IN1）来规范行为，不过由于事先熟悉了相关内容，在对工作过程进行观察的时候，不一定能看到工作人员在查找或者使用这些信息。这一点需要在问题集的引导下，通过访谈加以了解。而在层次结构的第三层，完成了操作和为了完成这些操作产生的信息需求（IN2、IN3、IN4、IN5）之间的匹配。

进一步，还需要根据各类情境信息，推断每一个信息需求的三个维度。以 IN2 为例，具体内容是传单原始信息；由于巡防员和综治办工作人员之间，以及综治办工作人员和专家或者主管部门之间需要远程协作，因此，格式要求是便于传递并在不同操作系统当中阅读的电子文档（例如照片）。同时，由于还需要进行文本检索、比对以及图像的比较，因此需要该文档能够支持文本识别和图片的提取。

通过信息需求的分布图和信息需求的三个维度说明表，可以方便系统设计人员了解当应急管理人员采用哪种方案或者进行什么操作的时候提供哪些信息，这些信息最好以什么格式呈现以及为了方便用户利用这些信息，系统应该提供哪些交互功能。同时，应急管理人员也可以据此检查哪些信息是可以提前预备的，从而指导应急准备阶段的信息备灾工作。

三 实证研究：兰州市城关区东岗街道的应急信息需求分析

（一）社区的选择与调研计划

本研究的实证研究主要在兰州市城关区东岗街道展开。同时，也在城关区嘉峪关街道下属的嘉峪关西路社区进行了相关信息收集，以作补充。另外，也参考了少量来自兰州市五泉街道、操场街街道等区域的相关案例、图片和数据。

东岗街道办事处原称东岗镇街道办事处,自 2004 年 12 月街乡整合,城关区行政区域重新合理划分,更名为东岗街道办事处至今。东岗街道位于城关区最东端,东起古城坪、柳沟河;西至深沟桥头一线;南至大洼山北麓;北临黄河。辖区面积约 13.8 平方公里,地势东南高,西北低。下辖深沟桥、雁儿湾、振兴、新兴、桃树坪 5 个社区和店子街村社区、东岗镇村社区 2 个村社区以及大洼山、长洼山 2 个行政村委会。其中,科级以上单位 32 个,各类非公民营企业 210 家,常住人口 13136 户,47456 人。

之所以选择东岗街道进行实证研究,是因为该辖区不仅属于城乡结合部,部队多、学校多、下岗失业人员多;而且和黄河以及大洼山接壤,地质环境相对复杂;涉及的危机事件类型较多,具有很好的代表性。

该街道设有党政办公室、城市管理办公室、社会治安综合治理办公室、经济管理办公室、劳动保障事务所、人口和计划生育服务中心以及"三农"服务中心共七个主要的部门。其中,城市管理办公室主要负责城管、土地、绿化、环保、市政、交通、技术监督、防震救灾、计划免疫、健康教育等工作;社会治安综合治理办公室主要负责维稳、综治、禁毒、人民调解、帮教、防范和处理邪教、消防安全、安全生产等事务。实证研究主要通过这两个部门来进行。

具体的研究计划分为五个阶段:

第一,调研准备,通过兰州市城关区政府信息公开网站[①]、东岗街道官方网站[②]以及网络搜索引擎,收集和熟悉东岗街道的基本信息。

第二,第一轮调研,主要针对街道城市管理办公室和社会治安综合治理办公室的工作人员进行访谈,了解应急管理工作整体状况。同时,获取部分综治信息、各类应急预案、处置程序规定、工作实施方案以及工作总结等文件。目的是选定进行实证研究的危机类型,以及下一步调研的受访人员。

通过初步访谈和文献阅读,发现这一地区在靠近山坡脚地带,地质环境脆弱,地质灾害点和隐患点分布较多[③]。该街道办处理了很多泥石

---

① http://www.lzcgq.gov.cn/xxgk/.
② http://dg.lzcgq.gov.cn/index.html.
③ 参见"城关区地质灾害防治规划"和"东岗街道 2012 年度地质灾害防治工作预案"。

流、山体滑坡等灾情，也是2010年"9·6"暴雨的重灾区之一，积累了丰富的案例和应急经验，因此选定实证研究的危机类型为地质灾害类，并确定了下一轮的访谈对象为街道城市管理办公室分管地质灾害的工作人员，新兴社区、振兴社区的地质监测员和其他社区工作人员以及长城村的工作人员。

第三，第二轮调研，这一轮调研分为两个部分，第一部分围绕选定的危机类型，了解整个应急管理周期的工作。然后在结合各种资料以及借鉴其他地区（五泉街道、草场街街道）类似案例的基础上，借助PSR（Pressure - State - Response，压力—状态—响应）框架，构建社区应急管理情景，进行活动识别与活动系统构建。第二部分是针对构建的社区应急管理情景以及活动系统，征求社区应急管理人员的反馈意见并加以修正。在此基础上，选定具体分析的活动，并确定熟悉这些活动的人员作为下一轮访谈和数据收集的对象。

第四，第三轮调研，借助社区应急管理人员信息需求活动分析的数据收集问题集，对选定的活动进行深入了解。除了访谈活动参与人员，还调取了相关录像、照片、文档和文件。基于这些数据，形成活动要素三角示意图、活动要素描述表、活动层次结果图、活动层次结构中的信息需求分布图以及信息需求三个维度的说明表。

第五，反馈和修正，在最后的阶段，以小组访谈的形式向活动参与人员展示活动分析的各个图表，寻求确认并根据反馈意见加以修正。同时，将活动分析中识别的信息需求与社区当前的信息准备情况进行比对，为社区下一步的备灾工作提供参考。

（二）应急管理情景和活动系统

社区的应急管理工作虽然有应急预案给予指导，但实际的工作过程和牵扯的头绪要复杂得多。同时，由于每个工作人员熟悉的应急管理环节和任务不同，因此在第二轮调研的过程中，访谈所得的结果比较零散。从实际操作的经验来看，要在访谈现场直接理清各种活动以及活动之间的关系有很大困难，需要借助各种资料反复推敲。为此，在访谈过程中，借助PSR框架，逐步把不同的片段按照压力、状态和响应以及所处的应急管理阶段填入表中（表2—9），并围绕这个表格收集相关文件、资料以及相关细节。

表2—9　　基于 PSR 框架的东岗街道地质灾害应急管理工作概况

阶段	压力	状态	响应
灾害减除阶段	本辖区的地质灾害隐患位于何处	管理人员对辖区内的地质环境条件没有清晰的了解，无法进行有针对性的预防和监测	地质灾害调查
	部分严重的地质灾害隐患很容易导致人员伤亡	临灾征兆频发	对隐患点的避让与工程治理
	缺乏科学合理的处置地质灾害的规范	管理长期依靠个人经验和惯例	制定预案
	突发地质灾害时，居民自救互救能力差	发生地质灾害时居民普遍陷入恐慌，甚至错过逃生机会	培训和宣传
灾害准备阶段	不知道什么时候什么地点会发生什么程度的地质灾害	应对匆忙，没有充足时间准备	常规监测
	专业救援队伍到达之前，需要进行先期处置	人员和物资有限	物资储备 应急演练
灾害响应阶段	发动受影响人员尽快进行自救和互救	居民不能及时感知危险	预警预报
	部分居民位于危险区内	有可能危及居民生命财产安全	组织疏散
	部分居民被困在危险区域无法撤离	险情仍在扩大，救援时间有限	组织救援
	灾害造成人员伤亡	急需救治	联系并转移到医疗单位
	部分居民无法维持基本生活	缺少食品和住处	组织安置
	尽快阻止地质灾害扩大	不确定最有效的施工方案	专家鉴定灾害成因并制定施工方案
灾后恢复阶段	建筑和设施受损	居民生产、生活水平和灾前相比有较大差距，仍然存在危险因素	明确各方责任和分工，制定施工方案
	应急管理过程中暴露了很多不足	每次应急处置都有新情况产生	修订预案，进一步进行演练和培训

通过表2—9，研究人员可以方便地整合第一轮调研所获得的各种资料，并在调研结束后梳理整个应急管理工作中的活动，形成完整的应急管理情景。为了讲述方便，我们设定了简单的时间和背景：

东岗街道辖区内山体坡面较多，而且因为修建兰渝铁路隧道，造成桃树坪地段大面积土质松动，崩塌、滑坡、泥石流、山洪等地质灾害频繁，尤其在主汛期，灾害多发。为了进行有针对性的管理，街道依据由甘肃省地质环境检测院完成的地质环境条件和地质灾害现状调查以及"城关区地质灾害防治规划"当中划分的地质灾害易发区和防治区，进行重点监测。每天由社区地质监察员进行逐一排摸并建档立案，每年6月1日至9月30日汛期期间，还坚持24小时值班制度（图2—8）。

图 2—8　地质灾害监测员整装待发

2010年9月6日中午，新兴社区地质监察员发现，××巷××号靠近马路的护坡发生了轻微坍塌。该监察员及时向街道城市综合管理办公室进行了汇报，请示是否派人员进行加固。同时为了预防突发事故，一直守候在现场。下午2点，在其他人员到达之前，该山体发生了小滑坡，监察员及时拉起警戒线和标识牌（图2—9），疏散群众及过往车辆，保障道路的畅通。并配合后续到达的人员进行了清理和加固护坡的工作。

到了当天晚间9点30分，兰州市突发暴雨和冰雹，冰雹最大直径约为8毫米，三小时后，降水量达到41.5毫米，属大雨量级。兰州中心气象台连续发布了雷电黄色预警和暴雨橙色预警信号。

大雨开始后，社区地质监察员以及其他所有工作人员都赶到单位，按照分工并对照日常监测建立的档案，给各急危房户逐一打电话或者上门通知疏散。然而，晚10时许，强降雨引发了山洪，在东岗立交桥北面的长城村，由于地势较低，泥水漫入居民家中，造成17户76人被困。

街道应急指挥中心接到报警以后，立即联系了当地消防部队请求支援。兰州市消防支队立即指派拱星墩中队赶赴现场，帮助村民转移并打通

图 2—9　地质监测员在现场设置警示牌

排水沟排水。晚上 10 点 34 分，56 名居民被疏散到安全地带，但仍有 20 人被困在桥南低洼处。周围积水达两米，且光线不足，救援人员无法到达。社区应急管理人员立即和消防等救援力量进行协商，一致同意向 119 指挥中心汇报情况，请求救生衣、导向绳和照明设备支援。兰州市消防支队随即指派消防特勤一中队、高新区中队、东岗中队携带排烟照明车等设备赶到现场。在连夜努力下，到 7 日凌晨 1 点 55 分，被困居民全部转移，并被安置到附近的宾馆（图 2—10）。

图 2—10　救援人员疏散被困居民

救援结束以后,社区组织人员对山洪和暴雨造成的塌陷区等隐患进行了观测和建档,并在上级部门的安排下协助国土资源局专家和地质灾害专家对辖区内的地质情况进行了灾后排查。排查过程中,把鱼儿沟确定为泥石流中度易发地区,危害等级为特重,专家建议采用扩建、疏通排导渠的措施予以治理。此外,暴雨导致××煤场发生严重地陷,形成了一个长100多米、深8米、宽2—3米的巨大空洞(图2—11),街道应急指挥中心责成煤场及时处理。但在随后的监察当中,发现该煤场没有按照规定采取措施,为此,街道会同工商等部门,强制该煤场停止生产并立即对地陷区域进行工程治理。

图2—11 煤场地下的空洞

此外,根据本次灾害的特点以及应急管理过程中的经验,街道和各社区细化了相应的预案和规章制度,向居民发放防灾明白卡和避险明白卡,并开展了宣传防御预案、观看地质灾害录像、发放防灾减灾资料、普及地质灾害防治知识等一系列活动。

通过以上情景，描绘了东岗街道地质灾害应急管理的基本过程和特点。下一步的工作就是区分哪些是完成社区应急管理的活动，哪些是为了完成某个活动进行的准备工作，哪些是可根据现场情况选择的方案，从而形成活动系统（这里只提供了三个层级的活动系统）（图2—12）。例如，我们在情景当中发现，街道和社区委托专家进行了地质调查，也指派专门

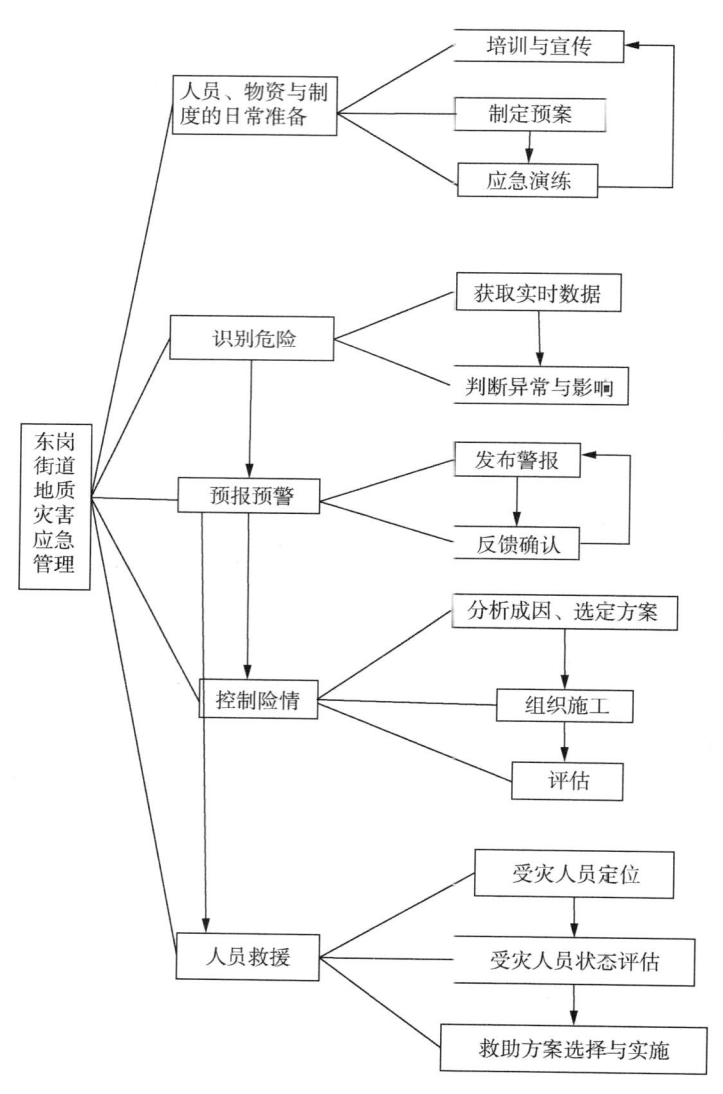

图2—12 东岗街道地质灾害应急管理三级活动系统

的人员进行日常的巡查,但驱使应急管理人员这么做的动机并不是调查和排查,而是为了找出地质灾害隐患点。因此,在活动系统中,列出的活动是"获取实时数据"。也许,随着技术进步,以后可以采用其他方案,例如利用基于感应芯片的物流网进行自动监控。但是,无论技术如何变革,为了完成整个应急管理活动,"获取实时数据"这一活动的目的是不会改变的。同时,这也意味着,如果受到条件的限制,不能采用某种或者几种行动的话,活动主体可以转而利用其他的行动方案。

在图2—12中,主要标识了活动之间的层级关系和时序关系。东岗街道地质灾害应急管理主要由五个活动构成,其中,"人员、物资与制度的日常准备"活动和其他活动之间没有严格的时序关系。这是因为,虽然理想的状态是先准备再应对,但即便没有准备好,事件发生以后仍然还是得马上应对。同时,所谓的日常准备也并不局限在灾前的某个时空。剩下的四个活动中,"预报预警"活动依赖于"识别危险"活动所得到的结果,而"预报预警"活动则同时影响了"控制险情"和"人员救援"两个活动。此外,在第三层的活动当中,还标识了循环的箭头,例如"发布警报"和"反馈确认"两个活动之间,这是因为如果反馈确认的结果不够理想的话,社区应急管理人员必须重新进行预警。

(三) 数据分析与信息需求识别

鉴于整个活动系统涉及的活动和信息需求太多,这里只选取其中的"识别危险"及其子活动:"获取实时数据"、"判断异常与影响"进行相关数据分析和信息需求识别。

1. 活动要素分析

针对选定的活动,借助社区应急管理人员信息需求活动分析的数据收集问题集进行深入调研。基于访谈记录、相关文档和文件,进行活动要素分析。这两个活动之间相互联系,东岗街道地质灾害应急管理中活动要素分析如下(图2—13、表2—10、表2—11)。

表2—10 "获取实时数据"活动要素的描述

要素	描述
主体	社区地质监察员是负责这一活动的主体,一般由招聘的40多岁下岗人员担任,对本地环境较熟悉,但文化水平较低。上岗前进行过基础培训,每年都参加国土资源管理部门的短期培训
客体	辖区内的地形地貌及水文建筑等物理实体

续表

要素	描述
工具	监察员接收居民汇报的信息大多采用直接面谈的方式或者利用电话沟通，有时需要地图予以辅助；监察员和专家以及上级主管部门的交流目前主要是通过电话，部分情况下也拥有便携移动视频设备，将巡查中看到的现场信息实时传递到指挥中心，但并没有普及，甚至仍然有监察员手绘地形图向国土资源部门汇报的情况；数据的汇总记录，以纸笔为主；目前，正在进行滑坡泥石流视频监控系统和一体化自动雨量监测系统建设，以实现对地质灾害的实时监控
规则	相关的规则包括地质监察员工作职责和管理办法、目标责任书、分工表[1]以及兰州市人民政府关于加强地质灾害防治工作的意见[2]、兰州市地质灾害群测群防实施意见、兰州市地质灾害快速反应制度等。涉及的相关要点包括：国土部门负有地质灾害防治的组织、协调、指导和监督职能，会同有关部门（包括水利、交通、街道和社区等）开展工作；在重点防范期内每个灾害隐患点至少有2人轮流值守监测等
社群	辖区居民，缺乏相关专业知识，获取全面信息的渠道有限，但对社区情况比较熟悉，实践经验丰富。国土资源管理部门专家，具备相关专业知识，但能够提供现场指导的时间有限，往往需要远程协作。街道城管办工作人员和国土资源管理部门联络人熟悉相关法规及案例
分工	辖区居民提供线索，国土资源管理部门专家接受咨询，国土资源管理部门联络人和街道城管办工作人员下达通知、接收监察员的信息汇报，并指导工作，且随时可以提供辅助配合
结果	发现地质灾害隐患点的临灾征兆。这一结果传递给"判断异常与影响"活动使用

表2—11　"判断异常与影响"活动要素的描述

要素	描述
主体	社区地质监察员是负责这一活动的主体，一般由招聘的40多岁下岗人员担任，对本地环境较熟悉，但文化水平较低。上岗前进行过基础培训，每年都参加国土资源管理部门的短期培训
客体	监测点的实时数据
工具	监察员利用数据分析工具对采集的数据进行排序等基本的整理和分析，然后借助评估模型加以判断，评估模型包括利用软件建立的风险评估模型，也包括经验积累的各种逻辑关系，例如降雨量超过多少毫升，某一地段就非常容易发生滑坡等。此外，社群成员之间广泛利用电话进行沟通并传递信息
规则	包括地质灾害分类分级标准、各种地质信息和人口基础信息的获取和利用权限，以及兰州市地质灾害防治工作责任制度[3]等

---

[1]　例如，城关区河洪道隐患治理任务分解表。
[2]　http://www.lanzhou.gov.cn:8080/root84/srmzfbgt/201209/t20120927_179568.html.
[3]　http://www.110.com/fagui/law_366046.html.

续表

要素	描述
社群	国土资源管理部门专家，具备相关专业知识，拥有各种评估工具和技术，需要远程协作。街道城管办工作人员和国土资源管理部门联络人熟悉相关法规及案例。地质监察员获得的数据和信息需要向国土资源管理部门和街道城管办工作人员汇报和确认
分工	辖区居民提供线索，国土资源管理部门专家接受咨询，国土资源管理部门联络人和街道城管办工作人员下达通知、接收监察员的信息汇报，并指导工作，且随时可以提供辅助配合
结果	观测点的异常和影响。这一结果传递给"预报预警"活动使用

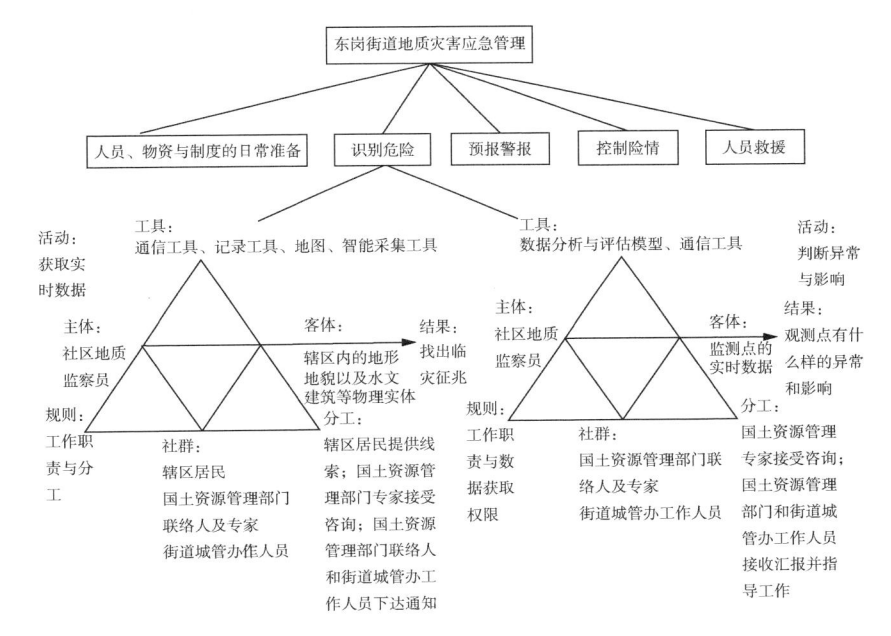

图 2—13　"获取实时数据"和"判断异常与影响"活动要素三角示意图

2. 活动层次结构及信息需求识别

为了节省篇幅，这里将活动的层次结构和活动层次结构中的信息需求分布图合并给出（图 2—14）。

下面根据各种语境信息判断每个信息需求的内容、格式和对系统交互的要求。表 2—12 展示的是经过街道和社区应急管理人员反馈修正后的结果。此外，在表格当中还添加了一列用以展示当前各个信息需求的实际情况，以方便对比。

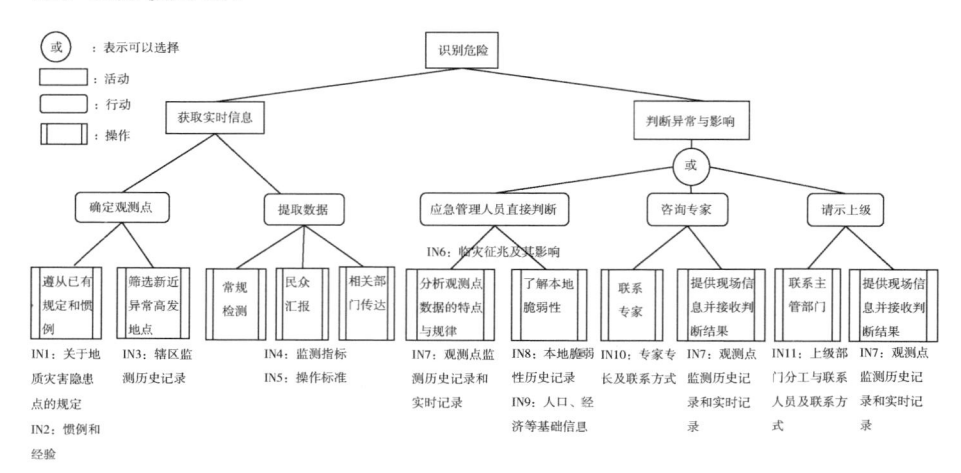

```
或 : 表示可以选择
□ : 活动
□ : 行动
□ : 操作
```

识别危险
├── 获取实时信息
│   ├── 确定观测点
│   │   ├── 遵从已有规定和惯例
│   │   │   IN1: 关于地质灾害隐患点的规定
│   │   │   IN2: 惯例和经验
│   │   └── 筛选新近异常高发地点
│   │   IN3: 辖区监测历史记录
│   └── 提取数据
│   ├── 常规检测
│   │   IN4: 监测指标
│   │   IN5: 操作标准
│   ├── 民众汇报
│   └── 相关部门传达
└── 判断异常与影响 (或)
    IN6: 临灾征兆及其影响
    ├── 应急管理人员直接判断
    │   ├── 分析观测点数据的特点与规律
    │   │   IN7: 观测点监测历史记录和实时记录
    │   └── 了解本地脆弱性
    │   IN8: 本地脆弱性历史记录
    │   IN9: 人口、经济等基础信息
    ├── 咨询专家
    │   ├── 联系专家
    │   │   IN10: 专家专长及联系方式
    │   └── 提供现场信息并接收判断结果
    │   IN7: 观测点监测历史记录和实时记录
    └── 请示上级
        ├── 联系主管部门
        │   IN11: 上级部门分工及联系人员及联系方式
        └── 提供现场信息并接收判断结果
            IN7: 观测点监测历史记录和实时记录
```

**图 2—14　"识别危险"活动的层次结构中信息需求的分布**

**表 2—12　"识别危险"活动信息需求的三个维度的说明**

| 编号 | 内容 | 格式 | 与系统的交互 | 当前关于该信息需求的情况 |
|---|---|---|---|---|
| IN1 | 关于地质灾害隐患点的规定：地质隐患点类型、位置和等级 | 二维地图 | 可放大、缩小、定制显示地标及河流交通路线等 | 在地质灾害治理规划、洪灾防御明白卡等文件中有相关文字描述** |
| IN2 | 惯例和经验：虽然没能列入正式文件和规划，但根据居民的经验及工作惯例，需要关注的地点 | 知识地图 | 可以查询、积累并整合进 IN1 的地图中 | 社区居民和应急管理人员头脑中的隐性知识 |
| IN3 | 辖区监测历史记录 | 趋势图 | 可进行分类、时间序列展示、调节阈值的筛选，并提供与各个指标临界点的对照 | 手工或者电子版的表格和记录*** |
| IN4 | 监测指标 | 相互提供链接的电子文档 | 可按照不同灾害类别定制分类显示并链接相关背景知识 | 在培训教程、汇报表格等纸质材料中涉及这方面的内容，但没有以其为中心组织相关背景知识 |
| IN5 | 监测操作标准和指南 | 相互提供链接的电子文档 | 可按照不同灾害类别定制分类显示并链接相关实例 | 在培训教程中涉及这方面内容，但无法根据需要定制显示，此外，实例较少，查询不便 |
```

第二章 公共危机信息需求分析　117

续表

编号	内容	格式	与系统的交互	当前关于该信息需求的情况
IN6	临灾征兆及其影响	知识库	能够按照不同灾害类别及征兆指标进行知识组织和展示，并提供背景知识和案例分析与对照	相关内容散见网络或各种信息源，需要应急管理人员自己查找和组织，此外，在培训教程中少量涉及这方面内容
IN7	观测点监测历史记录和实时记录	趋势图	以观测点为单位组织，可以进行时间序列展示、调节阈值的筛选，并提供与各个指标临界点的对照	当前的记录主要以辖区为中心进行，没有按照观测点为中心进行组织
IN8	本地脆弱性历史记录	集成时间和空间的可视化数据展示	能够就各种灾害类型进行分类并链接相关灾害指标	目前只有零散文字记录
IN9	辖区内人口、经济等基础信息	集成时间和空间的可视化数据展示	基于地图的可视化	目前正在建设的三维数字社区①提供了这部分信息
IN10	专家专长及联系方式	纸质版和电子版列表	可以按照专家专长等进行排序和筛选并可以远程获取	目前的电子版以 Word 文档为主，不方便排序筛选，在监测现场无法直接远程获取
IN11	上级部门分工与联系人员及联系方式	纸质版和电子版列表	可以按照部门和分工分类排序并可以远程获取	目前的电子版以 Word 文档为主，不方便排序筛选，在监测现场无法直接远程获取

＊＊：这些文字描述大多不够具体。例如，河洪道隐患情况调查表中的描述"隐患点位置：燕儿湾路以北，涉及河洪道名称：黄河南岸"。

＊＊＊：当前的辖区监测历史记录大多以流水账的手工记录形式存在。例如，防汛期间黄河沿线辖区的监测历史记录片段："2012.7.30 上午 8：00 经过一夜的安排部署防范，虽有降雨，各地质监测点及各社区，村社区负责人对辖区进行巡查，早上 7：00 再次进行巡查，辖区一切正常"、"2012.7.31 各社区经专人巡查上报，黄河水位上升，河对岸青白石有被淹受灾情况，我辖区黄河段沿岸无异常，继续加大巡查力度"。

---

① 三维数字社区，主要是利用 GIS、传统拍照技术、"三维数字"仿真模拟及实景视频技术，将街道社区 100 多项工作内容纳入 5 条管理主线，形成 3 大基础平台、6 大功能特点、8 大管理模块和 5 大应用系统。具有综合受理、分类管理、分类统计汇总等功能，嵌入辖区实景视频监控管理。

第四节 公共危机信息需求的结构表达

公共危机信息需求在被挖掘和明确后,需要表达成人和计算机容易识别的形式。危机信息需求的结构表达直接影响对具体情境的判断和把握,是危机信息需求管理的重要环节。本节我们遵循面向过程方法思想,基于从目标情境到信息需求建模构筑决策信息需求链,让信息需求运转起来,更贴近现实的危机管理工作。

一 本体、元需求及 OODA 模型

(一) 本体和元需求

本体是关于世界某一面的一个特定的分类体系,这个体系不依赖于任何特定的语言。Grube 认为本体应该具备概念化、形式化、显式等特征。

具体来说,本体是关于某一领域的概念集,其中的概念具有明确的语义定义,语义通过概念之间的各种关联关系来表述。用本体来表述模型有天然的优势,换言之,模型即本体的语义集。

Guarino 提出以详细程度和领域依赖度双维度对本体进行划分。按详细程度高低,本体分为参考(reference)本体和共享(share)本体。按领域依赖程度,本体可细分为顶级(top - level)本体、领域(domain)本体、任务(task)本体和应用(application)本体 4 类。

顶级本体:最通用的概念及概念间的关系,如时间、空间、事件、行为等,与具体的应用无关,其他种类的本体都是该类本体的特例。

领域本体:某一特定领域(如地理、医学等)中的概念及概念间的关系。

任务本体:某一任务和行为(如道路抢修、包扎伤员)中的概念及概念间的关系。

应用本体:依赖于某一领域和任务(如医疗卫生)的概念及概念间的关系。

本体包含五个基本的建模基元——类、关系、函数、公理和实例,用基元来严格地刻画所描述的对象。

任何需求描述都具有以下几种基本特征:对象、执行者、资源、约束

条件、输出目标等，这些特征作为本体活动间的关系一种抽象表示，可以定义为属性因子，来描述关系的类别，如角色、对象、数据、时间和资源等（图 2—15）。

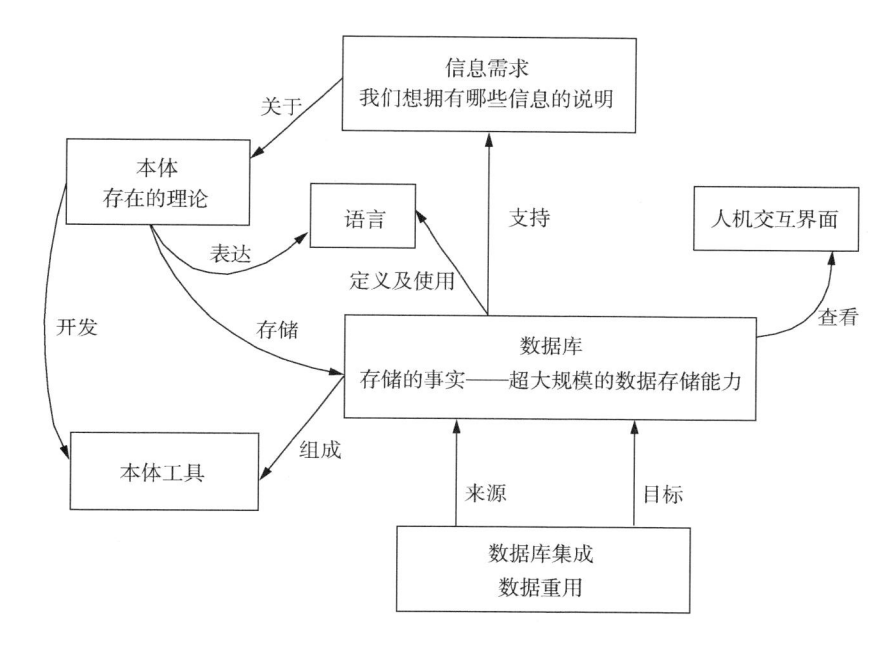

图 2—15　本体与数据库及信息需求的关系

如此我们将需求本体抽取出来，类似于元数据的定义，我们称其为"元需求"，即描述信息需求的信息（图 2—16）。其基本步骤是：

（1）对危机管理任务涉及的报表进行编制、整理。
（2）对报表涉及的主题进行归类、汇总。
（3）对主题进行特征分析，形成顶级需求，即元需求。

（二）OODA 循环简介

OODA 循环（观察，确认，决策，行动）是由美国军事家 John Boyd 提出的概念模型（图 2—17），他用极简单的方式展示了人脑决策的一般模型，OODA 循环最初被应用在军事作战及战略层面，它对人们理解商业经营和学习过程也有很大的帮助，也为我们解释不可预知的动态环境下人的行为提供了概念框架。

OODA 循环看似简单，内涵却十分丰富，Boyd 将其展示为如下的过

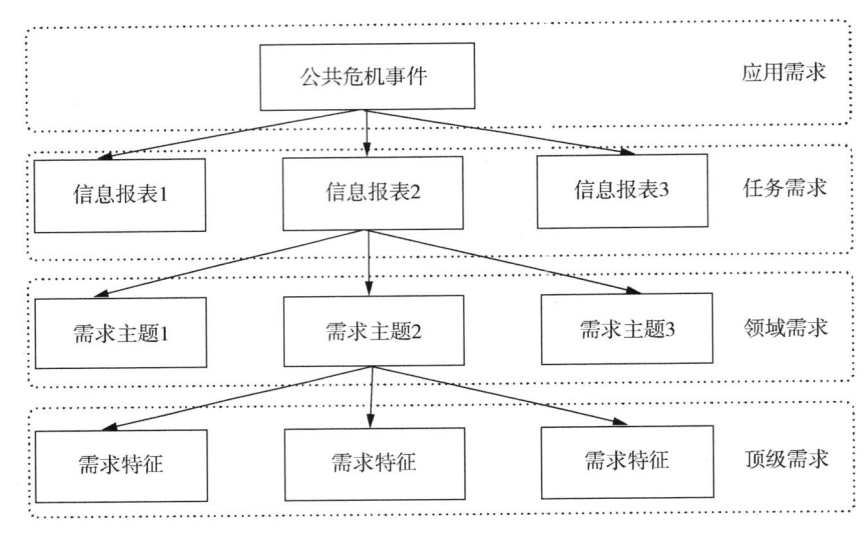

图 2—16　需求特征提取与本体层次的关系

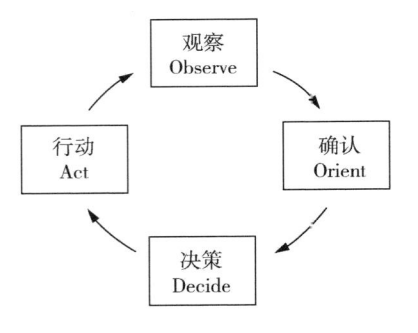

图 2—17　OODA 循环

程（图 2—18）[①]：

（1）观察：从环境中收集与试图决策的问题相关的信息，包括从上一个 OODA 循环反馈来的信息。

（2）确认：用收集来的信息建立环境的认知模型。即通过对数据及相关信息加以综合，对情况进行评估。随着收集到的信息量的不断增长，不

---

① Boyd, *The Essence of Winning and Losing* Retrieved 2012 from http：//www.danford. net/boyd/essence.htm.

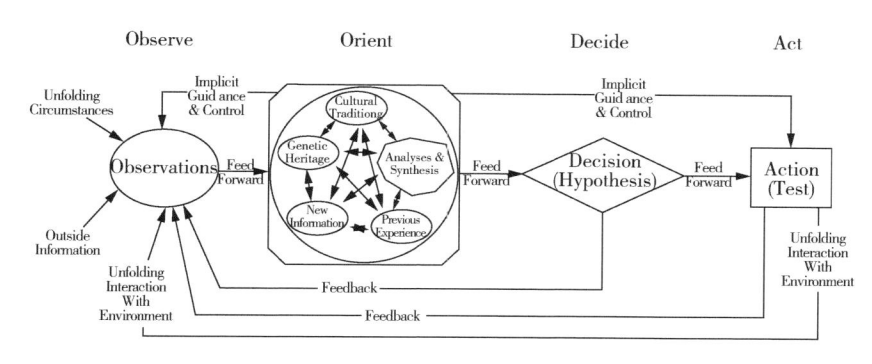

图 2—18　John Boyd 给出的 OODA 循环

断解构旧的认知模型，然后创建更符合情况的新模型。这一步骤必须考虑决策者的经验和技能水平，并结合事件的相应情境，以使用户能够做出更明智的行动决策。确认这一环节是将信息转化为知识的关键。而在做出明智决策的过程中，真正起到预测作用的是知识而不是信息。

（3）决策：在综合考虑各种方案的基础上，选出有助于解决问题的行动路线。

（4）行动：执行决策所选择的决策方案，并检验结果。当观察到行动的结果后，将评价信息反馈到循环的开始处，然后开始新一轮的循环。

在危机管理中，需要在情境发生变化前尽快尽好地完成上述四个步骤，因为一旦外界环境发生哪怕细微变化，之前 OODA 循环做出的决策也是不恰当的，这与需求变更控制的要求是一致的。

二　危机信息需求的结构化映射

借鉴美国国家准备计划的思想，针对现实公共危机来设计危机信息需求，罗列、归纳常见的公共危机事件，如罢工、火灾、地震、传染病，危险物泄漏等，通过设计各类危机的标准情境，修订特定的专项预案，形成基于能力的预案体系，再将基于情境需要完成的任务，针对任务所必需的能力、资源分解，最终落实在相应的信息上，完成信息需求目录（图 2—19、图 2—20）。

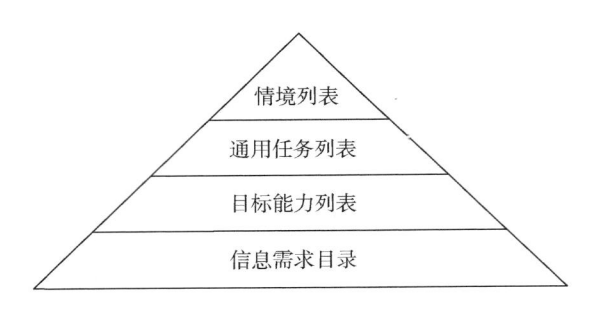

```
         情境列表
      通用任务列表
     目标能力列表
    信息需求目录
```

图 2—19 基于情境的信息需求总体框架

注：能力（Capability）一词是源于军事用语，意思是资源的能力，包括人、装备、培训及诸如计划、原则、理念的运用之类的东西；信息需求针对的就是各种能力所必须具备的信息。

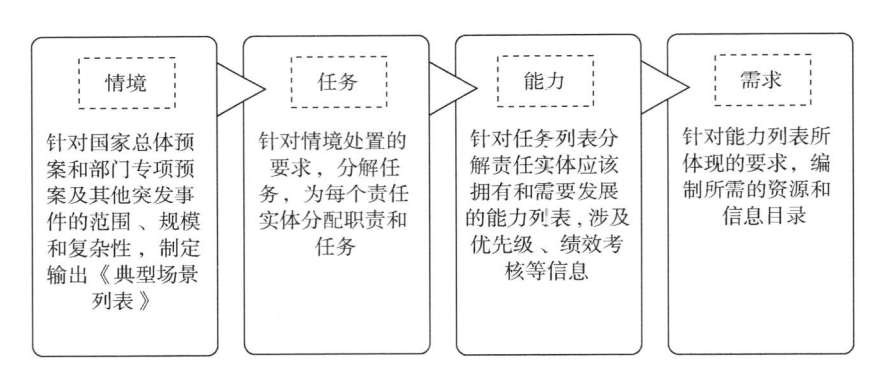

情境	任务	能力	需求
针对国家总体预案和部门专项预案及其他突发事件的范围、规模和复杂性，制定输出《典型场景列表》	针对情境处置的要求，分解任务，为每个责任实体分配职责和任务	针对任务列表分解责任实体应该拥有和需要发展的能力列表，涉及优先级、绩效考核等信息	针对能力列表所体现的要求，编制所需的资源和信息目录

图 2—20 从情境到需求的映射关系

三　基于 ABC Ontology 模型的危机信息需求结构表达

基于需求映射和元需求思想，构建如下需求结构表示模型：在应用层的典型情境下，引入危机生命周期理论作为任务层，将展现危机特征的外部环境和内在状态作为状态层，将 OODA 决策流程建模作为领域层，将基于 ABC Ontology 的事件模型作为顶层需求层（图 2—21）。

（一）情境层

危机都是由中性的事件触发的，经常被称为"导火索"的触发事件的危害往往是有限的。但在其导致的直接事件和间接事件的共同作用下，危

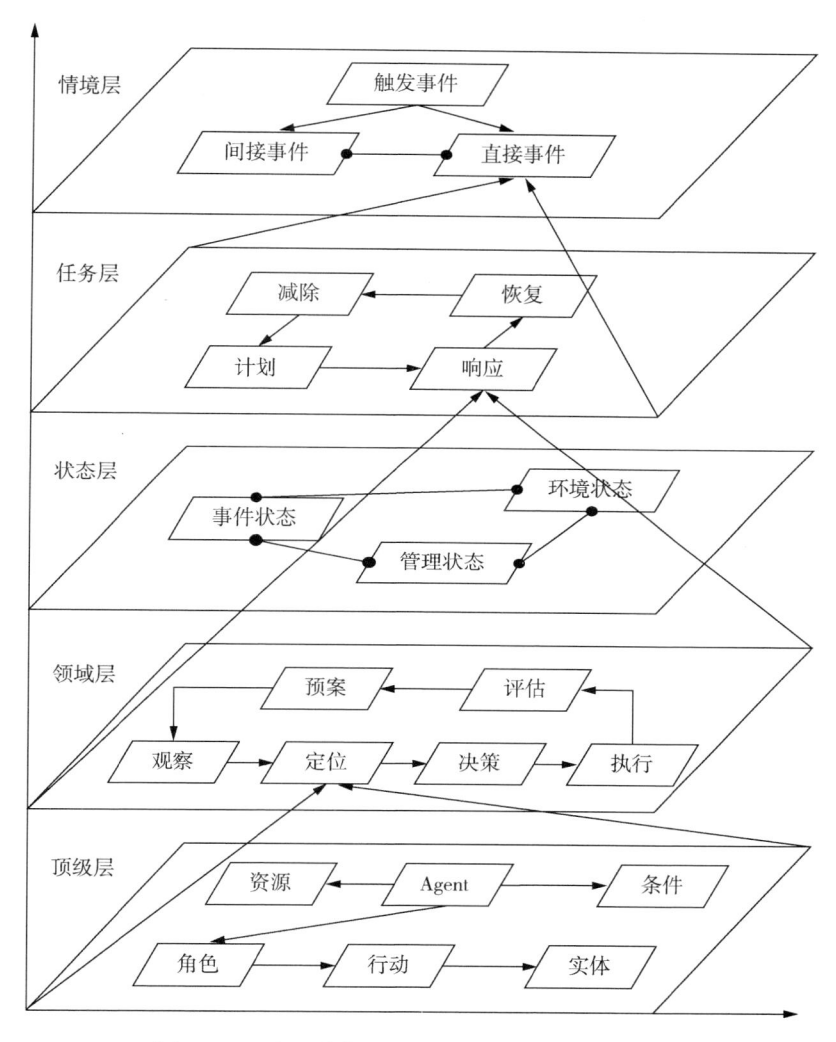

图 2—21 基于本体的危机信息需求结构表示模型

机事件进一步加剧,这就是危机的耦合。① 如近年国内群体性事件屡见报端,却都是由普通的一般事件最终演变成的。

伴随危机耦合的是信息及其需求的耦合,任一信息都不是完全独立的,在产生和使用它的过程中必然会与其他信息发生各种各样的联系。我

---

① 温立:《基于本体的应急决策知识模型研究》,大连理工大学硕士学位论文,2009 年。

们将这种因信息之间相互影响而构成的信息联系称为信息耦合。

（二）任务层

危机管理的生命周期理论为我们正确有效地处理危机提供了一条分析路径。危机管理可分为减缓、准备、响应、恢复四个阶段，一个情境的演化中每个阶段都有对应的主要任务，任务也对应着相应的信息需求。

（1）减缓。在常态状况下，危机是潜伏的，外界环境处于有序状态，但存在着引发危机状态变化的可能性。当信息量达到某一阀值，危机才会爆发并被我们察觉。减缓是基于风险识别与评估的日常风险消除工作。减缓期是应急管理中最平静的阶段，却又是最重要的阶段。

（2）准备。减缓措施能预防和有效减少各种危机的风险，但并不能阻止灾害的发生，准备是实实在在的危机管理措施，其中最重要的当属应急预案以及相关的资源配置。

（3）响应。危机一旦爆发，内部状态指标值变化引起质变并输出到环境系统，使其陷入无序的混乱状态，虽然人们采取应对措施，但是破坏后果进一步加剧，直到达到环境系统无序状态的峰值。事态不断发展，本质原因却不一定能明确，现象则在信息传播过程中被不断复制，各种主体之信息严重不对称，信息需求强烈。

（4）恢复。在危机解决后，应急情境信息逐渐淡出公众视线，将被记录在案直至消灭，环境系统出现新的有序状态，公共危机事件处于恢复阶段。

（三）状态层

现有分析模型都是从分析角度来构建本体，把事件分解成若干子事件，再将子事件依次细分直到抽象出最简单的要素，然后再以部分的性质去解释说明整体。这样使分析变得简单，却忽略了危机的整体性，更难以描述具有关系复杂、变量众多特点的公共危机事件，因而无法有效地辅助决策。系统论为公共危机事件的表示提供了另外一种思维方式。

危机的发生发展有三种状态表示：事件状态、环境状态和管理状态。危机作为一个系统，遵循输入输出方程模式，外界环境对危机施加一个输入，引起系统内部状态的变化，有些变化输出到外部环境使其发生混乱、失序和不平衡，外部环境的变化又会引起危机的相应改变。

（四）领域层

领域层即决策层，是需求表示的核心内容，信息在危机管理中的作用就在于决策支持。OODA 循环很好地将决策流程一般化，配合评估和预案，完整地构成了信息需求的领域层：首先识别危机事件、启动相应的预案。将所发生事件与已有案例进行事件层匹配，以识别发生事件的类型和事件间的内在联系。在已识别的危机事件中，搜索所用到的应急预案，然后根据公共危机事件每个生命周期阶段表示层的环境、状态评估和事件演化的可能性来评估、选择方案。

（五）顶级层

ABC Ontology 模型作为一个有关事件处置的通用概念模型，描述了事件、情形、动作、智能体等与事件相关的概念及其关系。[①] 其中：

智能体（agent）可能是人、仪器、组织等，是具象类（actuality）的子类；其他几个是时象（temporality）类的子类；

事件（event），一个事件标志了场景（situation）之间的转换，通过两个属性 precedes 和 follows 将事件和场景关联起来。事件与在现场者、动作、动作参与者密切相关，智能体是使状态发生变化的主体；

场景（situation），一个场景就是一个上下文（context），是对具象类的可存在性（existential）方面的断言，是与时间相关的；

动作（action），一个动作在一个事件的上下文中由某个或某些智能体来完成。动作对客观世界的改变是与时间相关的。

针对危机事件的实际情况，我们规定以下术语（表 2—13）[②]，将这些术语导入 Protégé 生成危机事件模型 RDF（Resource Description Framework）模组（相关链接 2—1）。

表 2—13　　　　基于 ABC 事件模型的危机信息属性定义

序号	名称	子属性	域	值域
1	precedes	None	Event	Situation
2	follows	None	Event	Situation
3	isPartOf	None	Entity	Entity
4	contains	None	Entity	Entity
5	isSubEventOf	IsPartOf	Event	Event
6	inContext	None	Actuality	Situation

---

① *Harmony* Retrieved 2010 from http：//metadata. Net/harmony/Results. htm.

② C. Lagoze，J. Hunter，"The ABC Ontology and Model"，*Journal of Digital Information*，2001.

续表

序号	名称	子属性	域	值域
7	phaseOf	None	Actuality	Actuality
8	hasRealization	None	Work	Manifestation
9	hasCopy	None	Manifestation	Item
10	involves	None	Action，Event	Actuality
11	hasPatient	Involves	Action，Event	Actuality
12	usesTool	Involves	Action，Event	Actuality
13	hasResult	None	Action，Event	Actuality
14	destroys	HasPatient	Action，Event	Actuality
15	creates	HasResult	Action，Event	Actuality
16	has Action	None	Event	Action
17	hasPresence	None	Event	Agent
18	hasParticipant	HasPresence	Event，Action	Agent
19	atTime	None	Temporality	Time
20	inPlace	None	Actuality，Temporality	Place

相关链接2—1：危机事件模型 RDF 模组

<? xml version=" 1.0" encoding=" UTF-8"?>
<rdf：RDF xmlns：rdf=http：//www.w3.org/1999/02/22-rdf-syntax-ns# xmlns：rdfs=" http：//www.w3.org/2000/01/rdfschema#">
<rdfs：Class rdf：ID=" Entity" />
<rdfs：Class rdf：ID=" Temporality">
<rdfs：subClassOf rdf：resource=" Entity" />
</rdfs：Class>
<rdfs：Class rdf：ID=" Actuality">
<rdfs：subClassOf rdf：resource=" Entity" />
</rdfs：Class>
<rdfs：Class rdf：ID=" Abstraction">
<rdfs：subClassOf rdf：resource=" Entity" />
</rdfs：Class>
<rdfs：Class rdf：ID=" Time">
<rdfs：subClassOf rdf：resource=" Entity" />

```xml
</rdfs:Class>
<rdfs:Class rdf:ID=" Place" >
<rdfs:subClassOf rdf:resource=" Entity" />
</rdfs:Class>
<rdfs:Class rdf:ID=" Artifact" >
<rdfs:subClassOf rdf:resource=" Actuality" />
</rdfs:Class>
<rdfs:Class rdf:ID=" Event" >
<rdfs:subClassOf rdf:resource=" Temporality" />
</rdfs:Class>
<rdfs:Class rdf:ID=" Situation" >
<rdfs:subClassOf rdf:resource=" Temporality" />
</rdfs:Class>
<rdfs:Class rdf:ID=" Action" >
<rdfs:subClassOf rdf:resource=" Temporality" />
</rdfs:Class>
<rdfs:Class rdf:ID=" Agent" >
<rdfs:subClassOf rdf:resource=" Actuality" />
</rdfs:Class>
<rdfs:Class rdf:ID=" Work" >
<rdfs:subClassOf rdf:resource=" Abstraction" />
</rdfs:Class>
<rdfs:Class rdf:ID=" Manifestation" >
<rdfs:subClassOf rdf:resource=" Artifact" />
</rdfs:Class>
<rdfs:Class rdf:ID=" Item" >
<rdfs:subClassOf rdf:resource=" Artifact" />
</rdfs:Class>
<rdf:Property rdf:ID=" precedes" >
<rdfs:domain rdf:resource=" Event" />
<rdfs:range rdf:resource=" Situation" />
</rdf:Property>
```

```
<rdf：Property rdf：ID=" follows" >
<rdfs：domain rdf：resource=" Event" />
<rdfs：range rdf：resource=" Situation" />
</rdf：Property>
<rdf：Property rdf：ID=" isPartOf" >
<rdfs：domain rdf：resource=" Entity" />
<rdfs：range rdf：resource=" Entity" />
</rdf：Property>
<rdf：Property rdf：ID=" contains" >
<rdfs：domain rdf：resource=" Entity" />
<rdfs：range rdf：resource=" Entity" />
</rdf：Property>
<rdf：Property rdf：ID=" isSubEventOf" >
<rdfs：domain rdf：resource=" Event" />
<rdfs：range rdf：resource=" Event" />
<rdfs：subPropertyOf rdf：resource=" isPartOf" />
</rdf：Property>
<rdf：Property rdf：ID=" inContext" >
<rdfs：domain rdf：resource=" Actuality" />
<rdfs：range rdf：resource=" Situation" />
</rdf：Property>
<rdf：Property rdf：ID=" phaseOf" >
<rdfs：domain rdf：resource=" Actuality" />
<rdfs：range rdf：resource=" Actuality' />
</rdf：Property>
<rdf：Property rdf：ID=" hasRealization" >
<rdfs：domain rdf：resource=" Work" />
<rdfs：range rdf：resource=" Manifestation" />
</rdf：Property>
<rdf：Property rdf：ID=" hasCopy" >
<rdfs：domain rdf：resource=" Manifestation" />
<rdfs：range rdf：resource=" Item" />
```

```
</rdf:Property>
<rdf:Property rdf:ID="involves">
<rdfs:domain rdf:resource="Action"/>
<rdfs:domain rdf:resource="Event"/>
<rdfs:range rdf:resource="Actuality"/>
</rdf:Property>
<rdf:Property rdf:ID="hasPatient">
<rdfs:domain rdf:resource="Action"/>
<rdfs:range rdf:resource="Actuality"/>
<rdfs:subPropertyOf rdf:resource="involves"/>
</rdf:Property>
<rdf:Property rdf:ID="usesTool">
<rdfs:domain rdf:resource="Action"/>
<rdfs:range rdf:resource="Actuality"/>
<rdfs:subPropertyOf rdf:resource="involves"/>
</rdf:Property>
<rdf:Property rdf:ID="hasResult">
<rdfs:domain rdf:resource="Action"/>
<rdfs:domain rdf:resource="Event"/>
<rdfs:range rdf:resource="Actuality"/>
</rdf:Property>
<rdf:Property rdf:ID="destroys">
<rdfs:domain rdf:resource="Event"/>
<rdfs:domain rdf:resource="Action"/>
<rdfs:range rdf:resource="Actuality"/>
<rdfs:subPropertyOf rdf:resource="hasPatient"/>
</rdf:Property>
<rdf:Property rdf:ID="creates">
<rdfs:domain rdf:resource="Action"/>
<rdfs:domain rdf:resource="Event"/>
<rdfs:range rdf:resource="Actuality"/>
<rdfs:subPropertyOf rdf:resource="hasResult"/>
```

```
</rdf：Property>
<rdf：Property rdf：ID=" hasAction" >
<rdfs：domain rdf：resource=" Event" />
<rdfs：range rdf：resource=" Action" />
</rdf：Property>
<rdf：Property rdf：ID=" hasPresence" >
<rdfs：domain rdf：resource=" Event" />
<rdfs：domain rdf：resource=" Action" />
<rdfs：range rdf：resource=" Agent" />
</rdf：Property>
<rdf：Property rdf：ID=" hasParticipant" >
<rdfs：domain rdf：resource=" Action" />
<rdfs：range rdf：resource=" Agent" />
<rdfs：subPropertyOf rdf：resource=" hasPresence" />
</rdf：Property>
<rdf：Property rdf：ID=" atTime" >
<rdfs：domain rdf：resource=" Temporality" />
<rdfs：range rdf：resource=" Time" />
</rdf：Property>
<rdf：Property rdf：ID=" inPlace" >
<rdfs：domain rdf：resource=" Actuality" />
<rdfs：domain rdf：resource=" Temporality" />
<rdfs：range rdf：resource=" Place" />
</rdf：Property>
</rdf：RDF>
```

相关链接2—2：危机信息资源分类与编码规范

《国家应急平台体系信息资源分类与编码规范》分为公共危机事件分类与编码表、危险源和风险隐患区分类与编码表、防护目标分类与编码表、应急保障资源分类与编码表、应急知识分类与编码表、应急预案分类与编码表、应急平台分类与编码表七个部分。我们将应急保障资源分类与编码表摘录如下（表2—14）：

表 2—14　　　　　　　　应急保障资源分类与编码表

40000	应急保障资源	
41000	应急机构	
41A00	领导机构	
41A01	国务院	
41A02	军队	
41A03	省、自治区、直辖市政府	
41A04	省级有关部门	
41A05	市政府	
41A06	市级有关部门	
41A07	县政府	
41A08	县级有关部门	
41A99	其他领导机构	
41B00	办事机构	
41B01	国务院应急办	
41B02	军队应急管理机构	
41B03	国务院有关部门应急办	
41B04	省应急办	
41B05	省级有关部门应急办	
41B06	市应急办	
41B07	市级有关部门应急办	
41B08	县应急办	
41B09	县级有关部门应急办	
41B99	其他办事机构	
41C00	指挥和综合协调机构	
41C01	国家防汛抗旱总指挥部	
41C02	国家减灾委员会	
41C03	国务院抗震救灾指挥部	
41C04	国务院地质灾害应急防治总指挥部	
41C05	国家林业局扑火指挥部	
41C06	国务院安委会	
41C07	国家处置铁路行车事故应急救援领导小组	
41C08	国家处置民用航空器飞行事故应急指挥部	

续表

41C09	中国海上搜救中心	
41C10	城市地铁事故灾难应急领导小组	
41C11	大面积电网停电事件应急领导小组	
41C12	国家核应急协调委	
41C13	全国环境保护部际联席会议	
41C14	国家通信保障应急领导小组	
41C15	国家突发公共卫生事件应急指挥部	
41C16	国家公共事件医疗卫生救援领导小组	
41C17	国家突发重大动物疫情应急指挥部	
41C18	国家重大食品安全事故应急指挥部	
41C19	国家粮食应急工作指挥部	
41C20	国家突发金融事件应急领导小组	
41C21	国家涉外公共危机事件应急总指挥部	
41C22	国家处置大规模恐怖袭击事件指挥部	
41C23	国家处置劫机事件应急领导小组	
41C24	新闻发布领导小组	
41C20	林业有害生物灾害应急指挥机构	
41C21	安全生产应急救援指挥中心	
41C99	其他工作机构	
42000	应急人力资源	
42A00	专家	
42A01	自然灾害类专家	
42A02	事故灾难类专家	
42A03	公共卫生类专家	
42A04	社会安全类专家	
42A05	综合类专家	
42A99	其他专家	
42B00	军队	
42B01	抗洪抢险专业部队	
42B02	国家地震灾害紧急救援队	
42B03	国家空中运输队	
42E12	专业森林消防队	

续表

42E13	林业有害生物灾害应急专业队	
42E14	食物中毒事件应急预备队	
42E15	路桥抢修队	
42E16	通信保障队	
42E17	电力抢修队	
42E18	供气抢修队	
42E19	供水抢修队	
42E20	排水污水处理抢险队	
42E21	园林养护抢险队	
42E99	其他专业救援队伍	
43000	应急物资保障资源	
43A00	国家战略性储备物资	
43A01	国家粮食和食用植物油储备	
43A02	国家能源储备	
43A03	国家医药储备	
43A99	其他国家战略性储备物资	
43B00	专用应急物资及储备	
43B01	防汛抗旱专用物资	
43B02	抗震专用物资	
43B03	防灾减灾专用物资	
43B04	防疫应急专用物资	
43B05	林业有害生物灾害应急防控专用物资	
43B06	危险化学品事故救援专用物资	
43B07	矿山事故救援专用物资	
43B08	油污染处置物资	
43B99	其他专项救援物资储备	
43C00	基本生活物资保障	
43C01	粮食	
43C02	除粮食之外的食品	
43C03	食用油	
43C04	衣被	
43C05	饮用水	

续表

43C06	救灾帐篷	
43C99	其他基本生活物资	
44000	应急通信资源	请有关部门补充完善
44A00	通信网	
44A01	公用固定电话网	
44A02	公用移动电话网	
44A03	公用数据及IP通信网	
44A04	公用传输网	光缆、微波、卫星
44A05	公用短波、集群无线网	
44A06	专用通信网	
44A99	其他通信网	
44B00	通信保障机构	
44B01	基础电信运营企业集团公司	中国电信、中国网通、中国移动、中国联通、中国卫通、中国铁通
44B02	基础电信运营企业省公司	
44B03	基础电信运营企业地市分公司	
44B04	省级基础通信运营企业	
44B05	市级基础通信运营企业	
44B06	县级基础通信运营企业	
44B07	中国交通信通保信障机中心构	
44B99	其他通	
44C00	通信设备	
44C01	VSAT系统	
44C02	短波通信系统	
44C03	卫星通信系统	
44C04	车载变换系统	
44C05	车载移动基站	
44C06	便携微波通信系统	
44C07	海事卫星终端	
44C08	移动通信卫星终端	
44C09	宽带卫星通信终端	
44C10	北斗卫星终端	

续表

44C99	其他通信设备	
45000	应急运输与物流资源	
45A00	运输站场	
45A01	机场客货集散区	
45A02	港口客货集散区	
45A03	火车站客货集散区	
45A04	汽车站客货集散区	
45A99	其他运输站场	
45B00	运输设备	
45B01	航空器	
45B02	船	
45B03	火车	
45B04	汽车	
45B99	其他运输设备	
45C00	运输保障机构	
45C01	航空企业	
45C02	航运企业	
45C03	铁路运输企业	
45C04	汽车运输企业	
45C99	其他运输保障机构	
46000	医疗卫生资源	
46A00	医疗机构	
46A01	医院	
46A02	疗养院	
46A03	社区卫生服务中心（站）	
46A04	卫生院	
46A05	门诊部	
46A06	诊所、卫生所（室）、医务室	
46A07	妇幼保健院（所、站）	
46A08	职专科业疾病病防治院（所、站）	
46A09	病防治院（所、站、中心）	
46A10	急救中心（站）	省、市、县分级

续表

46A99	其他医疗机构	
46B00	疾病预防控制中心（防疫站）	
46B01	省级疾病预防控制中心（防疫站）	
46B02	市级疾病预防控制中心（防疫站）	
46B03	县级疾病预防控制中心（防疫站）	
46B99	其他疾病预防控制机构	
46C00	卫生监督所（局）	可按省、市、县分级
46C01	省级卫生监督所（局）	
46C02	市级卫生监督所（局）	
46C03	县级卫生监督所（局）	
46C99	其他卫生监督机构	
46D00	医学科学研究机构	
46E00	医疗设备和药品	
46E01	医疗设备	
46E02	救护车	
46E03	药品	
46E04	疫苗类生物制品	
46E05	血液及血制品	血液、血浆血小板等
46E99	其他医疗设备和药品	
46Y00	其他医疗卫生资源	
46Y01	采供血机构	
47000	应急避难场区	
47A00	避难场所	
47A01	救助管理站	
47A02	公园	
47A03	广场	
47A04	绿地	
47A99	其他避难场所	
47B00	人防工事	
47B01	防空洞	
47B02	防空地下室	
47B03	防空警报站点	

续表

47B99	其他人防工事	
48000	应急财力资源分类	
48100	专项应急资金	
48A01	国家级	
48A02	省级	
48A03	市级	
48A04	县级	
48A99	其他专项应急资金	
48B00	募捐资金	
48C00	应急保险	

第三章 公共危机信息准备

在 FEMA 提出的危机管理生命周期模型中，危机准备（preparedness）是其中的第二个重要阶段。与危机减缓（mitigation）不同，危机准备是假定危机会发生而于发生前为危机响应与恢复所作的系统性安排，而前者旨在通过降低致灾因子发生的频率和强度以扼制或阻止危机的发生。公共危机信息准备主要研究危机准备阶段涉及的信息问题和信息管理问题。通过危机信息准备，能够确保危机响应和恢复阶段所需要的各类基础信息资源及基础设施得以有效配置与动员，从而为高效开展危机响应与危机恢复提供支持。各种危机信息准备措施可用于帮助政府、社区、公众减少危机带来的后果，最大限度地保护生命、财产、基础设施与环境安全。因此，公共危机信息准备构成了公共危机信息管理的基石。

第一节 公共危机信息准备概述

1979 年，美国发生了三里岛核工厂事故。事故后发起的针对放射性灾害的应急备灾项目成为现代公共危机管理学科的起点。从那时起，危机准备得到了学界和社会的广泛关注并开始迅速发展。危机管理离不开强大的危机准备能力，而这种能力的建设和发展需要通过各种系统化的规划、培训、演练、评估、改进得以实现。公共危机信息准备是公共危机准备中的基础和核心要素。

一 公共危机信息准备的内涵和特点

（一）公共危机信息准备的内涵

不少国家为危机准备赋予了明确的定义，其中具有代表性的有：

1. 澳大利亚联邦应急管理局（Emergency Management Australia，EMA）的定义：（1）在紧急事态发生时，确保应对紧急事态所需要的全部资源和服务能够被有效地动员和配置的安排；（2）在紧急事态发生时，确保社区、资源和服务能够应对紧急事态影响的措施。

2. 新西兰民防与紧急事态管理部（Ministry of Civil Defense and Emergency Management，MCDEM）的定义：危机准备是社区抵御紧急事态影响的能力。

3. 美国国土安全部（Department of Homeland Security，DHS）有多个版本的定义：（1）为了对国内突发事件实施预防、保护人们免受其伤害、应对其发生并从中重建、建设、支撑、改进运作能力所必需的一系列精心设计的重大任务和行动。危机准备是一个持续的过程，包括各级政府以及政府与私人部门和NGO之间识别威胁、判定脆弱性和确认所需资源的各项工作。① （2）危机准备是一系列事先精心设计的关键任务和行动，以建立、保持和改进国内各类事件的预防、保护、响应、恢复所必需的操作能力。准备是一个连续的过程。准备包含各级政府的努力，政府、私人部门和非政府组织间的协调行动，以识别危险、确定脆弱性和确认所需要的资源。② （3）危机准备是在潜在危机发生前持续开展的大量准备工作，是一个包括评估、规划、程序和协议、训练和演习、人员资格认证、执照和认证、设备认证、评估和修订在内的综合体，为有效开展应急管理和应急响应提供支持。③

以上几个定义的核心思想是将危机准备看作一种危机发生前的行动、措施、安排或能力。由于公共危机信息准备关注的是公共危机准备中与信息及信息管理有关的问题，可以认为广义的公共危机信息准备是指在危机发生前，为了保障公众生命、财产及环境安全，抵御危机可能带来的冲击，所从事的各种信息资源管理和信息能力建设活动。这些活动包括各级各类基础信息数据库的开发、相关标准与协议体系的制定、危机风险评估方案与评估系统的研发、应急人员培训与演练/培训方案的制定、应急响

---

① 夏保成、张平吾：《公共安全管理概论》，当代中国出版社2011年版，第168—169页。
② 李湖生、刘铁民：《突发事件应急准备体系研究进展及关键科学问题》，《中国安全生产科学技术》2009年第6期。
③ DHS, *National Incident Management System* Retrieved 2009 from http：//www. fema. gov/pdf/emergency/nims/NIMS_core. pdf.

应预案的制定、相关政策与法律体系建设、其他相关应用软件系统与硬件设施的开发规划与建设等。而狭义的公共危机信息准备是指为满足危机响应与恢复阶段的信息需求，而进行的危机信息的收集、处理、存储、传播、表达与利用活动及配套基础设施的建设，以帮助高效开展危机响应与恢复工作，尽可能地降低危机带来的损失。

（二）公共危机信息准备的特点

1. 阶段性

传统的危机信息准备曾被认为是防灾减灾工作的一个组成部分，其工作重点仅限于事故发生前期阶段，现代应急管理思想则强调，应急准备不仅仅是应急管理的基础性工作，而且贯穿从应急准备、初级响应、扩大应急到恢复的全程，并要通过不断的评审改进，推动应急能力的持续提高。[①]可见，公共危机信息准备的阶段性不仅是指信息准备的成果要为公共危机管理生命周期中的各个阶段所用，而且，在危机信息准备阶段内亦形成一个循环往复的生命周期。危机准备的周期（preparedness cycle）源于近年来美国公共安全管理学界发展起来的防灾准备理论，最早是在应对恐怖主义袭击的应急方案中出现的。危机准备周期示意图如图3—1所示。[②]

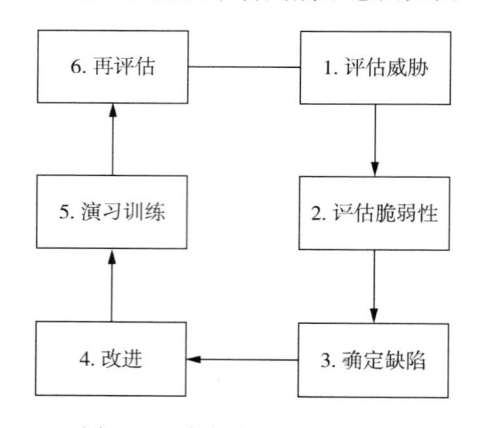

图3—1 危机准备周期示意图

每一个危机准备的周期都被划分为六个阶段：第一阶段是确定面临的

[①] 刘铁民：《玉树地震灾害再次凸显应急准备重要性》，《中国安全生产科学技术》2010年第2期。

[②] 夏保成、张平吾：《公共安全管理概论》，当代中国出版社2011年版，第170页。

灾害或威胁的类型；第二阶段是对本地区、社区或企业当前的脆弱性或危机准备水平进行评估；第三阶段是确定现有危机准备水平与完善危机准备水平之间的差距；第四阶段是依据行业或相关国际标准，改善及克服上述差距；第五阶段是将改进后的危机准备方案实施学习和训练，并检验其可行性；第六阶段进行再评估，以发现新问题并加以改善。通过这六个阶段的不断循环迭代，可以判定并持续提升一个地区、社区或企业的危机信息准备水平。

关于危机准备的阶段/周期还有其他类似的解释，如 DHS 提出的危机准备周期可分为规划、组织/装备、培训、演习、评估/改进五个阶段（图 3—2）。①

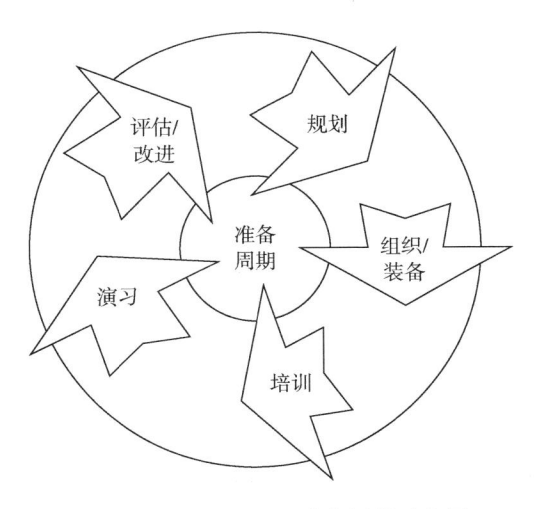

图 3—2 DHS 的危机准备周期示意图

2．动态性

危机信息准备不仅是一种准备好应对危机的状态，更是贯穿整个危机管理生命周期的动态过程，涉及危机管理的方方面面。危机准备的周期性决定了在确定主体是否做好危机信息准备后，还要不断持续这一循环往复的过程。因为来自自然危机、技术危机或人为危机的威胁总是处于不断变化的状态中，危机事态的发展也会伴随应急决策和各种不确定因素而不断

---

① DHS，*National Incident Management System*（*NIMS*）*Overview* Retrieved July 2013 from http：//www.fema.gov/national-incident-management-system．

变化，所以不管主体（某地区、社区、企业、家庭等）的应急能力当前是否符合危机信息准备的标准，都必须不断复查其所面临的威胁。即危机信息准备是一个动态的过程，而且在短时间内就可能发生变化。动态地、周期性地展开复查，以保证主体的每一项危机信息准备能力处于合格状态，各项危机信息资源时刻处于合用的状态才是最优策略。

3. 系统性

公共危机信息准备的系统性体现在该项工作不仅涉及不同层级的主体（个人、家庭、社区、企业、NGO、各级政府），而且具有明显的专业性，需要专家的参与和专门的知识与技能。危机信息准备体系是一个多维层次的结构体系，在基础层面包括危机管理相关法律标准、社会道德及危机准备文化等；在支撑层面包括与危机科技、资金、人力等相关的信息资源及配套设施；在功能要素方面，有与应急队伍、装备、物资等相关的信息资源及配套设施，以及这些要素组合形成的各种危机信息能力；在具体行动层面，通过"建设规划"合理配置科技、资金、人力等资源，形成各种必要且适度的应急能力。[①] 比如美国国家层面的危机（信息）准备体系就是由国家准备目标（National Preparedness Goal，NPG）、国家准备系统（National Preparedness System，NPS）、国家突发事件管理系统（National Incident Management System，NIMS）、国家规划框架（National Planning Frameworks，NPF）、国家准备报告（National Preparedness Report，NPR）五部分组成的一个有机整体。这些组成部分各有侧重、互为补充、相互协调，共同构成危机信息准备的理论纲领与行动指南。

4. 共享性

共享性是公共危机信息准备的特点与必然要求。诚然，在危机管理的各种情境中，"联动"、"整合"、"协调"、"沟通"的必要性和迫切性已经被充分认识到，但在危机管理实践中，一旦各级政府和部门之间存在部门分割、协调不力、沟通不畅等问题，就会导致各省市之间、行政管理部门之间、政府与中介机构之间、政府与公众之间缺乏常规沟通机制，从而形成一个个"信息孤岛"，使得信息资源的整体功能难以发挥。只有打破各级政府和部门间对公共危机信息的垄断和封锁，才能使危机信息资源全面、及

---

① 刘铁民：《玉树地震灾害再次凸显应急准备重要性》，《中国安全生产科学技术》2010年第2期。

时地服务于危机响应与恢复工作,最大程度地降低危机带来的损失。

5. 不确定性

公共危机具有复杂的自然、技术和社会背景,起因复杂、发展迅速、影响巨大。公共危机的本质特征就是信息的不确定性。危机信息的不确定性导致了危机信息准备也是在不确定的条件下进行的。王伟认为从信息管理的角度看,危机信息的不确定性可能存在三种不同的表现形式:[①]

(1) 不对称

非对称信息是不完全信息的一种典型表现形式。现实世界中充斥着各种各样的信息非对称问题。在非对称信息条件下,危机利益相关者之间存在信息拥有量的差别,或者由于专业化使某专业领域的人比其他专业领域的人了解更多的专业知识,从而决定了各方或处于信息优势者或处于信息劣势者的不同地位。

(2) 不完全

从决策的角度讲,完全信息只是一种静态的理想世界,它假定人们拥有关于某种环境状态的全部知识及其行为后果的完全信息,信息在大众之间不受阻滞而广泛、及时地被传递和交流,每个人都能同时接收到相同信息并做出最优决策。但事实并非如此,尤其在危机情境中,这种理想状态是很难寻觅的,相反,不完全信息则是普遍存在的。在危机情境下,由于人的有限理性和事物的属性或状态的复杂性与多变性,人们在决策过程中必须面对的是不完全信息。

(3) 不均衡

危机信息的不均衡性是指危机演化的不同阶段的信息配置以及信息在不同决策阶段的完善性是有差别的。决策者有可能在决策的某一阶段拥有较多的信息,因而比较容易作出正确的决策,而在另一阶段由于拥有有价值的信息量相对不足,因此会对危机决策行为产生一定的影响,有时甚至会导致决策失误和危机加剧。

相应地,为了削减危机信息准备过程中的不确定性,可以采取以下措施:

(1) 通过民主化和科学化决策减少信息的不对称

危机信息管理的任务就在于如何通过特定的制度安排,利用信息技术

[①] 王伟:《公共危机信息管理体系构建与运行机制研究》,吉林大学博士学位论文,2007年。

的优势,减少信息不对称的问题,从而为危机决策提供良好的信息基础,改善公共利益。

(2) 加强决策过程中的信息反馈以削弱信息的不完全性

一方面,信息的不完善必然导致危机决策的不完善,因此在决策过程中,只要进行了充分的调查研究、专家论证以及相应试点以后,就应该大胆地做出决策并付诸实施,以免增加决策成本,甚至错失解决危机的良好时机。另一方面,危机决策必然会有一定的风险性,在决策制定阶段,应尽可能地搜集与决策问题相关的信息,增加决策方案的完善性;在决策的执行阶段,要不断地探索和完善决策,同时要保持警惕,注意情况的变化。此外,要注意保持信息传递的及时、畅通。

(3) 通过区分决策过程中的重点以减少信息的不均衡度

信息的不均衡表现在危机决策过程在不同阶段对信息需求的数量和质量是不同的。应加强政策制定阶段的信息资源配置,以保证决策过程的顺利进行,提高危机决策的质量。

相关链接3—1:美国国家危机准备序列[①]

2003年2月,小布什总统签发了关于国土安全的第5号行政命令"管理国内突发事件",要求国土安全部牵头负责,协调联邦各部门和各级地方政府,建立全国突发事件管理系统,规划国家应急预案。2003年12月7日,小布什又发布关于国土安全的第7号行政命令,要求国土安全部协调联邦和各级政府部门以及相关私人企业,制定全国重要基础设施保护预案。2003年12月17日,小布什发布关于国土安全的第8号行政命令"全国危机准备",要求国土安全部具体规划关于国家危机准备各项内容的落实计划,其中包括全国危机准备目标、基于能力的预案编制工具、国土安全资助指导以及全国危机准备指导。这三份档案构成了美国国家危机准备的法律依据,并且建构了危机准备的主体框架。其结构和逻辑关系如图3—3所示。

关于国土安全的5号、7号和8号总统行政命令表现了美国政府对国土安全的全部构想,根据这些构想,国土安全部于2004年3月公布了"国家突发事件管理系统"并于2008年12月进行了修订;2004年7月,发布了由国土安全委员会(Homeland Security Council)主持,国土安全部、联邦各相关部门、州和地方政府的国土安全部门参与制定的"预案编制针

---

① 夏保成、张平吾:《公共安全管理概论》,当代中国出版社2011年版,第179—181页。

```
关于              ┌──────────────┐    ┌──全国突发事件管理系统──┐
国              │   5号行政命令  │────┤                          │    ┌──────────────┐
土              └──────────────┘    └──国家应急预案──────────┤    │ 全国突发事件 │
安                                                              │    │ 管理的共     │
全              ┌──────────────┐                                │    │ 同途径：     │
的              │   7号行政命令  │────── 全国基础设施保护预案 ───┤    │ ·预防        │
全              └──────────────┘                                │    │ ·保护        │
国                                                              │    │ ·应急        │
战              ┌──────────────┐    ┌──全国防灾准备目标────────┤    │ ·重建        │
略              │   8号行政命令  │────┤──基于能力的预案编制工具──┤    │ ·防灾准备    │
                └──────────────┘    ├──国土安全资助项目指导────┤    └──────────────┘
                                     └──全国防灾准备指导────────┘
```

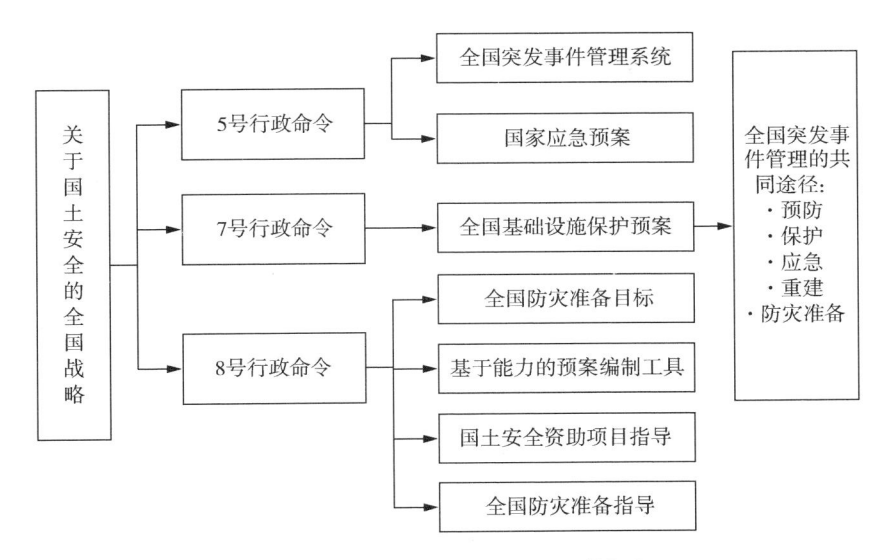

图 3—3　美国国家危机准备的主体框架

对场景"（Planning Scenarios：Executive Summaries），供各级政府国土安全方面的危机准备行动使用；2004 年 12 月，公布了"国家应急预案"；2005 年 3 月 31 日，公布了"过渡性国家危机准备指南"（Interim National Preparedness Guidance）。2005 年 5 月 23 日同时发布两个档案"目标能力概览"（Target Capabilities List：Version 1.1）和"通用任务概览"（Universal Task List：Version 2.1），以及 2005 年 7 月 22 日发布"州与都市地区国土安全战略：与全国危机准备目标一致的战略调整指导"（State and Urban Area Homeland Security Strategy：Guidance on Aligning Strategy with the National Preparedness Goal）。

二　公共危机信息准备的作用和意义

(一) 公共危机信息准备的作用

1. 基础数据支撑

公共危机信息准备为公共危机管理整个生命周期提供基础信息支持，一般包括基础地理信息数据库和公共安全信息数据库等。例如国家基础地理信息中心研制开发的地形数据库、地名数据库、数字高程模型（Digital

Elevation Model，DEM）数据库、数字栅格地图数据库、数字正射影像数据库、土地覆盖数据库、航天航空影像数据库等。[①]

2. 决策支持

危机发生后，要求应急主体第一时间做出危机响应。危机响应决策的效率、效果与危机信息准备阶段提供的各类素材的科学性、完备性、可操作性密切相关。公共危机信息准备可为应急主体在危机响应和灾后恢复阶段提供模型库、预案库、决策库的多方面支持。

（1）模型库是为一定目的服务的、以特定的结构存储的相关联的模型集合。人们可以根据模型性质、用途等属性的不同对模型进行分类、维护和使用。危机管理模型库主要包括信息识别与提取模型、事件发展与影响后果模型、人群疏散与预警分级模型、疾病与健康模型，以及火灾、危险化学品泄漏、人员疏散模型等。通过模型库建设以及模型库系统平台可为危机管理者和各领域专家决策提供参照和依据。

（2）预案库包括针对可能发生的公共危机预先制定的应急预案或方案，包括国家总体应急预案、国家专项应急预案、国务院部门应急预案、地方应急预案等。预案库的作用是帮助做到预防在先，有备无患。

（3）决策库用于支持危机情境下的决策活动，是具有智能作用的人机系统。决策库汇聚了专家知识和危机管理的成功经验，通过人工智能系统实现危机管理的科学决策，避免危机管理中非程序化决策可能造成的失误。

3. 职能管理

公共危机信息准备可于危机发生前预先明确各类主体在危机管理中的角色定位与应承担的职能，以确认各方职责，从而高效地开展灾后危机响应与恢复。如美国国家应急预案明确界定了参与危机管理的公共组织（包括州长、土著区执行长、国土安全部部长、司法部部长、国防部部长、国务卿）、NGO、私人部门和公民的角色与应承担的职能。[②]

（二）公共危机信息准备的意义

1. 有利于提高应急信息沟通能力

危机的应对主体可能来自各级政府的应急管理机构、NGO、医疗机

[①] 黄丽珺：《危机管理的信息流程及其优化》，兰州大学硕士学位论文，2009年。

[②] 乔治·D. 哈岛、琼·A. 布洛克、达蒙·P. 科波拉：《应急管理概论》，龚晶等译，知识产权出版社2012年版。

构、科研机构、企业、社区等。危机发生后，如果各类主体间的应急信息沟通能力低下，会直接导致危机响应和恢复工作的高成本、低效率，甚至会加重危机带来的损失。同时，应对不力、协调不力会破坏政府的公信力。公共危机信息准备可通过制定应急预案、培训与演练、充分利用信息技术等手段，提高应急信息沟通能力。

2. 有利于培养危机预防文化

危机预防文化建设是指通过危机意识的提升、危机心态的调适、危机响应的社会机制建构，形成民众相互安慰与相互激发的生活态势。[①] 1999年7月，联合国前秘书长安南在第二次世界减灾大会上提出："我们人类必须由反应文化转变为预防文化。"由此，"全球预防文化"开始在各国普及并为人们所广泛接受。美国政府在《2005年卡特里娜飓风调查报告》中提出了创建危机预防文化的建议，指出"一种新的危机预防文化必须强调整个国家——联邦、州和地方政府、私人部门、社区及公民个人——共同承担国土安全的目标和责任"，为此，需要在四个方面达成共识，即：未来灾难的不确定性、主动应急、共担责任、同做准备。为了提高全民的危机准备意识，从2004年起，美国国土安全部把每年的9月定为"国家准备月"。我国政府也十分强调提高公众的公共安全意识及自救互救能力，开展了"安全社区"、"平安社区"等建设工作。危机预防文化建设有利于提升民众的危机意识，激励其塑造危机应对能力，进而预防或减少危机带来的损失。

3. 有利于降低政府应急管理成本

（1）通过相关立法降低政府应急管理制度成本

制度成本会影响到公共危机管理的效率。由于公共危机往往会给公众安全造成巨大威胁，给社会秩序造成巨大破坏，因此，对公共危机管理进行相关的立法是有必要的。特别是公共危机爆发后的紧急状态时期，更需要一定的行为规范来约束主体行为，才能建立起有效的应急机制来控制紧张局势，尽早地恢复社会秩序。只有健全的法律体系，才能从制度层面为公共危机治理提供有力的行为指南和权威保障，降低由于制度不统一而造成的制度之间的协调成本问题。而法律法规体系建设正是广义危机信息准

---

① 温志强：《社会转型期中国公共危机管理预防准备机制研究》，天津师范大学博士学位论文，2009年。

备阶段的任务之一。

（2）编制行动预案以提高资源的利用效用

阿敏（S. Amin）和戈德斯坦（M. Goldstein）认为，强调资源的利用效用在危机响应情境中是至关重要的，因为人面对危机时的脆弱性和救援资源分配的无效用，均会导致不必要的经济损失，或加剧苦难和贫困的程度。① 危机信息准备的主要目标是在危机发生前，按照危机管理的专业化要求，构建和完善能够动员和整合包括社会资金、人力资源、应急物资、应急装备和技术等的制度体系，到了危机爆发时，才能有条不紊地协调和利用各种急需的资源，提高其利用效率和效用。这些行动预案的编制也是危机信息准备阶段的任务之一。

4. 有利于提高公共危机常态化管理水平

传统的应急处置和危机管理侧重于危机发生后的及时应对，属于突发状态的被动响应。而危机信息准备将危机管理的关口前移，属于主动的事前规划，使得公共危机信息管理得以贯穿全程，居安思危，常抓不懈，有利于提升公共危机常态化管理水平。

三 公共危机信息准备的关键问题

（一）公共危机信息的收集

首先需要说明的是，公共危机信息准备阶段收集的信息是贯穿整个危机管理生命周期全程，并为各个阶段服务的。例如，对某一危机事件来说，准备阶段收集了同类危机事件的各种信息，可从中汲取危机管理经验与成果，再结合本次危机产生的新信息来制定适合的应急行动预案。公共危机信息的收集涉及收集范围、收集渠道、收集机制三个方面。

1. 公共危机信息的收集范围

吴建华以自然灾害与公共卫生危机为例，提出公共危机信息收集的范围主要涉及危机预防信息、日常监测信息、预警预报信息、应急恢复信息和其他相关信息这五大类（表3—1）。②

---

① Amin, S. and M. P. Goldstein, *Data against natural disasters: establishing effective systems for relief, recovery, and reconstruction*, Washington: The World Bank, 2008.

② 吴建华：《试论公共危机信息收集的范围与渠道》，《情报科学》2007年第3期。

表 3—1　　公共危机信息收集的范围

一级分类	二级分类		实例
危机预防信息	制度信息		各种法律、制度、条例等
	组织信息		领导机构、指挥机构、办事机构、工作机构、地方机构与专家组的设置，以及人员配备等信息
	保障信息		应急队伍、财力、物资、技术、装备以及医疗卫生、交通运输、治安维护、通信联络、科研成果等
日常监测信息	自然灾害	基本情况	灾害种类、灾害发生时间（时段）、受灾区域、台风登陆地点与编号、地震震中经纬度、地震震级与烈度等
		灾情信息	人口受灾情况（受灾人口、因灾死亡人口、因灾失踪人口、因灾伤病人口、被困人口、饮水困难人口、受淹县城）、农作物受灾情况（农作物受灾面积、农作物绝收面积、毁坏耕地面积）、损失情况（倒塌房屋间数、损坏房屋间数、因灾死亡大牲畜、直接经济损失、间接经济损失）
	公共卫生危机		传染病患者信息（姓名、身份证号、性别、出生日期、工作单位、联系电话、来源、住址、职业、病例分类、发病日期、诊断日期、死亡日期）、传染病种类信息、报告者信息（报告单位、报告科室、报告医生、发现时间、联系电话）
预警预报信息	—		公共危机的类别、预警级别、起始时间、可能影响的范围、警示事项、应采取的措施和发布机关等
应急恢复信息	先期处置信息		事发地政府在规定权限内第一时间进行危机处置，控制事态的发展，所形成的方案、措施、安排、效果等
	应急响应信息		基本应急（应急机构信息、应急预案启动信息、抢险救助、医疗救护、卫生防疫、交通管制、现场监控、人员疏散、安全防护、社会动员等信息）、扩大应急信息（依法动用的资源信息、紧急状态信息等）
	善后处置信息		征用物资信息、疫病防治信息、环境保护信息、人员伤亡信息、保险理赔信息等
	调查评估信息		在公共危机事件的调查评估过程中，有关事件的起因、性质、影响、经验教训等信息
	恢复重建信息		包括恢复重建计划及组织实施的信息
其他相关信息	—		公共危机管理研究的成果信息、国际间公共危机管理的交流信息、社会对公共危机管理的反馈信息

在危机发展过程中，信息在用于支持机构和组织决策方面是至关重要的。收集得到的信息往往会用于不同的任务。比如，在规划过程中用于帮助制定事故行动计划（Incident Action Plan，IAP）或应急行动预案（Emergency Operation Plan，EOP）；被当作关键信息而公开发布；用于协助财务管理部门确定事故带来的损失；用于确定是否需要额外的 NGO 或私营部门资源的参与；用于识别安全隐患；用于追踪信息请求等。① 以下是美国国家紧急事件管理系统（National Incident Management System，NIMS）中的一个由危机产生的、可用于支持决策的信息清单实例：

（1）事故通知、形势和状态报告。包括：①标准化的事故报告和文档（应确保危机响应阶段容易从中获取关键信息）；②形势报告（提供某个阶段危机事件的详细信息，包括"谁"、"什么"、"何时"、"哪里"、"如何"等信息）；③状态报告（包含资源的获取与分配状态）。

（2）分析型数据。包括标准化的公共卫生数据和环境监测数据（便于数据交换；有利于提升信息的质量和分析的可靠程度）。

（3）地理空间信息。将评估、形势报告、事故通知集成到一幅图中，并且作为综合各种数据和影像的数据融合和分析工具。

可见，公共危机信息收集的范围因危机种类和具体危机事件的信息需求不同而存在一定差异，但都可以按照公共危机信息管理的生命周期分阶段进行梳理。

2．公共危机信息的收集渠道

公共危机信息收集的渠道主要分为制度性渠道和非制度性渠道两种（表 3—2）。②

表 3—2　　　　　　　　公共危机信息收集的渠道

一级分类	二级分类	实例
制度性渠道	报告渠道	自然灾害信息报告制度（初报、续报和核报）
	举报渠道	突发事件举报制度
	公文渠道	通过行政渠道下发或上报的文件、政策、法规、通知、简报、报表等材料收集的信息
非制度性渠道	机构渠道	信访机构、政策研究机构、驻外办事机构
	媒体渠道	报刊、电视、广播、网络媒体
	文献渠道	理论成果、典型案例
	交流渠道	收集并共享对方的危机管理信息

---

① DHS, *National Incident Management System* Retrieved 2009 from http：//www.fema.gov/pdf/emergency/nims/NIMS_core.pdf.

② 吴建华：《试论公共危机信息收集的范围与渠道》，《情报科学》2007 年第 3 期。

3. 公共危机信息的收集机制

公共危机信息收集机制是指信息收集人员利用信息技术把散乱地存在于环境中的危机信息收集起来，并组织入库的过程（图3—4）。①首先由专业信息收集人员从各种类型的危机信息源处采集相关数据/信息，采集过程中对于一次数据要注意保证其真实性、完整性和及时性，对于二次信息要保证不同层级系统间数据口径的一致性。收集得到的危机信息经由专业信息组织人员进行结构化的处理和存储，再借助公共危机信息管理系统实现危机信息的录入、存储与检索功能。

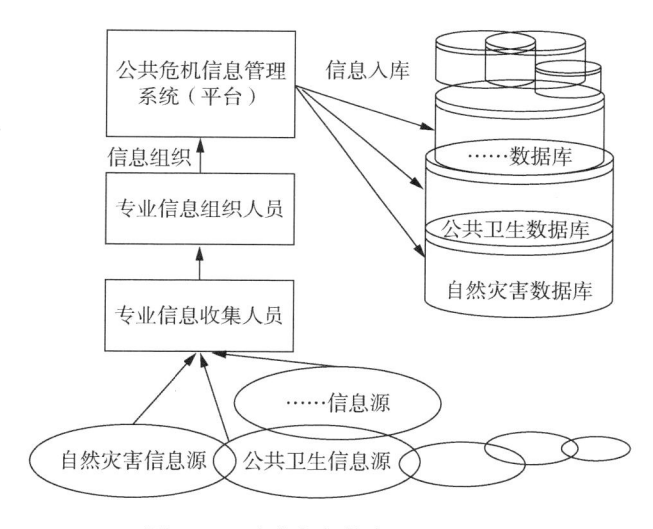

图3—4 公共危机信息的收集机制

（二）公共危机信息准备能力

危机管理活动中的多元利益共同体（包括个人、家庭、家族、社区、NGO、私营部门、各级政府）在危机管理生命周期中都有不同的角色定位与职能要求，都需要培养并持续更新其危机信息准备能力。

1. 公共危机信息准备能力的构成

美国DHS首先将危机管理的进程划分为预防（prevention）、保护（protection）、减除（mitigation）、响应（response）、恢复（recovery）五

---

① 黄微、辛丽艳、曾明明：《面向政府危机决策的公共危机信息管理模式研究》，《图书情报工作》2012年第17期。

个任务区域（mission area），然后分别凝练出一般意义上每个任务区域所需要的核心危机管理能力，而并不区分主体类型及其所处层次。考虑到危机信息管理是危机管理的核心内容，可以认为这些能力也是从事危机信息管理的核心能力（表3—3），其中预防与保护两个任务区域对应的危机信息管理能力与危机信息准备能力相关。

表3—3　　危机（信息）管理中分任务区域的核心能力清单[①]

预防	保护	减除	响应	恢复
规划					
公共信息和警告					
业务协调					
情报与信息共享 禁止和瓦解 筛选、搜索和侦测 取证和归因	情报与信息共享 禁止和瓦解 筛选、搜索和侦测 访问控制和身份验证 网络安全 物理保护措施 保障计划和活动的风险管理 供应链的完整性与安全保证	社区恢复力 长期脆弱性缩减 风险和灾难恢复评估 威胁与危害识别	关键运输能力 环境响应/卫生安全 死亡管理服务 基础设施系统 大众保健服务 大范围搜救工作 现场安全与保护 通信运营 公共和私人服务与资源 公共卫生和医疗服务 情境评估	经济复苏 医疗和社会服务 住房供给 基础设施系统 自然和文化资源

2. 公共危机信息准备能力的获得

危机信息管理的多元主体可沿循危机准备周期（图3—2）的路径——规划、组织/装备、培训、演习、评估/改进——习得并不断更新其信息准备能力。这是一个循环往复、迭代更新、螺旋上升的过程。

（1）规划

规划主要是指应急行动预案（EOP）的拟定。戴恩斯（Dynes）[②]、库

---

① DHS, *National Prevention Framework* Retrieved August 2013 from http：//www.fema.gov/library/viewRecord.do? id=7371.

② Dynes, R. R., E. L. Quarantelli and G. A. Kreps, *A perspective on disaster planning*, Fort Belvoir: DTIC Document, 1972.

冉里（Quarantelli）[①]、林德尔（Lindell）[②] 等人均认为预案规划是一个持续的过程，用于确保个人和社区具有危机响应所需的能力，预评判该社区危机响应的绩效，并进行任何必要的调整。

在"9·11"恐怖袭击事件发生后，美国政府开始强化 EOP 的作用。新西兰也直接规划了自己的国家应急事态行动预案。虽然 EOP 因危机主体的不同而存在差异，比如规模较大的社区可能设有具体的责任部门、专门的预算及成文的标准作业流程（standard operating procedures，SOPs）；而另一些规模较小的社区可能存在机构间权责不清、预算有限、缺少成文的行动计划等问题，但一般而言，高水准的 EOP 规划有以下共通之处：

①对规划过程中的积极阻力和消极阻力[③]，EOP 规划人员应同时预见并制订管理这些障碍的战略。

②EOP 应引导所有响应组织参与、作出承诺和达成清晰的协议。这些组织包括公共安全机构，如应急管理、消防、警察机构和应急医疗服务机构；也应该包括属于潜在致灾因子源的组织，如负责危险物质设施和危险物质运输的人员；还应包括保护敏感人群的机构，如医院、学校等。这些组织必须全面参与、相互协调，因为它们具有的能力与脆弱性存在差异。为了有效地履行职能，在危机信息准备阶段必须得到每一个相关组织的任务、组织结构、运行方式、沟通系统、配置稀缺资源的程度等基础信息。

③EOP 应涉及社区面临的所有致灾因子，应采取"全致灾因子"（all-hazards）方法（即综合考虑所有致灾因子的影响），制定出整合的行动计划，这样做的好处是不仅可以提高人员、程序、设施和装备的复用程度，同时可以简化 EOP 的执行。

④EOP 规划必须建立在对外部援助的精确假设上。在危机发生后，医院可能会不堪重负，电力和运输系统的损毁可能会阻碍外部援助的实施，

[①] Kartez, J. D. and M. K. Lindell, "Planning for uncertainty: The case of local disaster planning", *Journal of the American Planning Association*, Vol. 53, No. 4, 1987, pp. 487—498.

[②] Kartez, J. D. and M. Lindell, "Adaptive planning for community disaster response", *Cities and disaster: North American studies in emergency management*, 1990, pp. 5—31.

[③] Auf der Heide, E., *Disaster Response: Principles of Preparedness and Coordination*, St. Louis: CV Mosby, 1989.

恢复中断的水、电、气、给排水系统可能需要更长的时间。EOP 要对一系列问题作出精确假设：威胁、危机中人的典型行为，以及政府机构等外部资源可能提供的支持。这些内容共同构成了在危机发生时有关人类行为的知识集。

⑤EOP 应区分危机响应行动的类型，危机响应行动既包括计划中确立的最适合的行为，也鼓励持续应急评估基础上的临时决断。EOP 既应该确定最恰当的行动，也需要强调灵活性。危机响应的适当性与速度同等重要。

⑥EOP 规划应协调危机减缓、危机响应、危机恢复之间的联系。它们并不是完全割裂的独立阶段，因此 EOP 应既包括应急响应预案的内容，也包括灾后恢复预案的内容。

⑦EOP 应对所有层次的危机响应组织进行培训和评估——包括个人、团队、部门和社区。通过培训和评估，使人们更好地理解彼此的危机处置能力。

⑧EOP 规划应该是一个持续的过程。威胁、人员、设施、装备都会随着时间的流逝而发生变化，EOP 规划过程必须察觉到这些变化并适时做出回应。佛佩尔（Faupel）等人发现，部分危机管理者倾向于把 EOP 看成是一个最终产品而非过程，这一倾向很可能导致危机响应没有针对性。[1]

EOP 规划要求系统性和可行性，每一环节都要突出其科学和严谨的基本特征。EOP 的规划工作需要富有经验和拥有专业知识、技能的人员参加，他们可能来自政府、私人部门、志愿者组织、大学和研究机构等。依据各地实际情况，应尽可能地吸收相关行业部门的人员参与规划。EOP 规划的基本内容见表 3—4。

危机准备的原则之一是依靠精确的假设。你可能需要与其他人合作并模拟灾害，目的是了解灾害可能产生的影响。比如，在卡特里娜飓风之前，危机管理官员们使用致灾因子建模软件，模拟新奥尔良海堤发生五级风暴时受到的影响。他们从模拟中得知，当飓风超过三级时，海堤就有可能溃决。

---

[1] Faupel, C. E., T. F. James and D. E. Wenger, *Disaster beliefs and emergency planning*, Newark: Disaster Research Center, 1980.

表 3—4　　　　　　　　　　EOP 的基本内容

基本预案	功能性附件	特定危险目录
材料介绍（颁布的档案、签字页、预案标题与日期页、分发记录、目录） 目的 形势和设想 行动概念（地方和州应急者之间的责任划分、启动 EOP 的程序、在每一个层次实行的预警水平和任务、在应急事态前中后所采取行动的一般后果、谁可以申请援助以及申请条件） 组织与责任分配 行政与后勤 预案发展和维护 典章与参考数据	指挥和控制 通信 预警 应急事件公共信息 撤离 集体照顾 医疗卫生 资源管理 损失评估 搜救 应急事态服务 放射性保护 工程服务 农业服务 交通运输 ……	附在 EOP 的功能性附件之后，用于规划预案所涉及的每种危机（如洪水、台风、地震等）所特有的具体应急程序和方法

资料来源：夏保成、张平吾：《公共安全管理概论》，当代中国出版社 2011 年版，第 171 页。

（2）组织/装备

主要是指完成 EOP 编制工作后，危机准备的组织结构建设和人员、资源的准备、采购、装备工作。在危机准备的组织结构方面，美国有三大典型代表机制，分别是美国健康与社会服务部（Department of Health and Human Services，DHHS）于 1997 年启动的大城市医疗响应系统（Metropolitan Medical Response System，MMRS），2002 年 7 月通过的隶属于《国土安全的国家战略》（National Strategy for Homeland Security）的《城市区域安全倡议》（Urban Areas Security Initiative，UASI），以及 DHS 发布的 NIMS。

以 NIMS 为例，建设该系统的主要目的是为了集成各种由不同辖区、不同行业开发的突发事件管理系统或突发事件指挥系统，并实现体系的标准化。NIMS 由六个标准化组件构成，NIMS 文件中对这些体系与子系统的组成要素都有明确的定义。[①] 对这些组成要素进行清晰的界定与描述正是危机信息准备阶段的任务：

①指挥和管理组件。该组件包括应急指挥体系（ICS）、多部门协调体

---

① DHS, *National Incident Management System* Retrieved 2009 from http：//www.fema.gov/pdf/emergency/nims/NIMS_core.pdf.

系（MACS）和公共信息子系统。ICS 是一个被广泛认可的管理体系，其设计的目的是通过在一个组织机构内整合一系列的基础设施、设备、人员、程序和沟通机制以实现对突发事件的高效管理；MACS 是一套可提高各层级政府协同工作效率的程序。当某一危机事件的管理涉及多个部门的不同规定，多个地域、多个层级的政府时，就需要启动多部门协调体系。NIMS 文件中对 MACS 的核心概念和相关信息做了充分的界定与说明，如体系描述、要素说明、要素实例、体系的基本功能等；公共信息子系统主要由过程、程序和系统构成，以确保关于危机事件的起因、规模、发展态势等信息能及时、准确、通俗地传递给危机管理的利益相关者。公共信息子系统包括各类过程、程序和组织结构等，用来收集、核实、沟通和传播信息。

②准备组件。包括了对规划、培训、学习、人员资格和证书标准、装备和认证标准、公共管理过程和活动的整合。[①] 各种规划、互助协议、培训和学习、人员资质与装备认证所需的各类信息资源，都属于危机信息准备的内容。同时，要求这些信息资源的格式必须符合标准，以使其处于实时合用的状态。

③资源管理组件。危机管理活动中的资源是复杂且多样的。我们关注的是与危机管理相关的信息资源。对信息资源的有效管理首先要求按照实际标准，制订出一份信息资源目录。如国家资源管理系统的资源分类系统中对每一类型的资源都有具体的定义。

此外，通信与信息管理组件为危机事件中的通信建立了标准，具体规定了管理突发事件的过程；技术支持组件鼓励地方采购新技术并持续评估突发事件管理中新技术的可用性；持续管理和维护组件用于支持日常性评估以及对系统各组成部分的长期持续性改进。

（3）培训与演习

面向危机管理官员和公众的危机意识培养与一般技能教育是危机准备的重要内容。在美国，FEMA、红十字会以及各州的危机管理部门，都设置了许多对公众免费开放的危机管理意识和技能培训课程，既可在指定的

[①] United States. Dept. of Homeland Security, *US Department of Homeland Security…list of DHS prime contractors*（*prepared February* 3, 2004），Washington：US Dept. of Homeland Security, 2004.

培训地点参加学习，也可以通过互联网展开交互式学习。从 1979 年起，美国的应急管理学院（Emergency Management Institute，EMI）（由 FEMA 负责课程设置与讲授）对成千上万的消防员、应急管理人员完成了培训。此外，还帮助全国大专院校开设危机管理的学位课程。EMI 还借助网络将培训拓展到了在线远程教育领域。目前，EMI 每年都吸引超过 15 万名参与者，同时，还有数千名学生通过网络展开学习。[①] 该学院课程目录中包括 70 多门住校课程和 70 多门非住校课程，涵盖了减灾、备灾和技术、灾难操作与恢复、有效沟通、放射性灾害应急回应等众多方面。其中三个最著名的课程项目是面向危机管理官员的全面应急管理课程，面向中小型社区的抗灾职业课程和面向社区培训员的培训课程。

隶属于 FEMA 的国家消防管理局建立的培训机构——国家消防学院，与各消防和应急服务社区共同合作来服务整个国家，同时也提供公共教育、训练、技术和数据。其课程主要面向消防局长、消防教官、专业技术人员及相关组织代表。任何涉及防火救火、应急医疗的相关人员均可申请参加，并且可以通过学习取得相关学位。此外，在培训的过程中，FEMA 也提供一些其他的信息资源。例如为学校设计的校园安全和消防安全资料、与学生谈论恐怖主义等。FEMA 甚至还为儿童建立了专题网站，通过一些游戏和小测验，从小培养儿童的应灾能力和危机意识。

FEMA 将演习定义为"在可控的、情景驱动的仿真环境中证明和评估某个组织执行应急预案中它被分派或涉及的任务或程序的能力"。当 EOP 制定完毕并对相关人员进行培训后就进入了演习阶段。演习的目的是考察一级政府、一个地区或一个组织实施行动预案的能力。其结果对危机准备能力的建设具有指导性意义。演习应在桌面演习、功能演习、现场演习、全面演习等不同的层面上展开。在 EMI 的演习教科书中列举了若干演习成功事例。[②]

（4）评估与改进

信息准备能力的评估旨在衡量利益相关者的危机信息准备能力与信息准备的充分程度，是危机准备理论研究和实践的重要课题。李湖生、刘铁

---

① 乔治·D. 哈岛、琼·A. 布洛克、达蒙·P. 科波拉：《应急管理概论》，龚晶等译，知识产权出版社 2012 年版。

② EMI, *IS-7: A Citizen's Guide To Disaster Assistance* (2013), https://training.fema.gov/EMIWeb/IS/courseOverview.aspx? code=is-7, 2013-08-27.

民认为，这方面的成果主要体现在三个方面：①针对各种特定事件或对象（家庭、企业、社区、城市、区域、国家）编制应急准备指南和检查表，为危机准备设定"路标"与"标杆"；②为危机准备的某些方面制定标准或规范；③研究设计危机准备评估指标体系和模型，以对现状作出尽可能准确的评估，并找出存在的不足，为制定规划和安排项目提供依据。[①]

我们认为，可以从微观和宏观两个层面来认识危机信息准备能力的评估与改进。

在微观层面，对危机信息准备能力的评估主要包括两个方面：①对培训效果的评估。这类评估的目的是在危机准备阶段，对利益相关者的危机准备状态或危机应对能力做出评估。可操作的评估方法是首先从接受过培训的总体中随机抽取一个群体（作为干预组），然后与从未接受过培训的另一个群体（控制组）进行绩效对比。已有部分研究在这方面做了有益的工作。[②③] ②对演习效果的评估。这种评估的好处是有利于发现比 EOP 中规定的标准作业流程更为有效的行动方案，进而据此对 EOP 进行修订。

在宏观层面，对危机信息准备能力的评估涉及一国各层面对危机信息准备的系统性安排。在这方面，美国应急准备能力评估体系（Capacity Assessment for Readiness，CAR）是危机（信息）准备能力评估的最佳实践。CAR 是由 FEMA 与国家应急管理协会（NEMA）于 1997 年提出的一套应急准备能力评估体系。21 世纪后，美国几乎所有与危机管理相关的评估项目都会参考 CAR 的指标体系，它是美国危机管理能力评估的奠基性指标体系。

CAR 的指标体系包括 13 个一级指标，称为应急管理功能（emergency management function，EMF），包括：法律和授权、危险源识别和风险评估、危险源管理、资源管理、应急预案、指挥控制和协调、通信和报警、运作和流程、后勤保障和设备、培训、演练/演习、公共教育与信息沟通、资金保障和行政管理。每个 EMF 下又含若干二级指标，称为属性（attrib-

---

① 李湖生、刘铁民：《突发事件应急准备体系研究进展及关键科学问题》，《中国安全生产科学技术》2009 年第 6 期。

② Cook, T., D. Campbell and L. Peracchio, "Quasi experimentation. MD Dunnette, LM Hough, eds." *Handbook of Industrial & Organizational Psychology*, 1990, pp.491—576.

③ Schmitt, N. and R. Klimoski. "Understanding the organization through qualitative research", *Research Method in Human Resource Management*, Mason: South - Western Pub. Co, 1991.

utes），共 209 项。属性下又含若干三级指标，称为特征（characteristic），总共超过 1014 项。三级指标供自我评估者用于评估二级指标，不需要递交给 FEMA，也可以不使用三级指标，直接评估二级指标。二级指标就是 CAR 的最低评估层级。大约有总数 71％的二级指标得分是根据三级指标打分而来，有 29％的二级指标被直接打分。还有一个州只在一级指标上打分。

无论是哪种类型的评估，都需要事先界定一个成功的标准，据此得到需要改进的差距。通过评估，可以获得对危机信息准备能力的认知。在第一次评估完成时，即获得了下一次评估的基准数据，进而可以有针对性地选择改进 EOP，按照 EOP 有针对性地对照改进危机管理职能，进而改进危机管理的执行操作水平。执行操作中既包括真实事件中的操作验证，可根据灾难实际情况获得评判反馈，也包括通过仿真/演习等方式进行的验证。这些数据又提供给下一次评估，从而形成一个持续改进型的良性循环。①

第二节　公共危机信息准备的模式和流程

一　公共危机信息准备的模式

米特洛夫（Mitroff）和皮尔森（Pearson）在《危机管理：改善组织危机准备的诊断指南》（Crisis management: A diagnostic guide for improving your organization's crisis preparedness）一书中提到危机发生的原因，主要可以归因于技术、组织、人员、文化等层面，这些基本上构成了危机的因素，也是学者讨论与建立危机管理理论与模式的主要方面。② 詹中原据此从四个层面，归纳了危机管理的一般性理论与模式，包括：机械式模型、灾难管理系统模式、危机动态管理模式、无政府式模型、探究式模型、灾难管理价值规范。③ 此外，闪淳昌对美国、英国、日本、俄罗

---

① 张欢：《应急管理评估》，中国劳动社会保障出版社 2010 年版，第 107—112 页。
② Mitroff, I. I. and C. M. Pearson, Crisis management: A diagnostic guide for improving your organization's crisis - preparedness, San Francisco: Jossey - Bass Publishers, 1993.
③ 詹中原、童星：《危机管理之理论、模式与研究途径》，《公共管理高层论坛》2006 年第 4 辑。

斯四个发达国家的应急管理运行模式进行了总结。① 我们在借鉴现有成果的基础上，重点总结公共危机信息准备的几种典型模式。

（一）美国的公共危机信息准备模式

美国的公共危机信息准备模式是基于流程和任务区域（mission area）的。在美国，国家准备是一个共同的责任，每一个人都有相应的角色以确保国家能够应对和处理危机。国家准备的目标是建成一个"安全且富有弹性的，面对灾难，整个社会都具备预防、防止、减缓、响应和恢复所需能力的国家"。国家准备系统（National Preparedness System，NPS）为所有人勾勒出一个有组织的信息准备过程，大家都各司其职向着这一目标的实现而努力。能力是实现任务、功能或目标的手段，危机信息准备能力亦如是。NPS为支持决策、分配资源和测度进展提供了一种一致的（不区分主体所处层次）、可靠的方法。NPS由以下六个部分组成（图3—5）②：

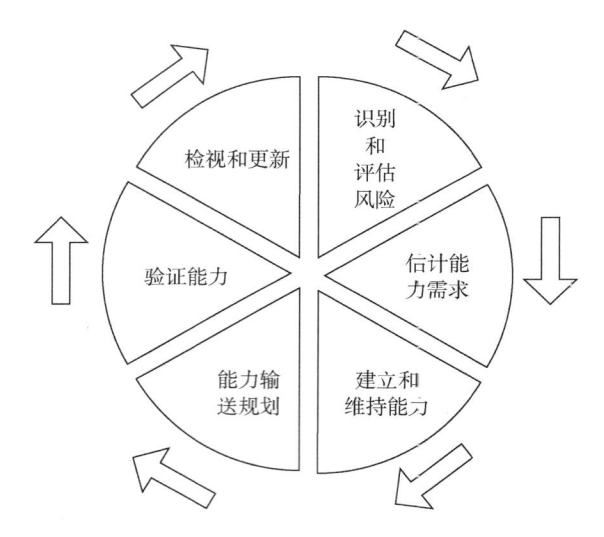

图3—5 国家准备系统的任务区域

1. 识别和评估风险（identifying and assessing risk）

这部分是对已经存在的、潜在的和已感知到的威胁或危险，收集其历

---

① 闪淳昌主编：《应急管理：中国特色的运行模式与实践》，北京师范大学出版社2011年版，第36—69页。
② DHS, *National Preparedness System* Retrieved July 2013 from https：//www.fema.gov/national - prepareprepa/national - preparedness - system.

史和当前数据。风险评估的结果构成后续其他步骤的基础。

2. 估计能力需求（estimating capability requirements）

这部分要确定解决这些风险的特殊能力和活动。这些能力有些是主体已经具备的，有些需要建立与改进。

3. 建立和维持能力（building and sustaining capabilities）

这部分要求想出利用有限资源创建能力的最佳路径，可以利用风险评估来将各类资源按照轻重缓急进行合理分配，以合理应对高概率或高风险的危机。

4. 能力输送规划（planning to deliver capabilities）

因为危机准备的努力关系到并影响着全社会，所以主体间能力的协调至关重要。这里的主体包括个体、企业、非营利组织、社区、团体、各级政府等。

5. 验证能力（validating capabilities）

这部分是为了检查主体的活动是否按照预期开展。参与训练、仿真或其他活动有助于识别能力与计划之间的差距，有助于发现朝准备目标迈进的过程中取得的进步。

6. 检视和更新（reviewing and updating）

定期检视和更新所有的能力、资源和计划是非常重要的。主体为准备所做的努力应该随着风险和资源的变化而变化。

公共危机信息准备的运行模式与 NPS 的运行模式是一致的，公共危机信息可以从 NPS 运行过程中提取得到。以上六个部分都是 NPS 的基础组成部分，为了达成准备目标，对每一部分在其他部分的上下文中作综合的理解和应用是非常重要的。这种集成六个部分的过程为实现国家准备目标提供了一种可测度的方法。

（二）典型发展中国家的公共危机信息准备模式

爱尔沙伯格（Elsubbaugh）等通过对埃及棉纺织业代表企业的高管进行问卷调查与访谈，提出基于实证研究结果的危机准备模型，对理解发展中国家的公共危机信息准备模式具有参考价值。[1] 该模型是建构在皮尔森

---

[1] Elsubbaugh, S., R. Fildes and M. B. Rose, "Preparation for Crisis Management: A Proposed Model and Empirical Evidence", *Journal of Contingencies and Crisis Management*, Vol. 12, No. 3, 2004, pp. 112—127.

(Pearson)和米特洛夫(Mitroff)模型[1]、雷利(Reilly)模型[2]基础上的改进版,该模型将公共危机准备划分为三个主要阶段,依次为:一般准备阶段、预警信号检测阶段、具体准备或危机管理阶段(图3—6)。

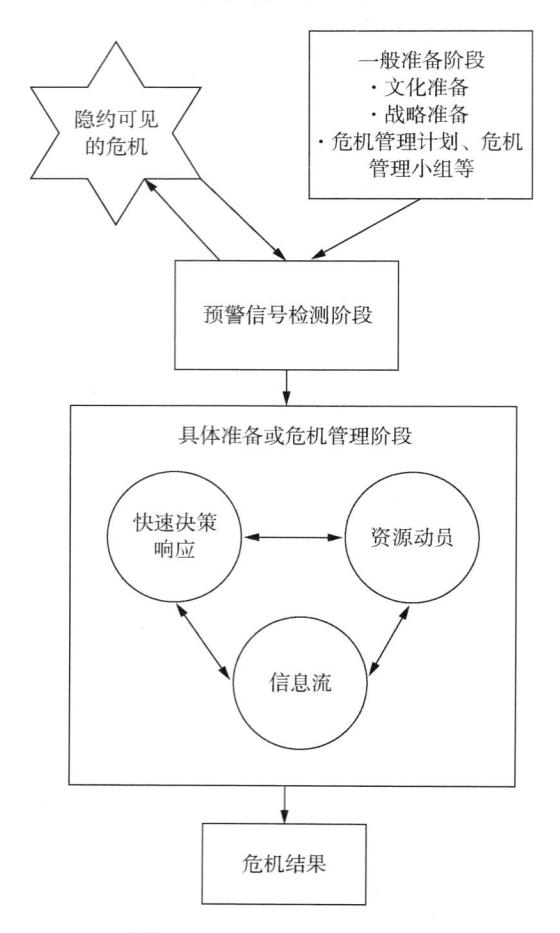

图3—6 公共危机准备模型

第一个阶段为一般准备阶段。主要任务包括文化准备、战略准备和组

---

[1] Pearson, C. M. and I. I. Mitroff, "From crisis prone to crisis prepared: A framework for crisis management", *The Academy of Management Executive*, Vol. 7, No. 1, 1993, pp. 48—59.

[2] Reilly, A. H., "Preparing for the worst: the process of effective crisis management", *Organization & Environment*, Vol. 7, No. 2, 1993, pp. 115—143.

织准备等。该阶段专注于发展有益于危机管理的组织文化（包括相关价值观和信念）建设与发展，因为危机管理文化会影响到组织的方方面面。此外，已经有一些研究结果表明，采用危机战略管理能养成有益的企业危机管理文化，并且高级管理层有责任对危机管理作出承诺，以帮助制定出系统化的危机准备战略。[1][2][3] 没有文化与战略准备的支持，早期的预警信号检测将无法有效开展。正如米特洛夫等所说，文化可能是危机准备最重要的基础影响因素，并且如果组织在战略规划过程中引入了危机管理，那么它将拥有更好的危机准备能力。[4]

第二个阶段为预警信号检测阶段。当组织培育了健康的企业文化，并且在战略管理中充分考虑了危机管理，就可以进入该阶段。如果危机信号未被检测到或虽被检测到却被错误地解释，那么危机管理活动将无法有效开展。许多研究结果表明，预警信号检测系统是非常必要的，在危机发生前的很长一段时间内是存在着早期预警信号的。如果有一个有效的预警信号系统，组织就能够为预期会出现的危机做好充分的准备。[5]

第三个阶段为具体准备或危机管理阶段。该阶段更加关注危机管理的细节，由快速决策响应、资源动员和信息的流动三个活动构成，三者并不是先后执行的时序关系。米特洛夫等认为，危机管理就是在这些不同活动之间循环往复的过程。[6] 特定危机的性质、临危的组织和环境共同影响着这些活动发生的次序。比如，有的组织需要迅速地由早期预警信息发现阶段迈向改善信息流动阶段，而另外一些组织或许在释放或搜集危机信息前就已做出决策与完成资源动员。比林（Billing）等认为这三个活动中最重

---

[1] Starbuck, W. H., A. Greve and B. Hedberg, *Responding to crises*, Stockholm: Arbetslivscentrum, 1978.

[2] Fink, S., *Crisis management: Planning for the inevitable*, New York: American Management Association, 1986.

[3] Shrivastava, P., I. I. Mitroff, D. Miller and A. Miclani, "Understanding industrial crises", *Journal of Management Studies*, Vol. 25, No. 4, 1988, pp. 285—303.

[4] Mitroff, I. I., T. Pauchant, M. Finney and C. Pearson, "Do (some) organizations cause their own crises? The cultural profiles of crisis-prone vs. crisis-prepared organizations", *Organization & Environment*, Vol. 3, No. 4, 1989, pp. 269—283.

[5] Fink, S., *Crisis management: Planning for the inevitable*, New York: American Management Association, 1986.

[6] Mitroff, I. I., P. Shrivastava and F. E. Udwadia. "Effective crisis management", *The Academy of Management Executive*, Vol. 1, No. 4, 1987, pp. 283—292.

要的还是快速决策响应,因此压缩另外两个活动的时间,可以有效减少总体响应时间。①

(三) 中国的公共危机信息准备模式

我国现有的公共危机信息准备模式可以概括为"一案三制",即应急预案、应急体制、应急机制和应急法制。在经历了2003年"非典"、2008年初的雨雪冰冻灾害和"5·12"汶川大地震等特别重大的突发公共事件后,中国的危机管理工作在"一案三制"建设方面不断得到推进。②"一案三制"已成为一个结构与功能高位整合的危机准备模式和应急管理体系建设的核心框架。③

其中,"一案"是指应急预案;应急体制主要指建立健全集中统一、坚强有力、政令畅通的指挥机构;应急机制主要指建立健全监测预警机制、应急信息报告机制、应急决策和协调机制;而应急法制主要指通过依法行政,使突发公共事件的应急处置逐步走上规范化、制度化和法制化的轨道。通过表3—5可看出中国危机管理体系的基本情况。

1. 中国的应急预案体系

预案编制的实质是将非常规危机中的隐性常态因素显性化,总结历史经验中的规律性做法,形成有约束性的制度条文的过程。中国现有应急预案体系形成过程中的标志性事件有:

(1) 2003年11月,国务院办公厅成立应急预案工作小组。

(2) 2004年是中国应急预案编制之年,编制、修订应急预案,建立健全各种预警和应急机制,是2004年政府工作的一项重要任务。当年4月6日,国务院办公厅印发《国务院有关部门和单位制定和修订突发公共事件应急预案框架指南》,同年5月22日,国务院办公厅印发《省(区、市)人民政府突发公共事件总体应急预案框架指南》。

(3) 2005年1月26日,国务院召开常务会议,审议并原则通过了《国家突发公共事件总体应急预案》,标志着中国应急预案框架体系的初步形成。

---

① Billings, R. S., T. W. Milburn and M. L. Schaalman, "A model of crisis perception: A theoretical and empirical analysis", *Administrative Science Quarterly*, 1980, pp. 300—316.
② 高小平:《中国特色应急管理体系建设的成就和发展》,《中国行政管理》2008年第11期。
③ 闪淳昌主编:《应急管理:中国特色的运行模式与实践》,北京师范大学出版社2011年版,第34页。

表 3—5　　　　　　　　　　中国应急管理体系

类别	主管部门	应急预案	法律体系	
自然灾害	水利部 民政部 国土资源部 中国地震局 国家林业局	国家自然灾害求助应急预案 国家地震应急预案 国家防汛抗旱应急预案 国家突发地质灾害应急预案 国家处置重、特大森林火灾应急预案	气象法 防洪法 防震减灾法 军队参加抢险救灾条例 汶川地震灾后恢复重建条例 公益事业捐赠法	中华人民共和国突发公共事件应对法
事故灾难	安监总局 交通运输部 住房和城乡建设部 电监会	国家核应急预案 国家突发环境事件应急预案 国家通信保障应急预案 国家处置城市地铁事故灾害应急预案 国家处置电网大面积停电事故应急预案	安全生产法 消防法 煤炭法 国务院关于预防煤矿生产安全事故的特别规定 煤矿安全监察条例	
公共卫生事件	卫生部 农业部	国家突发公共卫生事件应急预案 国家重大食品安全事故应急预案 国家突发重大动物疫情应急预案 国家突发公共事件医疗卫生救援应急预案	突发公共卫生事件应急条例 传染病防治法 动物防疫法 食品卫生法	
社会安全事件	公安部 中国人民银行 国务院新闻办 国家粮食局 外交部	国家粮食应急预案 国家金融突发事件应急预案 国家涉外突发事件应急预案	国家安全法 中国人民银行法 民族区域自治法 戒严法 行政区域边界争议处理条例	

资料来源：闪淳昌主编：《应急管理：中国特色的运行模式与实践》，北京师范大学出版社 2011 年版，第 34 页。

　　应急预案是危机管理的重要基础，也是危机信息准备的主要任务。按照不同的责任主体，中国的应急预案体系分为国家总体应急预案、专项应急预案、部门应急预案、地方应急预案、企事业单位应急预案以及大型集会活动应急预案等六个层次。截至 2005 年年底，全国应急预案编制工作已基本完成，包括国家总体应急预案、25 件专项应急预案、80 件部门应急预案，共计 106 件，基本覆盖了中国经常发生的突发事件的主要方面，其中大多数都是根据经济社会发展变化和客观形势的要求新制定的。此外，地方总体应急预案的编制工作也陆续完成。[1]

---

[1]　钟开斌：《回顾与前瞻：中国应急管理体系建设》，《政治学研究》2009 年第 1 期。

2. 应急体制建设

当前我国的综合协调型应急管理体制是常规化、综合性和制度化的新型应急管理体制,是建立在法治基础上的平战结合、常态管理与非常态管理相结合的纵向一体化保障型体制(图3—7)。从机构设置上看,除了中央级的非常设应急指挥机构和常设办事机构外,还有地方政府对应的各级应急指挥机构,县级以上地方各级人民政府还设立了由本级人民政府主要负责人、相关部门负责人、驻当地中国人民解放军和中国人民武装警察部队的有关负责人组成的突发公共事件应急指挥机构;根据实际需要,设立了相关的突发公共事件应急指挥机构,组织、协调、指挥突发公共事件应对工作;建立了志愿者制度,有序组织各类社会组织和公众参与到应急管理中。从职能配置上看,应急管理机构在法律意义上明确了在常态下编制规划和预案、统筹推进建设、配置各种资源、组织开展演练、排查风险源的职能,规定了在突发公共事件中采取措施、实施步骤的权限,给予政府及有关部门一系列必要的授权。[①]

3. 应急机制建设

应急管理机制指的是突发事件发生、发展和变化全程中用到的各种制度化、程序化的方法与措施。2006年7月发布的《国务院关于全面加强应急管理工作的意见》提出,要"构建统一指挥、反应灵敏、协调有序、运转高效的应急管理机制"。我国目前已初步建立了预测预警机制、信息报告机制、应急响应机制、应急处置机制、调查评估机制、恢复重建机制、社会动员机制、应急资源配置与征用机制、政府与公众联动机制、国际协调机制等应急机制。

4. 应急法制建设

总体来看,目前我国已基本建立了以《宪法》为依据、以《突发公共事件应对法》为核心、以相关单项法律法规为配套的危机管理法律体系,危机管理工作逐步走上了规范化、法制化的道路。

中国危机信息准备的模式与政治体制有紧密的联系。闪淳昌认为,中国特色的应急管理运行模式可以概括为政府主导下的"多力量整合模式"

[①] 高小平:《中国特色应急管理体系建设的成就和发展》,《中国行政管理》2008年第11期。

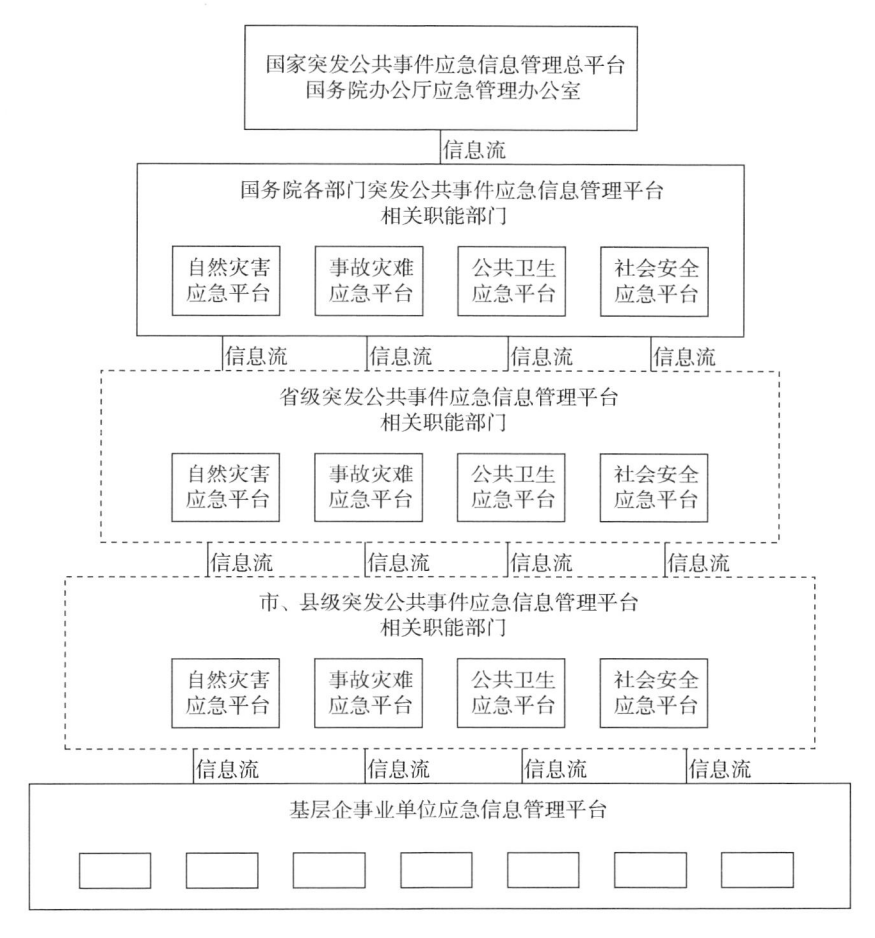

```
┌─────────────────────────────────┐
│ 国家突发公共事件应急信息管理总平台 │
│   国务院办公厅应急管理办公室      │
└─────────────────────────────────┘
              │信息流
┌─────────────────────────────────────────┐
│    国务院各部门突发公共事件应急信息管理平台 │
│           相关职能部门                    │
│  ┌──────┐ ┌──────┐ ┌──────┐ ┌──────┐    │
│  │自然灾害│ │事故灾难│ │公共卫生│ │社会安全│   │
│  │应急平台│ │应急平台│ │应急平台│ │应急平台│   │
│  └──────┘ └──────┘ └──────┘ └──────┘    │
└─────────────────────────────────────────┘
     │信息流  │信息流  │信息流  │信息流
┌─────────────────────────────────────────┐
│       省级突发公共事件应急信息管理平台     │
│              相关职能部门                │
│  ┌──────┐ ┌──────┐ ┌──────┐ ┌──────┐    │
│  │自然灾害│ │事故灾难│ │公共卫生│ │社会安全│   │
│  │应急平台│ │应急平台│ │应急平台│ │应急平台│   │
│  └──────┘ └──────┘ └──────┘ └──────┘    │
└─────────────────────────────────────────┘
     │信息流  │信息流  │信息流  │信息流
┌─────────────────────────────────────────┐
│    市、县级突发公共事件应急信息管理平台    │
│              相关职能部门                │
│  ┌──────┐ ┌──────┐ ┌──────┐ ┌──────┐    │
│  │自然灾害│ │事故灾难│ │公共卫生│ │社会安全│   │
│  │应急平台│ │应急平台│ │应急平台│ │应急平台│   │
│  └──────┘ └──────┘ └──────┘ └──────┘    │
└─────────────────────────────────────────┘
     │信息流  │信息流  │信息流  │信息流
┌─────────────────────────────────────────┐
│      基层企事业单位应急信息管理平台        │
│  □    □    □    □    □    □    □        │
└─────────────────────────────────────────┘
```

图 3—7　我国目前的危机管理体制

(或称"拳头模式")。[①] 该模式中涉及的五种基本力量为：党政组织、军队、专业技术应急队伍、社会与公众，以及国际救援组织。在中国危机管理运行模式中，这五种力量是以党政组织的优势为核心，以不同的体制、机制和方式将其他四种力量的优势整合到危机管理中，从而实现合力最大化。钟开斌认为，总的来看，中国危机管理体系建设以全面整合为基本特征，它有效地实现了应急管理工作从单一性到综合性、从临时性到制度化、从封闭性到开

---

① 闪淳昌主编：《应急管理：中国特色的运行模式与实践》，北京师范大学出版社 2011 年版，第 102—112 页。

放性以及从应急性到保障性这四个重要方面的积极转变。①

为了从总体上认识和把握危机信息准备的模式,我们提出了一种全新的、集成的公共危机信息准备体系,认为公共危机信息准备体系由构成要素、主体子系统、支撑子系统以及运行机制四部分组成(图3—8)。其中,构成要素是信息准备体系的对象,主体子系统和支撑子系统是信息准备体系的主要内容,运行机制是信息准备体系发挥作用的方式。详细内容将在第三节和第四节展开论述。

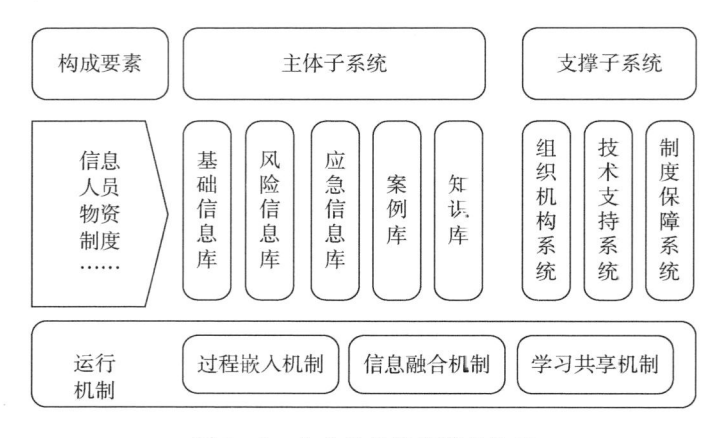

图3—8 公共危机信息准备体系

二 公共危机信息准备的流程

公共危机信息准备的流程是一个持续动态的规划过程,公共危机信息准备的任务是将公共危机管理全过程中的信息加以收集、整理、存储、分析与利用。

(一)宏观层面的公共危机信息准备流程

科维尔(Kovel)在其博士学位论文《灾难响应的规划建设》(Planning Construction for Disaster Response)中,分析了美国联邦级、州级、县级政府危机管理中的信息流,得出了危机管理信息流程的相关矩阵,构建了宏观层面的危机管理信息流程概念模型(图3—9)。②

---

① 钟开斌:《回顾与前瞻:中国应急管理体系建设》,《政治学研究》2009年第1期。
② Kovel, J. P., "Planning construction for disaster response" *Civil and environmental engineering Civil engineering*, 1996.

这个宏观层面的危机管理信息流程概念模型的基本结构由输入、处理过程和输出三个部分组成。输入部分在流程中被识别为三个基本数据库：机构数据库（facilities database）、资源数据库（resources database）和灾害应急知识库（disaster & emergency database）。

机构数据库由地方政府应急部门提供，储存关键的公共机构与系统的相关信息。这个数据库中的数据信息由机构的类型、机构的位置、机构的优先权及备注等构成。资源数据库也由地方政府应急部门提供，储存可支持危机管理运行的资源信息。该数据库中的信息由资源类型、资源数量、资源位置、资源联系人、电话号码及备注等构成。灾害应急知识库由FEMA提供，存储关于以往发生过的危机及其处理的相关信息。该数据库中的信息由危机类型、危机分级、危机损害评估等构成。

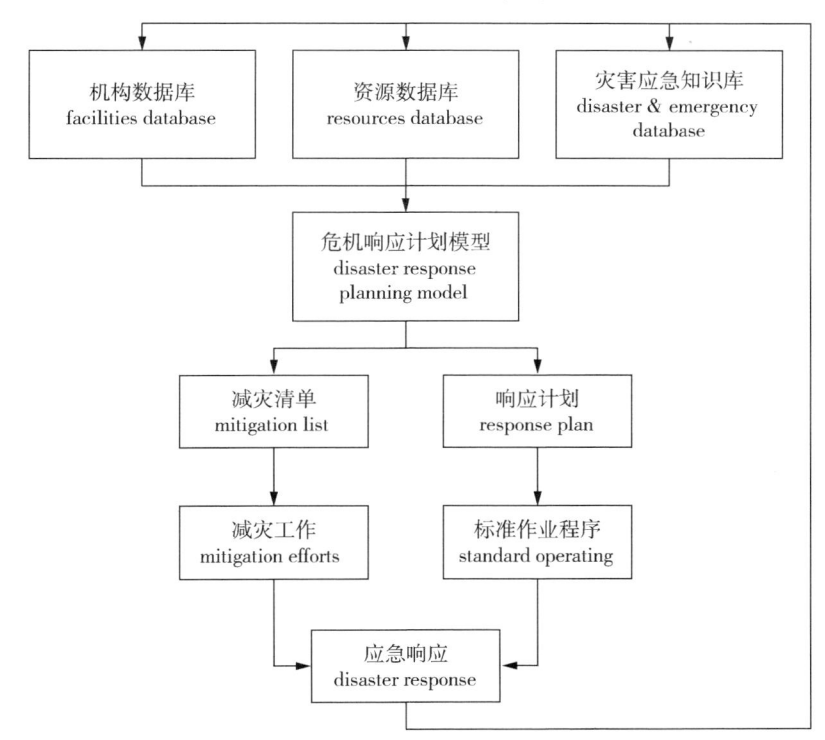

图3—9　宏观层面的危机管理信息流程概念模型

（二）微观层面的公共危机信息准备流程

按照努纳梅克（Jay Nunamaker）的观点，危机发展过程可划分为危机爆发前、危机发生期间及危机解决后三个阶段,以这三个阶段作为研究对象,可分别规划各阶段所需的管理活动,得到微观层面的公共危机的动态管理模式及其信息流程(图 3—10)。[①]

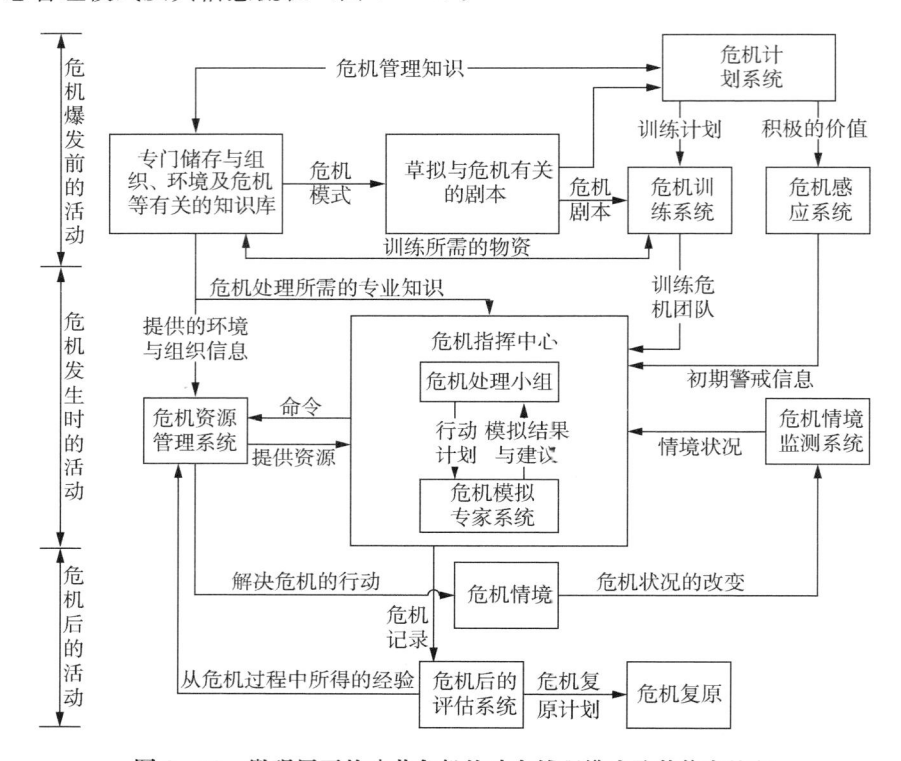

图 3—10 微观层面的公共危机的动态管理模式及其信息流程

1. 危机爆发前(灾前)的活动及信息准备

主要负责协助组织对危机情境进行预期,并在危机发生前将危机消弭于无形。此阶段的活动包括建立危机计划系统、危机训练系统、危机感应系统等,并建立危机知识库,负责危机相关情境的草拟及推演。

灾前涉及的信息包括关于组织、环境及危机管理的知识,危机剧本(应急演练预案)、训练计划、各类训练所需物资的相关信息。此外,还包括危机计划系统、危机训练系统和危机感应系统的系统规划报告、系统可

---

① Nunamaker, J., "Organizational Crisis Management Systems: Planning for Intelligent Action", *Journal of Management Information Systems*, Vol. 5, No. 4, 1989, pp. 7—32.

行性分析报告、系统分析报告、系统设计报告、系统数据接口定义文件、协议及标准化方案等。

2. 危机爆发时（灾中）的活动及信息准备

主要为危机管理小组提供相关的支持，如重要信息及资源等的提供。此阶段的执行机构大致可分为：①危机指挥中心：负责各项指派事宜及处理工作，由决策者及其辅佐者、危机处理小组、危机处理专家等三个部分组成，即一般学者所称的危机管理小组；②危机情境监测系统：负责对危机的发展状况进行追踪，并向危机指挥中心的决策者报告；③危机资源管理系统：负责解决危机时所需资源的安置、分配及取得等任务。

灾中涉及的信息包括组织与环境信息、行动计划、模拟结果与建议、行政命令、危机处理专业知识、初期预警信息、情境状态信息、危机态势信息、各类物资的相关信息等。此外，还包括危机资源管理系统和危机情境监测系统的各类文档、系统数据接口定义文件、协议及标准化方案等。

3. 危机爆发后（灾后）的活动及信息准备

对组织的执行绩效工作进行评估，并将评估结果作为对目前危机管理过程修正的参考。此阶段的主要任务有：①成立评估调查系统，确认危机的成因；②加速恢复工作的进行；③继续制定下一轮的危机管理计划。

灾后涉及的信息包括危机发展的状态与态势、危机复原计划、经验与教训、危机记录等。此外还包括灾后评估系统的各类文档、系统数据接口定义文件、协议及标准化方案等。

第三节　公共危机信息准备的构成要素和功能

一　公共危机信息准备的构成要素

根据美国行政管理与预算局（Office of Management and Budget）发布的《联邦政府信息资源管理》（A-130号通告），信息资源的范围扩展到包括信息本身以及与信息相关的人员、设备、资金、技术等。因此，从信息资源的角度，我们可以认为危机信息准备的构成要素包括危机信息本身以及与信息相关的人员、设备、物资、制度、技术等。其中信息是核心要素,其他要素是信息要素的支撑要素。

核心要素信息在危机信息准备体系中处于关键地位,它贯穿危机信息准备体系的各个层面与各个环节。构成危机准备核心要素的信息主要指与危机管理相关的所有自然地理信息、社会环境信息、应急主体信息、应急资源信息、应急组织信息、应急预案信息、应急政策法规信息等信息的总和。支撑要素主要包括与信息活动相关的人员、物资、设备、制度、技术等,它们与信息要素相辅相成、相互作用,共同构成信息资源要素以支持危机管理活动。

二 基础信息准备:"五库"及其功能

(一)基础信息准备概述

我们认为,为了实现对各类基础信息的科学采集、规范管理与有效利用,需要建立起由基础信息库、风险信息库、应急信息库、案例库与专家知识库五部分构成的危机信息准备主体子系统。该系统是危机信息准备体系中的主体与核心,是危机信息准备过程中所需信息与知识的集合。主体子系统的构建,旨在整合危机准备中的基础信息资源,逐步建立覆盖多层面的,包含基本信息、扩展信息和业务协助信息三个层次的危机管理主体信息库,实现基础信息资源的共享交换,为政府部门应对突发事件提供信息保障。

(二)"五库"的构成要素和功能

1. 基础信息库

这里的基础信息是一个广义的概念,它是一国自然地理与社会经济各方面信息的集合,用于描述可能发生灾害的地区的基本情况,包括人员信息(如人口信息、志愿者信息、关键联系信息、专家信息等)、地理交通信息、精确的地图(如标准地理数据、原始地代码)、服务信息(如医疗服务、应急机构、商店等)、基础设施(如通信设施、软件信息系统)、社会经济发展情况等基本信息。基础信息库建设是国家信息化建设的重要组成部分。我国从"金卡"、"金桥"、"金关"等重大信息化工程的启动到"两网一站四库十二金"工程的展开,随着信息化建设的推进,国家基础信息建设取得了重大发展。在"十五"期间规划建设的包括人口基础信息库、法人单位基础信息库、自然资源和空间地理基础信息库、宏观经济数据库等基础信息库的基础上，近年来我国基础信息库的建设已涵盖国民经济和社会发展的方方面面，为国家信息保障打下了重要基础，成为国家信息基础设施的关键资源和组成部分。

基础信息库的建设不仅能实现数据的共享交换，而且能够实现各部门的协同办公与业务融合，提升公共服务的能力与效率。就应对突发公共危机事件而言，基础数据库能为危机的减缓、准备、响应与恢复阶段提供基础数据支持，如道路交通基础信息以及国家基础地理信息是应急救援的重要保障因素。

2. 风险信息库

风险信息库是对各个地区可能的和现实的自然灾害、事故灾难、公共卫生事件与社会安全事件进行风险评估后所形成的风险信息的集合，用于描述该地区存在的各种风险情况，包括风险种类、风险等级、风险地图、潜在的灾害影响范围和破坏强度、动态变化情况等信息，是应急管理减缓阶段的主要内容，风险信息对应急管理规划和应急管理工作的开展具有基础意义。

风险是指在某种特定环境下某种损失发生的可能性，由风险因素、风险事故和风险损失等要素组成。风险评估（risk assessment）是风险识别、风险分析、风险评价的全过程，广义的风险评估是在对孕灾环境、致灾因子、承载体分别进行风险评估的基础上，对灾害系统进行风险评估。一般来说，突发事件的风险评估由致灾因子分析、脆弱性分析和灾情损失评估三部分内容构成（图3—11）。

（1）致灾因子分析

致灾因子分析是对各类致灾因子展开的各种定量或定性分析。致灾因子主要有：①自然性因子，包括突发性的台风、大暴雨（雷）、冰冻、泥石流、火山爆发、地震等，以及缓慢性的干旱、沙漠化等，与其对应的灾害被称为自然灾害；②技术性因子，如火灾、爆炸、交通事故、环境和农作物污染等，与其对应的灾害被称为人为灾害；③社会性因子，如战争、骚乱、凶杀、恐怖主义等，与其对应的灾害被称为社会灾害。

（2）脆弱性分析

脆弱性分析包括：①风险区确定：研究一定强度的自然灾害发生时的受灾范围；②风险区特性评价：对风险区内主要建筑物、其他固定设备和建筑内部财产，风险区内的人口数量、分布和经济发展水平等进行分析和

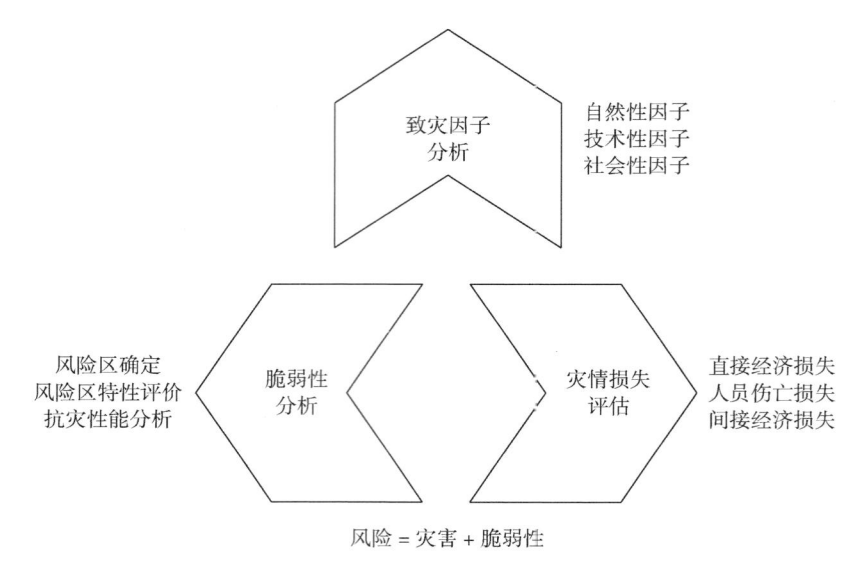

```
        致灾因子         自然性因子
          分析           技术性因子
                        社会性因子


风险区确定    脆弱性    灾情损失    直接经济损失
风险区特性评价  分析     评估       人员伤亡损失
抗灾性能分析                       间接经济损失


          风险 = 灾害 + 脆弱性
```

图3—11 突发事件风险评估内容

评价；③抗灾性能分析：对风险区内的财产进行抗灾性能分析。

（3）灾情损失评估

灾情损失评估包括对直接经济损失、人员伤亡损失、间接经济损失等的评估。

除了自然科学与工程技术角度的风险评估之外，近年来风险感知（perceived risk）视角的风险评估受到了广泛的重视。保罗·斯洛维克（Slovic）等人的研究[①]发现，不了解相关知识的普通民众所感知到的风险比相关领域的专家高得多，而他们对灾难的感知在很大程度上影响了他们的决策过程和行为选择。风险信息的集成有利于预案编制、风险防范、资源配置以及风险沟通，有利于提升我国突发事件的应急能力。

3. 应急信息库

应急信息库是与应急管理活动本身密切相关的各类信息的集合，包括与应急管理过程有直接联系或密切相关的信息，如应急机构信息、应急人员信息、应急物资信息、应急法规政策信息、应急预案信息以及应急硬件设施等信息。总的来看，应急信息主要包括以下三个方面：应急预案与应

---

① Slovic, P. E. *The perception of risk*, London: Earthscan Publications, 2000.

急法律法规、应急相关产业信息和应急资源信息。

（1）应急预案与应急法律法规

应急预案与应急法律法规是指面对突发事件如自然灾害、事故灾难、公共卫生事件与社会安全事件所必须遵循的法律、计划、章程等。应急预案与应急法律法规指导突发公共事件的应对，明确各主体之间的责任，能够最大程度地预防和减少突发公共事件及其造成的损害，保障公众的生命财产安全。

（2）应急相关产业信息

应急产业是围绕着各类突发事件应对中所需产品、技术与服务的生产和交易而形成的一系列经济活动的集合。根据应急产业的形态与性质可将应急产业分为三类：应急产品生产产业、应急技术研发产业与应急服务业三类[1]。

①应急产品包括应急减缓、准备阶段的预警、预防产品，如地震灾情监控仪器、疫情监测仪器、个人安全防护用品、电子报警安全装置等，以及灾害发生后的救援和处置产品，如地震救援中的发掘及破拆设备、生命探测仪、应急发电、卫星通信设备等。

②应急技术是指应急管理各阶段应用的技术及相关软件，如三维灾情显示、决策优化和应急行动效果分析等技术，用于灾前预防的数字化预案软件、应急疏散仿真软件、灾害损害性后果模拟软件以及用于灾后的灾情展示与标绘软件、应急处置管理软件等，这些技术与软件的应用能够快速地获取灾害信息，进行科学灾害评估，为政府决策提供准确、科学、全面的信息支持。

③应急服务是指应急咨询服务和应急救援服务，咨询服务主要指专家咨询委员会就突发事件管理向政府管理部门提出意见和建议[2]，NGO或咨询公司为社区、乡村、企业提供风险评估、减灾规划、应急预案服务以及安全教育和培训的服务等。应急救援服务主要包括避难所的规划与建设以及搜救基地的建设等，目前我国确定建设的"国家陆地搜寻与救护基地"共8个。

---

[1] 申霞：《应急产业发展的制约因素与突破途径》，《北京行政学院学报》2012年第3期。
[2] 梁贤艳、吴淑娴：《中美政府应急咨询机构比较研究》，《武汉理工大学学报》（社会科学版）2010年第2期。

（3）应急资源信息

主要包括应急管理所需要的有关人员、物资、资金等的信息。应急资源的储备与分布信息是应对突发公共事件的有力保证。如救援物资、资金的储备与分配信息，救援队伍、志愿者队伍信息，应急管理专家队伍信息等。

应急信息库中，应急资源信息是应急管理的基础，应急预案与应急法律法规信息是应急管理的指导，而应急相关产业信息则是应急管理的辅助支撑，它们相辅相成、相互补充，为应对突发事件提供信息支持。

4. 案例库

案例是对研究领域中某个特定的具体事件以及与事件相关的环境、状态特征、事件结果以及特别情节的记录和描述。案例库（case database）通俗地讲，是案例存放的仓库，是一个由众多数量、种类的案例汇集、整合而成的资源库或数据库。它一般是特定机构根据一定的规划，采用一定的运作模式和方法手段，围绕某一学科或专题，收集、整理、编写、组织案例材料而形成的。其主要功能有素材积累、案例教学、案例推理以及知识发现等，是实践经验总结、理论探讨的重要媒介和资源平台。

危机信息准备体系案例库内存放着历史上发生的关于自然灾害、事故灾难、公共卫生、社会安全以及网络舆情的公共危机事件案例的完整描述，是国家档案建设的重要组成部分，承担着"国家的集体记忆"必要组成部分的角色，具有一定的"社会遗产价值"。微观层面上，它提供了应对危机事件的经验素材，包括危机形成的原因、发生时间、持续时间、发生地点、危机处理过程、受灾对象、受灾损失等信息，不仅能为公共危机管理教学研究人员、政府应急管理人员及社会公众提供公共危机事件的基础数据和管理平台，而且能够通过时空分析以发现案例的知识关联，识别历史案例中隐藏的模式，为突发事件的预测预警和有效应对提供依据和指导。

案例库建设中，案例的表示形式事关案例库的功能实现及应用效果。案例表示实际上就是对知识的一种描述，即用一些约定的符号把知识编码成一组系统可以识别和接受的数据结构。案例的知识表示一般为三元组：问题描述、解描述、效果描述。

危机案例的问题描述部分记录的主要信息包括：概要、时间地点、背景、完整描述、利益相关者、相关媒体报道、相关网络链接以及其他的事实性信息如伤亡情况和财产损失等。对解的描述则是危机事件的相应处置过程，包括对事件背景、事件过程、事件原因、事件后果、事件处理（事后恢复）等内容的整理描述。危机案例效果描述则是一个相对独立的评价单元，是对危机事件处理过程的总结与评价，如处理是失败还是成功，取得了哪些经验或教训等。

5. 专家知识库

知识库（knowledge base）是知识工程中有组织、结构化的，易操作、易利用的知识集群，是针对某一（或某些）领域问题求解需要，采用本体、语义网、基于 XML、面向对象等知识表示方法在计算机存储器中存储、组织、管理和使用的互相联系的知识片集合。这些知识片包括与领域相关的理论知识、事实数据、专家知识等。

危机信息准备体系知识库是信息准备知识统一存储与管理的载体。其功能是将应急管理理论知识、实践知识以及经验知识高效集成，使知识有序化，促进知识共享，提高危机管理各部门的沟通协作效率。危机信息准备体系知识库的架构主要由知识获取层、知识存储与管理层、知识应用层构成（图 3—12）。

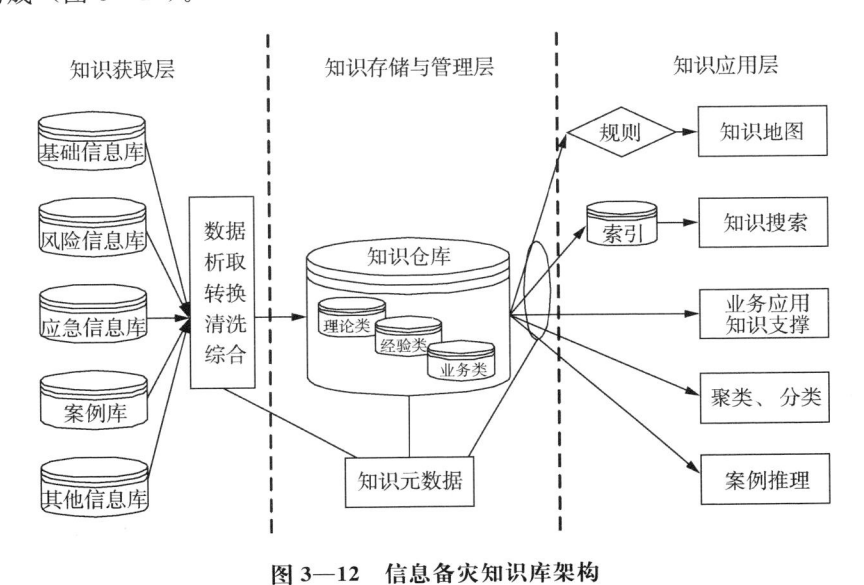

图 3—12 信息备灾知识库架构

基础信息库、风险信息库、应急信息库、案例库及其他信息源库等存储着信息准备过程需要的数据片段，是重要的知识源。知识获取层的主要任务就是收集来自这些知识源的数据,并对其进行析取、转换、梳理、综合等处理,输出信息准备相关知识。

知识存储与管理层主体功能是存储海量知识,不仅要满足日常的、对单个文档的存储与访问,还需要满足对大量的或者海量知识的访问和搜索。此外,知识存储与管理层还要对描述这些知识的各种属性的信息进行统一管理,包括知识的来源、获取方法、展现方式等。这些区别于知识本身的信息是描述性知识数据,即知识元数据,实现对知识元数据的统一管理是知识仓库构建过程中的关键环节,直接影响知识应用的效率与水平。

知识库应用层主要服务于知识用户,危机信息准备体系中的知识用户包括各类应急决策者和应急管理者。应用层的服务方式主要以查询为主,即通过制作好的知识地图、知识检索等查找所需要的知识;除此之外,知识库应用层还用于知识发现(knowledge discovery),即通过推理、聚类和分类等技术发现更多、更有价值的知识。

危机信息准备体系中的知识库能够发掘应急管理人员应对突发公共事件的成功的要素与模式,为政府未来应对同类突发事件提供决策依据,是对应急管理人员、应急救援人员培训的重要素材。

三 基础设施准备及其功能

(一)基础设施准备概述

基础设施建设情况是衡量危机准备能力的重要标尺。广义的基础设施不仅包括物化的硬件设施,还包括相关的软件系统与服务。基础设施准备就是在危机准备阶段,优先考虑基础设施的规划、建设、运转与遭受破坏后的恢复问题。

在美国政府制定实施的处置突发事件的整体预案体系中,特别提到了针对美国国家关键基础设施(critical infrastructure)和关键资源(key resources)的保护。2006 年,由美国 DHS 部长牵头,联合十四个总统直属部委起草并发布的《国家基础设施保护预案》(National Infrastructure Protection Plan,NIPP),为整合重要基础设施和关键资源保护并将其纳入国家整体预案体系提供了统一架构。根据 NIPP 的规定,被重点保护的美国重要基础设施和关键资源包括以下十七类:网络信息,通信设备,交通运输,能源设施,农业设施和食品,国防工业基地,公共卫生设施,国家纪念碑及标志性建筑，银行及金融业，饮用水及水处理系统，化学品，商业设施，水坝，紧急服务设施，商用核反应堆、原料和废料，邮政及海运，其他政府设施。可见，被重点保护的美国重要基础设施和关键资源除考虑到了有形的、具有实际使用价值的设施外，也考虑到可能损害国家形象和公众信心的个体目标。

韩国学者李在恩（Jae Eun Lee）将危机管理过程中的关键基础设施（critical infrastructure）划分为四大类十七小类。[①] 四大类分别是公共设施、公共系统、政府功能和生活保障体系。这些关键基础设施能够对一国或地区的政治、经济、社会与文化造成巨大的影响，在危机状态下更甚。其中，①公共设施具体包括：核电、交通设施、水库、能源、大工业中心、政府设施；②公共系统包括：财政与银行、电力、通信；③政府功能的细化分类有：公共健康保障、公共秩序维护、关键资产、重要人物安全保障；④生活保障体系包括以下四类：商务设施与技术、生命线、危险物资、心理恐慌。这些基础设施共同为公共危机管理全过程提供支持与保障。

为了加快我国信息基础设施建设水平，增强公共危机应急反应能力，国家"十一五"规划将完善信息基础设施列入五年发展目标，积极地推进"三网融合"，建设和完善宽带通信网，加快发展宽带用户接入网，稳步推进新一代移动通信网络建设；建设集有线、地面、卫星传输于一体的数字电视网络；制定和完善网络标准，促进网络的互联互通和资源共享。这些基础设施建设的努力与成果，为危机信息管理提供了重要的基础保障。

（二）基于电子政务网的应急管理网站的构成要素和功能

在危机事件发生发展的各个阶段，作为决策中枢和协调枢纽的政府始终掌握最丰富、最真实和最全面的信息。在危机事件发生时，越来越多的公众倾向于在第一时间通过网络了解相关信息，而政府网站所发布的信息无疑是最具权威性的。因此，基于电子政务网的应急管理网站建设成为基础设施准备中的重要一环。

1. 基于电子政务网的应急管理网站的构成要素

FEMA的网站[②]共设立了六个板块，包括"计划准备与减缓"，"灾难幸存

---

① Lee, J. E., "Establishing the Partnership for Critical Infrastructure Protection: Typology, Property, and Programs", *Journal of Safety and Crisis Management*, Vol. 2, No. 1, 2012, pp. 24—32.

② FEMA官方网站的网址为https://www.fema.gov。

者援助"、"响应与恢复"、"主题与受众"、"博客、新闻编辑室、录像与照片"，以及"关于 FEMA"。主要板块的设置与危机管理的生命周期是契合的。

中国政府网于 2006 年 1 月 1 日正式开通。目前，国家政府网站提供的应急服务[①]共分为八个板块，分别为：突发事件、机构设置、工作动态、应急预案、应急演练、法律法规、科普宣教和典型案例。

（1）突发事件。主要介绍国内外与我国公民有关的突发人为事件和自然灾害，对我国公民造成的损害，以及处理措施或处理结果。

（2）机构设置。主要介绍了国家应急管理工作组织体系，包括领导机构、办事机构、工作机构、地方机构、专家组等。

（3）工作动态。主要介绍国家各个部门及省一级政府对突发事件和自然灾害的应对处理措施，以及发布一些地区性质的特殊时期的禁令。

（4）应急预案。介绍国家各级应急预案，包括国家总体应急预案、国家专项应急预案、国务院部门应急预案、地方应急预案等。

（5）应急演练。主要介绍安保问题的演练、关于突发动物疫情的演练、自然灾害抢救演练以及海上抢险、海上搜救演练等。

（6）法律法规。主要介绍了自然灾害类、事故灾难类、公共卫生事件类、社会安全事件类 4 大类应急管理相关的法律法规条文。

（7）科普宣教。主要介绍市民公共安全应急指南、国外安全管理、我国应急管理机制、常见自然灾害的应急知识，以及科普知识等。

（8）典型案例。分自然灾害、事故灾难、公共卫生和社会安全四大事件类型，提供国内外的相关典型案例，以国内案例为主，侧重事件报道。

胡凯将以上八个构成要素进一步细分，得到我国地市级政府的应急管理网站的构成要素（表 3—6）。[②]

表 3—6　　　　　　　中国地级市政府应急管理网站构成要素

一级构成要素	二级构成要素
突发事件	自然灾害
	事故灾害
	公共卫生事件
	社会安全事件

[①] 中国政府网的应急管理栏目网址为 http://www.gcv.cn/yjgl。
[②] 胡凯：《我国地级市政府网站应急管理功能研究》，郑州大学硕士学位论文，2012 年。

续表

一级构成要素	二级构成要素
机构设置	领导机构
	指挥机构
	日常工作机构
	专家组
	县级机构
	应急联动机制
工作动态	
应急预案	总体预案
	专项预案
	部门预案
	企事业单位预案
	县区预案
应急演练	
法律法规	自然灾害类
	事故灾害类
	公共卫生事件类
	社会安全事件类
科普宣教	经验交流
其他	经验交流
	典型案例
	相关链接

2. 基于电子政务网的应急管理网站的功能

美国联邦政府网站[①]提供的应急服务内容，在"公共安全与法律"主题下，共设立了12个类目的应急服务信息：化学品突发事件、干旱、地震、极端高温、洪涝、飓风、放射物、恐怖主义和生物恐怖主义、雷暴、龙卷风、火山爆发，以及野火。根据这些服务内容，可将该网站的应急服务功能概括为宣传应急知识、获得实时监测信息、获得政务信息、寻找亲人、募捐和组织志愿者、使受灾群众获得帮助、整合相关部门的网站。

---

① 美国联邦政府网站网址为 http://www.usa.gov。

刘芳将我国政府网站的应急服务功能归纳为危机预防中的宣传教育、危机舆情收集和预警、发布实时信息和舆论引导、公众参与和服务公众。①

(1) 危机预防中的宣传教育

政府不仅可将应急手册、应急预案、法律法规、应急演练及典型案例等信息集中置于政府网站的应急管理栏目之中，便于公众访问和学习，还能够引导加强危机文化建设、增强公众的应急避险能力、积累危机管理的经验与教训。

(2) 危机舆情收集和预警

危机舆情管理能够帮助对事发之前及时收集到危机信息，进行快速分析、判断和预测，并及时将预警信息公之于众。这不仅为政府提供了科学的应急决策依据，而且使公众能够采取有效的防范和应对措施。目前，在美国、日本等发达国家，已经普遍建立了突发事件预警信息系统和机制，我国目前也在此领域进行着积极的探索。政府主导的应急管理网以其权威性、及时性、受众广泛、内容全面等诸多优势弥补了传统媒体和商业网站的不足，成为更理想的预警信息发布渠道。政府部门及相关监测机构可以在政府网站上发布最新的监控和预测结果，将灾害的发生概率、预计规模、影响范围、危害程度公之于众，并告知公众应该采取何种应急防范措施。

(3) 发布实时信息和舆论引导

舆论体现公众的意见，它在很大程度上决定了公众共同的行为。因此，只有当社会舆论有利于政府时，各种社会动员才会有效，公众才会积极地采取与政府预期目标相一致的行动，危机管理才能达到事半功倍的效果。同时，公众对信息发布的及时性、全面性有着广泛的诉求。及时全面的信息发布有利于降低、消弭由信息缺失导致的公众恐慌、信任危机甚至是社会动荡。例如，"5·12"汶川地震之后我国政府表现出的信息透明化赢得了全国乃至世界的信任和支持，全国人民齐心协力共同投入到抗震救灾工作中去。应急管理网站可以实现有效的信息公开和政策宣传，产生良好的舆论引导和社会动员效果。

(4) 公众参与和服务公众

基于电子政务网的应急管理网站是公众参与和服务公众的重要渠道。一方面公众可以借助该渠道为危机管理建言献策、展开群体讨论、组织参

---

① 刘芳：《我国政府网站应急服务功能研究》，郑州大学硕士学位论文，2010年。

与捐款与志愿者服务等；另一方面，应急管理网站也可为公众提供诸如寻亲、住所搜索、心理救助、资金救助等方面的信息服务。

相关链接 3—2：Sahana

Sahana 是一个免费、开源的灾难管理系统，是一个基于互联网的工具。它能够解决灾难期间的协调问题，包括发现失踪人员、援助管理、志愿者管理以及在政府部门、NGO 及受害公众间进行有效的追踪。

Sahana 是一个可插拔的集成的、B/S 模式的灾害管理程序，针对灾难过后的大范围的人道主义问题提供解决方案。建设目标如下：

（1）基本要求：通过灾难期间有效利用 IT 技术，减轻人类痛苦，帮助挽救生命。

（2）综合考虑到各种不同因素，如来自政府应急管理部门的、NGO 的、国际 NGOs 的、自发志愿者的和受灾者本身的因素，以有效地应对灾难。

（3）使受灾者、应急响应者、志愿者能够更好地帮助自身和他人。

（4）保护好受灾者的数据，避免数据滥用。

（5）给每个人提供一个端对端的免费和开源的解决方案。

基于上述目标考虑，Sahana 的主程序和目前能够解决的主要问题如下：

（1）失踪人员登记。通过有效地寻找失踪人员来减少人们心灵的创伤。

（2）组织机构登记。协调和平衡各个救灾组织在受灾地区的配置，并与各个救灾组织保持联络，使它们能够统一行动。

（3）需求管理系统。登记和追踪各种所需的支持和救援，完成和帮助捐赠者和救灾需求之间的协同。

（4）营地登记。追踪整个受影响区域内的受灾者在各种帐篷和临时性搭建居所的位置和数量。

（5）志愿者管理。协调联系信息、技能、任务、志愿者和应急响应者的配置情况。

（6）库存管理。追踪用于灾难补给的存储物资的分布地点、数量和有效期。

（7）实时分析。采用 GIS 分析，为决策者提供便利。

Sahana 已经被成功应用于以下案例：

（1）海啸。2005 年斯里兰卡全国运营中心（CNO）官方采用。

（2）亚洲地震。2005 年巴基斯坦国家数据库与注册管理局（NADRA）官方采用。

(3) 南部 Leyte 泥石流灾难。2006 年菲律宾国家灾害协调委员会（NDCC）和民防署（ODC）官方采用。

(4) 2006 年被斯里兰卡最大的非政府组织 Sarvodaya 采用。

Sahana 获得了很多荣誉奖励，如 2005 及 2006 年度社会公益的"开源软件基金奖"、美国 2006 年度 Good Samaritian 奖等。

第四节 公共危机信息管理的运行机制

一 公共危机信息管理的运行机制概述

为保证危机信息准备体系有效运转，我们提出了过程嵌入机制、信息融合机制和学习共享机制三大运行机制。过程嵌入机制是将信息和信息管理嵌入危机管理的全过程，使危机管理的不同阶段都能够得到相应信息的支持；信息融合机制是针对特定的突发事件应对需要，将各种多源、异构的信息进行集成、调度和融合处理，是信息知识化的必要过程；学习共享机制则是将已有经验、知识通过学习分享不断反馈到现实的危机管理工作中。三者相辅相成，共同支持公共危机信息准备体系的运行，为危机管理提供信息和知识支持。

二 公共危机信息管理的过程嵌入机制

公共危机管理的减缓、准备、响应、恢复四个阶段，都需要相应的信息和信息管理的支持（图 3—13）。

"减缓"是指采取任何行动以尽量减少潜在灾害的影响程度，其主要任务是基础设施建设（如防御洪水或加固建筑物）和风险管理（如脆弱性评估，致灾因子和承载力调查，以及公共教育方面的培训）等。相应的信息管理工作是通过信息采集和加工处理，不断充实和完善公共危机信息准备体系各主体子系统的基础信息，做好基础信息库、风险信息库、应急信息库、案例库和专家知识库的基础数据和信息资源储备。同时，不断完善公共危机信息准备体系的支撑子系统，包括组织机构系统、技术支持系统和制度保障系统。

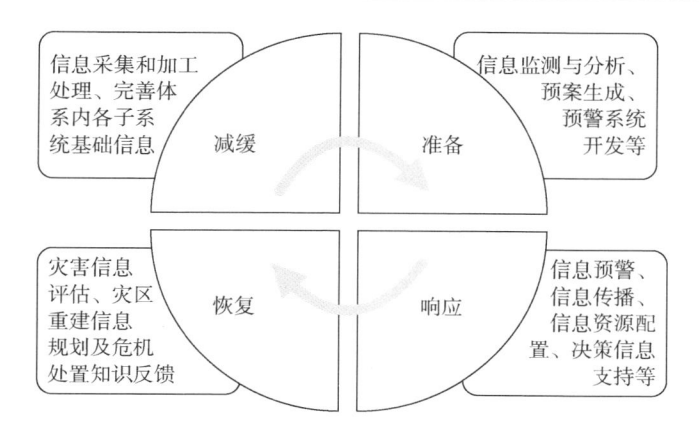

图 3—13　危机管理各阶段信息管理的主要任务

"准备"是指通过领导能力、政策、资金和技术援助，以及培训和演练来加强准备能力。此阶段应急管理的主要任务是应急资源准备、应急预案编制以及应急法规建设。信息监测与分析、预案生成、预警系统开发等是这期间信息管理的主要工作，它是基础数据集成应急信息的关键过渡。

"响应"是开展应急工作的过程。主要任务是预测预警、应急决策与协调联动。此阶段信息管理主要工作的内容有信息预警、信息传播、信息资源配置及决策信息支持等。

"恢复"是灾后重建的过程。主要工作是损失评估与重建规划。此阶段的信息管理工作是灾害信息评估、灾区重建规划信息管理以及危机处置知识反馈。

可见，公共危机信息管理的过程嵌入机制并非一套结构化的解决方案，而是一种指导性的思维方式。该机制的内在要求是，在为危机管理生命周期各阶段进行信息准备时，应明确区分各阶段不同的信息需求、信息组织、信息服务以及信息管理模式，从而整合成支持危机管理全流程的危机信息准备框架，实现即时和动态信息的实时获取与利用，提高危机管理的效率。

三　公共危机信息管理的信息融合机制

(一) 信息融合概述

信息融合 (information fusion) 早先被称为数据融合 (data fusion)，

起源于 1973 年美国国防部资助开发的声纳信号处理系统。经过 40 余年的发展，其应用已拓展至复杂工业控制、自动目标识别、医疗诊断、图像处理、模式识别等领域。在其发展过程中，方法模型及工具也在不断地改进创新（图 3—14）。

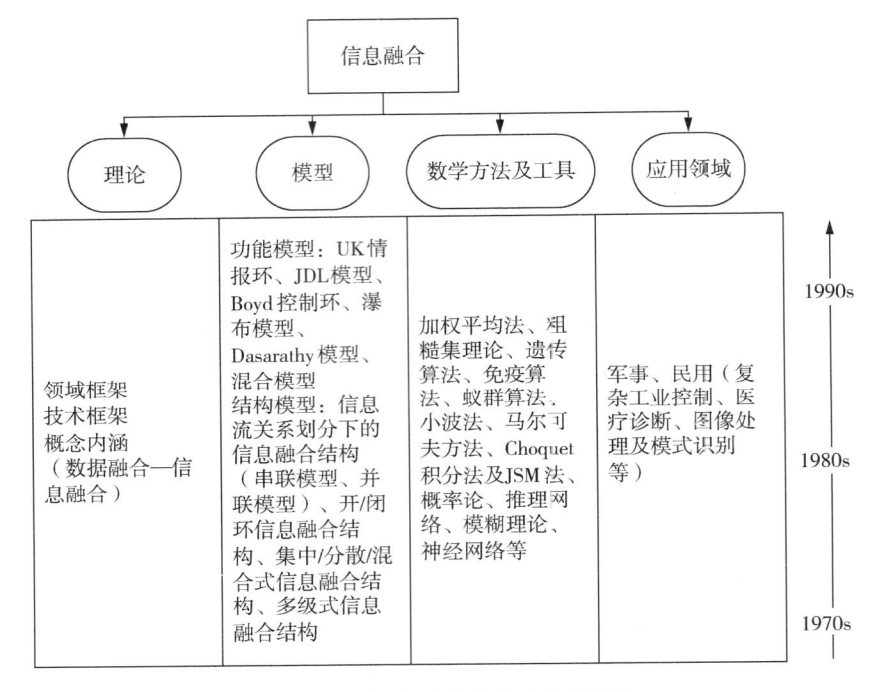

```
信息融合
├── 理论
├── 模型
├── 数学方法及工具
└── 应用领域
```

理论	模型	数学方法及工具	应用领域	
领域框架 技术框架 概念内涵（数据融合—信息融合）	功能模型：UK情报环、JDL模型、Boyd控制环、瀑布模型、Dasarathy模型、混合模型 结构模型：信息流关系划分下的信息融合结构（串联模型、并联模型）、开/闭环信息融合结构、集中/分散/混合式信息融合结构、多级式信息融合结构	加权平均法、粗糙集理论、遗传算法、免疫算法、蚁群算法、小波法、马尔可夫方法、Choquet积分法及JSM法、概率论、推理网络、模糊理论、神经网络等	军事、民用（复杂工业控制、医疗诊断、图像处理及模式识别等）	1990s 1980s 1970s

图 3—14　信息融合技术的发展沿革

由于危机事件数据具有多源、异类、海量、时变等特点，传统的数据分析方法（如机器学习、数据挖掘等）在处理这类数据时，往往面临数据量庞大、集成困难、计算复杂度过高、专家知识难于利用等问题，信息融合机制正是利用信息融合技术来解决此类问题的。

根据怀特（White）的定义，信息融合是一种多层次、多方面的处理过程，包括对多源数据进行检测、关联、组合和估计，从而提高状态和身份估计的精度，以及对态势和威胁的重要程度进行适时完整的评价。[①] 信

---

① White，F.，"*Joint directors of laboratories – technical panel for C3I*" *Data Fusion Subpanel*，SanDiego：Naval Ocean Systems Center，1987.

息融合的一个直接目的即是输出高品质的有用信息，辅助管理者做出更为合理的决策。作为一种信息综合和处理技术，信息融合实际上是许多传统学科和新技术的集成和应用。

依据信息抽象的程度，信息融合内容可划分为不同的层次，学界中存在的分法大体有三种（表3—7）。但三种分层法没有实质的区别，只存在粗细程度的差异。我们将对第一种分法进行阐述。

表3—7　　　　　　　信息融合层次的三种分法

第一种分层方法	数据级　特征级　决策级
第二种分层方法	位置/估计　态势评定　威胁评定
第三种分层方法	检测级　位置级　目标识别　态势评定　威胁估计

数据级融合是最低层次的信息融合，用来处理同质数据，它是对传感器采集到的信息进行直接的融合处理，且对融合完成的结果进行特征提取和决策判断。其优势是数据损失量小，局限有：数据量大造成处理代价较大；数据同质，全局价值不明显。

特征级融合首先从各传感器所采集的原始数据中抽取出一组特征信息，接着对各组特征信息进行融合。一般包含下面三个步骤：①将设定含有量纲的属性映射到[0, 1]区间，以产生无量纲的量，这个无量纲的量被用到映射各个属性的信任度中；②按照特定的融合规则对反映各个属性信任度的信息进行融合，用于得出能够反映各备选方案的信任度的量化结果；③根据融合的结果做出最后决策。①

决策级融合是数据融合中的最高层次。它是将各预处理机构对被测目标做出的独立决策进行信息融合，最终获得具有整体上一致性的决策结果。决策级融合通常使用的方法主要有：D-S证据理论、Bayes推理、模糊推理理论以及专家系统等。

信息融合机制通过对危机信息的融合处理，改善信息的置信度；增强系统的容错能力和自适应能力；降低推理的模糊程度，使其更具服务效用。例如，对采集到的基础信息进行数据转换、空间化处理及规范表达，建立统一数据范式；对各子系统数据特征进行关联聚集，识别危机目标，

---

① Llinas, J., F. E. White and A. Steinberg, *State of The Art：Data Fusion Infrastructure Needs*, San Diego：Space and Naval Warfare Systens Center，1998.

降低监测虚警率；还有对系统信息、部门信息以及决策意见的融合等。

（二）信息融合处理过程

1. 信息融合处理的框架

信息融合的处理是面向具体应用的。针对一个具体的融合任务，其信息融合处理框架一般如图3—15所示。

```
融合任务 → 融合数据准备 → 融合处理过程 → 融合性能评估
```

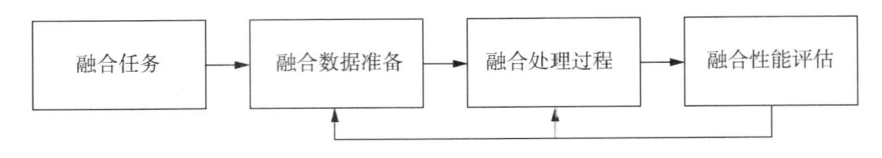

图3—15　信息融合的处理框架

融合任务定义了融合实现的目标，即标明了融合所要实现的具体功能，如识别对象的状态（或者是跟踪）。这里，如何对给定任务作出准确的表述是关键，它包含对任务需求、可使用资源及其性能、允许使用环境等的定量表述。

融合数据准备实际上是将信息资源进行汇集和关联，包含传感器管理的方法、数据和信息关联的方法、单源与多源数据以及信息特性分析与表述方法等。

融合处理过程是信息融合的核心问题，在这一环节，依据融合目的，采用什么样的融合结构和融合算法非常重要。不仅要考虑整个融合处理是一次完成还是分阶段集成完成，而且要考虑实现融合处理所采用的具体处理结构，如集中式处理或分布式处理结构，串行式处理或并行式处理结构，稳定处理模式或时变处理模式等。与此同时，最重要的就是要选出合适的融合算法。

信息融合处理最终要实现的是高精度和高可靠性，因此进行融合性能的评估非常重要。它主要涉及性能评估模型与准则、学习训练与试验方法等方面。融合评估贯穿整个信息融合处理的每个过程，从获取的多源数据和信息本身具有的不确定性开始，到系统结构与算法设计和数据与信息流程中不确定性的变化，直到最终提供决策结果为止，起到不断分析和提高融合的作用。

在实际应用中，由于与具体的融合目标以及可以使用的资源、环境密切相关，融合技术方案可能是多种多样的，这就必须要认真选出一个最佳的方案，使得融合的结果是使系统在真正意义上实现性能的提高。

2. 典型的融合处理过程

典型的信息融合系统由多传感器与多源的数据传感子系统、融合处理子系统两个部分组成。前者是由多传感器和多源信息构成；后者由数据配准、数据关联、融合决策和与之相关的先验模型构成。系统的输出为融合结果。融合结果一方面会提供给高层决策使用，另一方面也会作为一种反馈信息，使融合系统可以据此实施传感器管理及模型更新。图3—16 显示了一个典型的信息融合处理过程。

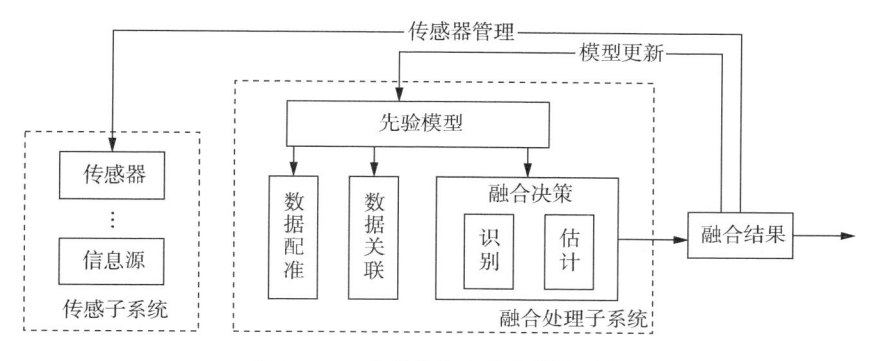

图3—16 典型的信息融合处理过程

传感子系统的作用是汇集与融合目标相关的多传感器数据和多源信息，这些数据和信息可能来自同一平台或多个平台。其难点在于：传感感知的多数据源和多信息源具有不同的数据类型和感知机理；多源数据和信息之间常常不能保持同步；感知的时空范围中目标事件或者态势可能存在变化等。与此相适应，就需要时空协同、动态协同，面向目标、事件或者复杂态势的合适的控制等。

数据配准是将传感器数据统一到同一参考时空中，即以一致的格式表示所有输入数据的处理过程，可以有先验的环境模型支持。每个传感器得到的信息都是某个环境特征在该传感器空间中的描述。由于各传感器的物理特性及空间位置上的差异，造成这些信息的描述空间各不相同，因此很难对这样的信息进行融合处理。为了保证融合处理的顺利进行，必须在融合前对这些信息进行适当的处理，将其映射到一个共同的参考描述空间中，然后进行融合处理，最后得到环境特征在该空间上的一致描述。当然，在数据配准中，输入数据类型上的差异、传感器误差带来的数据质量的变化、数据传输带来的延迟等都是重要的影响因素。

数据关联是使用某种度量尺度将来自不同传感器的航迹（既指船只、鱼雷等航行时在水面上出现的痕迹，也指飞机、火箭等飞行的轨迹）与观测数据进行比较，以确定要进行相关处理的候选配对。它实际上是将一个输入数据（特征）集与另外一个数据（特征）集相关联的处理过程，可以有先验的环境模型支持。数据关联的重要前提是从每个传感器得到的信息必须是对同一目标的同一时刻的描述。因此，如何解决不同数据（特征）集中的"目标"数目不一致问题，以及输入数据的不确定问题是重点需要考虑的。

融合决策主要包括目标识别、状态估计等内容。这些处理过程依赖于先验模型的支持。通过对目标的状态变量与估计误差方差阵进行更新，可以实现对目标位置的预测，确定目标的类型，预测目标的进一步行动。融合决策中涉及的因素较多，如可能是多目标决策问题，可能需要多层次处理，可能使用多种处理模式，还要考虑动态情况等。解决这些问题可能需要人工智能或计算智能的方法。

融合决策结果除供输出外，还要反馈给融合处理部分和传感感知子系统。反馈给融合处理部分的作用是调整相关的先验模型，不断检查和/或更新用于产生数据配准与关联处理的假设模型的有效性；可靠的反馈将修补融合处理具体算法的最终决策。反馈给传感感知子系统，是为了控制传感器子系统的工作，更好地指导传感器感知子系统提供确保决策任务需求的时空与属性的感知，以及具体单个目标或者事件的有效实时感知。这是协调控制的基本任务，通过融合决策输出来实施反馈控制是实现可靠融合决策的重要保障。

3. 公共危机信息融合实例

以上是对信息融合处理框架和过程一般意义上的介绍，具有普适性。而在紧急事态下，多元信息的可视化信息融合技术对于危机管理，特别是在风险识别、危机预警和应急指挥调度等环节具有不可替代的重要作用。利用该技术，一方面可以更好地支持决策，另一方面可以为应急响应和恢复节省宝贵的时间，并有利于高效合理配置各类资源。以下是多传感器信息融合技术在智能火灾报警系统中应用实验的一个例子。[1]

---

[1] 高金辉、陈玉珠、汪晓晨：《多传感器信息融合技术在智能火灾报警系统中的应用》，《传感器世界》2008年第6期。

多传感器信息融合（multi-sensor information fusion）技术是指充分利用多个传感器资源，通过对各种传感器及观测信息的合理支配与使用，将各种传感器在空间和时间上的互补与冗余信息依据某种优化准则组合起来，包括对多源数据进行检测、关联、组合和估计，产生对观测环境的一致性解释和描述。

火灾的发生是一个伴有光、烟、温升、辐射和气体浓度变化的综合现象，需要利用各种火灾传感器检测和捕捉这些信息，我们可以根据具体的情况，选择两种或两种以上火灾传感器组来检测火灾状况。在智能火灾预警报警系统中多传感器信息融合的一般过程是：①根据自适应加权算法，求得传感器的精确值（局部决策模块）；②分别计算各传感器的基本可信数、信度函数和似真度函数（BPA模块）；③利用D-S证据理论，求得所有传感器联合作用下的基本可信数、信度函数和似真度函数（D-S合成模块）；④在一定决策规则下，选择具有最大支持度的目标。本例中在实验室（40m×22m×10m）里安装了10个离子感烟传感器（55000-540APO），10个光电感烟传感器（JTF-YW-SH9432）以及8个电子感温传感器（LD3300E）。这些传感器经过改装，其信号能并联输出，提供给火灾报警系统的火灾信号融合模块。

实验中分别采用木材、棉花、纸张、汽油和酒精等多种不同可燃材料，并采用阴燃和明火两种方式，共设计了300次点火实验，100次疑似火灾模拟实验，在疑似火灾模拟实验中，模拟火灾的各种特性，如利用热风机产生温升气流，用鼓风机产生大量扬尘等。实验结果见表3—8、表3—9。

表3—8　　　　　　　　　　火灾实验结果对比

指标	离子感烟传感器	光电感烟传感器	电子感烟传感器	智能火灾系统
误报警次数（次）	14	18	17	3
漏报警次数（次）	23	26	15	4
平均报警时间（s）	20	18	16	9

从表3—8中可以看出，智能火灾系统的误报警次数、漏报警次数和平均报警时间均明显少于三种单一传感器。前者的三个指标与后者相同指标的平均值相比，分别减少了82%、81%和50%。

表 3—9　　　　　　　　　传感器信息融合结果

证据	有火灾	无火灾	不确定度	结论
离子感烟传感器	0.400	0.500	0.100	无火灾
光电感烟传感器	0.600	0.200	0.200	有火灾
电子感温传感器	0.500	0.400	0.100	有火灾
融合结果	0.610	0.35	0.032	有火灾

从表 3—9 中可以看出，数据融合后，系统的不确定性明显降低，同时融合后的基本可信度函数比融合前各传感器的基本可信度函数具有更好的区分性，提高了系统的识别能力。

四　公共危机信息管理的学习共享机制

公共危机信息管理的学习共享机制是指危机管理部门间信息和知识的交流与共享，并且在分享过程中不断学习内化、借鉴创新，解决应急管理中遇到的新问题。通过危机管理知识的不断积累和共享，各危机管理部门之间能够互通有无、互补优缺，提升危机管理的工作效能。案例知识库和组织学习是学习共享机制的两个重要内容。

（一）案例知识库

基于案例推理（Case - based Reasoning，CBR）的公共危机事件案例知识库在提供案例描述和检索功能的同时，其关键作用在于借助案例推理的方法实现了案例分析和学习共享。

CBR 是一种类比学习推理方法，它是一种近似人类思维模式的建立专家系统的方法学。基于 CBR 的案例知识库建立步骤为：(1) 建立初步的案例库存储框架，为进一步的案例收集、案例加入等工作奠定初步基础；(2) 按照突发事件分级分类标准和案例结构框架收集案例；(3) 将案例结构化存储；(4) 建立案例索引；(5) 建立案例修改和学习的方法，使得案例库能够实现自我学习和更新。此步骤实现过程为：对存储案例进行聚类分析，抽取知识规则；检索案例知识库，找出与新问题相似的一类案例；发现知识，解决新问题；与此同时，把新问题及处置知识补充进案例知识库（图 3—17）。随着新案例的不断加入和知识规则的不断积累，案例推理能力会变得更加强大，并通过学习分享为应急管理决策者提供参考。

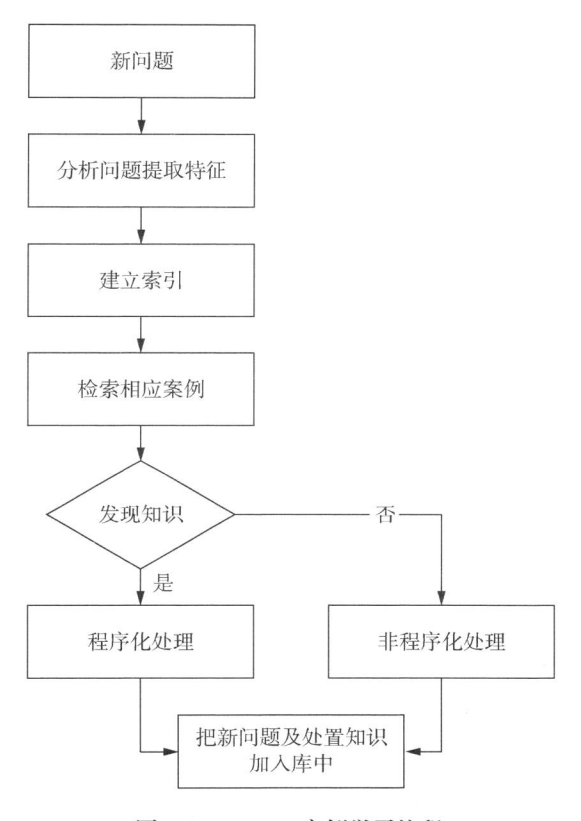

```
         ┌─────────────┐
         │   新问题    │
         └──────┬──────┘
                │
         ┌──────▼──────┐
         │分析问题提取特征│
         └──────┬──────┘
                │
         ┌──────▼──────┐
         │   建立索引  │
         └──────┬──────┘
                │
         ┌──────▼──────┐
         │ 检索相应案例│
         └──────┬──────┘
                │
         ┌──────▼──────┐    否
         │  发现知识   ├──────┐
         └──────┬──────┘      │
                │是            │
         ┌──────▼──────┐  ┌───▼─────┐
         │  程序化处理 │  │非程序化处理│
         └──────┬──────┘  └───┬─────┘
                │             │
                └──────┬──────┘
                       │
              ┌────────▼────────┐
              │把新问题及处置知识│
              │    加入库中     │
              └─────────────────┘
```

图 3—17　CBR 案例学习流程

（二）组织学习

组织学习是指在特定组织环境下建立和完善组织的知识和运作方式，通过不断应用相关方法和工具来增强组织适应性与竞争力的方式。[①] 随着危机种类越来越多，发生频率越来越高，危机管理相关部门需要具备组织学习能力。从危机潜伏到最终被解除，危机学习经历三个阶段：（1）第一阶段，学习组织是如何适应危机从潜伏到爆发阶段的，也即危机预警学习；（2）第二阶段，学习在危机中组织怎样调整预定的计划和程序来达到满意效果，即危机处置学习；（3）第三阶段，学习组织是如何研发出新的执行方案，即对危机的反思（图 3—18）。[②]

[①]　陈国权、马萌：《组织学习的过程模型研究》，《管理科学学报》2000 年第 3 期。
[②]　马丹妮：《关于公共部门危机学习的研究初探》，《中国集体经济》2010 年第 28 期。

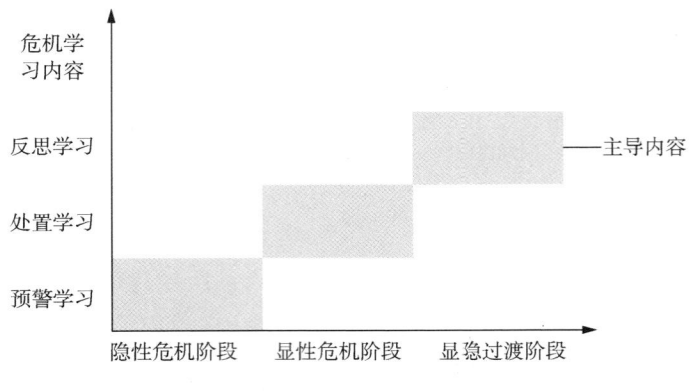

图 3—18 危机管理过程组织学习矩阵

预警学习过程不仅要培养各部门对潜伏危机的敏感性，加强对历史危机事件潜伏阶段特性的学习，而且要强化各部门预案的衔接配合，尤其要重视基层预防演练过程中的协调联动能力。危机处置过程中的学习就是针对历史上类似事件处置过程中的薄弱环节，特别是关键环节，汲取经验教训，解决诸如如何组织公共参与、如何进行危机公关、如何保证危机信息迅捷共享以及各职能部门间的联动等问题。危机反思性学习非常重要，因为管理者亲历了事件过程，相比于已有案例有更真切、更完整的信息记录。要总结、反思、评估全流程，查找自身存在的问题、保存危机知识。危机的各阶段学习是完善下一个阶段或下一次应急管理的开始，只有不断地进行组织学习，积累危机管理经验，才能提高公共危机应对能力。

第四章 公共危机信息监测与预警

1997年，联合国关于有效预警的指导原则启动，其目的是使个人和群体面对自然灾害或类似危机时，可以有足够的时间，并以适当的方式进行应对，从而减少危机造成的人身伤害、财产损失和环境破坏。公共危机的发生具有突发性的特点，在其发生的过程中，不断积累的"量变"最终引发"质变"，从而导致公共危机事件的爆发。英国危机管理专家迈克尔·里杰斯特认为"预防是解决危机最好的方法"，由此可以看出，公共危机信息监测与预警是公共危机管理的首要任务，也是公共危机管理的关键所在。所谓公共危机信息监测与预警，是指在公共危机事件发生前、发生时和发生后的整个生命周期过程中，对相关信息、情报等内容进行获取、分析、处理和利用；运用逻辑推理和科学预测的方法，对某些公共危机现象的约束性条件、未来发展趋势和演变规律等做出估计与判断；并向社会和管理者发出确切的危机警示信号，使政府和公众能够提前了解公共危机发展的状态，以便及时采取相应的措施和策略，防止或消除公共危机造成的不利后果的一系列活动。

第一节 公共危机信息获取分析

对于公共危机管理的相关部门而言，公共危机信息是进行公共危机应急决策的基础。公共危机预警的正确与否完全依赖于危机监测过程中的信息收集、危机预测过程中的信息分析、危机预报过程中的信息服务，因此，获取有效的信息并及时进行分析和提供服务，是公共危机监测与预警的主要内容。本节主要对公共危机信息获取的有关内容进行阐述，有关公共危机信息分析的内容详见第五章。

一　公共危机信息获取分析的一般问题

（一）公共危机信息获取分析的目的

在公共危机信息获取过程中，要坚持及时性原则，这样可以有效地避免或者延缓公共危机的爆发；要坚持可靠性原则，这样可以确保公共危机预警系统做出准确的预测和预警；要坚持针对性原则，这样可以确保危机管理者和决策者进行特定危机管理和决策的针对性和准确性；要坚持系统性原则，公共危机事件的发生有一个从量变到质变的过程，因此危机信息的收集必须要系统全面，这样的信息对于公共危机预警管理才更有意义。

公共危机信息获取分析的最终目的是为了最大效率地进行公共危机预警，降低公共危机的危害性。因此，公共危机信息获取分析的本质是采集数据、获取信息、转化知识的过程。采集数据—获取信息—转化知识为主线形成公共危机监测预警管理的技术实现路径，同时，从这三个角度出发也可揭示公共危机信息获取分析的目的。

（1）采集公共危机相关属性数据是为了全面掌握公共危机事件的发生、发展、变化和影响四个方面的内容，从而正确地评估危机可能造成的影响。

（2）获取公共危机信息是指从海量的属性数据中获取有价值的，可用于公共危机监测预警的信息内容。公共危机属性数据是没有含义的独立数据，而公共危机信息则是在这些独立数据的基础上找出其特定的含义，使其在公共危机信息监测、公共危机信息分析、公共危机预警管理，以及事件发生后的效果评估中具有重要的价值。

（3）转化知识的目的在于将个性化公共危机监测预警转化为共性化公共危机监测预警，为今后公共危机事件的监测预警和决策管理提供语义化表达和本体模型，真正意义上实现公共危机事件的智能化预防和管理。

（二）公共危机信息研判标准

公共危机信息研判的主要内容包括：（1）判断什么类型的公共危机信息是科学有效的，什么样的公共危机信息是无效的；（2）什么样的公共危机信息需要向公共危机预警系统传递；（3）什么样的公共危机信息是有待检验的。为了避免不必要的危机恐慌，以及准确地发出公共危机预警信号，就必须对公共危机信息进行有效的信息识别，并制定客观的、有针对性的公共危机信息研判标准。

关于预警信息识别和诊断标准的相关规定,《中华人民共和国突发事件应对法》第四十二条规定:国家建立健全突发事件预警制度。可以预警的自然灾害、事故灾难和公共卫生事件的预警级别,按照突发事件发生的紧急程度、发展态势和可能造成的危害程度分为一级、二级、三级和四级,分别用红色、橙色、黄色和蓝色标示,一级为最高级别。预警级别的划分标准由国务院确定的部门制定。①

预警信息的识别和诊断是一个连续的过程。《中华人民共和国突发事件应对法》第四十四条指出:发布三级、四级警报,宣布进入预警期后,县级以上地方人民政府应当根据即将发生的突发事件的特点和可能造成的危害,采取下列措施:组织有关部门和机构、专业技术人员、有关专家学者,随时对突发事件信息进行分析评估,预测发生突发事件可能性的大小、影响范围和强度以及可能发生的突发事件的级别。②

国外相关机构对公共危机预警信息研判标准有较成熟的研究,最为突出的是对政治经济危机和国家综合危机的预警信息研判指标。在美国有多家机构从不同视角制定了有关政治经济危机或国家综合危机的预警信息研判指标,例如:(1)"弗兰德指数",是由外汇收入、外债、外汇储备、政府融资能力、经济管理能力、政府贪污、渎职程度等指标组成。该指标是用于综合反映政治、经济和社会风险的一套评价指标体系。(2)"国家风险国际指南",由美国纽约国际报告集团提出,其中包括领导权、法律、社会秩序与官僚等13个政治指标;停止偿付、融资条件、外汇管制及政府撕毁合同等5个金融指标;物价上涨、偿付外债比率、国际清偿能力等6个经济指标。(3)"政治体系稳定指数",由美国外资政策研究所提出,其中包括社会经济特征指数、社会冲突指数与政治过程指数三个方面,该指标已经成为美国综合性社会分析和预警的重要参照依据。(4)"国家危机程度指数",由国家信念的吸引力、社会心理情绪、人民生活水平、执政党士气、宗教活动、民族主义与意识形态矛盾、经济私有化、政治反对派活动、政治多元化、人权问题等10个方面的指标组成。"国家危机程度指

---

① 《中华人民共和国突发事件应对法》,第十届全国人民代表大会常务委员会第二十九次会议,2007年8月30日。

② 同上。

数"由兹·布热津斯基于1989年提出,并运用这套指标体系对一些国家的危机进行了社会预警。[①]

另外,一些国际组织也制定了公共危机事件的预警信息研判指标,例如无国界医生组织(Medecins Sans Frontiers,MSF)[②]于1997年提出了有关食品安全危机事件的预警信息研判指标,包括早期指标、重要性指标和结果性指标三类(表4—1)。

表4—1　　　　MSF食品安全危机信息预警研判指标

早期指标(early indicators)	雨水情况 庄稼收成 环境污染 粮食价格变动 原因不详的粮食变动 家庭储粮水平变动
重要性指标(stress indicators)	野生食品依赖程度增加 食品援助增加 进餐数量减少
结果性指标(outcome indicators)	营养失调现象增多 死亡率增多 移居(外迁)

(三)公共危机信息获取方式

公共危机信息研判标准建立之后,需要通过各种可能的方式获取相关信息。对于客观存在的数据可以通过仪器设备进行定量获取,例如,MSF食品安全危机事件的预警信息研判指标中有关环境的指标信息,就可以通过遥感卫星的地球表面观测数据获得。除定量的信息获取方法外,还应注重通过定性的方法来获取更为广泛的信息。在多级公共危机事件类型中,基于变化的有效沟通是公共危机监测预警系统的重要组成部分,其最终目的是将采集监测得到的指标数据转变成可以利用的信息和知识,用以避免或缓解公共危机事件的发生。

目前,国内外针对自然灾害的信息获取方式主要以定量方式为主。以干旱灾害的监测与预警为例,为了提升干旱灾害监测与预警系统的能力,

---

① 兹·布热津斯基:《大失败》,军事科学出版社1991年版。
② 无国界医生组织(Doctors Without Borders,Medecins Sans Frontiers——MSF)于1971年12月20日在巴黎成立,是一个独立的国际医疗人道救援组织,致力为受武装冲突、疫病、天灾,以及被排拒于医疗体系以外的人群提供紧急医疗援助。参见:http://www.msf.org.cn/。

更多的是强调扩充自动化气象站网络，以及改进卫星遥感技术和互联网信息获取技术。其中，互联网可以提高有关部门访问关键数据和信息的效率，以协助进行干旱评估分析，并通过互联网将这些数据和信息发送给干旱灾害决策支持系统。随着物联网、社会媒体以及各类传感器技术的应用，人类的活动开始越来越多地实现"数据留痕"，与之相适应，公共危机信息的获取方式也越来越定量化和数据化。

二 公共危机信息获取流程

公共危机的爆发并不是因为当事者不能全面、及时地搜集到有关公共危机的信息，而是由于面对复杂的公共危机信息，不能进行有效的分析和精准的判断。以韩国政府部门的情报工作为例，韩国政府的情报部门可以获取大量他们感兴趣的有关朝鲜方面的信息，却忽略了朝鲜当局的军事挑衅情报。由于韩国情报机构在进行情报评估和分析时过于依赖于美国，情报决策常常会受到国内政治变化的影响，导致韩国政府缺乏对公共危机信息的客观分析和精准决策。韩国政府在面对朝鲜的军事挑衅——"炮击延平岛（Yeonpyon）事件"以及"天安"（Cheonan）号海军轻巡洋舰爆炸沉没事件时，没能准确监测到事件的预警信号；韩国情报机构也没能在金正日去世消息公布之前监测到相关信息，也说明其缺乏公共危机信息情报监测预警的能力。[1]

目前，公共危机信息监测预警主要依靠专家经验和情报机构对公共危机信息的直觉分析。因而，类似于韩国政府这样对公共危机信息监测预警失败不仅仅是因为缺乏对信息和情报采集的能力，更是因为缺乏可信赖的情报分析和评估程序。

韩国大田大学军事研究系和韩国安全工程研究中心通过假设危机情景的方式，对公共危机信息分析的过程进行了阐述。他们认为公共危机信息分析分为7个步骤，即目标选择、信息监测、威胁追踪、早期预警、启动应急预案、停止公共危机以及预案评估和修订；在整个过程中，要求对公共危机信息进行24小时监测，并要贯穿整个信息分析过程中。由于信息分析的目的在于推进公共危机的预警信号发送以及应急管理预案的及时响

---

[1] http://news.hankooki.com/lpage/world/201112/h2011122016572322450.htm.

应,我们将公共危机信息分析过程划分为四个步骤。

(一) 确定公共危机信息分析的目标

在确定公共危机信息分析的目标之前,首先应该对可用资源、有利条件、相关设备以及人力资源进行评估,便于对公共危机的承载环境进行适当的分析。确定公共危机信息分析目标的作用是控制和协调各项任务的顺利进行,因此在对所有资源进行评估后,必须建立一个目标明确、工具设备到位、相关单位协调运作的系统。另外,还需要制定用于评估危机等级的标准,并为每个级别的危机建立标准化的应急处理流程。在整个步骤中最为重要的工作是检查所有程序性问题,分析出现的各种状况,从而使公共危机信息分析更加有效。

(二) 公共危机信息实时监测

公共危机信息监测强调的是围绕之前确定的公共危机信息分析目标和战略部署,进行公共危机信息的全面采集。这就要求利用信息监测系统,结合人力资源、监测技术和电子工具对公共危机相关的所有信号、信息进行 24 小时不间断的监测。在公共危机信息监测的过程中,必须保证所有监测设备、工具不间断地工作,不断地追踪目标,以及不断地更新目标的状态。另外,要求监测过程中的专业人员必须保持报告渠道全程具有良好的通畅性和可靠性。

所有监测到的数据将会反馈到公共危机监测、评估和预警系统,这个系统是利用一系列先进的数据处理技术和工具搭建的基于知识管理的平台。基于知识管理的公共危机监测、评估和预警系统包括三个模块:第一个模块是事件—数据产生模块,该模块用于处理所有监测到的数据,包括来自电子邮件、电话、电报以及拦截通信等数据。第二个模块是数据挖掘模块,一旦所有监测数据反馈到数据挖掘模块,该模块立即将有用的信息情报与无意义的信息情报分隔。第三个模块是图形用户界面模块,该模块提供对即将发生的公共危机事件的全面分析和展现(图 4—1)。

公共危机信息监测环节贯穿整个公共危机信息监测、评估和预警过程中。在监测系统不断累积公共危机信息的基础上,系统必须通过各种情报采集工具对监测信息进行不断的更新和升级。一旦监测到可疑信号,就必须调动所有资源来提升监测信息的精确度。

(三) 公共危机早期预警

在这个阶段,主要是明确公共危机发生的根本原因,并通过官方渠道发出预警信号,同时启动各种公共危机应急系统至待命状态,以便于随时应对还未展开的公共危机事件。发出预警信号时,不同危机等级的公共危

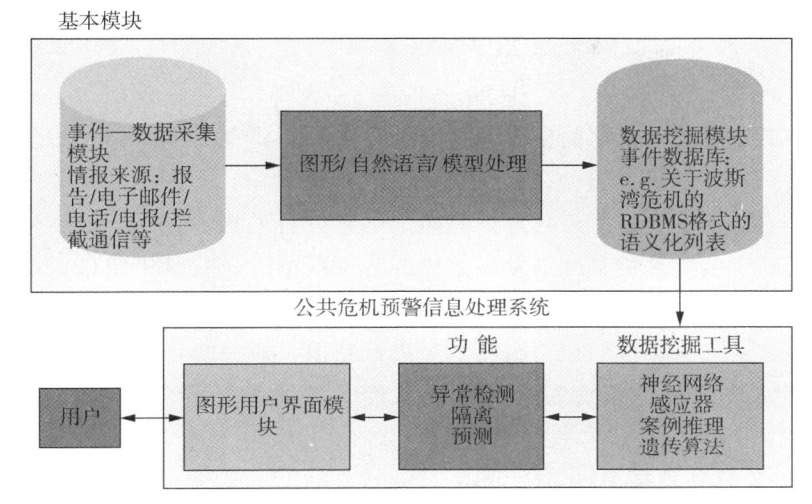

图 4—1　基于知识管理的公共危机监测、评估和预警系统

机应急预案也必须同时启动。

（四）公共危机信息再评估

当公共危机事件化解之后，信息监测、评估和预警系统仍然需要继续工作。为了防止相似公共危机事件的再度发生，系统中所有监测信息和操作手册等内容都需要进行再更新和再评估。因此，有必要在一次公共危机事件化解后对系统中的全部能力进行巩固和提升，包括更新目前的信息采集系统和增加新的条件和程序（图 4—2）。

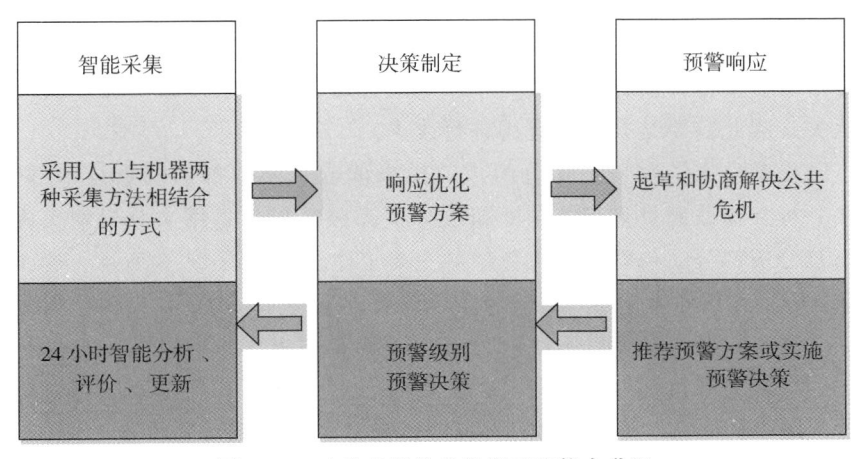

图 4—2　公共危机信息监测系统能力升级

三 公共危机信息获取内容

公共危机信息获取的渠道主要有两个方面，即基于 Internet 的公共危机信息获取和基于现场的公共危机信息获取。其中，基于 Internet 的公共危机信息获取主要是对公共危机的舆论信息进行采集和分析，该类信息从侧面反映了公共危机事件的发展趋势；基于现场的公共危机信息获取主要是针对不同类型的公共危机事件的信息获取，该类信息通过不同的设备和技术对公共危机事件的相关属性信息进行获取，通过现场公共危机信息的获取来实现公共危机虚拟化模拟，从而为公共危机信息预警提供参考依据。

（一）公共危机 Web 信息获取

1. Web 信息采集方式

（1）网络爬虫

网络爬虫（Webcrawler）是实现网络海量信息自动采集的主要应用程序。它的原理是通过提取网页中的超链接来发现新的网页，即从网站的首页开始，在读取首页内容的同时提取超链接地址，并不断地循环同样的操作直至将该网站所有网页的全部内容抓取完。

网络爬虫一般有三种抓取网页的策略——广度优先抓取、深度优先抓取和最佳优先抓取，三种方法各有利弊。广度优先抓取策略有利于让程序实现并行处理，提高速度，所以经常被采用。深度优先抓取策略虽然在抓取速度上比较慢，但是其设计实现的难度较小。最佳优先抓取策略只抓取经分析后有价值的网页，由于其采用的局部最优算法会导致一些相关网页的丢失，因此需要结合具体应用进行改进。

网络爬虫通常由三个部分组成：用来读取页面数据的网页读取部分；用来分析并提取网页上超链接的超链分析部分；最后是用来分析网页内容的内容分析部分。一般的爬虫程序的主要工作流程如图 4—3 所示。爬虫程序依次从 URL 列表中取出一个 URL 并放入未访问 URL 列表内，接着执行如下步骤：若未访问 URL 列表不空，则取出其中一个 URL 并进行判断，如果未访问过则抓取此网页，并进行分析，将从其中提取的超链接地址放入未访问 URL 列表，同时将抓取页面存入数据库，并将该 URL 归入已访问 URL 列表，直至未访问 URL 列表为空。此时再从 URL 列表内取

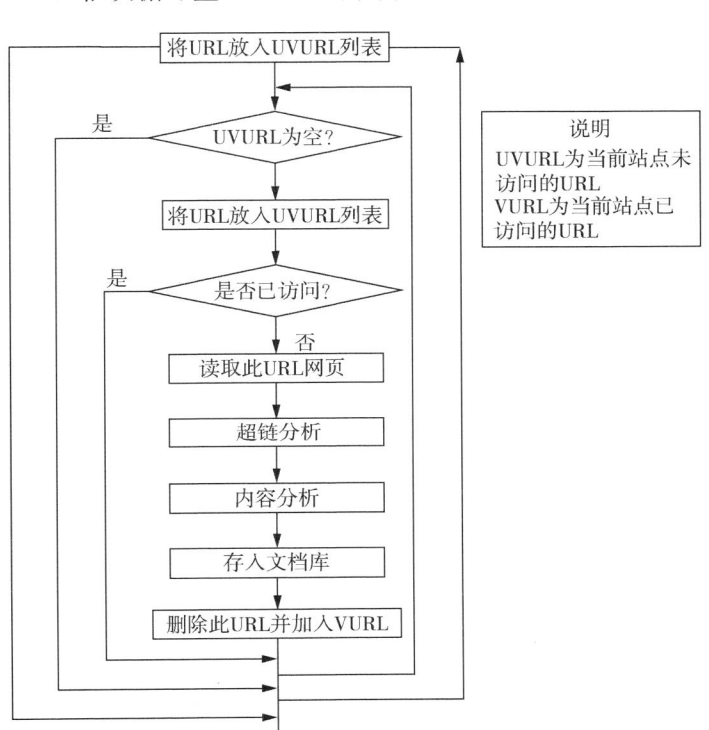

出新的 URL，依次循环直至 URL 列表为空。

图 4—3　网络爬虫程序的工作流程

（2）Web 日志分析

Web 日志分析就是从 Web 服务器所产生的庞大的日志文件中，挖掘出隐含的、有用的、尚未发现的信息和知识，经过分析加工得到直观的、能被用户看懂的、包含有价值信息和知识的各种分析结果。各种日志文件包括访问日志、引用日志、代理日志、错误日志等文件，这些文件中包含了大量的用户访问信息，如用户的 IP 地址、所访问的 URL、访问日期和时间、访问方法、访问结果、访问的信息大小等。[①] Web 日志分析挖掘被认为是目前解决网站"数据丰富、信息贫乏"的一种有效方法。通过这些

---

① 费爱国、王新辉：《一种基于 Web 日志文件的信息挖掘方法》，《计算机应用》2004 年第 6 期。

信息的分析报告，可以让网站的运营者了解用户的行为和偏好，了解信息内容的受关注程度，了解网站可能存在的问题，促进其对网站及其内容的维护和管理，提高服务的质量和效率，为其提供资源建设的决策支持等。

2. Web 信息获取相关技术应用

（1）信息内容过滤技术

信息内容过滤技术是指为了治理信息污染、防范网上有害信息而专门研发的一类基于网络内容的信息控制技术。信息内容过滤技术领域已形成了有广泛影响的技术标准——因特网内容选择平台（Platform for Internet Content Selection, PICS），基于 PICS 的分级系统和过滤软件应用是信息过滤技术的主要内容。①

PICS 是关于分级与过滤的技术标准，是一种用来过滤的机器语言，这种过滤语言使过滤法则更容易被传送到搜索引擎、代理服务器，或其他为用户服务的软件上。根据 W3C 联盟在 1997 年 12 月发布的 PICS 规则，PICS 的过滤技术结构主要涉及三方面：基于 URL 的过滤；基于 PICS 标记的过滤；基于 PICS 标记的获准进入。② PICS 内容标记又称为内容分级，是关于一篇文档内容信息的数据结构，内容标记可以附随文档，或独立于文档而获得。内容标记是一种主动的监管方法，它要求内容提供商对已经发布的信息内容用元数据进行主动标记，借助标记上的元信息，信息网关就可以进行后续的审查、判断和过滤。③ 目前对网络信息内容的监管方法中，内容标记法已经成为比较成熟的方法。

分级与过滤具有密切的联系，在应用软件或过滤产品中二者的功能常常集成在一起。分级系统是将网上内容根据某种标准划分为若干级别，通过设置访问限制，过滤某些有害信息或不良信息，实现对因特网内容的有控制的存取。分级系统较有影响的有 RSAC、safesurf、cyberpatrol 等。在网络舆情监管中，分级系统与过滤技术的应用可以实现对有害信息的有效控制，从而减少或降低各种谣言和不良信息的危害，例如在"艳照门"事件中，通过对网上艳照的过滤，减少照片在网上的传播，无疑会缓解事

---

① 沙勇忠：《信息伦理学》，北京图书馆出版社 2004 年版。
② PICSRulesl.1（W3C Rrcommendation 29 Dec 1997），http://www.w3.org/IR/REC - PICSRules。
③ 刘娇蛟、贺前华：《基于内容标记的网络信息内容监管方法及实现》，《计算机工程与科学》2006 年第 3 期。

件对社会产生的不良影响。

(2) 串匹配技术

串匹配 (string matching),是指在一个符号序列中查找出一个或多个特定符号序列的过程,是计算机科学领域中最基本的问题之一。串匹配问题可以描述为:已知需要匹配的子串(通常被称为模式串,pattern)和需要检索的字符串(通常被称为文本,text),查找文本中所有出现模式串的地方,并报告其出现的位置。

依据在匹配过程中所要匹配的模式串个数,串匹配算法可分为单模式串匹配算法和多模式串匹配算法。依据其功能,串匹配算法可分为三类:精确串匹配算法 (exact string matching)、近似串匹配算法 (approximate string matching) 和正则表达式匹配算法 (regular expression matching algorithm)。其中,精确串匹配算法是指在数据序列中查找出一个或多个与特定模式串完全相同的子串的显示位置,主要应用在对网络信息内容的文本检索和网络安全的入侵检测系统领域中。[1] 将串匹配算法应用在对关键字进行过滤的包过滤系统中是行之有效的。同时,在对普通文本信息实现按照关键字过滤这一特殊功能的基础上,还可以通过数据包的重组,实现对谣言等其他有害信息的过滤,进而实现信息防火墙等功能更加完备的过滤系统。

串匹配技术的发展是与其应用密切相关的。在计算机发展的早期阶段,串匹配常常用于文本编辑、全文检索系统、查询系统等。随着网络技术的发展、数据量的激增以及生物信息学的发展,串匹配已经广泛应用于网络入侵检测、内容过滤、新闻主题提取等。在对网络舆情监管上引入串匹配技术,一方面为网上舆情信息检索与分析提供一种新的方法,另一方面对不法分子通过网络散布谣言的行为可以进行有效监控。

(3) 多媒体信息的智能识别技术

与传统媒体新闻报道不同,网络信息发布更多的是采用多媒体形式进行。为了引起网友对舆情信息的关注,往往通过各种字体设计、图片、音频、视频等多种方式进行宣传。因而在对网络舆情进行监管时,对多媒体信息的识别与分析成为一个重要方面。

多媒体信息的智能识别技术在很多方面的发展已经取得了一定的成

---

[1] 章张:《基于层次分类的网络内容监管系统中串匹配算法的设计与实现》,南京理工大学博士学位论文,2004年。

果，可以为一些多媒体信息的内容分析提供解决方案。比如语音识别系统的开发早已进入实用化阶段，通过功能强大的连续语音识别系统，可以顺利地把语音信号转化成计算机信号进行识别处理。我们同样可以利用这项技术对网上传输的声音数据进行处理，把其中的语音信息转化为文字信息，以便由计算机对此实行内容安全处理。[①]

基于内容的图像检索（Content Based Image Retrieval，CBIR）是另一项可以应用在多媒体信息内容分析上的智能技术。通过对图像的视觉特征，如颜色、纹理、形状、脸部等进行特征表达和特征提取，并进行多维度的索引，可以对图像的内容作出识别。目前，国内外已开发出多个CBIR系统，也具有一定的实用性[②]。

（4）控制/阻断技术

一旦识别出非法或有问题的信息内容，我们必须立刻做出相应的处置。对于识别出的非法或有问题的信息内容，阻止或中断用户对其访问，成功率和实时性是两个重要指标。从阻断依据上，分为基于IP地址阻断和基于内容的阻断；从实现方式上，分为软件阻断和硬件阻断；从阻断方法上，分为数据包重定向和数据包丢弃。

具体来说，这项技术在垃圾邮件剔除、涉密内容过滤、著作权盗用的取证、有害及色情内容的阻断和警告等方面已经投入使用，并有成熟产品出现，如McAfee Webshield设备。Webshield能够监控流入和流出的网络流量，过滤掉带有攻击性或诽谤性词语和语句的内容，并能够有效防止用户网络向外发送攻击性电子邮件或言论。为了增强法律保护和策略保护，用户还可以将自定义的免责信息插入到电子邮件中。此外，用户可以根据文件大小、附件数量以及扩展名等标准对电子邮件加以限制。[③]

（二）日常公共危机信息获取

目前，我国负责公共危机监测与预警管理的相关机构有国家安全生产监察局、国家食品药品监督管理局、建设部、国家气象局、卫生部、国家林业局、公安部、交通部、国家地震局、国土资源部、水利部、民政部等专门机构和相关专业职能部门，这些部门是公共危机信息收集系统的重要

---

① 刘琦、李建华：《网络内容安全监管系统的框架及其关键技术》，《计算机工程》2003年第2期。
② 同上。
③ 金勇：《网络信息内容监控技术及应用研究》，四川大学博士学位论文，2005年。

组成部分。

1. 日常公共危机信息类型

近年来，世界范围内均遭受到不同类型、不同级别的公共危机事件的滋扰，为了有效预防公共危机事件的发生，各个国家都在不断健全完善公共危机信息的获取和监测体系。其中包括设立不同类型和范围的危机监测机构，目前较为成熟的机构有气象信息观测站（台）、地震观测站（台）、食品药品监测网、疾病预防与控制中心、海啸灾害监测中心等。这些机构在日常的监测活动中会产生或接收大量的信息，这些信息对于发现危机征兆，及时预警预报，研究危机发生的规律有着重要的意义。我们将公共危机监测信息分为公共危机事件监测信息和公共危机事件辅助监测信息两类（表4—2）。

表4—2　　　　　　　　　公共危机事件监测信息类型

公共危机监测信息		详细内容
公共危机事件监测信息	灾害信息	危机种类、危机发生时间（持续时间）、危机区域（包括：发生地点、影响范围）、危机级别、危机形成原因、危机传播速度等内容
	灾情信息	人口受灾信息（例如：受伤、死亡、失踪、被困等）、基础设施损毁信息（例如：交通道路、湖河海流域等）、财产受灾信息（例如：农作物、建筑物等）
公共危机事件辅助监测信息	法律法规信息	不同类型的公共危机事件的法律法规、应急预案、安全知识、专业指标以及历史事件
	安全知识信息	
	历史案例	

（1）公共危机事件监测信息

公共危机事件监测信息是指对公共危机事件的描述性信息，主要包括灾害信息和灾情信息两个方面。其中，灾害信息是对公共危机事件本身的描述信息，即公共危机事件元数据；灾情信息是对公共危机事件的性质、影响的描述信息，即公共危机事件属性。

以地震灾害为例，需监测的灾害信息包括地震的时间、地点、影响范围、地震震级与烈度、地震震中经纬度、地震发生的诱因等有关地震灾害的基本情况信息；需监测的灾情信息包括：①人口受灾情况：受灾人口、因灾死亡人口、因灾失踪人口、因灾伤病人口、被困人口、饮水困难人口、受淹县城等。②农作物受灾情况：农作物受灾面积、农作物绝收面积、毁坏耕地面积等。③损失情况：倒塌房屋间数（倒塌居民住房间数、倒塌居民住房户数)、损坏房屋间数、因灾死亡大牲畜、直接经济损失、农业直接经济损失等属性数据。

以重大传染病疫情灾害为例,需监测的灾害信息包括:①传染病患者信息:姓名(患儿家长姓名)、身份证号、性别、出生日期、工作单位、联系电话、来源、住址、职业、病例分类、发病日期、诊断日期、死亡日期等。②传染病种类信息,包括:甲类传染病、乙类传染病、丙类传染病、其他法定管理以及重点监测传染病共4种类型。甲类传染病包括"鼠疫、霍乱"两类。乙类传染病包括"传染性非典型性肺炎、艾滋病、病毒性肝炎、脊髓灰质炎、人感染高致病性禽流感、麻疹、流行性出血热、狂犬病、流行性乙型脑炎、登革热、炭疽、痢疾、肺结核、伤寒、流行性脑脊髓膜炎、百日咳、白喉、新生儿破伤风、猩红热、布鲁氏菌病、淋病、梅毒、钩端螺旋体病、血吸虫病、疟疾"共25类。丙类传染病包括"流行性感冒、流行性腮腺炎、风疹、急性出血性结膜炎、麻风病、流行性和地方性斑疹伤寒、黑热病、包虫病、丝虫病以及除霍乱、细菌性和阿米巴性痢疾、伤寒和副伤寒以外的感染性腹泻病"共10类。③传染病发生地点、范围和级别信息。需监测的灾情信息与自然灾害中的灾情信息如出一辙,主要是从加深对公共危机事件认识和理解的角度进行监测。

由此可见,针对不同类型公共危机事件的监测信息虽有不同,但都是以充分认识、全面剖析为目的对事件的元数据和属性数据进行监测。

(2) 公共危机事件辅助监测信息

公共危机事件辅助监测信息获取的目的在于协助公共危机研判,为公共危机预警和决策提供指导原则和历史参考。2007年8月30日,第十届全国人大常委会第二十九次会议通过了《中华人民共和国突发事件应对法》(简称《突发事件应对法》),并于2007年11月1日起正式施行。各地方政府也相继依据《突发事件应对法》的指导方针颁布了具有针对性的地方突发事件应对法。同时,我国还针对不同类型的公共危机事件颁布了单项应对法。各种法律法规、行政规章的颁布都应作为公共危机事件的辅助监测内容,其主要作用在于为公共危机事件的预警决策提供指导方针。除此之外,历史性类似事件信息也是公共危机辅助监测信息的重要组成部分,这是因为历史性类似事件的所有信息内容都是监测即将发生的公共危机的重要依据。

2. 日常公共危机信息获取渠道

（1）制度性信息获取渠道

日常公共危机信息的制度性获取渠道也就是官方获取渠道，对公共危机的管理具有极其重要的价值。制度性信息获取最关键的是要保证信息获取的长期性、持续性，以便为公共危机的管理和决策提供参考。1997年，联合国开发计划署（United Nations Development Program，UNDP）在灾害培训计划中列出了有关灾害事件制度性信息的获取来源（表4—3）。

表4—3　　　　　　　　公共危机信息的制度性获取来源

信息类型	信息源
人口统计数据、社会与经济信息	• 国家和地区的统计年鉴 • 地方的各类统计报表
疾病的发病率和死亡率	• 卫生部的统计资料 • 地方统计资料 • 医院统计资料 • 当地医生的统计资料
营养状况，包括营养失调的状况、饮食习惯等	（一）卫生部、大学的调查 （二）国际组织的调查 （三）当地NGO的相关项目
水资源状况	• 水利部的资料 • 国际组织的调查 • 当地NGO的相关项目
气候和降雨量	• 气象分析 • 当地民众积累的气象习俗
交通运输状况	• 交通部的资料 • 当地在经济方面的运输量统计

资料来源：Jeffrey S. Klenk, Emergency Information Management and Telecommunications, UNDP Disaster Training Programme, 1997。

目前，我国也相应建立了不同类型公共危机日常信息制度性获取来源：①针对气象灾害、水利灾害、地震灾害、海啸灾害等自然灾害进行制度性监测的机构。②消防、铁路、民航、核工业、电力、旅游等部门对事故灾难信息进行制度性监测的机构。③在突发公共卫生事件方面有专业的传染病、疫情信息监测的机构。④群体性事件的制度性监测部门主要有信访办公室、公安部门、舆情监测机构等。⑤除此之外，还有对恐怖袭击事件、经济危机事件的信息进行持续性监测的相关部门或机构。

对于制度性信息监测不仅要对其信息获取来源进行不断的补充和完善，更应该建立全面、有效的信息获取途径。目前，我国关于制度性信息获取的途径主要有以下三种：①

第一，报告渠道。为了及时收集公共危机信息，我国建立了明确的信息报告制度。《国家突发公共事件总体应急预案》中规定："特别重大或者重大突发公共事件发生后，各地区、各部门要立即报告，最迟不得超过4小时，同时通报有关地区和部门。应急处置过程中，要及时续报有关情况。"以自然灾害信息报告制度为例，国家为了规范各级民政部门灾情信息的报告，为抢险救灾、灾后重建、灾后救助提供依据，专门制定了系统的自然灾害情况统计报表体系，突发性自然灾害快报属于其中之一。根据灾害过程的不同阶段，灾情信息报告分为初报、续报和核报三类。初报是在灾害发生的第一时间进行，报告的内容不必完整，但要及时；续报是初报后每天报告一次，便于动态跟踪灾情的变化；核报是在灾情稳定后，核实全部的灾情与救灾信息。

第二，举报渠道。为了尽快获取公共危机信息，国家鼓励单位和个人向政府及其有关部门报告危机隐患，向上级政府及其有关部门举报地方政府及其有关部门不履行或不按规定履行危机应急处理职责的情况。为此，国家建立了突发事件的举报制度，公布统一的举报电话，并由政府对举报突发事件有功的单位和个人给予奖励。

第三，公文渠道。这是指在行政管理过程中通过行政渠道下发或上报的文件、政策、法规、通知、简报、报表等材料来收集信息。一般下发的文件、法规、通知等材料政策性较强、涉及面较广，是收集公共危机管理宏观指导性信息的主要渠道；上报的简报、报表、情况反映，特别是事故及隐患鉴定报告等，大多较为真实可靠，是获取微观层面、基层民众信息的重要途径，从中可以筛选出一些内容重要、事关全局的重大信息和带有苗头性、倾向性问题的信息。此外，还有人民代表大会的各类文件和调研报告等。

（2）非制度性渠道

相比较而言，危机状态下的信息属于一种非常态的信息资源，它体现了具体爆发的危机具有哪些特征，会影响到哪些群体和社会领域等，

---

① 吴建华：《试论公共危机信息收集的范围与渠道》，《情报科学》2007年第25卷第3期。

更具有针对性和特殊性,这些信息所反映的情况和事态往往也更为深入和具体。这些信息的形成时间短、变化速度快,因此不能通过制度性渠道获取,而是需要建立非制度性的信息获取渠道,便于积极主动、有计划地获取危机状态下的公共危机信息。目前,较为常用,且效率较高的非制度性信息获取渠道主要有公共危机信息监测系统、公众与媒体信息监测渠道。

①公共危机信息监测系统

以自然灾害为例,我国自1949年开始就已经逐步建立和完善了全国灾害监测系统,并且已经形成了对自然灾害相关的气象、水文、海洋、地质、环境、农作物和森林草原等要素的监测系统。这些监测系统一般由国家综合台站、区域监测台站和各地方台站组成。现阶段,中国的自然灾害监测能力主要分散在不同的部门,包括气象监测系统、水文监测系统、地震监测系统、地质灾害监测系统、林业火灾监测系统、海洋灾害监测系统、农林病虫害监测系统等。

公共危机信息监测系统的运行除了要有完善的监测指标体系,还必须有先进的监测方法和技术的支持。物理、化学、地理、生物、信息等学科和相关工程技术的不断发展,为突发事件的监测提供了先进的科学技术手段,如定位系统、遥感监测、视频监测、无线监测等,随着物联网时代的到来,构建公共安全监测物联网来感知风险以及解决突发事件发生后各部门之间如何互联互通等问题,将成为公共危机信息监测系统的一大发展趋势。

②公众与媒体监测渠道

公众与媒体作为公共危机事件的近距离接触对象,是非制度性信息获取的重要渠道。当公共危机事件发生时,公众往往最先感知到危机的存在。目前,在许多地质灾害多发的农村,数万名兼职信息员第一时间发出灾害信息,为保障人民生命财产安全做出了重要贡献。媒体与生俱来的敏感性使得他们成为非制度化危机信息监测的另一个重要渠道。目前主流的媒体渠道有两种,其一是通过报刊、电视、广播等新闻媒体的公开报道及内部参考等获取信息;其二是通过网络媒体渠道获取信息。

非制度化信息获取的两种渠道各有优劣势。公共危机监测系统的优点是在科学系统的监测指标和监测方法的指导下,监测系统可以获取精确度较高的公共危机信息,但劣势是无论其监测指标如何完备,监测方法如何先进，都无法获取突发性的、不可预测的公共危机信息；另一方面，公众与媒体监测渠道没有系统的监测体系作为指导，但是其近距离的危机感知和先天的危机敏感度可以使其很好地捕捉到不可预测的、容易遗漏的公共危机信息。因此，多渠道相辅相成的公共危机信息收集方式，不仅能够保证公共危机信息的完整、准确，为公共危机预警和决策管理提供不可缺少的依据，而且对于研究公共危机的发生规律，从而积极主动地防范公共危机具有重要的意义。

第二节 公共危机监测预警信息系统集成

无论是公共危机监测，还是公共危机预警都与信息管理有着极为密切的关系。首先，公共危机监测是以信息为基础的应急管理活动，通过对公共危机事件的信息内容进行监测，为其他公共危机管理环节奠定基础。其次，公共危机预警的结果是以信息的形式存在，通过信息的形式将公共危机预警的内容传递给危机决策者。因此，公共危机监测与预警是以信息为基础的管理活动，其中的任何一个环节都不是孤立的，要将各个环节有机地结合起来，就必须通过信息的运动、传递来实现。公共危机监测预警信息系统的重要性不容小觑，因为只有通过公共危机监测预警信息系统才能将公共危机管理的各个功能、各个环节紧密联系，并借助现代技术方法进行公共危机信息的分析和预测。因此，公共危机监测与预警的过程也是公共危机信息运动的过程，公共危机监测与预警的实质就是构建公共危机监测与预警信息系统，实现对公共危机信息的管理。

一 公共危机监测预警信息管理系统

公共危机信息管理是一套特定情境下的管理理论、方法和技术，是通过信息技术和手段，对公共危机信息进行收集、分析和利用，为公共危机应急管理提供决策方案的过程。公共危机信息管理系统在公共危机信息管理的各阶段不断执行信息的收集、处理、分析、利用等基本职能，运用现代信息技术建立并不断丰富和完善公共危机信息数据库、案例库、知识库，以此来提高公共危机管理的效率和效果。

(一) 汇集社会力量的公共危机监测预警系统

当公共危机事件发生时,通过社会媒体流可以向人们展示前所未有的海量危机事件信息,利用这些关于公共危机事件的实时资源可以为应急管理机构提供有价值的情报。可用社会网络分析方法进行群体性突发事件的信息监测预警,如 2011 年 8 月 6 日在英国首都伦敦开始的一系列社会骚乱事件,又如 2013 年的埃及骚乱事件,有关人士均用社会网络分析方法得出了有价值的分析结果。Spinsanti 和 Ostermann 对如何利用 Twitter 获取有用信息实现欧洲森林火灾监测预警进行了分析。[①] 分析的结果显示,Twitter 中发布的火灾发生地点与官方记录中火灾发生地点非常接近。由此可见,社会媒体流可被称作是进行公共危机事件监测预警的"社会传感器"。

1. 基于社会网络的公共危机监测预警系统的原理

基于社会网络的公共危机监测预警系统的目的在于为公共危机事件提供实时分析,以及用于协助公共危机事件监测预警分析。在基于社会网络的公共危机监测预警系统中,最核心的内容是在公共危机事件发生时如何有效地提高危机事件中人们的警惕性和沟通能力。一个完整的、有效的公共危机监测预警系统应该是以公众为中心,并且包含四个互相关联的要素:(1) 危机知识;(2) 监测与预警服务;(3) 传播与沟通;(4) 响应。FP7 Alert4All 是一个关于公共危机监测预警的庞杂系统,在这个系统中可利用社会网络工具对社会媒体流进行监测,从而发现公众是如何感知危机,以及他们是如何发出预警信号的。其中最重要的一个组件就是新媒体筛选(Screening of New Media,SNM)工具(图 4—4)。

SNM 工具由三个部分组成,一为信息监测,主要是对 Twitter、Blogs 等社会网络平台中的信息进行持续监测和收割;二为信息处理,主要是对监测数据进行存储和分析,将监测和收割的数据存储在公共危机监测信息数据库中,再通过信息分析技术对其进行分析,包括情绪和影响力分析,以及对分析结果的可视化展示;三为信息预警,系统读取数据处理结果,将其反馈给相关机构或公众。SNM 可实现公共危机监测预警结果的可视化展现,其目的在于促使相关机构或公众对正在演变的公共危机事件有一

---

① Spinsanti, L., Ostermann, F., *Retrieve Volunteered Geographic Information for Forest Fire*, In: Proc. of the 2nd Italian Information Retrieval Workshop, Italy.

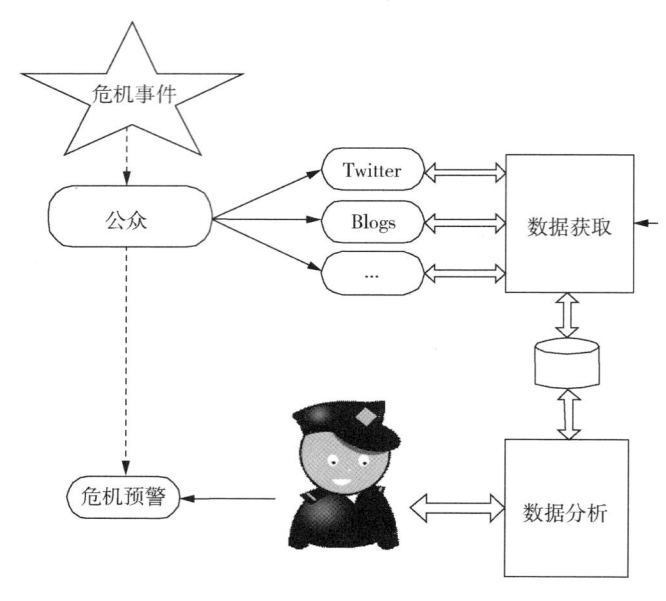

图 4—4　SNM 原理

定的认识。另外，SNM 监测和收割的信息与其他方式获取的信息相关联，使得用户可以更加准确地作出公共危机预警判断，及时发布危机事件预警警示信号。SNM 的运行是从危机萌芽阶段开始进行持续的社会网络监测，并对监测信息进行分析直到危机结束为止。下面着重介绍 SNM 工具的三个组成部分各自的工作原理：

（1）信息监测

SNM 信息监测的实质就是公共危机信息获取的过程，信息监测在公共危机事件开始状态下就会自动触发。换言之就是从危机即将出现开始，SNM 就会自动捕获风险要素，从而发现 SNM 进行公共危机信息分析所需要的信息。通过这种方式，SNM 用户可以在第一时间得到系统反馈的有关公共危机事件的要素，以及公众情绪等直接影响危机事件发展的信息。SNM 信息监测过程包括从不同的信息源搜索和检索相关数据，并对获取的数据进行第一次的操作。信息监测的结果是一连串的"公告"，即来自各个信息源的有意义的文本组合，其中主要包含社会网络平台中有关公共危机事件的公众对话。"公告"随即会通过自然语言处理，然后进入到 SNM 的下一个阶段——公共危机信息分析过程中。

考虑到公共危机事件发生的时间序列问题，SNM信息监测模型被分为以下几个任务：

①搜索参数配置。触发任何信息搜索和获取程序都必须由参数设置开始，因为参数设置决定了搜索什么样的信息（例如搜索主题的标签、关键词定义）、从哪里开始搜索（例如追踪信息源的定义）、如何搜索信息（例如定位搜索或者任意位置搜索）。理论上，每一次新的搜索过程都必须对参数进行重新配置。然而在现实发生公共危机事件时，这样的配置方式并不是有效率的，这是因为在公共危机事件发生的瞬间，用户不可能有充足的时间去配置参数。针对这个问题，SNM提出了新的解决方案，即为每种类型的公共危机事件配置默认值参数，并且在时间允许的情况下，这些默认值设置是可修改的。

②信息获取程序启动。每种类型的信息来源都有其特殊的信息提供方式（如原始数据、结构化数据、非结构化数据等），并且信息来源的访问方式也各不相同（API接口）。这就意味着SNM系统中必须存在多个具有不同意义的信息检索方式，来满足所有被选择的信息源的检索要求。

③原始数据预处理。获取而来的原始数据在提交到信息处理模块之前，必须先进行语法分析。对于非结构化站点，语法分析可以对其数据的结构进行分析，也就是对网络中工具栏、广告、图表等位置上的内容的组织结构进行分析。原始数据预处理的目的是发现和提取与公共危机信息监测有关的内容。因此，SNM必须根据信息来源对原始数据进行预处理，例如，去除HTML标签、菜单栏，或剥离不相关的内容（广告、标题信息或侧边栏）。概言之，原始数据预处理的任务包括：大数据量的数据管理，信息来源异构性处理，实时处理，以及探测和过滤无效信息。

（2）信息分析

当经过预处理得到的"公告"被检索并存储在数据库中时，信息分析程序就会被自动触发。在信息分析模块中将会应用自然语言处理技术进行完整的公共危机事件的提取，同时尝试对"公告"中表达的公众情感和情绪进行分类。信息分析的结果通过不同方式进行聚类和可视化展现，并且用户可以根据兴趣点对信息进行操作，这也体现了SNM系统的人机交互特点。信息分析的可视化展现有：将"公告"中获取的公共危机事件相关高频词以标签云形式展现；将"公告"中分析得到的公共危机事件情感词以时间函数形式展现；将"公告"发布的地点和公共危机事件的地理位置以地图形式展现。

（3）信息预警

公共危机预警的最终目的就是及时向相关机构和社会公众发出警示信号，使他们采取正确的措施避免或缓解公共危机事件的发生。

2. 应用案例——Crisees

Crisees 开发的目的是辅助决策者进行公共危机事件的信息监测，从而实现公共危机的实时分析。Crisees 是基于服务导向式架构 SOA 开发的，其中，监测信息是通过特定的社会媒体应用程序接口采集得到的，经过信息过滤后传递到存储和分析索引中。Crisees 系统中提供了 Twitter 和 YouTube 的 API 接口，用于收割社会网络平台中的文本数据。收割过程中采用给定关键词和地理空间数据两者相结合的方式，来发现指定地点和相关匹配。在信息处理的过程中，Crisees 允许同时间、多线程的获取和处理输入信息流。最后，Crisees 系统采用 Crisees REST API 接口将经过处理的公共危机信息发布到网络中，从而为用户提供公共危机事件的预警和决策服务。

Crisees 的用户界面如图 4—5 所示，其中，公共危机管理者可通过可切换的标签进行界面的切换显示（条目 1），并可以对同一危机事件的不同部分进行追踪，或者对不同的危机事件进行追踪；公共危机事件可以按照指令暂停（条目 2）；添加或删除咨询内容可以通过问问功能实现（条目 3）；任意公共危机事件的信息来源都可执行激活操作（条目 4）；按照时间段进行公共危机事件的历史数据浏览（条目 5）；各种社会媒体源的历史信息和实时信息展示在界面的左侧（条目 6）；一组图标显示每个文本内容的不同属性值，如来源、情感值和地理信息（条目 7）；来自 twitter 的示例，其中情感值大于 0 表示积极情感，小于 0 表示消极情感（条目 8）；关于监测信息（文本、视频和图像等）产生地点的地图显示（条目 9）；音频和视频内容在界面的底部以小图片的形式显示（条目 10）。

Crisees 系统的扩展功能包括社会网络信息的情感分析和地理位置识别。未来 Crisees 将继续升级系统功能，增加更多的信息分析功能，以及增加用户反馈模块，从而使 Crisees 的监测与预警的质量得到不断提高。

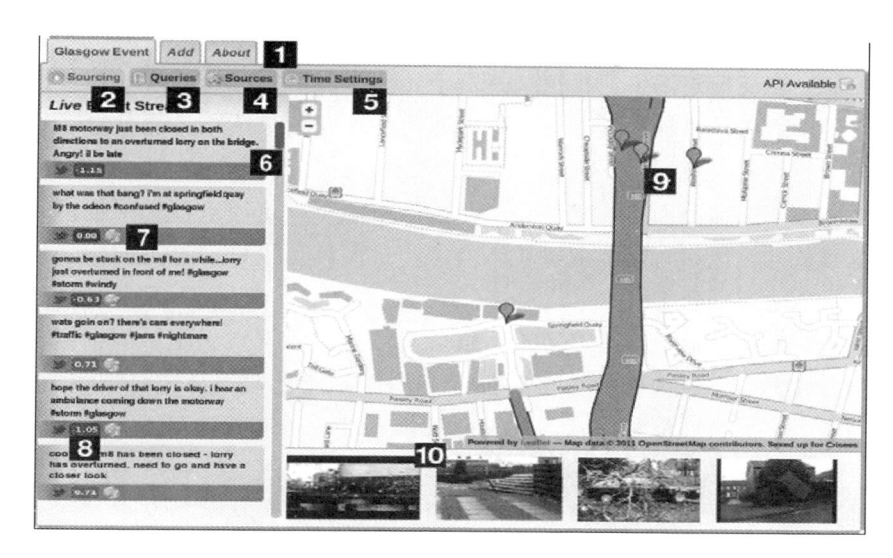

图 4—5　Crisees 系统界面

资料来源：http：//www.dcs.gla.ac.uk/access/crisees。

（二）基于元搜索的公共危机监测预警系统[①]

利用元搜索引擎的危机信息监测系统可以有选择地整合不同区域、不同级别政府部门的危机信息，利用元搜索引擎的独特优势可从现有的危机信息系统中，最大范围地提取相关信息，通过去重、合并以及相应的分析处理，生成关键信息以帮助危机管理人员进行危机监测预警和管理决策。

1. 元搜索引擎及其在危机信息监测中的应用

元搜索引擎是基于独立搜索引擎构建的。目前，著名的独立搜索引擎有 Yahoo、LookSmart、Google、AltaVista、百度、中搜等。它们共同的特征是根据用户的查询请求，按照一定的算法从索引数据库中查找对应的信息并返回给用户。

随着元搜索引擎技术的日趋成熟，其应用范围也日益广泛。例如，魏玖长等人利用元搜索引擎思想，开发出具有及时性、全面性特点的危机信息监控系统，为企业危机管理者提供有效的危机决策信息。[②] 元搜索引擎

---

①　沙勇忠、徐瑞霞：《基于元搜索引擎的危机信息监测系统》，《情报科学》2009 年第 10 期。
②　魏玖长、赵定涛：《基于元搜索引擎的危机信息监控系统的研究与实现》，《管理科学》2005 年第 4 期。

在危机信息监测中主要有以下 4 个方面的应用：

（1）广泛搜集网络危机信息。由于元搜索引擎同时调用多个成员搜索引擎检索危机信息，故其能在较短的时间内广泛搜集网络危机信息，帮助决策者更好地决策。

（2）动态监测网络危机信息。元搜索引擎可以定期或不定期地搜索网络危机信息，返回最新的危机动态信息，从而满足危机信息不同于常规信息的时间敏感性要求。

（3）智能获取、处理和显示网络危机信息。元搜索引擎可以根据不同成员搜索引擎在某些领域独特的搜索优势而智能化地选择成员搜索引擎，进而智能化地获取危机信息，并对危机信息进行适当的处理，如去重、排序、聚类等操作，最后显示用户需要的关键危机信息，支持决策者进行更好的决策，从而减除危机或者使危机带来的不良影响降至最低。

（4）定制个性化危机信息。元搜索引擎可以通过性能良好的算法，根据用户的兴趣，重新对搜索结果排序，将用户偏好的内容放在靠前的位置。[①] 用户可以根据自己的爱好选择搜索某方面的危机信息，按时间或者按主题进行排列，从而有选择地搜索和使用危机信息。

2. 基于元搜索引擎的危机信息监测系统

危机信息与常规信息不同，具有不完备、不准确、不及时等特性，尽管危机信息是海量的，但是关键时刻有用的信息并不多，所以危机信息的查准率比查全率更加重要。构建基于元搜索引擎的危机信息监测系统的核心问题是，如何在所搜索到的信息比较全面的基础上提取出关键的有用信息，提高危机信息的准确性、有用性和完备性，从而支持决策人员的决策。基于此，我们构建了基于元搜索引擎的危机信息监测系统（CIMS_MSE）框架（图4—6）。考虑到危机信息的特殊性，危机信息的历史经验数据对危机决策人员有非常重要的作用，所以 CIMS_MSE 系统中设计了三个数据库：初始危机信息数据库、搜索引擎信息库和搜索结果信息库。

（1）危机信息生成模块

危机信息生成模块主要负责对用户的查询请求进行一定的引导，用户可以自定义要查询的危机信息，也可以在系统的引导下，选择初始危机信息库中已有的危机信息进行查询。该模块可将用户的查询请求适当地分解

---

① 许天亮、王义峰、曾平：《个性化元搜索引擎技术研究》，《电子科技》2008 年第 1 期。

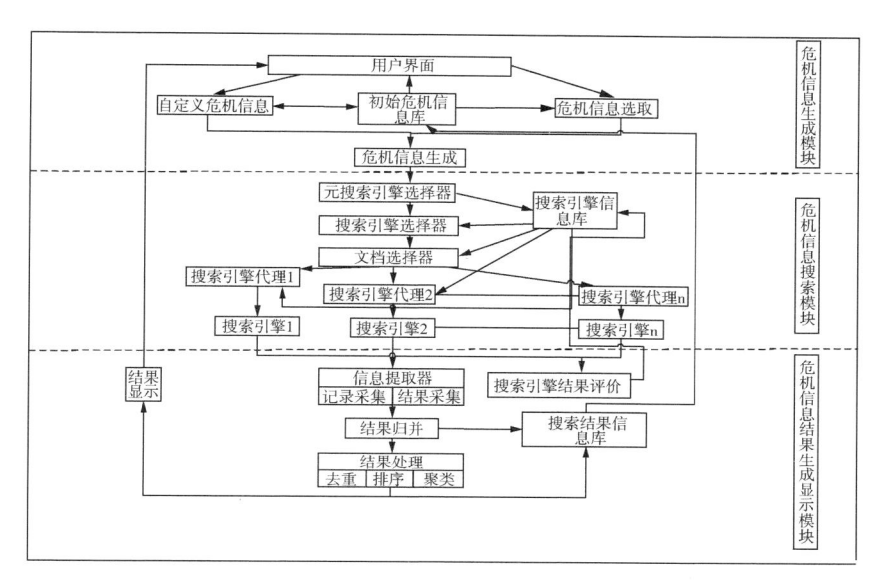

图 4—6 CIMS_MSE 系统结构框架

和组合，以形成有效的搜索关键词，实现最好的搜索结果。初始危机信息库中的信息主要来源于用户多次查询累积的经验数据，因为危机信息的区域性和时效性比较强，所以初始危机信息库可以按照危机信息发生的时间、区域及其重要程度对其索引，如果用户查询的危机信息在初始危机信息库中已存在，那么可以提取出此危机信息最新的时间标识，只搜索包括此时间标识及其之后的危机信息，这样不但节省了搜索时间，也节省了系统的搜索资源。然后根据用户的评价将最后返回的重要危机信息文档和初始危机信息库的危机信息一起返回给用户，最后对初始危机信息库进行更新，将新搜索的危机信息添加到初始危机信息库中。

（2）危机信息搜索模块

危机信息搜索模块主要负责对危机信息生成模块生成的危机关键词进行搜索。[1] 搜索流程如图 4—6 中第二个模块所示，主要包括以下几部分：元搜索引擎选择器，搜索引擎选择器，搜索引擎信息库，文档选择器，搜索引擎代理及其成员搜索引擎。

①元搜索引擎选择器主要是将危机信息生成模块生成的危机信息以及

---

[1] 徐宝文、张卫丰：《搜索引擎与信息获取技术》，清华大学出版社 2003 年版，第 121 页。

元搜索中内定的一些参数用 XML 语言包装起来。

②元搜索引擎所调用的成员搜索引擎比较多时，如果盲目地将查询请求发送给所有的成员搜索引擎，不仅耗费大量的时间，而且耗费成员搜索引擎的资源，还有可能引起系统速度减慢，失去危机信息监测的实时作用，返回的一大堆无用文档将导致元搜索引擎很难从中区分出有用文档。所以，元搜索引擎通过搜索引擎选择器根据不同的查询请求动态地选择搜索结果可能最好的搜索引擎组合来查询，这里就涉及搜索引擎的调度算法，一个好的调度算法在一定程度上决定了元搜索引擎的效率，即查准率和查全率。本系统中，主要根据搜索引擎信息库中的信息来动态调度搜索引擎。

③搜索引擎信息库中主要存放搜索引擎的特征信息和搜索引擎的接口信息（查询接口信息和搜索结果结构信息）。[1] 此外，搜索引擎信息库中还存放着来自搜索引擎结果评价的搜索引擎检索结果情况，以便动态地调整搜索引擎在特定危机领域的优势，使得搜索更加智能化。搜索引擎结果评价不停地在搜索引擎信息库和搜索引擎之间穿梭，主要负责收集搜索引擎的检索结果情况。更准确地说，搜索引擎信息库是一个知识库，根据以往的查询结果计算各搜索引擎的查全率和查准率，然后根据经验数据得出一定的阈值，从而确定本次查询所需的较优搜索引擎组合。[2]

④文档选择器就是从每个成员搜索引擎的结果中选取各自的前 n 个最相关的文档形成全局的与查询最相关的 N 个文档。[3] 其目的在于尽量选择潜在的有用文档，尽量减少选取无用文档。每个搜索引擎返回的文档数量应该根据该搜索引擎的效率动态调整。文档选择主要与各独立搜索引擎潜在的有用文档和其所采用的相似度函数有关，主要有四种方法：用户决定法，权重分配法，基于学习的方法和确保取回法。[4] 考虑到危机信息的时效性，CIMS_MSE 系统采用权重分配法，因为这种方法主要基于搜索引擎的经验排序，故容易使用且易于实现。

⑤每个独立搜索引擎都对应一个搜索引擎代理，它将查询串格式转换为对应搜索引擎要求的查询请求，即语义转换，并负责将语义转换后的查询请求映射为搜索引擎的本地请求表示方式，然后交由各独立搜索引擎进行搜索。

---

[1] 徐宝文、张卫丰：《搜索引擎与信息获取技术》，清华大学出版社 2003 年版，第 121 页。
[2] 刘炜、陈俊杰：《一种基于 Agent 的智能元搜索引擎框架》，《维普资讯》2005 年第 3 期。
[3] 朱茂盛、王斌、程学旗：《元搜索引擎及其实现》，《计算机工程》2002 年第 11 期。
[4] 徐宝文、张卫丰：《搜索引擎与信息获取技术》，清华大学出版社 2003 年版，第 121 页。

(3) 危机信息结果生成显示模块

危机信息结果生成显示模块主要负责危机信息搜索结果的提取、归并和处理，并将结果显示给用户。该模块主要包括以下部分：信息提取器，结果归并，结果处理，结果显示和搜索引擎结果评价。

①信息提取器负责从搜索到的网页中提取显示内容。[1] 搜索引擎返回的搜索结果网页往往是动态生成的 HTML 页面，这些网页通常会包含一些不需要的信息或链接，如广告、搜索引擎主机信息等，[2] 所以 CIMS_ME 系统中采用自动包装生成器提取每个结果网页的 SRR（搜索结果记录）。SRR 一般包括：搜索结果网页的 URL、标题和页面中的一段内容（通常是摘要）。使用自动包装生成工具 ViNTs（Visual information and Tag structure based wrappergenerator），系统自动对动态生成的搜索结果网页进行包装，生成简要的搜索结果。

②结果归并、结果处理和结果显示。不同的搜索引擎采用的技术不尽相同，如使用的排序方法、索引内容不同等，所以没有统一的标准将所有成员搜索引擎返回的搜索结果进行排序从而呈现给用户。结果归并就是将所有的搜索结果按一定的方式进行集成。由于危机信息的特殊性质，如其紧迫性和不确定性，为了提高危机信息搜索结果的准确性和缩短检索时间，突出重点危机信息搜索结果，为用户返回最有价值的危机信息，CIMS_MSE 系统将同时进行结果归并、结果处理和结果显示。

每当成员搜索引擎返回一个搜索结果，CIMS_MSE 系统就下载该网页并存储到搜索结果信息库中，在该过程中，系统会自动检测到已损坏或无效的链接，进行标记，并且删除重复的链接。CIMS_MSE 系统根据搜索结果网页的整个内容进行排序，通过动态接口，[3] 将每个搜索结果评分

---

[1] Jürgen Dorn and Tabbasum Naz, "Structuring Meta – search Research by Design Patterns", In: Proceedings of the International Computer Science and Technology Conference. San Diego, California, USA, 2008.

[2] King – Lup Liu, Weiyi Meng, et al, "Development and Evaluation of a Large – Scale News Metasearch Engine", 26th ACM SIGMOD International Conference on Management of Data ACM, Industrial track, 2007, pp. 1017—1028.

[3] Eric J. Glover, Steve Lawrence, William P. Birmingham, C. Lee Giles, "Architecture of a Metasearch Engine that SupportsUser Information Needs", Conference on Information and Knowledge Management, Proceedings of the eighth international conference on Information and knowledge management, Kansas City, Missouri, United States, 1999, pp. 210—216.

后插入结果序列中,最后返回给用户。同时,为了提高整个 CIMS_MSE 系统的实用性和效率,当所有的搜索结果下载到本地后,可以通过层次结构化方法对搜索结果构建基于本体论的结构化组织,按主题(如危机信息类型、时间、区域等)进行索引,形成树形结构,并进行优化。① 最后,将建立好的搜索结果索引导入初始危机信息库,即完成对危机信息的更新,实现跨管理域的信息共享,最终提高危机信息的整体检索效率。此外,还可以根据长期形成的危机信息经验数据库预测某些危机信息的走势,从而更好地实施危机信息的监测监控,为决策人员提供有力的支持。

(三) NIDIS——综合性干旱灾害监测预警信息系统

干旱与洪水、飓风和龙卷风一样,是极端天气灾害中的一种。在全世界众多的关于自然灾害减灾报告中,有许多用于预防或减轻其他极端天气灾害的报告,如美国国会制定的"斯塔福德法案"明确了各联邦机构和联邦紧急事务管理局(FEMA)的角色和责任。而面对干旱灾害,人们只能将其认定为不可避免的自然灾害,被动地接受干旱灾害带来的影响。这种被动面对干旱灾害的局面说明目前尚没有较好的政策和方法来解决干旱灾害的减灾问题。NIDIS 是一个动态的、易理解的干旱信息监测预警系统,为用户提供干旱灾害分析以及相关风险所带来的潜在影响的分析,从而辅助用户对干旱灾害的预警信息作出决策。NIDIS 系统包含了信息监测、信息分析和信息预警三个模块,是一个结合 3S 技术、物联网技术等先进信息技术的综合性干旱灾害监测预警系统。

NIDIS 系统的目标是:(1)发展领导和合作关系,以确保综合性干旱灾害监测预警系统的成功实施;(2)培养和支持关于干旱灾害信息监测和预测能力的研究环境;(3)创建干旱灾害监测预警系统,为决策者提供准确及时的集成信息,旨在最大限度地减少干旱灾害造成的经济、社会和生态系统的损失;(4)提供互操作式信息传递系统,该系统包含易于理解的互联网门户和一系列标准化软件产品(如干旱信息数据库、干旱灾害预报工具、GIS 系统、干旱地图等);(5)提供有关干旱灾害管理的体系框架,包括干旱灾害的影响,干旱灾害的发生原因,以及它如何影响人类和自然界。

---

① Hang Cui, Osmar R. Zaiane, "*Hierarchical Structural Approach to Improving the Browsability of Web Search Engine Results*", In: Proceedings of the 12th International Workshop on Database and Expert Systems Applications. IEEE Computer Society, Washington, DC, USA, 2001, p. 956.

1. 日常观测和数据系统

干旱灾害减灾计划将会依据各种物理的、环境科学和技术条件进行高质量干旱信息的采集。为了全面描述干旱灾害就必须综合满足两种类型的信息需求：

(1) 在有相关历史记录的情况下，观察过去和现在环境及其周边事物的物理状态；

(2) 记录干旱灾害对人类和自然界的影响情况，这是一个物理环境的重要证据。

满足这两种类型的信息需求，必须要有一个专家网络用于维持信息的观测、采集和分析，并收集和总结干旱灾害的影响信息。这些相关的观测数据是用于干旱灾害的定位、性能描述和预警管理的，因此必须符合 NIDIS 系统的数据质量标准。必要的物理信息有降水量、土壤水分、雪的含水量和雪深、土壤和空气温湿度、风速和风向、太阳辐射等。目前，关于土壤温度和土壤湿度的测量方法很罕见，甚至在许多地区并没有有效的测量方法。

干旱灾害的监测信息主要是有关水的供需量的。因此，对河川径流、湖泊、水库的水量，地下水位等数据的采集也是 NIDIS 信息采集的重要工作之一。由于人类对地下水资源的依赖度越来越高，这就要求 NIDIS 系统必须具备一个对地下水位监测的协同系统。NIDIS 中大量的现存数据都是在整个国家或地区的层面上进行采集的，这就意味着物理性数据和干旱影响数据不可能以统一的方式获取。美国国家气象局（NWS）建议在全国范围内建立多个观测点，形成协作性气象观测网络。具体观测点的布局是在每 400 平方英里的空间中，每隔 15—20 公里设立一个观测点。另外，美国其他机构也对不同的信息获取采取了有效的观测点布局策略，例如水文观测必须对空间覆盖面进行优化等。在美国西部，冰山雪水是至关重要的水资源供给。因此，对冰山雪水的形成和分配进行测量的最佳方式是通过估计地面雪量、融雪水和升华雪蒸汽量。

2. 气象数据的传递

如果天气和气象不能成为干旱灾害监测预警管理的一部分，那么它们存在的价值就是有限的。目前，美国各地存在各式各样的数据网络，这些网络将他们的观测数据传递给电信运营商，以此来维持观测成本。大量的水文气候观测站，例如 USGS 流速及流量观测点通过卫星实时地传递观测数据。在美国多山的西部，数据的传递往往受到山脉的阻隔，因此 NRCS SNOTEL 网络采用流星余迹技术实现气象数据可靠地、实时地传递。另外，在气象数据传递不受地形条件约束的地区，现有的数据网络创新地建立了"背负式"气象数据传递方式。

气象数据的传递不仅要考虑传递的及时性和准确性问题，还要充分考虑数据传递成本的问题。在美国俄克拉荷马州，当地的气候调查局与电信运营系统合作，可将中尺度的网络数据传递至全国的警察局、消防局和紧急事务处理办公室。这种高品质的无线网络节省了俄克拉荷马州气候调查局（OCS）独立部署和维护中尺度数据通信网络的成本，并且 OCS 的带宽要求也随之降低，仅需要满足传递所有中尺度数据的观测和沟通需求，这只是整个俄克拉荷马州电信运营系统带宽能力的冰山一角。俄克拉荷马州气候调查局与当地电信运营系统的合作关系为每年气象中尺度数据网络业务节省了一百万美元的成本。因此，这样的低成本合作关系应该得到大范围的推广。

3. 遥感技术的角色定位

每种类型的干旱信息都有其内在的权衡和不足，因此，NIDIS 系统中用于干旱灾害监测预警的信息必须是多来源集成的具有较高价值和意义的信息。为了填补 NIDIS 系统中的信息缺口，NIDIS 除了通过观测得到干旱信息外，还必须通过遥感技术、卫星、雷达等其他技术设备采集相关的信息。

4. 建立干旱灾害对社会、环境和经济影响的观察机制

NIDIS 系统除了对干旱灾害的物理性信息进行监测外，还建立干旱灾害对社会、环境和经济影响的观察机制。目前在美国并没有系统化的收集和分析干旱灾害对美国社会、环境和经济影响的机制。有关对社会、环境和经济影响的可观察信息包括：（1）与干旱灾害相关的救济金；（2）干旱灾区的心理健康访问；（3）由水资源匮乏导致的经济损失；（4）水电效益损失；（5）为农业和城市用水而抽取地下水的成本增加情况；（6）渔业和水路运输业的收入情况；（7）各种生态系统影响数据，如水质、荒地火灾等。由于以上这些对社会、环境和经济影响的数据不集中，或者难以收集，所以官方机构在进行干旱灾害预警研判时往往低估了干旱灾害可能造成的损失。NIDIS 系统填补了美国政府的这一空白，通过建立干旱灾害对社会、环境和经济影响的观察机制来评估美国各地的旱情，以便做出准确的干旱预警决策。有关干旱灾害对社会、环境和经济影响的信息往往是从

行业发展评估报告中得到的,如牲畜、木材、野生动物、能源、娱乐和旅游等行业的报告。这些影响信息是基于历史性事件得到的,掌握这些影响信息可以准确作出干旱灾害级别的预警决策。通过这样的机制,使得政府机构在干旱灾害规划、准备和减灾等活动上大幅度提高效果。同时可以帮助政府机构权衡干旱灾害的"风险"与"危机管理"之间的成本效益。

5. NIDIS 信息分析工具

NIDIS 作为一个综合性的干旱灾害监测预警系统,不仅用于采集和传递有关干旱灾害的信息,同时也提供了一些用于观测和分析干旱灾害信息的工具,以及预测干旱灾害的方法,从而尽可能精确地实现干旱灾害的评估和决策。这些工具和方法允许用户访问、修改和展示最基本的干旱灾害信息,并可以在一定的时空范围内进行干旱灾害的预警管理。以下是 NIDIS 中的四种干旱灾害信息工具:

(1) 信息访问工具:方便用户对来自不同机构的数据进行检索、存档;

(2) 信息分析工具:通过数据转换、建模和统计分析来为系统中的原始数据赋值;

(3) 数据显示工具:基于地理信息系统(GIS)软件开发的数据显示工具可对原始数据和分析数据进行可视化展现,通过可视化展现可提高数据的直观性及使用价值;

(4) 预测工具:这是一个专业的信息分析工具,结合统计功能和灾害模型进行干旱灾害的预测分析。

集基础设施、二次开发、数据集成和系统维护于一体的干旱灾害决策支持和仿真模拟是 NIDIS 一直在努力探索的方向。因此,除了目前已有的工具方法,NIDIS 将会不断研发更加符合现实情况的工具,比如,如何将用户需求与环境变量(如沉淀物和温度)结合,如何实现干旱灾害影响力的评价等。

二 公共危机信息仿真模型

实际上,公共危机信息建模是对潜在公共危机的真实情景或响应的模拟仿真。在对公共危机事件的处理和响应进行决策之前,决策者必须首先要对危机的脆弱性进行判别。公共危机信息仿真建模是公共危机信息分析的一部分,主要是对公共危机的性质和程度进行模拟仿真。公共危机信息仿真模型可以通过计算机仿真、制图等方法进行构建，从而使公共危机管理者可以直观地看到暴风雨、化学事故、火灾、泥石流等灾害是如何作用于客观环境的。现今，在先进的计算机科学和信息技术的基础上，决策者只需要提供公共危机信息仿真模型所需的数据，运行该模型，就可以看到较为真实的公共危机事件的可能结果。仿真模型的关键是公共危机管理者必须理解危机仿真模型所需要的要素，模型的限制条件，以及如何在公共危机管理的过程中很好地利用模型运行结果。

（一）自然灾害仿真模型

1. 飓风模型——SLOSH（sea, lake and overland surges from hurricanes）

不同类型的自然灾害需要构建不同的仿真模型，美国国家气象局（NWS）采用 SLOSH 模型来计算飓风可能引起的潜在浪涌的高度。SLOSH 模型是通过对实际发生的飓风灾害的浪涌进行实时预测的仿真模型，并被美国联邦政府和地方机构作为对飓风灾害评估和避难场所选择进行规划的工具。SLOSH 模型常常被用来监测大西洋沿岸及墨西哥湾附近的飓风影响。该仿真模型以过去发生的暴风雨灾害信息为基础，来判断即将到来的暴风雨的影响程度。SLOSH 模型的输出结果显示了由于暴风雨而产生的可能的洪水区域以及洪水深度等内容。

经过大量的历史性飓风灾害要素，包括模拟计算数据、气象观测数据和涌浪高度数据等的不断调整而形成 SLOSH 模型。换言之，SLOSH 模型是基于一般假设和历史数据而产生的仿真模型。针对不同的大西洋和墨西哥湾区域，SLOSH 模型的具体参数是有区别的，主要分以下几种地形：（1）内陆区域；（2）江河流域和水道；（3）港湾和大的内陆水域；（4）重要的自然或人工屏障，如障壁岛、沙丘、路基、防洪墙、防洪堤等；（5）大陆架的一部分。

SLOSH 模型的输出结果主要显示了灾害的影响区域、风速和洪水深度，结合这些输出结果可以判断出可能遭受飓风影响的脆弱区域。模型中的灾害脆弱性判断指标包括飓风的方向、强度和暴风雨的速度。通过运行 SLOSH 仿真模型，决策者可以判断哪些区域可能受到特定类型暴风雨的影响。作为一个规划工具，SLOSH 模型不仅为决策者呈现出飓风灾害的真实描述，而且提供了对飓风灾害进行实时操练或能力评估的基础。当针对某一特殊区域进行 SLOSH 仿真模拟运算时，将有多达 1500 个模拟飓风数据参与计算。最终形成多达 150 个的暴风雨轨迹，这些轨迹代表了 5 类飓风强度（Saffir - Simpson Hurricane Scale），不同的暴风雨路径（西、西—西北、西北、北—西北、北、北—东北、东北、东—东北、东），5英里每小时和15英里每小时的前进速度，以及飓风着陆的地点。

SLOSH模型的运行需要输入必要的参数：

（1）在72小时的时间段内，每间隔6小时的暴风雨发生的经纬度；

（2）每隔6小时的飓风中的最小海平面气压；

（3）通过计算区域中心的最大风力引起的暴风雨范围，一般可得出所谓的"最大风力半径"，然而风速并不是一个有效的输入参数，因为SLOSH模型通过计算风场数据来模拟暴风雨灾害，而这个计算主要是依据天气参数中的均衡力要素。

运行SLOSH模型模拟暴风雨灾害的输出结果由以下要素组成：（1）历史暴风雨数据列表，包含每小时暴风雨的位置、风速、方向、压力和最大风力半径五个参数值；（2）最高浪涌的包络面；（3）预选暴风雨的栅格点、时间关系曲线图，包含浪涌高度、风速和风向三个参数值。同时，该模型还提供指定时间内的浪涌二维图像展示。

SLOSH已经被应用到整个美国大西洋和墨西哥湾沿岸地区，并且覆盖面逐步延展至夏威夷、波多黎各、维尔京群岛、巴哈马群岛。SLOSH模型的覆盖面被细分成37个区域，由于这些区域靠近入海口、人口密集、地势低且多为港口，因此当遭遇飓风灾害时容易受到较大的影响（图4—7）。

2. 火灾模型

火灾的演变过程中，自然界扮演着重要的角色。其中风和地面坡度作为两个最重要的影响因素，直接影响着火灾随时间的变化。另外，自然景观的燃料层的不同也会大幅度地影响火灾的蔓延。正是由于各种不同的火灾影响要素，使得任何人即便是老练的消防人员也不能够准确地预测火灾的扩散趋势。因此，可计算的火灾模型的构建就显得尤为重要。火灾模型要考虑到方方面面的信息才能够监测和/或预测到限定范围内火灾的发生及扩散，从而帮助决策者优化火灾事故应急响应措施。火灾模型——无论是模型所包含的大量参数，还是模型的理论和实践研究，都是众多公共危机研究人员非常感兴趣的主题。

模拟火灾的发生和扩散，必须尽可能地包含现实世界中存在且影响火灾扩散趋势的要素和条件。为了达到模拟现实的最佳效果，火灾模型必然由大量复杂的数学模型组成，从而导致火灾模型的运行对硬件环境的要求

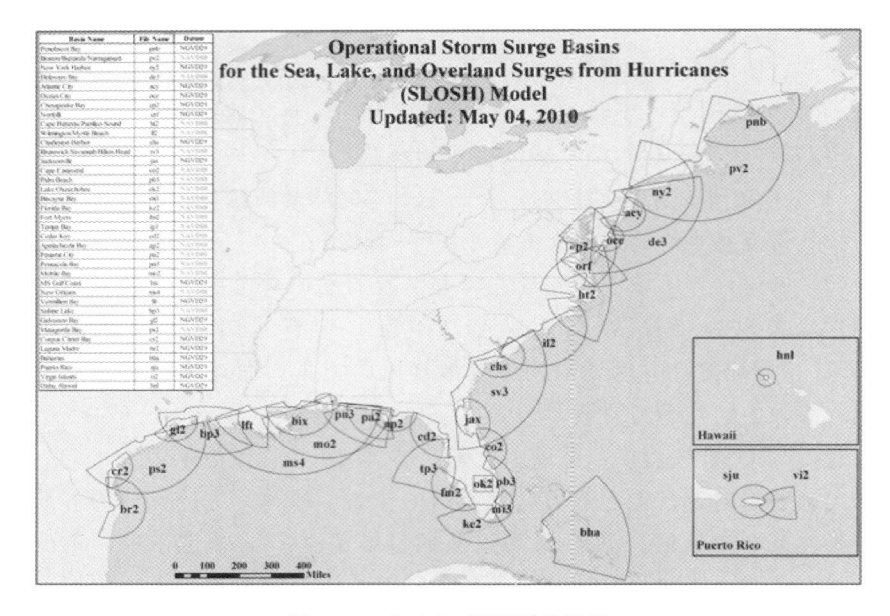

图 4—7　SLOSH 模型覆盖地区

图片来源：http://www.nhc.noaa.gov/surge/slosh.php。

非常苛刻，不能在简单的移动设备或者集成电路中运行，而必须通过并行计算环境（网格计算）得以运行。为了构建一个既能满足仿真精确度、又易于操作的火灾模型，安布罗西奥等学者于 2006 年提出了一个火灾扩散模型，这个模型综合了各种火灾模型的功能，并且减少了模型计算时间和资源消耗，大大提高了模型的运行效率。

在火灾模型的应用实践方面，美国农业部（United States Department of Agriculture，USDA）积极做出了尝试。依据美国空气质量管理体系，USDA 森林服务中心在火灾烟雾模型和火灾扩散追踪方面投入较多的关注。USDA 的工作之一是分析火灾对空气质量和能见度的影响。2000 年，美国气候干燥，遭遇了许多森林火灾事故，从而促使美国政府及时发布了"国家火灾规划"，其中包含多个用于放大火灾行为的模型。规划的发布旨在利用这些模型来增强火灾事故应急管理的效率和效果。依据"国家火灾规划"，USDA 建立了四个区域性火灾、天气和烟雾模型中心，这些模型提供森林火灾的天气和烟雾的模拟仿真，用以支持 USDA 的森林服务。通常情况下，天气模型和火灾行为模型结合在一起用来提供详细的火灾扩散的预测，从而为应急管理人员提供更好的火灾决策方案，以及为火灾事故提供合理的应急资源的配置。

3. 干旱模型

美国在最近的几十年里对干旱监测的研究兴趣与日俱增。1980 年，美国仅有三个州制定了关于干旱灾害的应急预案。而今天，有 38 个州制定了干旱应急预案。内布拉斯加大学林肯分校的国家干旱减灾中心成立于 1995 年，该中心主要负责：（1）采集干旱信息；（2）干旱监测；（3）制定干旱应急预案和减灾；（4）建议性政策制定；（5）干旱灾害应急管理研究；（6）组织国内外有关干旱灾害教育的研讨会。

美国干旱监测模型是由美国内布拉斯加大学林肯分校的国家干旱减灾中心，联合美国国家农业部、国家海洋和大气治理署共同开发的，其模型是通过 GIS 技术实现属性数据和空间数据的完美展现（图 4—8）。典型的干旱模型可以通过设定不同的时间节点对美国的干旱情况进行监测，并通过模型算法，计算得到不同地区的干旱级别，并以地图形式进行展现。另外，还可以通过干旱模型形成干旱影响报告，并向相关部门定期报送，从而为美国干旱灾害的预警管理提供参考依据。

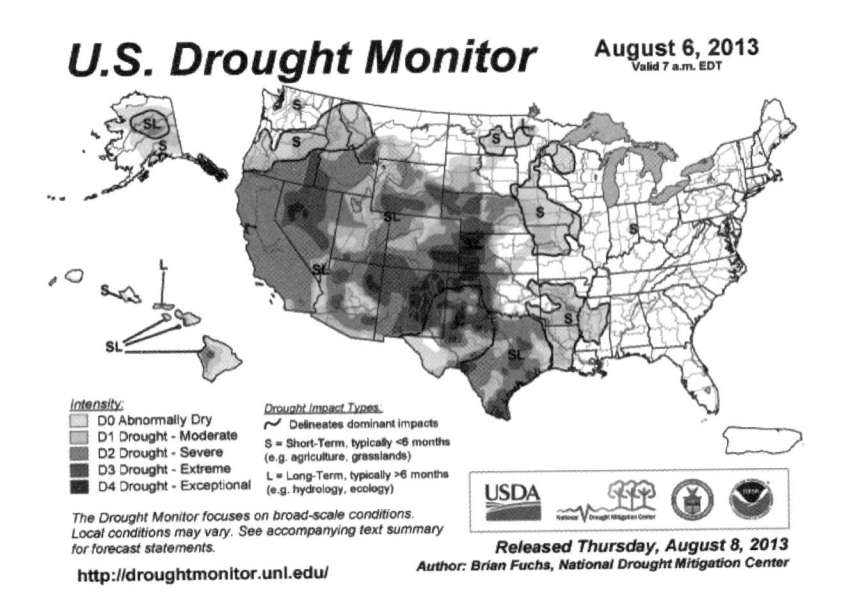

图 4—8　基于 GIS 的美国干旱监测模型应用实例

(二) 基于 Agent 的社区灾害预警合作模型

1. 模型中的智体

基于 Agent 仿真模型中的 Agent 具有自治性、智能性和适应性，主要表现为对不完全信息的处理能力和对环境的适应能力。在系统科学中，Agent 是一种自身具有行为主动性的个体，在多主体情景中能够识别环境，对环境的生成和改变作出反应，并且改变自身的结构和行为规则。它可以实时地进行学习、规划和搜索，形成更加贴近现实的人工智能，从而达到复杂系统建模与仿真的需求。在社区预警个体互动合作模型中，系统中主要的 Agent 是社区中的个体，个体接受预警信息，并可以进行互动交流，同时在预警环境中，还包括监测者、发布者、传播者等组织主体，其中监测者传送监测预警信息给发布者，发布者负责发布预警信息，传播者对预警信息进行传播交流，这些主体一般进行规范的确定性沟通，而较少地涉及互动和自主行动能力，因此我们把这些主体作为改变社区主体接收预警信息程度的环境变量。

一方面，在组织合作的过程中，从预警信息的发布到个体的接受均需要一个信息沟通的网络，为了方便研究，模型中把预警信息的沟通网络都统一简化为二维网络。另一方面，接收个体在收到预警信息后形成一个互动的行动网络，而这个行动网络又以沟通和交流为基础，因此在紧急规范下的个体合作层面，合作模型在行动区域的基础上叠加了预警信息沟通与交流互动过程。

2. 模型假设

要构建社区个体互动合作模型，根据研究需要提出以下假设：

(1) Person 状态假设

个体合作模型中，设定每个 Person 都有一个表示接收或者未接收预警的属性 Receive，Receive 取值为 0 或 5，0 表示 Person 没有接收预警信息，5 表示 Person 接收到了预警信息。同时 Person 在接收到预警信息后需要判断是否信任预警，设定接受或未接受预警的属性为 Accept，Accept 取值为 10 或 15，10 表示 Person 没有接受预警，15 表示 Person 接受了预警。个体互动合作模型研究的是短时间内社区个体在接受预警信息后进行相互告知的情况，因此还需给每个 Person 设定是否参与告知的属性 Inform，若参与告知，Inform 取值为 25，未参与告知则 Inform 取值为 20。为了简化研究，假设 Person 的所有属性只有以上两种状态，不考虑以上两种状态之间的灰色状态。

(2) 模型中智体数量的假定

现实特定社区网络中,短时间内社区中的个体总数不会改变,所以假定在每次模型运行的过程中智体总数量不变,Person 的总数由外部条件已知,并且在网络中随机分布。同时为了贴近实践和方便研究,假设社区为一个包含 20×30 网格的网络,随机分布智体数量为 280。

(3) 智体邻居类型的假定

智体的状态受到由邻居智体构成的环境的影响,社区预警互动过程决定了邻居对预警信息传播的影响,需要对模型的邻居类型进行假设。邻居的类型主要有摩尔(Moore)型邻居和冯·诺依曼(Von Neumann)型邻居。对于这两种邻居类型,都可以通过改变参数 r(邻居层数)来改变智体邻居的数量,其主要区别是智体的邻居数量不同(图 4—9、表 4—4)。可以看出,摩尔型邻居数量更符合现实社区中的邻居社会网络关系,为了符合实际(即预警信息交流过程中智体主动选择联系紧密并可及的邻居作为互动对象),本书采用摩尔型邻居类型并设置 $r=1$。

(a) von Neumann 型邻居　　　　(b) Moore 型邻居

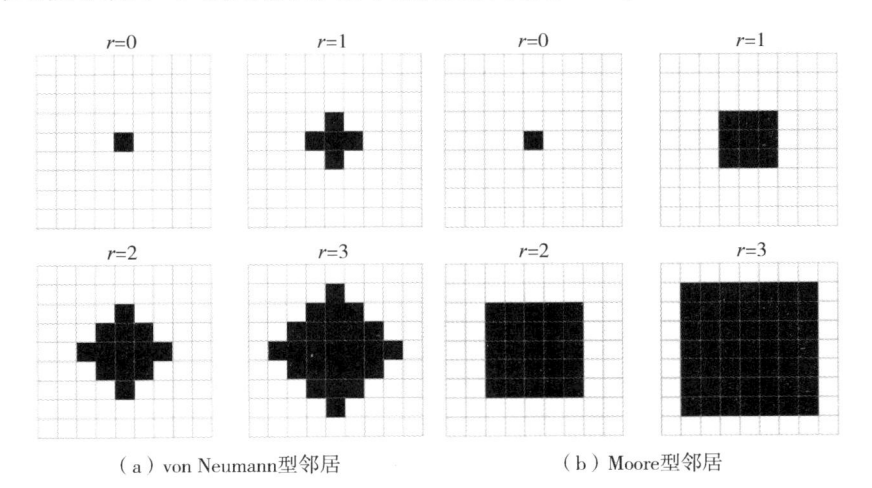

图 4—9　邻居类型比较

表 4—4　　Moore 邻居数量和 von Neumann 邻居数量比较表

邻居类型	$r=0$	$r=1$	$r=2$	$r=3$
Moore 邻居数量	1	8	24	48
von Neumann 邻居数量	1	4	12	24

（4）智体接受概率假设

由于认知、信任、信息可及程度不同，每个个体对预警信息的理解和接受程度不同。在仿真模型中，为 Person 设定一个 Receiverate 属性，用来判断是否理解并接收预警信息，Receiverate 是由随机函数产生的之间的随机数。初始化 Person 时，每个 Person 都会产生一个具有不同值的 Receiverate。同样设定 Believerate 属性，用来判断 Person 是否信任并接受收到的预警信息；设定 Infromrate 属性，用来判断 Person 是否参与告知。

（5）智体更新状态假设

现实世界中，预警信息的传播和交流是实时进行的，因此在仿真模型中，Person 每时步（tick）都要判断自己的属性是否改变，即假定每一时步所有 Person 状态都要更新。

（6）信息接受方式假设

预警信息的接受有被动接受和主动探求两种方式。在模型中，假定所有智体除了有主动判断周围邻居智体状态的能力以外，还具有被动的"刺激—反应"行为模式。

（7）智体运动状态假设

假定网络中智体是静止的。即智体不能通过移动到其他位置的方式直接影响邻居范围之外的智体的状态，只能通过相邻智体之间的信息传播方式，间接影响邻居范围之外的智体的状态。

（8）紧急规范下智体行为的假设

假定在应急情境下智体具有适当的理性，并遵从一定程度的紧急规范，在模型模拟中具体反映为，因预警失误对个体来说造成的损失不大，智体在正框架效应下偏向选择自保行为，即在面临风险情境下偏向选择接受预警，此时直接影响其是否接受预警的是预警信息的真实性判断，包括是否信任信息告知者，也就是说，一旦确信预警是真实可靠的，便选择接受；与此同时，智体还遵从紧急规范下的效应，即易受邻居智体行为的传染和影响，表现在两个方面：一方面，若邻居智体都没收到预警，即使该智体收到预警也不做出下一步行动；另一方面，若邻居中有智体接受了预警，则智体易受到行为的暗示，模仿邻居行为选择接受预警，即使刚开始没有接受。

（9）Person 智体合作参与的假设

假定 Person 参与告知的合作行为其产生遵从非完全理性。根据完全理性的推断，在个体的互动博弈过程中，在非常紧急的情境下，纳什均衡的最优策略导致每个人都选择背叛，即不参与合作，这就是所谓的个人理性导致的集体非理性。然而现实中，灾害中个体互助合作的行为经常发生，这说明了在合作形成过程中有其非理性的影响因素，比如关系网络、情感、直觉、以往经验判断、道德责任等，这些因素保证了囚徒困境中合作行为产生的可能性。

3. 结构

根据 Repast 建模要求，模型内容主要包括两部分：模型初始化部分 (Model Initializer) 和 Agent 部分。Agent 类封装了智体的状态转化规则和行为规则。模型中的整个互动过程如下：

第一步：首先初始化所有 Person 智体，这些智体在网络空间上随机分布，当预警发出以后，各个智体都有可能接受到预警信息，其概率取决于预警的覆盖程度、可及性及其他干扰因素（用 receiverate 来表示），在这里，每个智体得到一个随机的预警值来与阈值作比较，如果在其范围内，则表示接收到预警信息。

第二步：接收到预警信息的个体通过判断预警信息是否真实可靠来决定是否接受预警，这取决于两个方面：一是根据个体对预警发布者的信任值（用 believerate 表示）；二是根据邻居是否有人接收到预警信息。如果个体的信任值大于阈值，并且邻居中有人接收到了预警，则选择接受预警，否则选择不接受；若没有接受预警，则在当前及后续的行动中观察邻居中是否至少有一人接受预警并采取行动，若有则也接受预警。

第三步：接受预警信息的个体选择是否告知周围邻居（由于是社区范围内的预警，选择联系较为紧密的邻居为预警信息的告知对象为宜）。

第四步，没有接收到预警的个体判断是否被告知，若被告知则进入收到预警的状态。

个体互动合作传播模型如图 4—10 所示。

4. 互动合作模型的实现

根据 Repast 的建模规则，实现了 Repast 个体互动合作模型设计（图 4—11、图 4—12、图 4—13）。设定网络范围内的智体总数为 280（gridweight＝20，gridheight＝30），接收预警信息（Receive＝5）的个体用蓝色表示，没有接收预警信息（Receive＝0）的个体用黑色表示。所有智体的 Receive 属性值都初始化为 0，即智体都没有接收预警信息。在模型运行

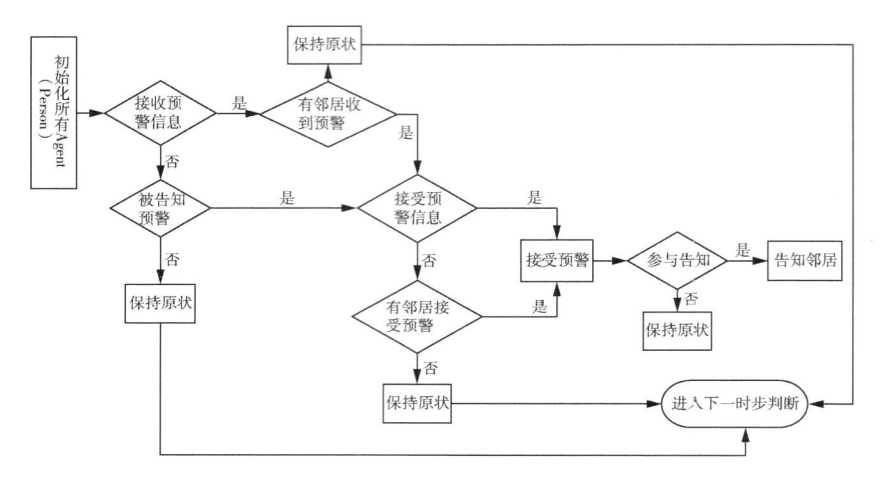

图 4—10 互动合作模型

中，Person 接受预警信息的触发条件是接收并信任预警信息，或者被周围智体告知并信任该预警信息，所以在模型初始化完毕后随机选择预警信息接收个体 Person（Person 的 Receiverate＝a），把其 Receive 属性值初始化为 0 或 5（图 4—14），然后运行模型，Person 通过模型结构中设计好的规则完成预警信息传播及相互告知的演化。

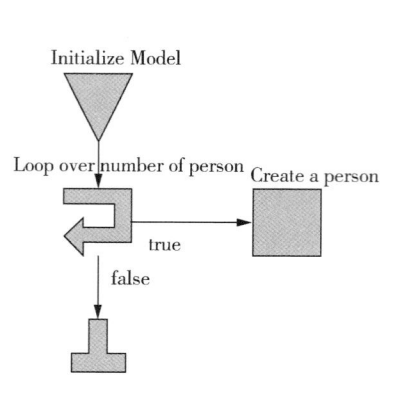

图 4—11 模型初始化设计
（Model Initializer）

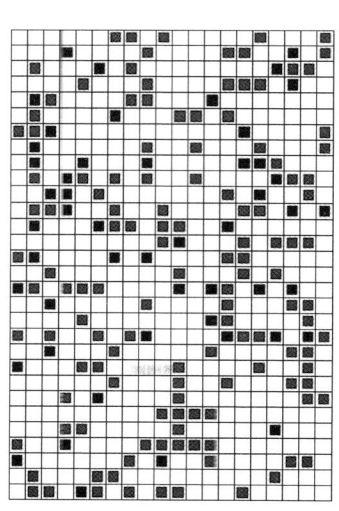

图 4—12 个体互动模型初始化

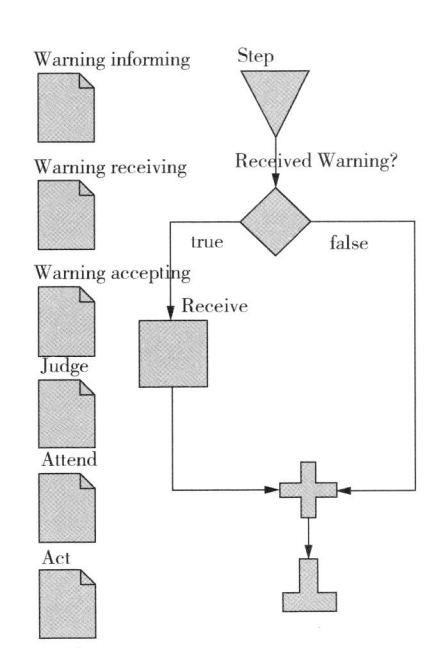

图 4—13　接收预警行为设计
（Person. agent）

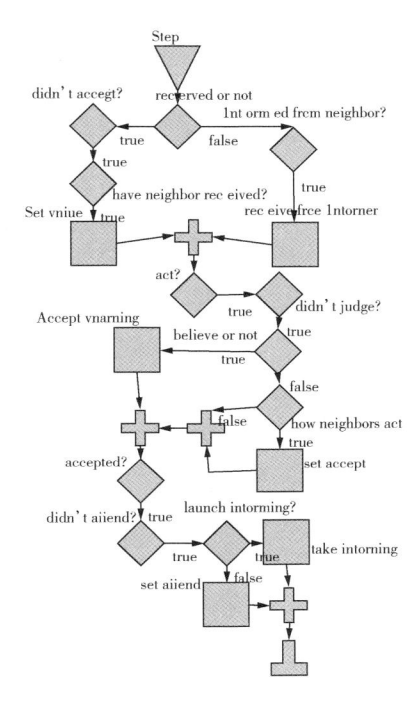

图 4—14　个体互动模型设计
（Person. agent）

5. 个体互动合作模型分析

（1）告知参与率相同，信任概率不同的模拟

Moore 邻居的维度为 1（r＝1），对预警信息群体信任概率 believerate 分别赋值 0.2、0.5、0.8，用 Step Run 方式运行，分别得到第 1、2、3、4 四个时间步的预警信息传播效果图（图 4—15）。

可以看出，当群体信任概率比较小时，尽管智体之间有正常的相互告知行为（informrate＝0.5），但在互动过程中使他人接收并接受信息的效果不是非常明显，效率不高，特别是到第四时步时仍有部分智体没有接收或接受预警，尽管有些智体处于邻居的社会网络中（图 4—15（a））。群体信任概率小有两个原因：其一，预警信息发布组织的公信力不高，公众因以往经历和事实判断对政府诚信或者预警信息的真实性存在疑虑；其二，公众对预警信息告知者的信任程度较低，即其社区内成员的相互信任程度较低。其次，群体接受预警信息概率越高，伴随着接受预警信息的智体数

（a）believerate=0.2

（b）believerate=0.8

图 4—15　社区个体预警信任概率对整体预警传播的影响（Moore 1）

量越多，预警信息的传播速度越快，接收到预警信息的个体也明显增多。从第三时步图可以看出，概率 believerate 从 0.2 到 0.8 所引起的预警信息接收及接受程度有明显的改观。时间的有限性极大地制约了预警信息的沟通，而第二、三时步正是进行预警信息有效沟通的关键时间节点，若时间允许，风险信息传播与初始信任程度的相关度不明显。可见，信任程度高低是影响预警信息的传播和信任范围的扩大的重要因素，而这与社区公众之间的信任度和政府公信力密切相关。

（2）同一信任概率，告知参与率不同的模拟

假定 believerate＝0.5，选择 With_Moore 1 邻居函数，分别对告知参与率取值 0.2、0.8 进行模拟，截取第 1、2、3、4 时步的仿真结果（图 4—16）。

当参与告知率较低时（informrate＝0.2）。预警信息的传播速度和范围都很有限，到第四时步，几乎没有增加接收预警信息的智体数量，同时新增的信任预警的智体也不是很多。也就是说，当社区个体参与相互告知的积极性不高时，预警信息在网络中传播只有初始接收者而很少有自组织

(a) informrate=0.2

(b) informrate=0.8

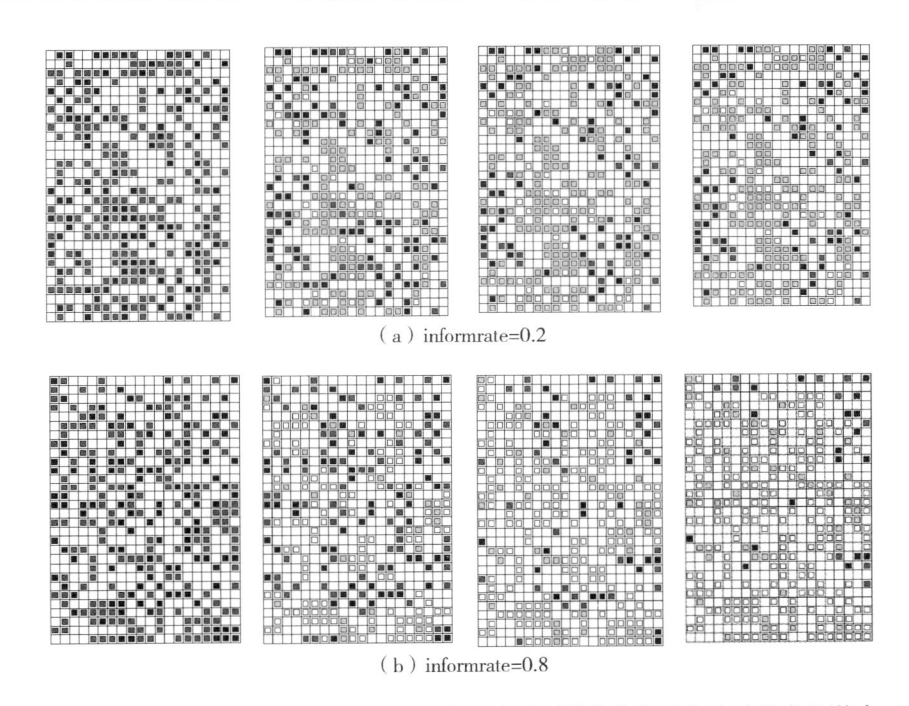

图 4—16　believerate＝0.3，不同告知参与率对预警信息传播和接受程度的影响

的相互告知和支持时，传播效果非常有限。这种参与积极性的低靡可能由两方面造成：一是社区中缺少互动交流的文化，本身隔阂紧张的社会网络关系导致社区个体间的信任与联系程度不高；二是政府对社区成员在应对灾害风险及社区治理过程中积极参与、相互支持行为的鼓励和引导不够。当 informrate＝0.8，即智体相互告知参与率较高时，预警信息的传播速度和范围显著增加，同时智体对预警信息的接受程度也大幅增加，到第四时步时，几乎所有 Person 智体都接收并接受了预警，可见即使在时间极其有限的条件下，如果个体相互支持和告知的参与积极性高，也能获得非常良好的预警效果。

同时可以看出，相对一定程度的信任率提升，提高一定程度的告知参与率能更有效地提升预警效果。但须引起注意的是，尽管经过了三个时步的积极的互动告知，仍有小部分智体没有收到或者接受预警，从第四时步的演化图中可以看出，没有接收或接受预警信息的智体有一个较为共同的特征，一方面，他们位置都比较集中，即智体处于同一个区域；另一方面位置较为偏僻，与其他成群的智体相对隔离。这时候，尽管社区个体参与告知的积极性高，但是因为可及性、行为传染性等问题导致了孤立群体的预警盲区，智体没有收到预警减少了周围智体接受预警的概率，同时没有接受预警也减少了周围智体接受预警的概率。这样的循环演化导致了一个预警盲区的出现：一个预警点没有收到预警信息可能导致一个孤立的区域都没有收到预警信息，而这个盲区问题的解决有待于预警信息接收率的提高。图4—17显示了社区中个体参不参与告知对预警信息的传播和预警信息的接受程度的影响。

Informrate=0　　　　　　　　informrate=1

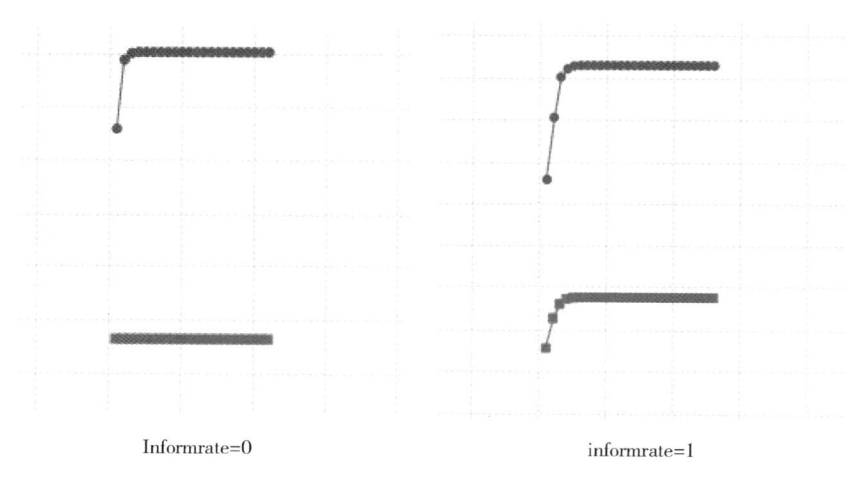

图 4—17　280 个智体在参与或不参与告知情境下接收及接受预警的数量变化①

6. 面向预警的组织合作效率分析

假定 believerate＝0.5、informrate＝0.5，选择 With_Moore n 函数的 N 值为 1，分别对预警接收率取值 0.2、0.5、0.8 进行模拟，截取第 3 时步的仿真结果（图 4—18）。

预警的接收率可以从以下几个方面去理解：其一，预警信息复杂不规范，公众凭自身认知无法判断具体含义及如何行动，因此即使向其发布了预警信息，也可理解为没有真正收到预警信息；其二，预警的发布效率太低，预警发布给个体时已经超出了个体可以采取行动应对风险的时间，也可视为智体没有真正收到预警信息；其三，预警的覆盖程度低，预警信息

---

① 下面两个曲线代表预警接收总体的变化情况，上面两个曲线表示预警接受总体的变化情况。

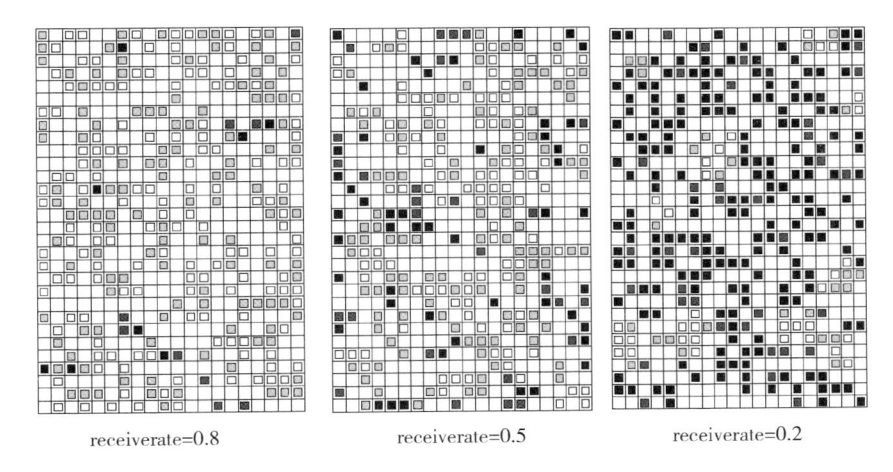

receiverate=0.8   receiverate=0.5   receiverate=0.2

图 4—18　280 个智体分别在不同预警信息接收率下第三时步时接收和接受预警情况

不能够覆盖到所有个体所在的区域范围，或者所用的发布渠道不能够使区域内的个体完全接收，这时，个体从物理上没有收到预警信息。从这个角度来说，预警信息的接收率实际上代表了预警组织的合作效率。可以大致理解为，其合作的整体效率越高，预警的接收率也就越高。从不同的接收率的模拟演化结果来看，尽管个体之间进行较为积极的相互告知，预警信息接收率对预警信息传播和预警信息接收程度的影响是基础性和关键性的。从图 4—18 来看，第三时步时，个体之间已经进行了两个时步的互动告知，但预警接收率低的与高的相比，预警信息的传播效果和接受程度相差明显，接收率太低导致了智体之间相互告知的基础动力不足，因此初始的预警接受率决定了整体预警效果的量和质，可以这么说，这条影响整体预警效果的鸿沟只有通过提高参与预警组织间的整体合作绩效才能填补。

在组织层面，预警是一项面向具体任务的合作，可以说是任务导向的组织合作，詹姆斯·汤普森在《行动中的组织》一书中谈到了任务型组织——一种常被用于克服大规模自然灾害影响的组织形式，他认为两方面的因素催生了这种组织：（1）未作承诺的资源以及寻找地方发挥它们作用的所有者；（2）有关对其他资源的需求信息的传播。当需求和资源在空间的某一点上相符时，这种合成组织的指挥部就建立起来了。格雷戈里·贝格里和卡连·罗伯茨在《应急指挥系统：一种复杂多变环境下的高可靠性的组织方法》一文中指出，面对复杂、多变的环境，高可靠性组织的优良绩效来源于三类因素：结构化的机制、对有限的即兴发挥的组织支持和认知管理方法。

（三）基于情景分析方法的公共危机信息监测预警模型

1. 情景准备

构建群体性突发事件的情景，其主要任务是通过对事件各要素以及它们之间关系的深入分析，建立关于群体性突发事件不同状态的预警情景，并进行分析和预测。最终目标是为预防或缓解群体性突发事件的发生提供帮助。

群体性突发事件情景准备分三步：首先，提出规划的前提与假设，以便对整个群体性突发事件有一个通透的认识。其次，根据前提和假设定义群体性突发事件预警情景构建所需的要素。最后，通过事件的前提和假设来建立不同状态的情景，并对各情景进行详细的表述。

（1）群体性突发事件情景准备的前提和假设

任何事件的发生都不是绝对孤立的，事件的发生和发展总可以在历史的长河中找到相似的发展轨迹。因此，对群体性突发事件的历史回顾有利于增添案例方面的感性认识，有利于对群体性突发事件的发展轨迹进行多维度的认识。此外，事件历史回顾对后面步骤中的群体性突发事件情景分析和事件发展趋势预测也有帮助。结合不同事件的特点，给出群体性突发事件情景准备的前提和假设。我们以历史上曾发生过的群体性突发事件为基础，构建群体性突发事件的各种真实与假设性情景，主要选取2008—2010年间部分的群体性突发事件作为构建群体性突发事件假设条件的基础（表4—5）。

表4—5　　　　　2008—2010年间部分的群体性突发事件列表

年份	事件名称	事件描述
2008年	西藏拉萨"3·14"打砸抢烧事件	达赖集团对分裂活动进行不间断遥控指挥和精心布置。他们通过电子邮件传递信息，散发光盘煽动更多人参与闹事，并试图暴力破坏西藏安全稳定
	贵州瓮安县"6·28"事件	社会矛盾长期积累，多种纠纷相互交织，且没有得到及时有效的解决，从而引起群众冲击党政机关
	甘肃省陇南市行政中心搬迁问题引发严重群体性事件	由于搬迁问题而引发的严重扰乱社会秩序的事件

续表

年份	事件名称	事件描述
2009 年	甘肃省会宁县处理交通违章引发群体性事件	由于处理交通违章不当，群众愤怒而引发聚众闹事
	湖北石首市群体性事件	由于涂远高家人对其死因有疑而引发群众围观阻碍交通
	江西南康市数千人聚集砸车群体性事件	部分家具业主对新的税收征管办法不理解，而引发数千人聚众闹事
	新疆乌鲁木齐"7·5"打砸抢烧事件	广东省韶关市一家玩具厂部分新疆籍员工与该厂其他员工发生冲突，两名新疆籍员工经抢救无效死亡。事件发生后，境外三股势力大肆炒作，煽动上街进行游行示威
	温州出租车司机集体罢运事件	温州出租车司机不满当地出租车营运体制而引发集体罢工
2010 年	四川内江市威远县少数民众群体性事件	威远县连界镇城乡环境综合执法人员在整治摩托车乱停乱放时，某车主及其家人前来拦阻，并与执法人员发生口角、拉扯，引来群众围观、起哄，堵塞交通

所构建的情景必须适用于大部分具有不同特点的事件，这样才能具有现实意义。因此，将上述群体性突发事件结合起来，利用它们的共同点组合成现实事件的虚拟结构。2008—2010 年的这些群体性突发事件的共同点有：①群体性突发事件的发生都存在一定的导火索。引发群体性突发事件最多的原因就是群众对政策规定或者政府行为的不满。②群体性突发事件之所以难以控制，是因为在整个事件中存在部分煽动者，他们利用群众愤怒的心理，用偏激的言词或其他手段激发和引导群众更加过激的行为。③在所发生的群体性突发事件中，即便事件发生初期仅仅是政府工作人员个人行为失当，但最终群众仍将矛头指向政府。

根据近年来我国发生的群体性突发事件的特点，可按照事件发生时的状态将其分为两类：其一，有预谋的群体性突发事件，如 2008 年的西藏拉萨"3·14"打砸抢烧事件。在此类群体性突发事件中，会有某个组织或者个人提前散布相关言论，组织力量，蓄意待发。其二，偶然发生的群体性突发事件，我国大部分群体性突发事件都属于此类。这类事件往往起因于一些小事件，只是因为小事件没有得到妥善的处理才引起不堪的后果，且偶然发生的群体性突发事件中，大部分参与的群众是自发参与的。只有对每种可能的群体性突发事件进行深入的剖析，才能完整地定义群体性突发事件的发展流程，从而构建出具有现实意义的群体性突发事件预警情景。

群体性突发事件的形成和发展有着自身的运行规律，因而其发生发展过程存在一定的生命周期。应急管理专家芬克（Fink）运用医学术语把危机的生命周期分为征兆期、发作期、延续期和痊愈期。同样，群体性突发事件也遵循此生命周期。

①有预谋的群体性突发事件是有组织、有计划的，因此在征兆期会出现前兆信息，也就是出现风险因素的预示性信息。接着会在某一特定时间内突然爆发，使得风险值迅速越过临界值，无论在范围上还是强度上都会不断地扩大和增强。在之后的一段时间内，由于事件的全面爆发，社会和政府开始采取措施进行处置，在处置过程中，存在各种不确定性因素，这些因素会导致事件朝两个方向发展，或得到控制，有所缓解；或导致次生事件的发生。若次生事件没能得到有效控制，便会进入新的群体性突发事件的生命周期。最后，随着政府的不断干预，此类事件最终会得到恢复（图4—19）。由于此类型的群体突发事件有明显的前兆信息，只要对前兆信息进行密切的跟踪监测，通过定量的预警方法就可以实现此类群体性突发事件的预防。

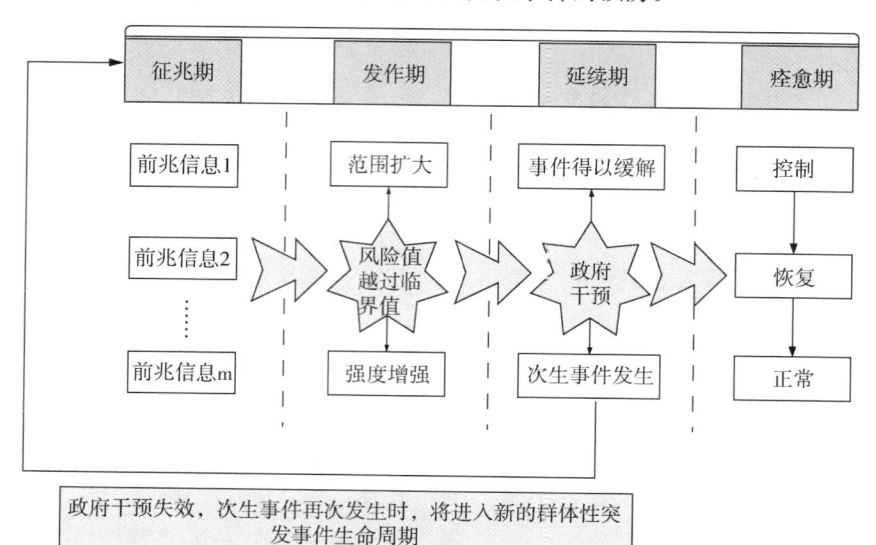

图4—19 有预谋的群体性突发事件生命周期

②偶然发生的群体性突发事件一般是由某一小事件引发的，如群众利益受到侵害、非公平待遇、冤屈，有时也可能是一种误解。这些小事件是造成偶然性群体性突发事件的导火索。导火索事件之所以衍生成群体性突发事件，是由于政府未能妥善处理导火索事件。近年来，我国发生的群体性突发事件大部分为此类型，并且此类型的群体性突发事件是由导火索事件引发，并没有明显的前兆信息，不能依赖传统的预警方法对其进行预防（图4—20）。因此，这里提供的预警方法更适合于偶然发生的群体突发事件。

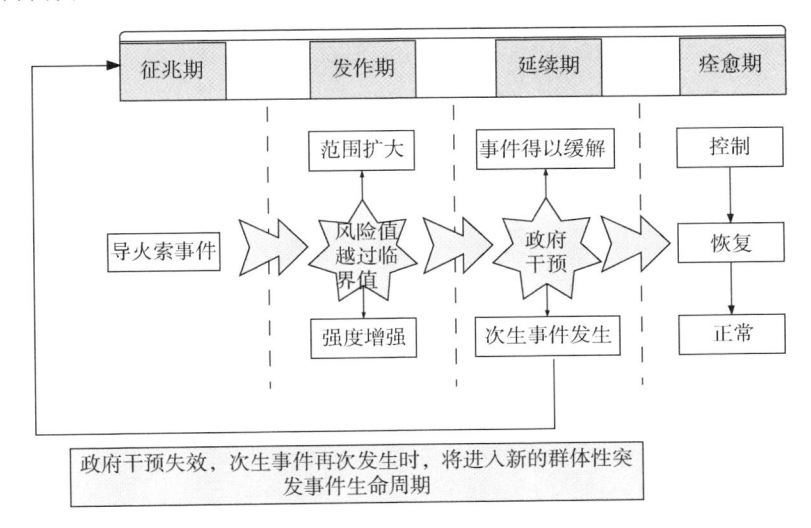

图 4—20 偶然发生的群体性突发事件生命周期

（2）定义群体性突发事件情景的要素

情景间的差异体现在构成元素的不同，或者是元素间的组合方式不同。而构成情景的要素其地位是不均等的，主导因素对情景的形成和发展起关键作用。定义群体性突发事件预警情景的要素的意义在于赋予情景现实意义，在实际应用中，可通过调整各要素的参数值来达到精确分析情景，合理组织应急管理工作的目的。

构建群体性突发事件情景之前要先从假设的事件中找到关键要素，这些要素对于构建群体性突发事件情景非常重要（表4—6）：①事件基本信息：包括事件发生的时间、地点、类型、影响范围、参与单位等信息。②事件描述信息：包括事件原因、发展过程、危险等级、损失情况

(人员伤亡、财产损失、设施环境破坏）等信息。③事件响应信息：包括群体性突发事件的相关单位根据事件状态，所采取的处理措施（如事件隔离措施，人员、物资的疏散措施，救援措施等），以及舆论信息（如政府舆论、新闻舆论、网络舆论等）。

表 4—6　　　　　　构建群体性突发事件预警情景所需的要素

要素	事件基本信息	事件描述信息	事件响应信息
内容	发生时间 发生地点 事件类型 影响范围 参与单位	事件原因 发展过程 危险等级 损失情况	处理措施 舆论信息

①群体性突发事件的基本信息

构建情景群体性突发事件预警时，首先要确定的要素是时间轴和决策空间。定义时间轴和决策空间就是对所要进行情景分析的群体性突发事件进行时间和空间上的定位，确定事件发生的时间区间范围和空间区域范围。其次要明确事件的类型。目前，国内群体性突发事件发生较为频繁的有：冲击党政机关、游行示威、上访请愿、聚众闹事、罢工罢课、阻塞交通，少数还伴有打、砸、抢、烧等严重违法行为。另外，群体性突发事件的基本信息还包括事件的影响范围和参与单位。在具体应用中，必须根据实际情况对每个要素进行参数设置，才能使所构建的情景具有现实意义。

②群体性突发事件的描述信息

群体性突发事件的描述信息包括事件原因、发展过程、危险等级、损失情况等内容。群体性突发事件情景分析的前提是对群体性突发事件进行全面扫描，逐步分析来发现和识别隐藏在群体性突发事件中的可能导致事件发生或者扩大的风险因素。这些风险因素是导致群体性突发事件发生的直接动力。

导致群体性突发事件发生的原因有直接原因、深入原因和间接原因三类。其中，导火索事件是引起群体性突发事件的直接原因；社会性环境因素即对导火索事件的约束措施，包括政策环境、现实环境、心理因素等，是引起群体性突发事件的深入原因；另外，部分群众的煽动性行为是引发群体性突发事件不断扩大的间接原因。

对群体性突发事件的发展过程进行概括和描述的目的是掌握事件的生命周期，为之后对群体性突发事件的不同情景进行分类提供条件。群体性突发事件的发展经历了理想稳定状态→混乱无序状态→平衡有序状态→不稳定状态→平缓恢复状态。在不同的群体性突发事件状态下存在多个情景，因此，我们需要通过假设的事件的发展过程描述找到其关键情景，为群体性突发事件情景分析提供前提。

群体性突发事件的危险等级、损失等情况描述信息可以使所构建的事件情景更加生动和真实。

③群体性突发事件的响应信息

群体性突发事件的响应是促使群体性突发事件情景从理想稳定状态逐步发展到平缓恢复状态的外在驱动力，包括处理措施和舆论引导措施。事件处理措施包括为了避免群体性突发事件本身情景恶化而采取的相应措施，以及为了避免次生事件的发生而采取的措施；事件舆论引导措施包括正确引导舆论，平息群众愤怒，遏制谣言散播，以及控制事件煽动者和煽动行为等。

（3）群体性突发事件情景构建的方法

群体性突发事件预警情景的构建就是从群体性突发事件中找到关键因素，并将关键因素分类，形成一个可以用数学表达式表达的模型。这里采用PSR模型，即"压力—状态—响应"框架模型。其中"压力"表示使系统失去平衡状态、内部结构发生变动的因素；"状态"表示系统在发展过程中所处的阶段；"响应"表示为了使系统恢复正常而采取的用于抵消"压力"的措施和对策。

在群体性突发事件情景构建的PSR模型中，"压力"表示引起群体性突发事件的外部和内部因素，主要包括引发事件的各种危险因素或事件演变过程中的各种干扰因素。其中，第一类压力为导火索事件，这是引起群体性突发事件的直接原因；第二类压力为社会性环境因素，主要指对导火索事件的约束措施等，这是引起群体性突发事件的深入原因；第三类压力是煽动性行为，这是引发群体性突发事件的间接原因。

"状态"表示群体性突发事件目前的状态，即群体性突发事件在不同生命周期下的态势和影响，对应于各阶段的群体性突发事件情景。主要包括群体性突发事件情景本身的状态和物理环境的状态。对应的群体性突发事件"状态"有：①理想稳定状态：在此状态下，小事件发生，事件本身危险等级为零，且仅为个人或少数人的利益受到影响。小事件发生时不对社会性环境产生明显影响。②混乱无序状态：小事件产生后，由于种种原因处理结果未能让利益相关者都满意，而引发个人或少数群体与事件相关者（部门）之间发生冲突，影响范围不断扩大，最终引发大规模群体性突发事件。③有序平衡状态：所谓有序平衡并非指群体性突发事件已经得到平息，而是指群体性突发事件的风险值已经超过了临界值，达到最大值。也就是说群体性突发事件全面爆发，无论是危险级别还是影响范围都已达到最大值。④不稳定状态：当导致群体性突发事件爆发的"压力"超过临界值，但在"响应"措施的作用下，得到有效控制后，群体性突发事件并不能马上得到恢复和平息，而是出现不间断性的反复，且"响应"措施的执行不当，还有可能引发次生事件。⑤平缓恢复状态：最终群体性突发事件会在有力的"响应"措施下，使"压力"得到了释放，从而群体性突发事件得到控制和解决，社会环境逐渐恢复正常。

"响应"是为了保持系统有效运转而采取的应急处置措施，包括对事件起到控制效果的各类处理措施和为平息、恢复事件而及时发布舆论信息的舆论引导措施。事件处理措施包括为了避免群体性突发事件本身情景恶化而采取的相应措施，以及为了避免次生事件的发生而采取的措施；事件舆论引导措施包括正确引导舆论，平息群众愤怒，遏制谣言散播，以及控制事件煽动者和煽动行为等。

群体性突发事件的情景就是在"压力"、"状态"和"响应"三者的作用下不断演化，因此，群体性突发事件中的每一个情景都可以表示为：

$$s_i(P_i, S_i, R_i) \quad i=1, 2, \cdots\cdots, m \qquad (4-1)$$

公式（4—1）中，s_i 表示群体性突发事件情景，m 表示群体性突发事件发展过程中所有情景的数量，P_i、S_i、R_i 分别表示情景的三个基本要素"压力"、"状态"和"响应"。[①] 其中"压力 P"用 $P=\{p_i \mid 1 \leqslant i \leqslant m\}$ 表示；"状态 S"包括理想稳定状态、混乱无序状态、有序平衡状态、不稳定状态和平缓恢复状态，用 S 来表示群体性突发事件的理想稳定状态；DS 表示群体性突发事件的混乱无序状态；BS 表示群体性突发事件的有序平衡状态；US 表示群体性突发事件的不稳定状态；RS 表示群体性突发事件的

[①] 袁晓芳：《基于情景分析与 CBR 的非常规突发事件应急决策关键技术研究》，西安电子科技大学博士学位论文，2011 年。

平缓恢复状态，可见，S＝｛ISUDSUBSU USURS｝。"响应 R"包括事件控制响应和事件处理响应两类，用 CR＝｛cr_j | 1＜j＜n｝表示事件处理响应措施，用 PR＝｛pr_k | 1＜k＜f｝表示舆论引导响应措施，可见 R＝｛CRUPR｝。群体性突发事件的 PSR 模型的具体内容可归纳为表 4—7。

表 4—7　　　群体性突发事件情景构建 PSR 模型的具体内容

PSR 名称	内容	说明
压力 P＝｛p_i	1≤i≤m｝	导火索事件 p_1	引起群体性突发事件的直接原因
	社会性环境因素 p_2	引起群体性突发事件的深入原因
	煽动性行为 p_3	引发群体性突发事件的间接原因
状态 S＝｛ISUDSUBSU USURS｝	理想稳定状态 IS	导火索事件发生，事件本身危险等级为零
	混乱无序状态 DS	影响范围不断扩大，最终引发大规模的群体性突发事件
	有序平衡状态 BS	群体性突发事件全面爆发，无论是危险级别还是影响范围都已达到最大值
	不稳定状态 US	群体性突发事件并不能马上得到恢复和平息，而是出现不间断性的反复
	平缓恢复状态 RS	群体性突发事件得到控制和解决，社会环境逐渐恢复正常
响应 R＝｛CRUPR｝	事件控制响应 CR＝｛cr_j	1＜j＜n｝	控制群体性突发事件扩大而采取的相应措施
	事件处理响应 PR＝｛pr_k	1＜k＜f｝	在群体性突发事件发生中，正确引导群众的舆论性措施

2. 群体性突发事件的情景域分析

情景域分析是通过对群体性突发事件的情景要素和情景内容进行分析，寻求各阶段情景间的联系和发展规律，从而得出群体性突发事件预警管理的科学方案。群体性突发事件情景域分析包括两部分内容：①从特征角度对群体性突发事件的不同情景进行归类（即对性质相同的情景进行判断）。②描述出具有群体性突发事件内在联系的情景路径图。

（1）基于 PSR 模型的群体性突发事件情景归类

群体性突发事件的 PSR 模型可用热力学中的熵（Entropy）来描述。

若将群体性突发事件的情景看做一个开放的系统，熵被用来描述这个开放系统的混乱程度，混乱无序程度越大，其熵值也越大。系统的熵态是由系统的增熵因素 ZS、负熵因素 FS 和系统的承载能力 C 三者共同作用的结果。[①] 群体性突发事件 PSR 模型与系统的熵态之间存在着一一对应的关系：①系统的承载能力 C 对应于 PSR 模型中的"状态 S"。对于开放系统，系统与社会性环境交换并利用物质、能量和信息等来改变系统状态，可用 dS 表示。②系统增熵因素 ZS 是破坏系统有序运转的物质、能量和信息。群体性突发事件的 PSR 模型中，"压力 P"是破坏系统稳定的增熵因素，可用 d_pS 表示。③系统负熵因素 FS 是对维持系统有序运转有贡献且可以被系统利用的物质、能量和信息，在群体性突发事件中，"响应 R"是维持系统稳定的负熵因素，可用 d_rS 表示。

因此，将群体性突发事件的情景看做一个开放系统，其 PSR 之间的关系可表示为：

$$dS = d_pS + d_rS \qquad (4-2)$$

公式（4—2）中，dS 是群体性突发事件情景的状态值；d_pS 是破坏系统稳定的增熵因素"压力 P"；d_rS 是维持系统稳定的负熵因素"响应 R"。

根据热力学熵原理和群体性突发事件的 PRS 模型可以看出，群体性突发事件的发生实质是一个熵增的过程（图 4—21）：

①当 d_pS 开始增加时，$dS = d_pS + d_rS > 0$。随着系统中各种增熵因子（如政策失灵、不乏违规行为、沟通不畅通、信息不对称、社会心理失衡、利益冲突等）不断增加，导致群体性突发事件发生的"压力"开始产生，导火索事件发生，系统处于理想稳定状态；如不及时采取措施，一旦系统增熵达到极限值，"压力"超越系统的承受能力，原有平衡态将被破坏，那么此时一个小事件（即导火索事件）的发生就极有可能引起群体性突发事件的全面爆发。

②当 d_pS 继续增加，d_rS 开始增加，且 $|d_rS| > 0$，$d_pS > |d_rS|$ 时，$dS = d_pS + d_rS > 0$。虽然 d_rS 是保持社会或组织系统有效运转、化解增熵能量的负熵因子（如调整政策、安抚群众、处理违规行为、控制煽动行为、媒体及时报道、政府信息公开等）。在群体性突发事件发生初期，事件相

[①] 袁晓芳：《基于情景分析与 CBR 的非常规突发事件应急决策关键技术研究》，西安电子科技大学博士学位论文，2011 年。

关者（部门）采取一定的"响应"措施，使得系统从外界吸收一定的负熵，但因其绝对值较小而无法抵消"压力"，导致 d_pS 超过临界值。此时，系统处于混乱无序状态，并将逐步走向衰落。

③当 d_pS 达到最大值，d_rS 继续增大，且 $|d_rS|=d_pS$ 时，$dS=d_pS+d_rS=0$。系统吸收了与增熵等量的负熵，使得总熵没有变化，系统处于平衡态。此状态下群体性突发事件的范围和强度均达到最大限度，同时各种控制和恢复群体性突发事件的"响应"措施也最大限度地发挥其效用。

④当 d_pS 与 d_rS 出现反复的变化时，$dS=d_pS+d_rS$ 也会出现不稳定的变化。此时系统处于不稳定状态，群体性突发事件的范围和强度时而扩大，时而缩小。同时，还伴随着发生次生事件的可能。

⑤当 d_pS 开始减小，d_rS 保持不变，且 $|d_rS|>d_pS$ 时，$dS=d_pS+d_rS<0$。系统从外界吸收了大于增熵的负熵，使得系统总熵减小，系统进入平缓恢复状态。也就是说，群体性突发事件的"响应"措施发挥了一定的作用，使得"压力"开始减少，群体性突发事件开始逐渐恢复和平息。

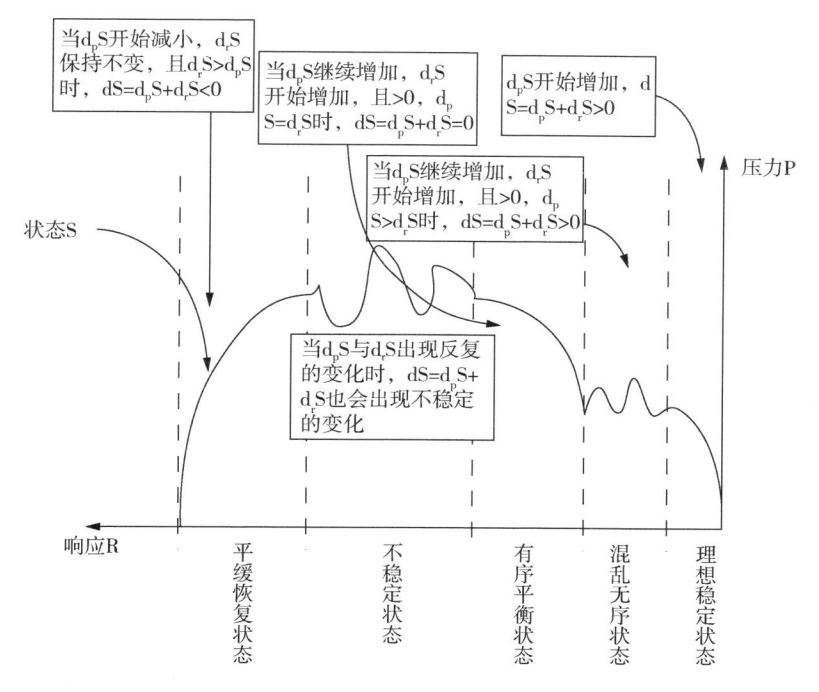

图 4—21　群体性突发事件 PSR 熵变趋势

(2) 群体性突发事件情景路径图

群体性突发事件在其发展过程中存在多个情景，每个情景中各要素的发展变化都会影响下一个情景的形成。因此，在群体性突发事件情景网络构建过程中，要充分考虑各要素对系统的作用情况，以及情景之间的相互关系。同时，还要从不同的角度衡量系统的变化发展情况，最终形成群体性突发事件的情景路径图。

在群体性突发事件的 PSR 情景路径图中，○表示事件状态，有 IS、DS、BS、US 和 RS 五种状态，□表示压力，其中 P_{11} 表示导火索事件，是 IS 状态下特有的压力；P_{2i}（i=1，2，3，……）表示由社会性环境引起的压力，如误解、不完善的政策、损害他人利益的规定等；P_{3i}（i=1，2，3，……）表示部分参与者的煽动性言论或行为。△表示响应，其中 CR_j（j=1，2，3，……）表示事件处理响应措施；PR_j（j=1，2，3，……）表示舆论引导响应措施。其中不同箭头具有不同的含义，虚线有向边表示因果关系，实线有向边表示发展方向。

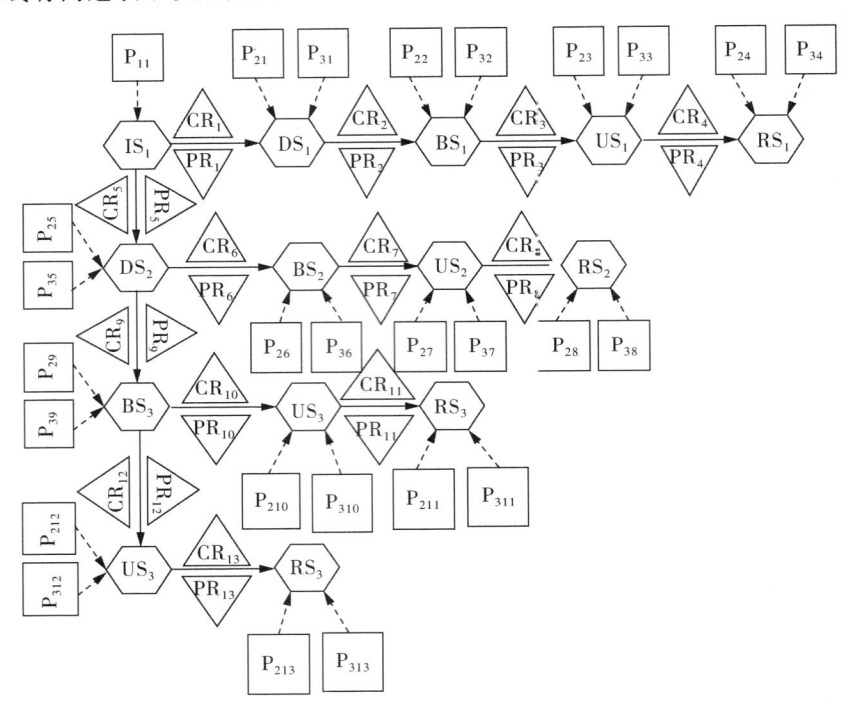

图 4—22 群体性突发事件情景路径

群体性突发事件的每个情景最终都会到达平缓恢复状态，但由于各群体性突发事件情景采取不同的响应措施，导致事件情景路径中存在多条路径。从图4—22可以看出，群体性突发事件情景路径图具有以下四个规律：

①群体性突发事件情景路径图中必然存在一条最优路径。如图中从理想稳定状态（IS_1）→混乱无序状态（DS_1）→平衡有序状态（BS_1）→不稳定状态（US_1）→平缓恢复状态（RS_1）。在这条最优路径中，响应措施CR_i（$i=1, 2, 3, 4$）、PR_i（$i=1, 2, 3, 4$）和压力P_{11}、P_{2i}（$i=1, 2, 3, 4$）、P_{3i}（$i=1, 2, 3, 4$）相互作用，使得群体性突发事件沿着最理想的生命周期一直到最后消失，其中并无次生事件产生，也没有受到其他压力因素的干扰而分解出群体事件的其他状态。

②群体性突发事件情景路径具有两个方向，横向表示"响应"有效，事件朝着最好的方向发展；纵向表示"响应"失效，事件出现其他不好的状况。群体性突发事件从"理想稳定状态"演变到"平缓恢复状态"的过程中，任何一个情景的出现都伴随着一定的"压力"，但并不是每一个状态下都会有有效的"响应"。由此可知，在群体性突发事件的PSR情景路径图中，横向状态比纵向状态更加糟糕。因此，在图中DS_i与DS_j，当$i<j$时，DS_j为路径图纵向上的状态；同理，BS、US和RS均符合该规律。

③群体性突发事件情景路径的始端为理想稳定状态（IS），终端为平缓恢复状态（RS）。无论群体性突发事件在演变过程中其状态如何改变，其最终结果都是由"理想稳定状态（IS）"演变为"平缓恢复状态（RS）"。由于群体性突发事件必须是参与人达到一定数量，并造成一定影响的事件，因此，如若从理想状态（IS）直接演变为平缓恢复状态（RS），说明导火索事件发生以后，由于有效的"响应"措施，使事件得到恢复和平息，却没有造成更大规模的事件发生，故不属于群体性突发事件。

④基于PSR模型的群体性突发事件情景路径不存在环路。在群体性突发事件的PSR情景路径图中，绝对不可能出现从某一状态再循环到之前状态的情况。无论群体性突发事件如何发展，其总体均是朝着"平缓恢复"的方向发展。如图中的$IS_1 \to DS_2 \to BS_2 \to US_2 \to RS_2$这条路径，由于对$IS_1$状态的响应措施（$CR_5$、$PR_5$）效果不理想，导致群体性突发事件的状态进入$DS_2$，之后即使采取了有效措施（$CR_6$、$PR_6$）也不能使群体性突发事件的状态回到$BS_1$，而是进入了相对于$DS_2$的状态$BS_2$。

3. 群体性突发事件情景推演

进行群体性突发事件情景推演是在把握情景发展规律的基础上,通过行为策略等影响群体性突发事件的情景,通过定性与定量相结合的方法对群体性突发事件可能的发展态势进行有效分析,从而为群体性突发事件的预测预警提供依据。

(1) 群体性突发事件情景推演方法

群体性突发事件情景推演主要完成的是从群体性突发事件情景状态到情景发展趋势的分析,即通过各种系统实现方法对群体性突发事件的发展、演化等进行预测,得到事件当前状态基础上的未来的发展趋势。

由上述通过 PSR 模型和熵变理论对群体性突发事件情景进行归类可知,群体性突发事件情景的分析和演化是依据当前情景要素 P、S、R 的输入,分析各个要素之间的因果关系来进行群体性突发事件预警管理的。贝叶斯网络是基于概率分析和图论的一种不确定性知识表示和推理模型,主要用于分析系统的复杂结构。

群体性突发事件情景中存在大量不确定性变量和不完全信息,通过贝叶斯网络可以观察群体性突发事件所有情景的全局结构,并可以任意地对其中的节点及其节点间的关系进行改变和调整。群体性突发事件的情景之间具有很强的因果关系,这种因果关系反映了群体性突发事件的 PSR 模型中各要素对系统的影响。

(2) 群体性突发事件情景推演的内容和步骤

贝叶斯网络由有向非循环图和条件概率表两部分内容构成。其中,有向非循环图用于表示系统中节点间的相互关系和结构,是贝叶斯网络中的定性表达;条件概率表是贝叶斯网络的定量组成部分,用于表示系统中各节点的条件概率值。在群体性突发事件情景推演中,首先运用贝叶斯网络等方法对群体性突发事件情景路径图进行定性表达;然后通过数据样本统计或专家经验指定等方式,形成情景 s_i 各要素的条件概率;最后,将有向非循环图与条件概率表一一对应实现对群体性突发事件的情景推演。

① 群体性突发事件有向非循环图

A. 确定网络节点

这里所指的群体性突发事件的节点对应事件情景 s_i(P_i, S_i, R_i)的各个子要素。将 s_i(P_i, S_i, R_i)的要素分为自然变量、决策变量和效用变量三类。其中,自然变量是不可控的变量,若自然变量与其父节点之间存在函数关系，则称其为确定变量，若其与父节点之间的函数关系具有概率性，则称为机会变量；决策变量是指可控的变量，即在贝叶斯网络中用以优化期望值的决策；效用变量也称为值变量，在寻找最优决策的过程中，这些效用变量的期望值达到最大。有关群体性突发事件情景推演的贝叶斯网络节点的内容如表4—8所示。

表4—8　　　　群体性突发事件情景推演的贝叶斯网络节点

		自然变量		决策变量		值变量
PSR模型要素		压力 $P=\{p_i \mid 1 \leqslant i \leqslant m\}$		响应 $R=\{CR \cup PR\}$ $CR=\{cr_j \mid 1 \leqslant j \leqslant n\}$ $PR=\{pr_k \mid 1 \leqslant k \leqslant f\}$		状态 $S=\{IS \cup DS \cup BS \cup US \cup RS\}$
具体内容	p_1	导火索事件	cr_1	及时调整政策		理想稳定状态 IS
	p_{21}	经济原因	cr_2	正确处理违规行为		混乱无序状态 DS
	p_{22}	政治原因	cr_3	安抚群众		有序平衡状态 BS
	p_{23}	社会原因	cr_4	控制煽动行为		不稳定状态 US
	p_{24}	民众因素	pr_1	媒体及时报道		平缓恢复状态 RS
	p_3	煽动性言论或行为	pr_2	政府信息公开		

B. 确定节点关系

群体性突发事件的贝叶斯网络图中包含了节点和有向边的集合。在完成了图中节点内容的确定之后，需要确定用于表示节点之间相互关系的有向边集合。对于群体性突发事件而言，网络中的有向边具有两层含义：一是表示层级关系，描述了父节点与子节点之间的关系，如表4—8中的 p_2 是 $\{p_{21}$，p_{22}，p_{23}，$p_{24}\}$ 的父节点，反之，$\{p_{21}$，p_{22}，p_{23}，$p_{24}\}$ 是 p_2 的子节点；二是表示因果关系，描述了事件情景 $S_i(P_i,S_i,R_i)$ 各个子要素之间的相互影响作用，如表4—8中的 $\{p_1,p_2,p_3\}$ 是引起 $S=\{IS \cup DS \cup BS \cup US \cup RS\}$ 的原因。

②分配条件概率

贝叶斯网络的另一个重要步骤是对网络中的所有节点建立条件概率表，用于描述子节点与其父节点之间的关联程度，其中，对没有父节点的节点要首先给定先验概率。这里通过领域专家根据其经验对群体性突发事件各节点的概率进行分配。

4. 基于情景传递的群体性突发事件预警管理

群体性突发事件情景传递是在情景分析前几步的基础上，最后通过定量计算的方法得出群体性突发事件可能的情景及情景发生的概率，并提出改进措施和应对策略，以求将群体性事件控制在萌芽状态，为群体性事件的情报预警系统提供科学的方法和策略。通过群体性突发事件的情景传递可产生不同情景下的事件的预警策略。基于情景传递的群体性突发事件预警管理通过四个方面进行，包括：（1）通过各路径之间的延续性原理进行预警管理；（2）通过每条路径中的各情景间相关度来推断下一个情景发生的可能性；（3）全面分析事件可能产生的情景路径，并对可能的路径进行计算和分析；（4）对历史类似事件的情景分析建立预警库，用于未来可能发生的类似群体性突发事件的预警管理。

由于我们主要是通过对群体性突发事件的情景分析来提供事件预警的相应策略，因此，在这个阶段的主要任务是根据情景发生概率和情景模拟中出现的预警信号，分析综合，从而形成群体性突发事件预警报告，并传递给相关部门和决策人员。群体性突发事件情景传递的主要工作包括：

（1）拟定样体性突发事件情景草案

情景推演结束后，必须把结果及时反馈给系统参与者，因此情景传递的首要任务就是拟定情景草案。情景草案的核心是描述事物发生发展过程中可能出现的问题并预测事物发展趋势。对群体性事件进行情景预测可能面临多种情形，通常选取具有代表性且相对概率较大的模型进行分析，对于那些明显不会发生或者发生概率较小的情景，通常采取忽略不计的处理方式。拟定群体性突发事件情景草案的目的是为了寻找可能对事件的演化产生影响的各种对策，并在理论上解决这些问题。另外，通过拟定情景草案可以发现我们日常维稳工作中存在的问题和纰漏，因此情景草案可以帮助决策者寻找对策，填补纰漏，摒弃痼疾，为更好地开展群体性事件的信息预警工作打下基础。

（2）建立群体性突发事件预警库

基于情景分析方法建立的群体性突发事件预警库来源于对历史同类事件的相关分析和总结，是对历史事件的归纳和分类，并通过定性或定量方法对历史事件进行量化处理。其目的在于实现情景草案的规范化和条理化，为未来出现相似事件提供参考依据和量化指标。预警库中应存储大量的通过情景分析方法构建的类群体性突发事件模型，包括产生群体性突发事件的各类要素，基于PSR模型的群体性突发事件情景路径图，历史事件各情景路径的贝叶斯网络结构，以及事件的预警分级模型等。群体性突发事件预警库为群体性突发事件的预警活动提供基本的历史事件数据和信息，是进行群体性突发事件应对处理的基础和保障。

（3）群体性突发事件情景模拟演练

美国联邦应急管理协会（EMI）提出了两种模拟演练方式：基于讨论（discussion-based）和基于操作（operations-based）的演练，其中融合了情景模拟和角色扮演的理念。情景演练的目的在于检验基于情景分析法的群体性突发事件应急管理的可行性，以便提高事件的应急反应能力。情景分析的参与者和决策者将自己作为局中人来模拟事件的全过程，然后将群体性突发事件的情景草案应用到现实社会中来检验其发生发展的过程。为了使情景模拟演练更加生动有效、贴近现实，可以请普通群众或曾遭遇过类似事件的群众作为情景传递过程中的参与者和评价者。群体性突发事件情境模拟演练的目的是真实还原事件的面貌，增加情景分析的证据性。因此，我们可以把群体性突发事件的情景模拟演练看作是一个"行动学习"的过程。

三 公共危机监测预警信息技术

（一）物联网技术

物联网是新一代信息技术的重要组成部分，英文名为"The Internet of things"。物联网的概念早在1999年就已提出：即通过射频识别（RFID）、红外感应器、全球定位系统、激光扫描器、气体感应器等信息传感设备，按约定的协议，把任何物品与互联网连接起来，进行信息交换和通信，以实现智能化识别、定位、跟踪、监控和管理的一种网络。简而言之，物联网就是"物物相连的互联网"。

基于物联网技术的公共危机信息监测预警系统具有较大的发展空间和广阔的应用前景。公共危机信息监测预警物联网系统是城市中连接在一起的各处应急信息采集点（包括安防系统、交通系统、气象系统和公安系统）的信息处理系统，根据专家知识库进行预警信息预报，对专家知识库模型进行再学习和优化，实时通过网络通知城市应急部门，统一指挥公安、武警、交通和医院等部门进行协调行动。[①]

[①] 李胜广：《感知城市——物联网在城市应急预警系统中的应用》，《中国安防》2010年第7期。

公共危机信息监测预警物联网系统是在已有的安防系统、社会治安视频系统、智能交通系统、GIS 和 GPS 信息系统的基础上，架构一层物联网系统，并在应急物联网系统中实现异构数据整合、数据挖掘、专家知识库等功能模块，使得物联网系统起到联通安防信息孤岛的作用。这个系统具有监测范围广、监测指标多、连续性要求高、能在不适合人工监测的环境中监测等特点。应用物联网技术可构建一个由感知层、网络层、应用层组成的公共危机信息监测预警系统工程（图4—23）。

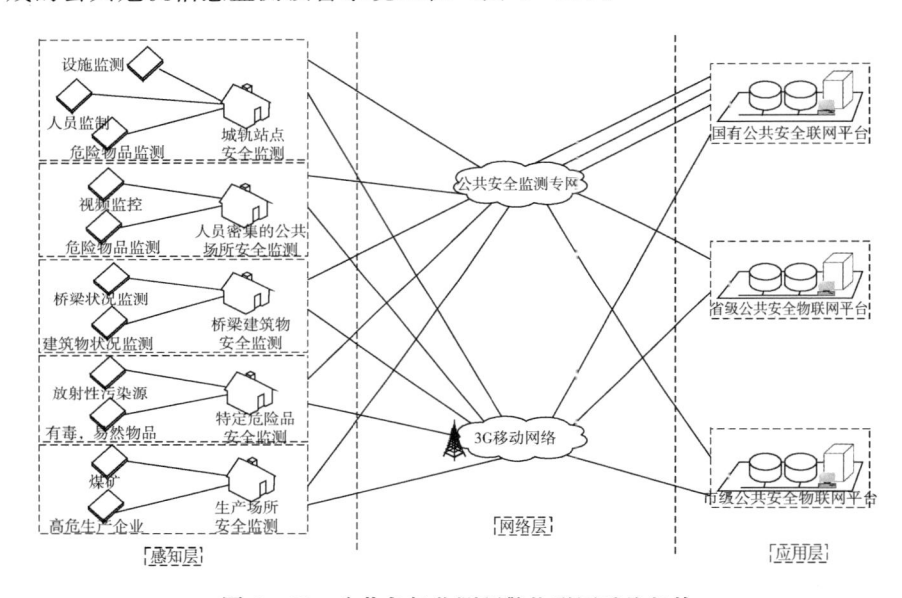

图4—23 公共危机监测预警物联网系统架构

作为沟通客观物理世界和主观感知世界的载体与桥梁，物联网最大的优势在于，通过广泛分布的传感监测系统，以更直接、更精确的方式对环境信息进行全面监测，进而实现对复杂环境或复杂事件的精确感知。在公共危机信息监测预警系统中，构建基于物联网的信息采集、分析和预警系统，一方面可以实现对突发灾难性环境（如环境污染、危化品安全、地铁、广场等人群密集区域的火险及地震等灾难事件）的精确监测；另一方面，可利用网络中具有定位和通信模块的多模移动信息采集终端，提供设备和救援人员的实时定位跟踪；结合电子地图，将现场动态信息与应急平台综合数据库和模型库的各类信息融合，依据专业的分析模型，形成较为完备的事件态势图，对突发公共危机事件的蔓延方向、蔓延速率、危险区域、发展趋势等进行动态预测，进而为辅助决策提供科学依据。

（二）可视化技术

1. 地理信息系统（GIS）技术

预警中心的关键角色之一是基于 GIS 技术开发的系列应用软件，这些应用软件主要具有以下五点功能：①对监测获取的公共危机数据进行分析和展示。②通过假设性参数形成模型情景数据库，便于对公共危机事件进行检索、分析和实现。③结合监测数据和参数模型生成公共危机地图。④形成公共危机预警管理的标准化操作流程，用于进行预警决策。⑤监测信息、预警信息的仓储、挖掘和扩散应用。

2. 三维可视化技术

三维可视化技术是唯一可以使公共危机的监测预警系统呈现出更加直观、方便的用户界面的技术。这种技术必须通过空间参考和多尺度数据来实现系统的三维可视化互动和无缝集成，因此，基于三维可视化技术的信息监测预警系统更多地适用于地质灾害监测预警管理领域。基于三维可视化的地质灾害监测预警系统所监测的信息满足空间参考和多尺度数据的特点，这些信息来自不同的数据库、文件或服务，如 Web 服务、FTP 和电子邮件等。

基于三维可视化的地质灾害监测预警系统通过服务集成的方法将多源监测数据进行集成。文本、图形、图像和视频等数据也可以通过这种体系架构集成到监测预警系统中，从而为地质灾害预警管理提供一系列服务。地质灾害预警工具的基础是灾害监测数据和地质空间信息，其目的是将各种信息、数据进行可视化展现。从而帮助决策者进行专业的灾害分析和决策。在基于三维可视化的地质灾害监测预警系统中，还集成了一些辅助空间分析工具，例如 3D 测距、坡度计算、填充和切割分析、地形剖面图分析等，用于帮助最终用户进行地质灾害的预警分析。

虚拟地球（如 Google Earth、World Wind、ArcGIS Explorer 等）都可被用于公共危机的监测预警管理，虚拟地球和传统的数字地图都可以提供空间数据的可视化、管理和分析功能，但是虚拟地球可以更加直观、轻松地帮助决策者理解地理空间数据，从而提高公共危机预警决策的效率。[①]

---

① D. Tiede and S. Lang, *Analytical 3D views and virtual globes——scientific results in a familiar spatial context*, Retrieved October 2012 from http://www.geovisualisierung.net/isprs2007/docs/26_Tiede.pdf.

应用公共危机监测预警三维可视化技术的目的有：（1）为整合、分析和展现公共危机空间地理信息、监测数据和分析结果提供一个基本架构；（2）用于对空间分布式数据进行处理和分析；（3）衍生出更多的用于支持日常公共危机监测与预警以及高层公共危机决策管理的应用和工具。

中国国家自然科学基金委资助的由中国地质大学地球科学学院和中国地质环境监测院共同承担的"三峡库区三期地质灾害防治"重大科研项目中，对地质灾害监测与预警的可视化框架进行了设计。基于 SOA 的地质灾害监测与预警可视化架构将网络服务作为它的基本要素，为客户端提供全部必需的地质灾害空间数据、地质灾害管理数据和地质灾害监测数据。利用 SOA 的功能可以将分布式数据和信息、空间信息（如 DEM）、遥感影像和地理地质等其他信息进行集成部署。有关基于 SOA 的公共危机监测预警平台将在第三节详细论述。中国地质大学地球科学学院和中国地质环境监测院设计的地质灾害监测与预警可视化框架主要包括四个层次：（1）基于虚拟地球的客户端；（2）数据服务层；（3）数据集成层；（4）数据层（图 4—24）。

基于虚拟地球的客户端的设计理念在于可以通过该客户端对多源时空数据、地质灾害监测与预警数据实现 3D 可视化展现。同时，在虚拟地球的开发基础上设计了友好的、交互式的用户界面。虚拟地球客户端是由一系列用于地质灾害管理和监测预警的应用和工具组成的。

数据服务层为虚拟地球客户端提供必需的属性数据、空间数据和监测数据。同时，数据服务层提供模型计算、空间分析、空间计算和业务逻辑功能。另外，数据服务层的缓冲器至关重要，通过缓冲器可以很好地改进从本地或远程数据库中读取数据的效率。

数据集成层为模型计算、空间分析、空间计算和业务逻辑提供通用的数据接口，这个通用的数据接口是在通用的地质灾害监测与预警数据模型的基础上设计开发的。在数据集成层中，空间数据可以通过数据适配器轻松地实现集成发布；远程属性数据可以通过网络服务器集成到数据服务层中；监测数据通过服务导向方式可存储在它自己的数据库或文件系统中；同样，监测数据也可以集成存储在统一的数据库中。

数据层包括地质灾害预警管理的分布式数据和属性数据、空间数据和监测数据。大部分的地质灾害预警管理数据存储于本地关系数据库、空间数据库、文件系统、远程服务器或本地服务器（如 WMS、WFS、Web-

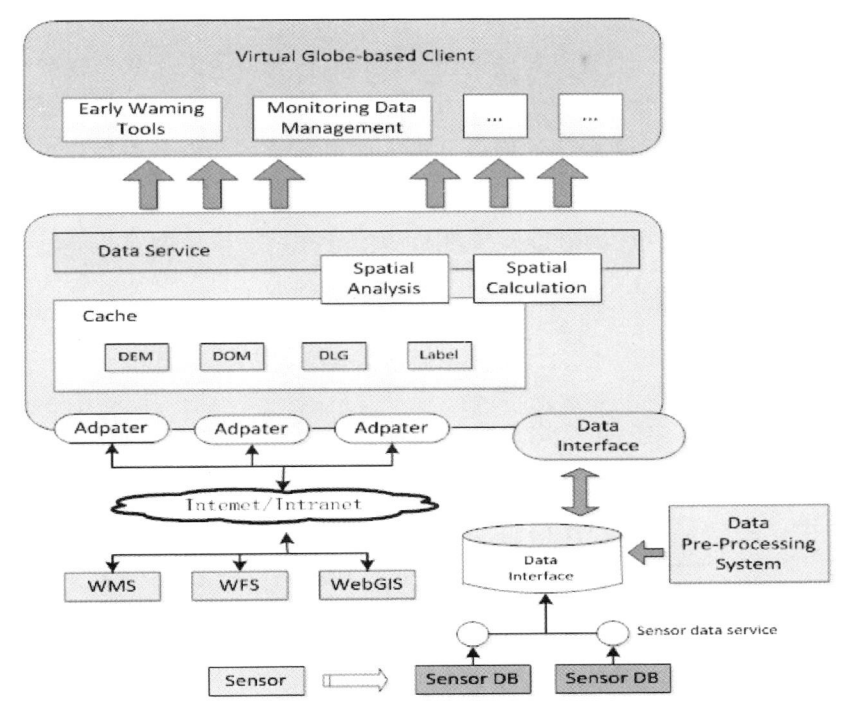

图 4—24　地质灾害监测与预警可视化框架

GIS)，以及其他类型的网络服务器中。其中，本地空间数据可以通过数据预处理系统导入到空间数据库中；监测数据是通过不同的传感器采集得到，并存储在它们自己的远程或本地数据库或文件系统中。

（三）公共危机信息监测预警技术未来发展趋势

公共危机信息监测预警的技术主要分为信息监测技术、信息分析技术和信息预警技术三个方面。公共危机信息监测技术应用系统论、控制论、信息论等的原理和方法，密切结合自动监测与传感器技术、计算机仿真等现代高新技术，以及群测群防的人工监测方法，从而实现对危险源对象的安全状况进行实时监控，严密监视那些可能使危险源对象的安全状况向事故临界状态转化的各种参数的变化。未来的公共危机信息监测技术发展主要集中在两个层面：第一个层面是对物理性或指标性信息的监测，如气候信息、水资源信息、食品安全信息等，对于这一类型信息的监测，将会更加重视通信技术、卫星与遥感技术、专家系统等重要技术的应用和研究；

另一层面是对于网络信息、敏感性信息的监测，如微博信息、舆情信息等，对这类信息的监测则更加注重应用计算机仿真、语义化数据挖掘等信息技术的应用。随着公共危机管理体系的规范化与公共危机决策要求的不断提高，用于公共危机预测的信息分析方法引起学界的更多关注。由于公共危机信息预测涉及多个领域，各种方法、技术需要协同与整合在一个有效的平台下才能充分发挥作用，因此，构建合理的、通用的公共危机信息分析系统也必将成为研究热点。未来有关网络舆情分析、情景分析和社会网络分析等的方法将会在公共危机信息预测分析的过程中发挥越来越强大的作用，并成为这个领域的一个重要研究方向。在公共危机信息预警的技术和方法上，GIS、三维可视化等技术已经得到广泛应用。但在未来的发展中，通过物联网、知识本体网络等技术来构建"监测—预测—预警"协同响应的公共危机预警通信信息工程必将成为最重要的趋势。

第三节　公共危机监测预警知识网络平台

利用各种方法和设备监测得到的公共危机的数据和信息，是用于构建公共危机监测预警信息系统的重要前提。然而公共危机监测预警信息系统是由不同的子系统组成，监测预警信息系统的重要任务是解释复杂的多维数据，实现子系统间的互操作性以及异构数据的处理。为了实现上述要求就必须首先考虑到这些数据的语法和语义性质。语法性质负责数据的互操作性；语义性质用于解决数据异质性的问题。因此，公共危机监测预警知识网络平台是面向服务架构（SOA）的模型，用于理解监测数据的语法和语义性质。

一　公共危机监测预警信息的语义化表达

以群体性突发事件为例，首先，对其进行本体表达前要做的准备工作是针对具体的群体性突发事件进行核心概念的抽取。其次，在核心概念的基础上，找出群体性突发事件概念间的关系。最后，将核心概念及概念间的关系进行本体表达，形成计算机可识别的 RDF/OWL 格式。

1. 群体性突发事件核心概念的抽取

由于群体性突发事件的网络数据具有很强的时效性，事件过后就会被网站删除或替换,而且很大一部分群体性突发事件的网络数据违反相关法律法规和政策,所以群体性突发事件的网络数据分散驳杂,获取起来比较困难。

考虑到群体性突发事件网络数据的以上特点,我们选择最近发生和影响巨大的7个群体性突发事件专题网站(包括博客和BBS)做研究样本(表4—9),虽然对于同一群体性突发事件在不同网站上都有专题,但大部分网站专题的模块和内容都很一致,因此本书对同一群体性突发事件只套录一个网站的专题。

表4—9　　　　　　　　群体性突发事件网络数据列表

时间	群体性事件	专题网址
2008年3月4日	西藏"3·14"打砸抢烧事件	新华网专题:http://www.xinhuanet.com/politics/xzblsjzzbd/
2008年6月28日	瓮安事件	凤凰网专题:http://news.ifeng.com/mainland/special/wengan628/
2009年6月17日	湖北石首"6·17"事件	网易专题:http://news.163.com/special/00013FJU/shishou.html
2009年7月5日	新疆"7·5"事件	路透网专题:http://cn.reuters.com/news/globalcoverage/xinjiangriot2009
2010年6月11日	马鞍山万人群体抗暴	红网bbs:http://bbs.rednet.cn/thread-23580299-1-1.html
2010年10月16日	"李刚门"事件	凤凰网专题:http://news.ifeng.com/society/special/ligangmen/
2010年11月28日	张家港医院"吊水门"	网易博客:http://candylulu007.blog.163.com/blog/static/13617526420101161116769/

利用 Offline Explorer Enterprise 离线浏览软件将这7个专题网站(包括博客和BBS)的主页面及其一级、二级子页面的文本内容下载保存,作为内容分析的对象。由于网络信息更新速度快,采集并筛选检索结果的工作和下载保存工作于2010年11月29日至12月5日集中进行。

将保存的离线数据全部转换成txt文本,然后利用ROST CM平台对txt数据文本进行分词,统计词频,概念抽取以及文本情感计算,为后面的本体构建做准备。

ROST CM软件具有很好的交互界面和中文处理能力。可以采集各类数据,如特定主题网页、特定主题网站、某些网站的特定网页、某些网页的特定内容，微博客、博客圈、论坛，社会网络（SNS），语料库，带有公开密码的数据库内容，各类日志，搜索引擎内容解析，可公开的 QQ 群记录、学生上网上机数据、个人上网信息、邮箱数据、各类人员名单以及机构名单等。针对上述格式的内容可进行协助挖掘和分析，聚类、分类、相关性分析、相似性分析、情感倾向分析、共现分析、同被引分析、时序分析、趋势分析、词频爆发分析、语义网络分析、社会网络分析等处理。

将搜集的 7 个群体性突发事件的网络数据分别导入 ROST CM 进行分词、词频统计，利用人工识别和软件计算的方法提取出各群体性突发事件中的概念。具体过程如下：

【步骤一】：点击"功能性分析"下拉列表框中的"分词"选项，打开分词窗口，在待处理文本框中载入待处理文件"西藏'3·14'打砸抢烧事件.txt"，则系统按照程序目录下的 user 目录中的 user.txt 文档，自动在输出文件框中生成"西藏'3·14'打砸抢烧事件_分词后.txt"文件，获得以空格分离的分词后文档（图 4—25）。

图 4—25 ROST CM 分词界面

【步骤二】：点击"功能性分析"下拉列表框中的"汉语词频分析"选项，打开汉语词频统计窗口，在分词后待统计词频文件文本框中载入文件"西藏'3·14'打砸抢烧事件_分词后.txt"，则系统自动载入过滤词表，并在输出文件文本框中生成词频统计文件"西藏'3·14'打砸抢烧事件_分词后.txt_词频.txt"。生成词频表后需要手动删除某些无关高频词，如时间、论坛、注册、发表、好友、回一楼等。利用相同的方法也对其他 6 个群体性突发事件进行分词处理和概念抽取。获得构建本体的核心概念，共 983 个。

表 4—10 为抽取的部分群体性突发事件概念。

表 4—10　　　　抽取的群体性突发事件概念（部分）

西藏"3·14"打砸抢烧事件		新疆"7·5"事件		马鞍山万人群体抗暴		张家港医院"吊水门"		"李刚门"事件	
词语	频次	词语	频次	词语	频次	词语	频次	词语	频次
西藏	1227	事件	924	马鞍山	510	医院	25	李刚	984
达赖	1181	中国	924	民众	412	民众	19	河北	943
事件	1177	乌鲁木齐	840	局长	400	家属	14	大学	902
拉萨	964	新疆	756	群体	328	男孩	14	李启铭	861
中国	955	允许	336	群众	270	现场	13	李刚门	574
集团	836	暴力	336	现场	266	张家港	10	车祸	574
人民	129	政府	336	警车	242	事件	9	一审	410
暴力	129	澳方	252	事件	234	献花	9	事件	369
问题	125	路透	252	益阳	229	孩子	8	道歉	328
西方	125	墨尔本	252	权力	220	不满	8	网友	328
民族	124	抗议	252	天下	215	死者	7	家属	328
历史	123	恢复	168	抗暴	198	人民	7	校长	287
发展	122	致信	168	帮助	181	院方	7	接受	287
达赖喇嘛	122	报导	168	长沙	179	死亡	7	校园	287
藏族	120	说明	168	提示	173	医生	6	父子	287
媒体	120	周二	168	人事	170	悼念	6	赔偿	287
人权	118	局势	168	书记	169	政府	5	肇事	287
文化	117	组织	168	警察	158	苏州	5	肇事者	287
日报	17	乌市	168	模式	158	当地	5	李刚之	246
犯罪	16	境内	168	人群	154	事情	4	交通	246
专家	14	融和	168	系统	150	少女	4	沉默	246
打砸抢烧	14	未来	168	社区	144	市民	4	社会	246
受损	14	斯坦	168	私人	143	说法	4	宣判	205
强烈	14	新华	168	公共	143	警察	4	受害者	205
商户	14	警方	168	指南	143	警方	4	目击者	205
群众	14	街头	168	媒体	136	自发	4	开庭	205
报道	13	中国人	168	道德	132	社会	4	态度	205
分裂	13	政策	168	汪国庆	126	说明	4	飙车	164

续表

西藏"3·14"打砸抢烧事件		新疆"7·5"事件		马鞍山万人群体抗暴		张家港医院"吊水门"		"李刚门"事件	
谴责	13	控制	168	旅游局	122	调解	4	和解	164
国家	12	大使	168	围观	122	水门	4	当庭	164
政府	12	突厥	168	官员	118	抢救	4	官员	164
谎言	11	时报	168	质疑	114	父亲	3	认罪	164
藏青	11	抓获	168	下狠	112	傲慢	3	撞死	164
佛教	11	犯罪	168	武警	110	不但	3	学生	164
破坏	11	指责	168	中学生	110	夏臣森	3	安全	164
奥运	11	亲属	168	提出	110	网友	3	从轻	164

由表4—10可知，群体性突发事件的发生地点、参与主体在网络曝光中出现的频率最高。例如，西藏"3·14"打砸抢烧事件"西藏"出现1227次，"达赖"1181次；"李刚门"事件"李刚"出现984次，"河北"出现943次，"大学"出现902次，"李启铭"出现861次。这些高频词将构成其本体的核心概念。

描述群体性突发事件进展的词语或概念出现的频率处于第二阶梯，如，"李刚门"事件"一审"出现410次，"道歉"出现328次；马鞍山抗暴事件"抗暴"出现198次，"帮助"出现181次。描述群体性突发事件结果的词语或概念出现的频率最低，如"李刚门"事件"认罪"出现164次，"撞死"出现164次，"从轻"出现164次。

这种结果正是由群体性突发事件网络信息的发布和传播规律导致的。无论是事件发生、发展，还是结束，每条新闻和评论都需要有本次事件的发生地点、参与主体等信息，所以这些词出现的频率最高。事件发展过程中，新闻媒体会加大力度跟踪报道，信息量呈指数增长，所以描述群体性突发事件进展的词语或概念出现的频率处于第二阶梯。事件有了结论，新闻媒体的报道也就趋于平稳，信息增长速度下降，所以描述群体性突发事件结果的词语或概念出现的频率最低。

2. 群体性突发事件概念关系的构建

群体性突发事件核心概念抽取完，再借助ROST CM的语义网络分析模块和情感分析模块找出群体性突发事件概念间的联系，并用netdraw画出语义网。具体过程如下：

【步骤一】：点击【功能性分析】下拉列表框中的【语义网络和社会网络分析】选项，打开 ROST 语义网络和社会网络生成工具，在待处理文件文本框中载入"西藏'3·14'打砸抢烧事件.txt"，然后点击【提取高频词】按钮，可以生成高频词表；点击【过滤无意义词】按钮，生成过滤后的高频词和共现矩阵词表；点击【提取行特征】按钮，生成行特征词；点击【构建网络】按钮可以生成语义网络的.VNA 文件和.txt 文件（图 4—26）。

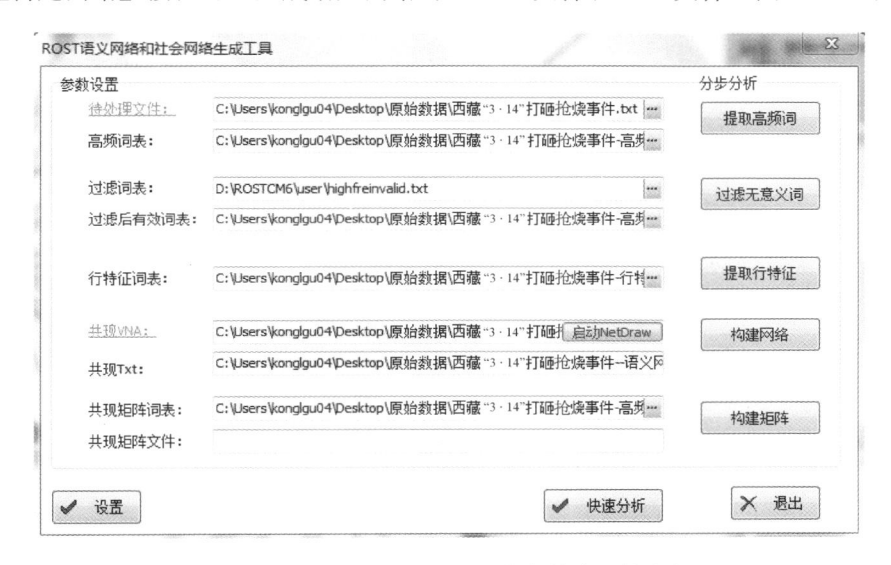

图 4—26 ROST CM 语义网络和社会网络分析

【步骤二】：进一步点击【启动 NetDraw】按钮，打开 NetDraw 工具，打开生成的"西藏'3·14'打砸抢烧事件.VNA 文件"，查看图形结果。

为了研究概念的属性，我们借助 ROST CM 的情感分析模块对文本进行情感分析（图 4—27）。心情指数为正表示积极情绪，心情指数为负表示消极情绪，心情指数为 0 表示中立情绪。心情指数越高，表示心情越积极；心情指数越低，表示心情越消极。

下面我们一一分析构建的 7 个群体性突发事件语义网，找出概念间的层次和关系。

【事件回顾】2008 年 3 月 14 日下午，拉萨市区发生了严重的打砸抢烧暴力犯罪事件。犯罪分子纵火 300 余处，18 名无辜群众被烧死或砍死，受伤群众达 382 人。

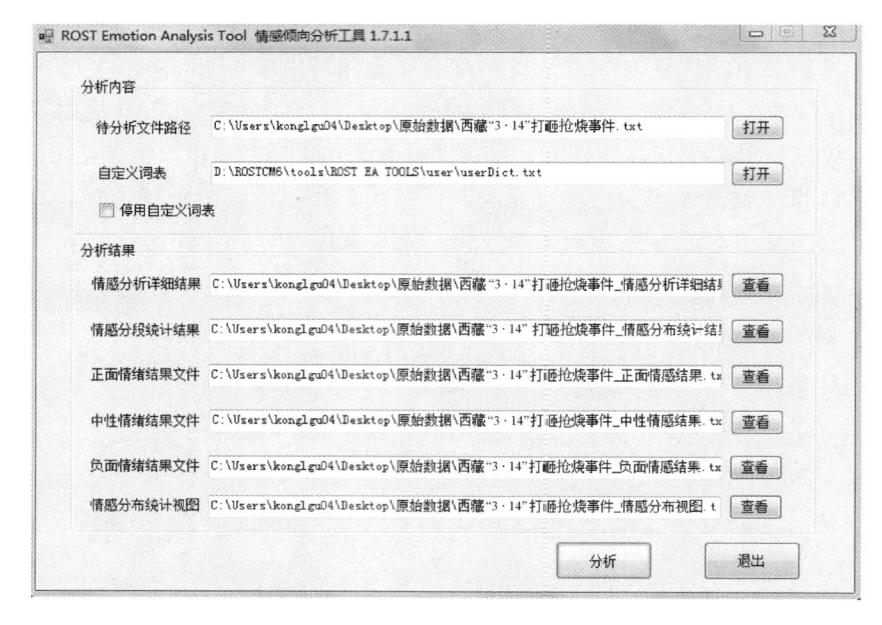

图 4—27 ROST CM 情感分析

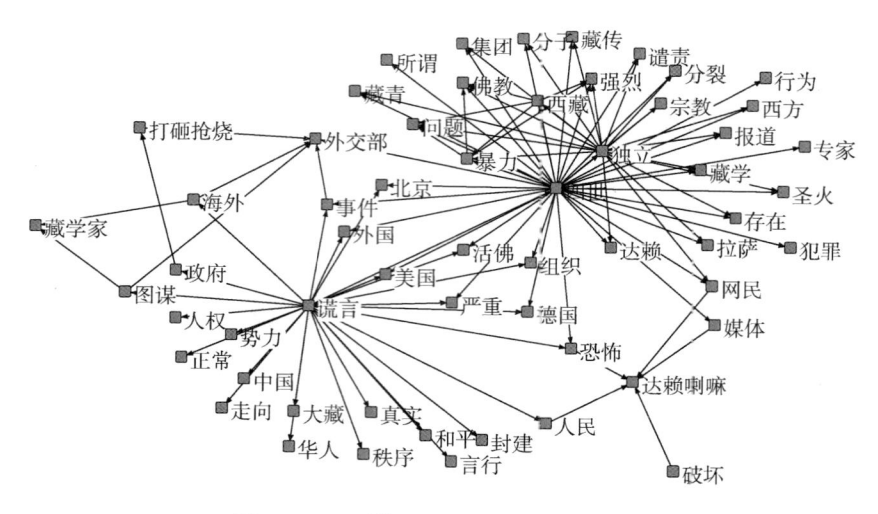

图 4—28 西藏"3·14"打砸抢烧事件

由图 4—28 可以看出,"四世"、"独立"和"谎言"构成了这一语义网的中心,它们应该属于本体的第一层。研究整个西藏"3·14"打砸抢烧事件可发现，达赖集团的"总理"和未来掌权人为四世桑东仁波切的转世，所以"四世"和"独立"在语义网中处于核心位置，并且与"暴力"、"藏青"、"犯罪"、"分裂"等词语组成了一个小网络。这一网络代表达赖集团，其中的词语大部分都是反动、颠覆国家政权的。

以"谎言"为核心，以"外交部"、"打砸抢烧"、"图谋"、"秩序"、"和平"等为外围组成另一个小网络。这一网络代表中央人民政府，其核心就是拆穿达赖集团的谎言。

"活佛"、"德国"、"组织"、"北京"等词语为连接"达赖集团网络"和"中央人民政府网络"的纽带。境外一些国家和组织在两大集团间各有不同态度，成为两大集团的连接体。

研究"打砸抢烧"的连接词可以看出只有"外交部"和"政府"与其相连，这说明"打砸抢烧"一词由官方定义，而其他主体都是引用。研究"藏学家"的连接词可以看出只有"海外"和"图谋"与其相连，这说明大部分藏学家尊重历史，认为达赖集团属于反政府组织，图谋分裂祖国。

西藏"3·14"打砸抢烧事件情感分析结果中积极情绪有 2 条，占 66.67%，中性情绪有 0 条，消极情绪有 1 条，占 33.33%，可见新华网专题上的信息表现出的精神状态很积极。

```
分析结果：

积极情绪：2 条   66.67%
中性情绪：0 条   0.00%
消极情绪：1 条   33.33%

其中，积极情绪分段统计结果如下：  其中，消极情绪分段统计结果如下：
一般（0—10）：0 条   0.00%        一般（-10—0）：1 条   33.33%
中度（-20—-10）：0 条   0.00%     中度（10—20）：0 条   0.00%
高度（20 以上）：2 条   66.67%     高度（-20 以下）：0 条   0.00%
```

这样我们得出如下结论：

(1)"四世"和"独立"属于并列关系，位于本体第一层；

(2)"谎言"和"四世"、"谎言"和"独立"都属于反向关系，位于第一层；

（3）"暴力"、"藏青"、"犯罪"、"分裂"等为"四世"和"独立"的子类；

（4）"外交部"、"打砸抢烧"、"图谋"、"秩序"、"和平"为"谎言"的子类；

（5）"外交部"与"打砸抢烧"属于传递与被传递的关系。

【事件回顾】2008年6月28日，黔南布依族苗族自治州瓮安县发生一起严重打砸抢烧突发事件，造成百余名公安民警受伤，县委、县政府和县公安局被焚烧打砸，公共财产损失严重。

图4—29显示该语义网中，"瓮安"和"事件"为核心概念。

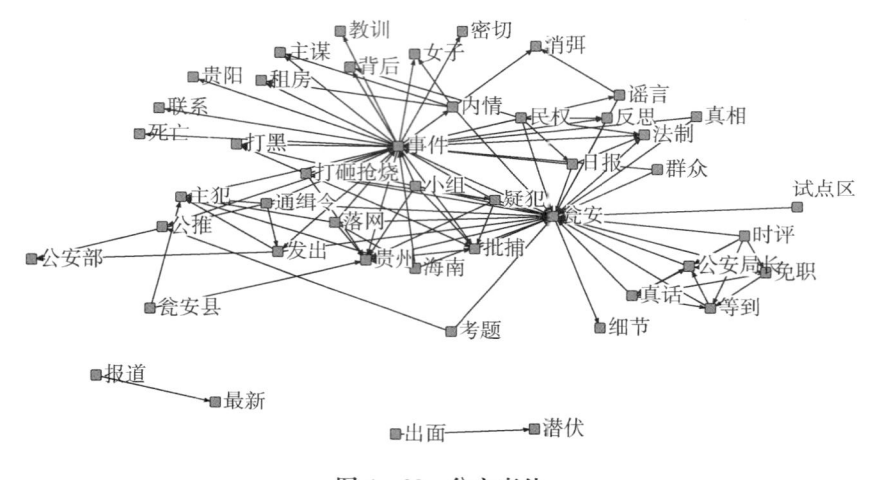

图4—29 瓮安事件

围绕"瓮安"，"真相"、"反思"、"谣言"和"打砸抢烧"等组成事件的属性和进展，"时评"、"公安局长"和"免职"等组成事件处理结果。

围绕"事件"，"教训"、"死亡"、"主谋"、"内情"等组成舆论和热议。

在语义网左下角，"公推"、"发出"、"通缉令"、"落网"、"主犯"等组成公安机关的行动。

在语义网下方，"最新"和"报道"组成一对共词，"出面"和"埋伏"组成一对共词。

对瓮安事件做情感分析，得出积极情绪有3条，占75.00%，中性情绪有0条，消极情绪有1条，占25.00%，可见凤凰网专题上的信息表现出的精神状态大部分很积极，只有少部分消极。

> 分析结果：
>
> 积极情绪：3 条　75.00%
> 中性情绪：0 条　0.00%
> 消极情绪：1 条　25.00%
>
> 其中，积极情绪分段统计结果如下：　其中，消极情绪分段统计结果如下：
> 一般（0—10）：0 条　0.00%　　　　一般（-10—0）：1 条　25.00%
> 中度（-20—-10）：0 条　0.00%　　中度（10—20）：0 条　0.00%
> 高度（20 以上）：3 条　75.00%　　高度（-20 以下）：0 条　0.00%

这样我们得出如下结论：

（1）"瓮安"和"事件"为核心概念，处于本体第一层；

（2）"真相"、"反思"、"谣言"为"瓮安"的属性；

（3）"免职"是"公安局长"的动作属性，而且是被动的；

（4）"教训"、"死亡"、"主谋"、"内情"等为"事件"的经验，处于下一层；

（5）"公安局"和"通缉令"是主动与被动的关系，通过"发出"行为实现；

（6）"主犯"与"落网"是主体和行为的关系。

【事件回顾】2009 年 6 月 17 日，湖北石首市公安局笔架山派出所接报警称，笔架山街道办事处东岳山路"永隆大酒店"门前发现一男尸。警方封锁现场，其后数天内网上传言再次挖出尸体，引起群众多次围观，最后引发大规模群体事件。

由图 4—30 可以看出，"石首"为该语义网络的核心，"群众"、"事件"、"围观"、"再度"、"疏散"、"尸体"等紧紧以"石首"为核心构成了该语义网。

与"群众"相连的四个词分别为"疏散"、"再度"、"湖北"、"围观"。说明群众全部来自湖北，群众的举动有"再度"、"围观"，而警方对群众采取的行为是"疏散"。

在以"石首"为核心的语义网外面还有两个小网络，是由"方法"、"服务"、"法律"、"营销"、"招聘"、"联系"组成的网站广告语义网，以

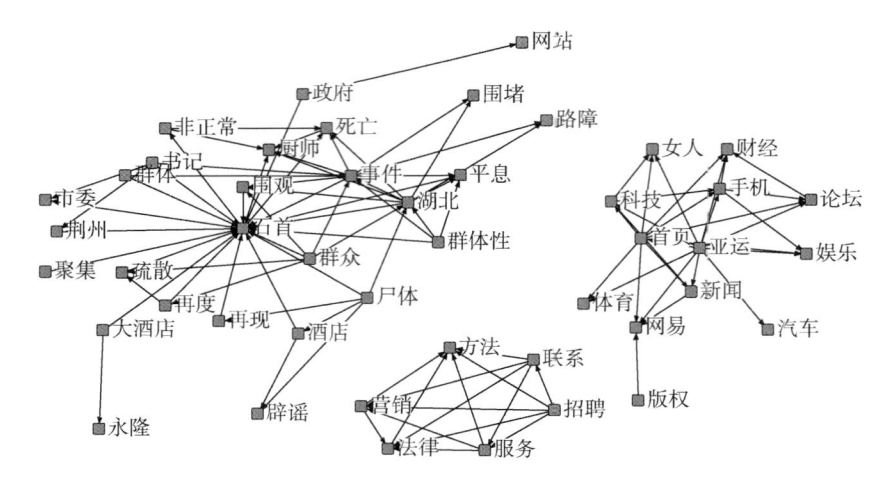

图 4—30　湖北石首群体事件

及由"首页"、"体育"、"手机"、"科技"等组成的网站栏目语义网。这两个语义网是由于数据源收集不准确产生的，在构建本体时我们需要把它们删除。

对湖北石首群体事件做情感分析，得出积极情绪有 0 条，中性情绪有 5 条，占 100%，消极情绪有 0 条，可见网易专题的信息表现出的精神状态既不积极也不消极。

```
分析结果：

积极情绪：0 条    0.00%
中性情绪：5 条    100.00%
消极情绪：0 条    0.00%

其中，积极情绪分段统计结果如下：其中，消极情绪分段统计结果如下：
  一般（0—10）：0 条    0.00%      一般（-10—0）：0 条    0.00%
  中度（10—20）：0 条   0.00%      中度（-20—-10）：0 条   0.00%
  高度（20 以上）：0 条  0.00%      高度（-20 以下）：0 条   0.00%
```

这样我们得出如下结论：

(1)"石首"为该语义网络的核心，处于第一层；

(2)"群众"、"事件"、"围观"、"再度"、"疏散"、"尸体"等处于第二层；

(3)"群众"的属性有"湖北"、"再度"、"围观"；

(4)"警方"对群众做出的行为是"疏散"。

【事件回顾】2009年7月5日20时左右,新疆乌鲁木齐市发生打砸抢烧严重暴力犯罪事件。此事件为以热比娅为首的境内外"三股势力"制造,妄图破坏我国民族团结、社会稳定、经济发展的大好局面,最终达到其分裂国家的目的。

由图4—31可以看出,语义网有两个中心分别是"击毙"和"人数"。可见,该事件发生后政府、媒体和网民主要关注这两个方面,所有的报道都以这两方面为核心。

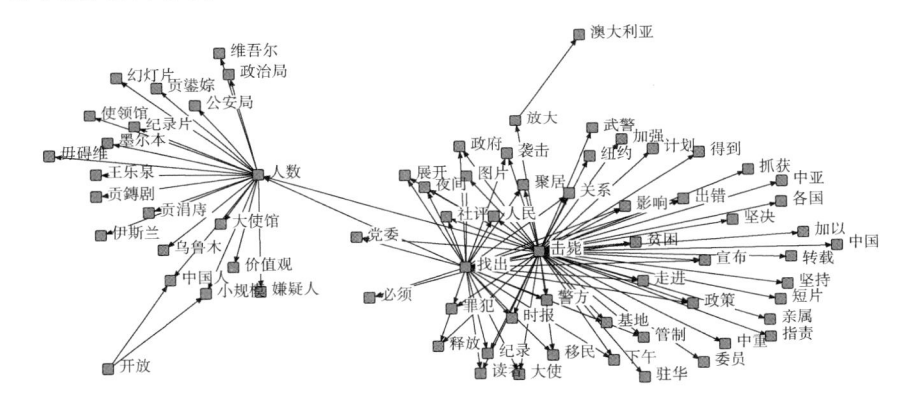

图4—31 新疆"7·5"事件

与"人数"相联系的概念有"政治局"、"维吾尔"、"公安局"、"王乐泉"、"伊斯兰"、"乌鲁木齐"等,与"击毙"联系的概念有"影响"、"走进"、"基地"、"贫困"、"袭击"、"罪犯"等。

"澳大利亚"通过"放大"一词与语义网内部相连,翻看路透中文网原始数据可发现,该网站对澳大利亚墨尔本电影节播放美化"疆独"头目热比娅的纪录片一事,做了大量转载和评论。

"开放"通过"中国"和"小规模"两个概念与语义网相联,翻看路透中文网原始数据发现,该网站对中国政府提出需要进一步开放言论等相关内容的评论。

对新疆"7·5"事件做情感分析,得出积极情绪有0条,中性情绪有0条,消极情绪有84条,占100%,可见路透中文专题的信息表现出的精神状态很消极。

分析结果：

积极情绪：0 条　0.00%
中性情绪：0 条　0.00%
消极情绪：84 条　100.00%

其中，积极情绪分段统计结果如下：其中，消极情绪分段统计结果如下：
一般（0—10）：0 条　0.00%　　　一般（-10—0）：0 条　0.00%
中度（10—20）：0 条　0.00%　　中度（-20—-10）：0 条　0.00%
高度（20 以上）：0 条　0.00%　　高度（-20 以下）：84 条　100.00%

这样我们得出如下结论：

（1）"击毙"和"人数"是构建本体的核心概念，处于第一层；
（2）"政治局"、"维吾尔"、"公安局"、"王乐泉"、"伊斯兰"、"乌鲁木齐"等处于第二层；
（3）"澳大利亚"和"疆独"是支持与被支持的关系；
（4）"开放"为个体"路透中文"的行为。

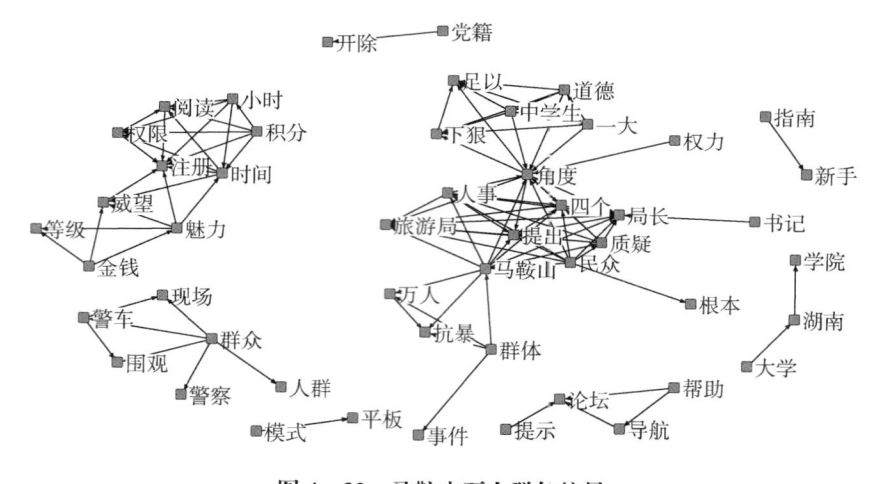

图 4—32　马鞍山万人群体抗暴

【事件回顾】2010 年 6 月 11 日晚，安徽省马鞍山大润发卖场附近发生上万民众的群体抗暴事件，事发起因是当地花山区旅游局长汪国庆驾车路过湖北东路大润发卖场附近的路口，发生一起不起眼的交通事故，但局长态度蛮横，殴打对方一名中学生，激起民愤，事后不道歉请警方出动保护,更激怒群众酿成群体事件,最终当局出动防暴警察扔催泪弹才在深夜将事件平息。

图4—32显示,"马鞍山"、"旅游局"、"民众"、"万人"、"抗暴"等组成一个小网络,"中学生"、"道德"等组成一个小网络,两个网络通过"角度"这一概念连接。

左下角"警车"、"群众"、"现场"、"警察"等组成一个小的事件参与者网络。

左上角"阅读"、"小时"、"注册"、"魅力"等组成的网络,右下角"论坛"、"提示"、"湖南"、"大学"等组成的网络,都是由于数据源不准确造成的,在构建本体时应予以删除。

"提出"与"质疑"、"万人"与"抗暴"、"群众"与"围观"等组成共词,在构建本体时应分别为主体和动作。

对马鞍山万人群体抗暴做情感分析,得出积极情绪有0条,中性情绪有6条,占100%,消极情绪有0条,可见红网BBS的信息表现出的精神状态既不积极也不消极。

```
分析结果:

积极情绪:0 条    0.00%
中性情绪:6 条    100.00%
消极情绪:0 条    0.00%

其中,积极情绪分段统计结果如下: 其中,消极情绪分段统计结果如下:
  一般(0—10):0 条   0.00%     一般(-10—0):0 条   0.00%
  中度(10—20):0 条   0.00%    中度(-20—-10):0 条   0.00%
  高度(20以上):0 条   0.00%    高度(-20以下):0 条   0.00%
```

这样我们得出如下结论:

(1)"马鞍山"、"旅游局"、"民众"、"万人"、"抗暴"等处于第一层;

(2)"警车"、"群众"、"现场"、"警察"等为本体中的主体;

(3)"提出"与"质疑"、"万人"与"抗暴"、"群众"与"围观"等组成共词,在构建本体时应分别为主体和动作;

(4)本体的属性为中性情绪。

【事件回顾】2010年10月16晚21时40分许,在河北大学新区超市前,一牌照为"冀fwe420"的黑色轿车,将两名女生撞出数米远。被撞的一陈姓女生于17日傍晚经抢救无效死亡,另一女生重伤。肇事者口出狂言:"有本事你们告去，我爸爸是李刚。"2011年1月30日，李启铭被判6年。

由图4—33可以看出，整个语义网连接紧密但找不到核心，"李刚门"、"李启铭"、"受害者"、"淫威"、"肇事者"、"教学楼"等概念都具有一定的连接密度。而"口出狂言"、"女孩"、"招考"三个概念单独组成了一个小网络。

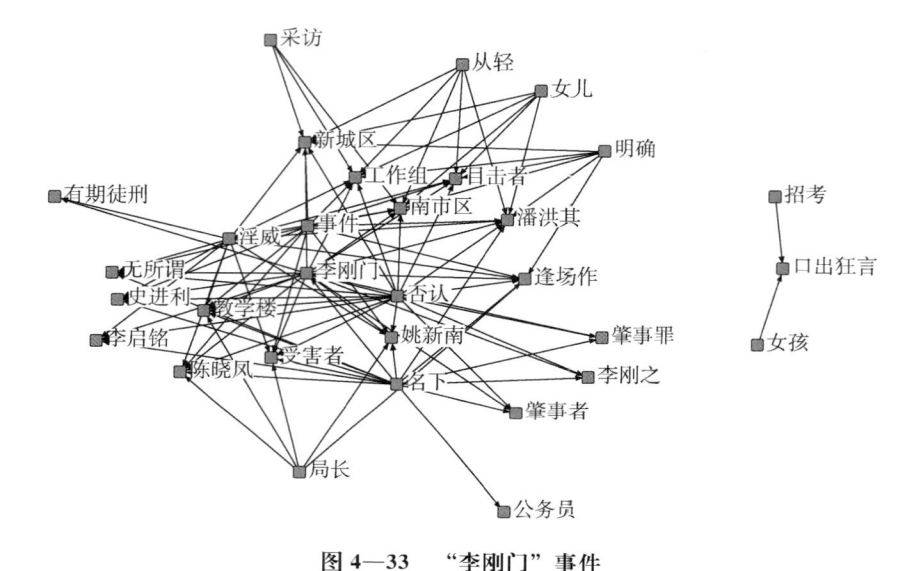

图4—33 "李刚门"事件

对"李刚门"事件做情感分析，得出积极情绪有0条，中性情绪有0条，消极情绪有41条，占100%，可见凤凰网专题的信息表现出的精神状态很消极，认为政府官员特权过大，和民众不平等。

```
分析结果：

积极情绪：0 条    0.00%
中性情绪：0 条    0.00%
消极情绪：41 条   100.00%

其中，积极情绪分段统计结果如下：  其中，消极情绪分段统计结果如下：
一般（0—10）：0 条  0.00%       一般（-10—0）：0 条  0.00%
中度（10—20）：0 条  0.00%      中度（-20—-10）：0 条  0.00%
高度（20以上）：0 条  0.00%     高度（-20以下）：41 条  100.00%
```

这样我们得出如下结论：
(1) 在该本体中没有层次关系，只有传递和依赖关系；
(2) 词语或概念的属性表现为消极。

【事件回顾】张家港人民医院，一名5岁男孩因吊水突发意外，抢救无效死亡。因值班主治医师关键时刻不见人影，家属不满。后特警阻挠，惹怒死者家属亲友及当地民众，引发万人冲突。

由图4—34可以看出，"无效"是整个语义网的核心，也就是整件事情都是由于院方抢救小孩不及时，导致小孩死亡引起的。与"无效"紧密相连的有"当局"、"突发"、"市民"、"不满"和"死亡"等，这些概念构成了语义网的第二层。

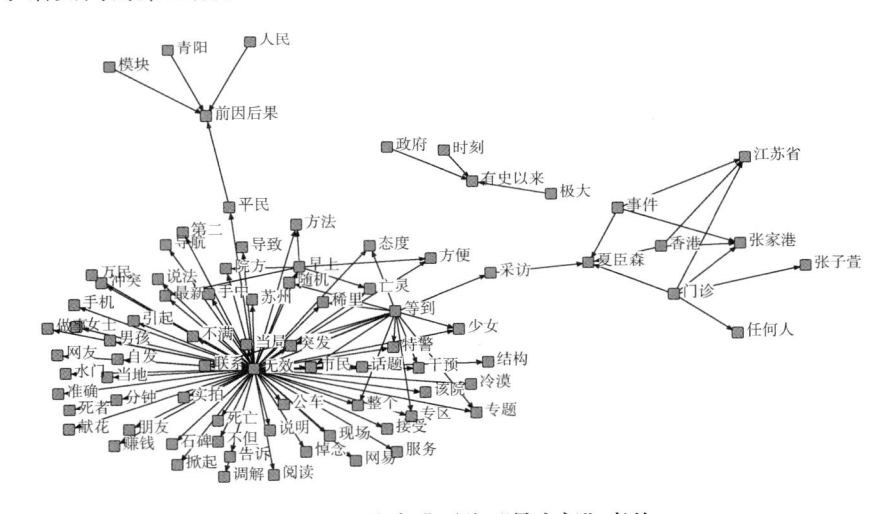

图4—34 张家港医院"吊水门"事件

而处于语义网边缘的有"网友"、"朋友"、"调解"、"少女"、"平民"等，这些主体或概念都不是事件的直接利益相关者，他们可能通过论坛、博客、采访等发表了自己的看法。

以"夏臣森"为核心又组成了一个小网络，通过"采访"与大网络相连。而"夏臣森"正是事件中死亡的小男孩。

在这两个网络之外还有一个孤立的网络，由"有史以来"、"极大"、"时刻"、"政府"组成，这是针对事件的相关报道和评论。

对张家港医院"吊水门"事件做情感分析，得出积极情绪有1条，占100%，中性情绪有0条，消极情绪有0条，可见网易博客上的信息表现出的精神状态很积极。

```
分析结果

积极情绪：1 条   100.00%
中性情绪：0 条   0.00%
消极情绪：0 条   0.00%

其中，积极情绪分段统计结果如下：   其中，消极情绪分段统计结果如下：

一般（0—10）：0 条  0.00%        一般（-10—0）：0 条  0.00%
中度（10—20）：0 条  0.00%       中度（-20—-10）：0 条  0.00%
高度（20 以上）：1 条  100.00%    高度（-20 以下）：0 条  0.00%
```

这样我们得出如下结论：

(1)"无效"和"夏臣森"属于传递关系，通过"采访"相连，位于本体第一层；

(2)"当局"、"突发"、"市民"、"不满"和"死亡"等，这些概念构成了语义网的第二层；

(3)"网友"、"朋友"、"调解"、"少女"、"平民"等位于第三层；

(4)"有史以来"、"极大"、"时刻"、"政府"可以被剔除或加入本体第三层；

(5)"网友"、"朋友"、"市民"等的属性为积极。

3. 群体性突发事件的本体表达

为了使构建的本体能够被计算机理解，方便计算机推理，我们使用斯坦福大学开发的 protégé 软件，将本体表达为 RDF/OWL 格式。Protégé 软件开发语言采用 Java，属于开放源码软件。由于其优秀的设计和众多的插件，Protégé 已成为目前使用最广泛的本体编辑器之一，它可以支持本体编辑和知识推理。目前该软件的最新版本为 Protégé 4.1，可以在 http://protege.stanford.edu/ 上下载得到。

二 网络舆情监测预警

网络舆情是通过互联网表达和传播的各种不同情绪、态度和意见交错的总和。① 网络舆情危机预警是指从危机事件的征兆出现到危机开始造成可感知的损失这段时间内，化解和应对危机所采取的必要、有效的行动。

目前，许多公共危机事件都是通过网络环境下的信息传播机制加以扩散和传播的。因此有必要建立一个舆情监测模型，通过对近年来网络环境下某一特定类型公共危机事件的语义内容或文本进行挖掘，来实现对公共危机监测预警的目的。上海大学计算机工程与科学学院的研究团队以微博信息的内容作为测试数据集，建成名为 MPO 语料库的微博舆论语料库，并提出了一种面向移动互联网服务的微博舆论危机快速应急响应模型（QERM）。

现有的主要网络舆情预警相关系统如表 4—11 所示。除表 4—11 中所列的外，很多其他网络舆情预警相关产品也已经投入市场，如军犬舆情监控系统、瑞采舆情监控、千瓦舆情雷达、本果网络舆情监控系统、邦富互联网舆情监控系统及舆情分析系统等，都提供了网络舆情预警功能，帮助政府或企业及时把握网络舆情信息，预警可能发生的舆情危机。

表 4—11　　　　　　　国内外主要网络舆情预警系统

网络舆情预警系统名称	开发单位	主要功能
Beehoo3.0 互联网舆情监测系统	中科院计算所	舆情信息的采集、热点分析、重点话题检测、舆情热点的预警等
乐思网络舆情预警系统	深圳市乐思软件技术有限公司	信息采集、信息处理（如自动分类聚类、主题检测、专题聚焦等）、信息服务（如自动生成舆情信息简报、追踪舆论焦点、趋势分析，预警、决策支持等）
谷尼舆情监控分析系统	谷尼国际软件公司	热点话题识别、舆情主题跟踪、自动摘要、舆情趋势分析、突发事件分析、舆情报警、舆情统计报告等
TRS 互联网舆情信息监控系统	北京拓尔思信息技术股份有限公司	实时监测各类网络舆情、自动发现和预警网络舆情热点等
方正智思舆情预警辅助决策支持系统	北大方正	网络舆情的规划、收集、分析和预警等；给决策者提供重要的舆情信息，舆情预警则反映最新的社会舆论焦点和热点，给相关人提供决策的辅助支持

---

① 刘毅：《网络舆情研究概论》，天津人民出版社 2007 年版，第 53 页。

（一）基于情感倾向性分析技术的网络舆情预警技术

网络舆情危机预警能力的高低，主要体现在能否从每天海量的网络言论中敏锐地发现潜在危机的苗头，情感倾向性分析技术则是这样一种技术。情感倾向性分析（Sentiment Orientation Analysis）也被称为情感分类（Sentiment Classification）、情感分析（Sentiment Analysis）、文本意见挖掘（Opinion Mining for Text）、观点挖掘（Opinion Mining）等，涉及自然语言处理、信息检索、数据挖掘等研究领域。其情感倾向包括简单的赞同、反对、中立三种态度，也包括对某一对象所持态度的强度，甚至是对该对象的具体看法和态度等。基于情感倾向性分析技术的预警方法主要是从海量的 Internet 数据中采集舆情相关信息，并进行情感倾向性分析，获取舆情信息中的网民观点，并依据网民观点实现对网络舆情危机事件的预警。

丁菊玲等人构建了一种面向网络舆情危机预警的观点柔性挖掘模型，该模型利用情感倾向性分析技术进行网络舆情危机预警，其主要工作体现在：对所搜集的网络舆情相关素材进行预处理之后形成初始的待挖掘材料，紧接着进行倾向性分析，判定网民所持观点为正向观点还是负向观点，以此挖掘出持有正向观点和负向观点的持有率，用于判定一个网络舆情事件是否需要发出预警信号。[①]

随着对情感倾向性分析技术研究的深入，研究者提出了倾向性强度（attitude force）（又称观点强度）的相关研究，如意大利匹萨大学的 Esuli 在其博士学位论文中提出了一种观点强度的自动判定算法。[②] 杨频等提出了一种网络舆情的定量分析方法，该方法将对于某主题的文本集作为输入，输出一个实数表示文本中所表达观点的倾向强度，再根据此实数与阈值的比较，判定是否对网络舆情事件进行相关预警。[③] 更进一步的研究则体现在对网络舆情事件相关属性的细粒度观点挖掘上，根据挖掘出的属性和网络舆情危机预警指标的比较判定，以达到预警目的。

---

① 丁菊玲、勒中坚等：《一种面向网络舆情危机预警的观点柔性挖掘模型》，《情报杂志》2009 年第 28 期。
② Andrea E，"*Automatic Generation of Lexical Resources for Opinion Mining：Models，Algorithms and Applications*"，University of Pisa，Italy，2008，pp. 45—58.
③ 杨频、李涛等：《一种网络舆情的定量分析方法》，《计算机应用研究》2009 年第 3 期。

(二) 网络舆情热点评估及预警[①]

网络舆情事件的发生发展一般会通过变量特征体现,这些特征就是指标。预警指标体系包括指标构成、指标层次、指标值评价准则、指标等级等。可根据决策者或使用者的信息需求,设定主题目标,通过多种信息渠道来源收集社情民意,有效地进行过滤和存储,提取出网络舆情事件的指标。根据指标值评价准则,可对不同层次的指标划分指标等级。

1. 评估指标体系

对网络舆情危机预警指标的分析一般是通过层次分析法、专家咨询法等方法实现。采用层次分析法分析预警指标体系可以实施问卷调查,确定各类事件和现象对网络舆情突发事件的发生和发展的影响程度,通过确定的权重和分值就可以计算出权重评价值,并最终确定网络舆情突发事件预警的等级。[②] 也可通过专家咨询法(即德尔菲法)就预测主题向专家函询、收集意见,经过反复多次的信息交流和反馈修正,使专家的意见逐步趋向一致,根据专家的综合意见,最终给出评价结果。

2. 评估模型

国内外对网络舆情危机预警的评估模型有不同的理解和研究,这里采用童恒庆教授提出的凸约束广义线性回归评估模型进行详细论述。

假设有 m 个待评估对象,p 个评估指标,每一个评估对象的每一个指标都有 n 个评估分数。所有指标的分数要加权汇总,但模型中加权系数 β_j（j=1,…,p）并不是事先设定好的,而是待定的。P 个评估指标用 $x_{(1)}$,…,$x_{(p)}$ 表示。第 i（i=1,…,n）次对第 k（k=1,…,m）个对象的第 j（j=1,…,p）个指标的评估分数为 x_{ijk}。每一行数据都是对某一个对象的一次评估分数,因共有 p 个指标所以是 p 维向量。对每个对象的评估数据都有 n 行,可作为一个数据块。共 m 个数据块构成一个立体数据阵 X＝{x_{ijk}}。为了方便,可将 X 排列成一个 m＊n 行 p 列的平面矩阵。每个对象的综合评估分数为 y_k（k=1,…,m）,该变量也是待定的。

需要对这个广义线性模型施加约束条件。首先对回归系数 β_1,…,β_p 施加约束:很明显权重系数需满足 $\beta_j \geq 0$, j=1,…,p（即 $\beta \geq 0$）；β_1＋

[①] 刘恒文:《基于网络语义挖掘的舆情监测预警研究》,武汉理工大学硕士学位论文,2010 年。

[②] 曾润喜、徐晓林:《网络舆情突发事件预警系统指标与机制》,《情报杂志》2009 年第 11 期。

$\beta_2+\cdots+\beta_p=1$。其次再对因变量施加约束:很明显对于每个对象最终只能打出一个分数,即 X 矩阵有 m*n 行,但只有 m 个分数。由此可将因变量定义为 $Y=Dy$,其中 $Dy=y\odot 1_n$, $D_{mn*m}=I_n\odot 1_n$, $1_n=(1,\cdots,1)'$, $y=(y1,\cdots,ym)'$,这里 $\odot$ 表示 Kronecker 积。

于是可将评估模型表达为如下形式:

$$Dy=X\beta+\varepsilon, E(\varepsilon)=0, Var(\varepsilon)=\sigma^2 I \qquad (4-3)$$

3. 舆情预警

舆情晴雨表是目前较为常用的网络舆情危机预警的方式(图 4—35)。在舆情晴雨表中,将危机的预警等级分为四种,分别是红色、橙色、黄色、蓝色等四色预警。通过计算网络舆情危机发生的概率和危机影响值,得到网络舆情晴雨表。

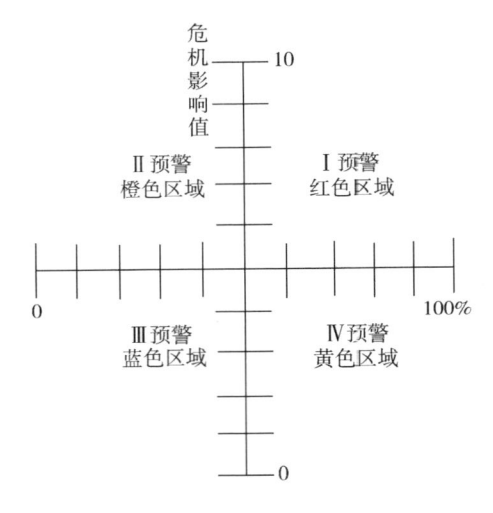

图 4—35 舆情晴雨表

在图 4—35 中,横坐标为网络舆情危机发生概率,纵坐标为网络舆情危机影响值,在图中的 4 个象限中,象限Ⅰ是高危机影响值和高危机发生概率事件所在区域,危险程度高,属于红色预警;象限Ⅱ表示舆情危机发生概率低,但危机影响值高,危险等级较高,属于橙色预警;象限Ⅲ表示危机发生概率较低,危机影响值也较低,危险等级较低,属于蓝色预警;象限Ⅳ是高危机发生概率、低危机影响值事件所处区域,危险等级处于中间状态,属于黄色预警。最后根据事件所处象限,采取不同等级的相应预警措施处理危机事件。①

三 面向服务架构（SOA）的公共危机监测预警平台

面向服务的体系架构（Service Oriented Architecture，SOA）是一个用于处理不同任务，并提供不同服务的灵活性的系统。面向服务的体系结构（SOA）允许客户端从多个供应商处寻找和发现他们所需要的服务。开放地理信息联盟已经开发了传感器网络接入（Sensor Web Enablement，SWE），同时，传感器网络接入提供传感器网络开发的标准。该标准中规定了传感器互联网络中所涉及的资源和指导原则。印度国家海洋信息服务中心（INCOIS）开发的海啸预警系统为海洋地质灾害的减灾管理提供辅助决策功能。海啸预警系统中含有多个监测设备/设施，如地震台站、海底压力记录仪和检潮仪。海啸预警系统的重要任务是理解那些来自各种传感器的复杂的、多维的监测数据，并实现这些数据在系统中的互操作性。另外，海啸预警系统还必须解决好数据异构的问题，即海啸预警系统必须开发一些方法或工具，将从各种设备中采集到的各种异构数据进行整合，并提供基于 Web 的海啸预警信息服务。实现海啸预警系统主要要求的重点是赋予海啸预警数据语法的和语义的自然语言表达。其中，语法表达部分主要是负责解决传感器数据的互操作性问题，可通过使用开放地理空间联盟（OGC）传感器网络接入（SWE）框架来解决互操作性；语义表达部分是通过构建预警海啸信息本体来解决数据的异构性问题，因此，本体是最好的用于明确获取概念的定义和概念之间的关系的一种方法。印度国家海洋信息服务中心（INCOIS）是采用 SOA 来构建用于实现传感器网络数据互操作和数据语义化表达的海啸预警系统。②

面向服务的体系结构是一种分布式计算模式，在服务器端发布它的服务目录，以便于用户可以容易地发现所需的服务，在这个服务目录中包含如何连接服务和服务器所需处理哪些数据。面向服务的体系结构允许许多

---

① 丁菊玲、勒中坚等：《一种面向网络舆情危机预警的观点柔性挖掘模型》，《情报杂志》2009 年第 28 期。

② Kaladevi Ramar and T. T Mirnalinee, "*An Ontological Representation for Tsunami Early Warning System*", IEEE - International Conference On Advances In Engineering, Science And Management (ICAESM - 2012), 2012, pp. 93—98.

的客户端从多个供应商来寻找和发现他们需要的服务。印度国家海洋信息服务中心（INCOIS）开发的基于 SOA 架构的海啸预警系统主要包括以下几个模块：

1. 数据采集

引起海啸的主要原因是海底地震，而海底地震可以通过地震仪测量。12 个海啸浮标网络被用来监测重要的由于海啸引起的水面波动信息。目前，在印度海岸的 26 个战略位置已经安装了潮汐计量表。潮汐计量表是一种用于测量海平面和探测海啸的工具，这是海啸早期监测系统的最主要的内容。印度海啸早期预警系统包含一个实时地震台网络、底部压力记录器（BPR）和检潮仪三部分。这个系统可以监测海啸地震、监控海啸，并且通过情景数据库（scenario database）、脆弱性模型、决策支持系统，利用最新的通信技术为脆弱性强的社区提供实时的报告。为了提高信息预测的准确性，也将利用其他国家的预警系统。

2. 元数据

传感器监测的数据或者是二进制的或者是具有特殊的表达形式。这就需要设计元数据来管理传感数据。一个好的语义传感网络应该提供空间的、时间的、主题的数据，这些数据被用来分析和发现传感数据。空间元数据或依照传感器的位置提供信息和内容，或依照监测对象的地理参照系统、本地引用或命名位置来确定元数据的信息和内容；时间元数据提供时间或者区间信息；主题元数据基于相关的目标和事件提供传感器状态。传感器网络接入（SWE）的元数据是基于 XML 和语法的，在语义网络中，应用的是基于 RDF/OWL 的元数据。

3. 传感器网络接入

传感器网络接入（SWE）是通过互联网和网络协议来访问和利用传感器和传感器系统的一种交互式框架。传感器网络接入（SWE）是一系列标准代码和能促进传感器发现、处理和观测、传感器或者模型任务分配、获取观察和观察数据流、预警状态的发布订阅的网络服务。同时，支持三种语言和四个网络服务协议。包括传感器模型语言（SensorML）、换能器模型语言（TransducerML）、观测和测量（O&M）语言以及传感器观测服务、传感器检查服务、传感器预警服务和网络通知服务。传感器模型语言的目的是提供一般的传感信息，用以支持数据发现，测量值的处理和分析，以及提供测量数据的地理定位和性能特征。

4. 海啸预警系统的领域本体

本体是领域知识的一种表达形式，由概念和关系组成。本体为特定领域知识提供了共识，这种共识能促进人与人、人与机器之间的沟通。领域本体是关于一个特定知识领域的本体。每一个传感网络是一个局部本体，并且局部本体中的概念被全局传感器本体描述，所以我们构造混合本体。在不修正目前的传感器网络的前提下，本体方法具有灵活性和可扩展性。本体是用来描述传感数据的语义信息的。可用 Noy and McGuniness 本体开发指引来描述本体。它首先对传感器本体的领域和范围进行了定义，同时对实物传感网络组件（如地震节点、BPR 节点）和传感器数据（如波高、运行长度、时间戳等）也进行了确定；其次定义了传感器本体的概念、类、属性以及相互关系（图4—36）。例如，地震节点或者底部压力记录器（BPR）节点是传感器节点的子类，类和子类之间或者是部分整体关系，或者是实例关系。定义了两种不同的属性——对象属性和数据类型属性。对象属性 hasNode、has Measurement 用于不同的类；数据类型属性代表类的数据属性。例如，测量类有 hasDate 属性。SeismicData 是 Measurement class 的一个子类，它继承了测量类的属性，并且包含 location（hasLongitude and hasLatitude）属性。

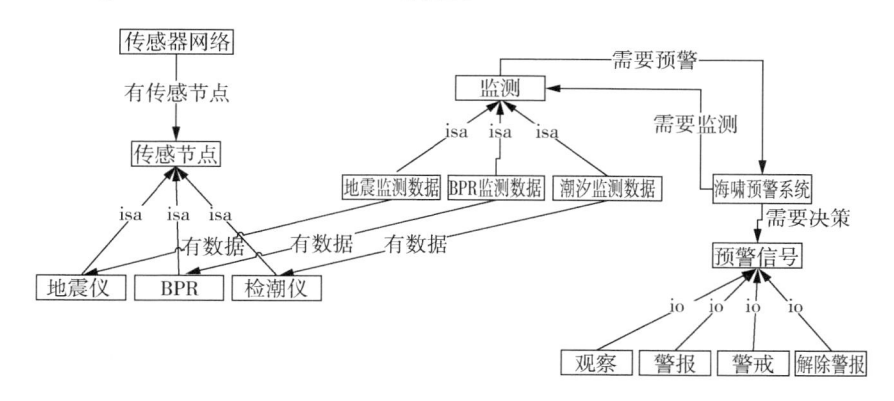

图4—36 传感器本体

5. 通用描述、发现和集成

通用描述、发现和集成（Universal Description, Discovery and Integration, UDDI）以及单目标访问协议（Simple Object Access Protocol, SOAP）、网络服务描述语言（Web Service Description Language, WSDL）

一起支持网络服务。一个描述、发现和集成的注册表包含关于企业的分类信息和他们提供的服务，注册表把企业提供的服务和技术规格连接起来。这些技术规格一般用网络服务描述语言（WSDL）来定义。网络服务用户通过查询 UDDI 的相关内容来发现 WSDI 描述，从而确定应向用户提出何种网络服务。UDDI 说明书基于单目标访问协议（SOAP）信息定义了一些应用程序，用一个网络服务描述语言来描述注册表服务。

6. 查询引擎（传感器数据查询）

SPARQL（Simple Protocol and RDF Query Language）协议和 RDF 查询语言是语义网络的通用查询语言。SPARQL 是基于匹配图标模式。用户从 UDDI 得到服务信息或者用 SPARQL 在知识库中查询。知识库是本体网络语言（OWL）的集成。在本体被定义后，获取数据是最本质的需求。例如，SPARQL 代码会基于时间来发现所有海啸预警系统的底部压力记录器（BPR）的测量数据。

7. 规则

领域本体可以直接和基于 JENA API 的语义网络衔接。Jena 主要的目的是创建传感数据的资源描述框架图。Jena 有一个核心的 API，它能在简单的资源描述框架或本体模型中创建简单模型。Jena 的模型工厂能把数据集和推理机集合起来创造推理图。这个推理图不仅包含原始数据，还包括附加的基于其他的推理机得到的规则陈述。Jena 也可以提供一个通用的规则引擎，该规则适用于通过地震仪、BPR 和检潮仪等设备所获取的海啸事件监测内容和条件。

第五章 公共危机信息分析

信息分析是指针对特定的需求，对信息进行深度分析和加工，提供有用的信息和情报。[①] 与信息分析相关的其他概念还有信息处理（information process）、数据分析（data analysis）、数据处理（data process）、政治军事情报（military or political intelligence）、工商情报（business intelligence）、技术跟踪（technology tracking）、技术预见（technological foresight）等。对公共危机信息管理来说，对收集、监测的公共危机相关数据和信息，只有经过信息分析，才能将其转化为决策和行动所需要的信息、知识或情报，因此，公共危机信息分析是公共危机管理体系的重要组成部分，也是公共危机信息管理的重要环节。风险信息分析、舆情信息分析与应急决策信息分析是其中最具代表性的内容，本章重点对其进行阐述。

第一节 风险信息分析与评估

一 自然灾害风险评估

自然灾害一直威胁着人类的生存与社会的发展，自20世纪60年代以来，全球自然灾害的发生率呈急剧上升的趋势（图5—1），其风险遍布世界各地（图5—2）。多发、频发的自然灾害给人类社会造成了重大的经济损失与人员伤亡，灾害管理和公共危机管理成为各国政府的主要职能，而作为灾害管理的关键环节，自然灾害风险评估成了近年来的研究热点。

[①] 沙勇忠、牛春华：《信息分析》，科学出版社2009年版，第4页。

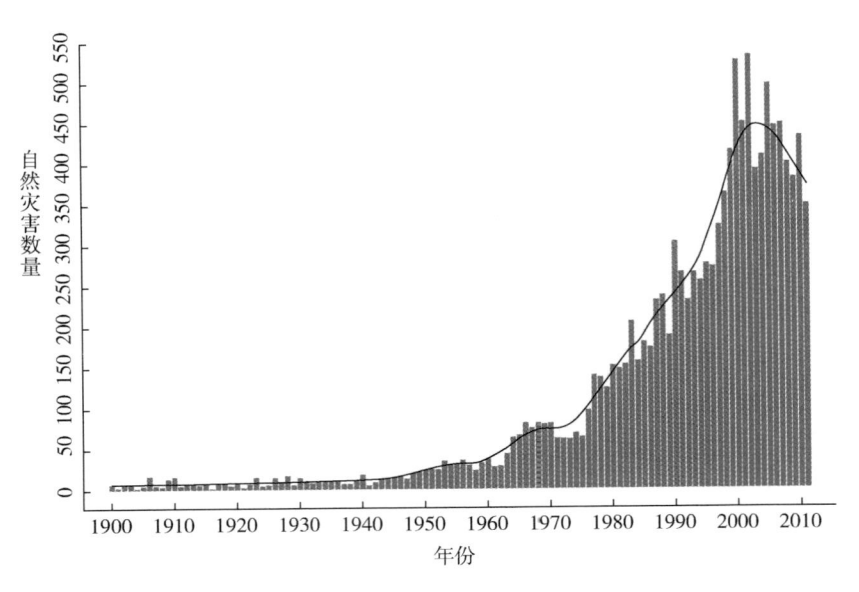

图 5—1　全球自然灾害发展趋势

资料来源：EMDAD（紧急灾难数据库）http：//www.emdat.be/natural-disasters-trends。

（一）单灾种风险评估

自然灾害是地球表层异变过程的产物，是致灾因子、孕灾环境与承灾体综合作用的结果。[①] 而灾害风险评估是指通过对可能造成威胁或伤害的致灾因子、处在灾害物理暴露之下的潜在受灾对象（生命、财产、生计和人类依赖的环境等）及其脆弱性的分析辨识，从而判定风险的性质、范围与程度。不论哪个具体的灾种，其风险评估均涉及三个主要三个环节：[②]

1. 致灾因子风险分析

致灾因子（hazard）一词来源于法文 hazard（意为一种掷骰子的赌博）或阿拉伯文 al-zahr（意为骰子），因而它主要表达了一种"机会的"概念。[③] 根据《联合国国际减灾战略减轻灾害风险术语（2009 年版）》，致灾因子是指一种危险的现象、物质、人的活动或局面，它们可能造成人员伤

[①] 史培军：《灾害研究的理论与实践》，《南京大学学报》（自然科学版）1991 年第 6 期。

[②] 葛全胜、邹铭等：《中国自然灾害风险综合评估初步研究》，科学出版社 2008 年版，第 102—103 页。

[③] 王宏伟：《应急管理理论与实践》，社会科学文献出版社 2010 年版，第 37—46 页。

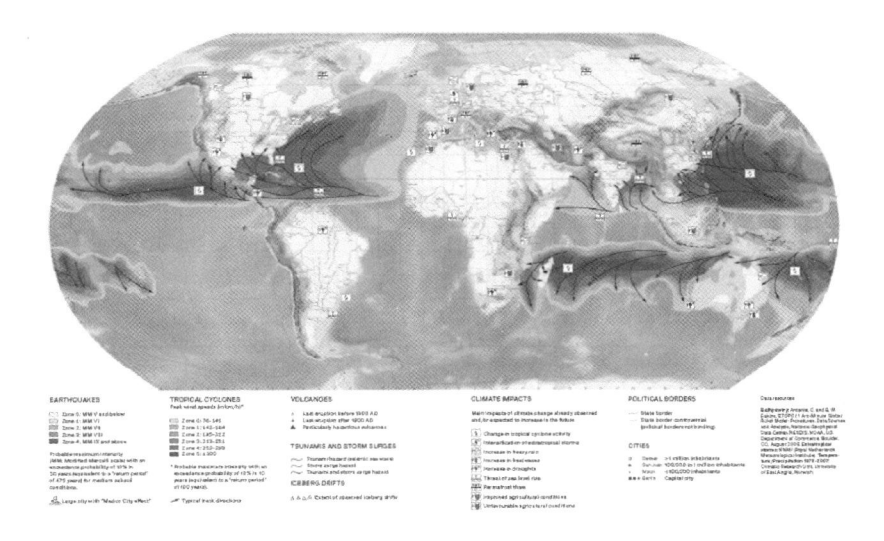

图 5—2　2011 年版世界自然灾害全景（Munich RE）

注：慕尼黑再保险公司（Munich RE）日前发表了 2011 年版世界自然灾害风险分布图。图中给出了地震、热带气旋、火山、海啸和风暴潮以及气候变化影响（含热带气旋变化、中纬度风暴强度、强降水增加、热浪增加、海平面上升威胁、冻土层解冻、农业灾害等方面）等风险分布情况。

资料来源：http://www.munichre.com/en/homepage/default.aspx；
http://www.munichre.com/en/reinsurance/magazine/publications/default.aspx。

亡，或对健康产生影响，造成财产损失，生计或服务设施丧失，社会和经济被搞乱，或造成环境破坏。通常，又将致灾因子称为危险源或风险源。

任何致灾因子都需要 3 个参数才能得到完整的刻画，即时、空、强。

（1）时：灾源出现或发生作用的时间。

（2）空：灾源所在的地理位置。

（3）强：灾源强度。如地震震级，暴雨雨量等。

根据诱致风险的因素，可以将致灾因子分为自然致灾因子、技术致灾因子、生物致灾因子和人为致灾因子。美国国家消防协会的 NFPA1600《关于灾难/应急管理与业务持续规划的标准》将致灾因子划分为自然因子、人为因子和技术因子三类（表 5—1）。此外，由于致灾因子引发灾害的过程比较复杂，从灾害链的角度，人们又将致灾因子划分为三类：（1）原生致灾因子（primary hazard），即最初与脆弱性互动而生发的灾害致灾因子；（2）连带致灾因子（associated hazard），即次生致灾因子，它们是与原生致灾因子同时发生的致灾因子，两者几乎同时发生，如飓风引发海啸；（3）二次致灾因子（secondary hazard），即衍生致灾因子，它们是由原生致灾因子引起的致灾因子，两者有先后之分，如地震引起大火。由于次生、衍生致灾因子的存在，突发事件发生后，往往会形成一个灾害的链条，出现链状群发的现象，极其复杂，处置难度很高（表5—2）。

表5—1　　　　　　　　　致灾因子的分类

自然因子	地质致灾因子：地震；海啸；火山喷发；滑坡；泥石流；沉降等
	气象致灾因子：洪水；潮汐；干旱；森林火灾；冰雪；冰雹；雪崩；飓风；热带气旋；龙卷风；沙尘暴；寒潮；热浪；雷击；地磁暴等
	生物致灾因子：影响人或动物的传染病等
人为因子	事故致灾因子：有害物质泄漏；爆炸或火灾；交通事故；建筑结构坍塌；能源、电力等设施崩溃；燃料或资源短缺；空气或水污染；崩塌或决堤；金融问题、经济萧条、通货膨胀、金融系统崩溃；通信系统中断等
	故意致灾因子：恐怖主义；暴动或骚乱；敌国入侵、战争；罢工或劳资纠纷；犯罪活动；电磁脉冲干扰；物理或信息安全问题；产品瑕疵或污染；歧视；骚扰等
技术因子	中央计算机系统问题；辅助支持设备问题；电信问题；能源或电力设施问题等

资料来源：NFPA 1600：Standard on Disaster/Emergency Management and Business Continuity Programs（2013）；http：//www.nfpa.org/codes-and-stancards/document-information-pages?mode=code&code=1600。

表5—2　　　　　　　　　致灾因子的比较

原生致灾因子	连带致灾因子	二次致灾因子
火山喷发	地震	山火、火灾、洪水、泥石流
地震	滑坡	建筑坍塌、火灾、化学品泄漏或爆炸、海啸
飓风	龙卷风和洪水	建筑坍塌
闪电	雷暴	城市、乡村火灾
洪水	飓风、龙卷风和其他天气事件	建筑坍塌、传染病
冰雪	交通事故	因取暖而发生的火灾及雪崩
龙卷风	飓风、冰雹和其他天气事件	建筑坍塌
山火	雷暴	植被损失而导致的滑坡

资料来源：David A. McEntire, *Disaster Response Recovery: Strategies and Tactics for Resilience*, John Wiley & Sonsm Inc., 2007。

致灾因子风险分析的主要任务是，通过分析致灾因子过去的活动频繁程度和强度（有时还须考虑致灾因子的形成条件），来研究给定区域内各种强度的自然灾害发生的概率或重现期。致灾因子风险分析主要包括三个部分：

（1）致灾因子强度评估。一般根据自然因素的变异程度（如震级、风力大小、温度、降水异常程度等）或承灾体所承受的自然灾害影响程度（如地震烈度、洪水强度）等属性指标确定。为直观表示致灾因子强度，通常情况下用"无、轻、中、重、特"等级别来表示。

（2）致灾因子发生概率评估。一般根据一定时段内该强度自然灾害的发生次数确定。通常用概率（或频次、频率）等表示。致灾因子的强度与其发生概率是紧密相连的，一般情况下，某种致灾因子强度越大，发生概率越小。因而，在一些特定的情况下，致灾因子强度也用致灾因子的发生频率（如百年一遇、十年一遇）来表示。

（3）致灾因子综合评估。即对致灾因子强度、概率及致灾环境的综合分析，它能够给出评估区域的每一种灾害风险的致灾危险性等级。

2. 承灾体脆弱性评估

承灾体，也称承险体，是自然灾害所危及的对象，对人类社会而言，基本上可以划分为人员、财产与经济活动、生态系统三个基本组成部分。承灾体脆弱性指的是承灾体受到自然灾害风险冲击时的易损程度，在公共危机管理中，脆弱性主要是衡量人或事物相对于致灾因子的易损性。它由一系列自然、社会、经济、环境因素及其相互作用的过程所决定，其本质是承灾系统可获得的能够降低风险程度与灾害影响的所有能力和资源的组合。在给定的致灾强度下，灾害损失风险决定于脆弱性，因此，对灾害脆弱性的理解与刻画是自然灾害风险和损失评估的核心。[1] J. Birkmann 将目前世界上具有代表性的脆弱性定义进行了系统的分类，[2] 以此揭示脆弱性概念内涵扩展的变化趋势，并认为脆弱性与社会群体的敏感性（sensitivity）、灾害的暴露（exposure）程度以及与社会经济文化背景相关的应对灾害事件的各种能力相关（图5—3）。

---

[1] 葛全胜、邹铭等：《中国自然灾害风险综合评估初步研究》，科学出版社2008年版，第102—105页。

[2] Birkmann J, *Measuring Vulnerability to Hazards of National Origin*, Tokyo: UNU Press, 2006.

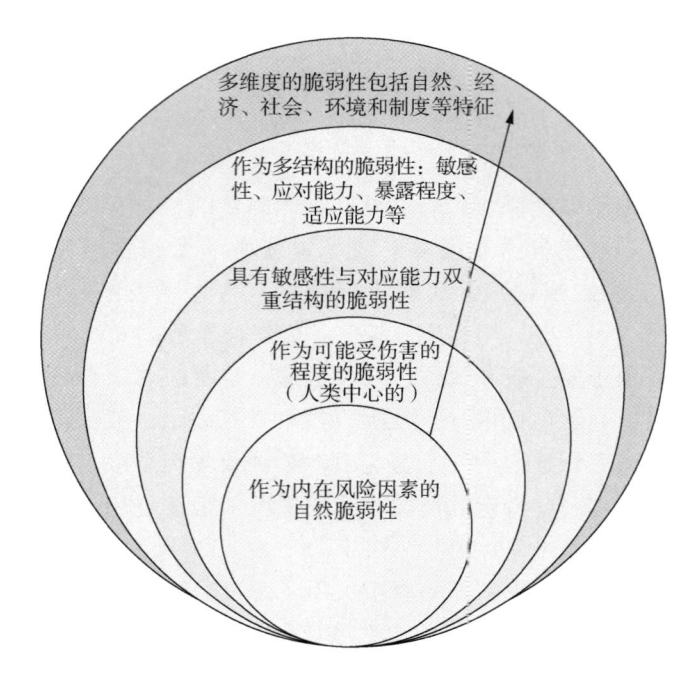

图 5—3　世界上代表性脆弱性概念的内涵扩展变化趋势（Birkmann，2006）①

图中由内向外依次为：
- 作为内在风险因素的自然脆弱性
- 作为可能受伤害的程度的脆弱性（人类中心的）
- 具有敏感性与对应能力双重结构的脆弱性
- 作为多结构的脆弱性：敏感性、应对能力、暴露程度、适应能力等
- 多维度的脆弱性包括自然、经济、社会、环境和制度等特征

在自然灾害领域，R‐H（risk‐hazards）模型、PAR（pressure and release）模型和 HOP（hazards of place）模型是比较著名的脆弱性理论模型，而 VSD（vulnerability scoping diagram）评估框架和 ADV（agents' differential vulnerability）评估框架则是目前运用较多的两种脆弱性评估框架。对承灾体的脆弱性评估，一般包括四个部分：

（1）承灾体物理暴露性评估。这种评估分析的是处在某种风险中的承灾客体数量（或是价值量）及其分布，一般是用量化的统计指标表示。

（2）承灾体灾损敏感性评估。这种评估反映的是各种类型的承灾体本身对不同种类自然灾害及其强度的响应能力，一般根据承灾体物理学特征、灾害动力学机制及有关损失的历史资料进行分析。

（3）区域社会应灾能力评估。这种评估反映的是不同区域的人类社会为各种承灾体防灾所采取的综合措施的力度以及针对特定灾害的专项措施的力度。

---

① Birkmann J.，*Measuring Vulnerability to Hazards of National Origin*，Tokyo：UNU Press，2006.

其中，综合应灾能力一般取决于区域的经济与社会发展储备、保险程度以及对外开放程度等；专项应灾能力则与特定灾害的预报水平及防治工程力度有关。

（4）承灾体脆弱性综合评估。即对上述三个内容的集成分析与综合评估，这种脆弱性分析一般用一定的函数形式加以表达。

3. 灾害风险损失度评估

严格来讲，没有损失，就无所谓风险。灾害风险损失度评估就是评估风险区内一定时段内可能发生的一系列不同强度自然灾害给风险区造成的可能后果，损失包括直接经济损失、人员伤亡损失与间接经济损失。这种损失的大小既可以用绝对量化的形式加以衡量，也可以用相对的等级加以区分。

风险损失度的评估方法选择与风险评价模型及具体的灾种有关，但根据现有的资料，各灾种灾害风险损失度的评估，不论承灾体有何差异，一般不外乎以下四类基本评估方法（图5—4）。

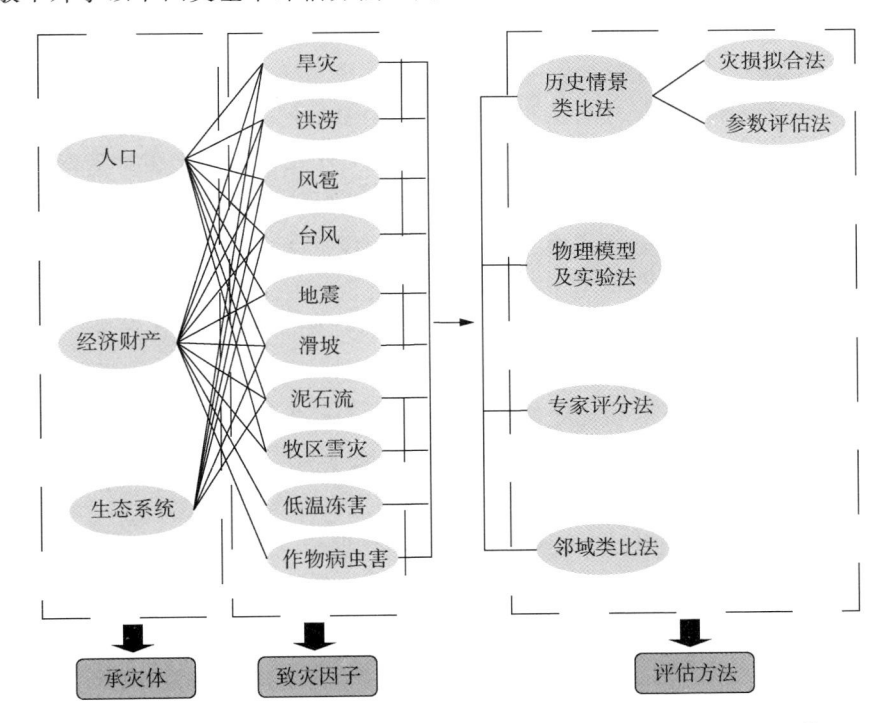

图5—4 不同承灾体的各类灾害风险损失评估方法（葛全胜，2008）[①]

---

① 葛全胜、邹铭等：《中国自然灾害风险综合评估初步研究》，科学出版社2008年版，第240页。

（1）历史情景类比法。一般借助于一定的数理统计方法来对历史资料进行统计分析，进而由过去承灾体灾害损失状况推及未来承灾体的灾害风险损失或风险度的大小。这类方法适用于统计资料具有连续性、完备性的区域，可具体分为灾损拟合法及参数评估法。

（2）物理模型法及实验法。根据对自然灾害事件的灾害动力学过程的认识，以物理学模型及实验来模拟灾害发生环境及过程，从而找出灾害损失率与致险强度、承灾体脆弱性诸指标之间的函数关系模型。该方法局限性较大，目前在农作物干旱损失及洪涝减产损失上有一定的进展。

（3）专家评分法。这类方法依据对灾害感知较多、认识较深入的人员的经验，来对承灾体的损失水平进行估算，它适用于对评估精度要求不高的情形，尤其对缺乏资料的村镇级灾害风险评估十分适用。

（4）邻域类比法。这种方法适用于资料缺失地区的风险损失评估，即参照自然环境和社会经济条件相似地区的已有灾害风险损失函数，对资料缺失地区的灾害损失进行预测。这种方法虽然评价的绝对值可能不够确切，但可以反映出区域灾害的损失程度，从相对意义上进行区域对比。

自然灾害风险评估，依赖于一整套贯穿从致灾因子到灾害影响的、能前后相联的模型。在国内，通常说的自然灾害风险，主要是致灾因子风险，侧重于自然系统，在地震工程领域，也叫危险性分析。基于此，有人提出了风险的简单量化模型。

Risk＝Hazard ＋ Vulnerability

即：风险等于致灾因子加脆弱性。

在上述模型中，致灾因子风险分析和承灾体脆弱性评估是灾害风险综合评估的基础，而风险损失评估则是灾害风险评价的核心。另外，最终的风险等级划分和风险制图则是损失评估的概括和提炼。

值得一提的是，无论处在哪个环节，数据信息的获取都是至关重要的，这在经济合作与发展组织（OECD）与20国集团提出的《灾害风险评估和风险融资》（Disaster Risk Assessment and Risk Financing）报告中得以充分体现，表5—3、表5—4、表5—5列举了在自然灾害风险评估各环节可以运用的重要数据资源。

表 5—3　　　　　　　　　与致灾因子相关的区域和全球数据库

名称	机构	致灾因子类型	描述	地域	状态	有效性
国家地震信息中心（NEIC）	美国地质勘探局（USGC）	地震	从 1973 年到如今的全球地震数据库，提供地震的经度/纬度、深度、震级与发生时间等信息 http://earthquake.usgs.gov/regional/neic/	全球	正常	开放
地震灾害研究项目（Earthquake Hazards Program）	美国地质勘探局（USGC）	多种灾害（地震、火山、滑坡）	提供与自然灾害相关的科学信息与数据	地区性（美国）	正常	开放
强震动项目发展委员会（CASMP）	强震动观测系统国际合作组（COSMOS）	地震	采集、加工、传播和应用地震强震动数据	全球	正常	开放
全球地震应急反应快速评价系统（PAGER）	美国地质勘探局（USGC）	地震	除了美国国家地震信息中心提供的信息外，还提供了世界范围内重大地震后的死亡和经济损失影响估计 http://earthquake.usgs.gov/earthquakes/pager/	全球	正常	开放
欧洲与地中海地震中心目录（EMSC Catalog）	欧洲与地中海地震中心	地震	从 2004 年到如今的全球地震数据库，除了提供地震的经度/纬度、深度、震级与发生时间等信息外，该目录还包括目击者的描述和照片 http://www.emsc-csem.org/	全球	正常	开放
全球地震模型（GEM）	GEM 基金会	地震	提供与地震灾害有关的地震数据（如全球地震目录、全球地震活动断裂和地震来源等） http://www.globalquakemodel.org/	全球	正常	开放
PERILS 数据库	PERILS 保险公司	欧洲暴风和英国洪水	欧洲暴风和英国洪水的保险损失数据库 http://www.perils.org/web.html	欧洲	正常	需要订阅

续表

名称	机构	致灾因子类型	描述	地域	状态	有效性
气候管理的全球最佳路径（IBTrACS）	美国海洋暨大气总署	热带气旋	热带气旋的全球最佳路径数据，提供纬度/经度、中央压力（如果有的话）和最大持续10分钟的风速等数据。数据集的收集始于1842年，此后逐步完善，于1945年左右完成全球数据集的收集 http://www.ncdc.noaa.gov/oa/ibtracs/index.php	全球	正常	开放
海啸事件数据库（Tsunami Event Database）	美国海洋暨大气总署	海啸	提供2000年以来的全球海啸数据，包括波源、高度和日期等 http://www.ngdc.noaa.gov/hazard/tsu.shtml	全球	正常	开放
洪水地图（Flood Maps）	达特茅斯洪灾观测中心	洪水	提供1985以来的全球洪水信息，如地点、事件特征和损失（经济和人口）等 http://floodobservatory.colorado.edu/	全球	正常	开放
慕尼黑再保险利用自然巨灾服务（NatCatSERVICE）	慕尼黑公司	各种致灾因子	包括自1998年以来的所有损失事件（事件描述、经济和保险损失、死亡、受伤、无家可归等），目前数据库中案例数目超过3000个	全球	正常	为研究机构、政府和其他非商业性组织无偿提供信息

表5—4　　　　　　　　与暴露性相关的区域和全球数据库

名称	机构	描述	地域	状态	有效性
太平洋灾难风险评估和融资计划（PCRARI）	斯克里普斯轨道和常驻阵列中心、世界银行等机构 SPC/SOPAC, World Bank/GFDRR, ADB	多种灾害（如地震、热带风暴等）概率风险模型分析结果，历史影响，暴露名（建筑、基础设施、农作物、人口）	15个太平洋国家	完成	开放
世界灾害共享号码（GLIDE）	亚洲减灾中心（ADRC）	不断更新的多灾种灾害数据库	全球	正常	开放
全世界人口栅格数据库（GRUMP）	哥伦比亚大学国际地球科学信息网络中心（CIESIN）	人口	全球	完成	开放

续表

名称	机构	描述	地域	状态	有效性
全球人口动态统计分析数据库（Landscan）	美国能源部橡树岭国家实验室（ORNL）	环境人口	全球	完成	公开/不用于商业用途
世界住宅百科全书（World Housing Encyclopaedia）	美国地震工程研究所（EERI）	住宅	全球	正常	开放
欧洲建筑数据库（NERA European Building Database）	欧洲地震风险评估和减灾基础设施网络计划第七框架方案——NERA（FP7）	住宅	欧洲	进展中	开放
PERILS数据库	PERILS保险公司	欧洲暴风和英国洪水的行业风险数据库，财产保险金额	欧洲	完成	商业的
世界经络数据库（Meridian World Data）	Meridian世界数据公司	关键基础设施的地理信息数据库	全球（可选择）	完成	商业的
全球范围内的建筑物图片数据库（SkyscraperPage）	SkyscraperPage网站	建筑（摩天大楼）	全球（可选择）	完成	商业的
邓百氏数据库（Dun and Bradstreet）	邓百氏公司	覆盖1.3亿座建筑，地标	全球（可选择）	完成	商业的
Emporis地产数据库	全球房地产调查机构安波利斯（Emporis）	涵盖190个国家42万建筑的建筑库存数据库	全球（可选择）	完成	商业的
全球建筑库存量（Global Building Stock Database）	派克研究公司（Pike Research）	按国家和建筑类型划分的商业和住宅建筑占地面积数据库	全球	完成	商业的
开放街道图（OpenStreetMap）	OpenStreetMap基金会	包括道路、建筑、基础设施的自由开放用户集成基础地图	全球	正常	开放

表 5—5　　　　　　　　　　　风险建模项目与成果数据库

项目	工具	数据库			目的	地理范畴	状态	有效性
	灾害类型	致灾因子	暴露性	历史损害/损失				
风险建模平台								
GEM（GEM基金会）	地震	有	有	有	动态、概率地震风险模型；风险沟通	全球	进行中	开放
CAPRA（世界银行WB）	地震、海啸、降雨、热带气旋、滑坡、火山爆发	有（分布局限于国家）	有（分布局限于国家）	无	多种灾害概率风险模型	中美洲、南美、加勒比、南亚	已完成，仍在进步与升级中	开放
HAZUS（FEMA、NIBS）	地震、热带气旋、洪水	有	有	无	多种灾害（地震、热带气旋、洪水）风险模型	美国	已完成	开放
GVM（GVM合作伙伴关系）	火山爆发	有（开发中）	有（开发中）	有（开发中）	火山危害与风险可持续的、可访问的信息平台	全球	按计划	开发中
GFM（韦莱研究网络WRN、代尔夫特三角洲研究中心Deltares）	洪水	有	有	有	洪水概率风险模型	全球	按计划	开放
RiskScape（地质和能源研究协会GNS）	地震、洪水、海啸、火山爆发、暴风	有	有	无	要在未来实施多种灾害风险模型、概率模型	新西兰	已完成，仍在进步与升级中	商业的
EQRM（澳大利亚地球科学GA）	地震	无	无	无	地震风险概率及风险的软件	澳大利亚/全球	已完成	开放

续表

项目	工具	数据库			目的	地理范畴	状态	有效性
	灾害类型	致灾因子	暴露性	历史损害/损失				
全球评估报告2015多种灾害概率风险模型（UNISDR）	多种灾害	有	有	—	监控和评估《兵库行动框架》（HFA），量化全球灾难的趋势	全球	按计划	开放
后事件（Post-event）影响估计								
PAGER（美国地质勘探局 USGS）	地震	有	有	无	快速评估地震灾害损失	全球	已完成	开放
全球灾害预警和协调系统GDACS（联合国，欧共体）	多种灾害	有	有	有	快速评估多种灾害损失	全球	按计划	开放
其他								
全球风险数据平台（联合国环境规划署全球资源信息数据库UNEP-GRID）	多种灾害	有	有	无	基于指数的风险输出监测模型；全球自然灾害风险共享空间数据信息平台	全球	已完成	开放
MATRIX（德国国家地球科学研究中心）	多种灾害	无	无	无	有多种灾害工具及灾害研究知识数据库，供研究者、灾害管理者、民防部门使用的欧洲多类型风险评估工具	欧洲	按计划	开发中
自然灾害场景模拟SAFE（印尼国家灾害管理局、澳大利亚—印尼减灾机构AIFDR、世界银行）	多种灾害	有	无	无	提供快速判定事件影响、制定应急计划的多种灾害影响工具	印度尼西亚—Ina-SAFE	计划在全球灵活使用	开放

续表

项目	工具	数据库			目的	地理范畴	状态	有效性
	灾害类型	致灾因子	暴露性	历史损害/损失				
OpenDRI（世界银行WB、全球减灾和灾后恢复机GFDRR）	多种灾害	有	有	无	风险信息数据共享和决策支持的平台，通过给决策制定者提供更好的信息与工具来降低灾害的影响	全球（可选择）	正常	开放

（二）区域的多灾种综合风险评估

多灾种是相对于单灾种而存在的一个概念，通常是指在一个特定地区和特定时段，多种致灾因子并存或并发的情况。[①] 多灾种风险评估是指采用一定的理论和方法，对区域内多种致灾因子影响下的总风险进行综合评估。多灾种风险评估以单灾种风险研究为基础，但由于涉及多种致灾因子，多种致灾因子之间的复杂关系，以及承灾体在各种致灾因子下呈现的综合脆弱性特征，其评估方式更为复杂，它既是一个多致灾因子问题，也是一个多脆弱性问题。

1. 多灾种风险评估方法

多灾种研究对于区域减灾、区域决策和可持续发展具有重要意义。目前，国内外学者和相关研究机构从不同角度提出了许多多灾种风险评估的方法，并且有相当一部分已经应用于减灾的实践工作中，表5—6列举了一些具有代表性的方法，并从应用区域、评估单元，评价灾种、风险指标、方法特点等几个方面进行简要的介绍。

---

① 史培军：《五论灾害系统研究的理论与实践》，《自然灾害学报》2009年第5期。

表 5—6　　　　　　　　　　　多灾种风险评估方法

方法名称	应用区域	评估单元	评价灾种	风险指标	方法特点
DRI 多灾种风险评估	全球	国家	地震、热带气旋、洪水、干旱	人口死亡风险	评价了全球范围的人口死亡风险，针对不同灾种分别界定反映脆弱性的社会经济指标；根据历史数据拟合人口死亡和脆弱性与暴露度之间的关系；但相对于灾害发生的频率，人口死亡数据时间序列太短；社会经济指标的选择也有局限
Hotspots 多灾种风险评估法	全球	2.5′×2.5′ 网格	地震、火山、滑坡、洪水、干旱、飓风、泥石流等	人口死亡与经济损失风险	用栅格单元计算死亡风险和经济损失风险；对承灾体及其脆弱性考虑较为全面；多灾种的风险等于单一灾种的风险简单相加的计算方法，不能体现出不同致灾因子对一定区域影响的不同
慕尼黑再保险公司灾害指标风险评估法	全球 50 个最大的城市或城市群	城市	地震、台风、洪水、火山爆发、森林火灾和寒害	经济损失风险	用历史经济损失指标衡量致灾因子危险性，脆弱性包含了设防水平、暴露度；只能用于国际性大城市，适用范围有限
ESPON 综合风险评估法	欧洲欧盟 27 个成员国外加挪威和瑞典	第三级领土单元 (NUT-3)	雪崩、地震、洪水、核事故等 15 种自然和人为致灾因子	综合风险	致灾因子涵盖主要的自然和人为致灾因子，考虑全面；多致灾因子危险性采用德尔菲法进行加权综合，综合脆弱性也是对评价指标加权综合得到；没有针对不同致灾因子考虑脆弱性
JRC 综合风险评估法	欧盟	第三级领土单元 (NUT-3)	洪水、森林火灾、泥石流、地震、干旱等自然灾害和人为灾害	综合风险	致灾因子的评估依据历史灾害发生的概率和强度；针对不同致灾因子，分别进行不同的承灾体脆弱性和暴露性评价；综合方法为单灾种风险简单叠加，没有考虑各灾种之间的相互关系
中国自然灾害风险与区域安全性分析方法	中国	地市	地震、洪涝、干旱和突发性气象灾害	综合风险	全国范围的区域安全性分析，对 21 世纪的中国重大自然灾害风险进行了预测；综合考虑自然灾变强度、易损性和减灾能力三个风险要素；评估单元比较粗糙；忽视了灾种之间的相互作用

续表

方法名称	应用区域	评估单元	评价灾种	风险指标	方法特点
北京师范大学中国自然灾害综合风险评估法	中国	1 km×1 km 网格	地震、台风、水灾、旱灾、滑坡、泥石流、沙尘暴、风暴潮等12种自然致灾因子	综合风险	全国范围的多灾种综合风险评估，考虑的自然灾害种类全面；基于客观数据通过灾种的发生频次来确定权重；权重仅仅依据灾害频次，因灾经济损失和伤亡人数等指标被排除在外；灾种之间的相互作用在评估方法中也没有得到反映
南卡罗莱纳州综合风险评估	美国南卡罗莱纳州	郡	飓风、龙卷风、洪水、核灾害、地震、火灾、雪灾和干旱	综合风险	将致灾因子的综合发生概率和社会脆弱性评估结果加和得到区域总脆弱性，以此表示多灾种总脆弱性；社会脆弱性的指标选择较为全面；致灾因子的评价，只考虑了致灾因子发生的概率而忽略了致灾因子的强度
浙江省自然灾害综合风险评估	浙江省台州市	最小为村级	台风、风暴潮、暴雨、洪涝、干旱、病虫害、风雹、低温冻害、雪灾、雷暴、滑坡	综合风险	选择了地市、县、村三种不同空间尺度的研究区域分别进行评价；致灾因子考虑了发生频率和强度；脆弱性考虑了抗灾救灾能力；采用等级矩阵的风险分级方法略显粗糙
基于GIS的多灾种耦合风险评估	中国北京市	最小行政单位	沙尘暴、干旱、地震等11种自然灾害和轨道交通事故、危化品事故等4种事故灾难	综合风险	考虑到了各灾种之间的因果触发关系，进行了多灾种耦合风险评估；建立的灾害拓扑关系过于简单，只考虑两种灾害之间的关系；耦合模型仅仅只是设定了诱发的强度阈值，而没有考虑因此导致的次生灾害的强度
冰岛多灾种风险评估法	冰岛西北部Bildudalur村	1 m×1 m 网格	雪崩、泥石流和岩崩等	经济损失风险和生命风险	同时考虑个体、客体生命风险和经济风险；致灾因子的选取区域针对性强，并且考虑了时空关系；多灾种的风险等于单一灾种的风险简单相加的方法，不能体现出不同致灾因子对一定区域影响的不同；适宜于小区域，对大区域时，数据收集困难

续表

方法名称	应用区域	评估单元	评价灾种	风险指标	方法特点
科隆市灾害风险比较评估	德国科隆市	市	风暴、洪水、地震	经济损失风险	分别得到三个灾种的损失—超越概率曲线,并放在同一坐标系中进行比较;模型建立在大量的假设和简化的基础之上;考虑的致灾因子不全面;没有完成多灾种风险评估的最后一步综合
多灾种综合风险评估软层次模型	云南省丽江市	地市	地震、洪水	综合风险	采用模糊信息粒化方法,考虑了灾害系统的不确定性;利用模糊转化函数统一了灾种的量纲;参数的选择有待验证,模型的建立比较简化,应用性不足
基于损失的多灾种居民建筑风险	美国的四个城市	市	飓风、洪水、地震、雪灾	建筑物损失风险	根据历史数据,拟合各致灾因子强度的概率分布;针对不同的灾种,根据建筑物的自身属性绘制脆弱性曲线;将致灾因子强度和脆弱性采用概率方法计算得到单灾种风险概率;多灾种风险概率来自各单灾种的直接相加,未能考虑灾种之间的相互关系
Riskscape多灾种风险定量分析	新西兰部分市中心区和小社区	社区	地震、火山灰、洪水、风、海啸	经济损失风险	按照致灾因子、资产、损失和综合四个模块构建多灾种风险模型;以致灾因子历史数据、资产数据和脆弱性函数为基础编制了多灾种风险评估的 Riskscape 软件;能够定量评出单灾种的损失概率风险,但对于各灾种仅限于比较,没有完成综合

资料来源:明晓东、徐伟等:《多灾种风险评估研究进展》,《灾害学》2013年第1期,第126—132页。

(1) 灾种之间的相互关系

多灾种各致灾因子之间的关系多样,从不同角度呈现出各种复杂的关系(表5—7)。[①] 灾种之间存在发生时间先后、影响范围叠加、致灾效果消长、相关或触发等复杂的关系,这些相互关系是区域多灾种综合风险评估所不能忽视和回避的。

---

① 明晓东、徐伟等:《多灾种风险评估研究进展》,《灾害学》2013年第1期。

表 5—7　　　　　　　　　　多致灾因子之间的关系

角度	关系
相互作用	独立/相关/触发
发生时间	同时发生/先后发生
影响范围	相互叠交/相互分离
致灾效果	加重灾情/减缓灾情/无影响

对灾害链和灾害群的认识是研究灾种之间相互关系中比较热点的问题，并由此引出综合灾害风险评估的两大新途径——灾害链风险评估和多灾种叠加风险评估。史培军将灾害链定义为：由某一种致灾因子或生态环境变化引发的一系列灾害现象，并将其划分为串发性灾害链与并发性灾害链两种，提出了 4 种常见的灾害链，即台风—暴雨灾害链、寒潮灾害链、干旱灾害链和地震灾害链（图 5—5）。[①] 目前的难题是如何定量地表述灾害链之间的能量传递规律或动力流动过程。灾害群包括灾害在空间上的群聚和时间上的群发，当前的研究难题是灾害是否存在周期？如果不存在周期，只存在一种节律或韵律，则灾害可否预报？[②]

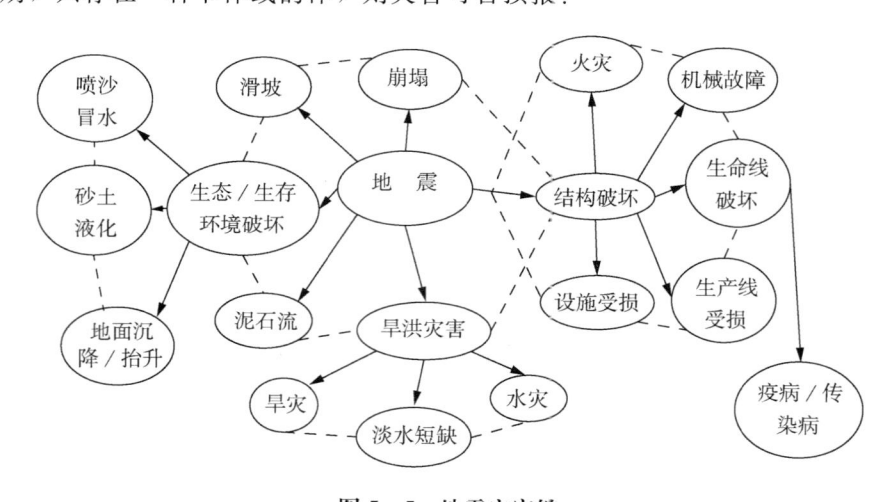

图 5—5　地震灾害链

[①] 史培军：《灾害研究的理论与实践》，《南京大学学报》（自然科学版）1991 年第 6 期。

[②] 史培军：《三论灾害系统研究的理论与实践》，《自然灾害学报》2002 年第 3 期。

(2) 多灾种绝对风险评估与综合方法

当前灾种的风险评估方法大多只是求出了多灾种的相对风险水平，得到的只是等级值，没有实际的概率意义，这在实际上是不能满足区域规划和决策的需求的。评价出区域的绝对风险水平（某种承灾体某一段时间内遭受损失的概率）是多灾种风险评估需要达到的目标。并且，无论是风险组成要素的综合还是单灾种风险评估结果的综合，由于涉及多种致灾因子，其评价指标和量度都不同，难以得到比较合理的结果，如何选择合适的综合方法成为困扰研究者的一大难题。同样，多脆弱性如何计算或者其评价值的实际意义何在，亦很难回答。

二 社会风险信息分析

(一) 社会风险类型

1986年，德国社会学家乌尔里希·贝克（Ulrich Beck）在《风险社会》一书中首次提出了风险社会理论。随着安东尼·吉登斯（Anthony Giddens）、斯科特·拉什（Schott Lash）等对现代社会中的风险问题做出了类似的回应，风险社会理论的深远洞见引起了广泛关注，以至于"风险语义正逐渐盖过经济语义，成为当代社会的主要特征"。[①]

风险社会理论的基本假设是：我们正从一个现代化的社会进入一个新型的风险社会；现代化的科学技术发展和工业化推动，使人类进入一个它过去所陌生的世界；现代化逻辑本身所产生的新的社会风险，完全不同于传统的社会问题、社会矛盾和社会冲突；过去的生活经验、技术手段和组织制度，已不足于使我们防止、规避和应对新的社会风险的威胁。进入现代化的一定阶段后，必然伴随社会风险的增长，并进入风险社会，风险是现代性的基本要素。风险社会理论提供了一种现代性批判的路径和话语，正如"罗马俱乐部"提出的"增长的极限"一样，是对人类自身发展的一种警醒。它提醒人类已经进入了现代化的新阶段——反思性（reflexivity）现代化阶段，需要重新认识自身所面临的社会风险。

社会风险在广义上是指一种导致社会冲突，危及社会稳定和社会秩序的可能性，是一类基础性的、深层次的、结构性的潜在危害因素，对社

[①] 周战超：《当代西方风险社会理论引述》，《马克思主义与现实》2003年第3期。

的安全运行和健康发展会构成严重的威胁。一旦这种可能性变成现实性，社会风险就会转变成公共危机。按照不同的标准，社会风险可划分为不同的类型：①

1. 按风险分布的领域划分。主要包括政治风险、经济风险、军事风险、文化风险、道德风险等。
2. 按照风险来源划分。主要包括外部风险（自然具有的风险）和人为风险（制度、政策、技术引发的风险）。
3. 按照风险的历史形态划分。比较有代表性的是三分法：前现代灾难、工业时代的风险、晚工业时代不可计算的不安全。
4. 按学科划分。可分为哲学、社会学意义上的风险和经济学、管理学意义上的风险。

（二）主要社会风险预警分析系统

1. 埃·蒂里阿基安的社会动荡经验指标

埃·蒂里阿基安于1961年提出，包括三大指标：（1）都市化度的增长；（2）性的混乱及其广泛扩展，以及对它的社会限制的消失；（3）非制度化的宗教现象极大地增长。埃·蒂里阿基以此作为预测社会稳定与否的晴雨计，当晴雨计的指针指向"零"点时，社会处于最安定状态，不存在能够导致社会体系改变的紧张状况，也不存在道德同现实经验活动之间的矛盾，社会是"同质的道德统一体"；当指针指向"一"点时则是危机关头、革命的顶点、完全的无政府状态和"反常"，旧的制度化结构遭受破坏的时刻，表明既有秩序处于崩溃边缘。

2. 爱茨和莫根的社会不稳定性程度测度

爱茨和莫根于1976年提出，他们认为一国的社会不稳定性程度可以从以下六个方面来估量：（1）反映一国宪法、官方文件和政府政策声明中占主要地位的社会哲学和社会目标；（2）通过标准的统计报告程序所反映的一国个人需求的水平；（3）为满足一国居民的社会需要而可以利用的国内社会资源的水平；（4）一个国家在特殊时刻的政治稳定性程度；（5）一个社会内支持或破坏作为社会基本单位的家庭结构的各种力量；（6）促成团体之间的冲突，破坏历史传统、价值、风俗习惯和信仰的起抵消作用的文化势力的存在。

1984年，爱茨提出，社会不稳定性在下述国家中被认为最高：社会组织

---

① 尹建军：《社会风险及其治理研究》，中共中央党校博士学位论文，2008年。

中的杰出人物专权；人类需求得不到满足的情况严重；可利用的社会资源少；政治上不稳定；家庭结构处在崩溃状态；传统文化力量处于崩溃状态。

3. 美国纽约国际报告集团的"国家风险国际指南"风险分析指标体系（CPFER）

该体系由设在美国纽约的国际报告集团编制，每月发表一次，其中包括：领导权、法律、社会秩序与官僚程度等13个政治指标，停止偿付、融资条件、外汇管制及政府撕毁合同等5个金融指标，物价上涨、偿付外债比率、国际清偿能力等6个经济指标。

4. 布热津斯基的"国家危机程度指数"

美国前国务卿布热津斯基于1989年提出，包括国家信念的吸引力、社会心理情绪、人民生活水平、执政党士气、宗教活动、民族主义与意识形态矛盾、经济私有化、政治反对派活动、政治多元化、人权问题10个方面的指标。他将其用于分析东欧国家的社会状况。

5. 宋林飞的社会风险预警系统

宋林飞在其1989年提出的"社会风险早期预警系统"的基础上修正提出。利用各部门现行的公开与内部统计指标，设置社会风险监测与预警指标体系，分七大类40个指标：

（1）收入稳定性：收入预期相关指数；城镇居民人均纯收入变动度；农民人均纯收入变动度；城镇居民生活费上升超过收入增多的比率；农民生活费上升超过收入增多的比率。

（2）贫富分化：城乡居民人均纯收入差距；城乡居民人均纯收入差距变动度；城镇居民人均纯收入差距；城镇居民人均纯收入差距变动度；农民人均纯收入差距；农民人均纯收入差距变动度；地区人均收入差距；地区人均收入差距变动度。

（3）失业：失业率；失业率变动度；失业平均时间；失业平均时间变动度；失业保障力度；失业者实际困难度。

（4）通货膨胀：通货膨胀率；通货膨胀率变动度；城镇通货膨胀压力；农村通货膨胀压力。

（5）腐败：干部贪污贿赂案件立案数变动度；平均每件案件金额变动度；受惩干部平均职阶变动度；受惩干部人数变动度；受惩干部比率变动度。

（6）社会治安：刑事犯罪率；刑事犯罪率变动度；重大刑事犯罪率；

重大刑事犯罪率变动率。

（7）突发事件：突发事件出现频率；突发事件出现频率变动度；突发事件平均规模；突发事件平均规模变动度；突发事件涉及面；突发事件涉及面变动度；突发事件总数变动度；突发事件参与人数变动度。

这七类指标较为全面地反映了社会风险孕育、发展与外在化表现的过程。为了计量的方便，把七类指标整块分别列入社会风险的不同阶段。其中，收入稳定性、贫富分化与腐败列为警源指标，失业与通货膨胀列为警兆指标，社会治安与突发事件列为警情指标。

采用简单分类评分法，对社会风险预警系统的各个指标进行量化处理。各个指标均使用五级计分法，设五个分值：1、2、3、4、5。全部指标40个，总分为40—200。其中40—80为轻警区，81—120为中警区，121—160为重警区，161—200为巨警区（表5—8）。

表5—8　　　　　　　社会风险预警警级评估

警评分类	警级			
	轻警（绿灯）	中警（蓝灯）	中警（黄灯）	巨警（红灯）
警源	18—36	37—54	55—72	73—90
警兆	10—20	21—30	31—40	41—50
警情	12—24	25—36	37—48	49—60
总警	40—80	81—120	121—160	161—200
综合判断对策	安全	注意	治理	应急

6. 牛文元的社会稳定预警系统

牛文元于2001年提出，其理论基础是社会物理学中的社会燃烧理论。社会燃烧理论认为，燃烧所必须具备的三个基本条件，即燃烧材料、助燃剂和点火温度，缺乏其中之一，燃烧都不可能发生。社会物理学应用该项原理，将社会的无序、失稳及动乱，与燃烧现象进行了合理的类比：（1）引起社会无序的基本动因，即随时随地发生的"人与自然"关系的不协调和"人与人"关系的不和谐，可以视为提供社会不稳定的"燃烧物质"；（2）一些媒体的误导、过分的夸大、无中生有的挑动、谣言的传播、小道消息的流行、敌对势力的恶意攻击、非理性的推断、片面利益的刻意追逐、社会心理的随意放大等，相当于社会动乱中的燃烧"助燃剂"；（3）具有一定规模和影响的突发性事件，通常可以作为社会动乱中的导火线或称"点火温度"。由以上三个基本条件的合理类比,将社会稳定状况纳入到一个严格的理论体系和统计体系之中,研制出"社会稳定预警系统"(图5—6)。

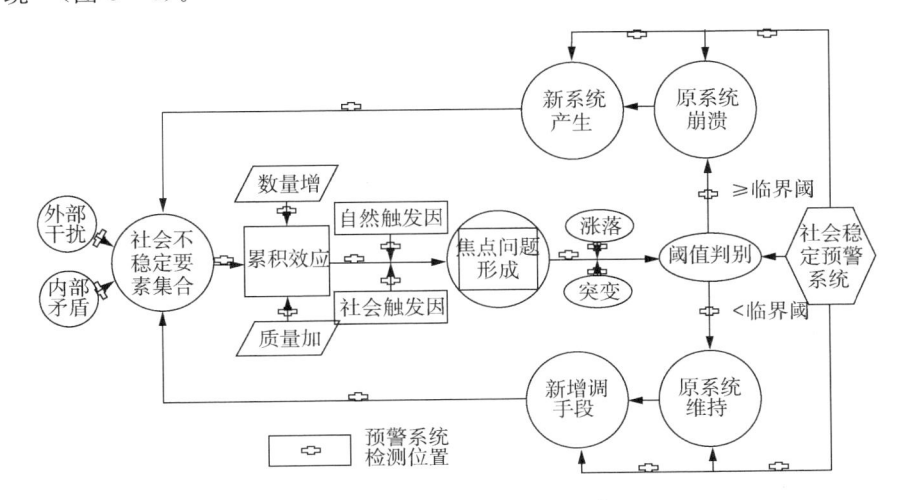

图5—6 社会稳定预警系统原理

"社会燃烧理论"的基本原理指出,当"人与自然"之间的关系达到充分平衡、"人与人"之间的关系达到完全和谐时,整个社会处于"理论意义"上绝对稳定的极限状态,只要发生任何背离上述两大关系的平衡与和谐,都会给社会稳定状态以不同程度的"负贡献"(即形成社会动乱的"燃烧物质"),当此类"负贡献的量与质"积累到一定程度,并在错误的舆论导向煽动下(即相当于增加社会动乱的"助燃剂"),将会形成一定的人口数量密度和地理空间规模,此时,在某一"突发导火线"(即出现了社会动乱的"点火温度")的激励下,即可发生"社会失衡(不稳)、社会失序(动乱)或社会失控(暴乱)直至社会崩溃"。

三 主要灾害风险评估系统

当今国际上的灾害风险评估正逐步趋于模型化、标准化和工具化,表5—9列举了目前国际社会具有代表性的灾害风险评估模型(方法)。与模型、方法的研究相适应,一些国际组织也研发推出了各种灾害风险的评估系统,代表性的主要有:

表5—9　　国外主要灾害风险评估方法概述和分类

指标	灾害风险指数（DRI）	欧洲多重风险评估	部门脆弱性评估法	应用系统分析灾害模拟模型	社区灾害风险指数	应对能力自我评估法
空间尺度	全球	欧洲	地方（达到单体建筑分辨率）	国家	行政管理区	地方社区
方法的功能	脆弱性辨识、国家间脆弱性比较	脆弱性辨识、地区间脆弱性比较	脆弱性辨识、降低脆弱性方法的选择	脆弱性辨识、提高减灾意识	脆弱性辨识、教育后代、赋予权力、促进性别平等	脆弱性辨识、赋予权力
脆弱性的中心论题	以年均死亡率描述相对的脆弱性；选择多种社会经济因素（24个变量）解释不同国家之间脆弱性的差异	脆弱性包括致灾因子、暴露和应对能力；主要用国内生产总值和人口密度表示	部门（例如，住房、健康、教育、工业、农业和金融业）	公共部门的财政脆弱性（经济脆弱性子集）	有关自然、人口统计、社会、经济和环境财富的脆弱性	人群及其资产和资源及灾害根源的识别
数据来源	灾害流行病学研究中心	欧洲市政厅慕尼黑再保险公司	实地调查	国家数据	基于调查问卷的数据	小组集中讨论
目标群	国际组织和国家	欧盟	负责专门部门的机构	公共权力部门和私人机构	社区人群、社区政府	处于风险人群
与目标的关联度	无直接联系	通过专家判断对指标设定权重、无明确联系	脆弱性分类（低、中、高）、无直接联系	假设情景、无直接联系	脆弱性分类（低、中、高）、无直接联系	无直接联系
综合水平	中等（相对脆弱性评价方法显示了相对低的水平，暴露成分则较为复杂）	高、中等（多风险图包含多种指标，因此可视为高/中等综合水平）	高（市政当局每一个机构、部门或部分的指标综合值）	中等（相对于其他可能获得援助和收入来源的财政缺口）	中、高指标和指数（47种单一指标被综合成了4个因子和1个风险指数）	低（没有综合）

资料来源：①Birkmann, 2006, p.103；②葛全胜、邹铨等：《中国自然灾害风险综合评估初步研究》，科学出版社2008年版，第102—103页。

(一) FEMA 和 NIBS 的地震、洪水、飓风危险软件评估系统 HAZUS

HAZUS 是由美国联邦应急管理局（FEMA）和国家建筑科学院（NIBS）共同研究的成果，是一个标准化的全国通用的多灾害损失估计方法，旨在降低自然灾害和人为灾害引致的人员伤亡和财产损失，为减灾、应急管理、灾后恢复的国家计划提供支持。该研究始于 1992 年，是建立在 GIS 平台上的一种全面的基于风险分析的工具软件包，它从最初的地震模型，发展为现在的飓风、洪水和地震的复合灾害 HAZUS 模型（HAZUS－MH）。HAZUS 系统由潜在致灾因子、数据库、直接损失、间接损失、社会损失、经济损失和间接经济损失这七个模块组成，从三个层次对灾害进行评估，即：(1) 提供基本的损失估计；(2) 提供详细的区域损失估计；(3) 提供建筑物内更为详细的损失估计（图 5—7）。

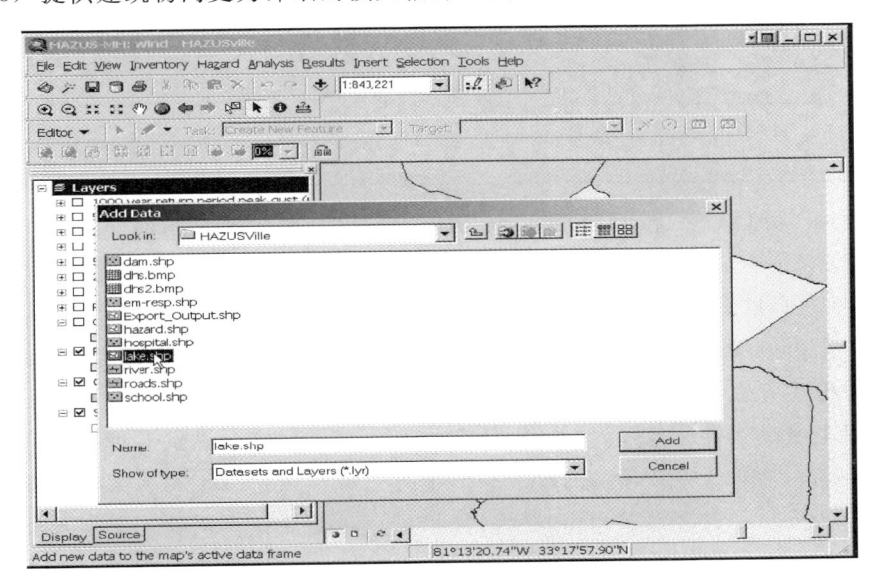

图 5—7　HAZUS－MH 软件界面

(二) UNDP "灾害风险指数系统"

灾害风险指数系统（Disaster Risk Index，DRI）是世界上第一个全球尺度的、空间分辨率到国家的人类脆弱性评价的指标体系，也是全球尺度灾害风险管理的代表。DRI 以死亡数据为灾情基础数据，主要侧重度量灾害造成的死亡风险，它以 1980—2000 年的资料为基础，用来计算大、中尺度的地震、热带气旋和洪水所造成的各国的平均死亡风险，并根据物理暴露程度、相对脆弱程度、风险程度，对各个国家进行分类（图5—8）。DRI还可以识别影响灾害致死风险的社会经济、环境因素，甚至可以提示灾害风险的因果过程。DRI的局限性在于，它所研究致灾因子的种类比较少，也不能度量小尺度灾害所造成的风险，另外，它不能用来进行预测。

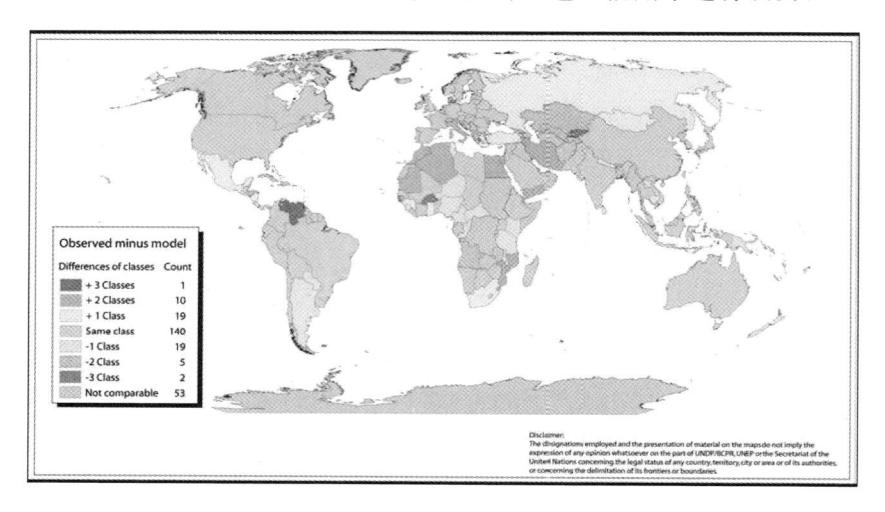

图5—8　基于DRI的多种灾害死亡率差异分布（UNDP，2004）

（三）世界银行"灾害风险热点地区研究计划"

灾害风险热点地区研究计划（The Hotspots Projects）是由世界银行和哥伦比亚大学联合发起的一个分析全球自然灾害的研究项目。Hotspots项目主要是在全球范围内，特别是在国家和地方尺度上识别多种灾害的高风险区，为降低灾害风险的政策和措施提供决策依据。Hotspots的评价指标包括风险、灾害暴露和脆弱性三类指标，主要从死亡风险、经济损失风险两个角度刻画自然灾害风险，采用历史时期的统计数据描述脆弱性，将灾害暴露程度与历史脆弱性结合起来，根据不同的灾害类型，绘制了亚国家尺度的全球灾害风险地图（图5—9）。Hotspots是目前全球尺度自然灾害风险研究领域中空间分辨率最高的一个研究成果，但由于亚国家尺度上数据的不足，使得研究结果的精确性存在一定的局限性。

（四）美洲发展银行"灾害风险管理指标系统"

"灾害风险管理指标系统"是由美国哥伦比亚大学和美洲间发展银行共同研究的成果，旨在对美洲国家1980—2000年灾害风险管理相关方面进

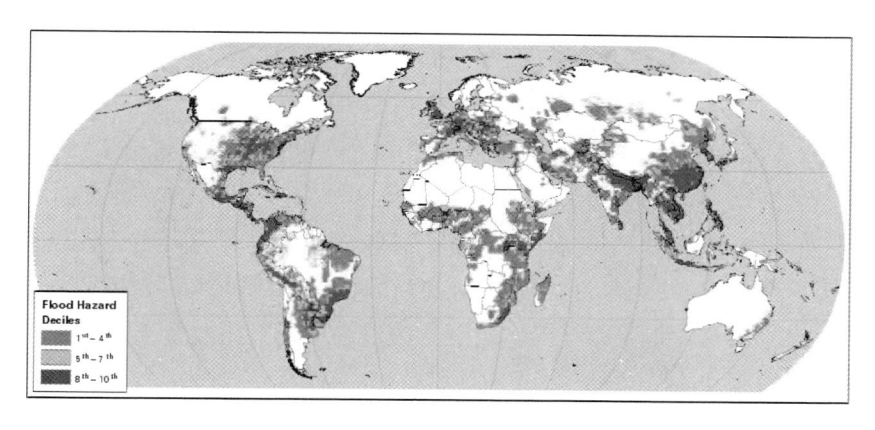

图 5—9　全球洪水风险地区分区图

行系统的、定量的评价。"灾害风险管理指标系统"共有四个综合指标——灾害赤字指数（Disaster Deficit Index，DDI）、地方灾害指数（Local Disaster Index，LDI）、通用脆弱性指数（Prevalent Vulnerability Index，PVI）和风险管理指数（Risk Management Index，RMI），它们分别代表了脆弱性的主要因素和每个国家在管理风险上的进展。该指标系统在进行灾害风险度量方面，不仅考虑预期的损失、死亡等因素，还包括了社会、组织和制度因子，因此利用该系统不仅可以进行国与国之间的对比分析，还可识别出经济和社会领域的关键问题。

第二节　舆情信息分析

舆情是社会的晴雨表，决策者可以通过舆情信息分析来体察民情、了解民生、倾听民意，及时、全面地了解社会舆情的总体态势和动向。特别在群体性事件频发的今天，对舆情信息的监测与分析显得尤为重要。

一　舆情的形成与演化机理分析

舆情是一个中国语境下的概念，[①] 在西方最先起源于民意研究。早在

---

① 王来华：《论舆情研究的两个需要》，《天津社会科学》2010 年第 4 期。

18世纪的法国，卢梭便首次提出了公众意见（public opinion）的概念。现在西方关于 public opinion 的研究主要侧重于民意测验，侧重于个案问题的研究，如问卷话语问题、问卷分析的指标体系等，并且已经将 public opinion 的研究理论和技术应用于情报挖掘、网络反恐和民意分析等方面。① 这对于我国的舆情研究有借鉴意义。目前国内关于舆情的定义基本认为是"民众的情绪、意愿、态度和意见等"，刘毅将舆情定义为"由个人以及各种社会群体构成的公众，在一定的历史阶段和社会空间内，对自己关心或者与自身利益紧密相关的各种公共事务所持有的多种情绪、意愿、态度和意见交错的总和"。② 现阶段，舆情信息大量蕴含在网络中，网络舆情成为舆情的一种主要表现形式③，也是舆情信息分析的主要对象，表5—10例举了当前网络舆情的主要载体平台。

表 5—10　　　　　　　网络舆情的主要载体平台

平台	类型	具体表现形式	典型实例
公共舆情平台	新闻网	综合类新闻网	新华网；千龙网；中国新闻网；凤凰网
		门户网站新闻频道	新浪新闻；网易新闻；搜狐新闻；腾讯新闻；百度新闻
		传统媒体网络版	南方报业网；京报网；大洋网
	音/视频网	广播电台网络版	中国广播银河网络台
		电视台网络版	央视网；中国网络电视
		专业音视频网	土豆网；优酷网；酷6网
	论坛/社区	综合性论坛/社区	天涯社区；西祠胡同；铁血论坛；凯迪社区
		门户网站论坛/社区	搜狐论坛；新浪论坛；网易论坛
		新闻网站论坛/社区	强国论坛；发展论坛；中华网论坛；复兴论坛
		专业型论坛/社区	17173游戏论坛；榕树下；橄榄树
		高校论坛/社区	水木清华；小百合；白云黄鹤
		地方论坛/社区	京华论坛；北漂论坛；天一论坛；19楼
	图片网	专业图片网	全景网；色影无忌；图说中国
		门户网站图片频道	新浪网图片；搜狐网图片

---

① 王根生：《面向群体极化的网络舆情演化研究》，江西财经大学博士学位论文，2011年。
② 刘毅：《网络舆情研究概论》，天津人民出版社2007年版。
③ 李昌祖、张洪生：《网络舆情的概念解析》，《现代传播》2010年第9期。

续表

平台	类型	具体表现形式	典型实例
公共舆情平台	社交网	传统社区型社交网	聊天室；我的天涯；猫扑 hi
		传统空间型社交网	QQ 校友；51.com
		新型社交网	开心网；人人网；天际网；若邻网
	小众网	兴趣型小众网	小众玩角网；斗牛网；豆瓣网
		言论型小众网	乌有之乡；三农中国；中国选举与治理网
	电子报	报刊电子报	环球时报；中国新闻周刊；南都网
		手机报	手机报；河南手机报
	贴吧/说吧		百度贴吧；人民网贴吧；百度说吧
	聊吧		人民聊吧；百易聊吧；QQ 聊吧
	留言板		人民网地方领导留言板
	群组		MSN；QQ；ICQ；雅虎通
个人舆情平台	博客	专业型博客	博客网；中国博客；博客大巴
		门户网博客	新浪博客；搜狐博客；强国博客
	微博客	专业性微博客	Twitter；叽歪；饭否；嘀咕；做啥；腾讯滔滔
		门户网微博	新浪微博；网易微博；腾讯微博
	播客		激动播客；中国播客网
	掘客		掘客中国；掘客网
	空间		百度空间；腾讯空间；新浪空间

资料来源：方付建：《突发事件网络舆情演变研究》，华中科技大学博士学位论文，2011年，第49—50页。

（一）舆情形成的主要模式

简单地说，舆情的形成实际上是一种"刺激—反应"的过程，从不同的角度看，它有着不同的形成模式，以下从几个不同角度对舆情的形成模式进行描述，为深入研究舆情信息形成机理提供参考。①

1. 渐进模式和突发模式

舆情的形成总需要一个过程，从这个过程的时量特征来看，舆情的形成可以分为渐进模式和突发模式。

舆情作为一种心理过程，其特性之一就是隐匿性，舆情没有以具体形式表达，并不意味着它不存在，我们可以通过舆情调查等手段进行了解。

---

① 刘毅：《网络舆情研究概论》，天津人民出版社2007年版，第280—291页。

事实上，在社会矛盾形成和积累之下，指向某种矛盾的舆情在暗暗地滋生和积累，经历了从无到有、由弱到强、由隐匿到公开的过程，最终可能会以某一公共事务为导火索而爆发出来，这就是舆情形成的渐进模式。

舆情形成的突发模式在体现"刺激—反应"机制时更为明显，刺激物就是突发事件，人们的舆情就是反应物。突发事件一经发生，便会激起公众的强烈反应，舆情表达集中且剧烈。对于突然爆发的事件而言，往往深层矛盾已经存在，但没有明显表露，人们的情绪压抑在心中而缺乏正常的沟通渠道。在偶然事件的刺激作用下，原有矛盾被激化，人们原来被压抑的情绪、态度和意见就凸显出来。往往由突发模式形成的舆情所导致的群体性事件的突发性更强，对其预防和处置的难度也更大。

2. 人际模式、群体模式和"公众—媒介—政府"模式

从舆情信息的传播主体和过程来看，舆情的形成可以分为人际模式、群体模式和"公众—媒介—政府"模式。

人际交往和人际传播是舆情形成的两种重要渠道，舆情信息通过"一传十，十传百"的方式传递，相互影响。从微观上看，表现为小范围内的私下议论，或两人一处窃窃私语，或三五成群高谈阔论，相互之间传递信息、交流意见、评论短长，四散走开后，再与别人结合在一起，形成新的议论圈。从宏观上看，表现为从舆情中心呈放射状地向四周递次扩散，波及面逐渐扩大。社会谣言和政治民谣是两种主要通过人际传播方式扩散的舆情。

作为舆情主体的公众，它是由各种社会群体组成，包括阶级、阶层以及各种生活群体，因此，舆情也可以被看作是一种群体心态，群体心态无疑是在群体信息传播和互动过程中形成的。群体心理会导致集群行为的发生，集群行为也称作集合行为，有关集合行为的理论研究有七种，包括斯梅尔塞的基本条件说、模仿理论、感染理论、紧急规范理论、匿名理论、信息传播理论、控制转让理论。由群体模式形成的舆情具有"强大而活跃，并且非常敏感"的"形象化想象力"，很可能处于一种非理性状态；它在平时一般都处于一种潜在状态，但在适当的条件下会通过群体行为转变为直接的、显在的状态。由此可见，群体模式不仅是一种舆情形成的重要方式，而且需要给予密切关注。疏导不力可能会导致群体性事件的发生，从而危害社会稳定。

公众对政府的情绪、态度和意见是狭义舆情的范畴，也是舆情研究中最为重要和敏感的内容。此外，大众传播媒介对舆情的形成也有重要的影响作用。因此，在大众传播媒介、政府和公众三者的相互作用和影响下，

舆情便会形成，此即为"公众—媒介—政府"模式。

3. 线性模式和动力模式

如果从舆情形成过程的结构和功能来看，舆情的形成可以分为线性模式和动力模式。舆情的形成和变化，有其特定的结构和功能。对舆情形成的结构性的描述主要是对其内在和外在结构以及相互关系进行线条式的勾勒；对舆情形成的功能性描述主要是分析各联系因素间的动力耦合过程，以显示这种耦合的强度和方向等。① 线性模式主要对舆情的形成过程进行描述，而动力模式强调的是舆情是在内部动力和外部动力的共同作用下形成的，它实际上是对线性模式的补充，图5—10和图5—11分别为这两种模式的示意图。

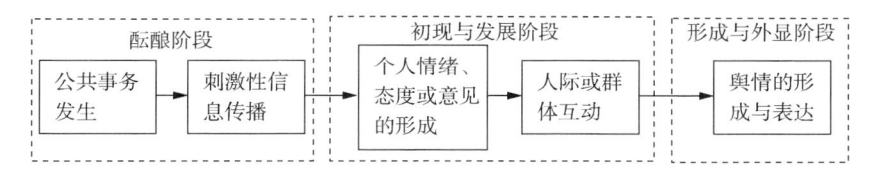

图5—10 舆情形成的线性模式

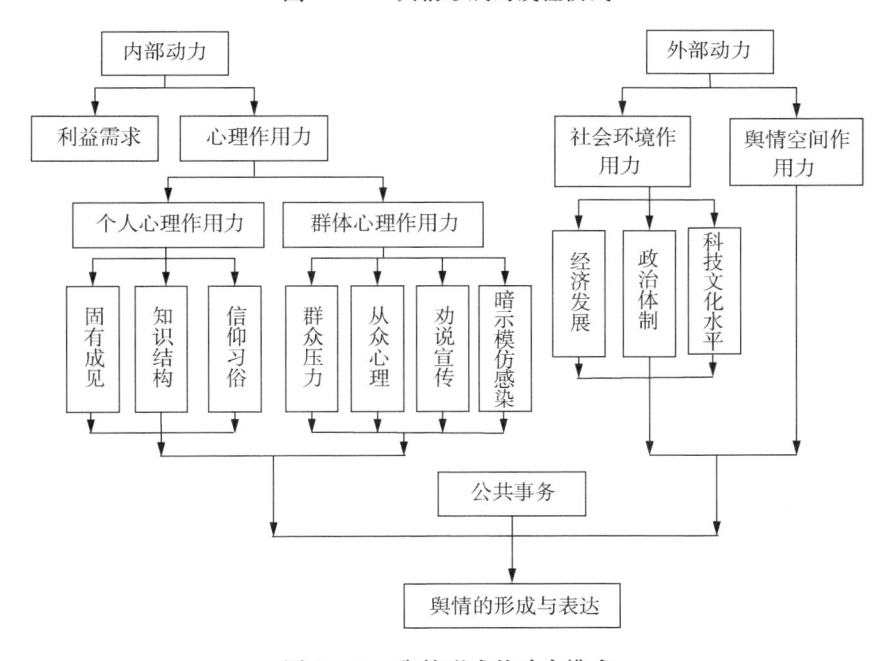

图5—11 舆情形成的动力模式

---

① 吴飞：《当代舆论形成与发展的途径和模式》，《杭州大学学报》1999年第4期。

(二) 舆情的演化阶段

对于舆情演化进程的问题,学者们从不同角度进行了划分,提出了三阶段、四阶段、五阶段甚至是多阶段的演化阶段划分模式(表5—11),均有一定理论概括意义。

表5—11　　突发事件网络舆情演变阶段的划分方式

学者	研究对象	演化阶段划分
王来华	舆情	发生→变化→结束
徐向红	舆论	萌生→生成→统一
陈月生	群体性突发事件舆情	发生→变化→结束
刘毅	网络舆情	涨落→序变→冲突→衰变
马映红	网络舆情	议题发生→信息缺失→信息搜寻→网络舆情形成→网络舆情引导→网络舆情消亡
姜胜洪	网络舆情热点	起始→持续高涨→波动变化→淡化或消落
谢科范,等	网络舆情突发事件	潜伏期→萌动期→加速期→成熟期→衰退期
徐敬宏,等	非常规突发事件网络舆情	产生→传播→聚合
史波	公共危机事件网络舆情	形成→发展(发展/作用/变异)→结束(终结)
喻国明,等	舆情热点	事件发生→网民爆料→传统媒体跟进→网络热炒→舆论施压→政府介入→网民平息
顾明毅,等	网络信息传播	早期传播→社会性知情→社会性表达→社会行动→媒体纪念

资料来源:方付建:《突发事件网络舆情演变研究》,华中科技大学博士学位论文,2011年,第38—39页。

(三) 舆情的变动规律

普列汉诺夫曾经说过:"公众意见的历史发展和整个人类历史一样,乃是个有规律的过程。"[1] 作为公众情绪、态度或者意见的舆情,从其形成到结束,都是处于一种动态的变化过程之中,必然也要遵循某些规律来运行。目前,关于舆情变动规律的研究不是很多,刘毅在总结现有研究成果的基础上,提出舆情变动的涨落规律、序变规律、冲突规律和衰变规律,以此来描述舆情变动过程中的规律。[2]

---

[1] 《普列汉诺夫哲学著作选集》第2卷,生活·读书·新知三联书店1962年版,第162页。
[2] 刘毅:《网络舆情研究概论》,天津人民出版社2007年版,第291—315页。

1. 舆情的涨落规律

舆情的涨落规律认为,社会系统的稳定需要舆情涨落的支持和保证,通常情况下,舆情的涨落会呈现出一些具有规律性的态势,大致可以归纳为波浪形、梯形和单峰形三种,并在时空、舆情主体和舆情强度上加以体现。影响舆情的涨落的因素一般包括社会矛盾与公共事务、政府行为、舆情信息传播渠道、媒体报道和引导、个人兴趣与利益以及心理因素这六个方面。舆情的涨落可能会造成舆情运动的无序状态。

2. 舆情的序变规律

舆情的序变规律认为,从表面上看,舆情涨落规律使舆情运动陷入混乱和无序,而实质上,这种涨落恰好触发了舆情运动的有序化进程,使得其总体趋势上呈现有序,这个过程可以用普利高津的耗散结构理论[①]来解释。舆情从形成到衰灭,形成了一个和外界不断交换物质和能量的开放的、远离平衡态的系统,其中各构成要素发挥着协作和制约的非线性作用,最终使得舆情从无序向有序变化。

3. 舆情的冲突规律

社会学家科塞强调:"在某种意义上,冲突是社会的生命之所在,进步形成于个人、阶级或群体为寻求自己美好理想而进行的斗争之中。"[②] 舆情冲突则是这种斗争的具体表现之一,是推动社会发展的客观存在。舆情的冲突规律认为,狭义的舆情冲突是指公众因为自身利益受到损害或没有得到应有的满足,以激烈且具有攻击性的言论或行为方式对政府管理或决策发泄不满,而广义的舆情冲突则泛指公众之间的一切情绪、意愿、态度或意见的对立状态。舆情冲突充满了攻击性,一般有言论攻击和暴力冲突两种表现形式。我国正处于转型期,社会矛盾错综复杂,城市新贫困问题、贫富差距问题、腐败问题等因素会使公众形成相对剥夺感,诱发狭义的舆情冲突。舆情冲突往往是大规模社会冲突的前奏,因此认识和把握舆情的冲突规律对维护社会稳定有着积极的意义。

4. 舆情的衰变规律

舆情的衰变规律包含了两层含义,第一层含义是"衰",指对某一具

---

① 耗散结构是指一个远离平衡的开放系统通过不断地与外界交换物质和能量,在外界条件的变化达到一定的阈值时,可能从原有的混沌无序的状态转变为一种在时间上、空间上或功能上的有序状态。耗散结构理论就是研究耗散结构的性质以及它的形成、稳定和演变的规律的科学。

② [美] 科塞:《社会冲突的功能》,孙立平译,华夏出版社1989年版,第6—7页。

体公共事务的舆情必将走向衰落的趋势,强调的是舆情衰落的必然性;另一层含义则是"变",是指舆情的衰落正是新舆情产生的开端,它强调的是舆情衰落的相对性。衰变规律告诉我们,看似销声匿迹的舆情可能会死灰复燃,而本来强度不大的舆情也会通过这种转折得到能量积蓄。舆情的衰变规律为我们揭示出了舆情兴衰交替和转换的发展趋势,也体现出舆情信息监测工作的必要性和艰巨性。

二 谣言的形成与传播

(一) 谣言的产生

谣言本质上是一种未经证实的信息,公共危机信息的传播往往伴随着谣言的传播。在西方社会学与社会心理学中,关于谣言的系统性研究是从第二次世界大战开始的,其中的经典研究当推该领域两位奠基人奥尔波特和波斯特曼有关1942年美国"珍珠港事件"中战时谣言的分析。在该分析中,这一谣言传播是以美国民众对官方"战时损失报告"的不信任为基础的,形成的两个条件在于"事件的重要性"和"信息的模糊性"。即谣言流通量与该问题的重要性和涉及该问题的证据的暧昧性之乘积成正比,用一个公式表示就是 R(谣言)=i(重要性)×a(模糊性)。这一看法也成为此后有关谣言形成的标准观点。从这个公式展开,谣言的产生既有人们主观心理上的原因,也有社会环境方面的客观原因——"集体记忆、实验的社会空间和机遇是用不同方法促成谣言形成的工具"。从社会环境看,大规模谣言的产生和传播往往与事变发生、社会内部结构紊乱、危险境遇出现相联系。

从心理因素看,传谣心理与造谣心理并没有一定的界限,纳普将期望(wish)、恐惧(fear)、攻击(hostility)作为不同谣言的心理基础。罗斯诺认为,谣言产生的动机分自然的和蓄意的,后者常充斥于商业界或政治界,前者则多是关于天然灾害的预言,或是人为的灾祸等。按照卡普费雷的描述,传播谣言的原因是多方面的,可能是因为这个信息满足了人们盼望或恐惧的心理,也可能是出于与群体态度保持一致、说服他人、以匿名的方式发泄减压、娱乐、引为谈资等心理。[①] 表5—12列举了国内外搜集

---

① 左玮娜:《网络谣言传播研究》,中国社会科学院研究生院硕士学位论文,2006年,第2—3页。

网络谣言的网站(网页)。

表5—12　　　　　国内外搜集网络谣言的网站(网页)列举

名称	描述	网站(网页)
中文		
新语丝	立此存照——打击学术、新闻、网络腐败	http://xys.3322.org/pages/dajia.html
网易—新闻中心—新闻专题—今语丝	关于日本的N个谣言	http://news.163.com/special/j/jinyusi09.html
东森新闻网	网络追追追(台湾)	http://www.ettoday.com/etrumor/index.htm
番薯藤专题	网络谣言(台湾)	http://feature.yam.com/urbanlegends/true.html
红豆泥	网络谣言研究院:个人网站(台湾)	http://www.richvli.com/hondoni/index.htm
英文		
Urban Legends Reference Pages	分类都市传奇	www.snopes.com
Hoaxbusters	美国能源部件,专门处理各种基于计算机传播的恶作剧与传奇	http://hoaxbusters.ciac.org
Frequently Asked Questions	辨别传奇故事的真伪	http://www.tafkac.org/faq2k/index.html
How Urban Legends Work	无	http://www.howstuffworks.com/urban-legend.htm
瓶中猫(盆栽猫)	无	http://bonsaikitten.com
Urban Legend Machine	谣言自动贩卖机	http://toybox.asap.net/legend/
其他	无	http://urbanlegends.about.com/ http://hoaxinfo.com/:识破骗局

资料来源:左玮娜,《网络谣言传播研究》,中国社会科学院研究生院硕士学位论文,2006年。

(二) 谣言的传播模式

弗朗索瓦丝·勒莫在《黑寡妇:谣言的示意及传播》一书中,提出了谣言传播的三阶段模式①，将谣言的产生和发展分为"幼虫"、"蛹"和"出茧"三个阶段（表5—13）。

表5—13　　　　　　　　谣言产生和发展的三个阶段

幼虫阶段	蛹阶段	出茧阶段
神话	现实	幻想
社会环境	个人环境	表象
传染	孵化	爆炸
集体记忆、行动冲突、过去的压力	中间状态	社会震荡破坏、危机爆发

人们总是努力构造和维系一个关于和谐社会的神话，然而当神话在现实冲击下，充斥不公、愤恨、荒谬和困境时，人们便会记忆这些残缺。在集体规范和压力作用下，这些记忆被不断传染和复制，汇成与社会系统相冲突的力量。此即为谣言的"幼虫"阶段——土壤正在培育，集体意识正在形成。

偶然或必然的现实打碎了既有的心理平衡，个人对不满的记忆从集体记忆的孵化中迅速生长为谣言之"蛹"。作为中间状态，"蛹"的外壳布满内外相通的细孔，信息和能量从一个系统交换到另一个系统，从一个群体扩散到另一个群体，从一个层面渗透到另一个层面。所有的压力都可能爆发，所有的潜能都会变成行动。此即为谣言的"蛹"阶段。

当权威信息源和公开渠道缺失、薄弱时，人们开始不断为个体和整体记忆注入新的幻想。幻想构造出各种事实和意见连缀一体的象征性现实，它在口耳相传中迅速膨胀。而当特定的导火索出现，幻想的底限被突破，象征的边界被击碎，谣言就此喷发。此即为谣言的"出茧"阶段。

（三）谣言的传播模型

谣言传播模型的研究始于20世纪60年代，由于谣言在人际关系网络中的散布和病毒传播、扩散很相似，因此现有的谣言传播模型大都借鉴了传染病模型，下面对几种具有代表性的模型进行介绍。②

1. D—K模型

Daley和Kendall于20世纪60年代提出了谣言传播的数学模型，后来的研究者以Daley和Kendall的名字称之为D—K模型。该模型是借助随

---

① ［法］弗朗索瓦丝·勒莫：《黑寡妇：谣言的示意及传播》，商务印书馆1999年版，第156页。
② 张芳、司光亚、罗批：《谣言传播模型研究综述》，《复杂系统与复杂性科学》2009年第4期。

机过程的方法来分析谣言问题的，它把受众按照谣言传播效果分成了3类，并假定其中两类人之间角色转换的概率满足一定数学分布。这个模型尽管不完全符合谣言传播的实际过程，但在一定近似条件下还是合理的。此后，Maki D 和 Thomson M 以及 Murray I D 相继利用数学模型对谣言进行了研究，主要集中于理论分析。基于数学的谣言模型尽管具有高度的抽象性、严密的逻辑性和应用的广泛性，但它对过程描述是非直观的，接近现实的谣言传播可以用数学模型表示，但却不可求解。

2. Potts 模型

近年来，谣言问题除了继续受到社会学工作者关注外，也引起了物理学等自然科学工作者的关注，Potts 模型就是为研究谣言传播问题而提出的一个物理学模型。华中科技大学的研究小组利用经过改变的 Potts 自旋系统对谣言传播进行了量化，并建立起了谣言传播的 Potts 模型，给出了自发谣言模型的精确解，并确定了谣言传播的一级相变和二级相变，用一种定量的方法研究了简单谣言在传播中发生的语义变化，观察谣言在传播过程中被改变或放大的情况。华中科技大学研究小组也指出，由于模型中采用的物理自旋系统是由谣言社会系统经类比衍生出来的，并不是很严密，而且模型中的量化参数的估计通常需要借助民意测验结果，由于这些结果的粗略性，导致模型并未做到真正意义上的量化。

3. 元胞自动机模型

元胞自动机是一种离散的数学模型，具有物理图像清晰、完全并行、无截断误差等优点，成为近年来探索非线性复杂系统的有力工具。宣慧玉和张发在《复杂系统仿真及应用》一书中详细介绍了元胞自动机的流言模型，这一模型再现了流言通过个体之间的局部交互进行传播的过程。模型一般采用二维网格，每个单元格代表一个个体。基本的流言模型的邻元数量为8（摩尔邻域），单元格的颜色有两种状态——不相信流言和相信流言，将不相信流言的单元格涂成白色，相反则为黑色（图5—12）。利用元胞自动机对流言传播进行研究的一个突出特点是个体状态和交互规则简单，这也是其最大不足之处。

4. 复杂网络上的谣言传播模型

不同个体间传播谣言的几率有差异，不同拓扑结构的社会网络中传播规律也不相同，复杂网络为进一步解决这些问题提供了基础，使得谣言传播的研究有了新的进展。Zanette D H 首先将复杂网络理论应用于谣言传播的研究，在小世界网络上建立谣言传播模型，得出一些包括谣言传播临

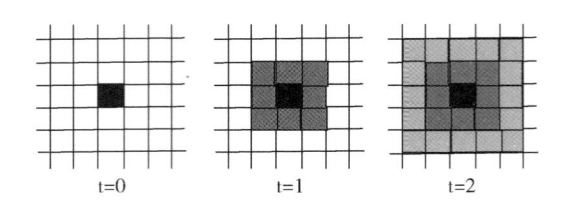

图 5—12　基本流言模型的传播状态

界值在内的结论。Moreno Y 等人又在无标度网络上建立了谣言传播模型，同时把由计算机仿真和通过随机分析方法得出的结论进行了比较。国内汪小帆等人的研究关注网络的聚类系数，并发现可以通过增大网络聚类系数来有效地抑制谣言的传播。

三　舆情态势分析与监测

（一）舆情态势分析

网络舆情态势是指网络舆情形成、发展和消亡的演化过程中各舆情要素的属性、要素之间的关系以及它们随时间和空间动态的变化趋势。网络舆情态势分析，就是从海量网络信息中发现舆情话题，并分析和获取网络舆情态势。其中，关键是构建网络舆情态势分析模式，比较有借鉴意义的是李弥程等人运用战场态势分析思想，构造了一个适合计算机实现的网络舆情态势分析模式（图 5—13）。[①] 舆情态势分析的直观方法是确定舆情后，根据相关对象在不同网页中出现的时间和频次数（是否呈愈演愈烈之势，还是渐趋缓和），以及对应情绪态度（是否评价越发极端，还是趋于理性客观）进行分析。[②] 网络舆情态势分析是网络舆情监测与预警的基础。

（二）舆情监测

通过文献分析，网络舆情监测与分析技术大致可以分为两大类，基于统计规则的模式识别和基于内容挖掘的主题监测。[③]

[①] 李弥程、林琛、周杰、王允：《网络舆情态势分析模式研究》，《情报科学》2010 年第 7 期。

[②] 周涛、汪秉宏、韩筱璞、尚明生：《社会网络分析及其在舆情和疫情防控中的应用》，《系统工程学报》2010 年第 26 期。

[③] 陈忆金、曹树金、陈少驰、陈珏静：《网络舆情信息监测研究进展》，《图书情报知识》2011 年第 6 期。

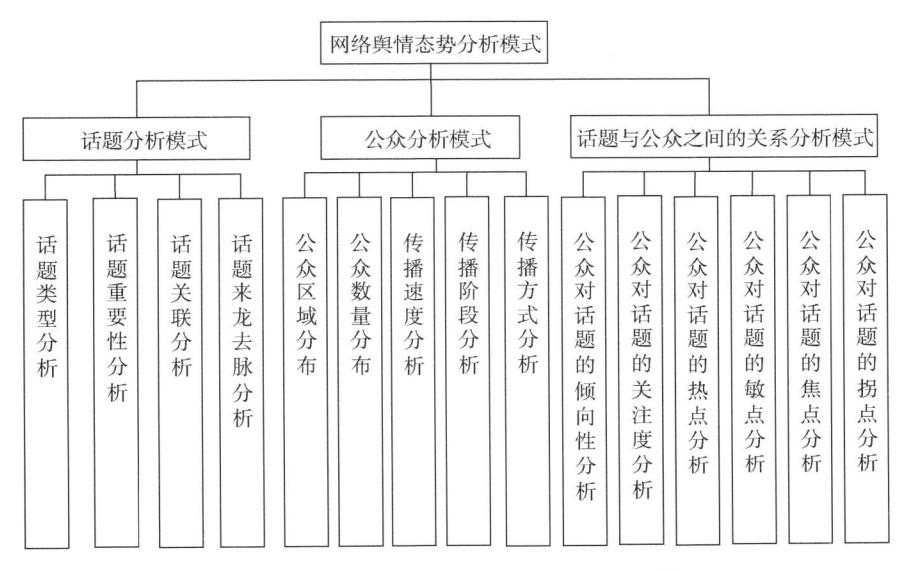

图 5—13　网络舆情态势分析模式体系结构

在基于统计的模式识别方面，谢海光等人通过分析某段时间间隔内用户所关注信息点记录，构建了互联网内容与舆情的十个分析模式和判据。高嘉鑫应用统计原理归纳出五个将热门讨论确定为异常事件相关规则和阈值，并将规则应用到 BBS 进行验证。郑凌在其硕士学位论文中利用这个原则并进行相关阈值设定和扩展。研究表明基于模式识别的舆情监测具有一定的有效性，但由于不同的信息源信息产生规律有较大的差异，该方法具有较大的局限性，只能进行小规模的定点监测。

基于内容挖掘的网络舆情信息分析，涉及较多与自然语言处理相关的研究子领域，包括：网络舆情信息提取、预处理、文本表示、主题发现（话题识别和跟踪）、意见挖掘与观点分析、倾向性分析等。

随着网络舆情理论和网络舆情监测技术研究的深入开展，国内外学者和相关单位纷纷尝试将研究成果运用到实际的舆情监测工作中去，开发相应的系统并提供相关的信息服务。在应用领域，Dave 等人研究并开发的 ReviewSeer 是世界上第一个情感分析工具和第一个针对给定产品评论区别其褒贬性的系统。国内人民网、中国舆情联盟网等大型门户网站和一些小型软件公司也先后开发了多个网络舆情监测平台（系统）（表 5—14）。其中比较出色的包括人民网舆情监测室的监测平台、北大方正技术研究院的智思舆情预警辅助决策支持系统和中科院自动化研究所实施的"天网"工程舆情安全体系。

表5—14　　　　　国内部分网络舆情监测平台（系统）

舆情监测平台（系统）	平台（系统）网址	免费与否
人民网舆情监测室	http://www.people.cn/	部分免费
中国舆情联盟网	http://www.cpol.org.cn/	免费
智思舆情预警辅助决策支持系统	http://www.founderegov.com	无
天网工程舆情安全体系	无详细信息	无
军犬网络舆情监控系统	http://www.54yuqing.com/	付费
正义网舆情监测系统	http://zfwlyq.jcrb.com/	付费
谷尼网络舆情监测系统	http://www.goonie.cn/	付费
乐思网络舆情监测	http://www.knowlesys.cn/	付费
神采舆情监测中心	http://yqjk.sensite.cn/index.htm	付费
网络口碑监测引擎	http://discover.iwommaster.com/	付费（可试用）
迅奥海量信息处理专家	http://www.cnxunao.com/index.htm	付费
拓尔思公司的"网络舆情监控系统"	http://www.trs.com.cn/	付费
华搜传媒	http://www.huaso.net/	付费
电子监管网舆情频道	http://www.00315.org/	付费
网鹰舆情监控系统	http://www.warnn.cn/	付费
中国保健协会舆情监测	http://www.chc.org.cn/yqjc/	免费
线点科技互联网舆情监控系统	http://www.xd-tech.com/nms.html	付费
西盈网络舆情监测（监控）系统	http://mail.sxrj8.com/Item/893.aspx	付费
锐安舆情监测系统（PS Monitor）	http://www.bjrun.com/pages/product01.html	付费

第三节　应急决策信息分析

应急决策是应急管理的核心，是危机领导力五大关键任务之一，是衡量应急管理能力的关键性指标。[①] 而信息是决策的基础和依据，信息不对

---

① 钟开斌：《信息与应急决策：一个解释框架》，《中国行政管理》2013年第8期。

称是突发事件情景下决策者通常所面临的重大挑战。应急决策过程实质上可看作是对相关信息的收集、整理、分析和运用的过程。

一　应急决策的含义与主要特征

（一）应急决策的特点

所谓决策（decision-making），就是对即将采取的处置行动方向、目标有其实现原则、方法上的分析与选择。突发事件应急决策属于特殊的非常规决策，它与常规决策有着显著的区别（表5—15）。由于决策责任重大，突发事件及其不确定的未来状态会给决策者带来高度的紧张和压力。为使组织在危机中得以生存，并将损失控制在最低限度内，决策者必须在相当有限的时间内做出重要的决策和反应。① 通常，影响应急决策的不利因素包括：（1）界定不清的目标及结构不良的任务；（2）不确定性，模糊性和缺失的数据；（3）不断变换及相互竞争的目标；（4）动态的、持续变化的条件；（5）行动反馈循环（对变化了的条件作出实时的反应）；（6）时间压力；（7）高风险；（8）多重主体（团队因素）；（9）组织目标与标准；（10）经验决策者。②

表5—15　　　　　　　　应急决策与常规决策的比较

内容	类型	突发事件应急管理决策	常规决策
目标取向		迅速控制危机事态的蔓延，保护民众的生命和财产等安全	解决一些常见的公共问题，实现公共利益
约束条件	时间	时间紧迫，即时决策	时间充足，反复决策
	信息	信息有限；信息不完全；信息不及时；信息不准确	信息比较完全；经过详细分析获得全面而深刻的信息
	人力	缺乏；决策者自身素质和专业技术严重匮乏	丰富；经由日常的培训、训练、教育等措施提高决策者的素质
	技术	危机发生后，一般的专业技术设备往往失灵，特别需要一些高精尖的技术及设备	技术手段比较成熟，能基本实现自动化

---

① 薛澜、张强、钟开斌：《危机管理（转型期中国面临的挑战）》，清华大学出版社2003年版。
② Rhona Fun, "Decision Making in Crises: The Piper Alpha Disaster, from Managing Crises: Threats, Dilemmas, Opportunities", Charles C Thomas Publisher, 2001.

续表

内容 \ 类型	突发事件应急管理决策	常规决策
决策程序	快速决策；决策权力高度集中，决策者主要依靠自动的智慧和胆略审时度势，当机立断，同时也需要聘请相关专家介入决策过程	民主科学决策；遵循特定的例行程序和标准化的操作规程；决策权力分散，经民主协商确定最后方案
决策效果	模糊决策和非预期决策，结果往往很难预料，风险极大	可控可调可预期；局部检验和大规模修正；预测和监控执行过程

常规决策是理性决策，在常规决策环境下，人们可以选择最优方案，实施同步评估。而这在应急决策中几乎是不可能做到的。从本质上看，应急决策是一种有限理性决策。国外学者叶海卡·德罗尔认为，在灾害背景下，理性决策由于以下困难而难以实施。[1]

（1）面对逆境。灾害以伤亡及破坏为特征，这要求应急管理者立刻给予关注；如果应急部门不能成功应对，后果将非常严重。

（2）制造假象。在灾害发生期间，人们获得的信息可能来自媒体、最初响应者以及其他渠道，人们所传递或接受的关于灾害的感觉是不准确的。

（3）被压缩的时间。由于人的生命与福祉受到灾害的威胁，决策者面临压力，必须快速行动、甚至是提前行动，但是，在对灾害不确知的情况下，有时过早行动也会产生问题，如使应急响应者受到威胁。

（4）悲剧的选择。在灾害情境下，决策总是带有缺陷的，例如，在医学检伤分类之后，对一个人实施救护可能会导致另外一个人的死亡。

（5）模糊博弈。响应行动中的决策充满挑战性，因为不确定性是灾害的重要特征。灾害在发生后的很长一段时间内情势不会清晰。信息要么过多，要么不足。突发事件的演进是不确定的，这妨碍了决策及未来政策的发展。

（6）紧张与压力。人们在身体和情感上面临着过大的压力，这对决策产生影响。灾后行动需要长时间的繁重工作，创伤与压力会影响判断，令人不堪重负。

（7）群体过程。在决策过程中，个人和组织互动通常导致次优结果。

---

[1] David A. McEntire, "*Disaster Response and Recovery: Strategies and Tactics for Resilience*", *John Wiley & Sonsm Inc.*, 2007.

不能达成一致意见，会延缓应急响应与恢复的进度。屈从领导或公众可能会产生负面效应。

(二) 应急决策信息的局限性

应急决策对信息的依赖程度要远远高于一般的常规决策，信息的完备程度是影响决策者行为选择的关键变量之一。突发事件发生后，决策者最为重要的工作是依据既定的信息对问题进行界定，从而在准确研判的基础上迅捷有效采取各种应急处置措施。但是由于信息搜集工具受损、通信渠道不畅、矛盾信息扩散等原因，应急决策信息收集往往存在以下几个方面的局限性：

（1）信息缺失。由于时间紧迫，决策者很难在有限的时间里获取足够的、充分的决策支持信息。

（2）信息失真。突发事件发生后，很多信息随着事态的发展而发生变化，在信息反馈和处理的过程中，信息极易失真。

（3）信息复杂。突发事件的产生往往出乎人们的预料之外，而且相关因素极为复杂多样，决策者在制定决策方案时需要综合考虑各方面的因素。

（4）信息滞后。应急决策机构往往不在事发现场，造成应急信息决策所依赖的突发事件相关信息需要经历"采集—传递—到达决策者"这一系列中介运作，决策者对信息的掌握和控制有一定的滞后性。[①]

钟开斌在研究信息与应急决策之间关系时，提出了"信息源—信息渠道"解释框架。[②] 认为在应急决策过程中，信息的完备程度同时受到信息源是否清晰和信息渠道是否畅通的影响。他根据信息源是否清晰、信息渠道是否畅通，将突发事件情景下的应急决策情景分为四种类型（表5—16）。

表5—16　基于"信息源—信息渠道"的应急决策情景分类

信息渠道＼信息源	模糊	清晰
不畅	Ⅰ 信息源模糊、信息渠道不畅（2003年上半年中国的"非典"疫情）	Ⅱ 信息源清晰、信息渠道不畅（1976年唐山大地震和2008年汶川特大地震）
畅通	Ⅲ 信息渠道畅通、信息源模糊（2008年山西襄汾"9·8"特别重大尾矿库溃坝事故）	Ⅳ 信息渠道畅通、信息源清晰（各种常见的一般性、常规性突发事件）

---

① 王宏伟：《应急管理理论与实践》，社会科学文献出版社2010年版，第27—46页。
② 钟开斌：《信息与应急决策：一个解释框架》，《中国行政管理》2013年第8期。

"信息源—信息渠道"解释框架的核心观点是,在突发事件发生后多主体、多阶段、多层级的应急决策动态演进过程中,只有信息源清晰、信息渠道畅通并且两者恰当匹配("双畅通、互匹配"),才能出现应急决策的"机会之窗",此时信息才能及时、准确、全面地被基层人员收集和研判,并被迅捷上报、传递到上级决策者手中;上级决策者以所接报的信息为基础,及时、准确地对事态进行准确研判,快速高效进行应急决策,采取有效的应急处置措施。"信息源—信息渠道"解释框架从知识分布和信息传递的角度描述了多主体、多阶段、多层级应急决策中信息的稀缺性、分散性、有限性等特征,强调突发事件情境下信息的准确获取与有效传递对决策的重要作用。

(三)应急决策的要求

在应急管理过程中,应急决策者应做到临危不乱、多谋善断。David A. McEntire 指出,应急决策者为提高决策水平,应注意以下几个方面:[①]

(1) 增强情境意识。情境意识要求人们对环境与背景予以高度的关注,重视灾害中的线索、信号以及备选方案。

(2) 倾听别人提供的信息,对语音、语调给予特别的重视。借助直觉、现代技术及其他支持系统进行抉择。

(3) 判断自己的感觉是否正确,判明自己是否随着事态的发展正确理解了灾害。

(4) 从不同的视点审视灾害。定期自我省察或询问别人:自己是否犯了错误,是否解决了目前与将来的紧急问题。

(5) 满足生理需求。充分休息,保证营养充足,保持机敏和睿智。

(6) 满足应变需求,富有创造力。在灾害发生时,人们存在一种倾向,即严格遵循预案、既定的规则和公认的规范,而这不利于响应与恢复行动的展开。

此外,在极端突发事件、系统性突发事件频发的背景下,我们应提倡建立高可靠性组织(high reliability organization),提高决策效能。威克与萨特克里夫认为,高可靠性组织的主要特征为:(1) 关注故障。认为每一次微小的差错都是系统问题的征兆,鼓励人们报告失误,从最近的危机中

---

① David A. McEntire, "*Disaster Response and Recovery: Strategies and Tactics for Resilience*", John Wiley & Sonsm Inc., 2007.

学习，永不自满；（2）拒绝解释简单化。认为世界是复杂、不稳定、不可预测的，鼓励个人看得更远，对人们所公认的智慧提出质疑；（3）运行的敏感性。检测正常运行以在监督的过程中暴露瑕疵，检验安全程序、培训、致灾因子识别等，鼓励持续性的调整以防止错误的积累与扩大，鼓励人们坦言自己的隐忧；（4）重视恢复力。不仅形成检测问题的能力，而且能够在故障发生时继续工作；（5）尊重专家。决策权授予处于一线并在相关领域具备最权威专业知识的专家。①

二 经典决策支持系统

（一）决策支持系统（Decision Supporting System，DSS）

决策支持系统是一个利用决策模型帮助决策者对非结构化和半结构化决策问题进行求解和分析的人机对话的计算机系统。② 它以管理科学、运筹学、控制论和行为科学为基础，以计算机技术、仿真技术和信息技术为手段，辅助决策者通过数据、模型、知识以人机交互方式进行决策的具有智能作用的人机系统。决策支持系统辅助决策者执行决策过程，而不是完全取代决策者，它是一个人机交互的计算机应用系统。

DSS 的基本结构如图 5—14 所示③，从信息资源的存储和操作的角度看，DSS 主要包括了三个组成部分，分别是对话（接口）子系统、模型库子系统和数据库子系统。

DSS 因其自身的特点，它对数据库的要求与其他应用对数据库的要求是不同的，直接使用单个而统一的数据库来支持 DSS 会减少接口转换和重写程序的工作，但却会增加处理数据存储的管理，DSS 的工作性能会因此而下降，DSS 数据来源的多样化通常也排斥了使用单个、统一大数据库的可能性。另外，DSS 所依据的管理决策模式通常都是假定只有单一的决策与独立决策的情况，这越来越难以满足日益复杂化的管理决策工作的要求。

（二）专家系统（Expert System，ES）

按照费根鲍姆的定义，专家系统是一种属于智能的计算机程序，它使

---

① Lynn T. Drennan and Allan McConnel, "Risk and Crisis Management in the Public Sector", Routledge, 2007.
② 薛华成：《管理信息系统》，清华大学出版社 1993 年版。
③ 陈伟良：《决策支持系统讲义》，复旦大学出版社 1988 年版。

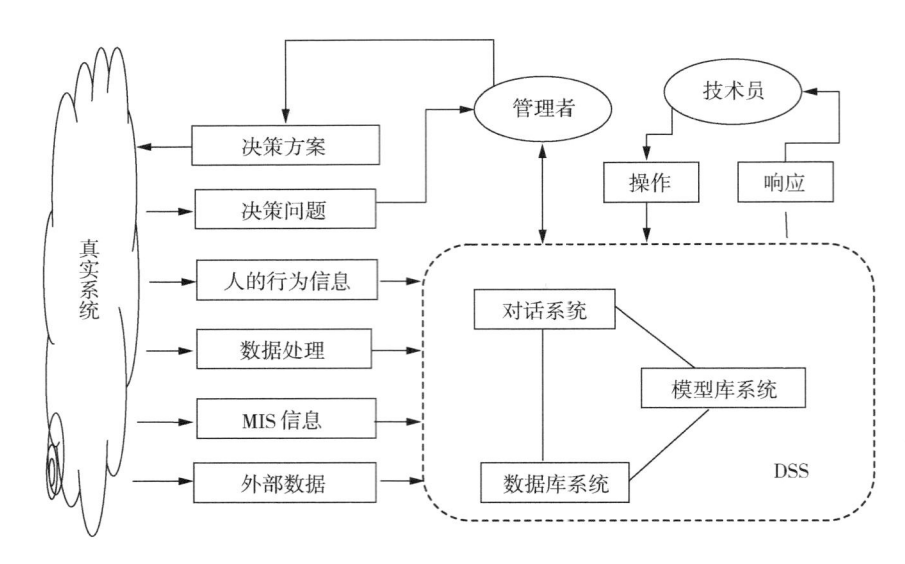

图 5—14　DSS 的基本结构框图

用知识与推理过程求解那些需要杰出人物的专门知识才能求解的高难度问题。专家系统是一种属于人工智能范畴的计算机应用程序，它所使用的问题求解方法不是传统应用程序中的算法，而是利用与任务或问题有关的知识和规则进行推理的方法。专家系统典型的体系结构如图 5—15 所示。

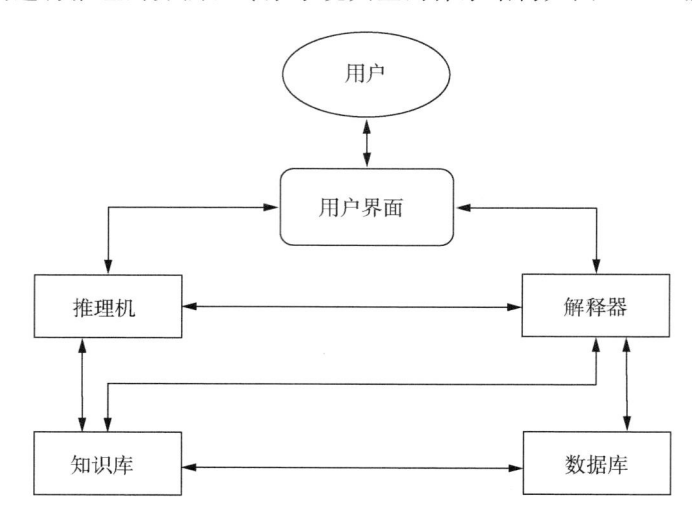

图 5—15　专家系统的典型体系结构

专家系统是以知识库和推理机为核心的，主要包括知识库、推理机、用户界面、数据库和解释器几个基本组成部分。它的优点是运行精度高、速度快，不受时间与空间的约束，不受环境的干扰，没有个人偏见，可以综合很多专家有用的专业知识。因此，专家系统可以延伸、扩大人类专家的问题求解能力。

（三）群体决策支持系统（Group Decision Support System，GDSS）

早期的 DSS 只支持个体决策，但在复杂的现实社会中，完全由个体做决策的情况是很少的，绝大多数情况下是在多个相关人员参加并反复讨论之后才决定下来的。我们将帮助群体决策者解决非结构化问题，提供群体决策支持的交互式计算机系统称为群体决策支持系统，其中比较著名的是美国 Arizona 大学研究开发的电子会议系统（Electronic Meeting System，EMS）。

群体决策支持系统的拓扑结构、群体决策的组织与实施均与决策会议的方式有关，主要分为以下四种：（1）决策室。参与决策的专家同在一间屋子中面对面地研究讨论；（2）远程决策室。进行远程会议讨论；（3）决策网络。参与决策的专家不在同一间屋子中，但在同一地域，同时或不同时地参与决策活动；（4）远程决策网络。参与决策的专家不在同一地域，同时或不同时参与决策活动。GDSS 的四种拓扑结构如图 5—16 所示[①]。

三　应急决策的典型信息模式

由于应急决策过程中信息的局限性及决策问题的复杂性，要求应用于突发事件处理的应急决策系统应该是一种基于计算机的群体决策支持系统，它可以实现危机信息的收集、处理，基于知识的备选方案的推荐，还可以为决策者对备选方案的讨论和达成共识的决策过程提供计算机辅助。国内外目前研究和采用的主要有基于应急预案的应急决策模式和基于案例推理的应急决策模式。[②]

（一）基于应急预案的决策模式

目前应对突发危机事件进行应急决策的一种主要模式是利用预先制定

---

① 沈惠璋：《突发危机事件应急序贯群决策与支持系统》，科学出版社 2011 年版，第 47—68 页。
② 同上书，第 17—68 页。

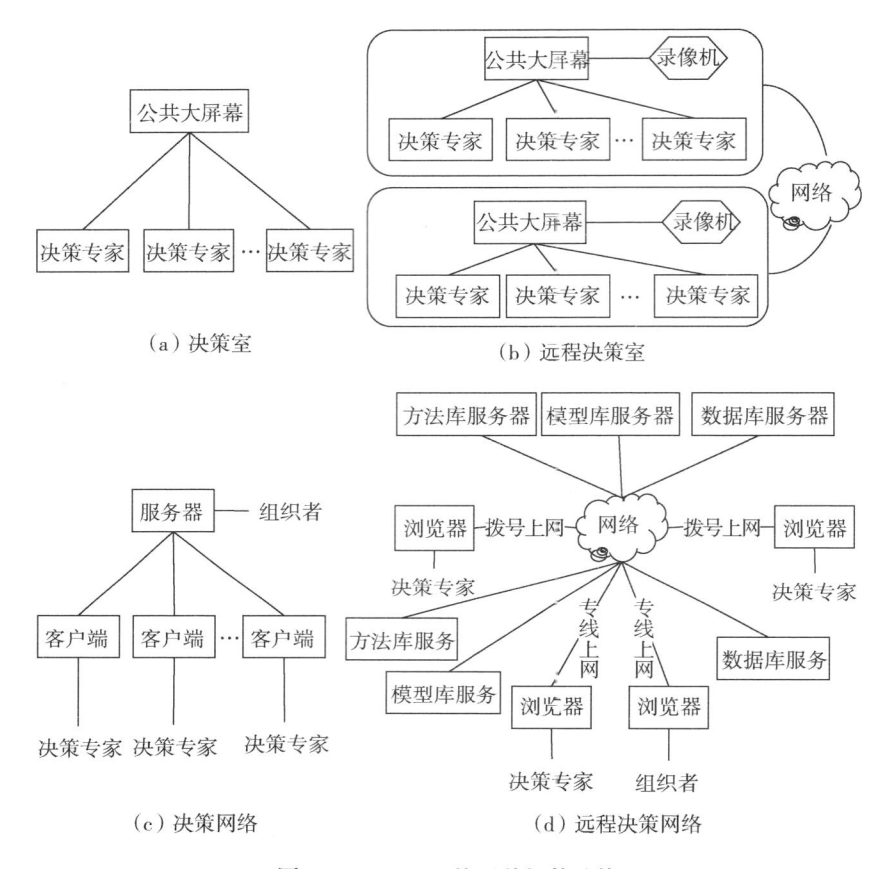

图 5—16　GDSS 的四种拓扑结构

好的应急预案辅助决策。应急预案又称应急计划，针对可能发生的重大事故或灾害，为保证迅速、有序、有效地开展应急与救援行动、降低事故损失而预先制定的有关计划或方案。它是在辨识和评估潜在的重大危险、事故类型、发生的可能性及发生过程、事故后果及影响严重程度的基础上，对突发危机事件应急管理机构的职责、人员、技术、装备、设备、物资、救援行动及其指挥与协调等方面做出的预先安排。应急预案明确了在突发事故发生之前，发生过程中以及刚刚结束之后，谁负责做什么，何时做，以及相应的策略和资源准备等。由于在突发危机事件发生时，决策者在短时间内难以给出有效的决策方案，因此针对可能发生的危机进行预案设计，对危机信息收集和分析可以起到导向作用，有利于缩短提出备选决策阶段的时间，并为更好的选择最优方案打下了基础。

应急预案一般采用"1+4"预案编制结构，即由一个基本预案加上应急功能设置、特殊风险预案、标准操作程序和支持附件构成，以保证各预案之间的协调性和一致性。而应急预案的核心内容一般包括：对应急情况或事故灾害及其后果的预测、辨识、评价；应急各方的职责分配；应急救援行动的指挥与协调；应急救援中可用的人员、设备、设施、物资、经费保障和其他资源，包括社会和外部援助资源等；在紧急情况或事故灾害发生时保护生命、财产和环境安全的措施；现场恢复措施；应急培训和演练规定，法律法规要求，预案的管理等其他内容。

基于应急预案的应急决策模式是决策者将决策问题及决策目标与预案相匹配，从而得到决策方案的决策模式，利用这种方法，决策者不需要在危机状态下从头开始重新设计决策方案，只需要结合决策目标在预案库中匹配相应的预案。基于应急预案的决策模式决策程序主要包括以下四个步骤（图5—17）：[①]

第一步：危机识别。收集危机的状态特征信息，包括危机的类型特征信息、烈度信息、趋势信息和可能造成的影响信息等，这些信息是决策者进行危机识别的基础。危机决策者在危机情境分类知识的支持下对危机进行识别，识别的内容包括当前发生的危机类型、可能的发展趋势、可能的影响等。通过对危机的识别，决策者可以对当前爆发的危机和决策问题有比较清晰的认识。当危机超出了已知分类知识的范围，即人们从来就没有见过的危机出现时，则需要进行人工干预，直接经过讨论协商后拟定备选方案。

第二步：预案匹配。决策者结合预期的决策目标与预案库中的预案和当前情况进行匹配。根据不同的决策目标，匹配的预案也不尽相同，同一个危机可能有多个预案相匹配，被匹配的预案则作为备选方案。当预案库中找不到与决策问题相匹配的预案时，就需要在人工干预下对预案进行修改和调整，形成备选方案，最后得到的备选方案可能是多个预案的组合。

第三步：备选方案评估。作为备选方案的预案可能有多个，因此需要对备选方案进行评估。评估准则通常包括时间最短、效益最大、可靠性最高等要求，经过对备选方案的评估得到最后的可执行方案。如果备选方案

---

① 郭瑞鹏：《基于预案的危机决策方法研究》，《科技进步与对策》2006年第2期。

不能满足要求，需要在人工干预的条件下对备选方案进行修改，然后继续评估，直到满足要求为止。

第四步：方案实施。方案实施是对最后执行方案的具体落实和操作。方案在实施的过程中可能遇到或产生新的危机，从而开始新一轮的危机决策。

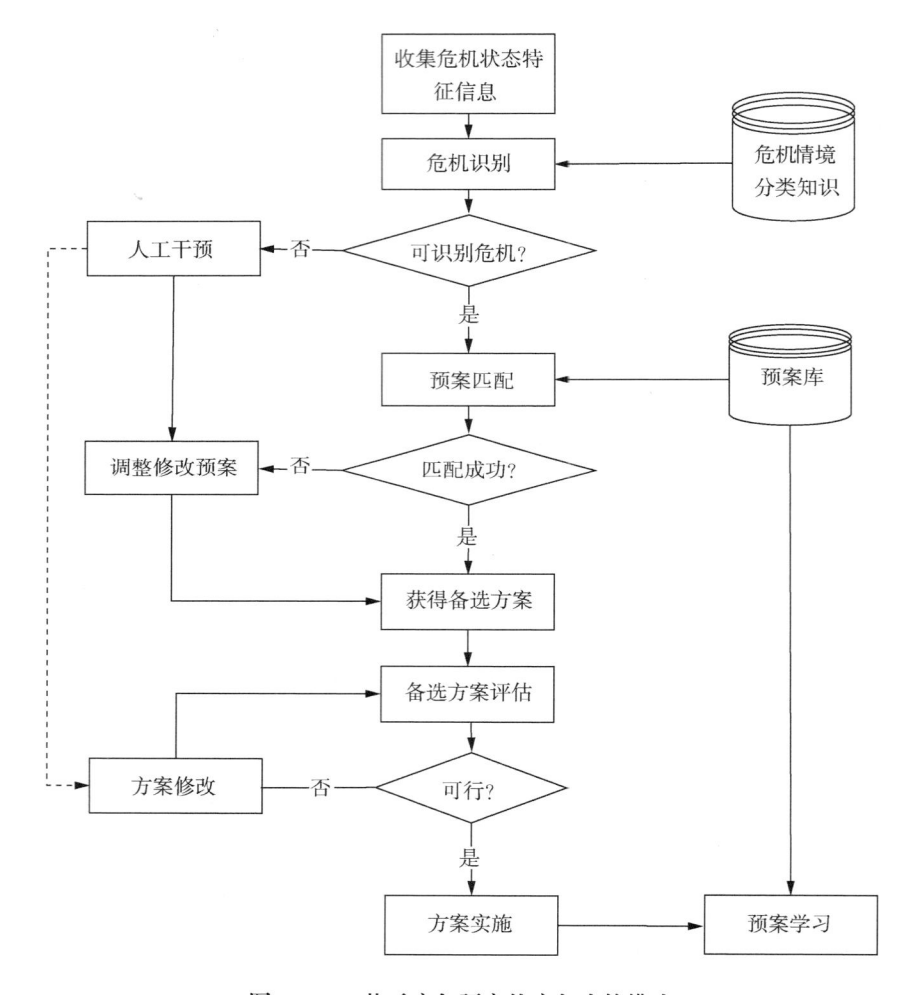

图 5—17 基于应急预案的应急决策模式

（二）基于案例推理的应急决策模式

基于案例的推理（Case - based Reasoning，CBR）是近年来人工智能领域中兴起的一项重要的问题求解和学习的推理技术。CBR 是以案例的形式来存储经验和知识，利用先前相似案例的解决方案来解决当前问题的方法。它是一种类比推理方法，其核心思想是重用过去人们解决问题的经验解决新问题。也就是通过与历史上的相似情况进行比较，获得与当前情况具有相似特征的案例，并根据具体情况对历史上相似案例采用的解决方案进行修正，然后应用于当前问题。这一方法能够很好地应用于知识难以获取但已经积累了丰富案例经验的诸多复杂领域中。近年来已有很多研究将基于案例的推理与突发危机应急决策支持结合在一起，形成了基于案例推理的应急决策模式，其基本思路如下：[1]

当危机发生时，决策者利用当前掌握的危机描述信息在案例库中查询过去相似的案例，即对案例库进行检索、匹配，得到一些与当前目标问题相关的源案例。在最初的检索完成后，需要比较源案例与目标案例的相似度，然后从中选取相似度最高的一个或多个源案例，对它们的解决方案进行重用或修改以后使用，从而获得当前目标问题的解决方案。若所获得的解决方案经评估可行的话，则执行解决方案，并将合适的案例及解决方案作为新知识加入到案例库中，形成知识的积累；如果所获得的解决方案不可行的话，则需要解释方案失败的原因，并调用修正过程来修改所获得的方案或者调整参数后重新进行案例检索、匹配。

同时，在决策方案的实施过程中，实施效果的反馈信息、危机事件演化出的新信息等会陆续产生，这些信息与原有信息的结合，将产生新的危机情境描述，将构成新案例，决策者可以根据新的情况重新进行检索、推理和决策（图 5—18）。

相关链接 5—1：PCIM 有关指南

名称	描述	网址
Multi - Hazard Identification and Risk Assessment 多致灾因子识别与风险评估	FEMA 提供出台的描述许多自然灾害和技术灾害的暴露性的手册	http://www.fema.gov/library/viewRecord.do?id=2214
North American Emergency Response Guidebook《北美应急响应指南》	列举了运输中常见化学物质的手册	http://gacc.nifc.gov/egbc/dispatch/wy-tdc-teton-area-fire-management.html

---

[1] 汪季玉、王金桃：《基于案例推理的应急决策支持系统研究》，《管理科学》2003 年第 6 期。

续表

名称	描述	网址
Talking About Disaster: Guide for Standard Messages《论灾害：标准信息指南》	红十字会针对美国本土提供的灾难安全信息指导原则	http://www.redcross.org/email/test/disasterguide/standardmsg.html
Technical Guidance for Hazards Analysis 致灾因子分析技术指南	列举了极端危险的物质并阐述了评估脆弱地带的一种指南	http://www.epa.gov/osweroe1/docs/chem/tech.pdf
Disaster Risk Assessment and Risk Financing 灾害风险评估和风险融资	G20/OECD（20国集团/经合组织）提出的有关灾害风险评估和风险融资的方法论框架	http://www.oecd.org/finance/g20oecdframeworkfordisasterriskmanagement.htm
Using HAZUS-MH for Risk Assessment	HAZUS-MH 模型的使用指南	http://www.fema.gov/pdf/plan/prevent/hazus/fema433.pdf http://www.fema.gov/hazus

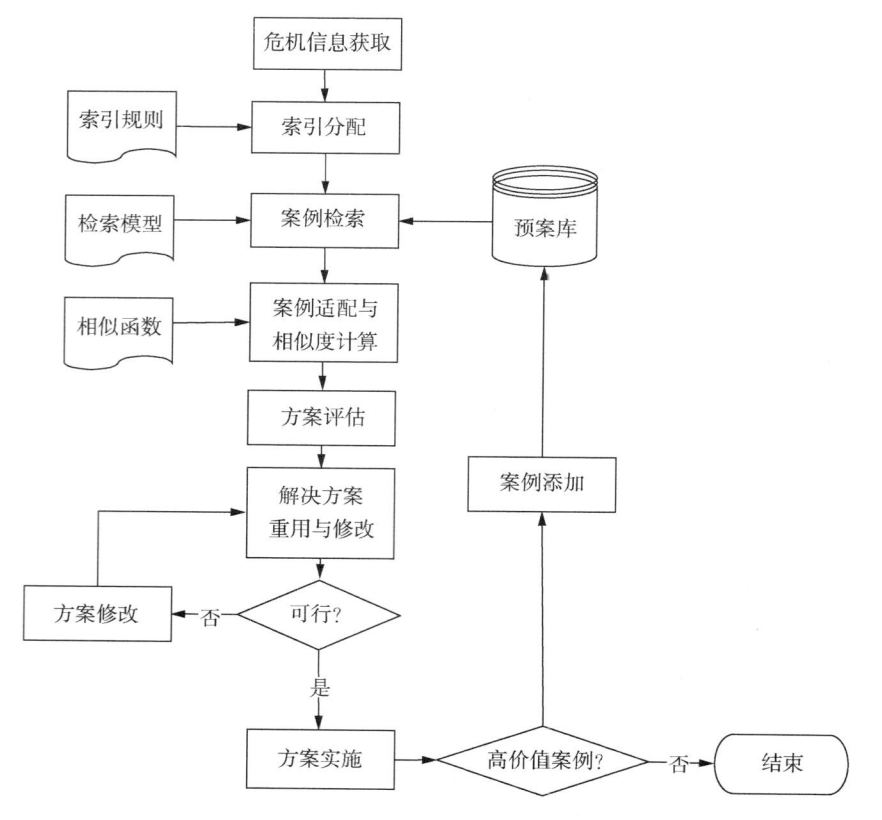

图 5—18 基于案例推理的应急决策模式（汪季玉和王金桃，2003）

相关链接 5—2　在灾难面前，这些科技巨头都是怎么做的？[①]

美国当地时间 2013 年 4 月 15 日，在波士顿国际马拉松赛比赛的尾声阶段，终点线附近发生了至少两起爆炸，随后，约翰·肯尼迪总统图书馆附近发生第三起爆炸，造成多人伤亡。为了防止恐怖分子通过电话远程操控炸弹，波士顿的电话网络被全部关闭，这让许多人之间突然失去了联系，为了应对这一情况，Google 重启了 Person Finder 页面，在 Person Finder 上可以发布你想要联系的人或是你知道的信息，Google 会将它们进行匹配，帮助用户寻找目标对象。

实际上，这已经不是 Google 第一次这么做了，Google 在 2005 年成立了灾难应急团队，每当有灾难发生时，Google 灾难应急团队都会迅速地做出反应，推出贴心的服务，让我们借此回顾一下 Google 是怎样通过科技手段参与到"拯救世界"的行动中的吧。

飓风

作为科技界的超级英雄，Google 灾难应急团队"职业生涯"正是从 2005 年 8 月的"Katrina"飓风袭击墨西哥湾开始的。在这次的行动中，Google 为人们提供一些基本的信息，如风暴的行进路线、避难场所、紧急电话号码，以及快速捐款通道等。同时，Google Earth 与 Google Maps 为

---

① 资料来源：http://www.yixieshi.com/it/13474.html。

灾区创建了卫星覆盖图，准确地显示各个地点的毁坏情况，帮助灾后救援人员和美国空军寻找等待救援的灾区人民。这次事件后，Google 受到了来自美国国家地理空间情报局的正式嘉奖。

另一次 Google 面对飓风影响较大的动作是在 2012 年 10 月 29 日，Google 开发了"Sandy"版地图，人们不仅可以跟踪"Sandy"在美国的行进路线，也能获取政府的警告信息，如撤离通知和风暴警报等。当然，Google 也一如既往地提供气候数据、卫星图像、撤离路线和避难场所等信息。

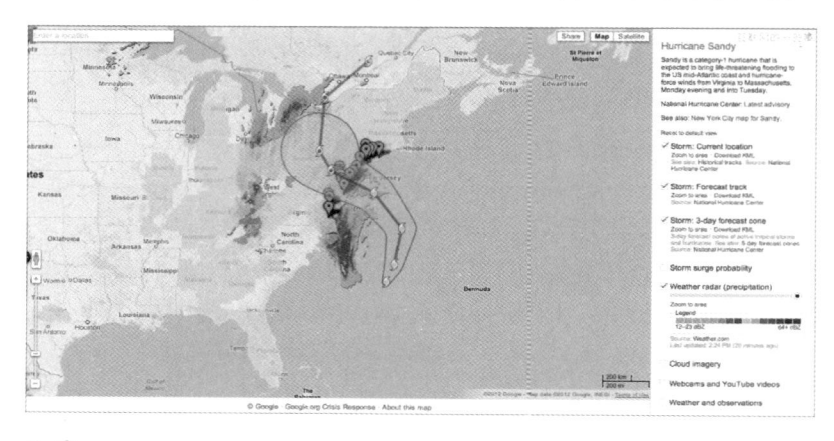

地震

Google 已经参与过数次地震援助，例如海地、智利以及中国汶川地震，Google 都提供了灾情全貌和各种搜救、援助信息。

最近的两次行动在 2012 年 3 月和 2013 年 4 月,Google 分别为日本和印尼地震提供了支援。其中,Google 一如既往地利用 Google Earth 提供地震相关的灾情信息和卫星图像,推出 Person Finder 并通过 YouTube 聚合来自日本各地灾民安置点的视频,同时还通过街景地图展示了实际受损状况。除此以外,他们在 Google 日本上建立了"危机应对网页",集中了灾民和捐赠信息,带来了数百万美元的捐款。

火灾

2009 年,令 130 人丧生的澳大利亚墨尔本北部的山林大火让 Google 开始重视火灾的应灾措施,他们开发了一套 Flash 地图用于跟踪整个火灾的状况。地图中标记出了着火地点,并用不同颜色代表了火势控制情况。

在随后 2012 年美国科罗拉多州发生的火灾中,Google 又创建了 US Wildfires Map 来提供消防周界、美国红十字避难所以及卫星图。

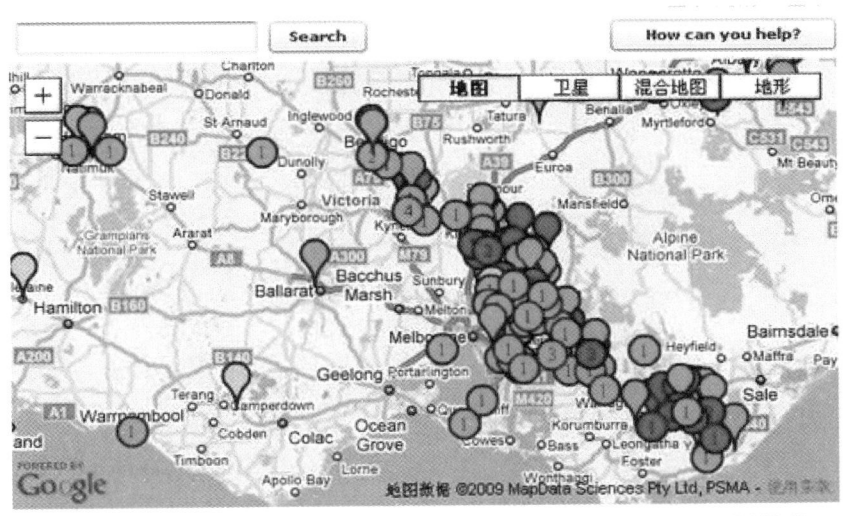

人祸

除了自然灾害外,Google 也致力于防止"人为灾难"的发生,例如在 2012 年 11 月 Google 宣布,将在搜索和地图产品中增加 Amber 报警系统,希望可以帮助警方寻找当地遭绑架儿童——只要搜索栏中输入的地点在事发地点的有效范围内,Google 地图就会自动在事发地点处标注黄圈,列出失踪儿童的姓名、年龄、性别以及失踪的具体地点和时间。用户也可以进一步查看失踪儿童的外貌等警方提供的具体信息。

```
amber alert boston

About 737,000 results (0.43 seconds)

AMBER Alert (missing child) for Massachusetts
National Center for Missing & Exploited Children - 2 hours ago
Gaberia Kozaczek - Female, 3 months old ... Last seen Oct 31, 2012 in Westfield,
MA ... Wearing pink and black striped tights with ... Gray 2004 Toyota Tacoma
#85ZH15 (MA) ...
```

而在枪击案件频发的时候，纽约媒体联合 Google 利用数据打造了一张包含持枪者姓名和地址的 Google 地图，标注了持枪许可证的拥有状况。

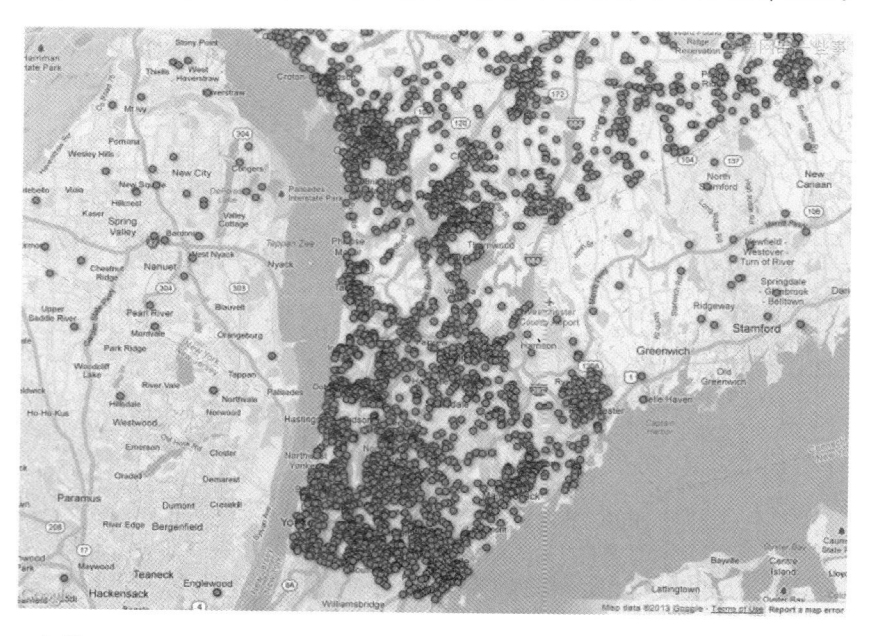

灾情预测

除了应对地震灾情以外，Google 还致力于预判灾难的发生。例如在 2009 年它与美国地质局合作推出地震信息搜索服务。通过搜索"earth-quake"或"Time location"就能获取即时权威的地震信息。

美国圣地亚哥加利福尼亚大学的 Duncan Agnew 个人也在 Google

Earth 上制作出从 1900 年起近百年的地震数据资料，这些数据能够帮助科学家们更好地预测地震的发生。

今年 1 月和 3 月，Google 先后在美国和日本提供公共警报系统——将在 Google Maps、Google Search 以及 Google Now 上，为用户提供地震和海啸等危险警告。

除了以上列举的案例以外，在洪水、海啸等灾难中都能看到 Google 援助的身影。作为一家科技公司，Google 总是能最及时且合适地通过它的互联网服务帮助人们渡过灾难，它给我们的感觉永远不是一个冷冰冰的机器或商业化产品，而是一个聪明的、有人性的伙伴。最后借用 Google＋上 Google Person Finder 消息文章评论区中的一条评论作为结尾，我想它很适合用来表达许多人对 Google 的敬意——"我向 Google 脱帽致敬，Google 永远在那里，永远愿意以力所能及的方式提供帮助。感谢你们。"

第六章 公共危机信息传播与利用

米特洛夫（L. I. Mitroff）和皮尔森（C. M. Pearson）在《危机管理》一书中指出，搜集、分析和传播信息是危机管理的直接任务。对公共危机信息管理来说，公共危机信息从产生到传播有其内在规律，尤其在新媒体环境下，公共危机信息的传播呈现出许多需要重新认识的新特征；作为公共危机管理的主体和主导力量，政府在危机状态下的信息公开至关重要，政府及其与企业、NGO、媒体、公众等利益相关者之间良好的信息沟通，是危机有效应对的重要保障因素；同时，公共危机的信息传播还要遵循基本的社会规范。研究公共危机信息传播与利用的有关规律和机制，对实现良好的危机沟通与资源整合，从而基于决策信息的有效指引成功管控公共危机，具有重要的意义。

第一节 公共危机信息的传播特征

一 危机信息传播的理论模式

目前关于公共危机信息传播模式的研究方向主要有两个大的取向：其一是立足于传播主体，侧重从政府、公众、媒体三方入手，研究和把握传播效果；其二是立足于传播过程和传播要素，研究和分析危机信息传播的模式。就具体模式构建来说，突发性公共危机信息传播模式的研究源于传播学理论，是以传播学为基础结合公共危机的特点进行传播模式构建，属于以大众传播为主、多种传播方式相结合的复合型传播模式。下面我们对几种比较重要的传播模式进行介绍。①

(一) "5W" 模式

美国著名政治学家 Lasswell 的 "5W" 模式是最早的信息传播模式，又称为传播的政治模式（图 6—1）。"5W" 模式概括性强，对大众传播的研究起到了很大的推动作用。这一模式引出的传播者、传播内容、传播渠道、受传者和传播效果五大问题，被誉为整个传播学体系所指向的五大基本领域，也是危机信息传播管理要着力研究跨越的五道关口。然而，显而易见的是，这一模式忽视了传播的双向性，忽略了"反馈"这一重要环节，因而具有一定的局限性。

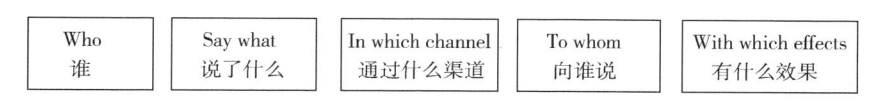

| Who 谁 | Say what 说了什么 | In which channel 通过什么渠道 | To whom 向谁说 | With which effects 有什么效果 |

图 6—1　Hard Lasswell 的 "五 W" 模式

(二) 香农—韦弗模式

又称传播的 "数学模式"。1948 年由美国数学家 C. E. 香农和 W. 韦弗提出（图 6—2）。其特点是将人际传播过程看作单向的机械系统。这一模式开拓了传播研究的视野，模式中的 "噪音" 表明了传播过程的复杂性，但是 "噪音" 应当不仅仅限于 "渠道"。在危机情境下，复杂的传播要素组合机制，多变的主、客体互动关系使传播系统中的 "噪源"、"噪音" 无处不在、无时不在。而传播秩序、结构的改变，则在削弱常态传播功能的同时，相对强化了对 "噪源"、"噪音" 的干扰和侵蚀能力。因此，危机信息传播模式对一般传播模式最为关键的演绎和延伸，便是 "噪源" 的泛化和 "噪音" 的强化。②

(三) 两级传播模式

20 世纪 40 年代由美国社会学家 P. F. 拉扎斯菲尔德提出（图 6—3）。这一模式强调 "舆论领袖" 的作用。两级传播模式综合了大众传播和人际传播，但夸大了 "舆论领袖" 的作用及其对大众传播的依赖性，把传播过

---

① 杨魁、刘晓程：《政府·媒体·公众：突发事件信息传播应急机制研究》，中国社会科学出版社 2010 年版，第 158—163 页。
② 胡百精：《危机传播管理——流派、范式与路径》，中国人民大学出版社 2009 年版，第 38—39 页。

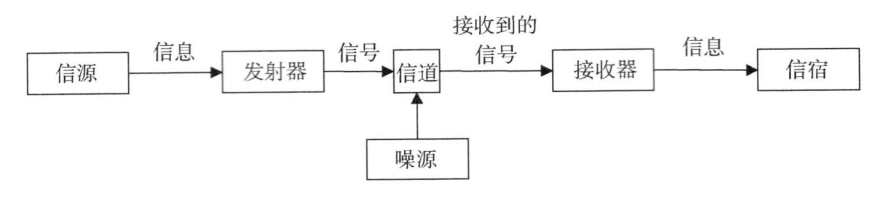

```
信源 --信息--> 发射器 --信号--> 信道 --接收到的信号--> 接收器 --信息--> 信宿
                                  ↑
                                 噪源
```

图6—2 香农—韦弗的传播模式

程简单化了。将受众截然分为主动和被动、活跃和不活跃两部分，并不完全符合传播的现实情况。此后，这一模式演变为多层次的N级传播模式。但在危机情境下，"舆论领袖"的作用显得尤为突出，这也是在危机中政府部门如此重视专家等权威人士声音的重要原因。

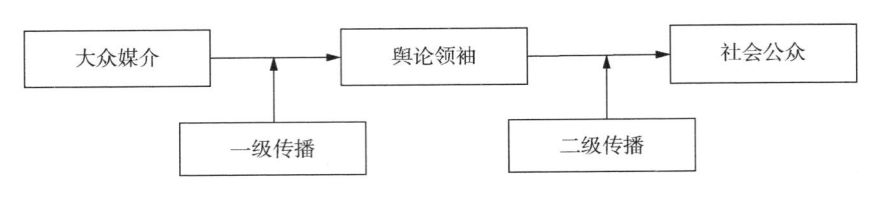

```
大众媒介 ──→ 舆论领袖 ──→ 社会公众
         ↑           ↑
       一级传播     二级传播
```

图6—3 两级传播模式

（四）德弗勒的传播"互动过程模式"

又称大众传播的"双循环模式"。这一模式在20世纪50年代后期由美国社会学家M.L.德弗勒提出的（图6—4）。在闭路循环传播系统中，受传者既是信息的接收者，也是信息的传送者，噪音可以出现于传播过程中的各个环节。此模式突出双向性，被认为是描绘大众传播过程中的一个比较完整的模式。在危机情境中，我们可以认为，该模式进一步明确体现了上述危机信息传播形态中的噪源泛化问题，同时也强调了传播诸要素之间复杂的结构关系。胡百精认为，这一模式对于反映和诠释危机传播过程有着基础性意义，可视之为过程模式。

（五）波纹中心模式

由美国传播学者R.E.希伯特等在20世纪70年代中期提出（图6—5）。图中"代码"指文字符号系统，"调节者"指政府、团体、消费者，"过滤器"指文化和社会系统，"信息放大"兼有空间和心理的含义。大众传播过程犹如投石于水池中产生的现象——石子击起波纹，波纹向外扩展到池边时又朝中心反向波动；在扩展和回弹的过程中，波纹（即信息）受

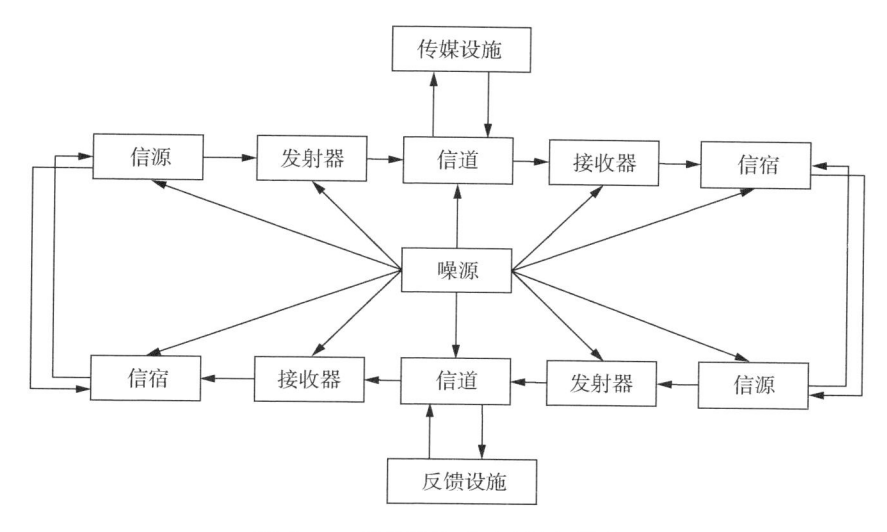

图 6—4　德弗勒的"互动过程模式"

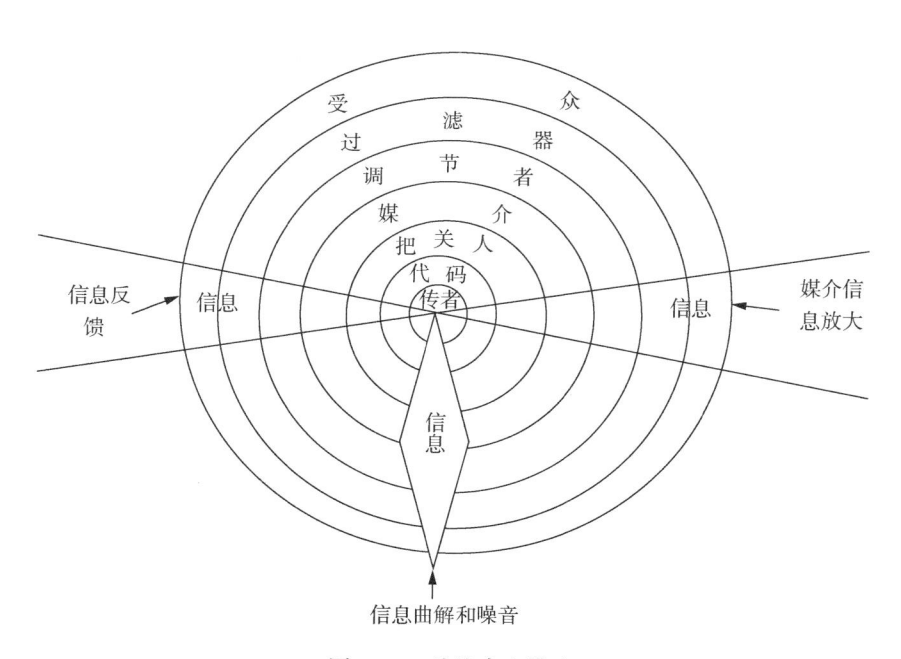

图 6—5　波纹中心模式

到许多因素的影响。此模式强调大众传播同社会、文化等的关系，显示了传播过程的复杂性和动态性。同样，在危机情境中，危机传播依然遵循这一模式，一方面受噪源泛化的影响，各种声音一时汇集；另一方面，通过大众传播媒介等各种传播渠道，媒介信息不断放大并对受众产生现实的影响；同时，这个模式还生动地反映了传播过程中的"层层把关"现象，其"把关人"、"调节者"、"过滤器"等生动形象的描述反映了危机传播过程的复杂程度。

（六）辅合模式

由 E. M. 罗杰斯和 D. L. 金凯德于 1981 年提出（图 6—6）。他们认为，传播是一个互动的循环过程，参与双方（A 和 B）共同承载和分享信息、赋予信息以意义，以便达成理解和共识。"AB"重合部分是指双方互相理解的程度。"辅合是双方或更多人向同一点移动，或一人向其他人趋近，并在共同兴趣或焦点下结合的一种倾向。"罗杰斯在 1987 年曾补充道："这一模式促使我们去研究时间历程中，人类关系异同与变化。传播研究的最小分析单位是参与的双方，他们是由信息交换而联结。研究者可以将分析单元扩展到参与者个人网络，可以是一个小团体，甚至整个网络。"

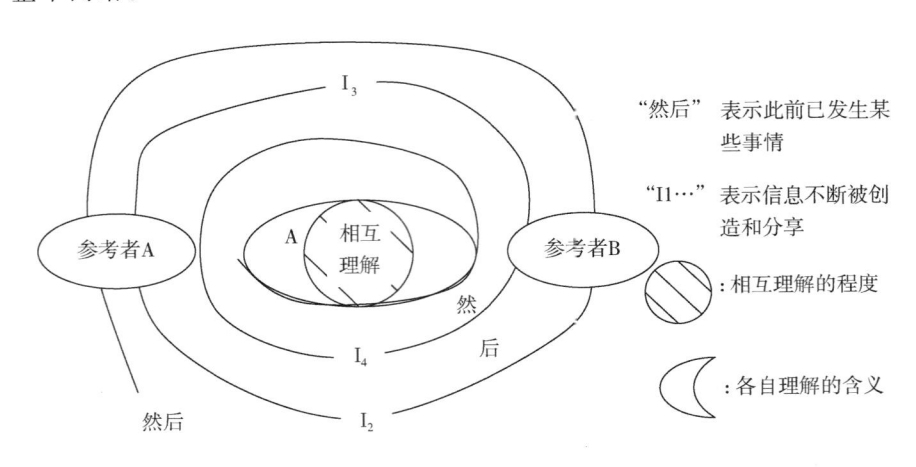

图 6—6 辅合模式

（七）Fiona Duggan 和 Linda Banwell 的危机信息传播模式

Fiona Duggan 和 Linda Banwell 从危机信息的发送者和接受者的角度，

于 2004 年提出了危机信息传播模式（图 6—7）。① 该模式认为信息发送者的编码规则在传播过程中起主导作用，并把影响信息发送者和接受者的因素分为内部因素和外部因素，解释了信息传播的各个环节。该模式对于理解危机信息传播的影响因素起到重要作用，但对于危机信息的传播过程没有过多的阐述。②

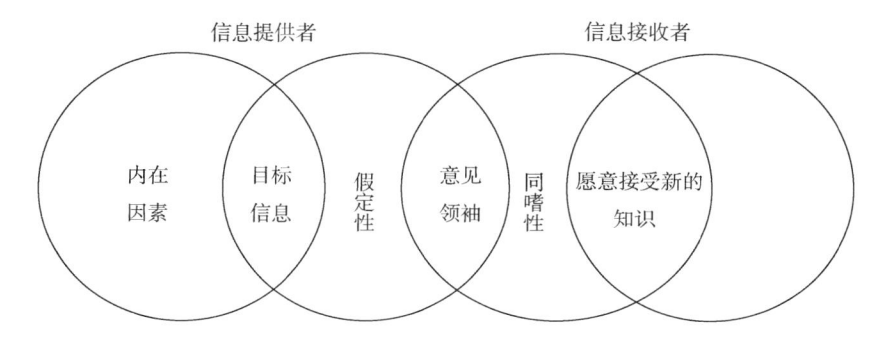

图 6—7　Fiona Duggan 和 Linda Banwell 的危机信息传播模式

二　危机不同阶段的传播重点

（一）危机信息传播的时段性特征

突发性公共危机通常遵循着一个特定的生命周期，不同类型的突发性公共危机的信息传播过程具有相似的时段性。国内比较有代表性的是李志宏等提出的突发性公共危机信息传播的五阶段模式。③ 他们根据信息流从不稳定到稳定的过程，将突发性公共危机信息传播划分为五个阶段——前兆阶段、爆发阶段、蔓延阶段、缓解阶段和终止阶段。五个阶段的示意图如图 6—8 所示。

1. 前兆阶段。在前兆阶段，突发性公共危机处于潜伏期，诱发危机的各种因素渐渐集聚，对危机区域不断施加压力。此时危机发生前的各种前

---

① Duggan F，Banwell L，"Constructing a model of effective information dissemination in a crisis"，*Information Research*，Vol. 5，No. 3，2004，pp. 178—184.
② 魏玖长、赵定涛：《危机信息的传播模式与影响因素研究》，《情报科学》2006 年第 12 期。
③ 李志宏、何济乐、吴鹏飞：《突发性公共危机信息传播模式的时段性特征及管理对策》，《图书情报工作》2007 年第 10 期。

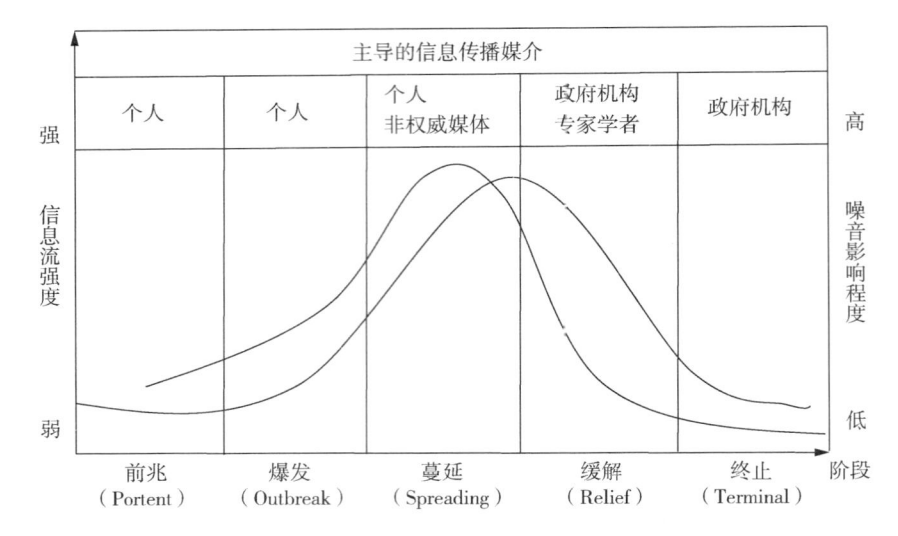

```
           主导的信息传播媒介
   ┌─────┬─────┬─────┬─────┬─────┐
   │     │     │ 个人 │政府机构│     │
强 │ 个人 │ 个人 │非权威 │专家学者│政府机构│ 高
   │     │     │ 媒体 │     │     │
信  │     │     │     │     │     │  噪
息  │     │     │     │     │     │  音
流  │     │     │     │     │     │  影
强  │     │     │     │     │     │  响
度  │     │     │     │     │     │  程
   │     │     │     │     │     │  度
弱 └─────┴─────┴─────┴─────┴─────┘ 低
      前兆   爆发   蔓延   缓解   终止    阶段
    (Portent)(Outbreak)(Spreading)(Relief)(Terminal)
```

图 6—8　突发性公共危机信息传播的五阶段模式

兆信息处于萌芽状态，没有通过传播媒介大规模地扩散，现有的技术和观测力量不易察觉这种状态的信息。

2．爆发阶段。前兆阶段积聚的各种因素引发了突发性公共危机，危机事件在不可预知的时空发生，初期危害性一般不能引起普遍的关注。这个阶段的信息传播不广且具有垄断性，仅仅局限在特定的群体、传播媒介和区域。

3．蔓延阶段。突发性公共危机的破坏力持续作用，危害性备受关注。信息的传播渠道多样化，很难有序而全面地传播危机信息。由于危机灾难与危险的描述冲击着公众的感观和心理，因此，信息在传播过程中如果没有得到很好地引导和控制就会逐渐失真和泛滥。

4．缓解阶段。危机事件得到控制，但没有彻底解决。此时信息的传播慢慢得到控制，偏差和错误的信息得到澄清，权威的信息会通过政府部门、主流媒体传播给公众，慢慢消除公众的恐慌和阻止流言的继续传播。

5．终止阶段。危机事件得到完全解决，社会价值和行为准则回归到常态，公众对危机信息的需求欲望降低，危机信息传播也趋向停止。

（二）各阶段主导的信息传播媒介

突发性公共危机信息传播的五阶段模式主要包含四种危机信息传播媒介，分别是政府机构、传播媒体、专家学者以及个人。突发性公共危机信息传播是一个互动的过程，信息传递是双向的，因此他们既是信息的提供者，又是信息的接受者。表 6—1 对四种突发性公共危机信息传播媒介给出了具体描述。

表 6—1　　　　　四种突发性公共危机信息传播媒介

传播媒介的类型	具体描述
政府机构	中央政府、各地方政府各部门及机构
传播媒体	权威和非权威的大众传媒（报纸、杂志、电视、电台、网站）、手机短信、各类型社会组织、情报机构等
专家和学者	高校和科研机构专家、危机研究人员
个人	危机发生早期知情者

各种传播媒介的特点决定了它们在传播过程的各个阶段充当了不同的角色。在突发性公共危机前兆阶段和爆发阶段，信源发出的信息只被与危机有关的少数个人所获得，没有大规模地传播。此时个人将充当主导的传播媒介。危机爆发以后，信息如果得不到政府机构、专家学者等的控制和引导，将会因许多非权威媒体的介入而在较大范围内传播。信息在编码和解码的过程中受到噪音的影响而失真，如 SARS 期间产生的各种流言。相反，在缓解和终止阶段，危机逐步被政府控制和解决，政府机构和专家学者成为公众唯一可靠的信息来源。

（三）政府在不同时段的传播策略

1. 政府信息发布的重点

政府是应急处置的主体，在危机传播中担任重要的角色，及时主动、公开透明地发布信息，有助于正确引导舆论和公众行为，及时消除社会上不正确信息造成的负面影响。根据危机传播的时段性特征，在每一个阶段对政府的信息发布都有特殊的要求（表 6—2）。

表 6—2　　　　　政府各阶段信息发布工作的重点和措施

发布阶段	主要任务	主要措施
前兆阶段	准备	制定预案；建立工作机制；确定新闻发言人；开展相关培训；建立与媒体、专家等合作关系
爆发阶段	发布	调查事实真相；简单明了地向公众发布信息并表达关注；向公众及时提供切实可行的行动信息（包括何时何地获得更多信息）；承诺保持沟通，及时传递最新消息；努力树立和维护政府官员及新闻发言人的公信力

续表

发布阶段	主要任务	主要措施
蔓延阶段	进一步发布	教育公众,使其了解面临的风险;继续向公众提供背景材料和重要信息;寻求公众对应急行动的理解与支持;听取公众的反馈意见并及时纠正错误信息;修正不实信息;提出各种应对方案,并进行解释;着手对风险进行评估
缓解阶段	善后	继续教育公众,增强其应急能力;认真分析并总结引发突发事件的原因和处置过程中出现的问题、失误和有效经验;说服公众支持政府各项政策,服从各种资源的调配;及时通报恢复工作的进展情况
终止阶段	评估	对政府部门信息发布工作的有效性进行评估;撰写信息发布经验总结报告;对信息发布预案进行修订;重点对新闻发言人工作和应对媒体的工作进行评估

资料来源:①CDC, *Crisis and Emergency Risk Communication*, 2002, p.7。②闪淳昌、薛澜主编:《应急管理概论——理论与实践》,高等教育出版社2012年版,第290—291页。

2. 政府信息发布的内容

政府信息发布工作的重点根据传播的不同阶段有所不同,同时,由于受众需求的不同,政府应急信息发布的内容也有所不同。综而观之,公众的核心信息需求如表6—3所示。

表6—3　　　　　公众希望知道的有关突发事件的核心信息

有关事件的一般信息	事件基本细节:事件内容、时间、地点、关注者、事件背景和如何应对
	有关风险评估可靠性的信息:卫生和安全、交通、电力供应、通信、供水等方面的影响
	谁是主管单位和责任人的信息
	面向公众所采取的各种旨在减少风险和负面影响的措施信息,包括求助热线信息、指定新闻发言人等
增强信心信息	确定所提出的建议和决定是建立在充分的信息和分析基础之上的,确信旨在减少时间不确定性的相关行动正在进行
	确定必要的管理风险程序可随时启用
	确定负责评估和管理风险的那些人正在为公共利益行使领导职责,全力以赴地采取行动
参与者信息	参与风险评估和救灾行动过程信息:劝说和指导

资料来源:①Communicating Risk Guidance, the UK Government。②https://www.gov.uk/government/publications/communicating-risk-guidance。

三 新媒体在危机中的信息传播——以微博为例

"新"媒体是相对于报纸、广播、电视等"旧"媒体而言,包括了网络电视、移动电视、数字电台、数字报纸、手机、移动终端等各种新媒体形态。随着Facebook、Twitter等媒体化社交网络的出现,特别是移动互联技术的应用,以微博为代表,以草根用户为主要使用者的特殊形态的新媒体——"自媒体(We Media)"[①] 大量涌现,开始全面打破传统的组织化、集团化和单向度传播格局,进而也对突发事件的传播、舆情的发酵和舆论的走向产生非常重要的影响。以微博为代表的新媒体凭借技术优势及对新闻性信息的天然附着,成为突发事件信息传播的"加速器"。

(一)危机中新媒体的传播效用

1. 瞬间聚焦的效用。互联网交流本身就是身体不在场情况下的信息互动过程。自媒体工具能随携带者在任何时间到达任何地点,任何人对任何热点问题、新闻事件的报道也就成为了可能,突发事件突然爆发后,有可能刺激新媒体使用者们瞬间聚焦事件并将之传播开来的冲动。这就为接下来信息的加速传播奏响了"序曲"。

2. 疾速扩散的效用。突发事件可以通过微博等自媒体急速完成病毒式传播。当该类事件发生时,微博可以借助于网站、图表、动漫、软件下载,可以轻松实现和QQ群、博客、MSN等表达载体的链接,既方便又快捷,不仅提高了传输功效,而且降低了运行成本;微博在运行之初往往利用公众对这类话题的强兴趣度和熟悉的人际网络进行传播,从而增加了传输者的自主行动热情;再加上微博不设粉丝上限的特点使得它在遇到此类事件时能够完成"核聚变"式的自发扩张。

3. 热点唤起的效用。某一个突发事件逐步解决淡出公众视线后,并不意味新媒体传播效用的不再发挥。舆情只是积淀在"新诉求群体"的潜意识中,当同类事件或共性事件再次出现时,就会立即引发关注,舆情或者舆论非常容易被激活,并引发新一轮的传播浪潮。此外,由于物以类聚的

---

① We Media 是普通大众经由数字科技强化、与全球知识体系相连之后,一种开始理解普通大众如何提供与分享他们本身的事实、他们本身的新闻的途径。参见晏燕《网络传播中的自媒体报道研究》,《新闻传播》2011年第6期。

特点,那些与之相似的"故事"也会主动寻找可以引起共鸣的平台,或者是当事人由主要情节衍生出一些相关"故事"以作助推之力,叠加在原来病毒母体的余波之上,以至于重新掀起新一拨社会热点和舆论热潮。总之,新媒体热点唤起的效用,从客观上推动了这类社会热点事件被反复传播,期间也可能被其中混淆视听的谣言所利用,从而加速了虚假信息扩散。

4. 叠加互动的效用。突发事件中的新媒体总是疾速漫过虚拟与真实的边界,通过网上网下相互传播和交叉传播,形成舆论的叠加影响。与以往任何一种网络表达载体相比,微博客具有在最短的时间内形成最大的社会关注度和舆论浪潮的能力。例如,有的事件只经过数小时就达到数十万甚至百万级别的转发和评论。但是,这种传播效用又不是独立行事。一方面,微博客这一新媒体传播方式的运用,可以促使更多"公民报道者"、"草根记者团"、"民间调查团"、"学者观察团"的出现,使得区域性的、某一类网络围观的突发事件更容易发酵形成全国性的、超范围的网下舆论热点;另一方面,网下突发事件也可能通过网上快速传播而引发网络热议;同时,报纸、电视等传统大众媒介对该类事件的追踪报道和深度解读还会引发新媒体的再度关注和积极评论。[①]

(二) 危机中的微博传播模式

微博信息传播依靠互联网和移动互联网中无数个体来完成,我们将这些传播信息的个体称为节点。喻国明等提出,每个微博用户在节点传播网络中的活跃度和影响力都有差异,根据其在这一网络中所起的作用和扮演的角色,节点可以分为三种类型:核心节点、桥节点和长尾节点,如图6—9所示:

以微博主(传者)为中心和以微博看客(受者)为中心,尽管信息在节点传播的方向上是不同的,但都可以用节点传播网络来解释,因为在微博信息的传播网络中,信息在网络技术的支持下,都可以实现以用户为中心聚合其他节点,即对于其他节点所承载信息的聚合是微博信息传播的基本特征,由聚合而形成的"核心—边缘"模式是微博信息传播的基本模式。具体来看,包括以微博主为核心的传播模式和以微博看客为中心的传播模式。其中,以微博主为中心的节点信息传播模式解释的是被关注者——微博主信息传播的路径;以微博看客为中心的节点信息传播模式解

---

① 毕宏音:《重大突发公共事件中新媒体传播》,《重庆社会科学》2013年第4期。

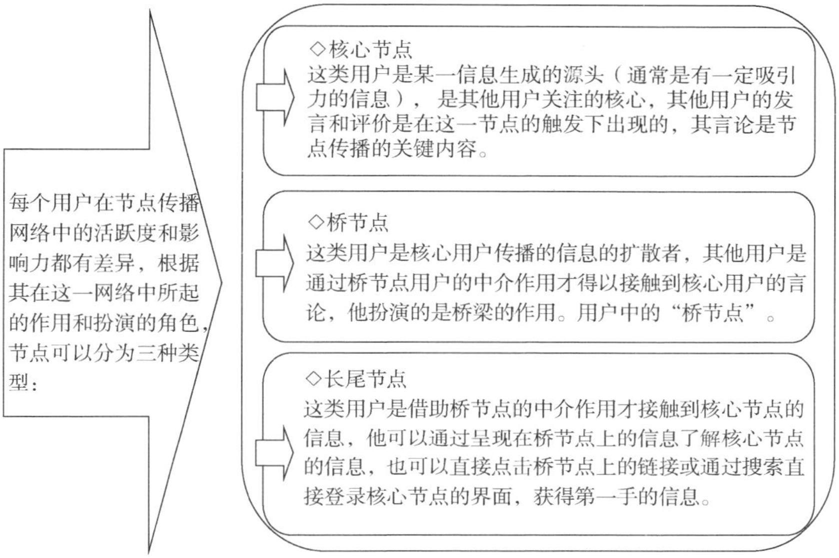

每个用户在节点传播网络中的活跃度和影响力都有差异，根据其在这一网络中所起的作用和扮演的角色，节点可以分为三种类型：

◇ 核心节点
这类用户是某一信息生成的源头（通常是有一定吸引力的信息），是其他用户关注的核心，其他用户的发言和评价是在这一节点的触发下出现的，其言论是节点传播的关键内容。

◇ 桥节点
这类用户是核心用户传播的信息的扩散者，其他用户是通过桥节点用户的中介作用才得以接触到核心用户的言论，他扮演的是桥梁的作用。用户中的"桥节点"。

◇ 长尾节点
这类用户是借助桥节点的中介作用才接触到核心节点的信息，他可以通过呈现在桥节点上的信息了解核心节点的信息，也可以直接点击桥节点上的链接或通过搜索直接登录核心节点的界面，获得第一手的信息。

图 6—9　微博节点类型划分

释的是追随者——微博看客的信息接受路径。

1. 以微博主为核心的传播模式

以微博主为中心的节点信息传播模式解释的是被关注者——微博主信息传播的路径（图 6—10）。

在图 6—10 中，用户"1"是核心节点，是微博看客的关注核心，他们往往是某一个话题的制造者，在实际的传播实践中，一些在各个领域比较知名的人物以意见领袖的身份发言，吸引其他用户的关注，这样的用户通常在现实生活中有一定的影响力，普通人对其身份比较熟悉，对其观点比较感兴趣，他们在微博上发布的信息更容易引起对其他用户的兴趣。这些用户按照对于核心节点信息的关注程度，又可以分为两种类型：一种类型是高度关注用户（节点"2"、"3"、"4"），另一种类型是一般关注用户（节点"5"、"6"、"7"、"8"、"9"）。高度关注用户就是俗称的粉丝（Fans），对其核心节点有一定的忠诚度，易于受到核心节点的影响，并愿意向一般用户传播核心节点的信息，是沟通核心节点与长尾节点的重要角色。信息由用户"1"向用户"2"、"3"、"4"的传播属于一级传播，在这个传播过程中，用户"1"发布的信息并不是原封不动地被"2"、"3"、

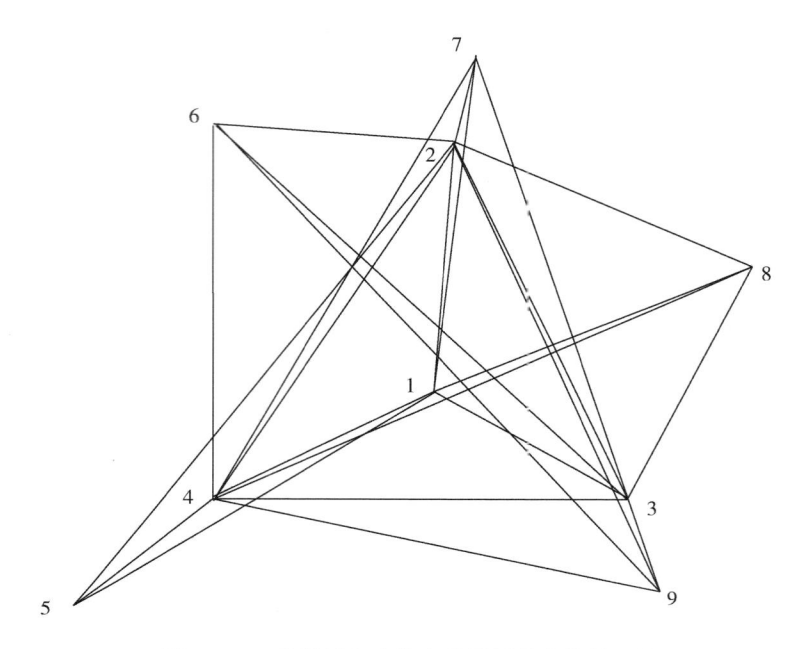

图 6—10 以微博主为核心的微博信息传播网络

"4"转载，通常这些用户都会对其发表评论，生产新的节点"2"、"3"、"4"。由节点"1"、"2"、"3"、"4"共同构成的节点传播网络为核心层，他们在节点"1"的界面上形成一个信息互动的场域，节点在这一个核心层的互动程度对于后续的二级传播的广度和深度都有很大的影响，因为互动程度意味着人气的高低，人气高的节点界面对于那些不了解核心节点的长尾节点来说有更大的吸引力。在这里核心节点的信息传播分为两种情况，一是直接传播，信息由核心节点直接传递到桥节点；二是间接性的二级传播，信息通过桥节点传播至长尾节点。从信息流动的方向上看，节点传播网络是一个向外发散的网络；从影响力扩散的角度看，以被关注者或者说核心节点为中心，是一个典型的影响流聚合的过程。

2. 以微博看客为中心的传播模式

以微博看客为中心的节点信息传播网络解释的是追随者——微博看客的信息接受路径（图6—11）。

微博看客是指那些不主动发表言论但关心微博主及其他用户传播的信息的追随者，即那些桥节点和长尾节点。由于每个用户都有自己的兴趣和

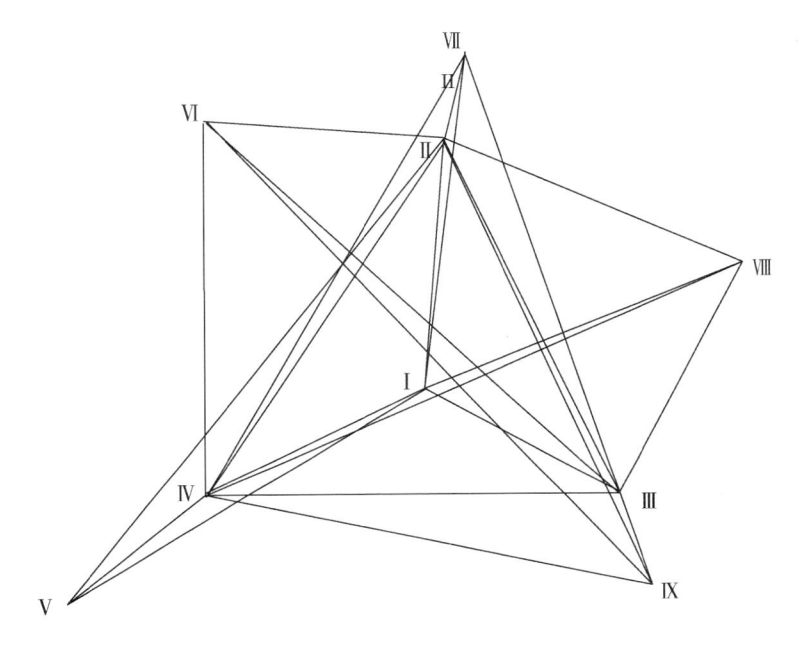

图 6—11　以微博看客为中心的微博信息传播网络

关注重点，在微博这一庞杂的信息网络中，每个用户都能找到值得关注的对象，而微博产品添加被关注对象的按钮（通常以"加关注"字样呈现）极为便捷，追随者总是能从若干发布信息的用户中选择若干为自己提供信息和筛选信息的用户，成为这些核心节点的追随者。从图 6—11 可以看出，追随者（Ⅰ）以自己的兴趣和偏好为中心，通过便捷的网络工具聚合若干有能力为自己不定期提供新观点、新信息的节点（Ⅱ、Ⅲ、Ⅳ），而这些节点（Ⅱ、Ⅲ、Ⅳ）也有可能有自己感兴趣的用户，追随者（Ⅰ）因此会接触到他们所关注的节点（Ⅴ、Ⅵ、Ⅶ、Ⅷ、Ⅸ）及其呈现的信息。对于追随者来说，他所关注的节点既包括直接点，也包括间接点，而微博产品在功能上的设置往往很容易将间接点变成直接点（点击链接即可），他们所传播的信息在技术的帮助下，以追随者为核心推送过来，形成信息流的聚合网络。①

---

① 喻国明等：《微博：一种新传播形态的考察——影响力模型和社会性应用》，人民日报出版社 2011 年版，第 13—18 页。

第二节　公共危机信息公开

一　公共危机信息公开概述

（一）政府信息公开制度

1. 政府信息公开制度的概念

政府信息公开制度是指国家行政机关和法律、法规及规章授权和委托的组织，在行使国家行政管理职权的过程中，通过法定形式和程序，主动将政府信息向社会公众或依申请而向特定的个人或组织公开的制度。[①] 信息公开制度是一种承认公民对国家拥有的信息有公开请求权，国家对这种信息公开的请求有回答义务的制度。作为一种法律制度，它规定了行政机关对特定信息的提供义务和公民对信息公开的请求权利。其中最为核心的就是，任何人都有权请求公开一切行政机关拥有的信息，而不论与请求信息的利害关系或者信息的使用目的如何。[②]

政府信息公开制度应该是一个完整的制度体系，它除了包括与政府信息公开行为直接相关的政府信息公开主体、内容、方式、程序、监督、救济等各项具体制度的构建外，还应当包括与政府信息公开行为的实施紧密相关的国家保密制度、档案管理制度、个人隐私保护制度、行政程序制度等各项配套制度的协调与统一。只有这些与政府信息公开相关的各项制度的相互配合，构成一个统一整体，才能最终形成完整意义上的政府信息公开制度。

2. 政府信息公开制度的体系结构[③]

由于政府信息公开问题的复杂性，决定了它是一个系统的制度建设过程。一套完整的政府信息公开制度的建立应当包括多项相关制度的建设，这些制度互相配合构成一个完整的体系结构，从而使政府信息公开制度的作用得到充分发挥。

[①] 刘恒等：《政府信息公开制度》，中国社会科学出版社2004年版，第2页。
[②] 屈宝强、董小燕：《政府信息公开制度探析》，《图书情报工作》2005年第4期。
[③] 王少辉：《迈向阳光政府——我国政府信息公开制度研究》，武汉大学出版社2010年版，第13—21页。

(1) 政府信息公开主体制度

政府信息公开作为政府机构的一种行政行为，其首要的因素就是主体的参与。有行为必有主体，没有主体的参与，行为不可能发生，政府信息公开也就无从谈起。因此，建立政府信息公开制度的首要问题就是要设立明确的政府信息公开主体制度。政府信息公开主体是政府信息公开活动的参与者和推动者，是实行政府信息公开的基础和必备要素，是政府信息公开制度建设的重要内容。政府信息公开主体的范围，涉及对公开政府信息负有义务的主体，有权获取政府信息的主体以及有权对政府信息公开活动进行监督的主体等。

(2) 政府信息公开内容制度

政府信息公开的内容，是政府信息公开行为所处理的对象，具体来说，就是指政府机构所拥有的各类政府信息。政府信息公开的内容范围是整个政府信息公开制度的核心问题，因为建立政府信息公开制度的目的就是为了最大限度地公开政府信息，以保障宪法所赋予公众的知情权和民主参与权利的实现。政府信息公开内容制度建设，主要包括两个方面，一是确定应当公开的政府信息范围，另一个是确定不能公开的例外信息范围。建立政府信息公开制度的目的就是为了尽可能地公开政府信息，因此，确定政府信息公开内容的原则应当是"以公开为原则，以不公开为例外"。

(3) 政府信息公开行为制度

政府信息公开行为制度由政府信息公开方式和政府信息公开程序两部分组成。政府信息公开方式，是指政府信息公开义务主体如何提供政府信息，以及政府信息公开权利主体如何获取政府信息的方法和途径。政府信息公开程序，是指政府信息公开义务主体公开政府信息以及政府信息公开权利主体获取政府信息时所应遵循的步骤和规则。

政府信息公开方式的合理性和多样性，直接决定了政府信息公开制度的实施效果和实施成本，并直接影响着社会公众获取政府信息的便利程度。政府信息公开程序是对政府信息公开行为的规范和制约，同时它也是实现公众信息获取权的重要程序保障。

(4) 政府信息公开监督制度

政府信息公开监督制度可以从狭义和广义两个方面来理解。狭义的政府信息公开监督制度主要包括政府机构的内部监督制度和有关机构及社会公众的外部监督制度。而广义的监督制度除了狭义的政府信息公开监督制度之外，还包括了权利救济制度的内容。

政府信息公开监督制度的构建，关键是要建立一个完整的监督体系结构。在监督的层次上，既要有行政机构的内部监督，又要有立法机构、司法机构的外部监督，而且还要建立健全舆论媒体和人民群众的社会监督。在监督的方式上，既要有日常的例行监督机制，又要有不定期的检查和个案的监督，既要有事前的监督，又要有事中和事后的监督。在监督的主体上，既要充分利用现有的行政监督主体，又要针对政府信息公开的特殊性设立新的监督主体。监督制度的好坏，直接决定了政府信息公开制度的实施效果，它对于实现政府信息公开制度所设定的目标具有重要的保障作用。

（5）政府信息公开救济制度

"有权利必有救济"，"无救济的权利是无保障的权利"，这是现代权利观念的一条基本准则，也是构建政府信息公开救济制度的理论基础。在政府信息公开活动中，政府作为信息的拥有者，如果它不履行相关的信息公开义务，那么就会对公众的信息获取权造成损害，因此必须建立相应的保障制度，通过一定的法律程序来纠正政府机构的错误行为，保证公众信息获取权的实现，这种制度就是政府信息公开救济制度。权利依赖于救济，救济是防止对权利的侵害，以及当权利受到侵害时矫正和补救侵害的手段。如果没有救济制度，那么无论获取政府信息的权利设计得如何严密，它也难逃被束之高阁的命运。

（6）政府信息公开配套制度

政府信息公开制度的核心内容是对政府信息公开活动进行规范，但是政府信息公开制度的建设、政府信息公开目标的实现，仅仅依靠对政府信息公开活动本身进行规范是不够的，它还受到其他很多因素的制约。在我国政府信息公开实践过程中，就已经出现了由于传统保密制度、档案管理制度以及权利救济制度的相关规定不符合政府信息公开的理念，无法满足政府信息公开的要求，从而导致公众获取政府信息遇到了很大障碍。面对政府信息公开活动所存在的大环境，如果不想办法解决它与周围环境的冲突和矛盾，那政府信息公开活动的进行就会遇到很大阻力，政府信息公开的目标也无法顺利实现。因此，我们在关注与政府信息公开活动直接相关的各项制度构建时，还应当加强政府信息公开配套制度的建设，通过改进和完善与政府信息公开活动相关的其他政府管理制度，使其与政府信息公开活动协调一致，互相配合，从而创造出有利于政府信息公开制度推行的良好外部环境，更好地促进和保障政府信息公开目标的实现。

3. 国内外政府信息公开制度

世界上最早确立信息公开法制的是瑞典，1766年瑞典制定了《关于著述与出版自由的1766年12月2日之宪法法律》，在世界上开"信息公开法"之先河。1991年瑞典以《出版自由法》为蓝本，制定了《表达自由法》。北欧在信息公开制度的建立方面领先于其他欧美国家，芬兰于1951年制定《文书公开法》，丹麦于1970年制定《行政文书公开法》，挪威于1976年制定《行政公开法》。

继瑞典、芬兰等国之后，较早制定信息公开法，并且在世界上影响较为深远的国家是美国。1966年美国制定《信息自由法》，奠定了政府信息公开制度的基础。根据《信息自由法》的规定，公众有权向联邦政府机关索取任何材料。联邦政府机关有义务对公众的请求做出决定，如果拒绝其请求，须说明理由并告知申请人可提出复议或诉讼。联邦政府机关就信息是否公开所做出的决定都可以被提起复议或司法审查。以《信息自由法》为基础，美国逐步确立了以行政公开为核心，以保护公民知情权为目标的政府信息公开制度。

《信息自由法》制定实施后，美国于1976年又制定了《阳光下的政府法》，规定政府部门或国会委员会的会议必须公开举行，公众可以观察会议进程并取得相关文件、信息。《阳光下的政府法》旨在促使政府机构的决策过程更多地为公众所了解，并接受公众监督。美国在推进政府信息公开的同时亦十分重视隐私保护立法，作为对《信息自由法》的重要补充，美国于1974年制定了《隐私权法》，限制联邦政府部门向他人公布特定个人的有关信息。并在随后的时间里陆续制定实施了《财务隐私权法》、《联邦电子通信隐私权法》等法规，形成了较为成熟完备的隐私保护立法体系。

1985年12月24日，美国行政管理与预算局（Office of Management and Budget）正式发布了A—130号通告（Circular No. A—130），即《联邦政府的信息资源管理》（The Management of Federal Information Resources）。该通告为联邦信息资源管理规定了一个总的政策框架。1985年A—130号通告之后，美联邦政府实施了许多涉及电子化信息收集和电子化信息发布的新计划，国会也批准了一些与此通告相关的法律。1994年、

1996年和2000年，A—130号通告进行了三次修订。A—130号通告关于信息管理政策包括信息管理规划、信息收集、电子化信息收集、档案管理、向公众提供信息、信息传播管理系统、避免不恰当的限制、电子化信息传播、安全保卫等。

《信息自由法》、《阳光下的政府法》、《隐私权法》和A—130号通告构成了美国政府信息公开立法体系的主要框架，它们从不同的角度确认和保障了公民的知情权。[①]

另外，法国于1978年制定了《行政文书公开法》，澳大利亚于1982年制定了《信息自由法》，加拿大则于1982年制定了《信息公开法》等。

在亚洲，韩国率先制定了《关于公共机关信息公开的法律》，至1996年5月末，韩国245个地方自治团体中，已有171个拥有了信息公开条例。紧随其后，日本国会于1999年通过了《关于行政机关所保有之信息公开的法律》。

我国信息公开立法起步较晚，《中华人民共和国政府信息公开条例》于2007年4月24日公布，并于2008年5月1日起施行，这标志着我国国家层面的政府信息公开立法的建立。目前，我国政府信息公开制度还只是处于初级阶段，还存在信息公开程度低、形式主义严重等问题。

（二）公共危机信息公开

1. 公共危机信息公开的理论基础

（1）法理基础——知情权

民主有赖于信息的自由流通，如果不能获取信息，人民就无法选择和监督政府。知情权是民主政治的基本要求，是监督公共权力和保护公民权益的有效手段。公共危机的出现要求政府及时公开相关信息，使公民能了解自己所处的状态，以保护自己的生命财产。知情权与信息公开是一个问题的两个方面，是对立统一的关系。知情权是政府信息公开的宪法依据，政府信息公开则是实现知情权的制度安排。

（2）危机沟通理论

危机沟通贯穿公共危机管理的始终，是公共部门以沟通为手段、以解决公共危机为目的所进行的一系列化解和避免公共危机的活动和过程。有效的危机沟通能降低公共危机对组织带来的冲击，同时将危机变为转机。

[①] 王乐夫、蔡立辉主编：《公共管理学》，中国人民大学出版社2008年版，第367页。

危机沟通以信息的公开为前提。英国危机公关专家迈克尔·里杰斯特提出在应对公共危机中关于危机信息发布的"三 T"原则:"Tell your own tale"(以我为主提供信息),"Tell it fast"(尽快提供信息),"Tell it all"(提供全部信息)。① "三 T 原则"强调了危机沟通时信息公开的重要性和策略。只有"以我为主",才能牢牢把握主动权,掌握信息发布的节奏;只有"全面"才能给广大公众提供理性的分析判断基础;只有"快速"才能在第一时间堵塞流言产生和传播的空间。

(3) 公共服务理论

公共服务型政府,即政府由原来的控制者,改变为服务者。它意味着政府施政目标由机关和专家决定到由民众希望和合法期待来决定,政府以控制管理为要务转变为以传输服务为要务,管理目标由经济领域转移到公共服务领域。公开透明、公民参与、权能有限、勇于负责、积极回应、讲求法治、结构扁平等是其主要特征。从中不难发现,强调信息公开,实际上是建设服务型政府的必然要求。②

公共危机产生之时,作为公共服务型政府,第一反应应该是从其服务职能出发,对相关信息第一时间发布,以满足公众的知情权。通过展示政府努力和责任,增强公众应对危机的信心,调动参与的积极性。在危机治理的过程中,政府还要进一步拓宽信息发布渠道,随时回应公众的疑虑和流传的小道消息,并自觉接受公众的监督。

2. 公共危机信息公开的内容

危机管理专家斯蒂文·芬克认为,任何一个危机都要经历四个阶段:即潜伏期、爆发期、扩散期和消退期。美国学者斯特奇斯深化了斯蒂文·芬克的危机发展四阶段理论,他认为有效的危机信息传播需要使所传播的内容满足公众在危机不同过程中的需求。在危机爆发前或者在危机发生的较早阶段,消息的制作应关注"内化性信息"(internalizing),这些信息要告知公众的是"组织在危机中处在何种位置",并发布一系列关于组织正面的观点,以此稳定人心、获取支持;当危机迅速蔓延、进入爆发阶段时信息内容将转化为"指导性信息"(instructing),组织应向公众传播"如

---

① Regester M, *Crisis Management: What To Do When The Unthinkable Happens*, London: Business Books, 1989.
② 伍力宇:《政府公共危机信息公开的问题与对策——以三鹿奶粉事件为例》,中南大学硕士学位论文,2009 年,第 11—12 页。

何应对危机"的信息;当危机减退时,此时的传播则应转为"调整性信息"(adjusting),帮助公众从心理上恢复正常;最后在危机平息阶段,内化性信息将再次被强调,这将有利于树立组织的正面形象。① 基于上述理论,公共危机信息公开主要包括以下内容:

首先,在公共危机潜伏期公开的信息主要包括:与公共危机有关的法律法规、政府规章、应急预案、预测预警信息等。公开这些信息的目的在于:(1)让公众了解相关的法律法规,明确其在危机状态下的权利与义务;(2)让公众知晓应急预案,了解周围环境中可能存在的危险、预防措施及自身在政府公共危机管理中的角色;(3)让公众接受预测预警信息,督促其采取相应的措施,避免或减少危机可能带来的损失。

其次,在公共危机爆发期和扩散期公开的信息主要包括:公共危机的性质,影响的程度和范围,初步判断的原因,已经采取、正在采取和将要采取的措施,对发展态势的预判,对公众的建议,物资分配,社会各界捐赠情况等。公开的目的在于:(1)传递权威信息,阻断谣言,避免引起社会恐慌;(2)使公众掌握公共危机的实时状况,有目的地采取措施,避免出现更大的损失;(3)监督政府在公共危机中的行为,维护公共利益,保护其基本权利;(4)凝聚公众意志,统一危机认知,便于实施社会动员。

最后,在公共危机消退期公开的信息主要包括:应对危机的经验和教训、相关责任的调查、认定和最终处理情况、恢复重建的政策安排和执行情况、损失补偿的政策与方法、公共危机预防预测的新举措、捐赠物资、款项的使用情况等。公开的目的在于:(1)反思公共危机的教训,总结公共危机管理的经验,增强全社会的危机意识;(2)接受公众的监督,强化危机管理的责任制度,使政府的行为合法、合情、合理;(3)广泛吸纳社会公众参与到恢复重建的活动之中。

需注意的是,并非任何与危机有关的信息都是可以公开的,依据《政府信息公开条例》第 14 条的规定,涉及国家秘密、商业秘密和个人隐私的信息不在公开之列。总之,基于公共危机不同阶段的特点,信息公开的重点也应随之发生转移,潜伏期重在预防,爆发期和扩散期重在动员公众克

---

① 杨魁、刘晓程:《政府・媒体・公众:突发事件信息传播应急机制研究》,中国社会科学出版社 2010 年版,第 19 页。

服公共危机，消退期则重在总结反思以及帮助尽快恢复社会常态。①

3. 公共危机信息公开的原则

公共危机信息公开应遵循以下原则：

（1）统一性原则。公共危机信息公开的方式有很多种，但不管采用何种方式，必须保证公开的信息做到数据统一、口径一致，使其具备统一性。否则，就会使公众无所适从。当然，由于公共危机的不确定性，在搜集信息的过程中可能出现偏差，这应得到媒体和公众理解。在偏差矫正后，要在后续的信息公开过程中对出现偏差的具体原因给予说明和解释，并公开经过矫正的信息。

（2）准确性原则。公共危机发生后，人们迫切希望得到有关公共危机的性质、起因、危害、影响的范围、发展的趋势、政府应对措施等方面的信息。为了做到信息公开的准确性，要实事求是地反映公共危机的真实情况，不溢美，不隐恶，不粉饰太平，不妄自菲薄，不避重就轻，不断章取义。

（3）及时性原则。迟来的正义非正义，迟来的公开非公开，信息的价值随时间的流逝而递减，公共危机信息公开必须及时迅速，否则就起不到应有的作用。否则，一旦小道消息捷足先登，迟来的信息将很难确立自己的权威。

（4）全面性原则。公开的信息应包括公共危机的发生发展情况、危害性和影响，政府已采取和将采取的措施，公众应注意的事项，公共危机应对的经验和教训，社会捐赠物资的接收和使用情况等，力争反映公共危机及其管理的全貌。

（5）便民性原则。在公共危机信息公开过程中要注重信息公开的形式和技巧，充分考虑不同公众对信息的接受能力和理解能力，尽量使用简便易行的公开方式和通俗易懂的语言，提高信息公开的效率。

4. 公共危机信息公开的作用

政府信息公开对公共危机管理具有非常重要的作用，概言之有以下三点：

（1）有利于控制谣言传播，避免社会恐慌，稳定社会秩序

随着互联网的广泛使用和迅速普及，政府试图通过隐瞒、封锁危机信

---

① 袁强：《公共危机信息公开研究》，西南政法大学硕士学位论文，2012年，第13—18页。

息的方式来维持民心稳定的时代已经一去不复返了。在信息社会中，人们获取散播信息的渠道很多，谣言的传播也带有越来越强的扩散性。而且危机状态下，信息杂乱丛集，人们无章可循，一则虚假或失真的地区性谣言或报道可能引起世界恐慌。在这种情况下，权威的政府信息发布能够在有限的时间内澄清事件真相，遏制谣言传播，控制危机事态继续蔓延，同时真相的公开也就意味着更多的人会对危机有所预防，从而达到稳定社会秩序的目的。

（2）有利于争取民众支持，协调应对行动

任何信息都具有一定的时效性，如果错过了发挥作用的有效期，那么它们的价值也就难以得到充分体现。在危机状态下要求政府信息公开也是符合政府信息本身生命周期理论要求的。灾难性信息往往会让人感到某种危机感和紧迫感，能够起到激励人们正视挑战、应对危机、共渡难关的作用。如果政府一味地对危机信息实行封锁、隐瞒或限制，则会使这些灾难信息处于一种闲置或半闲置的状态，不能促使它们发挥在危机时刻巨大的激励作用。所以政府信息充分公开不仅能为危机管理者做出合理择优决策提供信息支持，而且能够增强公众危机意识，最大限度地激励全社会参与到危机应对中，释放出战胜危机的巨大力量。

（3）有助于提高政府的公信力，树立政府的新形象

一个国家的政府，能不能有效处理好公共危机事件，能不能维护正常的社会秩序，能不能保障人民的财产安全，是检验这个政府能否取信于民的重要标准。公共危机事件发生后，政府的信息垄断并不能使信息完全隐蔽，一些人通过各种途径了解一些相关信息后再进行传播，反而加大了社会不安定因素，使公众对政府失去信任。相反，政府及时、准确地公开危机管理中的行政信息，有利于取得公民对政府的理解、配合和支持，帮助政府更加有效地控制突发事件，增强人们对政府的信心，同时有利于树立政府爱民、护民的良好形象。

二　公共危机信息公开的主要方式

公共危机信息公开方式在政府危机信息公开制度中具有重要的地位和作用，它在一定程度上决定着信息公开的范围、效果和效率，同时它还影响着公众对公共危机信息的接收和了解程度。要想实现政府信息公开的目

标，就必须借助于一定的方法或形式，各种各样的政府信息公开方式在政府信息公开活动中起到了手段和载体的作用。这些不同的信息公开方式各有特点，只有把它们有效地组合到一起，构成一个完整的体系结构，才能更好地发挥各种信息公开方式的优势。通过总结，公共危机信息公开方式可具体包括以下几种：

（一）政府新闻发布会

在公共危机事件爆发后，政府出面发言是权威的公布相关信息的正规渠道。政府通过新闻发布会，能够有效地满足政府与媒体之间双向沟通的需要，不断向新闻媒体和社会公众说明危机的发展情况，保证信息的适时更新和准确公布。这种方式具有沟通范围广、正式、隆重、高规格的特点，能够同时邀请数十乃至上百家媒体参加，既便于媒体有针对性了解自己感兴趣的信息，又为危机管理者提供了系统、及时、有效地公布公共危机相关信息的机会，保证信息的权威性和统一性。如果公共危机已经引起了公众的广泛关注，而社会关于公共危机信息明显失真时，政府应该考虑立即召开新闻发布会，如何召开以及要达到何种效果是政府必须慎重考虑的问题。

（二）新闻发言人公开

新闻发言人制度，是指以信息发布为载体、以扩大公民知情权为途径、以促进公民有序地进行政治参与为目的的一种信息公开方式制度。它是政府信息公开制度的重要组成部分，也是政府信息公开活动的一种重要方式和途径。

新闻发言人制度的建立保证了媒体和公众的知情权，为公众提供了通畅、可靠的信息来源渠道。政府通过新闻发言人向社会公众发布公共危机信息，营造了权威、公开、透明的政府形象。尤其将公共突发事件及时通过媒体进行披露，可以减少各种猜测、小道消息、讹传和谣言，避免社会动荡，达到维护社会稳定的效果。在公共危机信息发布过程中，新闻发言人的任务、应该具备的知识和相应的技能如表6—4所示。

新闻发言人制度加强了政府同媒体和公众的信息沟通，保障了公众知情权的实现，但在实践中还存在着很多问题，在一定程度上影响了政府信息公开的质量，削弱了公众知情权的实现程度，如新闻发布的数量和频率还不够大，执行得不够严谨；新闻发布的内容缺乏统一规范的标准，对新闻自身规律重视不够；新闻发言人制度带有强烈的宣传味道等。

表 6—4　危机新闻发言人的任务、应该具备的知识和相应的技能

任　务	知　识	技　能
在镜头前表现自然	理解准确传递信息的重要性	较强的信息传递技能
有效回答问题	理解长时间停顿的危险性、掌握有效倾听的步骤、理解"无可奉告"的危险性、理解和记者争论的危险性	快速思考、有效倾听、用别的语言替代"无可奉告"、在压力下保持冷静
清晰表述危机信息	理解和专业术语相关的问题、理解回应的必要性	能避免使用专业术语、组织回应
能处理复杂问题	理解复杂问题的特性	能确认复杂问题、能要求对方重复问题、有技巧地处理复杂问题、质疑不准确信息、解释有些问题不能回答、评价复合性问题的回答正确性、应对复合性问题

资料来源：W. Timothy Coombs, *Ongoing Crisis Communication*: *Planning*, *Management and Responding*, Thousand Oaks：SAGE Publication, 1999, p. 74。

(三) 大众媒体公开方式

大众媒体主要包括电视、电台、报刊和网络。电视、电台、报刊等传统媒体具有权威性强、传播效果好的特点，其舆论报道和信息传播会深深地影响公众对危机事件和相关问题的理解和判断；网络媒体具有覆盖面广、传播速度快、大众参与以及双向交流等特点，在现实中越来越成为危机事件信息传播与交流的平台。在公共危机管理中，政府应根据各种媒体的特点，选择大众媒体的组合方式进行公共危机信息公开，通过与媒体的有效合作，把真实、全面的信息及时地传递给公众和社会。

随着信息网络技术的不断发展，新型的网络信息传播方式不断涌现，如微博、微信、人人网等以及优酷、酷 6 等视频分享工具。政府部门也应当与时俱进，充分利用这些新兴的信息传播方式，不断丰富和完善政府信息公开方式。国内一些地方政府已经开始注意到网络信息传播方式的发展变化，并成功运用最新的网络信息公开方式进行政府新闻发布，取得了不错的效果。例如，云南省政府新闻办为加大螺蛳湾事件信息公开速度，不仅召开了网络新闻发布会，还成为国内首个吃"微博"螃蟹的政府机构，通过"微博"第一时间公开发布事件进展信息。有关舆论称这是"对政府行政能力的考验，是政府对自己的执行能力有信心的一种表现"。

(四) 电子政务公开方式

电子政务是指政府机构应用现代信息和通信技术，将管理和服务通过网络技术进行集成，在互联网上实现政府组织结构和工作流程的优化重组，超越时间和空间及部门之间的分隔限制，向社会提供优质和全方位的、规范而透明的管理和服务。我国当前的政府信息化建设就是以大力发展电子政务为核心而展开的。电子政务作为一种全新的政府管理和服务模式，在公共危机发生时，它自然也为政府的信息公开活动提供了新的途径和方式。通过电子政务方式进行政府信息公开，主要具有以下优点：

第一，信息公开成本低。电子技术消弭了时间和地域的界限，只要政府把公共危机相关信息发布到网页上，任何人在任何地区都可以获得，并且可以重复浏览。电子政务在保证信息可靠性的同时，节约了大量的人力物力，降低了信息公开的成本。

第二，信息公开内容全面。公共危机信息包括危机减缓、危机准备、危机响应、危机恢复各个阶段产生的信息。政府部门将公共危机各个阶段的相关信息在网上实时进行公开，公众就可以清楚地了解政府在各个阶段应对危机所采取的具体行动。同时，电子政务还增强了政府与公民之间的互动，公民可以通过在电子公告板留言或发送电子邮件，向政府提出公共危机处理意见或建议。

(五) 新闻通稿或者声明

危机发生后，关于危机原因、现状、后果等的传言和臆测很多，如不及时通过正规渠道公布准确信息或尽早表明组织立场，事态就易于恶化并发展到不可收拾的地步。新闻通稿或声明就是由发生危机的机构或者危机管理机构拟定的，用于宣布危机信息及立场、处理政策措施等的新闻稿件。它一般应包括政府对危机事件的调查结果、事件最新进展、政府立场与处理政策以及有关善后处理措施等。新闻稿件或声明应该经过危机管理高层研究，确定危机处理政策的总体原则，在征询相关专家的基础上，通过正式渠道提供给媒体。新闻稿件和声明具有信息准确、风格统一、易于控制的特点。向媒体提供新闻稿件和声明可以最大限度地防止信息失真，有助于政府公开危机的准确信息，并争取公众的信任和支持。[①]

---

① 卢涛：《危机管理》，人民出版社2008年版，第143页。

(六) 热线电话、电子信件等形式

公共危机事件发生后，利益相关者或者公众咨询的电话会骤然增多，如果没有常规热线电话，就该考虑设立专门的热线电话，并24小时运作，受理公众的询问，传达危机的相关信息。特别是在公共危机事件发生的最初阶段，许多信息还来不及通过新闻媒体向公众公布，或能够提供的信息非常有限，而利益相关者又急于了解事件的情况，这就需要开设专门的热线电话。热线电话是政府形象的代表，工作人员必须礼貌热情、训练有素，既掌握政策又了解必要的沟通技巧。对于不便于直接交流的公众，则可以采用电子邮件的方式公开信息，保证危机信息能有效公开。

(七) 领导人物出面——非正式渠道沟通

领导人物是公共危机事件处置小组的最高领导人，在一定程度上是公权力的代表，具有很高的权威性。[1] 领导人的言语和行动，在稳定公众情绪、攻破谣言等方面有意想不到的效果。如"非典"期间，温家宝到北京大学食堂与学生一起用餐，谈论防治"非典"的话题，还到大商场视察防非工作，让顾客放心，并承诺政府能保证充足的商品供应。禽流感时期，很多领导带头吃鸡肉，是想传递这样一个信息：吃烹调后的禽蛋食品不会被传染禽流感。2008年年初南方的雨雪冰冻灾害、2008年"5·12"汶川特大地震、2010年青海玉树地震和甘肃舟曲特大泥石流以及2013年芦山地震，国家领导人都在第一时间赶到事发现场指导救灾，安抚民心，在一定程度上缓解了公众的紧张情绪。

三 公共危机信息公开策略

根据公共危机事件演进过程，政府信息公开包括事前公开、事中公开和事后公开。恰当的政府信息公开应当基于公共危机生命周期三个阶段的不同特点，做到有的放矢。这样才有助于政府牢牢把握危机管理的主动权，促使危机事件快速、平稳、有序地解决。公共危机三个阶段有各自不同的信息公开策略：[2]

---

[1] 姜安鹏、沙勇忠主编：《应急管理实务——理念与策略指导》，兰州大学出版社2010年版，第273—274页。

[2] 韦友霞：《试论公共危机中的三个信息公开策略》，《辽宁行政学院学报》2012年第7期。

（一）危机潜伏期：及时、权威、客观、真实的公开——抢占话语先机

危机潜伏期是政府通过监测与分析，有线索显示有潜在的危机可能发生，政府对危机信息进行监控、搜集、识别、处理。对已确认的危机信息，向公众进行权威性公布。此阶段政府的职责是识别和描绘可能出现的危机，发出必要的警报，以得到应有的重视。

1. 及时公开：第一时间主动公开

在危机的初期阶段，危机信息已经开始显露，虽然政府监控与预警到的危机信息并不是很完全，但危机事件发生后，政府应第一时间发布信息。因为在当今传媒如此发达的今天，政府在危机出现征兆时失声只会造成小道消息满天飞，不仅无助于事件的解决，反而对政府的损失会呈几何级数放大。按照危机管理专家杰斯特的"三 T 法则"[①]，"尽快沟通"应在危机出现后的 24 小时内，这是应对危机的最佳时机，即所谓"黄金 24 小时"。"非典"就失误于此，疫情开始时，政府和整个新闻媒体几乎全处于"失语"、"缺位"状态，以至于全社会一片混乱，后来"非典"也因此成了政府要及时进行信息公开的经典案例。与此形成鲜明对比的是，2008 年的汶川大地震以及 2013 年的雅安大地震中的政府信息公开，被称为"落实《政府信息公开条例》的典范之作"、"达到政府信息公开的极致"。几乎在危机爆发的同时，有关灾情的各种信息就及时公开，政府从一开始就牢牢掌握了话语权和主导权，安抚了人们的不安和恐慌，避免了小道消息的不良影响，检验了政府的社会管理水平，提高了全社会救灾的效率，修复了政府在国际上的公共形象。

《突发事件应对法》中第三十九条规定，危机信息报送"不得迟报、谎报、瞒报、漏报"。虽然有规章可依，汶川地震的这次自然灾害也为《政府信息公开条例》的实施开了一个好头，然而"有法可依"并不必然等于"有法必依"。[②] 如 2009 年 6 月 7 日河南开封杞县一辐照厂发生放射物卡源事件，从 6 月 7 日事件发生，到 7 月 12 日开封市政府召开新闻发布会通报情况，前后间隔一个多月，这就为谣言留下了极大的传播空间。期间，随着"放射源将爆炸"谣言的出现，大批群众在无法核实消息正确性

---

① Regester M，*Crisis Management：What To Do When The Unthinkable Happens*，London：Business Books，1989.

② 贺文发、李烨辉：《突发事件与信息公开——危机传播中的政府、媒体与公众》，中国传媒大学出版社 2010 年版，第 3 页。

的情况下纷纷奔向周边县市"避难",杞县县城一度基本沦为空城。

2. 权威发布:对已确认的危机信息,对公众进行权威性公布

这在危机开始时期尤为重要。在危机苗头初现时,由于消息来源极度缺乏或者与权威渠道沟通不畅而在公众中出现多种声音,致使公众处于恐慌不安的状态。在上例"空城"事件中,即使7月12日召开了新闻发布会,但流言蜚语包括媒体仍有别的声音,恐慌仍在蔓延,危机仍在加剧。7月18日当地电视台连续播放澄清谣言的通报,并由"中国原子能科学院辐射安全中心主任、研究员、博士生导师"陈凌在现场发布没有危机的信息,村民才陆续返家。一位农民称,正是"中央专家"让他相信了政府所述。

新闻发布制度是解决这一问题的重要方式。新闻发言人代表政府对新闻媒体和公众进行信息公开,由于其专业素质和权威地位,其信息的准确性和权威性能得到社会认同。

3. 内容保障:客观、真实的公开

提供客观、真实的信息是公共危机信息公开的前提。如果信息不真实,公开得再多再及时再权威也只会引起社会及公众更大的不满,损害政府的形象,并导致危机事件进一步升级。如2009年上海的钓鱼执法事件中,浦东执法部门否认"钓鱼"执法,认为他们是"公正"执法,拒不透露内幕乃至否认其错误做法。"不能保证政府不做错事,但是要保证政府诚实",上海浦东新区区长在后来的新闻通气会上如是表示。

通过对危机信息及时、权威、客观、真实的公开,政府抢占了话语先机,对公众形成了"先入为主"的概念,一方面满足了公众的知情权,避免了不必要的恐慌,减弱危机后来所带来的伤害;另一方面也提高了政府的形象地位,增加了公众对政府的信任感,从而为危机的最终解决创造了良好的先决条件。

(二)危机爆发期:统一、全面、多样、互动的公开——赢得人民支持

1. 信息发布主体口径统一,牢牢把握话语权

危机信息公开时,发布的信息出现稍许偏离,后果都有可能不堪设想。所以,越是危急时刻,越要明确信息公开的唯一出口,要明确怎么去说,谁来说,跟谁说,最好确定统一的发言人。最好的办法是召开新闻发布会。我国1983年正式建立新闻发言人制度。但实践中基本局限在中央一级人民政府,地方政府和大的机构新闻发言人制度并不完善。例如,

2009年的中央电视台新台址北配楼工地火灾事故就显示出大的机构也应该设立自己的专职新闻发言人,时刻跟踪舆论,发布社会需要的信息,以有助于更快更好地解决危机事件。同时,新闻发言人的素质也亟待提高。在2011年7月的温州动车追尾事故中,铁道部新闻发言人王勇平因"至于你信不信,我反正是信了"这句话而引起轰动,反映出我国的新闻发言人制度还远不成熟,大多数新闻发言人只是部门利益代言人,与基于公共价值的真实信息传播者的要求还有不少差距。

2. 信息公开内容全面、实时,把握传播节奏

由于危机的不确定性、时间紧张等因素的影响,政府在危机爆发后即使努力搜集信息,也无法做到全面翔实。为了及时进行信息公开,政府就需要采取连续报道、滚动式信息发布、定期举行新闻发布会等形式来及时补充危机最新信息,多角度、全方位地进行报道,满足公众的知情权,防止信息不满足而带来的猜忌。危机信息又快又多又乱,公众容易眼花缭乱,分不清主次,所以信息公开还要注意全方位公开与重点公开相结合,并以事实信息与行动信息为主。如"7·23"温州动车事故,新浪新闻中心可看到事故概况、滚动实时新闻、新闻发布会视频、温总理的态度、遇难者信息、爱心接力、微博寻人等各种信息。公众一方面可抓住危机的重点,明白政府正在做和正要做的事情,增强对政府的向心力和凝聚力,另一方面又可充分发挥广大公众的力量,有利于危机的尽快解决。

3. 信息公开渠道多样化,满足公众需要

当今世界传媒高度发达,要通过各种渠道把最新危机信息快速传递给媒体和公众。《信息公开条例》中指出,"政府信息,通过政府公报、政府网站、新闻发布会以及报刊、广播、电视等便于公众知晓的方式公开"。危机信息除了由新闻发言人在新闻发布会上传达给媒体之外,政府还要通过互联网、广播、电视、报纸等尽量多的途径尽快传达给受众。互联网在目前发挥了巨大的传媒作用,政府网站、网络新闻、电子公告、网络论坛、微博等都在公共危机信息传播中发挥了重要的作用,政府要充分有效地予以利用。

4. 政府与媒体、公众的良性互动,引导社会舆论

危机信息传播渠道的多样化,同样也带来了很多棘手问题。如"眼球"效应、"舆论绑架"效应、传播学中的"沉默的螺旋"效应等。政府必须正确处理好和媒体、公众的关系,才能真正引导公众舆论,赢得社会

的支持。公共危机信息公开的主体是政府的某个机关，客体是社会公众，而媒体则是信息传输的主要中介，只有三者形成良好的互动，公共危机才能更好更快地解决。在政府与媒体的关系方面：一方面，政府要信任媒体，学会与媒体打交道。通过新闻议程来引起媒体的注意力，通过新闻发布满足媒体的知情权，通过新闻预案防止不对称信息炒作，通过横向沟通把换位思考传递给记者，支持媒体对自己的良性监督；另一方面，政府也要对媒体加强正当的管理，防止记者为了"眼球"效应而误导舆论，偏离正确的方向，要让媒体的声音真正代表政府的声音。在政府与公众的关系方面：公众的声音一般出现在网络论坛、微博、博客上，社会舆论通过网络媒介集中表现出来，就会形成"舆论绑架"效应，处理不当就会造成政府的形象危机和信任危机，所以政府要注重公众情感，坦诚应对公众的合理诉求，有策略地引导社会舆论，增强公众情感上对自己的依赖，行动上对自己的支持，营造出良好的社会舆论环境，使事态向有利于危机解决的方向发展。

危机爆发期是应对危机的关键时刻，政府危机信息公开策略的成功与否，直接关系到危机的危害程度，关系到政府的形象，关系到公众对政府的信任与支持。政府只有运用好这些策略，才能赢得公众的支持，才能尽快尽好地解决危机问题。

（三）危机恢复期：适时反馈、绘制美好前景——重建公众信心

危机应急结束，此阶段是社会由无序到有序的恢复过程，是不良影响逐渐减少并慢慢恢复常态的过程，是对过去的反思、总结，对未来的管理和预设的过程。政府一方面要认真总结分析并公布信息汇总情况，以尽快消除危机对人们造成的消极态度和不良影响，使社会尽快恢复常态；另一方面还要提供面向未来的信息，如未来的投资发展、重建项目、重建规划等，激发人们对未来美好生活的信心与向往。

1. 危机信息要适时反馈

政府要提供全面的信息汇总，包括危机造成的损失，救援物资的发放，危机后的生产、生活秩序的恢复，危机评估的结果，对受灾人员的赔偿、补偿与救济，对精神受到伤害的人们的心理干预等，使人们感受到政府的可靠与可信赖，尽快从悲痛受伤的心理中恢复过来，重拾对未来生活的信心。

2. 信息要绘制美好前景

政府不仅要提供全面的恢复工作的信息，还要提供面向未来的信息，如未来的投资发展、重建项目、重建规划等，形成整个社会同舟共济的局面，激发人们对新生活的向往。变危机为动力，政府的形象得到提升，社会凝聚力和进取精神进一步增强。

第三节　公共危机处置中的信息沟通

公共危机处置的目标就是要减少危机带来的损害，有效的信息沟通可以降低危机升级的可能性，通畅而直接的沟通渠道和准确的信息传递是危机解决的必要条件。在公共危机处置过程中需要大量的信息，危机变化的情形是没有规则、难以预料的，公众在危机中对信息的需求是非常复杂的。能否快速与正确地获取信息并与公众进行沟通，是考验危机管理者处置危机能力的重要标准。

一　沟通与危机状态下的沟通

（一）沟通与危机沟通的含义

在公共危机管理中，信息沟通贯穿整个过程。无论是危机的早期预警、识别，还是危机爆发中的各项处置与决策，乃至危机善后与评估等环节，管理者都要对组织内外进行有效的沟通。危机管理学家罗伯特·希斯明确指出："在危机管理中，沟通是最重要的工具。"[①]

对于沟通一词，不同的学者给出了不同的定义。美国管理学家贝克认为："沟通是一个涉及思想、信息、情感、态度或印象的互动过程"[②]。袁明旭对沟通定义作了较为全面的概括，认为沟通主要体现在以下六个方面[③]：其一，沟通是一种信息的共享活动；其二，沟通是一种通过信息的交流以达到影响他人行为的活动；其三，沟通就是一种信息、思想、感情的交流过程；其四，沟通是组织的黏结剂；其五，沟通是传递信息并被理解的过程；其六，沟通是一个系统的范畴，是信息流动过程的"集合体"，是组织有机体的生命线。陈世瑞指出，沟通是人与人之间、

[①]　［美］罗伯特·希斯：《危机管理》，王成等译，中信出版社 2003 年版。
[②]　［美］查尔斯·E. 贝克：《管理沟通——理论与实践的交融》，康青等译，中国人民大学出版社 2003 年版。
[③]　袁明旭：《论公共危机沟通的特点和功能》，《内蒙古民族大学学报》2007 年第 13 卷第 6 期。

人与社会之间,通过有意义的符号进行信息传递、信息接收或信息反馈的总称,沟通的内容是信息,目的是传递信息,从而实现期望,构建关系。①

危机沟通不同于一般沟通,它是在高度不确定的情形下进行的,所以它往往在沟通的时间上要求紧迫,手段上有别于常规,过程上更注重互动,方式上更需要直接。沟通如果有效,危机可能变成转机,沟通失败危机则可能恶化,继而带来严重后果。② 公共危机沟通是公共危机管理的基础性手段,良好的沟通和有效的信息交流,有助于整合和协调危机管理行动。不同学者对危机沟通的定义不同。查伦巴认为:"危机沟通包括辨别内外部的沟通受众,发生危机时他们最需要获取各种信息。危机沟通需要构想、创建和传播信息给这些内外部受众,同时对他们的回答作出反馈。有效的危机沟通有助于重塑组织形象。危机沟通是危机管理的组成部分。"③ 袁明旭认为,公共危机沟通,就是在公共危机管理中以政府为主的公共组织为及时有效地管理危机所进行的通过一定媒介获取、传递、交流以及反馈信息、思想、态度、情感、价值观的一系列活动。④

(二) 危机沟通的一致性要求

从本质上来说,危机沟通是为危机管理决策服务的。所有类型危机中的危机沟通都普遍地包含了四个阶段的基本策略,⑤ 不同的策略对危机沟通有不同的要求,具体策略与危机沟通要求如表6—5所示:

表6—5　　　　　　　　危机沟通的一致性要求

管理不确定性
提供一个一致的声音
识别危机的根源
联系每一个受危机影响的人员
确定当前和未来的风险

---

① 陈世瑞:《公共危机管理中的沟通研究》,上海人民出版社2011年版,第54—140页。
② 贾丽娜、李博:《公共危机管理中政府危机沟通策略分析》,《湖北经济学院学报》(人文社会科学版)2011年第8卷第8期。
③ [美]查伦巴:《组织沟通:商务与管理的基石》,魏江等译,电子工业出版社2004年版。
④ 袁明旭:《公共危机沟通:危机管理的生命线》,《曲靖师范学院学报》2007年第26卷第2期。
⑤ Robert R. Ulmer, Timothy L. Sellnow, Matthew W. Seeger, *Effective Crisis Communication: Moving From Crisis to Opportunity*, Thousand Oaks: Sage Publications, 2007, pp. 13—14.

续表

危机响应
减少不确定性 协调活动 传播信息
解决危机
补偿受害者 重塑组织的声誉 哀悼和纪念事件
从危机中学习
推进安全防范 回顾行业标准 加强社区对话

资料来源：Robert R. Ulmer，2007。

危机通常是出人意料的，如果解决危机所需要的所有信息都能在事件发生之前获得，那么该事件就不是真正的危机了。因此，管理不确定性是危机管理者面临的第一个危机沟通挑战。在危机刚开始的时候，需要组织的领导者提供准确的信息，告知人们危机的根源和应该立刻采取的行动，消除人们的焦虑。获得这些信息是危机初期的主要目标。

一旦危机信息被集中，并且人们开始讨论，那么组织便能够对危机做出响应。任何响应都能降低不确定性。采取什么策略和行动可以最好地解决危机，对危机响应是很重要的；有效的危机响应还包括危机管理活动的协调和不断传播的信息。

随着危机的深入，沟通的目的从降低不确定性和有效的危机响应转变成解决危机。在解决危机阶段，组织的注意力应该放在超越危机上。这要求组织必须补偿所有受害者，这样做可以重塑组织的形象。此外，还应该对罹难者进行哀悼，并通过一些途径纪念该事件。

最后，有效的危机沟通包含从危机中学习。经历了危机，组织将会发生很大的变化，包括治理结构和安全防范措施的改进等，否则组织将会受到同样的危机可能再次发生的威胁。组织的领导者必须向相关主体传达从危机中学到了什么知识、这些知识对各主体有什么影响，否则组织就不能重新获得公众的信任。这样的学习通常能够加强安全防范、产生新的行业标准，以及深化组织与公众之间的关系。

(三) 危机沟通的功能

国外有一种新理念，"在一个国家中，除了军事、经济、科技这些硬力量之外还有一种软力量，即政治、思想和媒体的传播力量——交流的力量"。交流的力量也就是沟通的力量。危机沟通在公共危机管理中发挥着转化性、催化剂式的关键性作用，也是危机管理的生命线。具体来说，危机沟通在公共危机管理中的功能主要表现在以下方面：

1. 危机潜伏期的预警功能

公共危机存在一个生命周期，即危机的潜伏期、爆发期、蔓延期、结束期。在危机的潜伏期，存在着大量的危机诱因，这些危机诱因是潜在的、隐蔽的、偶然的、孤立的、非连续性的、危害性较小的，对系统的运转尚未构成大的威胁，人们也是可以容忍的。如果公共部门具有健全的沟通渠道、快速灵敏的沟通机制、积极主动的沟通主体，有效及时的反馈，决策中枢就可及早发现危机诱因，发现潜在的危机，及时化解，把危机消灭在萌芽状态。沟通起到了一种预警作用。

2. 危机爆发期的控制功能

（1）降低不确定性，稳定人心。不确定性是公共危机信息的一个重要特征。首先，公共危机常常起源于不适当的、异常的行为。其次，危机期间，公众急需寻求信息以判断危机是否影响到自身，继而决定该采取何种措施。因此，公共危机管理者与公众进行有效的沟通，可缓解民众的焦躁心理，稳定人心，避免造成不必要的损失。

（2）决策辅助。由于危机具有突发性、紧急性、不确定性、破坏性等特点，因此危机爆发时有关危机的信息是极其匮乏的，资源也是极其有限的。这个时候，沟通的作用显得尤为重要，及时收集信息、界定问题和进行危机沟通，可为科学决策提供依据。

（3）资源整合。危机的影响面是非常广泛的，通过沟通，危机管理者可使受到危机影响的内部利益相关者和外部利益相关者，清醒地认识到危机已经将他们紧紧地连在了一起，形成了一个休戚与共、生死相依的命运共同体，从而激励大家同舟共济，共渡难关。

（4）危机监控。有效的危机沟通常常发挥着重要的监督和控制作用。一方面，在公共组织中，上级主管部门通过与所属部门的沟通交流，可以及早发现存在的问题，使问题得以整改而消除危机的诱因。另一方面，通过上行沟通，把所存在的问题反馈给上级领导部门，或通过与大众传媒的沟通反馈给社会，也会使存在问题的有关部门产生一种压力，促使其面对问题，采取措施进行整改。

3. 危机结束期的修复功能

危机不仅给爆发危机的组织和部门产生结构性的破坏，而且也给其他组织和部门以及社会公众产生了直接或者间接的损害，造成了一种结构性的破坏和失衡。管理学者贝克把危机沟通视为组织的生命线，它发挥着一种维持和修复生命有机体的重要功能：

（1）重建信心。危机的爆发，严重打击了组织内部人员对组织及其领导者的信心，也动摇了外部公众对组织的信心，这些都严重威胁着组织的生存。危机沟通者通过与组织成员和外部公众的信息、情感、思想以及价值的传递、交流、互动，在思想认识上达成一定共识，在情感价值上产生共鸣，通过对危机发生原因、结果以及组织发展前景的分析，使组织成员和公众对危机有一个比较客观理性的认识，消除悲观颓丧的情绪，重新燃起对组织良好发展前景的憧憬，重建信心和士气。

（2）重塑形象。危机的产生，使组织的形象受到了严重的损害。通过有效的危机沟通，主动及时把危机的基本情况公布于众，沟通者深入到灾民之中，问寒问暖，对他们提供必要的帮助，使公众能够信任组织；通过危机后的组织变革，进行观念的更新、制度的完善、机构的重建、政策的改进、管理者的更新等，使组织内部和社会公众恢复对组织的信心和信任，重塑组织的形象。

（3）修复关系。危机的爆发使组织原有的比较良好的内部、外部关系受到了破坏。对内部应该加强组织成员之间的沟通，对外部要加强组织与公众的沟通，尤其重要的是修复与媒体的良好关系，获得媒体的支持与理解，这有助于重新恢复组织内部以及与其他组织和社会公众的关系。

二 不同危机主体之间的信息共享与沟通

利益相关者是指与某利益主体（组织、群体或个人）按照有形或无形的契约关系结成特定利益互动机制的人或人的集合体。在公共危机管理中，涉及很多利益相关者，他们通过相互影响和相互作用对危机管理结果产生影响。这些利益相关者构成了危机主体。

王伟认为：（1）社会组织中的政府、媒介、社会公众和信息机构是公共危机的最直接,也是最主要的参与者和执行者,由政府、公众和媒介构成三方的利益关系,形成"GPM 三角结构"。(2)其他社会组织成员属于次要危机利益相关者,并参与公共危机管理,其作用的发挥一般通过主要危机利益相关者实现。(3)一些特殊或特定的环境因素对危机事件的发生、发展和演化具有很大的影响,有时甚至是直接的影响(如地震、洪水等自然灾害以及重大传染病疫情等),因此可视为非社会的危机利益相关者。(4)在危机状态下,由于危机信息传播要素的突变,利益主体与利益相关者的关系是可以相互转换的。(5)对危机利益相关者的研究是对处于复杂危机信息环境中的多主体与其利益相关者的"多边"关系的研究(图6—12)。

图 6—12 危机利益相关者的构成

从信息管理视角出发,危机利益相关者至少应当包括四个核心部分,即政府、媒介、公众和信息机构,由此构成了"一个轴心,三条主线"的危机信息传播管理"三螺旋结构"模式。在"三螺旋结构"模式中,处于轴心位置的是以信息资源占有和提供为优势的信息机构,政府—媒介—公众三方在"三螺旋结构"中密切合作、相互作用,三方中的每一方都表现出另外两方的一些能力和特点,同时每一方都保持自己的独立身份。由于联系与作用，代表这些危机利益相关者范围的每个螺线都获得更大的能力进一步相互作用与合作，支持在其他螺线里产生的危机信息流，由此形成持续、高效率的危机信息管理流。公共危机信息传播管理应围绕信息机构如何组织信息资源、政府机构如何发布信息、媒介组织如何传播信息、社会公众如何接受和选择信息这几条主线展开。①

根据王伟的"三螺旋结构"，陈世瑞构建了"公共危机沟通三角模型"（图6—13）：②

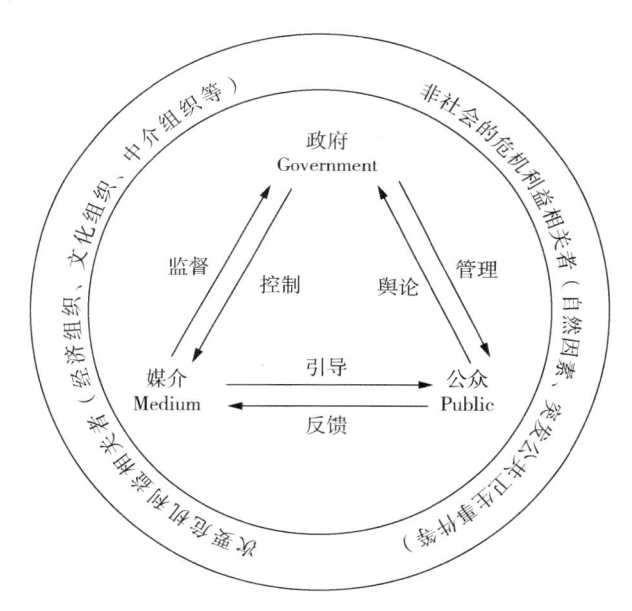

图6—13　公共危机沟通三角模型

在公共危机沟通中，政府可以直接或间接地控制媒体，可以对公众实施有效的管理。政府通常通过两种方式来实现其对公共危机沟通的主导作用：一是及时公开信息，在实现信息透明的同时防止流言和谣传的产生和传播，从而保持社会稳定；二是通过法律法规或行政手段来直接或间接地控制媒体和公众，对信息实行严格把关。

公共危机沟通中媒体发挥着重要的作用。由于媒体具有议题设置、舆

---

① 王伟：《公共危机信息管理体系构建与运行机制研究》，吉林大学博士学位论文，2007年，第101—103页。

② 陈世瑞：《公共危机管理中的沟通研究》，上海人民出版社2011年版，第54—140页。

论导向和舆论监督的功能，因此媒体对政府起着监督的作用，从而促使政府做好危机沟通工作。媒体为公众了解危机情况提供了有效的渠道，通过向公众发布及时的危机信息，对公众起到了引导作用。

公众作为政府服务的对象，是公共危机管理的受众，也是媒体报道的主要对象；公众同时又是公共危机管理的监督者与公共危机沟通的参与者，他们通过对政府进行舆论监督、对媒体进行信息反馈，来影响政府和媒体的行为。

在公共危机沟通中，政府、媒体和公众无疑是影响危机沟通的三大要素。政府是公共危机信息的权威发布者，并对于公共危机管理具有最终的决策权，处于公共危机沟通的主体地位。而媒体则在政府与公众之间架起了一座桥梁，一方面是危机信息的传播者，使得公共危机事件得以迅速为公众所知，另一方面又是公众舆论的搜集者，通过媒体，政府能得到公众对危机管理的反馈。公众是政府与媒体进行公共危机沟通的重要对象。通过政府、媒体、公众三大危机沟通主体之间的相互作用、相互影响，对危机信息进行共享与沟通，从而帮助政府开展有效的公共危机管理活动。

三　政府在信息沟通中的职能与角色

政府是危机沟通的领导者，也是危机信息传播的主要信息源。政府作为公共危机的管理者，理应在危机管理领域占据主导地位，尽最大可能将危机损失降低到最小的程度。作为危机管理的主体，政府主要是利用媒体舆论优势和信息网络平台，通过对危机的监测、控制，向其他社会组织成员和公众传播政府信息、澄清事实真相、平息传闻谣言，达到预防、减轻、避免危机的目的。[①] 政府在公共危机信息沟通中的职能和角色包括：

1. 制定和完善相应的法律法规

公共危机管理作为一种非常态的管理，管理能力的高低决定了政府在公众面前的形象和公信力，也决定了危机管理的效果。因此，只有有了法律的保障，明确各个危机管理主体在危机管理中的权力与责任，及其在危机状态下的行为准则，通过法律形式确定政府和公民或社会组织如何共同

---

① 王伟：《公共危机信息管理体系构建与运行机制研究》，吉林大学博士学位论文，2007年，第101—103页。

分担公共危机管理职责，从而达到权责明确，政府才能够在公共危机发生时，按照法律规定和相关准则来与媒体、公众进行有效沟通。

2. 建立信息披露透明化的公正机制

政府与媒体、公众有效沟通的本质上是危机信息的透明化，政府将危机信息传递给公众，媒体作为一种中介，在沟通的过程中发挥桥梁和纽带作用。政府应该建立全国性的公共危机信息沟通平台，促进危机信息的共享，逐步改革和完善现行的信息沟通机制。政府各部门之间可以借助于公共危机的信息沟通平台来共享危机信息，保证危机信息沟通的时效性；信息沟通平台上的信息可以同时展现给公众，保证危机信息沟通的透明性和共享性；公众可以直接从信息沟通平台上获取危机信息，保证危机信息沟通的准确性。如果没有信息披露透明化的公正机制，很可能会导致危机事件恶化。[1]

以 2008 年贵州省发生的"瓮安事件"为例。由当地一名女中学生的死亡为导火线，后来引起数万余人冲击县公安局及县委、县政府，最终酿成严重的打砸抢烧群体性事件。这一事件表面上看来是由当地紧张的警民关系引起的，但从另一方面看，也是政府没有及时公开相关信息、信息不透明导致沟通失效的结果。瓮安事件发生在 6 月 28 日下午，但直到 7 月 1 日才召开新闻发布会。事件发生之后的最初数小时是影响舆论的黄金时间，有网友注意到，"官方发布的消息只有那么短短几行，仅仅在强调'社会秩序稳定'等，对事件的原因、经过、现状等却一笔带过，难免让人不信服。"就像人民日报《不公开就会"不买账"》一文所指出的，及时公开事件真相，就会赢得群众的理解与支持；相反，处理不及时，信息不公开，就容易错过舆论引导的最好时机，陷入被动局面。公开的信息和自由的公共空间是开放社会的政治文明的重要信息基础。[2]

3. 与媒体深入沟通，对媒体实行监督

媒体作为政府与公众之间的中介，在危机信息沟通的过程中，既受到政府的制约，又会影响政府的危机管理效果；既引导公众的价值判断，又要在报道的过程中迎合公众。在信息多元化的时代，媒体发挥着越来越重

---

[1] William L. Waugh. *Living with Hazards Dealing With Disasters: An Introduction to Emergency Management*, New York: w. E. Sharpe, Inc. 2000, p. 80.

[2] 卢雪聪：《公共危机中的政府沟通能力和沟通效率研究》，上海交通大学硕士学位论文，2009 年，第 10—47 页。

要的作用。作为危机沟通的主导者，政府应该加强与媒体的沟通，使媒体及时准确地报道危机信息，使公众获得危机信息的知情权，正确引导公众的情绪，从而实现政府与公众之间的良性互动。

4. 对公众进行危机培训和教育

发达国家的危机沟通实践证明，成功的危机沟通很大程度上取决于公众危机意识的高低。在平时的危机培训中，注重对本国公民进行危机意识的教育，进行模拟演练来提高公众的危机自救能力，从而在公共危机发生时，公众能够成功自救，减少了很多人力、物力和财力，避免了社会资源的浪费。因此，在日常工作中对公众进行公共危机方面的培训和教育，提高公众的危机信息鉴别能力，才能在公共危机发生时，实现政府与媒体和公众的顺畅沟通，减少危机处置的成本，从而大大地提高危机管理的效果。

四 媒体在信息沟通中的职能与角色

媒体是一类具有特殊功能的社会组织，是政府与公众双向沟通的渠道和桥梁，担负着对政府进行舆论监督的社会职能。媒体参与危机沟通的目的是为公众提供准确和及时的危机信息，[①] 媒体在公共危机沟通中扮演着重要的角色，承担着重要的职能，它们的表现在很大程度上能够影响危机的进程和危机的解决。我们从三个角度，分别构建了媒体的时间序列分析模型、协调联动机制分析模型以及决策过程分析模型，[②] 对危机沟通中媒体的职能与角色进行比较完整的分析。

（一）时间序列分析模型

危机管理的时间序列分析模型中，有三种最为学界所认同，分别是芬克（Fink）的四阶段模型，即征兆期（prodromal）、发作期（break or act）、延续期（chronic）和痊愈期（resolution）；米特罗夫的五阶段模型，即信号侦测、探测和预防、控制损害、恢复阶段和学习阶段；以及最基本的三分法：危机前（precrisis）、危机中（crisis）和危机后（postcrisis）。

[①] George D. Haddow, Jane A. Bullock, Damon P. Coppola, *Introduction to Emergency Management*, Burlington: Butterworth-Heinemann, 2010, p.138.

[②] 沙勇忠、罗吉：《危机管理中网络媒体角色的三种分析模型》，《兰州大学学报》（社会科学版）2009年第37卷第2期。

在实践中，美国《危机和紧急情况管理手册》(Handbook of Crisis and Emergency Management) 提出了四阶段模型，即减缓、准备、响应和恢复；美国疾病控制中心（CDC）构建的危机沟通生命周期模型（Crisis Communication Lifecycle Model）分为五阶段：危机前（pre-crisis）、危机初（initial）、维持期（maintenance）、消退期（resolution）和评估期（evaluation）。借鉴上述模型并结合媒体的特点，建立公共危机信息沟通中媒体角色的时间序列分析模型（图6—14）。

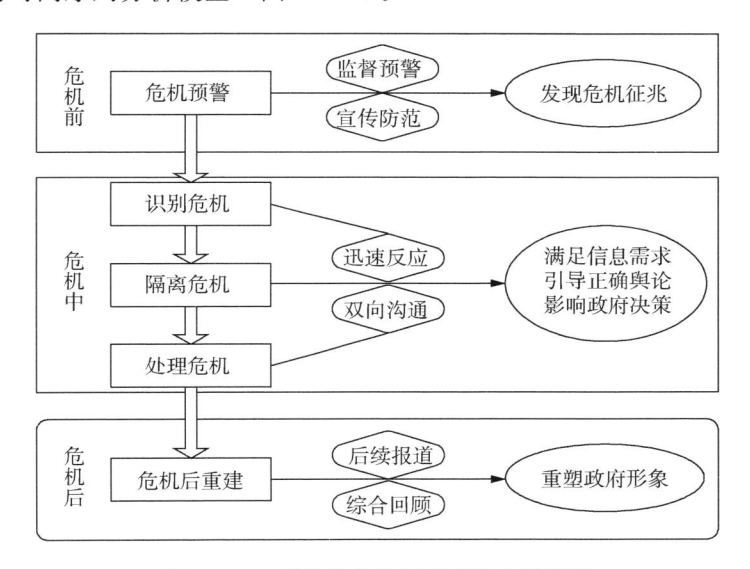

图6—14 媒体角色的时间序列分析模型

1. 危机前

危机前即危机预警和准备阶段，目的是有效地预防和避免危机事件的发生，止之于始萌，绝之于未行。美国著名报业专家约瑟夫·普利策（Joseph Pulizer）有句名言："倘若国家是一条航行在大海上的船，新闻工作者就是船头上的瞭望者，他要在一望无际的海面上观察一切，审视海上的不测风云和暗礁险滩，及时发出警告。"[①] 这段话形象地说明了媒体的危机预警功能。对网络媒体来说，便捷的信息发布和广泛的公众参与，使其拥

---

① ［美］沃纳·赛佛林、小詹姆斯·坦卡德：《传播理论：起源、方法与应用》，郭镇之等译，华夏出版社2002年版，第202页。

有敏锐的嗅觉，可以更好实现对社会的监督预警职能。在风险社会中，危机的承受主体是个体，因此每个公民都有权利通过媒体获得与自身生活和生命息息相关的危机信息，从而采取相应的措施，阻止和降低危机的发生。媒体的危机预警体现的是对社会良知和公众知情权的尊重。

按照丁·格鲁尼格和汉特提出的危机信息传播的四种模式，在这一阶段，媒体采用的宣传手段主要是"新闻宣传模式"，即媒体通过多种形式向公众宣传政府防范和处理有关危机的方针政策，传授和普及公共安全方面的知识，帮助公众了解潜在危机可能影响的范围，全面、清晰地对各种类别的危机进行预测和宣传。

2. 危机中

（1）危机识别。此时危机已经进入了前兆期，如果政府能够及时处理，整个局势仍可以转危为安。这一阶段最为重要的是对危机信息的搜寻和整理分析，即通过危机监测系统或信息监测处理系统认识和辨别出危机潜伏期的各种症状。媒体在此时应立足于政府的信息需求，凭借其广泛的开放性，为管理者提供全面的信息来源和便利的检索平台，并凭借其及时更新特点，为公众提供最新的危机信息，也为接下来政府有效隔离、处理危机打好基础。

（2）隔离危机。伴随危机事态的逐步升级和不断深化，要求政府必须发挥管理机构"防火墙"的作用，控制危机蔓延和恶化。公共行政沟通专家 Doris Graber 指出："政府官员在处理危机事件时所面对的原则性的挑战，是要获取和发布准确的信息，而不致造成不必要的恐慌或使重建工作复杂化。"[1] 在此阶段，政府通过媒体将权威信息及时传递给公众，可有效掌握正确的舆论导向，杜绝谣言产生；而公众则可以通过及时获悉危机信息，采取各种积极预防行为，以实施自救或自我保护。就目前我国一些较有影响力的论坛的参与情况来看，培养论坛的"意见领袖"，利用这些"意见领袖"来引导网上舆论，已成为一些大型论坛的普遍做法。这些"意见领袖"有见地、有代表性的发言一般被版主用醒目的字号和色彩加以强调，放在网页的突出位置，以强化主流言论，孤立非主流言论。

（3）处理危机。作为危机管理的核心阶段，同时也是与媒体沟通的最

---

[1] Graber, D. A, *The Power of Communication: Managing Information in Public Organizations*, Washington, DC: CQ Press, 2003, p. 244.

主要阶段,此时政府不但需要迅速决策,还要调度协调社会力量共同处理危机。媒体在此时应推动社会舆论共识的形成,凭借自身所具有的公信力、权威性和可靠性,对舆论起过滤、放大作用,从而更好地调控舆论的导向。通过媒体的积极作用,一方面可以把政府的应对措施、相关政策等及时向公众发布,取得广泛支持,吸引更多社会力量和资源的参与,另一方面可以把危机状态和民众心态等及时反馈给政府,帮助政府进行科学决策,并依据公众需求和建议,适时调整优化决策,实现政府与公众的良性互动。美国政府对"9·11"事件的处理中,在通过媒体发布国情通告等官方消息的同时,还专门提供了一些针对民众的援助,如向父母提供如何向孩子解释这次灾难的建议等,并开通专门网站提供有关罹难者和幸存者的消息,以及通过政府批准的专门性网站,为公众提供各种合法慈善团体的信息,了解为遇难者进行募捐的方法等。

3. 危机后

危机处理阶段的结束,并不意味着危机管理过程的终结,而是政府的危机管理进入一个新的阶段——危机的善后处理阶段。在此阶段,媒体应继续进行后续报道,做到危机过程的"有始有终"。并且通过便于查询的事件回顾,为公众展示完整的危机事件过程和多角度多层次的分析,使公众冷静地产生理性思考,挖掘危机事件的原因,寻求今后避免此类危机和改进政策的方法。危机后社会心理往往呈现反弹和低落的状态,表现为"创伤后紧张综合症",[①] 媒体在此时采用人性化的报道方式,尽量安抚公众情绪,使危机后的社会震荡削减到最低程度。而对于政府来说,危机后政府的形象和声誉都会受到不同程度的损害,此时政府如果能够表达真诚的反思和完善制度的决心,通过媒体的正面宣传与公众有效沟通,就能实现政府形象的重塑,并且上升到一个新的高度。

(二) 协调联动机制分析模型

J. F. Annell 认为,危机管理的协调联动模型主要包括五部分:国家联动协调小组、紧急处理中心、地区联动协调小组、地区危机指挥中心以及危机处理队伍。他认为联邦、州以及其他地方政府的危机指挥系统是协调

---

① "创伤后紧张综合症"表现为:重大灾难事件给受灾民众造成恐慌、心理失衡以及情感失控等问题,使其出现反复回闪、重复体验的创伤性回忆和经历,短时间之内无法摆脱灾难造成的心理阴影以致出现失眠、厌食、轻生等症状。

联动模型的基石。① 美国联邦紧急事务管理局将联邦政府机构的资源划分为 12 个应急支持系统,确保在危机状态下政府资源能被充分调动,各相关部门能紧密合作,协调联动。这 12 个系统还可以归类形成四个大系统,分别是指挥系统(ICS)、通信与情报信息系统、资源系统(GSA)以及后勤系统。结合我国实际和媒体特点,建立媒体角色的协调联动机制分析模型(图 6—15)。

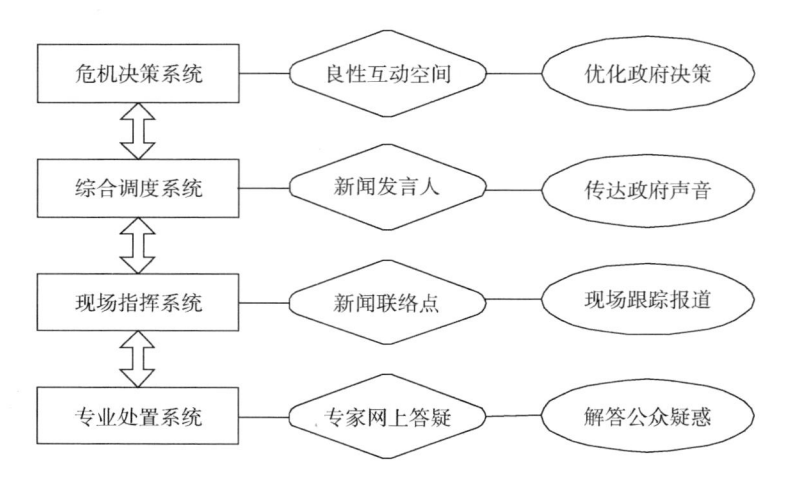

```
危机决策系统 —— 良性互动空间 —— 优化政府决策
    ↕
综合调度系统 —— 新闻发言人 —— 传达政府声音
    ↕
现场指挥系统 —— 新闻联络点 —— 现场跟踪报道
    ↕
专业处置系统 —— 专家网上答疑 —— 解答公众疑惑
```

图 6—15　媒体角色的协调联动机制分析模型

1. 危机决策系统

危机决策系统是协调联动机制的核心,主要做出关于危机管理的全局性、普遍性和整体目标性决策。作为危机管理的领导系统,它是缓解和化解危机的首要保证。媒体建立的良性互动空间,对于优化政府决策具有不可替代的作用:一方面,可以确保公众对政府决策的了解,为政府决策的顺利执行打下良好基础;另一方面,如果政府决策有问题,可以通过公众的意见反馈,及时改进,将问题解决在萌芽状态。

2. 综合调度系统

所谓综合调度系统,就是负责贯彻实施危机管理者的决策,将其转化为指令,将政府中具有危机处理职责与能力的部门(如公安、武警、消

---

① Jo FoAnnell,"The National Incident Management System: a Multi-agency approach to emergency response in the United States of American", Rev. scitech. off. int. Epiz, Vol. 25, No. 1, 2006, pp. 223—231.

防、急救、气象、电力、水力、环保等)和相关资源(专业救治队伍、车辆、物资、人员等)纳入到一个统一的指挥调度平台,它在综合协调、整合资源、减少损失等方面都发挥着重要作用。综合调度系统不但要协调组织内部的关系,还要协调组织外部的关系,实现对外界沟通的集中控制。格瑞博(Graber)认为:"由于缺乏对外部沟通的集中控制,致使官员在关键问题上口径不一,当权威的言论前后矛盾时,公众就会感到疑惑,烦恼,甚至愤世嫉俗。"① 因此,为确保危机信息发布的连续性和一致性,政府须建立新闻发言人制度,新闻发言人必须与最高决策层有直接沟通,并且了解危机的方方面面,其最佳位置应是介于决策系统和调度系统之间。新闻发言人可以借助于网络媒体高效的信息传输和舆论导向功能,向公众及时传达权威的政府声音,防止谣言的产生,并且促使公众积极奉献资源和力量,主动加入综合调度系统。2008年5月12日汶川大地震发生后,灾情发生的15天内,国务院新闻办公室就召开了17次新闻发布会,中国网、新华网等较有影响力的网络媒体都对其进行了现场直播,使公众在第一时间得到关于灾情最新进展的权威信息。

3. 现场指挥系统

现场指挥系统是在危机发生现场,直接参与指挥处理危机的行动小组或现场指挥中心。其通过对各方力量和物资统筹安排,合理使用,确保有效地执行危机决策。对危机现场信息的发布,目前国际上通用的和有效的方法是在危机处置现场警戒线以外设立新闻联络点,以供媒体记者跟踪报道,及时为公众提供有关信息。对于媒体来说,凭借其实时更新发布的特点,可以大大减少信息流通环节的耗时,随时将最新的现场信息提供给公众,使他们无须打听和猜测,就看到危机现场的实际状况,注意到政府在第一线所做的工作和努力,从而加深对政府危机管理活动的理解和支持。需要强调指出的是,针对危机处置现场的具体情况,一些危机事件的有关信息不便马上公开,这就需要媒体人员服从大局要求,在危机现场指挥系统的安排下进行采访报道。美国联邦应急事务管理局在危机管理中强调"与媒体一起工作"(working with the media),通过建立良好的伙伴关系,克服双方在危机管理中由于目标不同,对公共信息的"新闻性"看法不一

---

① Graber, D. A, *The Power of Communication: Managing Information in Public Organizations*, Washington, DC: CQ Press, 2003, p. 228.

致的问题,实现合作双赢和政府的危机管理目标。因为美国政府认识到,面对信奉新闻自由原则而不由政府控制的非官方媒体,单纯的"堵"是行不通的,尤其在网络传播十分发达的当代社会,可取之道是与媒体一起工作,建立媒体的社会责任感,使媒体主动从危机管理的大局出发,做好新闻报道工作。

4. 专业处置系统

不同领域的危机发生,需要不同专业的危机处置队伍。因为只有由经过专门训练、装备精良、行动迅速的专业人员来完成,才能确保危机处理和救助的效率。而对公众来说,媒体是提供专业危机应对知识,以防范危机或进行自救的理想渠道。日本就很注重对民众危机应对能力的培养,各大媒体网站都有危机应对专业知识的宣传。2003 年 9 月 26 日,在日本北海道发生的 8 级地震中,只造成了 1 人死亡,而同年 12 月 26 日在伊朗巴姆市发生的 6.3 级地震,死亡人数竟高达 1.6 万多人。事后据伊朗有关部门总结经验,认为伊朗民众危机应对能力的欠缺是造成人员伤亡的重要原因。鉴于此,媒体首先应针对现实危机问题,常态性地搜集传播公众所需的专业危机应对知识;其次,对特定的危机,媒体应适时传播专业研究信息,引导公众以冷静、客观、理性的方式看待危机,探讨应对方法;最后,还可以利用媒体双向沟通的特点,组织专家网上答疑,安抚公众情绪,解答疑惑。

(三)决策过程分析模型

1992 年,公共行政专家 James L. Garnett 提出了政府危机沟通的八个步骤,用以优化政府的危机决策。[①] 2002 年,美国疾病控制中心(CDC)的《危机和紧急情况风险沟通手册》(*Crisis and Emergency Risk Communication*)上,Reynolds 将公共健康危机沟通分成了九个步骤,这些步骤与政府的决策过程紧密联系,试图通过政府与公众的信息沟通,来不断改进双方的决策和行为。[②] 2005 年,Fisher 等在继续前人研究的基础上,提出了政府沟通决策轮(the government communication decision wheel)模型,其优点是考虑到了危机决策的环境,并认为双向的沟通渠道是信息交

---

① Garnett, J. L, *Communicating for Results in Government: A Strategic Approach for Public Managers*, San Francisco: Jossey-Bass Publishers, 1992.

② Reynolds, B, *Crisis and Emergency Risk Communication*. Atlanta: Centers for Disease Control, 2002.

流的最佳方式，对网络媒体的作用做出了肯定。[①] 本模型主要借鉴罗伯特·希斯（Robert Health）关于危机决策过程的划分方法，对其提出的八个步骤进行精简，并结合媒体的特点建立媒体角色的决策分析模型（图 6—16），图中横向箭头表示信息传播的主要方向。

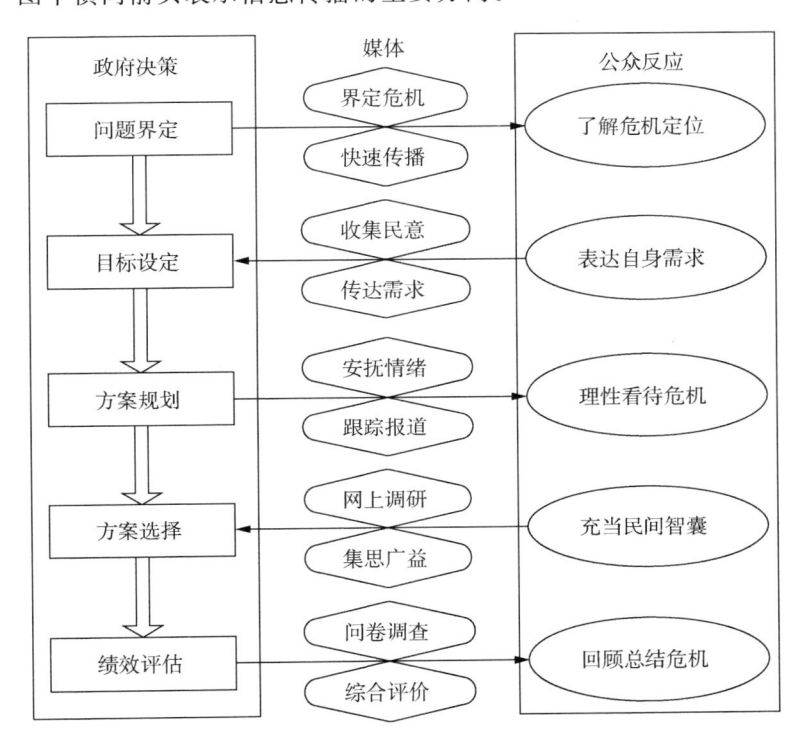

图 6—16　媒体角色的决策过程分析模型

1. 问题界定

危机决策过程是典型的非常规决策，政府根据第一时间原则，迅速界定危机的类型、性质和特征，并借助媒体在第一时间告知公众，使公众了解危机定位。此外，媒体除了快速传播功能还应具备深层次的解释功能，通过政府提供的信息，向公众阐释危机发生的背景、起因、影响以及预计的发展趋势，帮助人们更深刻地认清形势，并对即将到来的危险有所防

---

① Fisher, B. & Horsley, J. S., From propagandists to professionals: Modeling public relations in the public relations in the public secter, Paper presented at the Association for Education in Journalism and Mass Communication's Southeast Colloquium, Athens, Ga. 2005: March 4.

范。在此阶段，媒体的主要角色是传达上情，因为对于危机决策来说，只有在保障公众知情权的基础上，才能进行有效的沟通，以缓解由信息不完全所带来的决策压力。[①] 例如，在"9·11"事件发生的当天和第二天，美国的各大媒体和网站就对事件进行了详尽的报道，将政府对危机的定位告知公众，帮助公众共同确认打击恐怖主义是当前的头等大事，其他一切矛盾都降为次要矛盾。在媒体正向舆论的引导下，国内没有引起较大混乱，民心得以稳定，社会体系得以正常运作，美国媒体与政府达到了空前的团结，为政府的危机决策优化打下了良好的基础。

2. 目标设定

政府危机决策目标的设定，一般要优先从受害者和公众的角度来出发和考虑。当公众通过媒体发布的信息对危机定位有了初步了解时，为保障自身权益，必然会产生相应的需求，如生命安全需求、财产安全需求等。媒体正好可肩负着这一下情上传的任务，通过其开放的信息发布渠道和自由的评论空间，全面收集真实民意，经过筛选整理传达给政府，这样不仅能优化政府的目标设定，使之更贴近民生，符合民意，而且还能取得公众支持，使公众感受到有权参与决策，并为之献计献策。

3. 方案规划

方案规划是根据之前设定的目标，提出所有可能的解决方案。在这一阶段媒体要对政府决策给予跟踪报道，使公众了解事件的最新进展以及政府的最新动向，保障公众的知情权，安抚公众情绪，避免信息传递中"噪声"的影响，确保权威的主流舆论来引导公众的理性行为，使其正确认识自身的权利与义务，知道应如何配合和支持政府做好危机管理工作，以在最大限度上维持社会的良性运转。只有当公众对危机事件有了全面的认识和理性的思辨，才能在接下来的方案选择阶段更好地充当政府"外脑"。[②]

4. 方案选择

如何在若干方案中选择最适合的方案，是危机决策过程的核心和要

---

① Arjen Boin and Allan Mcconnell, "*Preparing for Critical Infrastructure Breakdowns: The Limits of Crisis Management and the Need for Resilience*", Contingencies and crisis Management, 2007 (1), p. 54.

② Denis Smith and Dominic Elliott, *Key Reading in Crisis Management*, Routledge, 2006, p. 323.

点。在危机情境下,决策团体的内在群体压力升高会导致"群体盲思"现象,严重影响危机决策的质量。① 因此政府在方案选择阶段,必须充分利用各种类型的"外脑",发挥民间智囊的作用。而对于公众来说,通过对危机事件的理性思索,借助于媒体这个开放自由的讨论平台,各抒己见,集思广益,便可形成一股强大的智慧力量,成为政府的"外脑"。此时的媒体就应设置好有关的话题或者议题,吸引公众参与到公共话语空间,进行自由的交互讨论,并将讨论结果整合反馈给政府,帮助政府选择出更满意的方案。2008年我国"5·12"汶川大地震发生后,许多人都在网络上发表留言献计献策,其中5月15日四川一名女大学生发布的帖子,提供了救援人员在汶川空降的着陆地点,由于网上大量的跟帖使原帖始终处于显要位置,很快受到军方关注并得以成功实施,使救援工作出现转机,充分显示了网络积聚民间智慧的力量和强大的信息传播整合功能。

5. 绩效评估

绩效评估是政府危机决策的最后一个阶段,即在方案实施后对整个决策过程进行评定总结,以反思教训,积累经验。为深入了解公众反应,政府可通过媒体进行各种调查,而公众通过向媒体表达真实想法和感受,不但能为政府的决策绩效评估提供重要信息,还能使政府了解之前决策中存在的不足,并加以改进。

本书所构建的公共危机信息传播中媒体的时间序列分析模型、协调联动机制分析模型以及决策过程分析模型,从三个重要的角度对媒体的角色进行了分析,显示了媒体在危机沟通中的主要角色定位和相应职能。2008年我国"5·12"汶川大地震事件充分彰显了媒体的上述角色和职能。危机预警和信息公开保证了公众对政府的信任,使政府在危机管理中显示了出色的社会动员能力;而通过媒体所积聚的民智和社会监督力量,使政府

---

① "群体盲思"(Groupthink)也称群体迷思、团体盲思或团体思考,这一概念是由美国心理学家艾尔芬·詹尼斯(Irving Lester Janis)在1972年的《团体迷思》一书中首次提出的,詹尼斯将群体盲思定义为"在一个较有团队精神的团体,成员为维护团体的凝聚力,追求团体和谐和共识,忽略了最初的决策目的,因而不能确实地进行周详评估的思考模式"。1982年,詹尼斯通过对美国政府历年外交决策事件的探究,参照各个事件的环境、决策过程、决策结果,归纳出团体迷思的模型,其中包括8项诱发的前置因素、8项表现形式及7项对群体决策过程及结果的影响。参见 Irving Lester Janis, *Groupthink: Psychological Studies of Policy Decisions and Fiascoes*, Houghton Mifflin Company, 1982。

的危机管理获得了广泛的民间智慧支持和社会监督力量的规范矫正。而且更为重要的是，催生了中国网络公共空间和公民社会的成长。从这一意义上来看，"5·12"汶川大地震危机管理中的媒体尤其是网络媒体，无疑是观察和见证中国政府治理转型和社会进步的一个重要窗口。

第七章 公共危机知识管理

按照美国学者马夏德（D. A. Marchand）与霍顿（F. W. Horton）的观点，知识管理是信息管理的高级阶段。[①] 知识管理学者欧勒瑞（Daniel E O'Leary）认为，知识管理是将组织得到的各种来源的信息转化为知识，并将知识与人联系起来的过程；知识管理是对知识进行正式的管理，以便于知识的产生、获取和重新利用。从其核心流程来看，知识管理包括知识创造、知识分类、知识储存、知识分享、知识更新和知识价值等环节。

我们项目组在研究 PCIM 的过程中，研发建设了《中国公共危机事件案例知识库》（Chinese Case Knowledge Base of Public Crisis Management）。[②] 该案例知识库系统收集 2007 年以来我国发生的四级以上关于自然灾害、事故灾难、公共卫生、社会安全以及网络舆情的突发公共事件案例，提供突发公共危机事件案例的完整描述，为公共危机管理教学研究人员、政府应急管理人员及社会公众提供我国公共危机事件的基础数据和管理平台。案例知识库的建设目标包括案例库、案例网页档案及知识库三大部分，目前在技术上完成案例库的功能，正常进行案例更新并向社会公开提供案例服务。本章以《中国公共危机事件案例知识库》为例，研究公共危机知识管理中的知识表示、知识检索和知识推理问题，在阐述一般知识

[①] D. A. Marchand, F. W. Horton, *Infotrends: Profiting from Your Information Resources*. New York: John Wiley & Sons, 1986.

[②] 2006 年，我们受国家自然科学基金（NSFC）项目资助，从事"政府危机管理的信息问题研究：面向地方政府的实证分析"（70673030）课题的研究，开始研发建设"中国公共危机事件案例库"；2009 年，受国家自然科学基金重大研究计划项目"非常规突发事件的应急管理"培育项目资助，从事"信息备灾体系及其面向服务的协作式系统研究"（90924025）课题，将"中国公共危机事件案例库"的建设目标调整为案例库、案例网页档案及知识库三大部分，并将"中国公共危机事件案例库"更名为"中国公共危机事件案例知识库"。案例知识库的网址是：http://ccm.lzu.edu.cn。

的同时，提出相应的模型和算法，并在案例知识库中进行实验和验证。

第一节 公共危机知识表示

公共危机知识表示是一个宏大的研究命题。本节在梳理知识表示及本体构建方法的基础上，利用本体方法构建了公共危机事件案例表示框架，主要通过案例公共属性提取、案例本体构建及本体评价来实现。首先梳理国内外的公共危机事件案例库的主要特点、案例表示属性，分析案例的共有属性；接着利用本体描述工具 protégé4.1.2 实现本体；最后对照 1994 年斯坦福大学知识系统实验室 Gruber 博士提出的本体构建 5 条原则对构建的案例表示本体进行评价。根据已建立的案例表示本体，分析自然灾害事件案例、事故灾难事件案例、公共卫生事件案例和社会安全事件案例四类案例的不同特点，对各类事件中的典型案例进行表示，最后以中国公共危机事件案例知识库为例，探索案例本体如何映射为关系数据库，应用在案例知识库建设中。

一 知识表示与本体构建

（一）知识表示方法

知识表示是指把知识载体中的知识因子和知识关联表示出来，以便人们识别和理解知识，是知识发现、知识挖掘和管理决策的前提和基础。[1] 知识表示的方法有 10 余种，如一阶谓词逻辑表示法、产生式表示法、语义网络表示法、框架表示法、面向对象的表示法、一些不确定知识的表示方法[2]及本体表示法等。现对案例表示中比较常用的几种进行介绍举例。

1. 框架表示法

框架是一种描述对象（一个事物、事件或概念）属性的数据结构。一个框架由若干个被称为"槽（Slot）"的结构组成，每一个槽又可根据实际情况分为若干个"侧面（faced）"。"槽"用于描述所论对象某一方面的属

---

[1] 董坚峰、胡凤：《基于 OWL 本体的知识表示研究》，《情报理论与实践》2010 年第 9 期。

[2] 汤文字、李玲娟：《CBR 方法中的案例表示和案例库的构造》，《西安邮电学院学报》2006 年第 5 期。

性。"侧面"用于描述相应属性的一个方面。槽和侧面所具有的属性值分别被称为槽值和侧面值。

框架表示法具有结构性、继承性、洗染性的特点。

框架表示法中有框架名、槽名、侧面,框架名表示要表示的内容的名称,槽名表示框架的内容,侧面表示槽的内容属性。

表示如下:

框架名. 案例名称

槽 1. 案例概述

  侧面 1. 编号

  侧面 2. 标题

  侧面 3. 发生时间

  侧面 4. 结束时间

  侧面 5. 经济损失

  侧面 6. 死亡人数

  侧面 7. 重伤人数

  侧面 8. 轻伤人数

  侧面 9. 参与单位

槽 2. 案例描述

  侧面 1. 事件背景

  侧面 2. 事件过程(指标 1,侧面 1,权重 1;指标 2,侧面 2,权重 2……)

  侧面 3. 事件原因

  侧面 4. 事件后果

槽 3. 事件特征

  侧面 1. 事件特征(指标 1,侧面 1,权重 1;指标 2,侧面 2,权重 2……)

  侧面 2. 事件特征(指标 1,侧面 1,权重 1;指标 2,侧面 2,权重 2……)

  ……

  侧面 n. 事件特征(指标 1,侧面 1,权重 1;指标 2,侧面 2,权重 2……)

槽 4. 各方反应

　　　　侧面1. 政府反应
　　　　侧面2. 媒体反应
　　　　侧面3. 公众反应
　　槽5. 相关资料
　　　　侧面1. 图片资料
　　　　侧面2. 视频资料
　2. 特征属性表示法

　　特征属性表示法以案例的共有属性表示案例。一般用表示案例属性的相关字段表示。如表7—1所示,包括案例编号、案例名称、发生地点、伤亡人数、经济损失等。

表7—1　　　　　　　　　　特征属性表示法

属性	定义	描述	数据类型
案例编号	唯一标示一个案例	********	数值型
案例名称	存储的案例名称	××事件	文本型
发生地点	以行政区域为界标示案例的发生区域	×省×市	选项
经济损失	以数字的形式标示案例的经济损失	××万	数值型
伤亡人数	以数字的形式标示灾害的伤亡人数	××人	数值型
案例处置	以文本的形式标示灾害发生后政府的处置行为	"……"	文本型
……	……	……	……
各方反应	以文本的形式标示灾害发生后政府、媒体及公众对灾害的反应	"……"	文本型

　3. 语义网络表示法

　　语义网络是奎廉(J. R. Quillian)于1986年最先提出的。[①] 语义网是带有标识的有向图。其中,带有标识的节点表示问题领域中的物体、概念、事件、动作或者态势。节点之间带有标识的有向弧表示结点之间的语义联系。[②] 最简单的语义网络表示法是一个三元组:(节点A;弧;节点B)。如图7—1所示,节点A与节点B之间的关系,用有向图表示,带箭头的线表示两者之间的关系,即自然灾害是一种公共危机事件。

　　语义网络表示法虽然简单易理解,但是操作起来有很大的困难,一是

[①] 年志刚、梁式等:《知识表示方法研究与应用》,《计算机应用研究》2007年第5期。
[②] 王万良:《人工智能及其应用》,高等教育出版社2008年版,第56页。

图 7—1 语义网络表示

概念之间可能存在交叠,很难使分类具有排他性;二是由于中文本身的复杂性,词语之间的语义关系较难识别,如此转化成机器语言就更难了。

4. 基于本体的知识表示方法

基于本体的表示方法认为对知识的表示是一种可采用不同方法来刻画自然世界的人为近似模型,它注重知识表示的内容,而不是表现形式。[1] 基于本体的知识表示就是利用本体的表示框架来表示某一个领域知识,表示过程如图 7—2 所示。

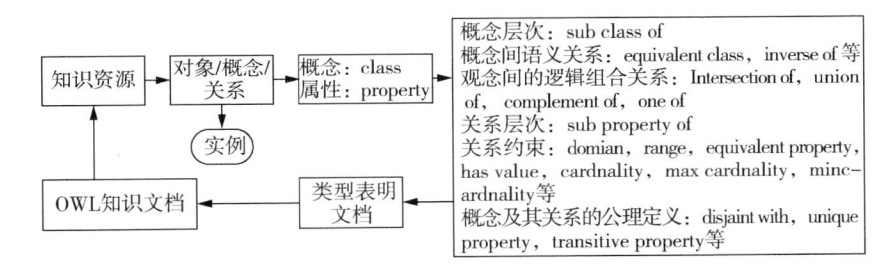

图 7—2 基于本体的知识表示[2]

基于本体的知识表示已经被应用到众多的领域,如产品设计领域本体、机电设备故障诊断、机械零件知识表示、玉米领域、蔬菜食品质量安全领域等。在危机管理领域中的应用有预案知识表示、灾害领域知识表示(地震、洪水等特定的自然灾害)、应急处置领域的知识表示、应急物流知识表示等。

(二) 本体构建

本体是一种知识的表示框架,能明确地表示概念之间的关系,对于知识的复用和检索具有重要的意义,所以明确本体的构建方法,参照其他的方法,可以对本节提供方法和研究步骤的支持,形成本节的本体构建方法。

---

[1] 王珏、袁小红、石纯一等:《关于知识表示的讨论》,《计算机学报》1995 年第 3 期。
[2] 董坚峰、胡凤:《基于 OWL 本体的知识表示研究》,《情报理论与实践》2010 年第 9 期。

国内外在本体构建方法上，研究最多的是以下两种方式：一种是本体工程的方法；一种是探讨利用现有的词表资源，直接向本体转换。[①]

1. 本体工程的方法

本体工程的思想由 Uschold 和 Gruninger 于 1996 年提出，包括确定研究范围和目标、知识抽取、本体构建、本体评价等步骤（图7—3）。

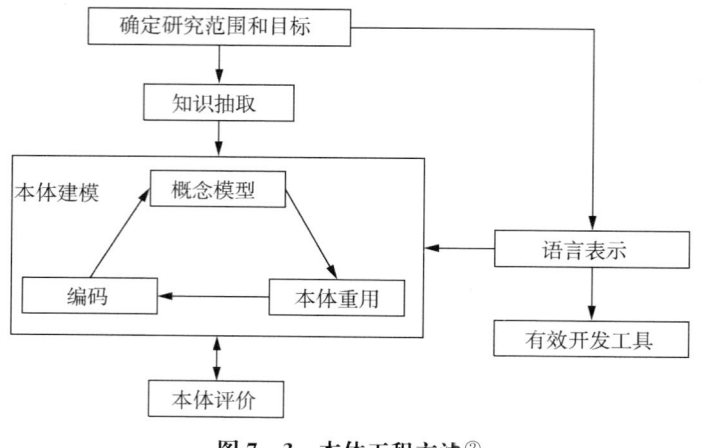

图7—3 本体工程方法[②]

2. 采用的领域本体构建方法

针对本体构建与应用的研究，深入考察了现有本体的构建方法，并与相关领域专家就存在的问题和解决方案进行了深入探讨，提出了本节采用的本体构建方法。该方法从本体工程方法论的成熟度和领域本体构建的特点出发，借鉴了 Mile Uschold & King 的"骨架法"和斯坦福大学的"七步法"，并融合主题词表和一些顶层本体资源，对概念体系的规范化校验和本体标准化处理提出了具体的方法和步骤。本节所提出的本体构建方法框架及实际操作内容如图7—4所示。

二　基于本体的公共危机知识表示框架

公共危机知识的表示，即公共危机事件案例的表示。借鉴本体的描述

[①] 丁晟春、李岳盟、甘利人：《基于顶层本体的领域本体综合构建方法研究》，《情报理论与实践》2007年第2期。

[②] 李华、赵道致、范文、朱先民：《基于SUMO的应急预案本体》，《情报学报》2009年第3期。

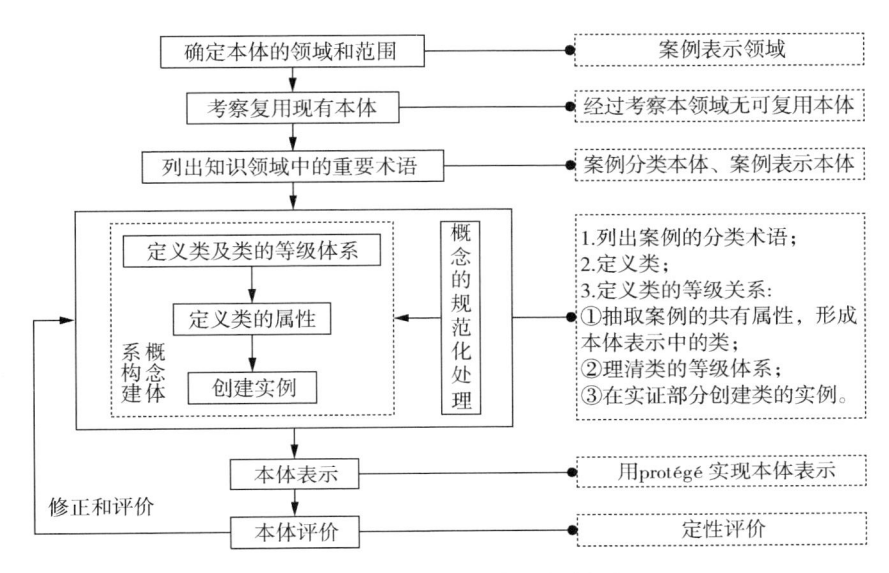

```
确定本体的领域和范围 ───● 案例表示领域
         ↓
考察复用现有本体   ───● 经过考察本领域无可复用本体
         ↓
列出知识领域中的重要术语 ───● 案例分类本体、案例表示本体
         ↓
┌──────────────────────┐        1.列出案例的分类术语；
│ 定义类及类的等级体系  │概念     2.定义类；
│        ↓            │的规      3.定义类的等级关系：
│   定义类的属性       │范化  ●──①抽取案例的共有属性，形成
│        ↓            │处理     本体表示中的类；
│   创建实例          │        ②理清类的等级体系；
│ 系概                │        ③在实证部分创建类的实例。
│ 构念                │
│ 建体                │
└──────────────────────┘
         ↓
      本体表示    ───● 用protégé实现本体表示
         ↓
      本体评价    ───● 定性评价
```

图 7—4 本节的本体构建方法框架

框架，描述案例的本体表示步骤：① 步骤一，列举所有国内外的危机事件案例库中的案例属性，不考虑所列举的属性之间的意思是否有重叠以及这些概念以何种方式表达；步骤二，对步骤一中产生的大量概念，按照一定的逻辑规则对这些概念进行分组，形成不同的工作领域，在同一工作领域的概念，对其中的每一个概念的重要性进行评估，之后选出关键概念，摒弃那些不必要或者超出领域范围的概念，得到领域本体的框架结构；步骤三，设计本体；步骤四，本体评价，根据权威本体评价标准逐一对公共危机事件案例表示本体进行评价。具体的构建步骤如下：

（一）危机事件案例属性列举

危机事件案例属性是表征案例信息的字段，在分析现有文献资源和普查国内外案例库建设现状的基础上，获得危机事件案例的公共属性（表7—2）。

---

① 向阳等申请专利：一种基于语义本体的案例表示方法，中国，201010104649.X。

表 7—2　　案例属性列举

案例库	描述属性
暨南大学应急案例库	序号；题名；国别；地区；地点；发生日期；伤亡；损失、相关资源（相关资源类型包括预案资源、图片资源、博客资源、媒体新闻、视频资源、论文资源）
中华人民共和国中央人民政府网案例库	案例以新闻稿的形式发布，分为：自然灾害类；公共卫生事件类；社会安全事件类；事故灾难类
广东省应急网一网五库	案例名称；案例内容；类别；时间；地点；人物；事件；关键词
中国应急分析网重大安全事故案例库	记录号；摘要；关键词；概述；分析过程；主要分析人员及单位；资料整理人；审核人
深圳市应急案例库	主要信息包括：基本情况；主要做法；启示建议
全球恐怖主义事件数据库（Global Terrorism Database）	incident date; region; country, tate/province, city, latitude and longitude (beta); perpetrator group name, tactic used in attack; nature of the target, identity, corporation, and nationality of the target (up to three nationalities); type of weapons used (up to three weapons types), whether the incident was considered a success, if and how a claim (s) of responsibility was made; amount of damage and more narrowly; the amount of United States damage, total number of fatalities (persons, United States nationals, terrorists), and total number of injured (persons, United States nationals, terrorists); Other variables provide information unique to specific types of cases, including kidnappings, hostage incidents, and hijackings
加拿大灾害数据库（Canadian Disaster Database）	Disaster Type; Date of Event; Specific Location; Description of Event; Fatalities; Injured/Infected; Evacuees; Latitude & Longitude; Province/Territory; Estimated Total Cost; DFAA Payments; DFAA Payments; Insurance Payments; Provincial/Territorial Costs/Payments; Utility Costs/Losses; Magnitude; Other Federal Institution Costs
澳大利亚灾害数据库	时间；死亡人数；损坏家庭数；经济损失；事件名称
联合国灾害统计数据（Disaster Statistics）全球灾害数据库	Country; Disaster type; Disaster date; Number of death; Number of affected; Number of homeless; Number of injured; Number of total affected; Estimated damage cost

根据以上列举，我们发现案例的收集是在危机事件发生之后，相关人员根据政府部门发布的统计资料进行数据采集，以结构化的形式存储数据。一般而言，案例是用自然语言描述的，包括问题描述、解决方法和结果。[①] 按照 McGinty 和 Wilson 的描述，一个案例可以描述为三元组，$C=(Cd，Cs，Co)$。Cd，Cs，Co 表示描述问题的一系列特征，分别表示问题描述（description）、解决方法（solution）和后果（outcome）。[②]

（二）危机事件共有属性分析

公共危机事件的种类众多，引发原因复杂及事件过程复杂，要准确地用案例的形式记录和描述危机事件是一件困难的事情。根据危机事件的生命周期理论，任何危机事件都由危机前的征兆期、危机发生中的响应期、危机发生后的恢复期及最后危机事件的影响四部分组成。在此四部分中，危机发生中的响应期和危机发生后的恢复期严格来说都是对危机的处置，可以将此二者合而为一，这样一个危机事件的案例的共有属性就包括危机事件状态、危机事件处置（解决方案）和危机事件影响三部分。

危机事件状态：描述危机事件基本状态的信息，具体包括危机的发生时间、发生地点、经济损失、伤亡人数、危机事件类型、危机事件等级等。

危机事件处置（解决方案）：描述危机事件发生后以政府为主的危机响应与恢复信息，具体包括政府部门的危机应对、私人组织的危机应对及非政府组织的危机应对等。

危机事件影响：描述危机事件的发生对社会的影响，具体包括危机事件对公共政策的影响以及对社会心理的影响等。例如 2008 年的汶川地震发生后，甘肃省舟曲县就修建了地震应急避难所（危机事件对公共政策的影响）；但是 2010 年甘肃舟曲发生泥石流之后，有些公众初步判断是地震灾害就跑至地震避难场所（危机事件社会心理造成的影响），结果造成了更大的伤亡。

对一个具体的公共危机事件案例来说，其共性结构特征可表示为如下一个三元组：

---

① C. -C. Huang and T. -L. Tseng, "Rough Set Approach to Case-based Reasoning Application", *Expert Systems with Applications*, Vol. 26, 2004, pp. 369—385.

② L. McGinty and D. C. Wilson, Case-based Reasoning Research and Development, *8th International Conference on Case-Based Reasoning*, Springer, Seattle, WA, 2009.

$$C_n = (content_n, solution_n, effect_n) \text{ 对 } \forall c \in C$$

对形式各异的公共危机事件，本体可以描述公共危机事件的共同特征。公共危机事件案例本体应该是公共危机事件案例公共属性的集合，而不会随着事件种类的不同而发生变化。通过对不同的公共危机事件的分析，得出公共危机事件的共性属性，包括：(1) 危机事件状态（危机事件的编号、危机事件的类型、危机事件的发生时间、危机事件的发生地点、危机事件的伤亡人数、危机事件的经济损失、诱发原因）；(2) 危机解决方案（危机事件的响应、危机事件的恢复）；(3) 危机事件影响（危机事件对政府公共政策的影响、危机事件对社会公众心理的影响）。公共危机事件案例本体是一个描述危机事件的基类，不同种类的危机事件案例以此为基础进行扩展，就可以构建一个具体危机事件案例表示的本体。

（三）危机事件案例本体构建

根据公共危机事件案例描述公共属性的抽取，按照本体的构建要求，将以上的公共属性继续细化为实体、属性、关系。实体是描述信息具有逻辑相关性的属性的集合；属性是实体中的字段的属性；关系则是描述的实体之间的关系。

1. 危机事件状态

危机事件状态包括以下子类：事件特征；危机时间；危机地点；危机伤亡人数；危机经济损失；危机诱因。

(1) 事件特征描述了危机案例的基本信息，包括事件编号、事件标题、事件类型。事件特征作为一个概念，在本体构建语言中相当于类，而事件编号、事件标题、事件类型就是事件特征的子类。事件编号的数据类型 INT，对应本体中的属性。事件特征与事件编号、事件标题、事件类型是继承关系，而事件编号、事件标题、事件类型之间的关系是等价类（equivalent classes），表示类之间的关系是等价关系（图7—5）。

(2) 事件时间是案例本体的概念，对应于本体构建语言中的类。开始时间和结束时间是事件时间类的子类，与事件时间是继承关系，而开始时间和结束时间属于等价类（equivalent classes），两者的关系是平行关系（图7—6）。

(3) 事件地点是案例本体的概念，对应于本体构建语言中的类。省名称、市名称、县名称、区名称、乡（镇）名称、可选字段是事件地点的子

第七章　公共危机知识管理

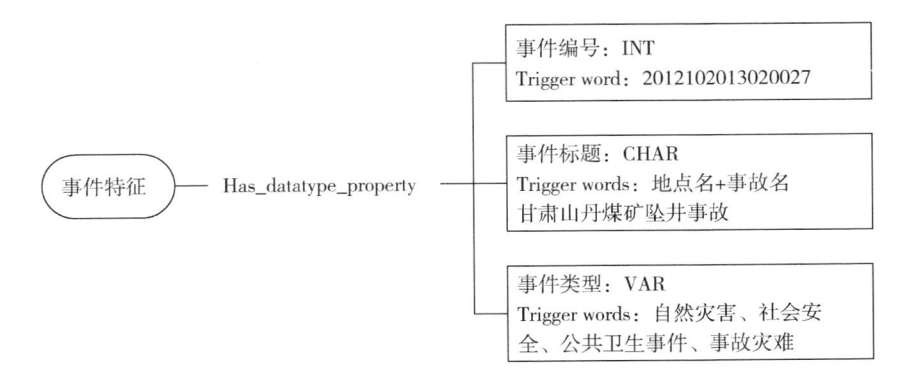

```
                              ┌─ 事件编号：INT
                              │  Trigger word：2012102013020027
                              │
                              │  事件标题：CHAR
事件特征 ── Has_datatype_property ─┼─ Trigger words：地点名+事故名
                              │  甘肃山丹煤矿坠井事故
                              │
                              │  事件类型：VAR
                              └─ Trigger words：自然灾害、社会安
                                 全、公共卫生事件、事故灾难
```

图 7—5　事件特征领域本体框架

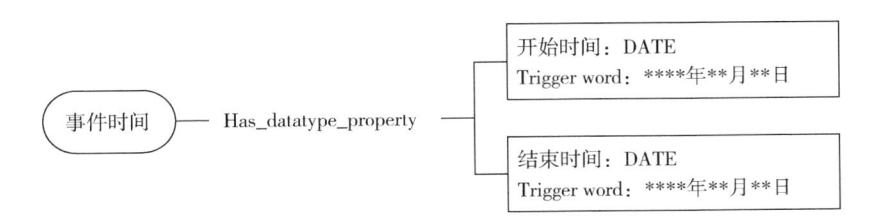

```
                              ┌─ 开始时间：DATE
                              │  Trigger word：****年**月**日
事件时间 ── Has_datatype_property ─┤
                              │  结束时间：DATE
                              └─ Trigger word：****年**月**日
```

图 7—6　事件时间领域本体框架

类，与事件地点是继承关系，而各个子类属于等价类（equivalent classes），两两之间是平行关系（图 7—7）。

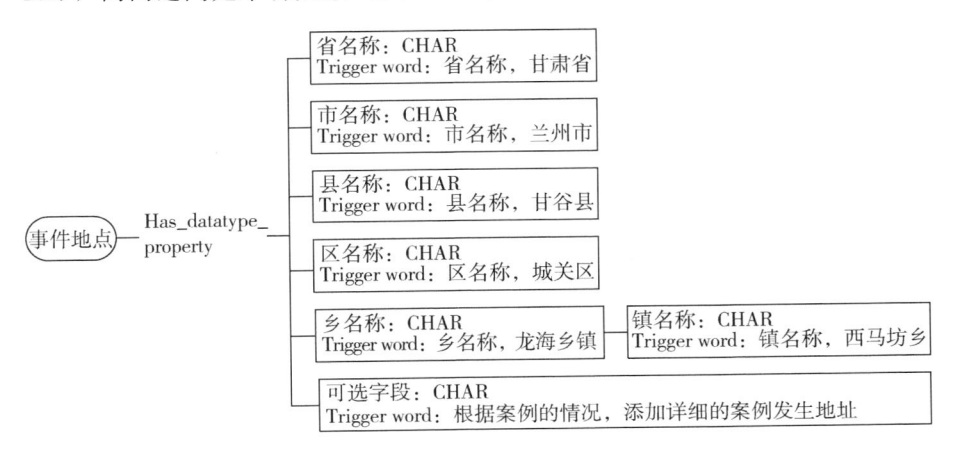

```
                  ┌─ 省名称：CHAR
                  │  Trigger word：省名称，甘肃省
                  │
                  │  市名称：CHAR
                  │  Trigger word：市名称，兰州市
                  │
                  │  县名称：CHAR
                  │  Trigger word：县名称，甘谷县
事件地点 ── Has_datatype_ ─┤
             property   │  区名称：CHAR
                  │  Trigger word：区名称，城关区
                  │
                  │  乡名称：CHAR          镇名称：CHAR
                  │  Trigger word：乡名称，龙海乡镇  Trigger word：镇名称，西马坊乡
                  │
                  │  可选字段：CHAR
                  └─ Trigger word：根据案例的情况，添加详细的案例发生地址
```

图 7—7　事件地点领域本体框架

（4）伤亡人数是案例本体的概念，对应于本体构建语言中的类。死亡人数、重伤人数、轻伤人数是伤亡人数的子类，与伤亡人数是继承关系，而死亡人数、重伤人数、轻伤人数属于等价类（equivalent classes），两两之间是平行关系（图7—8）。

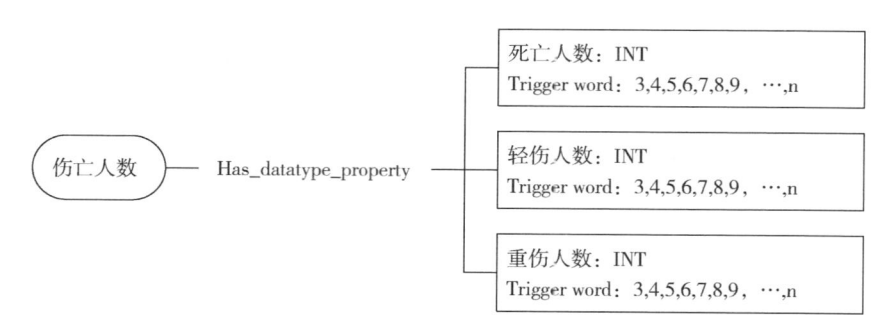

伤亡人数 —— Has_datatype_property ——
- 死亡人数：INT Trigger word：3,4,5,6,7,8,9，…,n
- 轻伤人数：INT Trigger word：3,4,5,6,7,8,9，…,n
- 重伤人数：INT Trigger word：3,4,5,6,7,8,9，…,n

图7—8　事件伤亡人数领域本体框架

（5）经济损失是案例本体的概念，对应于本体构建语言中的类。经济损失是一个单独的类，属性是字符型（图7—9）。

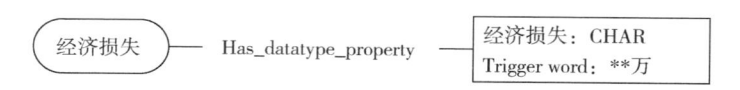

经济损失 —— Has_datatype_property —— 经济损失：CHAR Trigger word：**万

图7—9　事件经济损失领域本体框架

（6）危机诱因是案例本体的概念，对应于本体构建语言中的类。人为因素、自然因素是危机诱因的子类，与危机诱因类是继承关系，而人为因素、自然因素属于等价类（equivalent classes），两者之间是平行关系（图7—10）。

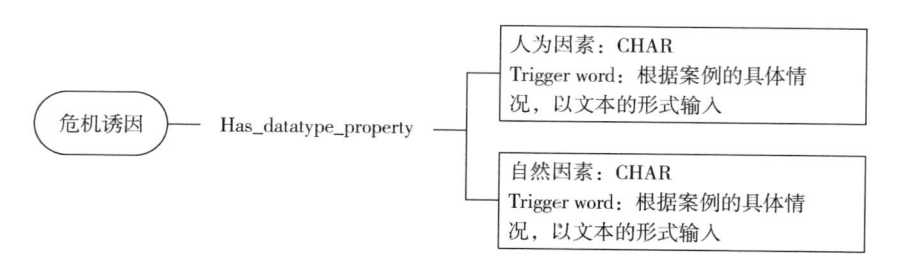

危机诱因 —— Has_datatype_property ——
- 人为因素：CHAR Trigger word：根据案例的具体情况，以文本的形式输入
- 自然因素：CHAR Trigger word：根据案例的具体情况，以文本的形式输入

图7—10　危机诱因领域本体框架

2. 危机解决方案

解决方案对于政府的应急决策具有很重要的意义，可以把解决方案作为本体的概念，也就是一个类，包含四个子类，政府行为、非政府组织行为、私人组织行为及个人（家庭）行为。每个子类的数据类型就是类的属性。解决方案与四个子类之间的关系是继承的关系，各个子类属于等价类（equivalent classes），两两之间是平行关系（图7—11）。

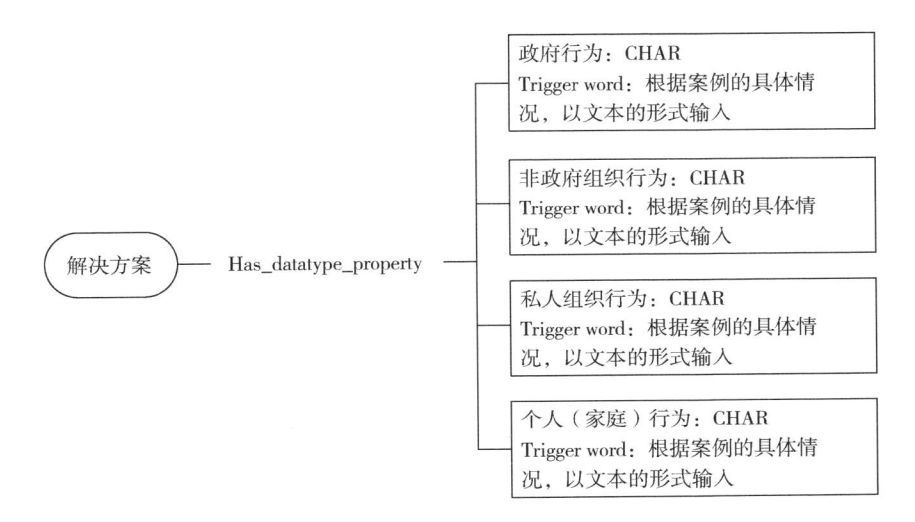

图7—11 危机解决方案领域本体框架

3. 危机事件影响

危机事件影响包括实体（entity）：公共政策变化；公众心理变化（图7—12）。

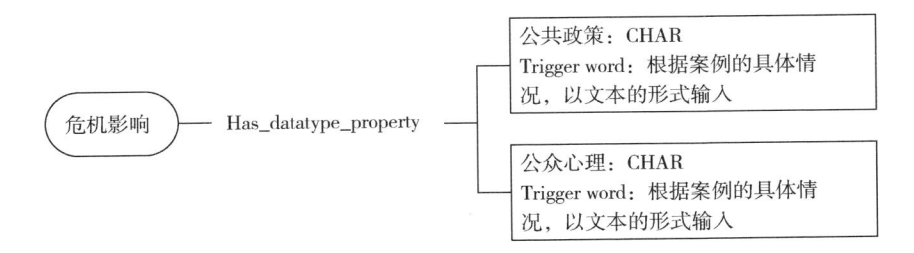

图7—12 危机影响领域本体框架

危机事件影响是案例的实体,对应于本体的概念,对应于本体构建语言中的类。公众政策、公众心理是危机影响的子类,与危机影响是继承关系,而公共政策、公众心理属于等价类(equivalent classes),两者之间是平行关系。根据以上分析,利用本体构建软件 protégé 4.1.2 建立相应的本体,本体描述不在此赘述。

(四)本体评价

评价一个本体要考虑到两点因素,一是本体的特性及领域,二是方法的权威性。本研究所构建的本体是公共危机领域的,所表达的知识为文本知识,并不是完全结构化的知识,所以不能用完全定量的本体评价方法来评价。另一方面,通过普查现有关于本体构建及评价的文献,我们发现斯坦福大学知识系统实验室 Gruber 博士 1994 年提出的本体构建 5 条原则具有很强的适用性,被广泛应用。这里逐一对照 Gruber 提出的本体构建 5 条原则对本节构建的案例表示模型进行评价。[1]

(1)明确性和客观性。案例表示本体的概念抽取借鉴了国内外著名案例库中的关键字段,依照公共危机管理的四阶段理论进行结构化,字段表示比较明确。

(2)完整性。案例表示本体的概念就是案例的公共属性,案例的公共属性都是来自目前在国内外的案例库中使用较多的专业描述词汇,而且参照了公共危机管理的四阶段理论,所以能较好地描述案例的全过程,比较完整。

(3)一致性。案例表示本体支持与其定义相一致的推理。利用该本体所定义的类与类之间的关系进行推理得出的推论,与本体要表达的含义是一致的,无歧义。

(4)最大单调可扩展性。案例表示本体定义了案例的公共属性之间的关系,可以进行公共属性的扩展及属性的描述字段的扩展。

(5)最小承诺。公共危机案例表示本体在满足描述专业案例知识的基础上,只是简单地定义了类之间关系,一般只涉及继承关系,并未使用复杂的约束关系。

---

[1] T. Gruber and R. Olsen, "An Ontology for Engineering Mathematioc", *Knowledge Systems Laboratory*, Stanford university, tech rep: KSL-94-18. 1994.

三 公共危机事件案例库的知识表示实验

在上述危机事件案例描述框架的基础上,需要进行每类危机事件描述本体的详细设计,那么分析各类危机事件的属性特征是必要的。

(一)各类危机事件案例描述特点

1. 案例表示特点分述

(1) 自然灾害类事件案例表示

自然灾害主要包括水旱灾害、气象灾害、地震灾害、地质灾害、海洋灾害、生物灾害和森林草原火灾等。自然灾害事件相对于其他类型的灾害在描述时需要考虑以下特点:

第一,持续时间长。自然灾害的发生具有一定潜伏期,且发生后不能在短期内得到控制,所以在进行自然灾害类事件案例表示时,需要考虑危机时间表示字段的特殊性。

第二,危机影响区域大。自然灾害发生后,其蔓延并不会受人为因素影响,往往会超出行政区划的范围,所以进行自然灾害类事件案例表示时,需要对危机的发生地点字段进行合理设计。

第三,危机诱因可观测。虽然大部分的自然灾害与人类的活动密切相关,但是我们认为自然灾害的发生是可以进行客观的观测的,比如泥石流,可以通过观测降雨量、地质构造等指标预测。所以在进行自然灾害事件案例表示时,危机诱因字段可以设置得更加规范。

(2) 事故灾难类事件案例表示

事故灾难主要包括工矿商贸等企业的各类安全事故,交通运输事故,公共设施和设备事故,环境污染和生态破坏事件等。事故灾难类灾害相对于其他的危机事件在描述时需要考虑以下特点:

第一,发生区域比较具体。事故灾难一般都发生在某一特定区域,较容易准确定位,在进行事故灾难案例表示时,发生地点地段可以设置得比较规范。

第二,持续时间比较短。事故灾难的发生会在瞬间,一般情况下,相应的机构都有应急预案,能迅速地做出处置,在进行事故灾难案例表示时,时间字段可以设置得更加规范。

第三,诱因复杂。事故灾难一般都是由违反安全操作规范,或者突发的事件而引发的，所以在设计诱因字段时，需要更多地考虑危机事件的具体情况。

（3）公共卫生类事件案例表示

公共卫生事件是指突然发生，造成或者可能造成社会公众健康严重损害的重大传染病疫情、群体性不明原因疾病、重大食物和职业中毒以及其他严重影响公众健康的事件。

公共卫生类灾害相对于其他的危机事件在描述时主要考虑以下特点：

第一，影响范围广泛。公共卫生事件造成的伤害是难以估计的，而且往往是跨地域的，其蔓延不受人为控制，所以进行公共卫生事件本体描述时，可以在危机状态信息中扩展危机影响字段。

第二，处置复杂。公共卫生事件的发生会对社会造成很大的冲击和影响，因此，危机事件的处置需要危机的各相关主体同时参与才能有效的响应和恢复。所以在进行公共危机事件本体描述时，危机的解决方案应该涉及政府行为、非政府行为、企业行为和个人行为。

第三，影响巨大。由于公共卫生事件对人的伤害性和对社会的严重破坏性，一般情况下会对公共政策和公众心理都产生较大影响，例如2003年的SARS，致使卫生部门随后发布了很多重大疾病的防治政策，同时使很多公众产生心理阴影。

（4）社会安全类事件案例表示

社会安全事件主要包括恐怖袭击事件、经济安全事件和涉外突发事件等。社会安全类事件相对于其他的危机事件在描述时主要有以下特点：

第一，发生时间不确定。社会安全事件一般是突发性的，有可能会在短期内解决，也可能蔓延，持续很长的时间，所以在进行社会安全危机事件本体描述时，危机发生时间字段的设计应该更具扩展性。

第二，发生地点不确定。社会安全事件的初次发生地点一般比较确切，但是危机事件发生之后可能产生所谓的危机连锁效应，这样，危机发生的地点整体上就很难准确定义，或者定义较为宽泛。

第三，影响比较大。社会安全事件的影响可能超出一国范围，致使危机事件在国际范围内产生影响。所以在进行社会安全事件本体描述时，危机影响字段的设计，就应该有更好的扩展性。

第四，危机诱因复杂。社会安全事件的诱发因素不仅是一国范围内的社会、政治、经济发展矛盾，很可能是国际恐怖主义或其他势力的威胁和影响，所以在进行社会安全危机事件本体描述时，危机诱因字段的设计应该有更好的扩展性。

2. 案例表示特点对比总结

利用上节建立的危机事件案例表示框架中的公共属性，表示每类案例，但是自然灾害、事故灾难、公共卫生、社会安全每类案例各有自己的特点，各个属性的复杂性程度不一，表7—3对比分析了每类案例的属性特征。

表7—3　　　　　　　　危机事件描述属性特征

		自然灾害	事故灾难	公共卫生	社会安全
危机状态	事件特征	明显	明显	不明显	不明显
	发生时间	不确定	确定	不确定	不确定
	发生地点	不确定	确定	不确定	不确定
	伤亡人数	确定	确定	确定	确定
	经济损失	确定	确定	确定	确定
	危机诱因	确定	确定	不确定	不确定
危机解决方案	政府行为	作用较大	作用较大	作用较大	作用较大
	非政府组织	作用较大	作用较少	作用较大	作用较大
	私人组织	作用较大	作用较少	作用较大	作用较大
	个人（家庭）	作用较大	作用较少	作用较少	作用较少
危机影响	公共政策	影响较大	影响较大	影响较大	影响较小
	公众心理	影响较大	影响较大	影响较大	影响较小

如果用非常不复杂、不复杂、复杂、较复杂、非常复杂五级标度表示设计具体领域案例表示时的复杂程度，自然灾害、事故灾难、公共卫生、社会安全事件案例本体描述时，相关属性设计的复杂程度如表7—4所示。

表7—4　　　　　　　　危机属性的复杂程度

		自然灾害	事故灾难	公共卫生	社会安全
危机状态	事件特征	不复杂	不复杂	复杂	复杂
	发生时间	复杂	复杂	复杂	复杂
	发生地点	复杂	不复杂	复杂	复杂
	伤亡人数	不复杂	不复杂	不复杂	不复杂
	经济损失	不复杂	不复杂	不复杂	不复杂
	危机诱因	不复杂	不复杂	复杂	复杂

续表

		自然灾害	事故灾难	公共卫生	社会安全
危机解决方案	政府行为	复杂	复杂	复杂	复杂
	非政府组织	复杂	不复杂	复杂	复杂
	私人组织	复杂	不复杂	复杂	复杂
	个人（家庭）	复杂	不复杂	不复杂	不复杂
危机影响	公共政策	复杂	复杂	复杂	不复杂
	公众心理	复杂	复杂	复杂	不复杂

（二）公共危机事件案例表示

案例库中的公共危机事件被分为自然灾害、事故灾难、公共卫生和社会安全四类，选取各类事件中的典型案例，利用构建的公共危机案例表示框架对其进行表示。

基于已构建的本体构造案例所属领域的知识本体，该知识本体包括概念集、属性集、实例集与关系集。具体有以下步骤：①根据构造的知识本体对给定的案例文档进行分词，并得到一个概念集；②依照构建本体，对所述的概念集的属性进行解析并扩展，得到基于概念集的属性集；③从领域本体的扩展概念集中的隐藏概念得出与概念集相关的关系集；④案例通过概念集、属性集、关系集、实例集来进行语义表示；⑤用protégé4.1.2实现本体。

1. 自然灾害类事件案例表示

以云南省彝良县龙海乡山体滑坡灾害为例进行自然灾害事件的案例本体表示。

（1）案例文档

案例标题：云南省彝良县发生5.7级地震

事件过程：2012年10月4日上午8：10，云南省彝良县龙海乡镇河村油房村民小组发生山体滑坡，共造成19人被埋，其中18人是当地学生。截至2012年10月4日23时20分，山体滑坡已造成16名学生死亡、3人失踪、1人重伤；造成800余人受灾，6户农户住房受损，其中3户房屋全部被掩埋。截至2012年10月5日14时50分许，彝良县龙海乡山体滑坡最后一名被掩埋人员遗体找到。至此，这起山体滑坡中遇难人数升至19人。

事件原因：云南省彝良县龙海乡发生山体滑坡后，国土资源部地质灾害应急中心第一时间会集国家级、西南片区以及云南省驻地的地质方面专家，赶赴现场勘察。根据这15名专家的初步会诊判定，这次山体滑坡为持续降雨引发的大型滑坡灾害。

事件后果：19人遇难，800余人受灾，6户农户住房受损，其中3户房屋全部被掩埋。

事件处理：灾害发生后，省委书记、省人大常委会主任秦光荣第一时间给彝良县打电话，详细了解灾情；第一时间向昭通市委、市政府和彝良县进行了救灾工作部署，要求立即启动救灾应急预案，迅速组织搜救工作；第一时间对救灾工作做出四点批示：一是请昭通市、彝良县迅速组织搜救，积极救治伤员，及时转移安置周边群众；二是采取科学有效措施尽快疏通堰塞湖，防止引发次生灾害；三是切实维护当地社会稳定，保障群众生命财产安全和正常生产生活；四是进一步加强当地地质活动监测预警，避免发生新的灾情。同时，秦光荣要求省政府立即组成救灾工作组，第一时间赶赴灾区指导救灾工作。

（2）分词——抽取概念

事件特征概念抽取，利用中国科学院开发的分词软件ICTCLAS2013进行分词，分词结果如表7—5所示。

表7—5　　　　　　　　　案例概念抽取

```
    10月/t  4日/t  上午/t  8：10/m  ，/wd  云南省/ns  彝良县/ns  龙海/ns  乡镇
/n  河/n  村/n  油/n  房/n  村民/n  小组/n  发生/v  山体/n  滑坡/vi  ，/wd
共/d  造成/v  19/m  人/n  被/pbei  埋/v  ，/wd  其中/rz  18/m  人/n  是/vshi
当地/s  学生/n  。/wj  截至/v  10月/t  4日/t  23时/t  20分/t  ，/wd  山体/n
滑坡/vi  ，/wd  已/d  造成/v  16/m  名/q  学生/n  死亡/vi  、/wn  3/m  人/n
失踪/vi  、/wn  1/m  人/n  重伤/n  ；/wf  造成/v  800/m  余/m  人
    ……
    /wf  四/m  是/vshi  进一步/d  加强/v  当地/s  地质/n  活动/vn  监测/vn  预
警/vn  ，/wd  避免/v  发生/v  新/a  的/udel  灾情/n  。/wj  同时/c  ，/wd  秦光
荣/nr  要求/v  省政府/n  立即/d  组成/v  救灾/vn  工作组/n  ，/wd  第一/m  时
间/n  赶赴/v  灾区/n  指导/vn  救灾/vn  工作/vn  。
```

（3）概念属性及关系

概念之间的关系是字段与字段之间的关系，如表7—6所示。

表 7—6　　　　　　　　　　　概念及属性

			抽取的概念	概念的属性
危机状态	事件特征	事件编号	2010080713020027	Number
		事件标题	云南省彝良县发生5.7级地震	Char
		事件类型	自然灾害类	Char
	事件时间	开始时间	2012-10-04	Date
		结束时间	Null	
	发生地点	省名称	云南省	Char
		市名称	Null	
		县名称	彝良县	Char
		区名称	Null	
		乡名称	Null	
		可选字段	Null	
	死亡人数	轻伤人数	0	Int
		重伤人数	0	Int
		死亡人数	19	Int
	经济损失	经济损失	Null	
	危机诱因	人为因素	Null	
		自然因素	持续降雨	Char
解决方案		政府行为	省委/n 书记/n 省人大/n 常委会/n 主任/n 秦光荣/a ……	Char
		私人组织	Null	
		非政府组织	Null	
		个人（家庭）	Null	
影响		公共政策	Null	
		公众心理	Null	

（4）本体表示实现

在构建本体的基础上，把每一个案例作为实例，进行表示，利用 protégé4.1.2 构建本体，本体描述在此不再赘述。

2. 事故灾难类事件案例表示

（1）案例文档

案例标题：唐津高速交通事故

事件过程：2012年10月20日6时50分左右，唐津高速天津方向5公里至10公里处相继发生3起交通事故，共18辆车相撞，其中一起事故中，6车相撞，5车起火燃烧。截至11时30分，火已被扑灭，现场正在清理中。截至15时，唐津高速公路车辆追尾事故，已清理完毕，受堵路段的滞留车辆已在高速交警的指挥下有序放行。截至21日20时，事故已造成1人死亡，1人重伤，至少20人受伤，伤者已被送到当地医院进行救治。

事件原因：2012年10月20日6时50分左右，唐津高速天津方向5公里至10公里处相继发生3起交通事故。据初步调查，事故系该路段突发团雾所致。

事件后果：2012年10月20日6时50分左右，唐津高速天津方向5到10公里范围内因突发团雾发生三起交通事故，初步调查造成1人死亡，近20名人员受伤。受事故影响，唐津高速及附近的205国道都严重堵车。

事件处理：河北高速交警接到案情后快速出警，并协同消防共同对伤员进行救护，对现场进行勘查，并对唐津高速河北段进行管控。高速交警提示广大驾驶员朋友，一是合理选择路段绕行，二是雾天行车注意交通安全。

（2）分词——抽取概念

事件特征概念抽取，利用中科院开发的分词软件ICTCLAS2013进行分词，分词结果如表7—7所示。

表7—7 案例概念抽取

2012年/t 10月/t 20日/t 6时/t 50分/t 左右/f ，/wd 唐/nr1 津/b 高速/b 天津/ns 方向/n 5/m 公里/q 至/p 10/m 公里/q 处/n 相继/d 发生/v 3/m 起/q 交通/n 事故/n ，/wd 共/d 18/m 辆/q 车/n 相撞/vi ，/wd 其中/rz 一/m 起/q 事故/n 中/f ，/wd 6/m 车/n 相撞/vi ，/wd 5/m 车/n 起火/vi 燃烧/v 。/wj 截至/v 21日/t 20时/t ，/wd 事故/n 已/d 造成/v 1/m 人/n 死亡/vi ， …… 事件/n 处理/v ：/wp 河北/ns 高速交警/n_newword 接到/v 案情/n 后/f 快速/d 出警/v ，/wd 并/cc 协同/v 消防/b 共同/b 对/p 伤员/n 进行/vx 救护/vn ，/wd 对/p 现场/s 进行/vx 勘查/vn ，/wd 并/cc 对/p 唐/nr1 津/b 高速/b 河北/ns 段/q 进行/vx 管/v 控/v 。/wj 高速交警/n_newword 提示/v 广大/b 驾驶员/n 朋友/n ，/wd 一/m 是/vshi 合理/ad 选择/v 路段/n 绕行/v ，/wd 二/m 是/vshi 雾/n 天/qt 行车/vi 注意/v 交通/n 安全/an

（3）概念属性及关系

概念之间的关系是字段与字段之间的关系，如表7—8所示。

表 7—8　　　　　　　　　　　概念及属性

			抽取的概念	概念的属性
危机状态	事件特征	事件编号	2010080713020027	Number
		事件标题	唐津高速交通事故	Char
		事件类型	事故灾难类	Char
	事件时间	开始时间	2012-10-20	Date
		结束时间	Null	
	发生地点	省名称	Null	
		市名称	天津市	Char
		县名称	Null	
		区名称	Null	
		乡名称	Null	
		可选字段	Null	
	死亡人数	轻伤人数	20	Int
		重伤人数	1	Int
		死亡人数	1	Int
	经济损失	经济损失	Null	
	危机诱因	人为因素	Null	
		自然因素	突发团雾	Char
解决方案		政府行为	高速交警/n 消防/b 勘查/v 伤员/n 进行/vx 救护/vn……	Char
		私人组织	Null	
		非政府组织	Null	
		个人（家庭）	Null	
影响		公共政策	Null	
		公众心理	Null	

（4）本体表示实现

在构建本体的基础上，把每一个案例作为实例进行表示，利用 protégé4.1.2 构建本体，本体描述在此不再赘述。

3. 公共卫生类事件案例表示

（1）案例文档

案例标题：江苏省淮安市发生学生食物中毒

事件过程：2012年4月23日12时许，淮安区顺河镇初级中学约40名学生午餐后发生恶心、呕吐等食物中毒症状，其中22名学生症状明显。老师随即拨打120求助，出现食物中毒症状的学生随即被送往当地医院。接到学校的通知后，学生家长迅速赶往淮安市楚州医院。大量民警和保安人员在现场维持秩序，防止发生意外事件。医院为了确保救护车及时到位，拒绝其他车辆从正门进入。由于中毒学生人数比较多，尽管医院急诊室大厅和过道里加了病床，床位依然紧张，不少孩子两人挤一个病床。目前症状最严重的孩子经过紧急治疗，已经没有生命危险。据了解，还有一些症状较轻的孩子送到了其他医院。截至4月24日凌晨5点，留院进一步观察的22名学生，已有19名学生症状基本消失，3人明显好转，继续留院观察。截至4月24日18:00，22名留院观察的学生，已有10名学生出院。截至4月25日17:00，12名留院观察的学生，又有8名学生出院。出院学生除1名在家休息外，其余均已返校正常上课。截止到5月3日下午，尚有一名叫黄丹的学生没有出院，据了解，黄丹突然出现视力模糊症状，疑是食物中毒的后遗症。

事件原因：经过淮安市疾病预防控制中心对顺河中学不明原因食物中毒采集的样品检测，患者呕吐物中检测出含有以呋喃丹（氨基甲酸酯类）为主的杀虫剂成分。经淮安区相关部门缜密调查，现已查明，顺河镇初级中学部分学生食物中毒事件系他人投毒所致。目前，犯罪嫌疑人已被公安机关依法刑事拘留，案件正在进一步审理中。

事件后果：出现食物中毒症状的学生随即被送往当地医院，经过紧急治疗，学生没有生命危险，相继康复回到课堂。

事件处理：事件发生后，学校已经责令食堂承包老板交出经营权并等待处理。淮安区委、区政府高度重视，当地卫生、教育、公安等相关部门迅速启动紧急预案，有中毒症状的学生全部得到及时、有效的治疗，对事件原因展开调查，并召开专门会议，研究部署学校安全工作。顺河镇初级中学学生食物中毒事件发生的当天下午，淮安区教育局也再次召开全区学校安全工作会议，出台了《关于迅速开展学校（幼儿园）食堂食品安全整治严防食物中毒事件发生的紧急通知》和《淮安区教育系统2012年学校安全工作集中整治方案》等一系列文件，对全区中小学进行一次拉网式的安全检查，发现问题，及时整改。5月3日下午，教育局再次召开全区学校安全工作会议，全面、细致地部署了当前的安全工作，并对顺河初级中学相关责任人的处理问责情况进行了通报：顺河中学校长汪泽被宣布免职，同时受到免职处分的还有该校分管后勤的副校长，顺河镇教育总校校长咸友祥受到全区教育系统通报批评处分。

（2）分词——抽取概念

事件特征概念抽取，利用中科院开发的分词软件 ICTCLAS2013 进行分词，分词结果如表 7—9 所示。

表 7—9　　　　　　　　　案例概念抽取

> 事件过程：2012/m 年/qt 4月/t 23日/t 12时/t 许/v ，/wd 淮安区/n_newword 顺河镇初级中学/n_newword 约/d 40/m 名/q 学生/n 午餐/n 后/f 发生/v 恶心/a 、/wn 呕吐/vi 等/udeng 食物中毒/vl 症状/n ，/wd 其中/rz 22/m 名/q 学生/n 症状/n 明显/a 。/wj 老师/n 随即/d 拨/v 打/v 120/m 求助/vn ，/wd 出现/v 食物中毒/vl 症状/n 的/ude1 学生/n 随即/d 被/pbei 送/v 往/p 当地/s 医院/n 。/wj 接/v 到/v 学校/n 的/ude1 通知/n 后/f ，/wd 学生/n 家长/n 迅速/ad 赶往/v 淮安市/ns 楚/b 州/n 医院/n 。/wj 大量/m 民警/n 和/cc 保安/b 人员/n 在/p 现场/s 维持/v 秩序/n ，/wd 防止/v 发生/v 意外/a 事件/n 。
> ……
> 责任人/n 的/ude1 处理/vn 问/v 责/ng 情况/n 进行/vx 了/ule 通报/n ：/wp 顺河/nr2 中学/n 校长/n 汪泽/nr 被/pbei 宣布/v 免职/vi ，/wd 同时/c 受到/v 免职/vi 处分/n 的/ude1 还有/v 该校/r 分管/v 后勤/n 的/ude1 副/b 校长/n ，/wd 顺河镇/n_newword 教育/vn 总校/n 校长/n 咸友/nr2 祥/ag 受到/v 全/a 区教育系统/n_newword 通报/vd 批评/v 处分/n 。/wj

（3）概念属性及关系

概念之间的关系是字段与字段之间的关系，如表 7—10 所示。

表 7—10　　　　　　　　　概念及属性

		抽取的概念		概念的属性
危机状态	事件特征	事件编号	20100807132020027	Number
		事件标题	江苏省淮安市发生学生食物中毒	Char
		事件类型	公共卫生事件	Char
	事件时间	开始时间	2012-04-23	Date
		结束时间	Null	
	发生地点	省名称	江苏省	Char
		市名称	淮安市	Char
		县名称	Null	
		区名称	Null	
		乡名称	Null	

续表

			抽取的概念	概念的属性
危机状态	发生地点	可选字段	Null	
	死亡人数	轻伤人数	0	Int
		重伤人数	0	Int
		死亡人数	0	Int
	经济损失	经济损失	Null	
	危机诱因	人为因素	他人投毒所致	Char
		自然因素	Null	
解决方案	政府行为		卫生/an /wn 教育/vn 公安/n 部署/v……	Char
	私人组织		Null	
	非政府组织		Null	
	个人（家庭）		Null	
影响	公共政策		Null	
	公众心理		Null	

（4）本体表示实现

在构建本体的基础上，把每一个案例作为实例进行表示，利用 protégé 4.1.2 构建本体，本体描述在此不做赘述。

4. 社会安全类事件案例表示

（1）案例文档

事件标题：湖南衡东千人掀翻警车

事件过程：2011 年 5 月 11 日早上，曹敏俊因担心儿子在上学路上贪玩，便骑着牌号为"湘 D3U512"的摩托车跟随儿子上学。8 点左右，在行驶至兴衡北路路口时被交警陈肖虎拦下。因自己的摩托车加装了遮阳伞，陈肖虎要求扣押摩托车并拆除遮阳伞，曹敏俊不同意扣车，在自己想先打个电话的要求被拒之后，他"觉得心里不舒服"，便与现场三名交警有了肢体冲突，在拉扯过程中曹敏俊与摩托车一同倒地，之后他有短暂昏迷状态。随后曹敏俊被赶到现场、与自己相熟的一位叫谭星华的交警送往医院。衡东县公安局治安大队按 110 报警中心指令，安排治安大队副队长许雪剑等 4 人出警并于 8 点 55 分赶到现场，围观群众先后将治安大队出警车（牌照湘 D1037）和县交警大队留在广场边上的警车（牌照湘 D9255）掀翻。之后衡东县委书记刘运定到现场进行喊话疏导，群众陆续散去。

事件原因：调查组认为，尽管本次执法属于例行的正常执法，且在执法过程中有执法依据，执法程序符合有关政策，但在执法过程中，却引发了围观群众掀翻警车、堵塞交通的纠纷，交警执法人员在本次执法过程中工作方法简单、作风粗暴、缺乏耐心。

事件后果：造成了网上"围观"。

事件处理：事件发生后，衡东县立即成立了由县纪委和县监察局组成的联合调查组对事情经过进行了调查。调查组认为，尽管本次执法属于例行的正常执法，且在执法过程中有执法依据，执法程序符合有关政策，但在执法过程中，却引发了围观群众掀翻警车、堵塞交通的纠纷，交警执法人员在本次执法过程中工作方法简单、作风粗暴、缺乏耐心。决定给予相关人员和单位以下处罚：对负有重要领导责任的县交警大队大队长刘晓红给予党内警告处分；对负有主要领导责任的县交警大队城关中队中队长陈万秋给予行政撤职处分；对负有直接责任的干警和职工等分别给予行政记过处分，按照管理权限由县纪委、县公安局纪委分别追究其纪律责任。鉴于县公安局平时对干警教育管理不严、疏于管理，对此次突发事件反应不及时、处置不力，调查组向县委建议对县公安局党委予以公开通报批评。

（2）分词——抽取概念

事件特征概念抽取，利用中科院开发的分词软件ICTCLAS2013进行分词，分词结果如表7—11所示。

表7—11　　　　　　　　　　案例概念抽取

```
事件过程：5月/t  11日/t  早上/t  ，/wd  因/c  担心/v  儿子/n  在/p  上学/vi
路上/s  贪/v  玩/v  ，/wd  便/d  骑/v  着/uzhe  牌号/n  为/v  "/wyz  湘/b
D3U512/x  "/wyy  的/ude1  摩托车/n  跟随/v  儿子/n  上学/vi  。/wj  八点/t
左右/f  ，/wd  在/p  行驶/vi  至/p  兴/v  衡/nr1  北/f  路/n  路口/n  时/ng
被/pbei  交警/n  陈/nr1  肖/vg  虎/n  拦/v  下/vf  。
    ……
    给予行政/n_newword  撤职/vn  处分/n  ；/wf  对/p  负有/v  直接/a  责任/n
的/ude1  干警/n  和/cc  职工/n  等/udeng  分别/d  给予行政/n_newword  记过/vn
处分/n  ，/wd  按照/p  管理/vn  权限/n  由/p  县/n  纪委/n  、/wn  县/n  公安
局/n  纪委/n  分别/d  追究/v  其/rz  纪律/n  责任/n  。/wj  鉴于/p  县/n  公安
局/n  平时/t  对/p  干警/n  教育/vn  管理/vn  不严/a  、/wn  疏/vg  于/p  管
理/vn  ，/wd  对/p  此次/rz  突发/vn  事件/n  反应/vn  不/d  及时/a  、/wn  处
置/v  不力/a  ，/wd  调查组/n  向/p  县委/n  建议/n  对/p  县/n  公安局/n  党
委/n  予以/vx  公开/vn  通报/n  批评/vn  。/wj
```

（3）概念属性及关系

概念之间的关系是字段与字段之间的关系，如表7—12所示。

表 7—12　　　　　　　　　　　　　概念及属性

			抽取的概念	概念的属性
危机状态	事件特征	事件编号	2010080713020027	Number
		事件标题	湖南衡东千人掀翻警车	Char
		事件类型	公共卫生事件	Char
	事件时间	开始时间	2011-05-11	Date
		结束时间	Null	
	发生地点	省名称	湖南省	Char
		市名称	衡东市	Char
		县名称	Null	
		区名称	Null	
		乡名称	Null	
		可选字段	Null	
	死亡人数	轻伤人数	0	Int
		重伤人数	0	Int
		死亡人数	0	Int
	经济损失	经济损失	Null	
	危机诱因	人为因素	本次/r 执法/vn 过程/n 中/b 工作/vn 方法/n 简单/a/w 作风/n 粗暴/a 缺乏/v 耐心/an	Char
		自然因素	Null	
解决方案		政府行为	调查组/n 处罚/v 处分/n 公开/v 通报/n 批评/vn……	Char
		私人组织	Null	
		非政府组织	Null	
		个人（家庭）	Null	
影响		公共政策	Null	
		公众心理	Null	

（4）本体表示实现

在构建本体的基础上，把每一个案例作为实例进行表示，利用 protégé4.1.2 构建本体，本体描述在此不做赘述。

（三）本体框架在案例库中的应用方案

建立的本体要应用到实际系统中，必须选择合适的方法来存储本体，这种存储要考虑本体实际项目的应用及查询读取效率、存储效率。① 我们基于两点考虑：一是中国公共危机管理案例知识库的建设现状，现在的案例库的数据结构是关系型数据库模式；二是关系数据库系统的流行性及执行查询的效率。因此将建立好的本体用关系数据库来存储，即将本体映射到关系数据库，既有益于案例库新的结构模式和旧模式的融合，又有利于数据的查询与检索。

1. 可行性分析

（1）案例库准备

《中国公共危机事件案例知识库》自 2007 年建设以来，已经收录案例 700 多个，案例的文档信息齐全，每一个案例都包括案例概要、案例描述、各方反应、基础数据、相关链接、相关视频等信息。案例的文本信息包含了案例的基本信息（案例发生时间、发生地点、案例名称、案例编号、经济损失程度、案例的诱发因素等），案例的解决方案（政府机构、非政府组织、企业、个人（家庭）等），案例的影响（案例对公共政策的影响和案例对社会心理的影响），也就是前文建立的问题框架中的概念描述。

（2）技术可行性

本体到关系数据库的映射可以直接完成，但是存在语义丢失的问题，所以基于关系数据库的本体存储的研究前提是尽可能地保持语义。在此背景下，有很多可以借鉴的方法。

常见的方法有水平模式、垂直模式和分解模式。② 水平模式下只在数据库中创建一张表，表的一条记录就是本体的一个实例，表的列对应本体的属性；该方法操作简单，易于实现，但是不能适应大规模的本体。垂直模式只包含一张三元组表，表中每个记录对应一个 RDF 三元组，即用三元组的形式来描述本体的全部信息；该方法简单易实现，但是可读性差。分解模式的基本思想是进行模式分解，根据分解对象的不同分为基于类的分解模式和基于属性的分解模式。

除此之外，还有"一张表法"、"两张实例表法：类实例表和属性实例

---

① 杨志国、樊磊：《数据库系统概论本体设计及实现》，《中央民族大学学报》（自然科学版）2009 年第 S1 期。

② 朱姬凤、马宗民、吕艳辉：《OWL 本体到关系数据库模式的映射》，《计算机科学》2008 年第 8 期。

表";"多张表法：一个类一张表";"多张表法：一个类一张一元表，一个属性一张二元表"。①

基于本体的关系数据库构建方法为本节的实证研究提供了工具和方法支撑，本节根据各种方法的优劣及具体的应用情境选择多张表法进行本体的转换。

2. 具体的实施措施及步骤

案例知识库建设中的嵌入步骤如图7—13所示，将已经建立的本体映射到关系数据库模式，与目前的案例库进行数据融合，达到研究的最终目的。

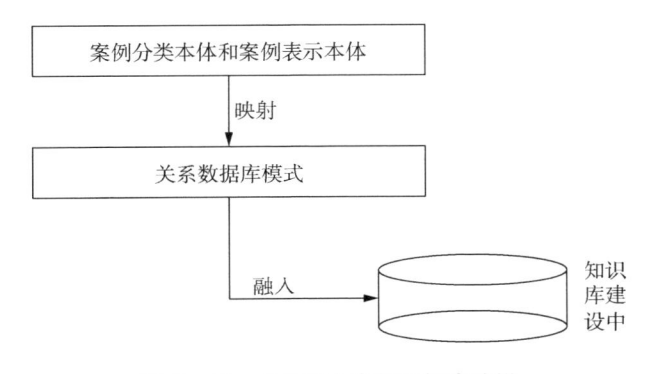

图7—13 本体融入案例知识库建设

（1）将本体映射为关系数据模式

定义：本体关系数据库就是在不损失语义的前提下，将本体的概念内容组织到关系数据库中，利用现有的关系数据库对本体进行操作，由于案例分类本体只是简单的分类本体，只有类，如果映射为关系数据库的话，只有一张表，即类表，所以以公共危机事件案例表示本体为例进行映射。主要有以下步骤：

第一步，建立一张类表。该表包含三个字段：类 URI、描述类型和描述值，其中类 URI 为该表的主关键字。案例表示本体中共有 30 个类，创建该类表，如表 7—13 所示，其中类 URI 为该类表的主关键字。

---

① 王岁花、张晓丹、王越：《OWL 本体关系数据库构建方法》，《计算机工程与科学》2011年第12期。

表 7—13　　　　　　　　　　类（部分）

类 URI	类表描述类型	类描述值
危机状态		
事件特征	Subclassof	危机状态
危机伤亡人数	Subclassof	危机状态
危机地点	Subclassof	危机状态
危机时间	Subclassof	危机状态
危机经济损失	Subclassof	危机状态
危机诱因	Subclassof	危机状态
危机影响		
公共政策	Subclassof	危机影响
社会心理	Subclassof	危机影响
解决方案		
家庭（个人）行为	Subclassof	解决方案
非政府组织	Subclassof	解决方案
政府行为	Subclassof	解决方案
私人组织行为	Subclassof	解决方案

第二步，建立属性表。该表包含四个字段：属性 URI、属性类型、定义域和值域，属性 URI 为该表的主关键字，类型字段表明该属性是对象属性还是数据属性。本节建立的案例表示本体中类之间的属性都是继承的关系，而且本体中描述的是概念的数据属性，所以无属性表，在这方面以后可以扩展研究。

第三步，建立属性特征表。此表包含三个字段：属性 URI、特征值和类型值，属性 URI 为该表的主关键字。由于无属性表，也无属性特征表。

第四步，建立属性约束表。该表包含四个字段：类 URI、属性 URI、约束类型以及约束值。属性的约束，目前建立的本体仅限于本体的数据类型，未涉及逻辑约束。

第五步，建立实例表。为该表定义以下字段：实例 URI、类 URL、属性 URI 和属性值。由于本节建立的本体只是一个框架，并未录入实例，在此只以简单的实例作为说明，如表 7—14 所示。

表 7—14　　　　　　　　　　　　实例

实例 URI	类 URL	属性 URI	属性值
云南省彝良县发生 5.7 级地震	案例标题	String	云南省彝良县发生 5.7 级地震
唐津高速交通事故	案例标题	String	唐津高速交通事故
江苏省淮安市发生学生食物中毒	案例标题	String	江苏省淮安市发生学生食物中毒
湖南衡东千人掀翻警车	案例标题	String	湖南衡东千人掀翻警车

（2）关系数据模式应用在案例知识库建设中

目前的案例库的基础数据是基于关系模式构建的，整个案例库由 18 个关系组成。在已经做好本体模式向关系模式转化的基础上，把基于本体模式的关系表与现有的表进行关键字关联，这样就可以使用现有的数据库管理系统来管理基于本体的关系数据模式，同时又可以对目前的案例库进行优化。

第二节　公共危机知识检索

基于语义相似度的案例相似度计算，对提高案例聚类和检索准确度具有重要价值。本节阐述案例推理的基本循环过程、层次结构模型以及案例推理的基本方法，同时，介绍已有的文本处理、文本特征提取以及语义相似度计算方法，最后通过对公共危机事件案例库案例结构的分析，借鉴已有文本处理、特征提取和语义相似度计算方法，建立公共危机事件案例语义相似度计算的模型。通过利用案例库中两种不同类别的四个案例进行了结果验证，实验结果表明，我们提出的案例相似度计算模型方法具有有效性，为公共危机事件的案例推理增加了一种可借鉴的方法。

一　知识挖掘算法

案例推理（Case Based Reasoning，CBR）系统的核心是案例的检索过程，案例的检索过程分为案例的索引和检索，这两个过程是相辅相成且一体的。案例库索引和检索过程的目的是建造一个结构或过程来得到最适当的案例。一个 CBR 系统的效率很大程度上决定于快速准确地从案例库中检索出合适案例的能力，为此必须对案例库中的案例进行适当的索引。案例的索引技术通常有三种：K最近邻法、归纳推理法和知识引导法。

（一）K最近邻法（KNN，K‑nearest neighbor approach）

目前大多数的CBR检索模型采用了KNN法，强调的是案例的一对一的属性匹配。KNN法是一种用户从案例库中找出与当前情况距离最近的案例的方法。首先为案例的每一个属性指定一个权值，检索案例的时候就可以根据输入案例中各组成成分的权值与案例库中各属性的匹配程度，求得其权值的和，然后根据某权值的和，即案例中的各属性的匹配程度的大小来组织相应的案例进行检索。即给出案例间距离（即相似度）的定义，根据这个定义，计算出当前案例与案例库中所有案例间的距离，然后从中选出距离最小者。不同的应用领域对案例间距离的定义不同。该方法主要通过数学计算进行。另一个选择案例的方法是设定一个距离门限，所有距离小于门限的案例都被选择或拒绝。门限值可以根据实际情况凭经验确定。

（二）归纳法（Inductive approach）

归纳法是从案例的特征中归纳确定出索引特征。不断地从案例的各组成部分提取最能将该案例与其他案例区别开来的成分，并根据这些成分将案例组织成一个类似判别网络的层次结构，检索时采用判别搜索策略。利用类似决策树的学习算法进行。在检索目标有明确定义，且每种目标类型均有足够的例子时使用归纳法。

（三）知识引导法（Knowledge based indexing approach）

知识引导法尝试利用现存的有关案例库案例的知识来确定检索案例时哪些特征是重要的，并根据这些特征来组织和检索，这使得案例的组织和检索具有一定的动态性。它分为基于解释的索引方法与基于模型的索引方法，这两种方法都利用了某种因果性的知识来进行索引。

案例索引可以是固定不变或者是动态变化的，这与案例检索的其他技术密切相关。单纯采用最相邻近法作为检索策略，案例索引可以是固定的；采用知识引导法进行检索，案例索引是不断变化的。

二 知识检索模型

（一）文本预处理

与传统数据库中的数据相比，公共危机事件案例库中的核心数据是以文本的形式展示出来的，并且文本是非结构化的数据。为了计算文本的语义相似度，必须对文本进行预处理，使文本以结构化的形式表达，并且文本的结构化要能够体现原始文本的特点。文本预处理对于语义相似度的计算来说是一个重要的环节。对于不同知识领域的文本挖掘和相似度计算来说，文本预处理的方法有所不同，但基本上包括以下几个步骤：文本分词、文本特征抽取、文本表示、相似度计算（图7—14）：

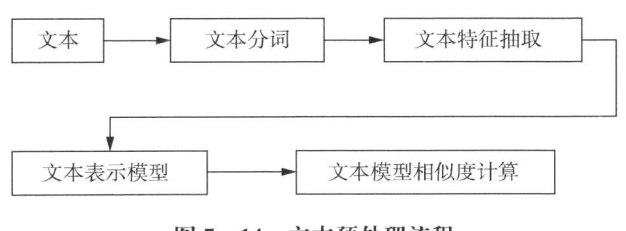

图7—14 文本预处理流程

在英文中词与词之间都有明确的符号分割，计算机能够准确地识别出每个单词。但中文文本与英文文本不同的是没有明确的分词标志。对中文分词而言，凡是涉及句法、语义的研究内容，都是以词作为基本的研究对象。因此，对于研究中文文本的相关内容，就必须要对中文文本进行分词。中文文本分词的算法分为三类：基于字符串的分词方法、基于理解的分词方法和基于统计的分词方法。①

1. 中文文本分词方法

（1）基于字符串的分词方法

基于字符串的分词方法也称作机械分词法，它按照一定的策略将待分析的文本与一个词典中的词条进行匹配，若在词典中找到此中文字符串，则匹配成功。按照字符串不同长度优先匹配的情况，可以分为最短匹配和最长匹配；按照扫描顺序的不同，字符串的匹配可分为正向匹配和逆向匹配；按照是否与词性标注过程相结合，又可以分为单纯分词方法以及分词与标注相结合的一体化方法。

（2）基于理解的分词方法

基于理解的分词方法是通过人工对句法进行定义。当计算机接收到一个句子时，以标点符号作为分隔符，首先判断它是哪种句子类型，模拟人

---

① 许君宁：《基于知网语义相似度的中文文本聚类方法研究》，西安电子科技大学硕士学位论文，2010年。

对句子的理解，达到识别词的效果。基于理解的分词方法需要使用大量的语言信息和知识。由于汉语语言系统的复杂和笼统，难以将各种语言信息组织成机器可以直接读取的形式，目前基于理解的分词方法还处于试验阶段。

（3）基于统计的分词方法

从词的形式上看，词是字的稳定组合，因此在文本中，相邻的字同时出现的次数越多，就越有可能构成一个词。因此，字与字相邻共现的频率能够较好地反映成词的可信度。定义两个字的共现信息，计算 A、B 的相邻共现频率。互现信息体现了汉字之间结合关系的紧密程度。当程度高于某一阈值时，可认为这两个字组成了一个词。由于这种方法不需要切分词典，因此也称作无词典切分或统计取词法。但是这种方法的缺点在于会抽取出一些频度高、但并不是词的词组，并且对于文本词的识别精度差，时空开销也大。

对于哪种分词方法更为确切并没有一个准确的结论，对不同的问题应该采用不同的分词方法。对于一个成熟的分词系统来说，不能单独采用一种算法，需要综合采用不同的算法。对于中文词的识别，需要多种算法来处理不同的问题。例如，海量科技的分词算法就采用"复方分词法"，其复方的概念相当于用中药中的复方概念，即用不同的药材综合起来去医治疾病。

2. 中文文本特征选取

在文本表示中，首要问题是确定表示文本的基本单位，这种表示文本的基本单位称为文本的特征或特征项。特征项所具备的特性包括：能够识别文本的内容；能够区别目标文本和其他文本；特征项数量适当，不能太多；特征项分离比较容易。目前绝大多数中文文本分类系统都采用词作为特征项，也称作为特征词。

由于文本中词的数量巨大，不可能采用所有的词作为特征项，因此需要特征抽取。特征抽取主要目标是在不损伤检索准度的情况下尽量减少要处理的单词数，降低向量的空间维数，提高检索效率。通常情况下采用某一特征估计函数来计算文本中各个特征项的评分值，然后按照评分值对特征项进行排序，选择出评分较高的特征项。

特征提取的算法主要包括：

（1）TF * IDF 算法

目前确定文本特征项的最有效的算法是 Salton 提出的 TF * IDF 算法，

TF（Term Frequency）称为项的频率，用于计算该特征项描述该文本的能力；IDF（Inverse Document Frequency）称为逆向文档频率，用于计算该特征项区分文本的能力。TF-IDF算法依据以下基本假设：在一个文本中出现很多次的词，在另一个同类文本中出现次数也会比较很多，反之亦然。所以，以TF特征项作为测度，就可以体现同类文本的特点。另外TF-IDF算法认为在一个文本中一个单词出现频率越小，它区别不同类别文本的能力就越大，所以引入了逆文本频度IDF的概念。以TF和IDF的乘积作为特征空间坐标系测度值。

用TF-IDF法计算词的权重，即

$$f_T(T_{iK}) = V_{TFiK} \lg\left(\frac{N}{N_K} + 0.5\right) \qquad (7—1)$$

其中，$f_T(T_{iK})$ 表示特征词 T_{iK} 的权重，V_{TFiK} 表示 K 在文档 d_i 中出现的频率，N 表示文档总数，N_K 表示包含 T_{iK} 的文档数。用TF-IDF算法来计算特征词的权重值表示当一个词在这篇文档中出现的频率越高，同时在其他文档中出现的次数越少，则表明该特征词表示当前文本的区分能力越强，所以其权重也会越大。计算所有的特征词之后，可以根据两种方法对特征词排序：（1）选择权值大于某一阈值的特征词；（2）选择权值最大的前 n 个关键词，一些实验表明，人工选择的特征词4—7个比较合适，计算机选择的关键词10—15个通常能够满足覆盖度和专指度[1][2][3][4]。

（2）词频方法

词频即词在文本中出现的次数。词频方法是保留词频大于某一阈值的关键词，删除词频小于某一阈值的关键词，从而降低特征空间向量的维数。这个方法的基本假设是：出现次数少的词对文本过滤影响也较小。但是在信息学中认为有些低频词包含了更多的信息。因此，在文本特征选择

---

[1] 陈涛、宋妍、谢阳群：《基于IIG和LSI组合特征提取方法的文本聚类研究》，《情报学报》2005年第2期。

[2] 代六玲、黄河燕、陈肇雄：《中文文本分类中特征抽取方法的比较研究》，《中文信息学报》2004年第1期。

[3] 张玉芳、彭时名、吕佳：《基于文本分类TFIDF方法的改进与应用》，《计算机工程》2006年第19期。

[4] 徐燕、李锦涛、王斌、孙春明：《基于区分类别能力的高性能特征选择方法》，《软件学报》2008年第1期。

中不宜采用词频方法。

(3) 文档词频方法

文档频数（Document Frequency，DF）是最简单的一种文本特征选择法，它指的是整个数据集中有多少个文本包含某个词。为训练集中的每一个特征计算一次文档频次，根据预先设定的阈值去掉文本中频次特别低和特别高的特征。文档频次方法通过在训练文档数量中计算线性近似复杂度来衡量巨大的文档集，计算复杂度较低，能够适用于任何语料，因此是特征降维常用的方法。

在文本集合中为每个特征计算它的文档频次，如果该特征的 DF 值小于阈值则删除特征词，如果该特征的 DF 值大于给定的某个阈值也将其删除。因为它们分别代表了"没有代表性"和"没有区分度"两种极端情况。DF 特征选取使稀有词要么不含有用信息，要么太少而不足对分类产生影响，要么噪音，所以删去。文档词频方法的优点在于计算量小，而在实际应用中确有很好的效果。缺点是稀有词可能在某一类文本中并不稀有，也可能包含着重要的判断信息，简单的舍弃，可能影响分类器的精度。

3. 文本表示

文本表示的主要工作是确定特征项及相应权重。文本表示一般有以下四种类型：

代数模型（algebraic model）。代数模型中具有典型代表性的是向量空间模型（Vector Space Model）。向量空间模型把文本看做是一组独立的 n 维特征向量，对每一个特征词都会赋予一个权值。向量空间模型的优点是：权重可以表达相似概念，部分匹配策略有助于抽取较为相似的文本，大大提高信息处理的性能。具有代表性的代数模型是：空间向量模型、神经网络模型和潜在语义索引模型。

集合模型（set model）。集合模型中典型的是布尔模型（boolean model）：一个文本被表示为关键词的集合，只有 0 和 1 两个值。布尔模型的主要优点是简单、容易实现。缺点是：由于它是基于 0、1 二值，没有考虑近似的概念，所以很难获得比较好的性能；由于布尔表达式具有准确的语义，很难将一般的信息需求转换为布尔表达式；检索数据太少或者冗余。因此，布尔模型被认为是功能最弱的经典方法。

概率模型（probabilistic model）。在概率模型中用统计概率来描述信息样本。概率模型比布尔模型、向量空间模型改进的地方在于考虑了词条文档之间的统计概率。优点是可以根据相关概率的降序，对信息样本进行排序。其缺点主要有：(1) 需要猜测一个初始的划分，将信息样本分成相关和无关的两个集合；(2) 没有考虑索引项在一个信息样本中的频率；(3) 假设索引项之间是相互独立的。

概念模型（concept model）。概念模型是一种全新的检索模型。其基本原理和上述的几种模型有本质的区别。概念模型不是以单词或词组为中心组织，而是以概念来取代它们。用网状结构和树状结构来表示概念的组织和分类，然后利用概念间的距离来进行文档相似度的计算。

(二) 语义相似度的主要计算方法

在案例检索中，除了文本表示之外，核心工作还有文本相似度的计算。不同的相似度计算方法会有不同的检索结果。

通常使用 $s(x, y)$ 来表示样本 x、y 之间的相似度。当 $s(x, y)$ 的值比较小时，x 和 y 相似度低；当 $s(x, y)$ 的值比较大时，x 和 y 相似度高。对于大多数检索算法来说，相似度度量被标准化为 $0 \leqslant s(x, y) \leqslant 1$。但是在很多聚类方法中都使用距离 $d(x, y)$ 作为衡量标准。当距离越大，样本 x、y 相异度越大，相似度越低；当距离越小，样本 x 和样本 y 越相似。

样本距离度量：样本距离度量的方法有很多，设样本 $x = (x_1, x_2 \cdots, x_n)$，$y = (y_1, y_2 \cdots, y_n)$，则欧几里得距离为：

$$d(x, y) = \|x - y\| = \sqrt{(x_1 - y_1)^2 + (x_2 - y_2)^2 + \cdots (x_n - y_n)^2} \quad (7-2)$$

同样，还有其他计算距离的方式，例如曼哈顿距离：

$$d(x, y) = |x_1 - y_1| + |x_2 - y_2| + \cdots |x_n - y_n| \quad (7-3)$$

切氏（Chebyshev）距离：

$$d(x, y) = \max_i |x_i - y_i| \quad (7-4)$$

闵科夫斯基（Minkowski）(Jiawei Han 等，2011：254—256)：

$$d(x, y) = \left[\sum_{i=1}^{n} |x_i - y_i|^m\right]^{1/m} \quad (7-5)$$

camberra 距离（lance 距离，williams 距离）：

$$d(x, y) = \sum_{i=1}^{n} \frac{|x_i - y_i|}{|x_i + y_i|} \quad (7-6)$$

样本相似性度量：相似性度量是以两个矢量的方向是否相近作为考虑的基础，矢量的长度并不重要。设样本 $x = (x_1, x_2 \cdots, x_n)'$，$y = (y_1, y_2 \cdots, y_n)'$，则角度相似系数（夹角余弦）

$$\cos(x, y) = \frac{x'y}{\|x\| \|y\|} = \frac{x'y}{[(x'x)(y'y)]^{\frac{1}{2}}} \qquad (7—7)$$

相关系数

$$r(x, y) = \frac{(x-\bar{x})(y-\bar{y})}{[(x-\bar{x})'(x-\bar{x})(y-\bar{y})'(y-\bar{y})]^{\frac{1}{2}}} \qquad (7—8)$$

实际上它是数据中心化后的矢量夹角余弦。将 x、y 视作两个数据集样本，$\bar{x}$、$\bar{y}$ 分别是这两个数据集的平均矢量。

指数相似系数：

$$e(x, y) = \frac{1}{n} \sum_{i=1}^{n} exp\left[-\frac{3}{4} \frac{(x_i - y_i)^2}{\sigma_i^2}\right] \qquad (7—9)$$

其中，σ_i^2 为相应分量的方差，n 为矢量维数。

三 公共危机事件案例库的知识检索

（一）PCIM 公共危机事件案例库结构分析

目前《中国公共危机事件案例知识库》已经实现了普通的检索功能，比如关键词检索、导航检索、分类检索、重大危机事件检索和基于地理信息的检索。其中关键词检索类似于搜索引擎的功能，需要输入案例全名或名称中部分字段，或者输入案例中的关键词，就可以检索到相关的案例。导航检索是根据《国家特别重大、重大突发事件分级标准（试行）》、《国家突发公共事件总体应急预案》的相关标准，将系统中的案例分为自然灾害、事故灾难、公共卫生和社会安全事件四大类，每个大类下面又分为若干小类进行标引归类。系统的导航检索一级类目包括自然灾害、事故灾难、公共卫生和社会安全事件，二级类目对一级类目进行了子栏目划分。分类检索是系统按照用户提供的事件发生地点、发生时间、伤亡人员和经济损失进行单独分类或多种分类。例如，用户可以点击 2012 年，系统会列出 2012 年所有的案例，继续点击甘肃，就会列出 2012 年甘肃发生的危机事件案例。重大危机事件检索是系统重点推荐的特大典型危机事件。例如，2003 年的 SARS 事件、2008 年的汶川地震事件等。基于地理信息的检索可以在地图上点击具体地点进行检索。综上所述，公共危机事件案例库已经具备了基本的检索功能。

（二）公共危机事件案例库语义相似度计算模型

公共危机事件案例库中案例信息包括编目信息、基础信息、轮廓描述信息以及相关信息（图7—15）。其中，应急案例库的编目信息主要包括案例名称、关键词、案例来源、编辑人、入库时间等案例编目信息。基础信息包括案例中被量化的一些信息，例如时间、地点、影响范围、伤亡人数、经济损失、危机类型等信息。轮廓描述信息包括事件背景、事件过程、事件后果、事件处理、事后恢复、各方反应等信息。详细信息主要包括一些多媒体信息，例如事故现场图片、灾害现场视频、新闻报道视频等。由于编目信息是案例收集人的信息，对案例相似度的计算来说属于无用信息，所以案例相似度计算中忽略编目信息；基础信息都是可以量化的信息，通过上面已经提到的系统普通检索可以完成；多媒体信息处理过于复杂，因此本书的相似度计算主要集中于案例的轮廓信息。轮廓信息中主要包括：案例概要、背景、过程、后果、处理、回复、反映，由于我们研究的案例检索是面向一个新的事件发生时需要作出的检索结果，所以相似度计算选取事件轮廓信息中的事件过程进行相似度计算。

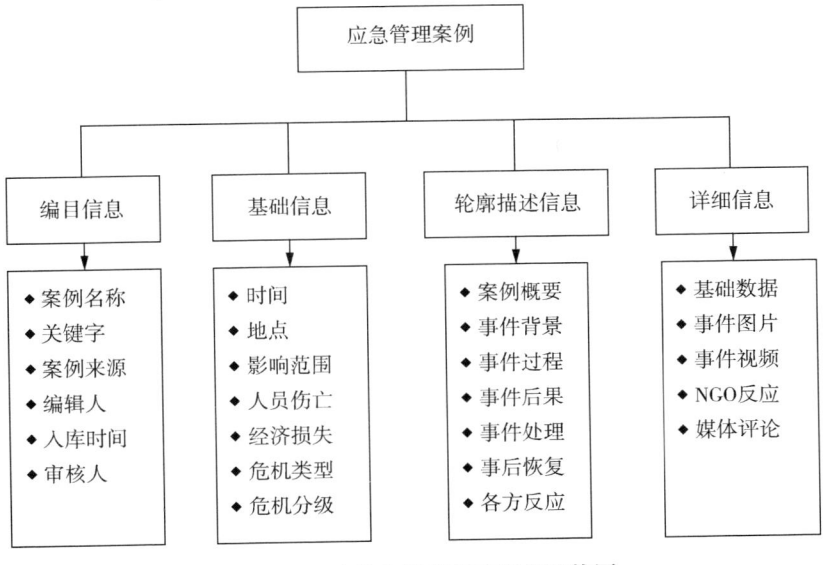

图7—15 公共危机案例库案例结构图

1. 公共危机事件案例库事件轮廓信息文本分词

首先选择两个公共危机事件案例，从数据库中提取两个案例的事件过程信息，对事件过程进行文本分词，形成分词结果。这里的文本分词采用

"庖丁解牛中文分词系统"（Paoding's Knieves），此系统是利用 Luence 的基于字典的分词器，有最大单词长度和最大分词数目两种分词模式可以选择。最大分词数目主要用于搜索引擎，经过测试效果，选择最大单词长度模型来处理公共危机事件案例。

2. 公共危机事件案例库案例文本特征提取

经过切分词处理的案例文本，如果直接把切分词结果作为文本的特征项，则特征向量的维数过高，太高的特征向量不利于文本相似度的计算。大多数基于语义的相似度计算方法通常都把文档视作为一组词的集合，忽略了词语之间的语义关系，但是这些词能为文本相似度的计算提供重要的信息。并不是所有的词都能够表征文档，特征选择是从这些特征词里面选择最具代表性的一部分词作为特征词。特征抽取可以看做是一种从测量向量到特征空间的一种映射。特征抽取和特征选择降低了特征空间的维数，从而达到降低计算复杂度的目的。

采用 TF-IDF 计算文档中每个词的权重，并且选择每个文档前 m 个词作为文档的特征值。

3. 公共危机事件案例库文本表示模型

根据 TF-IDF 计算之后，选择出每个文档的特征值，可以得到文本 D_i 的语义词特征集合。

$$D_i = \{W_{i1}, W_{i2}, \cdots, W_{im}\}$$

4. 文本相似度计算

在基于语义相似度的中文文本聚类方法研究[①]中假设：文本 A 和文本 B，提出了文本相似度的计算公式如下：

$$Sim(A,B) = \frac{2 \times common(A,B)}{L(A) + L(B)} \quad (7—10)$$

其中 $Sim(A、B)$ 为 A、B 的相似度，$L(A)$ 和 $L(B)$ 是 A、B 字符串的长度，$Common(A,B)$ 为最长共子序列。我们认为以上相似度的计算公式虽然将文本相似度进行了量化，但是引入了多余的评估参数 δ，这个评估参数过大会降低相似度的计算准确度。所以我们借鉴许君宁在基

---

① 金希茜：《基于语义相似度的中文文本相似度算法研究》，浙江工业大学硕士学位论文，2009 年。

于知网语义相似度的中文文本聚类方法研究①中提出的文本相似度计算方法如下：

假设文本 D_i 和 D_j 文本，则：

文本 $D_i = \{W_{i1}, W_{i2}, \cdots, W_{im}\}$

文本 $D_j = \{W_{j1}, W_{j2}, \cdots, W_{jn}\}$

$$Sim(D_i, D_j) = \frac{1}{m*n} \sum_P \sum_q Sim(W_{ip}, W_{jq}) \qquad (7\text{—}11)$$

其中 $Sim(D_i, D_j)$ 表示文本 D_i 和文本 D_j 的相似度，$1 \leq p \leq m$，$1 \leq q \leq n$，$Sim(W_{ip}, W_{jq})$ 为特征 W_{ip}，W_{jq} 的基于知网概念的语义相似度。

其中 $Sim(W_{ip}, W_{jq})$ 为基于知网的词语之间的相似度的计算。

按照《知网》创造者董振东先生的说法②：《知网》是一个以汉语和英语的词语所代表的概念为描述对象，以揭示概念与概念之间以及概念所具有的属性之间的关系为基本内容的常识知识库。《知网》中含有丰富的词汇语义知识和世界知识，为自然语言处理和机器翻译等方面的研究提供了宝贵的资源。不过，尽管《知网》提供了详细的档案，但《知网》档案的形式化和规范化程度都不高。

《知网》中这么定义词语之间的相似度，对于两个汉语词语 W_1 和 W_2，如果 W_1 有 n 个意项（概念）：$S_{11}, S_{12}, S_{13}, \cdots, S_{1n}$，$W_2$ 有 m 个意项（概念），$S_{21}, S_{22}, S_{23}, \cdots, S_{2m}$，我们规定 W_1 和 W_2 之间的相似度是各个概念之间的最大值，即：

$$Sim(W_1, W_2) = \max_{i=1\cdots n, j=1\cdots m} Sim(S_{1i}, S_{2j}) \qquad (7\text{—}12)$$

这样，把两个词语之间的相似度问题归结到了两个概念之间的相似度问题。本节采用知网相似度来计算两个词语之间的相似度。

（三）实验结果分析

从案例库的公共卫生类案例中抽选"四川岳池顾县小学发生牛奶中毒"案例和"江苏省淮安市发生学生食物中毒"案例。两个案例的结构如表 7—15、表 7—16 所示。

---

① 许君宁：《基于知网语义相似度的中文文本聚类方法研究》，西安电子科技大学硕士学位论文，2010 年。

② 董振东、董强：《知网》，(http://www.keenage.com/zhiwang/c-zhiwang.html)。

表 7—15　　四川岳池顾县小学发生牛奶中毒事件案例结构表

案例概要	标题	四川岳池顾县小学发生牛奶中毒事件
	发生时间	2012-09-27
	经济损失	0 万元
	发生地点	四川岳池顾县小学
	影响区域	四川岳池顾县
	参与单位	顾县公安局 顾县工商局 顾县卫生局 顾县教育局 顾县食品药品监督管理局
案例描述	事件背景	配送至顾县小学的营养奶，是重庆市万州乳业生产的"万川牌学生饮用奶"。顾县小学校长李光富说，营养奶是上级部门统一配送的。"为保险起见，每次学生喝之前，我都要和几名老师先喝一下，之前我并没有喝出异味"
	事件过程	2012 年 9 月 27 日上午，岳池县顾县小学学生在第二节课课间食用万川牌学生饮用奶，半小时后，部分学生发生恶心、呕吐等不良反应。10 时 30 分许，接到顾县小学的报告之后，岳池县立即启动食品安全事故应急预案，由公安、工商、卫生、教育、食品药品监督等多部门联合参与。岳池县公安局、工商局、食品药品监督局等部门，赶赴现场封存了全部学生奶，并取样送检。一名参与现场处置的工作人员称，该牛奶的生产商、配送商已到了岳池，正在接受相关部门调查。岳池县卫生局组织 4 家医疗单位的 85 名医护人员，出动救护车 12 台次，客车 4 辆，将近 70 名出现不良反应的学生，送到顾县卫生院、岳池县人民医院、岳池县中医院进行诊治。到下午 4 时，绝大多数入院治疗的学生已经出院。晚 8 时，仍在留院观察的学生有 15 人，医护人员介绍，这些孩子入院时的症状较其他同学重一些，但目前已经很轻微了
	事件原因	据当地卫生部门初步调查，该事件为"食源性不良反应"
	事件后果	饮用"营养奶"后，部分学生发生恶心、呕吐等不良反应
	事件处理	接到顾县小学的报告之后，岳池县立即启动食品安全事故应急预案，由公安、工商、卫生、教育、食品药品监督等多部门联合参与。岳池县公安局、工商局、食品药品监督局等部门，赶赴现场封存了全部学生奶，并取样送检。岳池县卫生局组织 4 家医疗单位的 85 名医护人员，出动救护车 12 台次，客车 4 辆，将近 70 名出现不良反应的学生，送到顾县卫生院、岳池县人民医院、岳池县中医院进行诊治
各方反应	政府反应	接到顾县小学的报告之后，岳池县立即启动食品安全事故应急预案，由公安、工商、卫生、教育、食品药品监督等多部门联合参与。岳池县公安局、工商局、食品药品监督局等部门，赶赴现场封存了全部学生奶，并取样送检。岳池县卫生局组织 4 家医疗单位的 85 名医护人员，出动救护车 12 台次，客车 4 辆，将近 70 名出现不良反应的学生，送到顾县卫生院、岳池县人民医院、岳池县中医院进行诊治
	民众反应	2012 年 9 月 27 日下午 6 时还在顾县卫生院输液的小学生小明反映："喝的时候我觉得这牛奶的味道有点怪。后来有人喊头晕，有人在教室里发呕。我也想发吐，肚子也有点痛"

表 7—16　　**江苏省淮安市发生学生食物中毒案例结构表**

案例概要	标题	江苏省淮安市发生学生食物中毒
	发生时间	2012-04-23
	经济损失	0 万元
	发生地点	江苏省淮安市楚州区顺河镇初级中学
	影响区域	江苏省淮安市楚州区顺河镇初级中学
	参与单位	淮安区委 区政府 淮安区卫生局 淮安区教育局 淮安区公安局 淮安区质监局 淮安市疾病预防控制中心 顺河镇卫生院 淮安市楚州医院 顺河镇初
案例描述	事件背景	淮安区顺河镇初级中学是小学和初中连读学校，是一所公办学校，共有 900 名学生，其中 600 人住宿，200 人在校吃午饭，该校食堂自建成到现在都是承包给个人的。据当天其中一名食物中毒的孩子描述，他们当天中午在学校食堂吃了辣椒、青菜、菠菜、排骨、豆腐、韭菜等食物
	事件过程	2012 年 4 月 23 日 12 时许，淮安区顺河镇初级中学约 40 名学生午餐后发生恶心、呕吐等食物中毒症状，其中 22 名学生症状明显。老师随即拨打 120 求助，出现食物中毒症状的学生随即被送往当地医院。 　　接到学校的通知后，学生家长迅速赶往淮安市楚州医院。大量民警和保安人员在现场维持秩序，防止发生意外事件。医院为了确保救护车及时到位，拒绝其他车辆从正门进入。 　　由于中毒学生人数比较多，尽管医院急诊室大厅和过道里加了病床，床位依然紧张，不少孩子两人挤一个病床。目前症状最严重的孩子经过紧急治疗，已经没有生命危险。据了解，还有一些症状较轻的孩子送到了其他医院。 　　截至 4 月 24 日凌晨 5 点，留院进一步观察的 22 名学生，已有 19 名学生症状基本消失，3 人明显好转，继续留院观察。 　　截至 4 月 24 日 18：00，22 名留院观察的学生，已有 10 名学生出院。 　　截至 4 月 25 日 17：00，12 名留院观察的学生，又有 8 名学生出院。出院学生除 1 名在家休息外，其余均已返校正常上课。 　　截止到 5 月 3 日下午，尚有一名叫黄丹的学生没有出院，据了解，黄丹突然出现视力模糊症状，疑是食物中毒的后遗症
	事件原因	经过淮安市疾病预防控制中心对顺河中学不明原因食物中毒采集的样品检测，患者呕吐物中检测出含有以呋喃丹（氨基甲酸酯类）为主的杀虫剂成分。经淮安区相关部门缜密调查，现已查明，顺河镇初级中学部分学生食物中毒事件系他人投毒所致。目前，犯罪嫌疑人已被公安机关依法刑事拘留，案件正在进一步审理中
	事件后果	出现食物中毒症状的学生随即被送往当地医院，经过紧急治疗，学生没有生命危险，相继康复回到课堂

续表

案例描述	事件处理	事件发生后，学校已经责令食堂承包老板交出经营权并等待处理。淮安区委、区政府高度重视，当地卫生、教育、公安等相关部门迅速启动紧急预案，有中毒症状的学生全部得到及时、有效的治疗，对事件原因展开调查，并召开专门会议，研究部署学校安全工作。顺河镇初级中学学生食物中毒事件发生的当天下午，淮安区教育局也再次召开全区学校安全工作会议，出台了《关于迅速开展学校（幼儿园）食堂食品安全整治严防食物中毒事件发生的紧急通知》和《淮安区教育系统2012年学校安全工作集中整治方案》等一系列文件，对全区中小学进行一次拉网式的安全检查，发现问题，及时整改。5月3日下午，教育局再次召开全区学校安全工作会议，全面、细致地部署了当前的安全工作，并对顺河初级中学相关责任人的处理问责情况进行了通报：顺河中学校长汪泽被宣布免职，同时受到免职处分的还有该校分管后勤的副校长，顺河镇教育总校校长咸友祥受到全区教育系统通报批评处分
各方反应	政府反应	5月1日、2日，淮安区卫生、质监、教育等部门的主要负责人组成检查组。检查组一行在区委常委、常务副区长董国喜的带领下，随机查看了该区的宋集乡、钦工镇、林集镇等8个乡镇中小学（幼儿园）和外国语学校、吴承恩中学等7所学校的食堂。随后的座谈会上，检查组指出，顺河中学学生中毒事件处理及时、处置得当，但也给学校的安全工作敲响了警钟。检查组要求各学校一是要进一步加强对食堂、餐厅、商店的安全管理，时时抓，天天抓，做到常抓不懈，警钟长鸣。二是要落实责任。要紧绷安全弦，对各项制度的执行要严之又严，从源头上抓好食品安全工作。三要创新食堂的安全运作机制。加快创建A级食堂步伐，积极探索实践公司化、标准化、科学化的食堂运作模式。检查组还要求各学校要继续加强夏季安全教育，严防溺水事故的发生。同时要求各监督部门切实履行监管责任，共同为孩子们的健康成长打造安全防火墙。顺河镇初级中学学生食物中毒事件发生的当天下午，区教育局也再次召开全区学校安全工作会议，出台了《关于迅速开展学校（幼儿园）食堂食品安全整治严防食物中毒事件发生的紧急通知》和《淮安区教育系统2012年学校安全工作集中整治方案》等一系列文件，对全区中小学进行一次拉网式的安全检查，发现问题，及时整改。5月3日下午，教育局再次召开全区学校安全工作会议，全面、细致地部署了当前的安全工作，并对顺河初级中学相关责任人的处理问责情况进行了通报：顺河中学校长汪泽被宣布免职，同时受到免职处分的还有该校分管后勤的副校长，顺河镇教育总校校长咸友祥受到全区教育系统通报批评处分
相关链接	淮安新闻网	http://news.hynews.net/20120424/57387.shtml
	新华网	http://news.xinhuanet.com/society/2012-05/04/c_111891641.htm
基础数据	发病人数	22人
	治愈人数	22人

使用庖丁解牛系统对两个案例进行分词，分词结果如下：

案例1：四川岳池顾县小学发生牛奶中毒事件

2012/年/9/月/27/日/上午/岳池/岳池县/顾县/小学/学学/学生/生在/

第二/第二节/课/课间/食用/万川/川牌/学生/生饮/饮用/奶/小时/半小时/部分/学生/生发/发生/恶心/呕吐/等/不良/反映/10/时/30/分/许/接到/顾县/小学/学的/报告/之后/岳池/岳池县/县立/立即/启动/食品/安全/事故/应急/预案/公安/工商/卫生/教育/食品/药品/监督/等/多部/部门/门联/联合/参与/岳池/岳池县/公安/公安局/县公安局/工商/工商局/食品/药品/监督/局等/部门/赶赴/现场/封存/学生奶/取样/送检/一名/参与/现场/处置/工作/作人/人员/称/该牛奶/生产/生产商/配送/商/已到/到了/岳池/正在/接受/相关/部门/调查/岳池/岳池县/卫生/卫生局/组织/4/家/医疗/单位/85/名医/医护/护人/人员/出动/救护/护车/12/台/次/客车/4/辆/将近/70/名/出现/不良/反应/学生/送到/顾县/卫生/卫生院/岳池/岳池县/人民/医院/岳池/岳池县/中医/医院/进行/诊治/下午/4/时/大/绝大/大多/多数/入院/治疗/学生/已经/出院/晚/8/时/仍在/留院/观察/学生/15人/医护/护人/人员/介绍/孩子/入院/时/症状/较/其他/同学/重/一些/目前/已经/很轻/轻微/

案例2：江苏省淮安市发生学生食物中毒

2012/年/4/月/23/日/12/时/许/淮安/区/顺河/镇/初级/中学/约/40/名学/学生/午餐/发生/恶心/呕吐/等/食物/中毒/毒症/症状/其中/22/名/学/学生/症状/明显/老师/随即/拨打/120/求助/出现/食物/中毒/毒症/症状/学生/随即/即被/送往/医院/接到/学校的/通知/学生/家长/迅速/赶往/淮安市/楚州/医院/大量/民警/保安/安人/人员/现场/维持/秩序/防止/发生/生意/意外/外事/事件/医院/为了/确保/救护/护车/及时/到位/拒绝/其他/车辆/正门/进入/由于/中毒/学生/生人/人数/比较/较多/医院/急诊/诊室/大厅/过道/道里/加/加了/病床/床位/依然/紧张/不少/孩子/两人/挤/一个/病床/目前/症状/严重/重的/孩子/经过/过紧/紧急/治疗/已经/没有/有生/生命/危险/据了解/还有/有一些/症状/较轻/轻的/孩子/送到/到了/其他/医院/截至/4/月/24/日/凌晨/5/点/留院/进一/一步/观察/22/名学/学生/已有/19/名学/学生/症状/基本/消失/3/人/明显/好转/继续/留院/观察/截至/4/月/24/日/18/00/22/名/留/留院/观察/学生/已有/10/名学/学生/生出/出院/截至/4/月/25/日/17/00/12/名留/留院/观察/学生/又有/8/名学/学生/生出/出院/出院/学生/除/1/名/在家/休息/外/其余/均已/返校/校正/正常/上课/截至/5/月/3/日/下午/尚有/一名/名叫/黄丹/学生/没有/出院/据了解/黄丹/突然/出现/视力/模糊/症

状/疑是/食物/中毒/毒的/后遗症

由于案例中的量化信息在案例的基本信息中有所展示,所以建立停用词表,过滤掉分词结果中对计算语义相似度没有帮助的虚词和时间、数量等词。去停用词之后的结果:

案例1:四川岳池顾县小学发生牛奶中毒事件

小学/学生/第二节/课/课间/食用/万川/川牌/学生/饮用/奶/学生/恶心/呕吐/不良/反应/小学/报告/启动/食品/安全/事故/应急/预案/公安/工商/卫生/教育/食品/药品/监督/部门/联合/县公安局/工商局/食品/药品/监督/局等/部门/赶赴/现场/封存/学生/奶/取样/送检/参与/现场/处置/工作/人员/称/牛奶/生产商/配送/商/已到/正在/接受/部门/调查/卫生局/组织/医疗/单位/医护/人员/救护/客车/出现/不良/反应/学生/卫生院/岳池县/人民/医院/中医/医院/进行/诊治/入院/治疗/学生/出院/留院/观察/学生/医护/人员/孩子/入院/症状/同学/轻微/

案例2:江苏省淮安市发生学生食物中毒

中学/学生/午餐/恶心/呕吐/食物/中毒/症状/学生/症状/老师/120/求助/食物/中毒/症状/学生/医院/学校/通知/学生/家长/医院/民警/保安/人员/现场/维持/秩序/防止/意外/事件/医院/救护/拒绝/车辆/正门/中毒/学生/人数/医院/急诊/大厅/过道/病床/床位/孩子/两人/病床/症状/孩子/紧急/治疗/生命/危险/症状/孩子/医院/留院/观察/学生/学生/症状/消失/好转/留院/观察/留院/观察/学生/名学/学生/出院/留院/观察/学生/学生/出院/出院/学生/在家/休息/返校/校正/正常/上课/学生/出院/视力/模糊/症状/食物/中毒/后遗症

基于 TF-IDF 计算公式:

$$f_T(T_{iK}) = V_{TFiK} lg\left(\frac{N}{N_{iK}} + 0.5\right) \qquad (7\text{—}13)$$

计算词的权重值,并挑选权重值最大的前10个名词作为特征词,"四川岳池顾县小学发生牛奶中毒事件"和"江苏省淮安市发生学生食物中毒事件"的特征词分别为:

(1) 四川岳池顾县小学发生牛奶中毒事件

学生、中毒、症状、食物、孩子、医院、病床、意外、午餐、老师

$D_1 = \{$学生,中毒,症状,食物,孩子,医院,病床,意外,午餐,老师$\}$

(2) 江苏省淮安市发生学生食物中毒

学生、部门、食品、奶、药品、小学、人员、公安、同学、事故

D_2 = {学生、部门、食品、奶、药品、小学、人员、公安、同学、事故}

至此,案例已经通过用相应的特征词进行了表示。

根据知网相似度计算规则计算 D_1 和 D_2 所有特征词的相似度,表 7—17、表 7—18 为基于知网计算的特征词之间的相似度。

表 7—17　　　　案例 1 特征值基于知网的语义相似度计算表

特征值	学生	部门	食品	奶	药品
学生	1	0.166698	0.134367	0.125767	0.152047
中毒	0.166698	0.184253	0.1	0.121937	0.111628
症状	0.142316	0.139404	0.134367	0.163879	0.152047
食物	0.152047	0.111628	0.615385	0.134367	0.444444
孩子	0.661111	0.111628	0.122997	0.122997	0.139181
医院	0.142316	0.139404	0.134367	0.163879	0.152047
病床	0.125767	0.09584	0.206349	0.112667	0.251208
午餐	0.139181	0.145455	0.122997	0.160269	0.160269
老师	0.897368	0.107758	0.134367	0.125767	0.152047
急诊	0.134893	0.145455	0.119208	0.155331	0.134893

表 7—18　　　　案例 2 特征值基于知网的语义相似度计算表

特征值	小学	人员	公安	同学	事故
学生	0.152657	0.661111	0.134367	0.8	0.139181
中毒	0.139404	0.111628	0.171429	0.107758	0.369231
症状	0.177399	0.139181	0.251208	0.132126	0.661111
食物	0.139181	0.139181	0.134367	0.139181	0.139181
孩子	0.143693	0.62963	0.122997	0.62963	0.132554
医院	0.620898	0.139181	0.122997	0.132126	0.188889
病床	0.115516	0.122997	0.12037	0.116763	0.122997
午餐	0.179894	0.132554	0.406838	0.132554	0.139181
老师	0.152657	0.661111	0.134367	0.738421	0.139181
急诊	0.18357	0.130474	0.394302	0.130474	0.277556

使用公式

$$Sim(D_i, D_j) = \frac{1}{m*n}\sum_P \sum_q Sim(W_{ip}, W_{jq}) \qquad (7—14)$$

计算两个案例的相似度，$Sim(D_i, D_j) = 0.222035$。

同样，从公共危机事件案例库的交通事故下选择两个案例（案例3、4），分别进行文本处理和停用词处理，得到特征词。

案例3：安徽萧县特大交通事故

国道/车牌/皖/客车/车牌/货车/相撞/造成/死亡/受伤/交警/大队/队长/事故/货车/司机/死亡/客车/司机/死亡/车祸/受伤/人员/人民/医院/救治/消防/救援/人员/现场/事故/现场/牌照/装载/细沙/大型/货车/客车/货车/头部/变形/车身/中巴/客车/变形/消防/人员/客车/抢救/死伤/乘客/受伤/乘客/送往/医院/抢救

案例4：湖南永州载有47名师生大客车坠崖

客车/师范/教师/学生/自学/考试/方向/公里/下坡/转弯/路段/车辆/当场/遇难/送院/抢救/无效/遇难/事发/村民/救援/伤者/地方/交警/中队/民警/赶到/消防/官兵/救援/伤员/紧急/送往/医院/记者/乘客/遇难者/伤者/重伤/伤员/重伤/伤员/生命/危险/伤情/专家/会诊/救治/

对案例3和4进行特征提取，形成案例3和4的特征向量集，以及特征词之间基于知网的语义相似度（表7—19、表7—20）。

$D_3 = \{$货车，人员，事故，客车，车牌，司机，现场，大队，交通，车身$\}$

$D_4 = \{$伤员，遇难，官兵，车辆，民警，师范，师生，村民，伤情，教师$\}$

表7—19   案例3特征值基于知网的语义相似度计算表

特征词	伤员	遇难	官兵	车辆	民警
货车	0.09584	0.044444	0.1	0.6	0.1
人员	0.722222	0.048971	0.661111	0.133333	0.661111
事故	0.161793	0.048971	0.139181	0.110185	0.188889
客车	0.092378	0.039781	0.089506	0.537037	0.089506
车牌	0.106984	0.044444	0.111628	0.145455	0.111628
司机	0.57504	0.044444	0.6	0.1	0.5896
现场	0.106984	0.044444	0.111628	0.111628	0.111628
大队	0.137228	0.053498	0.186047	0.109015	0.6
交通	0.57504	0.044444	0.6	0.1	0.575926
车身	0.116763	0.053498	0.134367	0.109015	0.175084

表 7—20　　案例 4 特征值基于知网的语义相似度计算表

特征词	师范	师生	村民	伤情	教师
货车	0.09584	0.09584	0.145321	0.042547	0.095731
人员	0.139181	0.861111	0.6	0.042112	0.661111
事故	0.188889	0.132554	0.039781	0.042112	0.139181
客车	0.087965	0.092256	0.096533	0.03921	0.088222
车牌	0.106984	0.106984	0.162163	0.042547	0.106893
司机	0.121061	0.57504	0.873657	0.042571	0.576152
现场	0.106984	0.106984	0.169654	0.043139	0.107454
大队	0.266667	0.126316	0.210526	0.044444	0.126316
交通	0.164297	0.57504	0.871765	0.042782	0.574227
车身	0.161638	0.115516	0.107758	0.03921	0.125767

计算案例 3 和 4 的相似度：

$Sim(D_3, D_4) = 0.216758$

以上计算过程都是选择同一类危机事件进行的案例相似度计算，为了验证方法的有效性，我们计算不同分类案例的相似度，用同样的方法对案例 2 和案例 3 进行文本预处理、特征提取和相似度的计算。

案例 2：江苏省淮安市发生学生食物中毒：

学生、症状、中毒、食物、孩子、医院、病床、意外、休息、午餐

案例 3：安徽萧县特大交通事故：

客车、货车、事故、消防、乘客、车牌、司机、人员、大队、交通

$Sim(D_2, D_3) = 0.148919$

由于案例 2 江苏省淮安市发生学生食物中毒和案例 3 安徽萧县特大交通通事事故属于不同类别的案例，所以相似度要比 $Sim(D_1, D_2)$，$Sim(D_3, D_4)$ 小很多，因此，可以说明此种语义相似度计算的有效性。

第三节　公共危机知识推理

知识推理及规则推理是机器学习、机器智能研究的前沿领域。通过梳理知识推理基础理论及对比推理规则优缺点，从案例属性表示与推理规则构建层面出发，以公共危机事件案例库案例为研究样本，分析危机事件属

性特征与决策推理机制。在此基础上,构建基于 CBR 与 RBR 相结合的知识推理框架,并基于公共危机事件案例库进行知识表示与知识推理实例验证。本节研究的目的是通过构建基于 CBR 与 RBR 结合的公共危机事件知识推理机制,利用知识推理的特性,自动获取公共危机事件案例库中的案例知识,构建案例对象,借助推理规则与算法,提取出与当前发生的突发事件最为相似的经典案例并展现,为公共危机管理人员提供决策参考。

一　知识推理

钱学森先生曾经将人类思维分为抽象思维、形象思维与灵感思维。抽象思维即逻辑思维,涉及概念划分、事物分类等;形象思维则指类比思维、联想思维等;灵感思维则是发生在潜意识中的创造性的思维。按照人类思维和智能活动的不同特征,知识推理的研究具有以下不同的研究观点。

(一) 按照推理方向

依据推理方向的控制策略,可以将推理分为正向推理、逆向推理、双向推理。正向推理又称向前推理,其从事实出发,把当前匹配规则作为前提,产生新的结论,达到目标状态才可终止。由数据到结论,所以也叫数据驱动策略。推理方式如下所示:

　　　　　　　初始状态　　　目标状态
　　　　　　(事实条件)——(结论假设)

计算机利用正向推理求解问题时,先将事实数据存入计算机的事实库中,将领域知识表示为规则,存入规则库中。推理时将问题的事实与规则的前提进行匹配。前提可能由条件或子句集合组成,规则前提中的所有子句被匹配成功,则执行这条规则。将执行后所得的新事实存入事实库中,再次寻找匹配的规则,直至得出结论(图 7—16)。

正向推理的一般算法:(1)描述规则库,产生可用规则集 S,这些规则左边条件为真,即都被问题的条件事实满足;(2)调用冲突解决算法,从 S 中选出规则 R;(3)执行规则 R 右边的结论部分,将产生的新事实加入事实库;(4)若目标得证或无新的事实产生,则停止,否则转(2)。

(二) 按照使用信息和逻辑的精度

可分为精确推理和非精确推理。精确推理,领域知识具有确定性,可

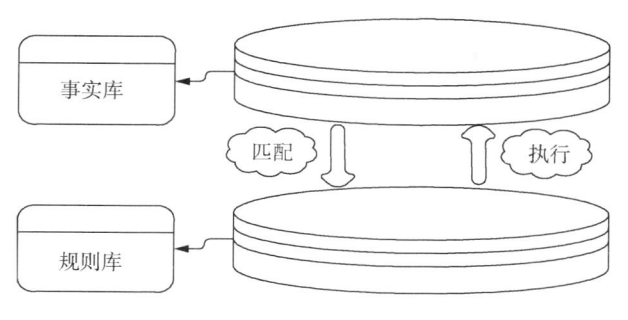

图 7—16　规则执行示意图

表示成必然的因果关系和逻辑关系，其理论基础是布尔逻辑。非精确推理，又称为近似推理，推理规则是不确定的，其理论基础是非精确逻辑理论，如模糊逻辑、贝叶斯概率论等。

(三) 按照产生的信息的数量与时间的关系

可分为单调推理与非单调推理。单调推理指推理过程中产生的信息的数量随时间而严格增加，且这些信息不影响原有信息的真实性，如谓词逻辑基础上的推理。非单调推理相对于单调推理而言，指推理过程中产生新信息的数量并非随时间而严格增加，这些信息可能对原有信息产生影响，使其部分信息变成无效，使其数量减少，如常识推理等。

二　基于案例的推理和基于规则的推理

(一) 基于案例的推理

1. CBR 概述

1982 年，美国罗杰·沙克（Roger Schank）教授的著作《动态记忆》可以看作是案例推理思想的萌芽，并在法律、医药等实际系统中得到发展。案例推理技术是人工智能领域中的一种重要的问题求解和学习方法[1]。基于案例的推理首先要研究的是怎样把过去解决问题的实例以案例的形式表示，以便存储在案例库中[2]。这就是案例表示和案例库构造的任务。

---

[1] 张晨：《基于 CBR 和 RBR 的物流应急处理系统设计与实现》，天津大学硕士学位论文，2010 年。

[2] 陈文伟、黄金才：《数据仓库与数据挖掘》，人民邮电出版社 2004 年版，第 204—210 页。

基于案例的推理作为一种重要知识推理技术崛起于人工智能领域[1]。基于案例的推理源于认知科学，人类把感知信息传输给大脑，大脑把信息记忆，为今后遇到相同或相似问题的求解提供可以借鉴的经验和教训[2]。参照人类的思维方式的科学理论给了我们很大的启示，人类可以利用历史的经验和知识求解现在的问题。表7—21给出了部分学者对CBR的定义。

表7—21　　　　　　　　　　　CBR定义列表

时间	提出学者	定义
1989	Riesbeck & Schank	一种调整旧问题的方法，用于解决新问题（C. K. Riesbeck, 1989）[3]
1993	Kolodner	利用已有的案例解决问题的方法，同样也适用于机器的一种方法（J. L. Kolodner, 1993）[4]
1994	Aamodt & Plaza	一种新兴的问题解决和问题学习的方法（A. Aamodt, 1994）[5]
1996	Leake	一种通过回忆推理的方法（David B Leake, 1996）[6]

CBR的核心思想是模拟人类推理思维活动中的记忆能力，问题求解时可以使用以前求解类似问题的经验（案例）来进行推理，并通过修改或修正以前问题的解法而不断学习。一般来讲，第二次处理相似问题或者完成相同的任务会比第一次更加容易，因为我们记住了并且可以重复先前的解决方案。因为了解错误之处并且能够予以规避，这使得可以在再次处理类似问题时更加精确。

2. 基于案例的推理的基本原理

CBR推理工作流程通常包括四个步骤，被称为R4循环模式：案例检索（Retrieve）、案例重用（Reuse）、案例修正（Revise）、案例保存（Retain）。其推理流程如图7—17所示。同时Gavin Finnie等提出了一种改进

---

[1]　Watson, "CBR is a Methodology not a Technology", *The Knowledge-based Systems Journal*, Vol. 12, No. (5—6), 1999, pp. 303—308.

[2]　Leake D B, "Case-based Reasoning: Experience, Lessons and Future Directions", *2nd. cambrige: AAA press/MIT. Press*, 2000: p. 420.

[3]　C. K. Riesbeck and R. Schank, *Inside Case-based Reasoning*, Erlbaum, Northvale, NJ, 1989.

[4]　J. L. Kolodner, *Case-based Reasoning*, San Mateo, CA: Morgan Kaufman, 1993.

[5]　A. Aamodt and E. Plaza, "Case-Based Reasoning: Foundational Issues, Methodological Variations, and System Approaches", *Artificial Intelligence Communications*, Vol. 7, No. 1, 1994, pp. 39—59.

[6]　David B Leake, "Case-based Reasoning", *AAAI Press/The MIT Press*, 1996.

的案例推理模式，即表示、检索、重用、修正和保存。

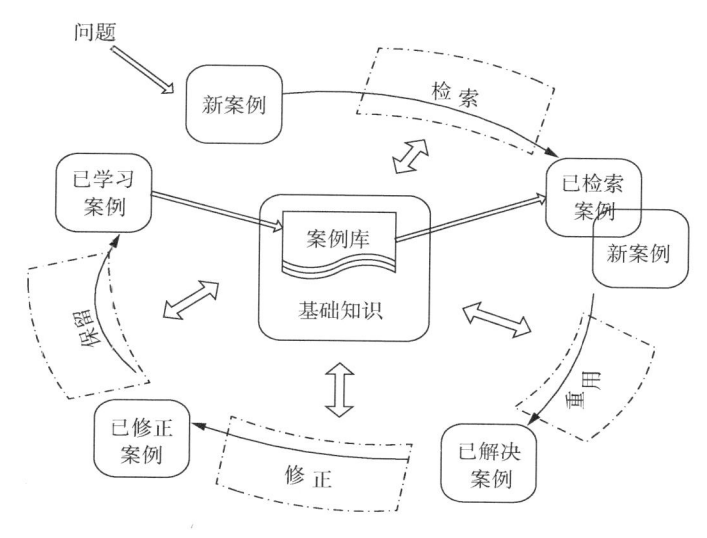

图 7—17 基于案例推理循环图示

综合集中推理流程的特点，可把 CBR 的推理过程分为以下步骤：①案例描述：提取新案例的属性特征；②案例检索：根据相似度从案例库中检索与目标案例匹配或近似匹配的案例；③案例重用及修改：将案例检索结果在新案例中重用，或修改后产生新的解；④案例检测：检测新案例解决方案的成熟度；⑤案例存储：将本次案例推理方案存储到案例库；⑥案例解释：当案例推理不成功，需要解释原因，进而修改推理方案，再进行测试。

在这种求解问题的方法中，人们将过去对典型问题的求解案例，按一定的组织方式输入待求解的新问题，即待求解案例。系统根据问题的描述，利用案例检索机制从案例库中寻找与待求解案例匹配或近似匹配的案例。因此，在以后系统求解时，利用案例库中所有已知的案例，而不必每次都从头开始进行周密的推理和搜索。这个过程与医生看病类似，医生可以应用他治病生涯中总结的大量经验，从类似病症案例中推导出新病症的治疗方法。

3. CBR 的特点

基于案例的推理有如下特点[①]：

---

① 朱福喜、朱三元、伍春香：《人工智能基础教程》，清华大学出版社 2006 年版。

（1）不会引发知识获取的瓶颈，历史案例本身就是推理基础。

（2）学习是 CBR 的基本功能。这种学习就是人们常说的基于案例的学习。在一个 CBR 系统中，通过自学习新案例或修改案例库，不断积累新的经验和知识。尤其是案例中隐含了大量的隐性知识片段，通过学习 CBR 可以直接获取专家头脑中隐性的经验知识。

（3）检索机制是 CBR 的核心。它使求解过程简化，不必进行逐步推理，容易实现，求解问题效率高。检索机制一般包括检索策略与方法和相应的案例组织方法，合理的案例知识组织直接关系到检索效率。

（4）系统维护是 CBR 成功的因素之一。在 CBR 中如果没有一个完善的维护机制，把从专家那里收集的案例和把通过学习得到的案例加在一起，日积月累，会形成一个庞大的案例库，最后使得系统难以承受。

CBR 从以规则为中心的求解方法转移到以案例知识内容来求解问题，其求解问题的方式越过了以问题知识求解而进行规则化的这一间接层次。当然，在 CBR 中也可能使用一些领域的规则和知识，但不是以规则为中心，规则和知识的引入往往是为了进一步提高问题求解的效率。

（二）基于规则的推理

首先明确规则的内涵，规则就是基于域约束（Field Constraints）的表达式，包含若干条件，同时定义这些条件都得到满足情况下应该采取的动作。①

基于规则推理（Rule - Based Reasoning，RBR），是智能系统中普遍采用的推理，许多知识系统的开发工具都采用。其优点是知识结构模拟人类推理思维，规则表示形式易于控制和操作，且规则之间相互独立，具有很强的模块特性，易于实现解释功能。②

基于规则推理是一种特殊类型的推理，它使用的"if - then - else"的规则语句进行推理。"如果"的意思是"当条件为真时"，"然后"是指"采取行动 A"，"其他"的意思是"当条件是不正确的，采取行动 B"。

基于规则的推理是基于领域专家知识和经验的推理，其规则形式表示一般如下：

---

① Bruee G, Buehanan, Edward H, Shortliffe, "The Myein Experiments of the Stanford Heuristie Programming Projet", *Addsion Wesley*, Vol. 6, 1984, pp. 138—144.

② 杨健、赵秦怡：《基于案例的推理技术研究进展及应用》，《计算机工程与设计》2008 年第 3 期。

IF
<条件1> AND
<条件2> AND
…
<条件n>
THEN
<结论1>或<操作1>
<结论2>或<操作2>
…
<结论m>或<操作m>

三 公共危机事件案例库的知识推理模型

（一）公共危机事件案例库知识推理需求

1. 案例表示需求

案例表示就是对知识的一种描述，即用一些约定的符号把知识编码成为一组计算机可以接受的数据结构。[①] 为使问题求解在简易度和效率上更有水准，需要合理的案例表示。案例库中案例的合理化表示对于检索应用是非常重要的。智能系统的智能性很大程度上取决于知识的可用度。案例表示需求可以从以下几个方面衡量：

（1）可组织性：指能否准确、高效地将问题求解所需的知识表示出来，主要包括案例表示范围是否广泛、领域知识表示是否高效等。

（2）可应用性：案例组织与表示的目的是为了能有效应用所表示的内容，案例的可应用性体现在对案例知识推理的适应性与对算法的支持上。

（3）可维护性：知识维护是指在保证知识的一致性与完整性的前提下对知识所进行的增加、删除、修改等操作，对案例知识表示的需求也体现在后期是否易于维护。

（4）可实现性：一般的文字表示的知识不便在计算机上处理，案例知识表示的需求需要在计算机上易于处理。

---

① 刘芳、姚莉、王长缨、张维明：《基于语义 Web 的案例表示和 CBR 系统结构研究》，《计算机应用》2004 年第 1 期。

2. 知识推理需求

在公共危机事件案例库系统中，一方面决策方案的时间要求较高，需要在短时间内产生知识推理结果，另一方面要求推理能力要强，需要在任何突发事件下，都能得出一个合理的建议结果。

基于规则推理推理速度快、结果准确，但是必须建立在已有规则知识的基础上。基于案例的推理适应性强，对于陌生领域也是可以通过案例推理得出相似解，但案例推理存在的缺点是缺乏系统性、不可解释性。

在 CBR 中，案例表示通过对案例问题状态属性的描述以及其求解策略完成。为了方便案例方案的检索及利用，通常需要按照固化的模式在知识库中组织。CBR 推理利用以前解决问题的历史案例，能有效地解决知识表达困难或无法表达的领域问题，其所具有的自学习能力保证了其推理能力的不断增强，是高效处理近似问题的有效方法，已应用在失败预测、电子商务、推送服务、布线设计中。

（二）CBR 与 RBR 结合的知识推理模型

1. CBR 与 RBR 对比分析

CBR 主要适用于需要丰富的以往经验的应用领域，而 RBR 则适用于知识富有型的应用领域，两者既有相似的部分也有不同的特点。

（1）两者结构基本一致，但是机制不同。二者都有知识库作为知识的存储空间，都有知识运用的机制，一个是推理机，一个是检索机制。在知识的运用中都涉及对知识库的检索、索引技术和相似性评价，并且是两者提高效能的主要矛盾。知识的表示粒度小，抽象度高，描述细致，通常知识库表现为一个系统整体，容易进行知识推理。

（2）知识运用机制方面。推理机是根据问题的前提条件，在知识库中查找有相同前提条件的知识规则，而获得进一步的知识，根据推理规则和消解原理，[①] 最后产生对原问题的解释或解决方案；CBR 的推理原理则是，根据问题案例的信息描述，在案例库中检索与问题案例描述相似的案例，经过类比思维，把相似案例的知识框架应用到新的问题，以获取新问题的解决方案或者解释方案。

（3）应用前景方面。关于推理机，知识获取是其研究中公认的瓶颈问

---

① 迟文学、孙刚、武峥：《基于 GIS 民航应急救援与辅助决策支持系统研究》，《交通与计算机》2005 年第 6 期。

题,知识表示又是一大难题,还有对众多的常识知识的处理也是一大难题,这三大难题大大限制了推理机的应用,使其目前仍停留在构造诸如发动机故障诊断异类的水平上。而 CBR 是近年来人工智能领域热点技术,[①]在一个崭新的知识水平上完成了知识的存储、检索和运用,扩宽了人工智能的应用领域,不仅可用于故障诊断,还可用于机械设计、生产计划制订、模式识别、软件工程复用等领域。

在 CBR 中,以前的案例能够被更加容易地记忆,从而避免了重复以前的错误方案。RBR 则需要转换专家知识成为抽象规则,这造成了耗费大量时间的瓶颈问题的出现。因为知识不能够总是被转换成为规则,甚至专家们也经常修订结论,注重利用他们的经验和具体案例而不是规则。RBR 一直在重复这个解决问题的过程,因为欠缺记忆功能。这当然会造成 RBR 同时也在重复之前的错误方案,那么系统效率必然降低。CBR 与 RBR 的优劣对比如表 7—22 所示。

表 7—22　　　　　　　　CBR 与 RBR 的对比

条目	RBR	CBR
基本单元	规则	案例
优势	1. 模块性 2. 一致性 3. 自然性	1. 知识易于获取 2. 通过经验学习 3. 适用性强
劣势	1. 难以表示非正式信息 2. 存在知识获取瓶颈 3. 没有记忆功能 4. 推理过于精确	1. 高检索成本 2. 案例索引难题

2. CBR 与 RBR 融合方式

基于上述原因,许多研究人员已经着手践行整合这两种方法的优点。表 7—23 为 CBR 与 RBR 融合方式的列举。

---

① 蔡自兴、徐光祐:《人工智能及应用》,清华大学出版社 2010 年版。

表 7—23　　　　　　　　　CBR 与 RBR 融合方式总结一览

融合方式	研究者	研究概况
CBR 为辅，RBR 为主	Park，2000	首先使用 RBR 推理，当 RBR 推理得不到合适的结果，或案例属于特殊问题时，通过 CBR 查找过去的案例进行推理
	Stefania，2000	CBR：案例检索 RBR：问题识别及建议，扩充案例库
CBR 为主，RBR 为辅	Bareiss，et al，1988	CBR：案例检索 RBR：使用规则表示知识，计算案例相似度
	Koton，et al，1988	CBR：案例检索 RBR：评价及修正检索到的案例
	Huang，2006	CBR：WRF 检索案例 RBR：DM 挖掘规则，决策树规则推理
CBR 与 RBR 并行推理	Phuong，et al，2001	CBR 与 RBR 分别推理，二者推理结果由公式合成
	Romaine，2003	CBR 与 RBR 并行推理，CBR 案例使用最邻近检索算法
CBR 与 RBR 深度结合	Montani，2002	数据分析：RBR 与 CBR 结合 建议生成和选择：RBR

我们采用 CBR 推理为主、RBR 推理为辅的推理方式。在考虑 CBR 与 RBR 方法相结合时，以应急管理领域实际应用（快速方案、辅助决策）为出发点进行考虑。

（1）CBR 推理为辅、RBR 推理为主。在案例数量较少时，倾向于首先使用 RBR 进行规则推理。例如，将 CBR 与 RBR 相结合方法用于疾病诊断，首先使用数据挖掘从健康档案中提取规则，然后使用这些规则进行疾病预测，再利用 CBR 方法提供支持，最后在系统中加以实现。

（2）CBR 推理为主、RBR 推理为辅。当案例数量较多时，则首先考虑利用丰富的案例数据构建 CBR 案例库，并使用数据挖掘工具从案例库中提取规则到 RBR 规则库中，辅助 CBR 进行推理。

有理由相信，"CBR 推理为主、RBR 推理为辅"的融合模式将会是未来的一种重要模式，因为随着公共危机事件的逐年增加，有应用效能的公共危机事件案例库都有一定规模的案例数量，这些案例中蕴藏着大量有价值的信息，需要合适的方法去挖掘发现。

3. 公共危机事件案例库的知识推理模型

本系统采用以案例推理为主、辅以规则推理方式进行设计。首先考虑利用丰富的案例数据构建 CBR 案例库,并使用数据挖掘工具从案例库中提取规则到 RBR 规则库中,辅助 CBR 进行推理。CBR 与 RBR 的结合将提高综合推理能力,有效降低案例库案例检索的负担,从而使整个案例库系统达到更高的智能水平。公共危机事件案例库的知识推理模型如图 7—18 所示,主要包括基于案例推理和基于规则推理两个大的模块。

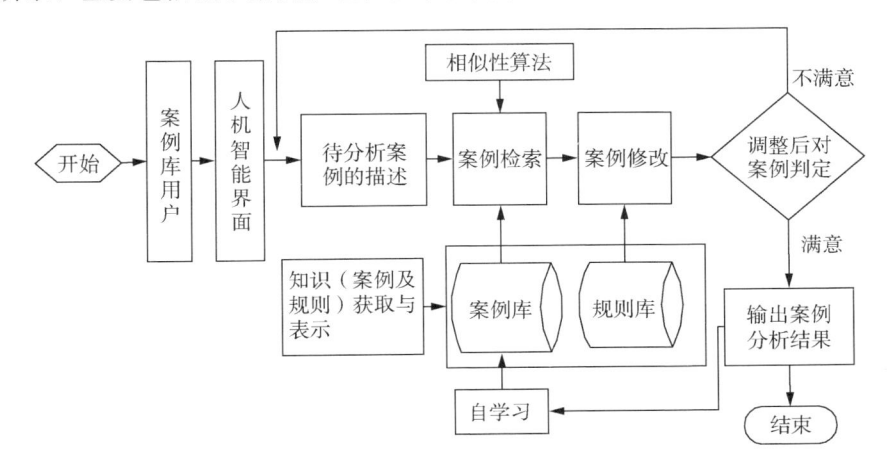

图 7—18 基于公共危机事件案例库的知识推理模型

基于案例推理主要是针对公共危机事件的分析,根据危机事件属性信息检索案例库,查询最为相似或近似的公共危机案例。在检索的案例不能完全匹配当前突发事件或者检索不到符合的应急案例的时候,则调用规则推理模块,修改其中不匹配的部分,或者从头推理出一套突发事件解决方案。

(三) 公共危机案例库推理模型检验

公共危机事件案例库是一个多领域、多属性问题求解系统,需要综合应用领域知识。如前所述,如果将 CBR 和 RBR 在各自领域单独进行知识推理,会存在各自的推理弊端,采用上述两种知识推理方法的耦合机制进行推理,可结合两者的推理优势,提高知识推理效率。

1. 基于 CBR 与 RBR 结合的案例库知识推理框架

由规则推理与案例推理构建案例库的模型主要包含以下几个步骤:(1) 根据设定匹配的推理规则文件,进行新案例的特征描述与抽取,进行规则分析与表示;(2) 对案例结构进行定义,即为案例的知识表示进行规范化操作；（3）进入 CBR 阶段，调用 CBR 模块对案例进行表示、索引，采用系统设置的相似度计算方法进行相似度的匹配；（4）形成基于规则指引、案例保留和归纳学习，获得案例库满意解。

根据 Golding 在 1991 年提出的一套 CBR 与 RBR 结合思想，其基本思路是：为寻找最具相似度的求解，需要对目标案例使用规则库当中的既定规则；如果遇到特殊案例，则采用案例推理的规则求解。基于 CBR 与 RBR 耦合的案例推理框架，构建基于 CBR 与 RBR 的知识推理模型如图 7—19 所示。

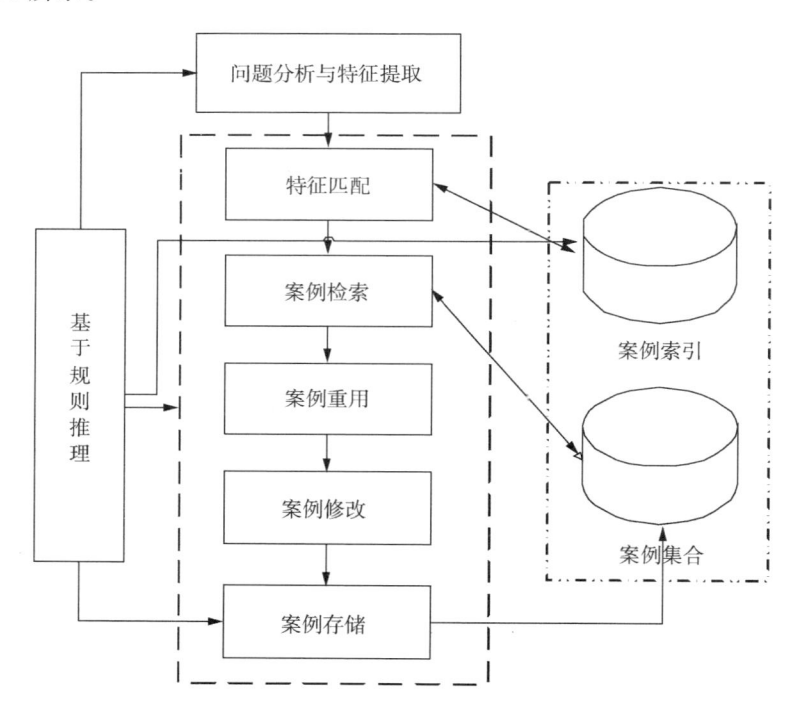

图 7—19 基于 CBR 与 RBR 融合的案例库推理框架

基于 CBR 与 RBR 耦合推理以 CBR 为主推理，在整个过程中，应用 RBR 对 CBR 进行修正与调整。在案例推理中进行问题案例的特征提取、案例表示、案例检索、案例重用、案例修正等操作以后，会存在案例属性赋值等参数确定问题，以及可能的不能获得相似度满意的案例时的情况，那么基于规则推理可以辅助进行这一部分工作，RBR 的辅助推理功能可以简要表述如下：（1）根据问题案例的属性，提取其案例特征（如交通事故案例）；（2）修正案例索引的参数赋值，以获得合适范围的案例集合，适当提高推理效率；（3）基于不同级别、类型的危机案例，修正调整属性权重值，从而圈定最匹配的相似历史案例（源案例）；（4）案例修改的辅助进行。

2. 基于案例推理的模块

基于案例推理模块可以表述为：若未来遭遇一场公共危机突发事件，可以进行当前危机与案例库危机事件属性特征的匹配，依据检索算法，计算出与当前突发事件最为相似的历史案例，通过借鉴后者的事件处理方案，用于解决当前的现实危机事件。

公共危机突发事件案例库的案例推理包括案例表示、案例检索、案例重用、案例修改、案例学习等步骤。首先需要说明的是，依据公共危机事件案例库案例的属性特点，将案例属性划分为数值型、字符型、枚举型、模糊型四类：

（1）数值型：可用具体的数值表示，如自然灾害中的地震灾害案例，其中的地震级别、震源、死亡人数等数值型属性。

（2）字符型：如沉船事故中的航行区域等。

（3）枚举型：基于属性取值的可列举性，每一个案例在该属性中只能取其一，如调度方案等。

（4）模糊型：需要通过隶属度确定属性取值，如"汛期/非汛期"。

CBR 与 RBR 耦合推理模型中基于案例推理的核心流程如下：

（1）案例表示：本模型用框架表示方法进行案例表示。

（2）案例检索：CBR 中案例检索的核心是计算两个案例之间的各个属性之间的相似度，进而得到两个案例的全局相似度。

（3）案例修改与调整：一般情况下，问题案例与源案例会存在一定程度的差别，因而需要将源案例的应急方案进行适当修改，这里需要用到领域知识。CBR 与 RBR 耦合推理中，案例修改包括：①提取出目前突发事件案例的主要属性特征；②基于步骤 1，调用规则库中的知识规则完善应急方案；③结合源案例应急方案与基于规则推理的应急方案，求解出最佳应急方案。

（4）案例保存：将修正后的案例保存在危机事件案例库中，称为新的可操作案例。

3. 基于规则推理的模块

基于规则推理在人工智能中可以称为是专家系统的先驱，规则库一般由条件和结论组成。其基本原理是,当条件满足时,结论求解可以达到。RBR 通过"条件"与"结论"的匹配,得出新的解,一直到问题的最终解答或者给出无解的理由。

(1) 规则库

规则库包含了关于问题领域的一般性知识。RBR 的优点在于能够模拟人类推理思维,且规则形式易于控制与操作。RBR 模块在系统中的应用表现为将领域知识转化为计算机可读取的规则,同时用于规范系统内部处理方法,如案例检索策略、相似度计算、属性权重赋予规则等。

一个典型的 RBR 知识推理系统在进行知识推理时,主要包括 3 个核心部分(图 7—20)。其中,规则库是整个推理系统的基础,由可验证的规则等危机事件领域知识组成,规则库内容的完整性和一致性直接影响到系统的功能和性能。全局数据库用于存放问题求解过程中的信息,这些信息包括问题推理求解中的初始状态、中间结论或最终结论。推理机则决定哪些规则的条件是满足事实的,负责控制并执行问题求解过程:首先用规则的前提部分与全局数据库的事实进行匹配,然后从规则库中选取满足事实的规则。

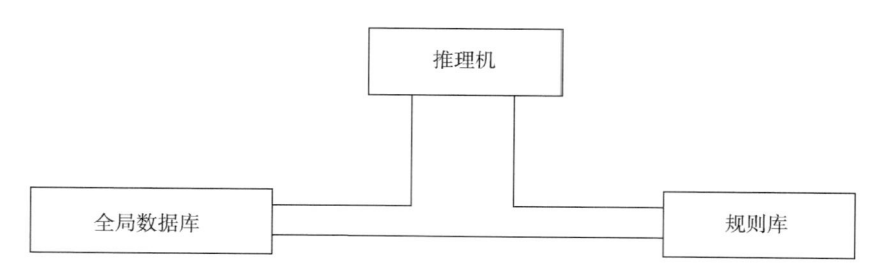

图 7—20 基于规则推理工作模型

案例库可以表示为 $Casebase = \{C_1, C_2, C_3, \cdots, C_n\}$。其中:$C_i = (F_i, S_i)$ 表示案例库中的第 i 个案例;F_i 表示案例的特征集,F_n 表示案例的第 n 个特征;S_i 表示案例 C_i 的解决方案集,S_n 是案例的第 n 个解决方案。存在的问题是,RBR 存在知识获取困难,规则库难于维护,冲突如何消解,推理性能较为脆弱等。

(2) 突发危机事件案例库 RBR 推理模块

规则推理模块选用正向推理,其通过让规则前提与数据库记录相匹配,以现有的数据为起点,继而启用规则的结论。如图 7—21 所示:

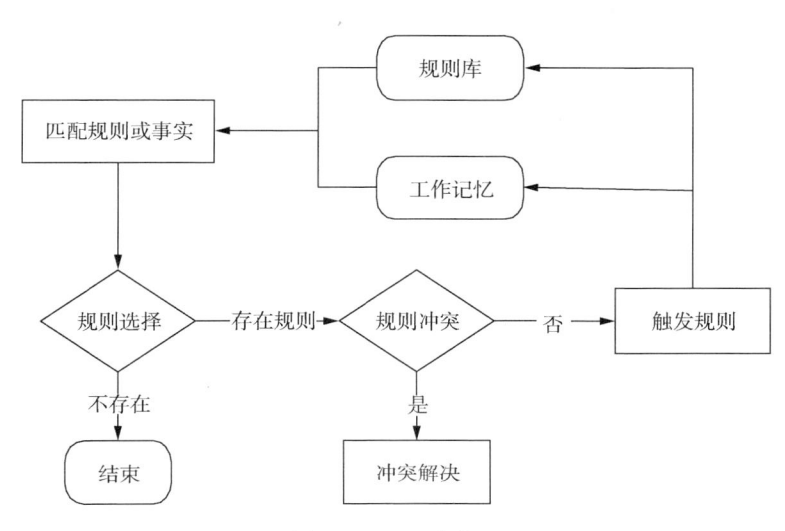

图 7—21　正向推理

正向推理由用户提供基本数据，存放在数据库中，其算法步骤如下：

（1）扫描知识库，产生可用规则集 S，这些规则左边条件为真，即都被事实库中的事实满足。

（2）调用解决冲突算法，从 S 中选出规则 R。冲突解决算法有顺序选择、详细规则优先、重要度优先、最近优先法等。[①]

（3）执行规则 R 右边的结论部分，将产生的新事实加入事实库。

（4）若目标得证或无新的事实存在，则停止推理，否则转步骤（2）。

---

①　张玉峰等：《智能信息系统》，武汉大学出版社 2008 年版。

第八章 公共危机信息管理技术

信息技术及其应用是公共危机信息管理的核心问题之一。美国政府为了促进信息技术在危机管理中的应用，在 2002 年颁布的《电子政府法案》（E-Government Act of 2002）第 214 节中，责成电子政府办公室与 FEMA 共同磋商，以确保开展信息技术应用以提高危机准备、响应能力以及自然灾害与人为灾害管理能力的相关研究。其后，在计算机科学和电讯委员会（the Computer Science and Telecommunications Board）的主持下，成立了信息技术促进灾害管理委员会（the Committee on Using Information Technology to Enhance Disaster Management），专门研究如何促进信息技术在灾害管理和应急管理中的应用，并于 2005 年 6 月 22 日至 23 日，举行了由联邦政府、州政府、地方政府、私营工业界和研究机构代表共同参与的公开研讨会[1]，会后发表了一系列纲领性文件，规划了危机管理技术能力发展的路线图，有效地推动了信息技术在危机管理实践中的应用和危机管理水平的提升。本章阐述公共危机信息管理的技术框架，介绍 5S 技术、通信技术、信息可视化技术及其在危机管理中的应用，并对公共危机管理的信息技术战略问题进行探讨。

第一节 公共危机信息管理技术概述

公共危机信息管理技术来源于信息技术和信息管理技术，但由于公共危机对信息与信息管理需求的特殊性，公共危机信息管理技术在规划、实

---

[1] Committee on Using Information Technology to Enhance Disaster Management, National Research Council. *Improving Disaster Management: The Role of IT in Mitigation, Preparedness, Response, and Recovery*. The National Academies Press，Washington，D. C.

施和应用方面有其自身的特点。

一 信息技术

广义的信息技术包括基础技术、支撑技术、主体技术和应用技术,它们共同构成信息技术的完整体系。

(一)基础技术

基础技术处于信息技术体系的最底层,主要指新材料、新能量技术等,信息技术在性能、水平等方面的提高有赖于这两类技术的进步。如电子信息技术从电子管向晶体管、集成电路、超大规模集成电路的迈进,归根结底是由于锗、硅、砷化镓、金属氧化物半导体等新材料的开发和利用,而激光信息技术的发展则有赖于各种激光材料的开发和激光能量的利用。

(二)支撑技术

第二层是支撑技术,主要是指机械技术、电子技术、激光技术、空间技术和生物技术等。信息技术通过各种支撑技术才能实现,这是因为表征事物的运动状态及其运动状态变化方式的信息都可以通过机械的、电信号的、光信号的等物理参量表现出来,并且比较容易地为人们识别、控制、处理和利用。于是,人们便把用机械技术来实现的信息技术称为机械信息技术,如算盘、计算尺、手摇计算机、电动计算机等;把用电子技术来实现的信息技术称为电子信息技术,如广播电视、电话电报、电子计算机等;把用激光技术实现的信息技术称为激光信息技术,如激光光纤通信、激光控制、激光计算机等;把用空间技术实现的信息技术称为空间信息技术,如通信卫星、行星探测器等;把用生物技术实现的信息技术称为生物信息技术,如生物传感器、生物计算机等。

(三)主体技术

支撑技术之上就是主体技术。主体技术是指感测技术、通信技术、计算机技术和控制技术。由于收集(collection,即"感测"的基本作用)、通信(communication)、计算机(computer)和控制(control)的英文第一个字母均为"C",故有人为了简便就称信息技术为"1C"技术、"2C"技术、"3C"技术或"4C"技术。

"1C"就是把信息技术简单地归结为计算机技术,显然,这是非常片面的。因为若没有信息的来源和信息的流通，孤立的计算机的作用是非常有限的。

"2C"是指计算机和通信，由于人们认识到计算机和通信技术会紧密地结合在一起，因而认为信息技术就是计算机技术和通信技术。美国哈佛大学的安东尼·奥廷格则创造了另一个新词"Compunication"，含义为计算机通信技术，用来表示运用数字电子技术将计算机、电话、电视结合起来形成一个具有不同功能的系统。但是，"2C"这种说法同样也是不全面的，因为没有传感技术而仅靠人自身的感觉器官，所获得的信息将是有限的。

"3C"是指计算机、通信和控制，不过有人认为控制不应单列为一项，因为它只是计算机的一项功能。但我们认为，考虑到控制本身的多样性，把它单列为一项也未尝不可。事实上，控制是信息发挥作用、完成人类改造世界活动的基本前提。当然，"3C"说法也是不全面的，因为它忽略了感测技术。

"4C"是指收集（感测技术）、通信、计算机和控制。感测技术包括遥感、遥测及各种传感器技术，从我们人类自身信息器官所构成的功能系统角度来看，"4C"的说法应该是比较全面的。对危机管理来说，由于涉及大面积地理区域的灾情监测或突发事件信息收集，遥感、遥测等技术更有价值。

（四）应用技术

应用技术是指针对各种实用目的由主体技术繁衍而生的各种各样的应用技术群，具体地说，就是按主体技术的应用领域，如农业、工业、交通运输、财政金融、图书情报、科学文化、教育卫生、文艺体育、行政管理、社会服务、家庭生活、军事国防等区分出来的信息技术，它们构成了一个完整的应用技术体系。信息技术在各行各业中的广泛应用，表明了它具有强大的渗透力，也表明了它与人类的各个领域具有十分密切的联系。从本质上来说，信息技术在各个领域里的普及应用实际上是增强劳动资料的信息属性，使劳动工具自动化、智能化，即将信息技术同其他技术结合起来，使这些技术的潜力能得到最大限度的发挥，而这正是各行各业信息化的基本内容。

狭义的信息技术是上述信息技术体系中的主体技术和应用技术，因为它们可以直接延长、扩展人类信息器官的功能；基础技术和支撑技术尽管也很重要，但是在一般情况下不称其为信息技术，只有在某些特定条件下才称其为信息技术，而这时所指的信息技术就是广义的。

在信息管理中，信息获取技术主要包括数字化技术（纸质、音频、视频）、全文检索、图像检索、视频检索；信息处理技术主要包括元数据技术、自动分类、自动标引、自动文摘、OCR 技术、图形图像处理技术、主题信息网关、网络资源指南、数据库技术、数据仓库、数据挖掘、超媒体技术等；信息传递技术主要包括网络技术（局域网技术、VPN、VLAN）、网站技术、RSS 技术等；信息存储技术包括网络存储技术（DAS、NAS、SAN）、磁盘阵列技术（RAID）、光盘存储系统等。此外，还有信息控制技术，包括信息安全技术、数字版权、电子印章、数字水印、XML、PKI/PMI 等。

二　公共危机信息管理技术

在公共危机信息管理中，公共危机信息的搜集获取、分析处理、传播交流和展示利用应用了众多的信息技术，为公共危机的减除、准备、响应和恢复提供决策和行动的信息支持。

（一）公共危机信息搜集技术

公共危机信息来源广泛，以多种方式和数据格式存在于网络、媒体、地理数据库等载体中，公共危机信息搜集技术主要包括 Web 主题信息搜集、图像数据获取、GIS 数据挖掘、传感器技术和遥感遥测技术。

Web 主题信息搜集技术是指有效地获取 Web 信息的技术。Web 信息包括 Web 内容信息，如文本、图像、音频、视频、多媒体信息等；Web 结构信息，如 Web 空间结构等信息；Web 用户行为信息，如 Web 日志文件等内容。

图像数据获取技术主要指运用卫星拍照、DPS（数字摄影测量系统）等技术手段获取灾害发生地的地理环境影像等信息，也可运用普通拍照、摄像技术获取危机事件的图像资料。

GIS 数据挖掘是基于 GIS 技术针对 GIS 数据库而言的，GIS 数据库存储大量的空间、地理信息，需要运用空间数据挖掘技术，快速准确地从 GIS 数据库庞杂的信息中发现对备灾、救灾最有价值的信息元素。

传感器技术与计算机技术、通信技术一起被称为当前信息技术的三大支柱。传感器技术是关于从自然信源获取信息,并对之进行处理(变换)和识别的一门多学科交叉的现代科学与工程技术,它涉及传感器(又称换能器)、信息处理和识别的规划设计、开发、制造、测试、应用及评价改进等活动。传感器技术在危机管理中的应用十分重要,部署在危险区域的传感器可以实时监测潜在风险的各种指标,从而可以判断发生灾害的可能性。

遥感遥测技术主要指运用全球定位系统(GPS)、遥感系统(RS)等,对远距离目标进行定位和状态监测。

(二)公共危机信息处理技术

公共危机信息处理技术主要包括数据库、Web 主题信息分析、数据挖掘和专家系统等技术。

数据库技术通过研究数据库的结构、存储、设计、管理以及应用的基本理论和实现方法,实现对数据库中的数据进行处理、分析和理解,是公共危机信息处理的最基本的工具。Web 主题信息分析主要是指针对 Web 数据进行的挖掘,利用数据挖掘技术从与 Web 相关的危机信息资源和 Web 用户行为中抽取感兴趣的、有用的模式和隐含信息。专家系统是应用人工智能技术和计算机技术,根据公共危机领域多个专家提供的知识和经验进行推理和判断,模拟人类专家的决策过程,以便解决那些需要专家处理的复杂危机决策问题。

(三)公共危机信息传播技术

公共危机信息传播技术主要侧重于传播渠道(传播方式),目前最活跃的传播方式是网络技术和无线通信技术。

网络技术主要指互联网(Internet)技术,通过互联网传播的信息涉及面广、传播速度快,并由此催生了社交网站、微博、微信、博客、论坛、播客等新的社交媒体(Social Media),在突发事件信息传播中发挥着日益重要的作用。无线通信技术则主要指无线互联网、移动通信终端设备等,普通情况下主要是手机等载体,在特殊情况下可能启用卫星海事电话等设备。

(四)公共危机信息利用技术

公共危机信息利用技术主要指信息可视化技术,包括风险地图、信息可视化、视频展示技术等,三维的地理信息展示技术也越来越多地运用到应急管理中,可以将灾害地区的地理信息及相关救灾物资储备信息、道路信息等以三维的方式展现在系统界面上，方便使用和操作。

第二节 5S 技术

一 5S 技术概述

5S 技术是遥感技术（Remote Sensing，RS）、地理信息系统（Geography Information Systems，GIS）、全球定位系统（Global Positioning Systems，GPS）以及数字摄影测量系统（Digital Photogrammetry System，DPS）、专家系统（Expert System，ES）的统称，因各自英文名称中都含有一个以 S 开头的单词，所以习惯称呼它们"5S 技术"。"5S 技术"是空间技术、传感器技术、卫星定位与导航技术及计算机技术、通信技术相结合，多学科高度集成的对空间信息进行采集、处理、管理、分析、表达、传播和应用的现代信息技术。近年来，5S 技术深入发展、相互融合，丰富和发展了地球空间信息科学（Geomatics），成为信息科学和信息产业的一个重要组成部分，并在减灾防灾和危机管理中得到越来越广泛和深入的应用。

（一）遥感技术（RS）

遥感技术是 20 世纪 60 年代兴起的一种探测技术，是根据电磁波理论，应用各种传感仪器对远距离目标所辐射和反射的电磁波信息，进行收集、处理，并最后成像，从而对地面各种景物进行探测和识别的一种综合技术。

现代遥感技术由三部分组成：(1) 遥感器。这种仪器能接收到物体发射或反射过来的电磁波，感知远处物体的性质。目前遥感器有航空摄影机、多光谱照相机、多光谱扫描仪和微波雷达等。(2) 遥感平台。是装载遥感器的工具，飞机、气球、火箭、人造卫星和航天飞机等均可充当。(3) 遥感图像处理。为满足各种不同的应用要求，需要对遥感器获取的原始图像进行处理。常用方法有光学的和电子学的两种，而目前以电子技术中计算机数字处理最为常用。

现代遥感技术有着广泛的实用价值。利用航空遥感，对地面大范围的勘测、找矿找水，进行荒地、森林、水利和地热资源的调查，监视农作物长势、病虫害，河、湖、海洋污染及森林草场火灾蔓延，以及对河床演变、海岸变化、海水运动、洪水泛滥等动态变化的监视都有很好的应用效果。目前很多国家都在研究设计更多的新型探测仪器，并逐步朝着多波段、高分辨率及微型化方向发展。我国遥感技术经过30多年的发展，已研制成多种可见光、红外和微波遥感器，并应用于国民经济的许多领域，取得了显著的效益。

（二）地理信息系统（GIS）

地理信息系统（GIS）又称为空间信息系统，是加拿大测量学家R. F. Tomlinson在1963年首先提出的，并且他建立起世界上第一个GIS——加拿大地理信息系统（CGIS）。GIS是一个处理地理数据的输入、输出、管理、查询、分析和辅助决策的计算机系统[1]。其主要由计算机软硬件系统、地理空间数据库和系统管理人员组成，基本理论是计算机科学，基本技术是数据库、地图可视化及空间分析。GIS具有信息采集、编辑、显示、管理、输出多种地理空间信息，以及进行区域空间分析、多要素综合分析、规划以及动态预测的功能，具有空间性和动态性特征。

50多年来，GIS在功能、软件体系结构、开发模式以及系统应用等方面都有了很大发展。技术方面，计算机科学的飞速发展为地理信息系统提供了先进的工具和手段，许多计算机领域的新技术，如面向对象技术、三维技术、图像处理和人工智能技术都在逐步融合应用到地理信息系统中。日益广泛的使用领域以及对地理信息系统的高标准要求也加速了这些技术的应用与成熟。应用方面，近些年来GIS在地质找矿和矿产资源预测及评价、土地整治和自然资源管理及区域经济规划、各种灾害的评估和防治、国情综合研究、城市建设、农作物估产、耕地动态变化等方面的应用十分广泛，且效果良好，具有十分广阔的发展前景。

（三）全球定位系统（GPS）

全球定位系统GPS是1973年美国为改进原有的海军导航卫星系统（NNSS）而确定研制的新一代高科技GPS，称作全球定位系统。美国于1993年年底建成实用的GPS网，开始投入商业运营。GPS克服了NNSS系统的缺点，采用多星、高轨、高频、测时—测距体制，实现了全球覆盖，全天候，高精度，实时导航定位。

---

[1] 吴信才：《地理信息系统的基本技术与发展动态》，《地球科学》1998年第4期。

GPS 主要由空间部分、地面控制和用户设备三大部分组成（如图 8—1）。GPS 的空间部分由 24 颗高空工作卫星组成，这些 GPS 工作卫星共同组成了 GPS 卫星星座，其主要功能为接受和存储地面监控站的导航信息，并向用户连续不断发送导航定位信号等；地面监控系统是跟踪观测 GPS 卫星同时收集卫星发送的信号等；用户设备主要是接受 GPS 卫星发送的信息，获取定位的观测值，提取导航电文中的广播星历、卫星钟改正等参数，经信息数据的处理而完成导航定位工作。

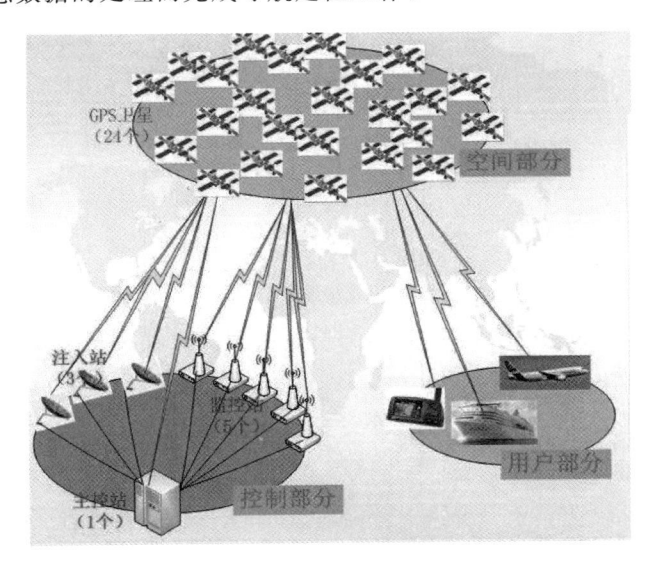

图 8—1　全球定位系统（GPS）

GPS 应用领域十分宽广，在大地测量、工程测量、水利、电力、交通、资源勘探和航海等领域都有着广泛的应用。我国经过 20 余年的发展，自主研发的北斗卫星导航系统［BeiDou（COMPASS）Navigation Satellite System］于 2012 年 12 月 27 日起提供连续导航定位与授时服务，成为继美全球定位系统（GPS）和俄罗斯 GLONASS 之后第三个成熟的卫星导航系统。已在我国的测绘、渔业、交通运输、电信、水利、森林防火、减灾救灾和国家安全等诸多领域得到应用，产生了显著的经济效益和社会效益，特别是在四川汶川、青海玉树抗震救灾中发挥了非常重要的作用。在国家重点工程三峡工程、青藏铁路、西气东输等重大项目的建设中，GPS 接收机被用来进行控制测量、地形测量、地质灾害预警和滑坡检测等工作，在保证工程质量和加快工程建设方面发挥了重要作用。另外,汽车行业的迅猛发展使得 GPS 车载导航系统需求巨大;GPS 卫星导航与无线通信设备相结合技术也日益成熟。这些都显示着 GPS 广阔的发展前景。

(四) 数字摄影测量系统 (DPS)

数字摄影测量的发展起源于摄影测量自动化的实践,即利用相关技术实现真正的自动化测图。数字摄影测量从产生到发展经历了 3 个阶段:(1) 30 年代的模拟摄影测量;(2) 70 年代的解析摄影测量;(3) 发展至今的数字摄影测量[1]。数字摄影测量是一种基于数字影像系统的摄影测量计算机处理系统,在美国又称为软拷贝摄影测量式像素摄影测量。数字摄影测量系统利用人工和自动化技术,由数字影像经过各种数字摄影测量处理(包括数字图像处理)而生成各种数字和模拟产品。

数字摄影测量系统的发展使计算机数字图像处理和计算机视角等高技术结合起来,随着空间技术、信息科学和计算机技术的飞速发展,全数字摄影测量系统研究成果与"3S"不断集成,并逐步进入商品化阶段,在诸如军事应用与现代战争、农村地籍测量等领域扮演极其重要的角色。

(五) 专家系统 (ES)

作为人工智能一个重要分支的专家系统,是在 20 世纪 60 年代初期产生和发展起来的一门新兴的应用科学,正随着计算机技术的不断发展而日臻完善和成熟。1982 年美国斯坦福大学教授费根鲍姆给出了专家系统的定义:"专家系统是一种智能的计算机程序,这种程序使用知识与推理过程,求解那些需要杰出人物的专门知识才能求解的复杂问题"[2]。早期的专家系统结构一般由知识库、全局数据库和解释程序三个基本部分组成。随着专家系统应用的发展,其体系结构也产生了变化,一个理想的专家系统的体系结构大体上由 7 个部分组成:语言处理程序、知识库、全局数据库、解释程序、调度程序、协调程序、说明程序等。

从 20 世纪 80 年代后期开始,计算机技术发展不断成熟,并被成功运用到专家系统之中,使得专家系统得到更广泛的运用,人们研究和开发了许多基于某种模型的专家系统,其中较为流行的有:基于规则的专家系统、基于案例的专家系统、基于模糊逻辑的专家系统、基于人工神经网络

---

[1] 李凌、谢丽莎:《论全数字摄影测量系统的发展》,《测绘标准化》2002 年第 2 期。
[2] 杨兴、朱大奇、桑庆兵:《专家系统研究现状与展望》,《计算机应用研究》2007 年第 5 期。

的专家系统和基于遗传算法的专家系统等。当下,专家系统的研究不再满足现有的各种模型与专家系统简单的相结合,逐步向着通用性、分布式和协同性深层次方向发展。

二 5S技术在危机信息管理中的应用

国家民政部在2006年发布的《国家自然灾害救助应急预案》指出:充分发挥环境与灾害监测预报小卫星星座、气象卫星、海洋卫星、资源卫星等对地监测系统的作用,建立基于遥感和地理信息系统技术的灾害监测、预警、评估以及灾害应急辅助决策系统。2011年民政部对《预案》做出修订,补充强调建立基于遥感、地理信息系统、模拟仿真、计算机网络等技术的"天地空"一体化的灾害监测预警、分析评估和应急决策支持系统[1]。

加快遥感地理信息系统、全球定位系统、网络通信技术的应用以及防灾减灾高技术成果转化和综合集成,建立国家综合减灾和风险管理信息共享平台,完善国家和地方灾情监测、预警、评估、应急救助指挥体系,对于进一步提升我国自然灾害监测调查的整体水平,有效防治各种自然灾害,降低灾害损失,具有十分重大的现实意义。

(一)遥感技术

在突发性自然灾害日益加剧的形势下,传统的灾害监测方法已不能适应防灾减灾工作的要求。遥感技术作为一门对地观测综合性技术,具有宏观、快速、动态性强、受地面条件影响少等众多优点,可以大面积、全天时、全天候地开展灾害监测与调查,提供常规监测手段难以获得的各种遥感数据,已成为灾害监测的重要技术手段。

在各种自然灾害中,地质灾害占有很大的比重,造成的损失也往往巨大。而地质灾害中的滑坡、崩塌、泥石流等灾害个体以及它们组合形成的灾害群体,在遥感图像上呈现的形态、色调、影纹结构等均与周围背景存在一定的区别。因此,对崩塌、滑坡、泥石流等地质灾害的规模、形态特征及孕育特征,均能从遥感影像上直接判读圈定[2],这对于地质灾害预警、

---

[1] 中华人民共和国民政局[2011]文件《国家自然灾害救助应急预案》(2011)。
[2] 刘珺、贾明:《浅谈遥感技术在地质灾害调查中的应用》,《科技情报开发与经济》2005年第5期。

灾情监测与评估有着最直接有效的作用。

(1) 遥感技术在灾害预警中的应用

冯雨林等通过对泥石流频发地西藏古乡沟运用 3D 遥感影像模型，有效论证了遥感技术在泥石流地质灾害预警中的作用[①]。该研究在提取泥石流灾害体的特征信息后，建立灾害体的 3D 仿真模型，对特征信息进行归一化处理和等级划分、赋值，最后通过建立灰色类别模型，有效地对古乡沟泥石流灾害做出了危险性评价，为当地防灾避难提供科学依据，也对遥感技术在地质灾害预警中的应用给予了有益的启发。

(2) 遥感技术在灾情监测与评估中的应用

2008 年汶川地震发生后，国家遥感中心迅速组织相关专家，研究分析来自高分辨率遥感卫星、航空遥感飞机以及 CBERS-02B、福卫二号及 SPOT 5 等平台的卫星数据，制作出遥感背景对比图（图 8—2、图 8—3）[②]。通过研判，在第一时间获得灾情信息，并及时送往四川抗震救灾指挥部以辅助决策指挥抗灾救灾。同样地，利用航天和航空遥感，及时开展汶川地震灾情评估工作，完成不同烈度人口影响评估，以及房屋倒损、道路损毁、人员伤亡等灾情及次生灾害评估、灾情综合评估、地震灾害范围评估、地震灾害经济损失评估等工作，为灾区重建规划提供了科学依据和决策咨询。

(二) 地理信息系统 (GIS)

随着地质灾害研究的深入，很多新的课题被提出。GIS 作为当前高科技发展的产物，一直是地质灾害预测与评价的强有力的工具，在防灾减灾过程中发挥着重要功能。GIS 在自然灾害信息管理中的应用可概括如下：[③]

(1) 灾情的模拟预报与多源数据集的处理

在自然灾害灾情模拟预报中，GIS 能够存储、处理、分析、计算和成图显示空间数据。在进行多因子定量模拟分析和对因子间相互定量关系研究方面，地理信息系统的多源地学专题信息复合叠加处理功能（Overlay）

---

① 冯雨林等：《3D 遥感影像模型在古乡沟泥石流地质灾害预警中的应用》，《地质灾害与环境保护》2009 年第 3 期。
② 《汶川地震前后大对比 成大解析福卫二号影像》，2010 年 5 月 13 日，http://www.zhg-pl.com/doc/1013/2/0/2/101320205_2.html?coluid=156&kindid=5781&docid=101320205&mdate=0513002522。
③ 刘勇、巫锡勇：《浅谈 GIS 在地质灾害中的几点应用》，《四川建筑》2004 年第 5 期。

图 8—2　福卫二号 2006 年 5 月 14 日拍摄的堰塞湖前的状况与
2008 年 5 月 13 日拍摄的堰塞湖状况

图 8—3　福卫二号 2006 年 5 月 13 日拍摄的北川县城与
2008 年 5 月 13 日拍摄倒塌后的北川县城

和过滤（Filter）功能等有着明显的优势和极高的效率，对受控于多种因素影响和作用的地质灾害的定量仿真模拟和预测预报具有十分重要的理论指导意义和实用价值。

多源数据处理方面，印度 Roorkee 大学地球科学系的 R. P. GUPTA 和 B. C. JOSHI（1990）用 GIS 对喜马拉雅山麓的 Ramganga Catchment 地区进行了滑坡灾害危险性分析。通过对多源数据集如航空像片、MSS 磁带数据、MSS 图像、假彩色合成图像及各种野外数据，包括地震、构造、地形、土地利用及滑坡分布等进行处理，解译绘制出地质图（岩性与构造）、滑坡分布图、土地利用图等专题平面图。将这些数字图及属性数据存储在GIS系统中，从中可找出与滑坡灾害评价相关的因素，利用GIS的更新、网格化、空间叠加功能，可以得到一张反映每个地区的灾害权重总和的综合图件。根据给定标准，即可在图上勾绘出滑坡灾害危险性分区。

（2）GIS结合灾害评价模型的扩展分析

美国科罗拉多州立大学Mario Mejia - Navarro和Ellen. Wohl（1994）利用GIS对哥伦比亚麦德林地区地震灾害进行了分析和研究。重点考虑了基岩和地表地质条件、构造地质条件、气候、地形、地貌单元及其形成作用、土地利用和水文条件等因素。根据各因素的组成成分和灾害信息存储、缓冲区分析、DEM模型及叠加分析等功能，对有关滑坡、洪水和河岸侵蚀等灾害倾向地区进行了灾害分区，并对某一具体事件各构成因素的脆弱性进行了评价。

在国内，朱良峰等研究开发出了基于商业GIS软件的区域地质灾害风险分析系统（RiskAnly），利用GIS的空间分析功能，对中国滑坡灾害危险性进行了分析，将历史滑坡分布密度图与各主要影响因素分布图进行叠加，然后计算出其信息量，最后根据信息量的大小进行危险性分级并制作出滑坡灾害危险性等级分布区划图。将滑坡灾害的危险性进行了4个等级的划分：①极高危险性；②高危险性；③中等危险性；④低危险性。

（3）GIS与决策支持系统（DSS）的集成

Mario Mejia - Navarro等人将GIS技术与决策支持系统结合，利用GIS（主要是地理资源分析支持系统GRASS软件）及工程数学模型，建立了自然灾害及风险评估的决策支持系统，并应用在科罗拉多州的GlenwoodSprings地区。应用GIS建立指标因素数据库，并建立基于GIS的多个控制变量的权重关系式。对泥石流、洪水、地面沉降、由风引起的火灾等灾种进行了灾害敏感性分析、脆弱性分析及风险评估，辅助政府部门决策。

（三）全球定位系统（GPS）

自20世纪90年代初开始，由于GPS具备常规测量所不具备的优越性，诸如不要求视线通视、不受测区环境限制、效率高等，为滑坡监测乃至整个形变监测提供了新的手段[①]。GPS的出现同样使得工程测量有了一个大的飞跃，形变监测也随之走入高精度、数字化、全天候的新阶段。随

---

① 苔全奎：《GPS测量技术在滑坡监测中的应用》，《西北水电》2002年第2期。

着 GPS 接收机硬件性能和软件处理技术的提高，GPS 精密定位技术已在大地测量、地壳形变监测、精密工程测量等诸多领域得到了广泛的应用和普及。目前，采用 GPS 定位技术进行精密测量，平差后控制点的平面位置精度可以达到±（1—2）mm，高程精度为±（2—3）mm。研究结果表明，采用性能优良的接收机和优秀的数据处理软件，在采取一定的措施后，GPS 能在短时间（几十分钟）内以足够的灵敏度探测出变形体平面位移毫米级水平的变形。因此 GPS 在像三峡大坝地基沉降、武广高铁沿线地基沉降，以及泥石流、滑坡灾害、崩塌灾害的观测和预防上，起到了很大的作用。

相关链接 8—1：GPS 技术在三峡库区地质灾害专业监测中的应用

随着三峡库区水位的不断抬升，三峡库区地质灾害受到了党和政府的高度重视，国土资源部启动了三峡库区地质灾害监测预警工程专业监测系统。该系统采用 GPS、RS 及深部位移监测等技术手段，对库区突发性地质灾害进行应急监测。从技术操作、监测需要、费用节省、作业方便等角度出发，构建了三峡库区三级 GPS 监测网方案，即 A 级控制网、B 级基准网、C 级变形监测网。

三峡库区 GPS A 级控制网是整个库区地表 GPS 变形监测的框架网，为全库区地质灾害监测提供了统一的坐标基准。按精度、可靠性、经济性三个指标及国家 A 级网要求建设了 14 个 GPS A 级控制点，分布在秭归、兴山、巴东、巫山、巫溪、奉节、云阳、开县、万州、丰都、武隆、长寿、巴南、江津各县（区、市）。GPS A 级控制网如图 1 所示。

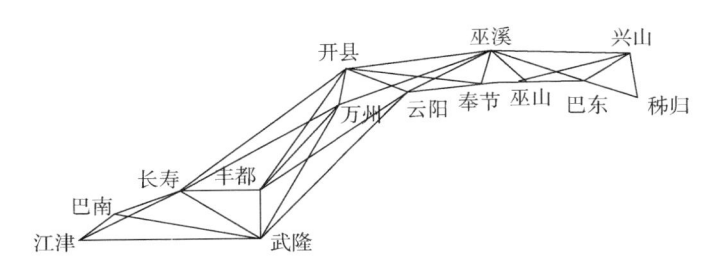

图 1　GPS A 级控制网

三峡库区 GPS B 级基准网点既是滑坡体变形监测的基准，又是 C 级变形监测点的相对基准点，还可为三峡库区滑坡工程防治、库区工程建设、工程测量等工作提供控制坐标。因此基准点的正确性、可靠性、稳定性至关重要。

根据每一滑坡体的实际情况,在其上部或左右地质条件稳定处,布设2—3个GPS基准点,基准点与监测点的距离一般小于3km,最远不超过5km。各滑坡体的基准点连在一起构成基准网,GPS B级基准网如图2所示。构成了由A级控制网布控下的B级基准网。全库区210个基准点分成四个基准网,即秭归—巴东段基准网(51点)、巫山—奉节段基准网(41点)、云阳—开县段基准网(67点)、丰都—江津段基准网(51点)。B级基准网点的稳定性由A级控制网一年或两年联测复核一次。

图 2 GPS B 级基准网

按照地质灾害体的变形特征及GPS C级网要求,共建成127个崩塌滑坡和2段库岸GPS监测标墩1070个。GPS C级变形监测网直接布设在地质灾害体上,构成纵横相交的监测剖面。通过与灾害体附近的B级基准点联测,可直接反映出每个变形监测点相对于基准点的变形情况,以便于对灾害体进行分析预报。GPS C级变形监测网的数据处理采用由国土资源部国际合作与科技司委托、武汉大学承担、三峡库区地质灾害防治工作指挥部协作开发的"GPS单历元直接解算变形信息软件Gquicks"处理。其在GPS接收数据少于4颗卫星的情况下仍可解算,非常适合库区监测环境并大大提高了工作效率。当变形体监测基线小于3km时,在20min观测时段内,解算精度可使水平精度达到±(2—3)mm,垂直分量达到±(4—6)mm。

2003年汛期前后,三峡库区地质灾害防治工作指挥部委托武汉大学测绘学院对三峡库区卡子湾等变形较大的滑坡进行了连续5期的GPS变形监测。监测充分利用了三峡库区三级GPS网监测地质灾害体地表形变的思想,取得了较好的监测预警效果。

三峡库区三级GPS网的布设,为全库区地质灾害监测预警提供了统一的坐标基准,为 GPS 基准网提供了准确的起算数据,为分析各滑坡体基准点的稳定性提供了参考。三峡二期地质灾害防治的实践表明,其较好地满足库区地质灾害体监测预警的要求,及时、准确地反映了地质灾害体的变形情况及特征,为防治地质灾害提供了科学的判断依据。

(资料来源:伍岳等:《GPS 技术在三峡库区地质灾害专业监测中的应用》,《测绘信息与工程》2006 年第 5 期》)

(四) 5S 技术的集成

GIS、RS、GPS、DPS 和 ES 这 5 大技术工具虽各具特色,但在实际工作中单独使用时各自存在的缺陷却很明显。如 GPS 可在瞬间产生目标定位坐标却不能给出点的地理属性;RS 可快速获取区域信息但又受光谱波段限制,而且还有众多地物特征不可遥感;DPS 自动化程度还不够高,实现立体视觉意义上真正的三维地形图还有待发展[1];GIS 具有较好的查询检索、空间分析计算和综合处理能力,但数据录入与获取始终是个瓶颈问题;GIS、RS、GPS 三者结合虽丰富了环境信息的获取、分析和表现手段,但对信息处理能力有限,对中高层次的决策支持不够。这些各自缺陷推动着 5S 技术必然性地走向融合。

实践中 5S 技术也只有充分融合,才能使得效能更好地发挥。摄影测量和遥感学科作为"地球空间信息学"的有机组成部分,是为数字地球提供实时、动态、全球、廉价和其他方法难以取代的空间框架图像数据,及从中导出语义与非语义信息的唯一技术手段。GPS 定位技术、数字摄影测量与遥感技术的结合现已成为 GIS 的数据采集和数据及时更新的主要技术手段和有力支撑。而人工智能与专家系统技术的进步与成就则为 GIS 数据处理和服务决策提供了导向与桥梁作用。因此只有把"5S"相互结合,取长补短,相辅相成,才能为危机管理尤其是自然灾害的预警与救灾工作提供比较完善的技术支持。5S 技术融合的支持结构如图 8—4 所示。

5S 技术融合所构成的系统是高度自动化、实时化和智能化的地学信息系统。这种信息系统不仅具有一般系统的搜集、查询、处理功能,而且能够对通信数据进行挖掘和其他智能处理,为公共危机管理科学决策提供信息咨询,有力提升突发灾害应急处置的水平。

---

[1] 张祖勋、张剑清、张力:《数字摄影测量发展的机遇与挑战》,《武汉测绘科技大学学报》2000 年第 1 期。

图 8—4　5S 融合技术支持结构

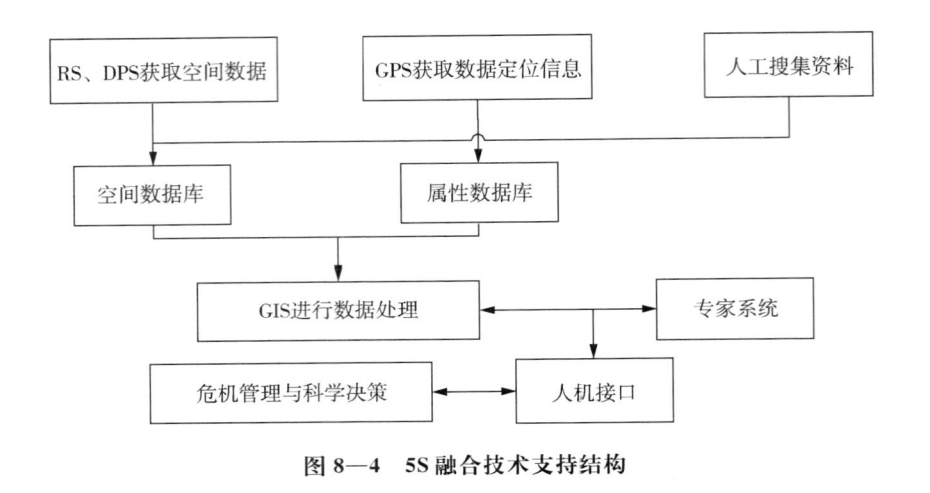

第三节　应急通信技术

一　应急通信技术及其分类

目前应用最广泛的应急通信方式包括卫星应急通信、移动应急通信、应急电台、网络应急通信等应急通信方式[①]，按应急阶段的不同又可划分为平时通信和战时通信。

（一）按应急阶段不同

1. 平时通信

平时通信是指未发生阻断正常通信方式的公共危机事件发生时，所采取的以常规通信方式为主的通信。平时通信仍然以电话、网络、邮件、视频对话等方式为主。平时通信并不是完全忽视应急通信方式，公共危机事件的突发性决定了平时通信也要时刻准备着切换到应急通信方式。

2. 战时通信

战时通信是相对于平时通信而言的，主要采取以无线为主的非常规通信方

---

① 李文峰、韩晓冰、汪仁、张登福：《现代应急通信技术》，西安电子科技大学出版社 2007 年版。

式，如卫星通信、应急电台等。由于移动通信方式也会随着移动基站受破坏而受到影响，因此战时通信方式主要以卫星通信为主，辅助于应急电台通信。

（二）按通信方式不同

1. 卫星应急通信

利用卫星通信不受地面灾害影响的特点，大力推进卫星电话的应用，作为最后的通信手段为灾难应对提供可靠的保障（图8—5）。卫星不受任何地理、气候等自然条件的影响，通过语音、数据、视频等手段进行应急通信，对及时了解灾情，保证应急指挥中心与灾害现场的通信畅通，把灾害破坏性降到最低有着重要的意义。

灾情发生时，如果地面通信设施遭到破坏，就不能及时与外界取得联系。卫星应急通信系统由于其网络搭建快、机动灵活、响应速度快、不受外界环境的干扰，成为应急通信的首选。它可以实时反映现场的灾情，及时与外界取得联系，把灾情传送到应急指挥中心，并接受指挥调度。2005年卡特里娜飓风期间，美国联邦应急管理总署就派出了20多台卫星应急通信车赶赴现场，极大地缓解了当地通信系统的压力。

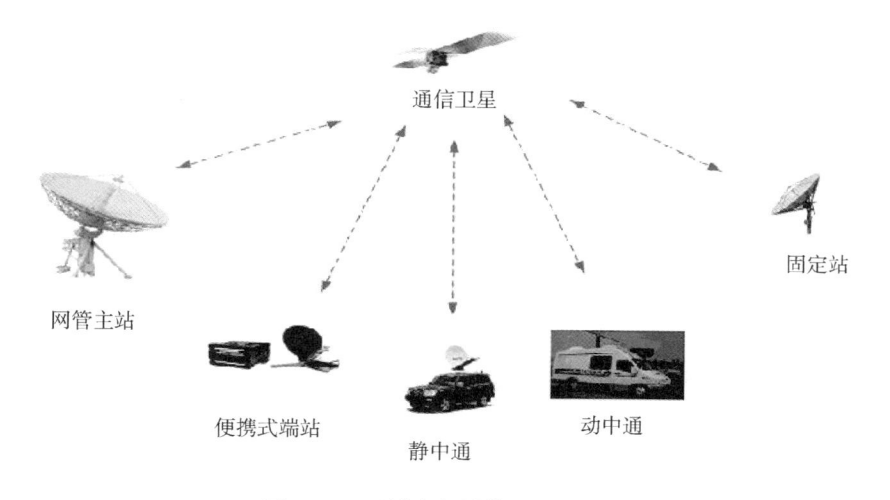

图8—5 卫星应急通信网络示意图

国际电信联盟（ITU）与全球通信公司（ICO）和联邦商业委员会达成协议计划，利用卫星通信手段改进自然灾害发生时的全球响应。ITU的数据显示，在2006年一年中，自然灾害导致的死亡人数已经超过21800人，其中那些居住在边远和闭塞地区的贫困人口，最易遭受灾害打击，95%的遇难者都居住在最不发达国家。在世界范围造成的经济损失达 650 亿美元。

为此，ITU 倡导了这一合作，希望通过卫星开展应急通信工作。全球通信公司在其 F2 卫星上每天预留出一小时的工作时段，以便在自然灾害之后通过话音通信及其他电信应用手段（包括远程医疗）进行应急通信，来帮助世界各国进行防灾准备、提供早期预警信息并触发快速响应。在灾害发生时，将根据需求对时段进行调整，以利于救援和灾后恢复工作的开展。国际电联负责应急通信的管理和协调工作，而联邦商业委员会则提供内容并负责管理企业家技能开发计划。

2. 移动应急通信

移动应急通信主要是在发生重大灾害和公共危机事件导致移动通信的基站受到破坏的情况下，迅速组织应急基站车辆和人员进入应急现场，铺设电缆并抢修基站，尽快恢复移动通信。移动应急通信主要以车载应急移动通信基站为主要工具。

3. 应急电台

无线电台一般通信距离短，且对于设备要求高。但在其他通信方式受到破坏的时候，应急电台不失为一种实用的通信方式，通过集中配备应急电台，统一调频达到通信的目的。

4. 网络应急通信

将网络的作用最大化发挥，建立相应的技术体系进行应急通信。如日本建立的紧急地震迅速预报就是通过互联网完成的。地震发生时迅速预报十分重要，日本气象厅已开始利用"紧急地震迅速预报"，减轻受灾程度。具体说来就是把家庭和办公室的家电产品、门窗等和因特网连接起来，由电脑自动控制，接到紧急地震迅速预报以后，自动切断火源；地震计捕捉到震源的纵波以后，可在 3—5 秒后发布紧急预报。离震源数十公里至上百公里地方的地震横波大约 30 秒左右才到，这样，在地震发生前的 30 秒内离震源较远的地方可提前采取对策，从而大大减轻由地震造成的损失。

二　公共危机通信网络的建立

（一）Internet

1. 一般互联网

互联网 Internet 是目前世界范围内最活跃、最广泛的网络基础设施。

一般互联网应用于公共危机通信中来，主要是在保障网络畅通的前提下，利用互联网发布有关公共危机事件的最新进展以及求助等讯息。

2. 无线互联网（移动互联网）

将移动通信和互联网二者结合起来，成为一体。无线互联网的优势在于在公共危机事件发生时在移动网络不受影响的情况，可以随时随地通过手机等移动通信终端登陆互联网络发布消息、进行求助等。移动互联网目前业务增长十分迅速，而移动互联网运用于公共危机信息的发布、传播也有无可比拟的优势所在，但前提是公共移动通信网络不受影响。

（二）卫星通信

1. 日本 WINDS "超高速因特网卫星"

2008年2月，日本"超高速因特网卫星"在日本宇宙航空研究开发机构筑波宇宙中心亮相。这颗卫星长宽高分别为2米、3米、8米，质量2.4吨。若左右两侧的太阳能电池板全部展开，全长达21.5米。卫星将在距离地面3.6万公里的轨道上运行，其通信范围包括以日本为中心的东南亚地区等，覆盖面积达地球总面积的1/3。日本宇宙航空研究开发机构称，发射这颗卫星主要是用来随时替代可能在灾害中遭破坏的地面通信系统，以及向普通宽带线路难以铺设到的岛屿等地区提供高速因特网接入服务。

2. 海事电话

国际海事卫星电话（International Maritime Satellite Telephone Service）指通过国际海事卫星接通的船与岸、船与船之间的电话业务。海事卫星电话用于船舶与船舶之间、船舶与陆地之间的通信，可进行通话、数据传输和传真。海事卫星电话的业务种类有遇险电话、叫号电话和叫人电话。我国各地均开放海事卫星电话业务，海事电话在海岸应急救援中有着重要的应用。

（三）无线通信网络

无线定位和搜索技术并不是一个非常复杂的技术，基本原理是利用无线电波传播速度快，在自然灾害背景下受客观条件影响小的特点，向救灾机构主动报告受难者的具体地理位置，或者展开对话、交流信息，让救援机构尽快开展有针对性的施救措施，从而提高搜救的成功率、降低受难者的死伤率、减少救灾时间、降低救灾成本。目前在世界范围内无线定位和搜索技术主要有三种：第一种是人们熟知的基于GPS等全球定位系统和移动通信网络的定位技术；第二种是利用已有的移动通信技术实现的定位技术；第三种是采用 RFID 技术实现的定位技术。现在这些技术都已得到了实际应用。

GPS 的精确度较高，可提供地理位置的三维坐标，在民用级别只有数十米的误差，这为救援人员确定受难者的准确位置提供了可能。例如某人的手机具有全球定位功能，当灾害发生后，他可以通过移动通信网络发送电子邮件或短信等信息，这样救灾机构就能掌握每一个回答问题的受难者的精确位置和具体情况。日本 SGI 等公司开发出了一种在自然灾害发生后确认人身安全的系统并已经应用。2004 年 10 月，日本电信电话公司的移动通信网络设置了手机灾害留言板功能，有 8.5 万多人利用了该功能，在救灾活动中发挥了很大作用。

无线通信技术在日本的应用十分深入和广泛。由于自然地理的原因，加上无线通信技术的广泛普及，日本的防灾通信网络基本依托无线通信技术。专门用于灾害对策的无线通信网络包括中央防灾无线网、消防防灾无线网、都道府县防灾行政无线网以及市町村防灾行政无线网等。

（1）中央防灾无线网："中央防灾无线网"是日本防灾通信网的"骨架网"。它的建设目的在于，当发生大规模灾害时，或因电信运营商线路中断，或因民众纷纷拨打查询电话而造成通信线路拥塞甚至通信瘫痪时，则以这一网络接收与传输紧急灾害对策总部、总理官邸、指定行政机关以及指定公共机关等的灾害数据。中央防灾无线网由固定通信线路（包含影像传输线路）、卫星通信线路、移动通信线路所构成。

（2）消防防灾无线网：消防防灾无线网属于连接消防署与都道府县的无线网。这一无线网由地面系统与卫星系统所构成：①地面系统。除电话或传真通报全国都道府县之外，也用于收集与传达灾害信息。②卫星系统（地区卫星通信网路）。这是连接消防署及全国约 4200 个地方公共团体的卫星通信网络，以电话或传真通报都道府县和市町村及消防总部，还可用于个别通信以收集与传达灾害信息（包括影像信息），并可充实防灾通信体制，以弥补地面系统功能的不足。

（3）防灾行政无线网。防灾行政无线网分为都道府县和市町村两级，用于连接都道府县和市町村与指定行政机关及其有关防灾当局之间的通信，以收集和传递相关的灾害信息。目前市町村级的防灾行政无线网已延伸到街区一级，通过这一系统，政府可以把各种灾害信息及时传递给家庭、学校、医院等机构，成为灾害发生时重要的通信渠道和手段。

(4) 防灾相互通信网：为解决出现地震、飓风等大规模灾害的现场通信问题，日本政府专门建成了"防灾相互通信网"，可以在现场迅速让警察署、海上保安厅、国土交通厅、消防厅等各防灾相关机关彼此交换各种现场救灾信息，以更有效、更有针对性地进行灾害的救援和指挥。目前，这一系统已被引至日本的各个地方公共团体、电力公司、铁路公司等。

(5) 手机救灾服务：日本 SGI 等公司开发出一种在自然灾害发生后确认人身安全的系统，救命的关键装置就是可以上网并带有全球定位功能的手机。中央和地方救灾总部通过网络向手机的主人发送确认是否安全的电子邮件，手机主人根据提问用手机邮件回答"无事"或"受伤不能动"，这样，在救灾总部的信息终端上就会显示每一个受害者的位置。此外，日本电信电话移动通信网络公司还设置了手机灾害留言板功能，有 8.5 万多人利用了该功能，在救灾活动中发挥了很大作用。

(6) 搭载无线通信装置的摩托车队：强烈地震、海啸等严重自然灾害发生时，无线基地局有可能遭到破坏，从而使手机等传输信号出现障碍，利用手机进行救灾的一切信息技术都会无用武之地。为了解决这一问题，日本信息通信研究机构开发了搭载无线通信装置的摩托车队，可以接受受害者的手机信号，确认他们的安全情况，并把受害情况通过无线技术传达给急救车上的救护人员。小型无线通信装置由日本信息通信研究机构和充电器公司联合开发，用充电电池可以连续工作 4 小时，摩托车可为充电电池充电，电波传输范围直径为 1 公里，可以起到基地局的作用。

（四）物联网与云计算

物联网（Internet of Things）最初被定义为把所有物品通过射频识别（RFID）和条码等信息传感设备与互联网连接起来，实现智能化识别和管理功能的网络。这个概念最早于 1999 年由麻省理工学院 Auto–ID 研究中心提出，实质上等于 RFID 技术和互联网的结合应用。RFID 标签可谓是早期物联网最为关键的技术与产品环节，当时人们认为物联网最大规模、最有前景的应用就是在零售和物流领域，利用 RFID 技术，通过计算机互联网实现物品或商品的自动识别和信息的互联与共享。

2005 年，国际电信联盟（ITU）在《The Internet of Things》报告中对物联网概念进行扩展，提出任何时刻、任何地点、任何物体之间的互联，无所不在的网络和无所不在的计算的发展愿景，除 RFID 技术外，传感器技术、纳米技术、智能终端等技术将得到更加广泛的应用。

2009年9月15日,欧盟第七框架下RFID和物联网研究项目簇(Cluster of European Research Projects on The Internet Of Things：CERP-IOT)发布了《物联网战略研究路线图》研究报告,其中提出了新的物联网概念。认为物联网是未来Internet的一个组成部分,可以被定义为基于标准的和可互操作的通信协议且具有自配置能力的动态的全球网络基础架构。物联网中的"物"都具有标识、物理属性和实质上的个性,使用智能接口,实现与信息网络的无缝整合。该项目簇的主要研究目的是：便于欧洲内部不同RFID和物联网项目之间的组网；协调包括RFID的物联网研究活动；对专业技术、人力资源和资源进行平衡,以使得研究效果最大化；在项目之间建立协同机制。

物联网的技术体系框架如图8—6所示,除公共技术(不属于物联网技术的某个特定层面,而是与物联网技术架构的三层都有关系,它包括标识与解析、安全技术、网络管理和服务质量(QoS)管理)外,包括感知层技术、网络层技术、应用层技术。其中感知层、网络层、应用层对应信息的收集、信息存储与传输以及信息利用。

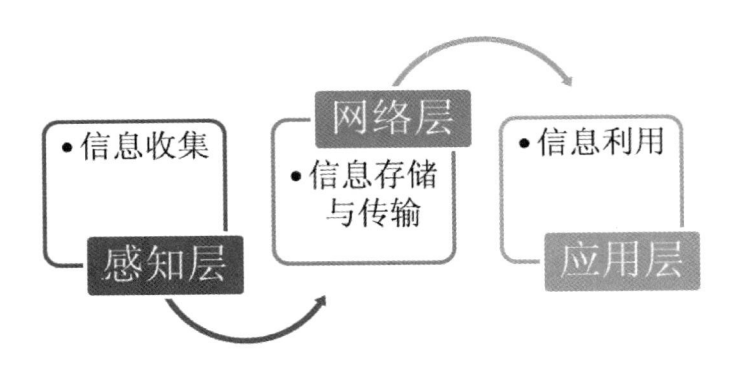

图8—6 物联网技术框架示意图

1. 感知层。数据采集与感知主要用于采集物理世界中发生的物理事件和数据,包括各类物理量、标识、音频、视频数据。物联网的数据采集涉及传感器、RFID、多媒体信息采集、二维码和实时定位等技术。传感器网络组网和协同信息处理技术实现传感器、RFID等数据采集技术所获取数据的短距离传输、自组织组网以及多个传感器对数据的协同信息处理过程。

2. 网络层。实现更加广泛的互联功能，能够把感知到的信息无障碍、高可靠性、高安全性地进行传送，需要传感器网络与移动通信技术、互联网技术相融合。经过十余年的快速发展，移动通信、互联网等技术已比较成熟，基本能够满足物联网数据传输的需要。

3. 应用层。应用层主要包含应用支撑平台子层和应用服务子层。其中应用支撑平台子层用于支撑跨行业、跨应用、跨系统之间的信息协同、共享、互通的功能。应用服务子层包括智能交通、智能医疗、智能家居、智能物流、智能电力等行业应用[①]。

物联网可以运用于公共危机信息管理，因为物联网是信息技术的集大成者。从传感到传输再到利用，拥有完整的信息生命周期链。目前，互联网运用于直接的公共危机管理尚不多，但是随着物联网的成熟以及智能城市的建设，物联网会很快进入公共危机管理领域并发挥巨大的作用。

三 应急通信的保障机制

（一）管理制度保障

（1）建立专门的应急信息网络

根据需要，在发生公共危机事件或者重大自然灾害事件的风险较高的区域，建立专门的应急信息网络，专门用来处理有关灾害减除、准备、响应和恢复时期的信息报告、询问以及建立必要的联系。对于该应急信息网络的技术要求也要达到可抵抗自然灾害直接破坏的程度。

（2）建立一整套应急通信机制

配备卫星海事电话、临时车载应急基站等设备，建立一整套应急通信机制。保证在重大自然灾害和公共危机事件发生后，一定时间内到达现场，短时间内启用并保证连续供应。与此同时，抢修工作要跟上，争取尽快恢复常规通信方式。

（二）技术开发保障

（1）提高应急通信网络的抗风险能力

区域空间应急通信系统是以浮空平台为载体，构成一个区域空间通信

---

① 中国物联网世界：《物联网技术基础》，http：//www.iotworld.com.cn/Library，2012 - 6 - 27。

网，恢复地面被破坏的移动通信信息，并解决异地的基于视频、语音的指挥调度问题。该系统主要包括浮空平台、地面系统、用户终端3部分。我国已经具备了发展空间通信的研究基础，基于空间的应急通信能够切实解决我国在频发的自然灾害面前实施应急救灾和保证信息畅通的问题，应积极着手建立空间应急通信系统。

（2）开发新型通信基站

目前的移动通信基站在话务高峰或者基站本身受到破坏时均会出现不同程度的瘫痪。开发新型的通信基站，提高载荷或者抗自然灾害的能力都是当务之急。

相关链接8—2：应急通信与物联网的魅力

近年来，在应对冰灾、地震等重大自然灾害及完成奥运、世博会等重大保电任务的过程中，电力系统应急体系建设得到了不断完善和加强。目前，国家电网公司应急体系建设成效显著，已基本构建了风险预控、应急管理和危机处理"三位一体"的应急工作模式。其中，应急通信系统和物联网技术，成为了最亮眼的部分，它们所折射出的魅力，引领出一条减灾救灾的科技创新之路。

应急通信系统：中枢神经挑大梁

在电网运行中，信息通信技术贯穿发电、输电、变电、配电、用电和调度六大环节，是支撑电网安全、稳定运行的重要手段。在电力应急体系中，通信系统肩负着收集、传输应急减灾现场图像、语音、视频及数据的重要功能，发挥着应急体系的中枢神经系统作用。

国家电网公司应急通信系统可以快速建立突发事件现场与指挥中心的音、视频和数据联络，保证指挥中心与现场之间及时、准确进行指令下达和信息上报。该系统包括应急指挥中心、应急车载系统、应急信息系统三大部分，目前配备有1个卫星中心站、1辆应急指挥车、8辆应急通信车、9个卫星便携站，分别部署在各区域电网公司和浙江、福建、四川、湖南等灾害多发地区电力公司。

应急指挥中心作为国家电网公司系统应急指挥体系的核心，是连接省网公司应急指挥系统的中枢，是联系国务院及有关部门应急指挥中心的窗口，满足安全生产、减灾救灾和社会稳定三方面应急需要，具备应急指挥、信息汇集、视频会商、辅助决策、日常管理等基本功能；应急车载系统以机动车辆为载体，以卫星通信为主要传输手段，利用3G、海事卫星、无线网状网（MESH）、集群对讲、微波通信等多种通信方式，具有视频会议、定位导航等多种功能模块，能实现车载系统与指挥中心的视频、数据、语音的传输，具有快速反应、机动灵活等特点；应急信息系统是在应急指挥中心的硬件平台上搭建的软件系统，能够对现有的业务及数据进行有效整合，并在此基础上提供应急信息管理、应急资源管理、应急指挥、应急值守、应急演练培训、预测预警的应用功能。

当有重大灾情发生时，应急车载系统（应急通信车）能第一时间奔赴事发现场，通过卫星通信等方式，建立事发现场与指挥中心的通信联系；车载系统能够将现场清晰的图像传送到指挥中心总部，使总部领导能够直观地了解现场情况，进行科学决策；其还能够与指挥中心召开视频会议，使总部与灾害现场之间能进行实时互动；该系统具有集群调度功能，能够建立起事发现场的通信调度指挥功能，提高现场指挥效率；根据事发现场传回的图像与数据，应急信息系统能快速生成应急方案，辅助应急救灾工作。

电力应急通信系统在应对历次重特大灾害、特别是2008年汶川特大地震中取得了良好效果。

汶川地震发生后，国家电网公司紧急启动应急响应机制，派出应急通信车工作组迅速从北京赶赴抗震救灾前线，为抗震救灾指挥提供通信支持。经过近32小时的长途跋涉，由1辆应急通信车、两辆后勤保障车和7名工作人员组成的工作组终于抵达都江堰前线指挥部。工作组成员顾不上长途跋涉的疲惫，与留在总部的同事配合，在不到20分钟的时间内迅速开通了与北京总部的视频会议通道。2008年5月16日上午，通过应急通信车，在北京国家电网公司西单总部与都江堰抗震救灾指挥部进行了实时视频通信互动，前线抗震救灾情况实时传回国网公司总部指挥中心，系统信号传输流畅、图像声音清晰。在灾区的通信系统遭到毁坏、抗震救灾遇到通信困难的关键时刻，国网公司应急通信系统发挥了重要作用，搭建起了一条连通国网公司总部与地震灾区前线指挥部之间的通信桥梁，圆满完成了保障抗震救灾信息通信的任务，为抗震救灾工作的顺利展开提供了不可或缺的通信支撑。

物联网技术：预警灾害减损失

随着电网的信息化、智能化水平不断提高，物联网等新兴技术也逐渐应用到电力应急体系建设中。物联网是指物体通过智能感应装置，经过传输网络，到达指定的信息处理中心，最终实现物与物、人与物之间的自动化信息交互与处理的智能网络，具有全面感知、可靠传递、智能处理等特征。其在电力应急系统中的应用主要是基于RFID和传感器技术对输变电环节进行实时监测，确保输变电环节安全稳定。

RFID（Radio Frequency Identification），即射频识别，俗称电子标签。基于RFID的变电站通信机房智能化管理系统，是利用贴在设备上的RFID标签，对设备进行唯一标识并存储该设备的基本信息。RFID标签通过天线与读写器进行信息交互。读写器以有线或无线网络的方式与监控系统相联，将读到的RFID标签上的设备信息实时传输到监控系统，从而使系统实现对设备的实时监控。当设备出现异常时，能够实时向监控中心反馈信息，便于及时采取相应措施。

基于物联网的无线传感技术，可以实现对变电站的热点和环境进行监控。数字无线温度传感器能定时测量监测点的温度，自动将监测数据通过无线方式发送到基站并最终传输到主机。主机将温度数据进行处理并保存，通过对周围环境的比较、分析，发出预警信号，提醒进行处理，通过将温度探头和电压电流传感器安装在设备的表面，还能对设备的温度、电压、电流的信息进行实时监控。

输电线路在线监测系统由前端系统和后端可视化综合应用平台构成。前端系统由通信子系统、供电子系统、图像数据采集子统等三个主要部分组成；后台可视化综合业务平台，能实现对设备电源供电情况、输电线路在线监测等数据的接收、存储、统一分析，并能够进行联动报警、高清视频显示和三维立体可视化等功能。基于高输电线路的应用环境特点，结合通信技术、供电技术、数据采集技术及可视化技术，输电线路在线监测系统可实现实时高清晰度视频监控以及对状态数据的采集、可视化。气象监测主要是通过气象传感器，采集现场的风速、风向、气温、湿度、大气压强、降水量、雪量。目前，国家电网在华北电网张家口地区和青海电力西宁、海东地区各设置了约20个输电线路在线监控点。

在应急减灾工作中，可以通过物联网传感器监测信息，及时向监控中心发出报警，预留出逃生时间，避免或减少重大灾害造成的生命财产损失；利用RFID技术可迅速定位灾害的发生地点，立即开展应急救灾工作；通过RFID标签和传感器可构建一套完整的应急减灾警报系统，来预警灾害的发生，发挥物联网技术在应急减灾中的积极作用。

启示：科技与预警相结合

通过了解电力系统当中的应急通信系统与物联网对减灾救灾工作的帮助，在今后的工作中，我们可以从以下两个方面突破：一是增加减灾救灾工作手段的科技含量，积极推进高新技术在救灾减灾领域的集成应用，加快构建灾害立体监测网络体系。二是建立和完善防灾减灾的安全预警机制和应急救灾机制，实现灾前有预警、灾后应急预案迅速启动。

（资料来源：寸志清：《应急通信与物联网的魅力》，《中国减灾》2011年第9期）

第四节　信息可视化技术

一　信息可视化技术概述

（一）信息可视化简介

可视化由英文单词"Visualization"翻译而来，本意是使某物图像化、图形化，从而能够清晰、直观地呈现。事实上，将任何抽象的事务、过程变成图形图像的表示都可以称为可视化。人们用可视化符号展现事物的方法可以追溯到远古时代，但作为学科术语，"可视化"一词正式出现于20世纪80年代。1987年2月在美国国家科学基金会（National Science Foundation，NSF）召开的图形图像专题研讨会上，第一次给出了科学计算可视化的定义及其覆盖的领域，并对可视化的需求、近期目标、远景规划和应用前景方面作了相应的阐述，这标志着"科学计算可视化"作为一个新的学科在国际范围内的确立[①]。

随着学科体系的逐步完善，可视化技术在科学计算可视化基础上，包含数据可视化（Data visualization）、信息可视化（Information visualization）、知识可视化（Knowledge visualization）等一系列的分支。信息可视化是从科学计算可视化、数据可视化逐步发展起来的。它的描述性定义首先出现在G. Robertson、S. Card与J. Maekinlay1989年发表的论文《The

---

① 许莉：《可视化技术的发展及应用》，《中国教育技术装备》2008年第24期。

Cognitive co-processor for interactive user interfaces》中。该文将信息可视化定义为"使用计算机支撑的、交互性的、对抽象数据的可视表示法,以增强人们对抽象信息的认知"。其意在将数据通过图形化、地理化形象真实地表现出来,并且找出数据背后蕴含的信息。信息可视化相关技术能够实现对信息数据的分析和提取,然后以图形、图像、虚拟现实等易为人们所辨识的方式展现原始数据间的复杂关系、潜在信息以及发展趋势,以便人们能更好地利用所掌握的信息资源。

信息可视化正逐步成为信息科学一个重要的研究分支,在许多领域已投入了实际应用。地理信息可视化方面,"数字黄河"把黄河"装进"计算机,通过全球定位系统、GIS、卫星遥感等现代手段采集信息,再利用光纤、微波、卫星等先进的传输手段实现信息的快速传递,采用可视化技术,将黄河在计算机上逼真地再现出来,从而实现了黄河信息管理的可视化、自动化。此外,信息可视化技术也在工农业生产、交通运输、航空航天、科学研究、通信等领域有着广泛的应用前景。

(二)信息可视化的实现过程及方法工具

1. 信息可视化的基本过程

信息可视化的完整过程应包括信息组织与调度、静态可视化、过程模拟和探索性分析四个步骤[①]。

(1)信息组织与调度主要解决适合于海量信息的简化模式,快速调度。即准备原材料,从信息对象中抽取内容和外部特征,建立数据表,为可视化打好基础。

(2)静态可视化主要解决运用符号系统反映信息的数量特征、质量特征和关系特征。这一过程是将高维信息过渡到低维信息进行的维度转换。

(3)过程模拟主要对信息处理、维护、分析使用过程提供可视化引导、跟踪、监控手段。

(4)探索性分析则通过交互式建模分析可视化、多维分析可视化,为知识信息提供可视化技术支持,将信息处理中的认知转变为感知任务,从而使用户能很快理解并发现内部规律,正确地解释信息、掌握和应用规律,提高认识水平和洞察力(图8—7)。

---

① 宋绍成等:《信息可视化的基本过程与主要研究领域》,《情报科学》2004年第1期。

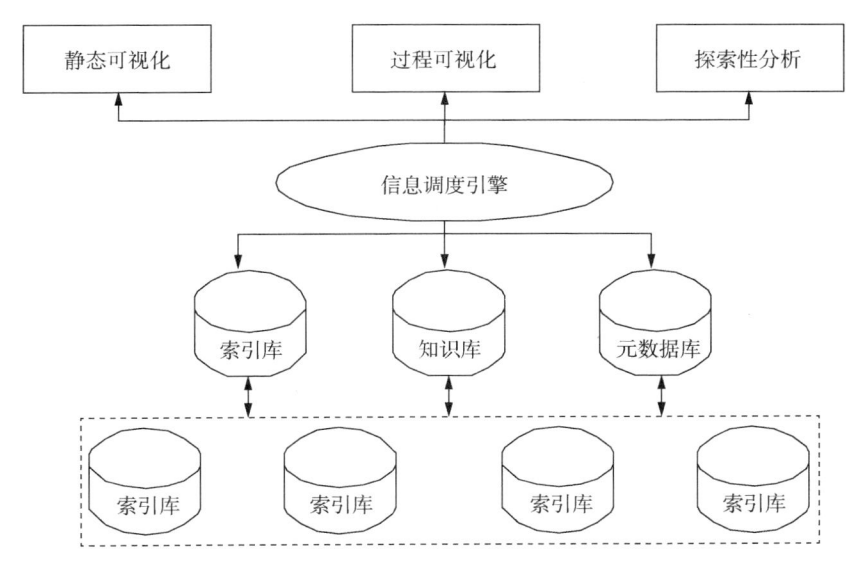

```
┌──────────┐    ┌──────────┐    ┌──────────┐
│ 静态可视化 │    │ 过程可视化 │    │ 探索性分析 │
└────┬─────┘    └────┬─────┘    └────┬─────┘
     │               │               │
     └───────────┬───┴───────────────┘
              ╱─────────╲
             │ 信息调度引擎 │
              ╲─────────╱
           ┌──────┼──────┐
        ┌──┴─┐ ┌──┴─┐ ┌──┴──┐
        │索引库│ │知识库│ │元数据库│
        └────┘ └────┘ └─────┘
     ┌────┐ ┌────┐ ┌────┐ ┌────┐
     │索引库│ │索引库│ │索引库│ │索引库│
     └────┘ └────┘ └────┘ └────┘
```

图 8—7　信息可视化基本过程

2. 信息可视化的功能及工具[①]

（1）信息可视化管理：信息可视化管理是管理者最大程度上利用可视化技术，为实现预定的管理目标而采取的一系列管理方法的总和。信息可视化管理可以实现对资源的管理和权限的分配，从而提高管理效率，减少出错的可能。信息可视化管理的相关研究领域有分布式计算、管理学、动态规划等。

（2）信息可视化查询：可视化查询最早是作为数据库研究领域的课题被提出来的[②]。可视化方法进行数据查询可以将数据之间的关系完整地表达出来。1992 年 SMARTIE 系统为 ITASCA 分布式对象的数据库管理系统定义了一组可视化显示方法，这些动态方法为帮助用户可视化浏览 ITASCA 数据空间的实例对象提供了框架[③]。1996 年，IBM Almaden 研究中心和威斯康辛大学合作开发了基于 OODB 的图形用户接口 PESTO[④]，实

[①] 王栋：《可视化关键技术的研究》，山东大学硕士学位论文，2010 年，第 26—27 页。

[②] 冯艺东、汪国平、董士海：《信息可视化》，《中国图像图形学会第十届全国图像图形学术会议（CIG'2001）和第一届全国虚拟现实技术研讨会（CVR'2001）论文集》2001 年。

[③] Nahum D. Gershon, Stephen G. Eick, "Information Visualization", *IEEE Computer Graphics and Applications*, No. 7, 1997.

[④] 黄志澄：《给数据以形象　给信息以智能　数据可视化技术及其应用展望》，《电子展望与决策》1999 年第 6 期。

现了复杂对象的查询和浏览一体化。

（3）信息可视化分析：信息可视化分析利用现代可视化技术，让分析师评价、指导和监控数据分析的全过程。所有数据都必须经过分析和整理以便抽取有意义的特定信息。目前典型的信息可视化分析工具有由美国 RSI 公司于 1998 年开发的 IDL5.0 第四代科学计算可视化语言[1]，它具有开放性、实用性、高维分析、科学计算及可视亿分析的特点，集成了几乎所有科学计算工具，使用户能够对所有科学数据进行可视化分析。信息可视化分析相关方法有聚类分析、数据挖掘和知识发现等。

另外，统计分析也是可视化分析的重要步骤，通过各种统计图表将数据进行直观的分析，能发现隐藏在数据中的规律。20 世纪 60 年代初，美国 SPSS 公司开发出了统计软件 SPSS。1972 年，SAS 系统由美国的 SAS 软件研究所开发成功。可视化统计的相关技术有报表生成、插值回归、方差分析和抽样设计等。

国内外对于信息可视化评价的研究已经很多，通过与可视化技术相结合，可以直观地将多维的向量显示出来。相关的研究领域有神经网络、模糊综合理论和分布式系统等。

（4）信息可视化决策：决策支持系统最早于 20 世纪 70 年代初由 PeterG. Keen 和 Michael Smorton 等人提出的[2]。通过现代可视化技术，管理决策人员可以发现数据内部特征和数据间的隐含关系，为正确的管理决策提供有价值的方案。可视化应用在决策支持系统中能很好地使决策者了解数据及解释知识发现。可视化决策的研究领域有贝叶斯、人工智能和遗传算法等。

二 典型的信息可视化技术——风险信息地图

地图是按照一定的数学法则，用规定的图式符号和颜色，把地球表面的自然和社会现象，有选择地缩绘在平面图纸上的图形。即地图是一种传递信息的方式，是利用人类的形象思维来传达空间信息的过程[3]。

---

[1] 韩培友：《可视化交互数据语言 IDL（interactive data language）可视化分析与应用》，西北工业大学出版社 2006 年版。
[2] 杨善林、倪志伟：《机器学习与智能决策支持系统》，科学出版社 2004 年版，第 200 页。
[3] 苗天宝：《面向城市应急管理的风险地图研究》，兰州大学硕士学位论文，2010 年，第 16—20 页。

灾害风险信息地图是在综合分析孕灾环境、承险体和历史灾情空间分布的基础上，预测未来可能发生灾害的类型、分布范围、致险因子强度和灾害程度等，将研究区遭受的各类灾害风险情况以图的形式直观表示出来[1]。它既是风险评估的依据，又是评估成果的直观表现。

（一）灾害风险地图的构成要素

1. 制图角度的构成要素[2]

地图的构成要素归纳起来是数学要素、图形要素和图外要素。

数学要素：包括控制点、坐标网、地图比例尺、地图的分幅与编号和地图定向等内容。

图形要素：是地图所表示内容的主体，把自然、社会经济、环境要素的数量、质量状况，运用各类地图语言（地图符号、颜色、注记）表示出来而形成图形要素。

图外要素：主要是指不属地图主题内容，而是为读者使用地图时提供的具有一定参考意义的说明性内容。包括图名、图号、接图表、图廓、分度带、图例、比例尺、坡度尺、各种附图、资料及成图说明等。

2. 风险图应表达的信息

不同致险因子因其自身的特点，在风险图中需要反映的信息类别和信息量各不相同，但每种致险因子风险图应表达的必备信息包括以下四个方面。

（1）地图背景信息。主要包括行政区划、水系、交通、居民地等。

（2）灾害危险性特征信息。它是通过灾害危险性的各种指标来反映的。致险因子的危险性，可由自然灾变的强度、频次、影响范围和灾变指数等参数单一或综合表示。

（3）承险体脆弱性信息。承险体的脆弱性表现为暴露在灾害风险下的各种社会经济指标的可能大小和抵抗风险能力的大小。

（4）区域风险损失度综合统计信息。它是从历史灾情资料中分析得出的各致险因子的可能风险损失大小。风险损失主要通过人员伤亡数、房屋损毁数、经济损失等指标来表示。

3. 灾害风险信息地图的内容构成[3]

---

[1] 葛全胜、邹铭等：《中国自然灾害风险综合评估初步研究》，科学出版社2008年版。
[2] 王琪等：《地图概论》，中国地质大学出版社2002年版，第9页。
[3] 同上。

灾害风险图信息的多样性与复杂性以及人们应用决策时在各个阶段对风险信息的需求具有差异性，用一幅图来表达所有的风险信息是不可能的。因此，"灾害风险图"是服务于不同需求目标的一组风险特征地图的组合，它是一个"风险图集"。具体而言，各风险图的构成及要求如下文所述。

（1）孕灾环境图

主要内容为反映各致险因子致险的自然环境背景信息，不同的致险因子所依赖的孕灾环境不尽一致。各孕灾环境图可根据幅面承载量大小分一幅或多幅制作。

（2）致险危险性程度图

根据危险性致险程度评估结果，制作致险危险性程度图。各险种致险因子危险性图主要有：致险因子分布图、地震危险性程度图、滑坡危险性程度图、泥石流危险性程度图、干旱危险性程度图、洪涝危险性程度图、热带气旋危险性程度图、风雹危险性程度图、冷冻害危险性程度图、病虫害危险性程度图及综合危险性程度图等。

（3）承险体脆弱性程度图

承险客体包括人、财产、生态系统三类，每一类承险客体的脆弱性包括物理暴露性、固有敏感性和应灾能力。需要注意的是，在选取具体的物理暴露性、固有敏感性和应灾能力指标时，要考虑不同的致险因子和不同的承险体特点（如不同产业、城市和乡村）。

（4）单险种风险损失（风险度）图

主要反映某一强度单致险因子可能造成损失的空间差异，一般从人口、财产、生态系统三方面考虑损失。单险种风险损失包括各险种人口风险损失图、财产风险损失图、生态系统风险性程度图，反映研究区各险种的危险性。对灾害进行致险程度评估是风险图制作过程中的一个重要内容，对于因地制宜、因时制宜地制定合理的防灾规划具有积极作用。对灾害损失图来说，以绝对的损失数值表示的称为风险损失图，以相对的损失等级表示的称为风险度图。

（5）多灾种综合风险损失图

将各种单一致险因子风险损失综合起来，以反映区域综合风险损失的空间差异。它在工作环节上有两个层次，一是将承险体划分为人口、财产、环境三个部分，将不同部分承险体的多种灾害的风险损失（风险度）进行综合；二是在第一个层次工作的基础上，将人口、财产和环境的多灾种风险损失（风险度），进一步整合为一个区域承险体整体的多灾种综合风险损失（风险度），并制图表示。

（二）灾害风险信息地图的类型

从不同的角度，灾害风险信息地图可以划分为不同类型。

1. 按照致险因子的类别

自然灾害风险信息地图相应地分为：地质灾害类风险信息地图、气象灾害类风险信息地图和生物灾害风险信息地图等。

按灾种细分，地质灾害类风险信息地图包括：滑坡灾害风险地图、泥石流灾害风险图、地震灾害风险图、火山灾害风险图等；气象灾害类风险信息地图包括：洪水灾害风险图、火灾风险图、干旱风险图等；生物灾害风险信息地图包括：动物或昆虫传染病风险图及其他传染性疾病风险图等。

2. 按照地图描述对象

自然灾害风险信息地图可分为单灾种风险信息地图、多灾种风险信息地图和综合灾害风险信息地图。单灾种风险信息地图是以可能会发生的单个灾害种类为对象。多灾种风险信息地图描述两种或两种以上灾害同时发生时可能存在的风险。这是因为很多重大危机事件的形成，并不是由单一因子造成的。综合灾害风险信息地图是综合反映和揭示特定区域各类风险的地图。

3. 根据在应急管理中的作用

可将灾害风险信息地图分为预警信息地图、灾情地图及支持决策的信息地图等。这些风险信息地图的作用各有侧重，以应急管理不同方面的信息需求为依据。比如，预警信息地图提供一些预警信息，灾情地图更多地表达致险因子本身导致的风险，而支持决策的信息地图除了表达致险因子本身导致的风险，更要表达在基础设施、物资配置、居民状况等方面的脆弱性导致的风险。

另外，根据获取数据的实时性，风险信息地图还可分为静态风险信息地图和动态风险信息地图。

（三）风险信息地图的编制流程[①]

1. 资料的收集、分析与选择

编制风险地图，首先要对研究区内的各项社会和经济数据进行收集。

---

① 曹惠娟：《灾害风险信息地图绘制及其在应急管理中的应用》，兰州大学硕士学位论文，2010年，第9—12页。

各种资料来源应尽可能详细准确,可以借鉴当年或上年度本地区社会和经济统计年鉴。在有条件的情况下,应该采用直接调查的方式,直接去当地收集最新和更详细的资料,以满足损失评估的要求。基本资料主要包括社会经济、人口数据和基础地理空间数据。

2. 主要风险因子分析

目前常采用的将各种不同的人员和财产损失和灾害强度计算在内的风险模型为:

$r=f(H, V, E)$ 或是 $r=H*V*E$

r——城市突发公共事件的风险;H——指一定区域范围内某种潜在的突发事件在一定时间内发生的强度或概率;V——指受威胁对象的易损性;E——指给定区域内受特定突发事件威胁的对象,包括人口、财产、基础设施、经济活动等。

(1) 致灾因子(H)模型

目前从理论上讲,对致灾因子的研究有两种形式:物理模型关系式 $H=\phi(T, S)$,即对给定的空间 S,预报何时量值为 H 的自然灾害将会发生;概率关系式 Prob(T, S),即在 T 时(或时段内),在 S 位置(或区域)上量值为 H 的自然灾害发生的概率值。很显然,Prob 是统计模型,是用模糊集理论中的可能性概念表达的可能性概率模型。

(2) 易损性模型

$V=f(H)$

从理论上讲,V 可以通过与灾害强度(H)建立函数关系计算,在实际中,可以用有限的实验模拟寻找近似的 f,或是用历史灾情资料统计 H 与 V 的关系。

(3) 脆弱性模型

脆弱性分析是指受灾害破坏的经济损失和人员伤亡。对灾害系统,也是更多地采用模糊关系矩阵来表示:$E=f(H)$。

3. 风险地图制作方法

(1) 点值图法

按照风险要素建立的各项空间实体(地物或人群),根据不同的模型参数,可得到不同的风险程度,这种风险程度在地图上的表达,如不同社区人口的风险程度可以通过离散的点值进行表达。

制图的步骤包括:①确定区域单元;②确定区域单元内数据的分布位

置；③计算点值和点的尺寸；④作图，确定每一区域单元的点数后，便可布置出全圆点的位置。

（2）等值线法

对于线状地物的风险表达，常以等值线表示，例如河流的泛滥风险、公路的交通事故风险等。等值线按照数据的特征，可以分为等值线和等密度线两类。用等值线表示数据的分布，说明风险的容量和范围；等密度线是由显示在区域单元上的风险平均值数据产生的。等密度线不采用绝对值，一般是将绝对的风险值转化为单位面积的比值或比率来表示。

（3）数字高程模型法

数字高程模型（DEM）最初是为了高速公路的自动设计提出来的。此后，它被用于各种线路的设计及各种工程的面积、体积的计算。从定义上讲，DEM 是高程 Z 关于平面坐标 X、Y 两个自变量的连续函数，是地形表面形态属性信息的数字表达，是带有空间位置特征和地形属性特征的数字描述。所以 DEM 已广泛应用于除表示高程以外的其他属性，包括污染程度、风险大小等。

（4）等值区域图法

等值区域图是根据每一个统计单元及相对应的数据，选用面状符号，以反映每个单元数量上的差别。面状符号适宜采用的视觉变量是亮度以及网纹中的纹理、排列和方向，必要时彩度也可以用，而形状和尺寸变量不起作用。

（四）风险信息地图作用的发挥

风险信息地图为相关部门和人员对各类灾害的风险识别、评估及防灾救灾的辅助决策发挥作用。面向应急管理的灾害风险信息地图，首先要求对特定区域进行数据普查和信息收集，对孕灾环境进行详细分析；其次，要求运用科学合理的灾害风险评估方法，建立风险评估模型，进行致险因子评估、承险体脆弱性评估及承险体风险损失度的评估；最后，根据评估结果，借助信息技术工具，以可视化方式在特定区域的地图上将各类风险直观地表示出来。

三　信息可视化技术的应用

信息可视化技术应用最早可追溯到 19 世纪，1812 年 6 月，拿破仑率军远征莫斯科，归途中，因为天气过于恶劣，粮草匮乏，以致惨败。图8—8 即是 Charles Joseph Minard 对该事件的分析，他将气温与拿破仑的失败联系在一起，图中上半部分包含军队的位置、前进方向及分支汇合情况，突出了士兵数目剧减的过程，下半部分为军队撤退时气温的变化，突出了极其恶劣的气候条件与军事失败的关联。此图享有"有史以来最好的统计图形"的美誉。

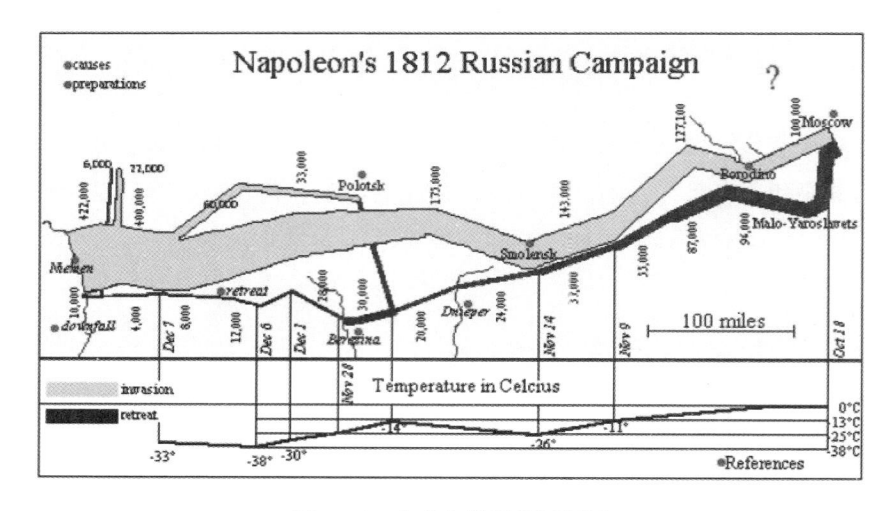

图8—8　拿破仑俄罗斯远征图

现代信息可视化技术已经发展得较为成熟，研究成果广泛应用于地质勘探、气象预报、航天航空、核武器研制、医学图像处理等科学与工程领域。

（一）信息跟踪与实时显示

利用信息可视化技术可以将进行危险运动（如滑雪、攀岩等）人员任意时刻的环境信息及状态体征显示在地图上，以供救援人员或者管理人员随时掌握情况。通常做法是让运动员随身配备 GPS 装置，通过卫星将运动员的实时位置传送到控制中心，利用信息可视化技术进行实时的三维显示。类似的应用也在奥运会等大型运动会中得到使用，而且对于各运动场所的救援和管理系统会起到很大的帮助。

美国海军正在将可视化技术与飞行信息相结合，使用一套基于 MapInfo、MapX 的战术动态地图信息显示系统。该系统将专业的数据处理系与250多个GPS相连接,通过信息可视化技术实现军事信息的实时显示。该系统的优越性已经越来越明显,同时在许多非军事系统中也得以使用,例如跟踪陆地交通工具,或者对灾难救援进行跟踪显示等。

(二)灾害预测与治理

位于墨西哥的GE IT Capital Solution使用MapInfo对整个墨西哥主要地震多发地区进行管理,记录大型地震(5级或5级以上)的数据,以研究地震发生规律。通过MapInfo,工作人员可以在同一张地图上显示出约360个震中的地理位置,并且可以对这些震中进行属性信息的查询,包括海拔、影响范围、经纬度、地震强度及日期等。利用这些信息,可以帮助工作人员预测哪些地方有可能发生地震,从而制定抢救措施,有效保护桥梁、通信设施等重要建筑,以将地震所带来的灾害程度减至最低。信息可视化技术绝不仅仅为人们显示数据,而且还可以帮助人们预测地震以及可能带来的破坏,这在以前几乎是无法实现的。

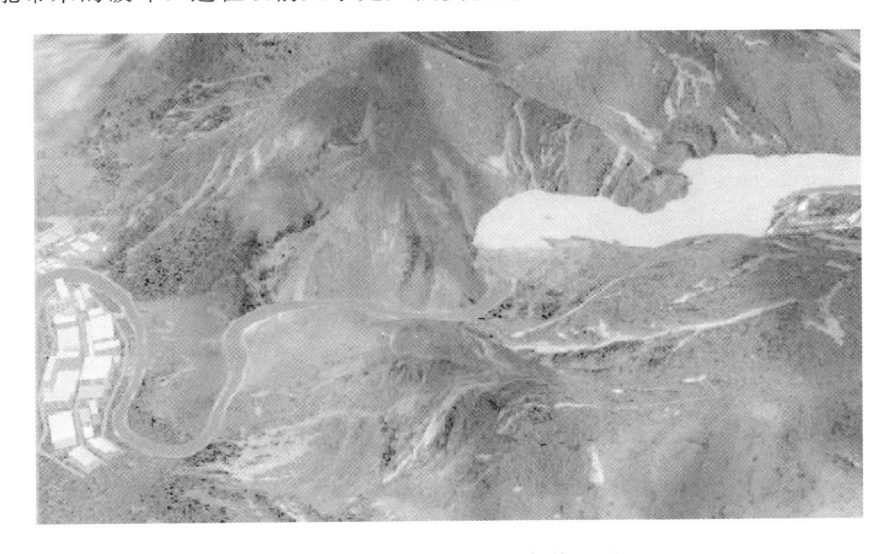

图8—9 唐家山堰塞湖与淹没面

2008年汶川地震发生后,由于连续降雨和余震不断发生,唐家山堰塞湖随时都有溃决的可能,对下游城市的安全造成很大的威胁。在资料缺乏的情况下,为在最短的时间内提供堰塞湖的蓄水信息,研究人员通过DEM数据,采用ARCGIS三维分析工具中的Surface Volume模块,计算不同水位高程下堰塞湖的库容和淹没面积。应急系统加载了堰塞湖坝体实体模型，对形成的堰塞湖进行模拟显示，在帧循环中将实际监测的水位和相应的淹没水面绘制在三维场景中，直观地显示唐家山堰塞湖在水位抬升过程中的淹没情况（图8—9），为应急决策提供了相关依据支持。

（三）信息图示与模式分析

Slate Labs 制作了一个可视化程序，我们从中可以动态看出经济危机期间美国就业/失业率的变化[①]。该程序把美国每个县在每个月的就业率和前一年当月的就业率比较，之间的差就当作该县的就业/失业的增长变化。程序把就业增加表示成蓝色的圈圈，失业的增加表示成红色的圈圈；圈圈的大小跟增长数值成正比。程序可以自动播放变化趋势，也可以让我们拖动到具体的某个月。如果鼠标放在某个圈圈上，该县的具体的数据就会显示。像图8—10上图所示，2009年夏天清楚地显示出经济形势真是糟糕透了。不过总的来说，单纯从就业/失业率的变化来看，对照图8—10下图，美国已经一点点地走出经济危机了。

从上面论述可以看出，信息可视化技术在我们日常生活中起到非常重要的作用。从园艺到水文地理到考古，从耕作到交通运输到大规模批发，从飓风到地震到火山爆发，信息可视化技术被运用到各行各业当中。随着人们新思维的不断涌现，信息可视化技术的应用会继续延伸到更深、更多的应用领域中。

相关链接8—3：绘制风险地图　助力社区防灾

2011年5月12日，在上海市虹口区凉城新村街道由居民参与绘制而成的上海首张社区风险地图面世。"地图"上不但标示有加油站、煤气管等危险源，还标注了车库、地下室、绿化带等逃生避难场所。这份"地图"的作者是凉城街道的20多个居委会的100多名居民，他们分成5个小组，查找身边社区存在的风险隐患，并为拟定的风险隐患标上风险等级。像群租房、建材市场、液化气站等地点旁都被红笔标上"高"的字样，表示此处灾害风险较高，需特别谨慎，以防出现差池。不少居民当即讨论起改善高危风险的方法。居民表示，通过这样的讨论让他们对灾害风险增加了不少认识。"以前只知道遇到险情要及时应对，但是没想过主动发现身边的险情隐患，现在想

---

① Slate Labs:《经济危机中的就业/失业率》，2010年，http：//www.vizinsight.com/2011/03/%E7%BB%8F%E6%B5%8E%E5%8D%B1%E6%9C%BA%E4%B8%AD%E7%9A%84%E5%B0%B1%E4%B8%9A%E5%A4%B1%E4%B8%9A%E7%8E%87。

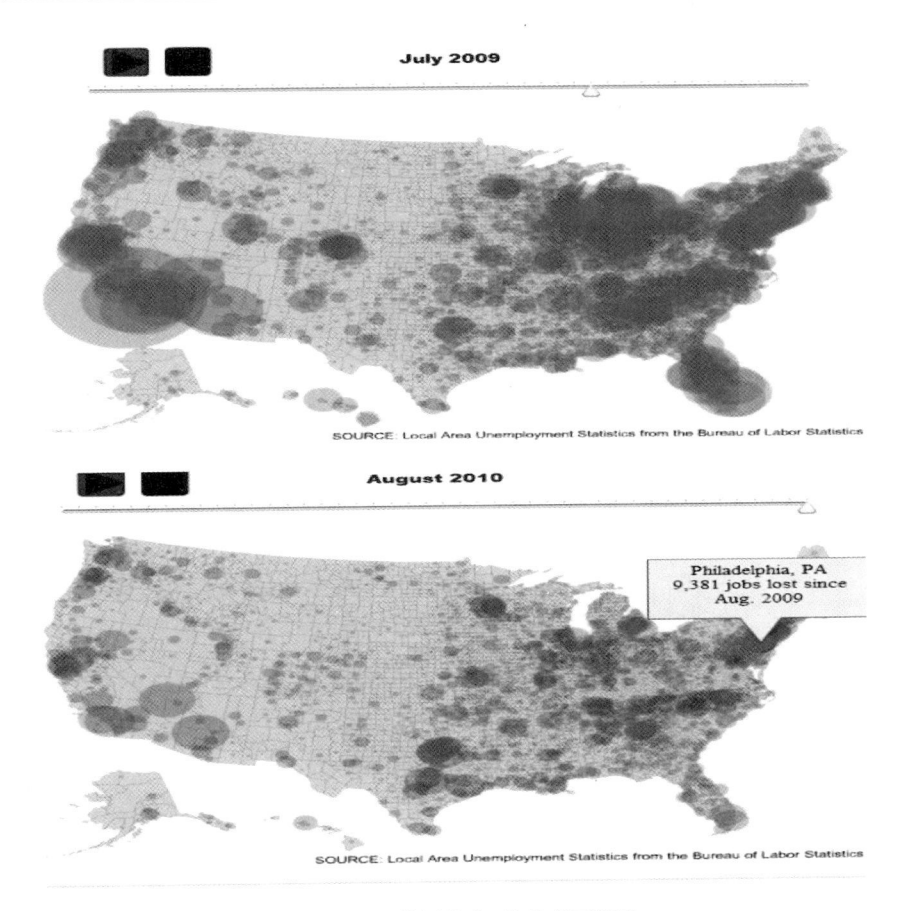

图 8—10　美国就业/失业率可视化

想早做思考很重要，要是真的碰到险情，心理上也有准备，不会太慌乱，还能正确帮助身边的人。"参与讨论的一位居民事后对相关媒体说。

复旦大学城市公共安全研究中心主任滕五晓教授认为，通过这种方法，将居民集结起来进行头脑风暴，让他们自己想在社区何处可能存在何种风险，从而增加他们的风险意识，提高识别灾害风险的能力，进而主动降低风险。

最终制作完成的社区风险地图高危险源包括煤气管、变电站、娱乐场所、加油站、建筑工地、气体厂、建材市场、废品回收站八大类，共10多处；低风险源多为人流聚集的地点，包括幼儿园、学校、交通主干道等七大类 20 余处。社区风险地图有望在社区醒目位置张贴或发放。

在总结了凉城街道的试点工作后，上海市民政局相继在杨浦区新江湾城街道和金山石化街道分别开展了此项工作，都得到了居民的广泛参与和热烈的反响。社区的安全关乎到每一个居民的切身利益，在居民有了这一份认知后，他们就更愿意为社区的安全做一份贡献。

风险评估是人们认识风险并进而主动降低风险的重要手段，风险评估可以识别存在的薄弱环节和可能导致事故发生的条件，找到发生事故的真正原因，并预测事故发生的可能性及后果的严重性。风险评估的目的和作用主要体现为两方面，一是为"日常状态下"的安全规划提供依据；二是为确定"紧急状态下"的重点工作目标提供参考。风险评估是灾害管理工作的基础和前提，体现了一种"更主动、更积极、更前沿"的管理手段，强调了灾害管理工作的"关口前移"。

在社区层面开展综合风险评估能有效引导每一个社区做好防灾规划，提高社区预案的针对性和有效性，切实加强全社会风险的管理能力。以社区为主体开展风险评估具有两大优势：一是社区能整合更多的资源来做好风险的评估和应对工作；二是社区作为居民的生活场所，更容易获得居民支持和直接参与，以提高评估的实效性，使整个社区、整个社会的灾害管理工作踏上一个新的台阶。

社区风险评估工作是"十二五"期间上海市民政局的一项重点工作，从 2010 年开始，上海市民政局就委托复旦大学城市公共安全研究中心对社区综合风险评估模型进行了研究，该模型将进一步提升社区风险评估工作的标准化和可操作化。同时，课题组研究制定了《社区风险地图绘制规范》，并将其与原本的评估模型进行了整合，最终形成了《社区风险评估指导手册》，指导社区居民开展社区风险评估和社区风险地图绘制的具体工作。以此为基础，社区风险地图和风险评估将在全市推广，上海计划 5 年内创建 200 个风险评估示范点，进一步提升综合灾害管理。

（资料来源：《绘制风险地图　助力社区防灾》，《中国减灾》2011 年第 23 期）

第五节　公共危机管理的信息技术战略

随着众多前沿信息技术应用于公共危机管理，并在各个环节发挥越来越重要的作用，在公共危机管理研究和实践中，将信息技术提至战略的高度考量就变得日益必要和迫切。确立公共危机管理的信息技术发展战略，有针对性地研发可用于公共危机管理的信息技术，将切实地改观公共危机管理现状，并有效地提升危机管理能力。

一 公共危机管理对信息技术的诉求

（一）公共危机管理信息技术有效性发挥的障碍

许多行业，如银行、制造业、服务业等，技术性操作已经日常化，并且仍然积极采纳新的信息技术。一些危机管理组织也已经有效地把国家最先进的信息技术整合到日常组织运作中（例如：使用基于Internet协议的应急管理工具；使用手机第一时间响应陆地上的移动无线电信号等），然而，公共危机管理并没有取得我们想象的那样的成功。其中复杂性致因可大略分为以下几类：

1. 危机管理部门缺乏相应资源，从而影响效能发挥。许多组织由于规模和资金等方面的限制，没有能力去购置相应的危机管理信息技术和资源工具；还有一种情况是尽管组织不缺乏必要资源，但其功效是改善日常工作的，危机发生的非常规时刻，拥有的资源派不上用场。

2. 如果面临的市场机会很少的话，许多有前途的技术因成本高昂而面临高风险。比如说一些应用于实时评估建筑环境的传感器，但由于其成本高昂，加之市场前景不被看好，致使其投融资受困，技术发展及现实应用就相对迟缓。

3. 在大多数担负危机管理的部门机构中，没有人员或单位专门负责跟踪和识别有前途的技术，并将其集成到部门业务中。因而更不用说与厂商沟通、开发技术来确保危机管理问题得以解决了。

4. 关于危机管理信息技术方面的决策意见必须是共同制定的，而现实情况却往往由地方部门独立做出。这不是技术问题，而是管理问题。对此，合理设置地方危机管理信息技术处置权限似乎是解决问题的方法和趋势。

5. 危机管理关注的环境主体往往是不确定和不稳定的。这点很好理解，当下我们处在一个风险社会中，诸多危机事件都是复杂和不确定的，这给危机预警及准备工作带来很大的困难，从而一定程度上限制了危机管理能力的发挥。

6. 传统的模式是，危机发生后，重要的资源购置资金才会拨发，而且此项花费又须在一个很短的时间窗口，这非常不利于防灾减灾。众所周知，灾害造成的损失随着救援迟滞时间的长度呈几何级增长，我们的精力和财富应更多地放在预警阶段及灾前准备工作上。

（二）公共危机管理中信息技术的应用性需求

1. 信息技术的获取

（1）信息技术的获取原则

第一，将技术人员与危机管理人员相结合，形成一个开环的危机管理从业者问题驱动的开发过程。在理论—实践、技术—应用的不断循环的过程中，形成危机管理跨部门的协作能力。

第二，适时的借用非官方技术。技术无所谓优劣，关键在于在保障安全的前提下是否能提供所需功效，危机管理信息技术外包性研发或者是购买集成性产品在一定程度上会缩减研发成本，从而降低危机管理成本。

（2）信息技术开发过程

首先，系统设计应考虑以下原则：

①建立应急管理系统，有效地支持从常规使用扩展到应急操作；

②系统功能要具有冗余和多样性，以加强应变能力；

③系统要具有灵活性、组合性和互操作性；

④划分好角色功能，区分出用户接口和底层技术。

其次，要考虑系统开发的更有效的方法。现实情境中，危机管理工具性软件的开发多是基于生命周期开发方法，这种方法将整个软件开发过程视为一个周期，分为需求分析、系统设计、实施运营和后期维护四个顺序衔接的阶段。而就是这种线性的过程，危机管理中往往不能达到预期的能力，即所交付的功能没有满足危机管理人员需求。究其原因有：需求分析的泛化，可能使最终的设计过于烦琐、复杂；花费高昂的实施过程可能导致成本超支，致使工作延误，甚至取消计划。因此我们比较推崇原型开发方法，这一方法能在很短的时间建立起具备用户基本需求的原型系统，并通过不断地交互反馈修正原型系统，从而逐步完善。这一开发方法不仅能缩短研发周期，而且能较为理想地满足用户的需求。

2. 信息技术的采纳

（1）人员培训和日常使用非常重要

美国信息技术促进灾害管理委员会（the Committee on Using Information Technology to Enhance Disaster Management）曾做过一个实验发现，日常条件下一个操作娴熟的兼容危机管理功能的程序，到危机状态时，只有少数人能够正确地运用。这个实验再次表明了人员培训和日常使用的重要性。

由于危机情境的不确定性，有些技术或工具甚至从未被使用，但这不代表着其要被永远尘封，弥补灾时效用折扣的唯一手段即是人员的日常培训，其目的是构建适应性，以确保危机条件下，人员和技术能很好地合作，发挥正常效用。

另外，技术工具对于应急处置参与人员绝不能被视作"专家系统"而只能为少数人使用。这些设备的操作，危机管理从业人员尤其需要熟知，因而对其进行持续性技术理论及实践操作培训显得格外重要。

（2）重点选择需用技术

这点很好理解，即不论是危机管理从业人员还是公众，都不必要对各种防灾减灾工具面面俱到。在花费开支允许的范围内，针对自己所处区域和生活条件下发生频率较高的险情，应该重点进行关注和防范。

另外，对于危机管理机构来说，并非说"最新"、"前沿"性信息技术就是最好的，追逐更新换代很大程度上弊大于利，一者成本开销大，成本效益不合理；二者新技术不一定对解决问题就是有效的，而且会加大培训难度。

二 信息技术改善公共危机管理的机会与潜能

（一）危机管理中信息技术的工具特性

危机或是灾害等极端性事件极大的破坏性要求我们迅速做出应对，有效协调好各个方面的资源，并且需要付出极大的努力解决在平常时期看来简单易行的问题。幸运的是，在今天我们有了相较于以往更多的技术和工具可供选择以应对危机，诸如手机、卫星电话、扫描仪、便携式电脑、数字摄像、地理定位系统、灾害模拟软件以及我们前面提及的相关技术，而且它们的应用正在由过去的节点管理扩展为危机管理的全过程。

我们可以通过电话识别和定位受困个体；危机管理指挥人员可以通过声音和视频与相关人员通话，进行远程协调和指挥；管理者还可以检索某个时间点上危机事件的信息，进而把这些信息导入地理信息系统，以得出相应的综合性救援方案。不难看出，在危机管理过程中，信息技术及工具发挥了关键性作用，扮演了极为重要的角色（图8—10），直接或间接地为危机管理的有序展开提供了强大支撑和潜能改善。

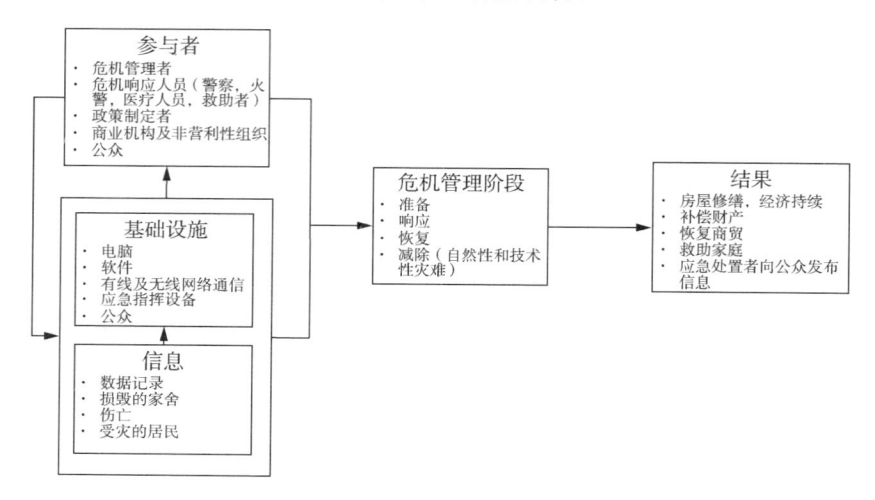

参与者
- 危机管理者
- 危机响应人员（警察，火警，医疗人员，救助者）
- 政策制定者
- 商业机构及非营利性组织
- 公众

基础设施
- 电脑
- 软件
- 有线及无线网络通信
- 应急指挥设备
- 公众

信息
- 数据记录
- 损毁的家舍
- 伤亡
- 受灾的居民

危机管理阶段
- 准备
- 响应
- 恢复
- 减除（自然性和技术性灾难）

结果
- 房屋修缮，经济持续
- 补偿财产
- 恢复商贸
- 救助家庭
- 应急处置者向公众发布信息

图8—10　信息技术在危机管理过程中的角色[①]

（二）公共危机管理关键性信息技术潜能

1. 信息技术对于危机管理改善的潜能

不可否认，公共危机管理是一项涉及技术、组织、文化、社会制度等的挑战性课题，但相较于其他选项，技术进步是当下提升危机管理水平最为实际也最有效的手段。某种意义上讲，技术在危机管理中起着杠杆作用，其潜能发挥的程度直接影响到危机管理的能力和水平。概而言之，信息技术对危机管理能力发挥的潜能可列举如下：

——对危机的预测更为及时和准确；

——能够模拟险情，从而进行更有针对性的训练；

——增加危机管理工作协调合作的流畅性；

——应急通信更有保障；

——改善危机事件处置的方法、策略；

——对危机损失的评估更为合理。

---

① John C. Ping. *Technology in Emergency Management*, Library of Congress Cataloging in publication Data. 2007.

2. 六项公共危机管理关键性信息技术潜能

美国信息技术促进灾害管理委员会依据信息技术发展前景及对公共危机管理可能性改善的程度，筛选出六项关键性的技术潜能[1]。它们分别是更加健壮、支持互操作且具有优先级的通信功能；增强的情境感知能力和有序的危机应对；决策支持及资源跟踪、定位；提高组织的敏捷性以防御灾害；公众的更好的参与；加强型的逃生基础设施和连续性的社会功能发挥（表8—1）。加以总结不难发现，这些技术具有如下共性：

——可能解决的主要问题区域映射当前危机管理实践；

——具有技术代表性，发展潜力巨大，能够推进此项技术能力的当前状态向前发展；

——这些技术跨越领域、部门界限，以公共危机管理问题为导向，其服务直接面向公共危机一线工作人员。

表8—1　　　　危机管理中的关键技术潜能及相关工具

关键技术潜能	相关工具
更加健壮、支持互操作且具有优先级的通信功能，冗余和有弹性的基础设施	移动电话 无线网络 互联网/IP为基础的网络
增强的情境感知意识能力，有序性的运筹局面	资源跟踪和物流的射频识别
决策支持，资源跟踪与定位	在线资源目录 商业协作软件和文件共享
提高组织的敏捷性以防御灾害	便携式计算机为媒介的练习无人驾驶车辆和机器人
公众的更好的参与	自动化、多模式公示和资源接触系统，多模式公共报告功能，有效的在线信息来源，"9·11"事件信息反向输送能力（即支持双向紧急报告）
加强型的逃生基础设施，连续性的社会功能发挥	移动发电机 冗余性广播系统 动态库存供应管理

（1）通信更加健壮、支持互操作且具有优先级的通信功能

在危机事件中，所需的公共安全通信基础设施，如电话线路，无线电发射塔，通信交换机，网络运营中心以及必要的电力供应往往遭到破坏。对于

---

[1] Committee on Using Information Technology to Enhance Disaster Management, *National Research Council*: *Improving Disaster Management*: *The Role of IT in Mitigation*, *Preparedness*, *Response*, *and Recovery*. National Academies Press, 2007.

应急救援来讲，作为危机响应起点的简单可用性通信就显得特别重要。

商业性通信系统支持互操作、允许设置优先级，也能提供冗余的语音和数据通信，可为危机通信系统提供一个有价值的补充，但也只能是做以补充，因为商用条件跟危机情境有很大不同，如信道负载的众寡、传输的即时要求、基站设施完备性等，商业性通信系统无法替代公共通信系统，因而危机管理中健壮、支持互操作且具有优先级的通信技术及系统工具的研发仍然备受关注。

（2）增强的情境感知能力和有序的危机应对

危机情境的感知能力近年来受到危机管理领域的高度关注，尤其是在遭受卡特里娜飓风袭击之后。技术人员开发出众多应用来帮助人们增强情境识别能力，包括用户界面集成、提交工具以及检索工具等。可视化工具也是其中一项，它通过对危机信息的种类、区域、响应状态等进行汇总分析，形成直观性的动态可视性图像，能够明显增强民众的危机情境识别能力。

当危机发生时，如何保证公众行动的有序性一直是危机管理的难点，注重平时的模拟演练和灾时的合理导控似乎是良方，但有待验证并深入研究。

（3）决策支持与资源跟踪与定位

决策支持服务于运营者和决策制定者预测性活动的制定，主要帮助他们理解并评估可选择性活动的特征和结果。信息技术对决策支持的促进作用主要体现在两方面：一是将决策者从常规性决策活动中解放出来，集中精力于非常规性决策；二是能使不同组织间信息的共享、合作更加流畅。

资源跟踪与定位通过 RFID 标签、GPS、地理信息系统等信息技术在灾害物流管理中的应用，可以减少错误几率，促进主动识别问题的行动。

（4）提高组织的敏捷性以防御灾害

没有哪一个组织对于灾害是天然免疫的，但提高组织的敏捷多变特性，的确能够起到降低灾害损失的效果。提高组织的敏捷特性，一部分是管理和组织科学问题，一部分是技术问题。通过信息技术可以加速传统管理模式的变革，推进自动化；实现以信息为中心的架构向分布式处理传感器所存储的持续性消息流转变，以提供实时的态势感知数据，检测趋势和获知过渡要求。

（5）公众的更好的参与

通过更好地利用信息技术实现危机管理更好的公众参与，涉及两个不同的方面：第一，利用预警系统和广播提示，告知公众应该采取的行动，来保护自己和自己的财产；第二，利用公众提供的信息和有价值的技术工具。

实践证明，在这两个用途上提高利用信息技术的潜力是很大的。回想北京"7·21"暴雨灾害预警信息推送中出现的问题，以及甘肃岷县"5·10"暴洪灾害中用敲锣吼叫方式通知群众，我们就能体会公众参与危机管理过程中信息技术还有多少潜能需要发挥。

(6) 加强型的逃生基础设施和连续性的社会功能发挥

危机条件下，建筑物、道路和其他关键性基础设施表现出显著的无回复性和鲁棒性。面对灾难，似乎还是完整的公共设施，实际上可能已严重受损，只是不明显罢了。另外，在地震过后，建筑可能濒临崩溃的边缘，即使是最小的余震，也可能会使其坍塌。

针对这一类问题，可以使传感器与信息技术相结合，加强对危险性基础设施的判别和及时预警，通过减少基础设施状况的不确定性，及时排除潜在危险。另外，信息技术可以用来提高关键基础设施留存下来的可能性，以加快恢复社会功能。在提高社会关键基础设施韧性的同时，改善涉及民生功能的关键设施管理，如电网、水、交通等，从而在一定程度上保证了社会功能连续性发挥，从而不致使社会瘫痪，对于提升危机状态下的社会治理水平具有重要作用。

三 公共危机管理的信息技术战略建议

(一) 公共危机管理信息技术战略的意义

1. 使公共危机管理信息技术系统化、标准化

公共危机管理信息技术战略的实施能够立足信息技术应用的实际，建立全面、高效的公共危机管理信息技术体系，并强化信息技术在各种危机事件以及危机管理各个阶段的系统化应用。优化信息技术在公共危机管理中的应用策略，并对公共危机管理过程中信息技术应用的薄弱环节加强应用性研发。

加强公共危机管理信息技术的标准化建设，不断提升公共危机管理信息技术规范化水平。信息技术标准化是一个贯彻新技术和创造新产品的动态过程，具有不断循环和螺旋上升特性。公共危机管理信息技术标准化建设即是通过制定、修改、管理和实施各种信息技术标准，实现各种技术及

工具集成和兼容。

2. 改善和优化公共危机管理流程，推动公共危机管理模式的变革

通过将各种信息技术在公共危机管理应用过程中无缝对接，从管理手段、沟通机制及技术保障上优化公共危机的管理流程。流程的变革也必将引致一系列连锁反应，管理模式的再规范、再调整不可避免。公共危机的信息技术战略正是以其前瞻性视野，将公共危机管理引领到新的阶段。

（二）公共危机管理信息技术战略的建议

公共危机管理信息技术战略服务于危机管理能力根本性的提升、彻底减少危机破坏性影响。它是一项关系技术研发、人才培养、社会组织运营及机制安排等的复杂工程。美国信息技术促进灾害管理委员会（the Committee on Using Information Technology to Enhance Disaster Management）在其名为《促进灾害管理：信息技术在减缓、准备、响应和恢复阶段的角色》研究报告中，就信息技术战略涉及的各方面要素如何有效支持公共危机管理战略的实施提出了10个方面的建议，对政府危机管理部门的信息技术应用有重要参考价值。[①]

1. 危机管理组织应充分利用现有的技术或调整政策程序，从而在短期内提高危机管理水平。虽然说危机管理信息技术战略效能发挥依赖其长效机制，但我们也不可忽略一个事实，即很多时候一些现成的技术或策略也能带来明显的危机管理收益。比如使用手机技术迅速建立独立的通信能力，能及时恢复地方灾害损坏的基础通信设施；使用支持任务规划、调度的资源管理工具，以帮助制订灾害管理计划和跟踪计划的执行，并确保问题及时识别和相关的后续决策。危机管理中利用这些短期内触手可得的技术时，首先需要识别它们，判断其可行性；继而建立起相应的政策和程序，在规则上给予保障；最后是培训用户，使用户掌握技术及工具的使用，最大化发挥技术效能。

2. 中央政府应该利用相关组织机构平台进行多学科研究，尤其是六大关键性信息技术——更加健壮、支持互操作且具有优先级的通信功能；增强的情境感知能力和有序的危机应对；决策支持与资源跟踪与定位；提高

---

① Committee on Using Information Technology to Enhance Disaster Management, National Research Council. *Improving Disaster Management: The Role of IT in Mitigation, Preparedness, Response, and Recovery*. The National Academies Press, Washington, D.C.

组织的敏捷性以防御灾害；公众的更好的参与；加强型的逃生基础设施和连续性的社会功能发挥——更应该加强多学科研究使其潜能得到充分发挥。

3. 中央政府应该与参与危机管理的各方利益相关者一起，制定并定期更新信息技术研发路线图。这些利益相关者包含了政府官员、医疗机构、志愿者组织、基础设施和交通运输系统的业主、供应商及IT研究人员等，他们对于如何在现实条件下建立一个运作机构，以及如何开发成本效益划算的信息技术有着独到的见解。危机管理信息技术战略决策中，他们的声音不可或缺。

4. 中央和地方政府应该认同多元化的技术应用策略，包括增加商业信息技术的使用，并更多地使用开源软件和标准开放性成果。作为传统购买方式的一种补充，这些商用现成技术虽不能完全提供危机管理中所需要的功能，但作用亦不可忽略：其一，它能采用和适应当前易于获得的技术在较短时间内搭建起危机管理所需的功能；其二，商用现成技术所具有的互操作性强等特点可使其集成到危机管理信息系统中。

5. 危机管理部门应该与技术提供商紧密合作，参与制定、设计以及集成新技术并将其作为整体信息系统的一部分。危机管理部门是问题的提出者和问题解决方案的使用者，而技术提供商是问题技术方案的提供者，两者分工各有侧重，但两者的契合之处在于更好地解决问题，这就需要实践与技术的紧密结合，并不断取得实践的深入和技术的集成。

6. 危机管理部门在设计、获取和经营信息系统时，应注重将危机应对能力纳入支持常规操作的系统。此为危机管理信息系统设计的原则，意在强调信息系统在非常规、危机条件下应急性能的重要性。

7. 危机管理部门应该采用成本效益决策指标，并将其渗透于信息技术投资中，并且，在危机管理信息技术应用计划中要增强最终用户性能的目标导向性。

危机管理资源的有限性决定了其决策制定要采用成本效益指标，但其中效益成分更多地要用危机管理所带来的效益来衡量，而不是信息技术本身的性能所产生的净效益。另外，危机管理中信息技术的应用要以用户为导向，这是保证危机条件下技术效能发挥的必要条件，直接影响着危机管理的水平。当然，这里所指的导向不是完全"依照"。信息技术研发中，主线还是着眼于危机管理需求，辅以对人员进行适当的培训。

8. 危机管理部门应利用独立评估机制来评估危机管理业务，包括利用信息技术的有效性、经验教训及最佳实践的分享等。一种有益的尝试即是由多个而不是单一机构对其进行评估，而且这种评估应是涉及多方面的，包括技术、社会和组织层面等。

9. 危机管理组织应当培养同时具有危机管理知识和信息技术专业知识的人才。因为一个人如果同时在危机管理和信息技术专业领域都擅长的话，他就能很清楚地知道危机管理者需要什么样的技术，也知道什么样的技术是确保能解决问题的。把这样的复合型人才聚拢在组织中，能够更好地开展危机管理工作并有效推进信息技术研发。

10. 中央政府应确保和发展研究中心中由IT研究者、危机研究者以及危机管理者所组成的网络。这样，各方人员开展协作研究的同时，能够从技术及组织的视角为危机管理者评价信息技术的使用效果，也能够传递知识和技术，构建起跨部门的人力资本，进而提高持续性开发未来信息技术的潜能。此研究中心的存在至关重要，它旨在倡导并践行一种机制，即形成一个跨部门、跨领域的平台，确保其中研究人员能接触到真正的问题，危机管理者也能接触到新技术。这样不仅能促进危机管理水平的不断改善，也能不断挖掘技术的潜能。

第九章　公共危机信息管理平台与系统

在 FEMA 的定义中，公共危机管理需要结合实现其使命所需要的所有内外部资源（包括合作伙伴）。这些资源不局限于个人或组织、地方政府或灾害现场办公室、IT 资源和服务、救助资金、团体文档和数据库、其他机构的伙伴关系、安全和主要设施的保护措施、通信和网络资源，还包括一切可以用在应急管理服务中的所有资源。受灾者以及受灾者对问题的敏感性也都是 FEMA 所要考虑的方面。FEMA 协调如此多的应急管理资源，需要一个强大的危机管理信息平台。本章主要根据 FEMA 对公共危机信息管理平台的定义和框架，阐述公共危机信息管理平台及其主要内容，从系统功能的角度考察主要的应急管理信息系统，并对美国和日本典型的危机管理信息系统进行介绍。

第一节　公共危机信息管理平台的架构

一　公共危机信息管理平台概述[①]

（一）公共危机信息管理平台的含义

公共危机信息管理平台涵盖了信息技术和网络技术平台的组件。同时，公共危机信息管理平台要依据主干网络对所有的信息流完成无缝整合。通过采用标准化的活动减少应急生命周期的成本，增强使命的效率。

由于危机管理过程中各个阶段和步骤重要性的不同，所以并不是每一

---

① 本小节内容主要来源于美国联邦应急管理局发布的信息技术架构 2.0 版：The Road To e-FEMA。

个业务功能都需要强大的系统来支持。在没有发生灾害的日常情况下，很多的业务可以用普通方法来处理。

减缓阶段要结合发现、分析和评估灾难的各种科学技术。在信息系统方面，以智能和健壮的数字图书馆为主导的技术是必需的。这个阶段计算机辅助工程模型、地理工具、经济预测工具、数据挖掘和趋势识别工具、多媒体显示格式、文本搜索工具、交互式地理信息系统都是极其重要的。在减缓阶段中，需要分布式的智能可视化工具来代替面对面的交流。同样也需要技术、工程信息的交互标准，集成音频、视频和数据应用的分布式规划和报告工具，网络和IT系统的通用性和联结性。在减缓阶段，危机信息平台利用GIS来捕获、存储和检索灾难信息。GIS通过国家技术手段来获取大量的面向地理位置的信息，确保数据的质量，在地图上正确地组织数据，用可以接受的精度来标记地图上的数据。然后存储数据、分析数据、发现趋势，在地图上以交互的方式进行显示，和其他的合作伙伴交换数据。GIS广泛应用于国家供水保障计划和灭火方案。

准备、培训和演练阶段是信息密集的阶段。结合健壮的系统和及时通信来支持计划、控制演习和各种培训活动。在危机准备阶段，州政府和地方政府大量的信息交流是必要的，远距离的通信和沟通中需要更多的技术支持。这个阶段的核心是远程学习、分布式建模和仿真方法、交互系统、多媒体方法、视频流。必须建立实时的联结来支持演习和训练活动。需要加强可视化工具，演练和培训活动的信息交换标准，分布式规划、重建、报告工具，总指挥部门和外网的VPN。

响应和恢复阶段。网络沟通和及时应对在危机管理中扮演着重要的角色。从州或者应急管理的其他部门搜集和处理必要的信息，通过具体行动传播这些信息，为报告、简报、展示和计划提供这些信息。报告是把信息加载到报告和其他材料中来表示所有的响应行动。展示通过电子公告板或者电子邮件来维护相关信息和基础设施的简要地图、图表和公告板。规划报告用来报道行动的计划过程和危机支持团队的领导。技术服务为灾区的空中侦察、结构工程、地震、洪水、大坝安全、执法问题、国家安全问题和其他的问题提供特定信息。响应阶段中，通信和网络的及时性是至关重要的。信息流必须从一个部门到另一个部门。评估和分析部门主要完成五个任务：信息收集和报告、疫情报告程序、简报显示支持和紧急行动、救灾行动中的可预测模型和GIS支持、记录灾害行动的标准程序。

（二）公共危机信息管理平台的特征

1. 系统和服务的集成化

对于危机管理来说，分布系统的开发和集成化是非常重要的。公共危机信息管理平台的理念是在安全规则和无缝集成的基础上"一次创建、有效管理、经常使用"。在危机管理系统开发过程中，要在系统和程序的开发标准服务和能力方面确定一个领导标准。FEMA 中危机管理的企业级系统包括 NEMIS（自动捐赠管理和采集管理、VPN 连接、演习和训练模块）、综合财务管理系统、后勤信息管理系统、基础设施管理系统、地理信息管理系统。

2. 完善的通信网络

完善的通信网络是由高性能的交换主干网络集成所支持的。依据资金支持，目标网络的架构必须支持集成的声音、图像和数据高带宽的应用，包括以信息传播为目的的流媒体文件和分布式交互演练系统。这些核心能力是通过 ATM（Asynchronous Transfer Mode）即异步传输模式实现的。在公共危机信息管理平台中，强调个人通信系统技术和全球定位系统技术。此外，还要考虑电信通信系统的能力。电信系统例如高频无线电和国家预警系统也要达到运作的需要；网络环境达到运行需求，更好地运作和花费更少是电信通信能力的目标。

3. 更加关注先进的 IT 应用

在以后的应用中，带宽的限制不是一个主要的因素，网络的设计要保证服务质量。这种方法和理念与下一代互联网技术是一致的。依靠资金的支持，目标网络架构可以支持带宽密集型网络应用，这些应用包括多媒体应用、多媒体的公共信息传播（音频流和视频流）、数据密集型的地理信息系统、智能分布式协作和可视化应用、集成的声音视频和数据的应用、数字图书馆应用、虚拟现实技术。

4. 达成共识的标准

FEMA 预期的危机信息管理平台是可以通过技术参考模型，帮助合作伙伴在电子文档、数据、复杂对象交互方面达成无缝的共识。这个目标也符合"一次建立、有效管理、多次使用"的目标，同时也最小化了数据重新输入和浏览。

5. 工具和开放的系统标准

为了迎合公共危机信息管理平台中电子记录、文档和数据发展的趋势，数据库必须要提高等级来确保数据集成。运用恰当的策略和方法，平台必须要支持安全电子数据签名、时间戳、长期档案存取、安全散列机制。

二 公共危机信息管理平台的构成要素和框架

FEMA 平台的架构符合 NIST（国家标准和技术研究）架构要求。NIST 模型是阐释业务、信息、系统、数据和网络环境内部关系，运用广泛的联邦政府管理工具。NIST 为创建集成的 IT 系统提供了一个五层框架。这五个层次是分开定义的，联系紧密并且相互影响。各层之间的标准是任意的或者非任意的。

（一）公共危机信息管理平台的构成要素

e-FEMA 1.0 版本开始，FEMA 就花费很大的努力来开发和集成众多的系统和活动，包括：国家应急管理系统（NEMIS）、综合财务管理信息系统（Integrated Financial Management Information System，IFMIS）、物流信息管理系统（Logistics Information Management System，LIMS）、设施管理系统（FMS）、地图服务中心（MSC）和地图分析中心（MAC）支持的 GIS 系统、人力资源管理办公室，图 9—1 为 FEMA 初始的架构图。

FEMA 网络架构由独立的网络组成，包括 FEMA 交换网络（FSN）、FEMA 路由器网络/复用器网络，支持微信通信和高频无线电。FEMA 有能力在基础通信设施失灵的灾区建立独立的通信，虽然这些都在改进，但目前的网络的带宽是有限的，必须实施以下应用：

（1）多媒体应用程序和图形密集的交流。

（2）多媒体对象的公共信息传播，例如音频和视频。

（3）数据密集的 GIS 应用。

（4）智能分布式协作和可视化应用。

（5）集成音频、视频、数据的应用。

（6）数字图书馆应用（集成的文档管理和文本查询）。

（7）虚拟现实应用（例如 3D 仿真技术）。

当然，还包括一些常见的 IT 架构组件：数字签名、文档管理、信件和行动跟踪、配置管理、文本搜索。文档交换和传输中，包括一些格式标准，例如 HTML、XML 等。

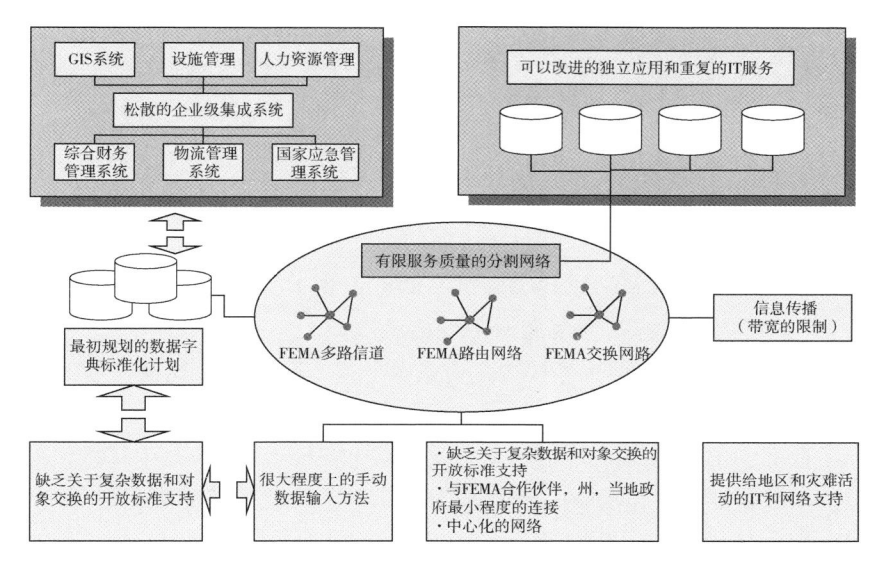

图 9—1 FEMA IT 初始架构图

（二）公共危机信息管理平台的构成框架

整个 FEMA 的框架从下到上由五部分构成：技术基础设施（technology infrastructure）、数据描述（data descriptions）、系统和应用（systems and applications）、信息流和关系（information flows and relationships）和业务流程（business process），构成一个金字塔的形状（图 9—2），FEMA 的架构与国家标准技术局（NIST）的架构[①]相对应，这五个层次被相互独立地定义，但又紧密交织在一起，贯穿层与层之间的是自由决定和非自由决定的标准[②]。

（1）业务流程。FEMA 的主要目标是：通过领导和支持国家使用一个全面的、基于风险的减灾、备灾、响应、恢复的应急管理程序来减少所有灾难中的财产和生命的损失，并且保护国家的机构。FEMA 的核心业务流程围绕着 FEMA 使命中陈述的四个核心业务流程：减灾、备灾、响应及恢复。

（2）信息流和关系。分析 FEMA 业务过程信息流动、使用和共享情

---

① 这个架构在 *Information Management Direction*：*The Integration Challenge* 中提到。
② Information Technology Architecture Version 2.0. THE ROAD TO e-FEMA. 1-25—1-54.

况，以及因为信息流而发生的 FEMA 内部和外部的关系。

（3）系统和应用。描述服务于 FEMA 应急管理使命的所有涉及信息采集、操作和管理的应用和系统，包括企业级应用和单目标系统应用。

（4）数据描述。描述 FEMA 的高级数据和文档模型。由于数据和文档描述机制对于信息共享和减少冗余极为重要，FEMA 正转向一种面向对象关系的建模。

（5）技术基础设施。描述"底层"的可以在 FEMA 业务范围内重复使用的 IT 基础结构，包括通信和网络设施或服务。

我们结合 FEMA 架构和国内已有的架构[①]，把公共危机信息管理平台分为三个层次：基础支撑层、数据层、业务层，同时还包括公共危机信息管理平台的标准和规范。其中，基础支撑层和 FEMA 中的技术基础设施层相对应，数据层和 FEMA 中的数据描述相对应，业务层对应 FEMA 的系统和应用、信息流和关系以及业务流程（图 9—3）。

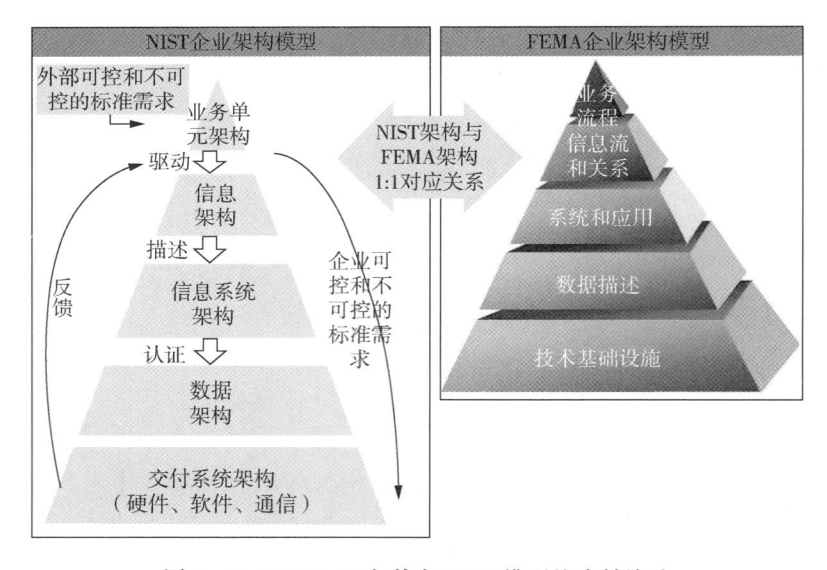

图 9—2　FEMA IT 架构和 NIST 模型的映射关系

---

① 姜安鹏、沙勇忠：《应急管理实务——理念与策略指导》，兰州大学出版社 2010 年版，第 326—327 页。

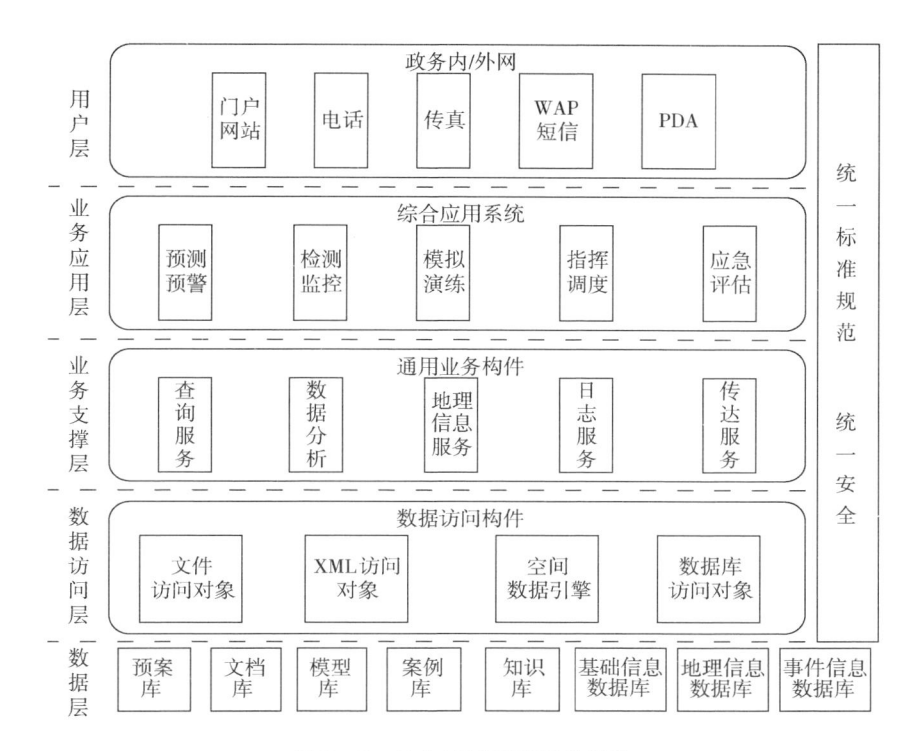

图 9—3　综合应用系统总体架构

第二节　公共危机信息管理平台的内容

一　基础支撑系统

基础支撑系统是各级应急管理平台数据库系统、综合应用系统的环境基础。基础支撑系统主要包括应急通信系统、计算机网络系统、主机存储系统、图像接入系统、视频会议系统等几个方面，缺一不可。

（一）应急通信系统

应急通信系统支持各级应急平台的日常工作联络、突发事件应急处置，主要为了满足语音、数据等业务的传送需要，图9—4是应急通信系统的总体结构。应急通信系统主要包括有线通信系统、无线通信系统、数字语音系统、多路传真系统、通信指挥调度系统等。有线通信手段主要包括保密电话、普通电话、专网 IP 电话、传真等；无线通信手段主要包括卫星通信、公众移动通信、集群通信、短波通信等。应急平台以有线通信为主要手段，和无线通信系统、卫星通信系统等互连，保障各级应急平台间的通信畅通，并满足语音、视频等实时业务传输对宽带的需求，保证应急信息平台 7×24 小时畅通。保证灾害现场语音、图像、视频等传输畅通，实现与现场应急通信系统的整合和不同通信手段的互连。同时保证在特殊自然环境下，如森林、河流、山地、丘陵等环境下应急通信联络畅通；提供灾害、干扰和故障等特殊情况下的容灾应急通信保障，各种应急方式能互相备份，在一种通信方式受阻的情况下，应至少有一种以上的方式保障通信畅通。公共交换电话网在超饱和条件下通信时，应急管理机构人员在执行公务时具有有线通话权。提供数字录音系统，为指挥调度中的命令接收及下达提供录音功能，根据需要随时检索、回放指挥过程场景；配备必要的保密电话、保密传真等通信终端，保证政府应急平台与各部门应急平台、移动应急平台加密通信联系。通信系统主要包括指挥调度系统、数字录音系统、多路传真系统、模拟集群系统、短波通信系统以及卫星通信系统（图 9—5）。

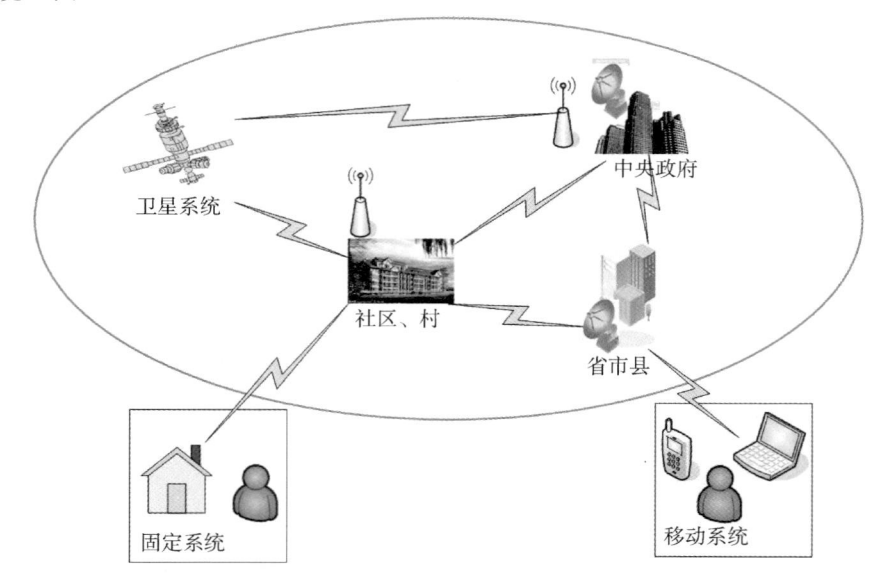

图 9—4　应急通信系统总体结构

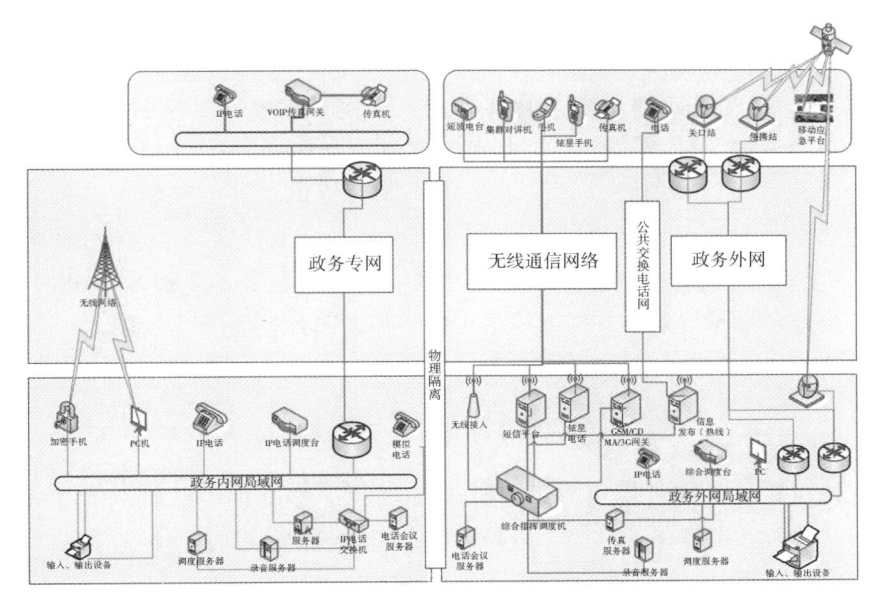

图 9—5 应急通信系统详细结构

(二) 计算机网络系统

计算机网络系统用于应用系统的承载和数据交换的承载，主要包括政务内网、政务专网、政务外网。政务内网即政府机关内部办公业务网，主要运行政府部门内部的各类关键业务管理系统及核心数据应用系统，如办公自动化系统等。政务专网即政府部门之间办公业务资源网，主要运行政府部门内部以及部门之间的各类非公开应用系统，其中所涉及的信息应在政务专网上传输。政务外网即政府公众信息网，与互联网连通，面向社会提供一般应用服务及信息发布，包括各类公开信息和一般的、非敏感的社会服务。

(三) 视频会议系统

视频会议系统主要用于日常应急管理工作，以及较大突发公共事件发生时应急平台与上下级机构应急平台之间协调沟通与会议协商。主要包括MCU（多点处理单元）、视频会议终端、会议直播点播系统、会议卫星广播系统等。视频会议系统是应急工作的一个重要工具和手段，在突发公共事件发生时，利用视频会议系统可以进行异地会商，综合实现语音通信、视频传输和图像显示等功能，便于信息的交流与各项指挥调度工作的展开,大大提高了会商、分析、协调、处理等应急工作的效率。在平时可以利用视频会议系统召开日常工作会议,教育培训等。视频会议系统主要提供以下功能:(1)充分利用政务专网、外网、互联网等多种网络资源,与各单位联通,实现多点、双向视频和语音会议功能。(2)能够在不同平台之间同时召开会议,且互不影响。(3)提供多种会议模式,满足多元化需求,具有灵活的会议控制和管理功能,保证多组会议有序顺畅进行。(4)能够与兼容主流的音视频协议,与大屏幕显示等技术紧密结合,具有清晰的显示效果,支持多种画面格式和多画面同时显示功能。(5)视频会议系统的图像资料可按照相关要求保存,需要作为案例的归入案例进行保存。

(四)图像接入系统

图像接入系统可以将突发事件监控视频图像上传、存储、显示和调阅,主要包括图像接入系统、编码器、音视频录制等设备。

(五)有线通信系统

有线通信系统主要包括普通电话、IP 电话。普通电话系统充分利用现有的公众电话交换网,是应急平台最常用的通信方式。IP 电话可以通过政务专网使用分组交换的方式进行通信。通过 IP 电话可以实现在应急处置过程中的有限呼叫、强插强拆等通信调度功能,IP 电话是满足业务管理的有效通信工具。同时作为传统的替代和备用,在日常工作中,使用 IP 电话作为主要通信手段,可以有效节约通信的费用。

(六)无线通信系统

无线通信系统主要包括移动通信、政务短信平台、数字集群、短波、卫星通信、无线对讲机等。移动通信主要包括 GSM、CDMA、PHS 网络,移动通信网络是由移动运营商建设和维护的,在紧急情况下配合完成网络通信保障。移动应急通信车辆,包括卫星通信车辆将登记在应急管理系统上,在突发事件发生时,移动公司将按照应急处理流程,优先提供网络资源、人力资源和应急车辆资源等,保障事故现场的网络通信。政务短信平台要实现和移动运营商的对接,具有突发事件短信通知、通信录管理、省市州区县分级管理等功能。政务短信系统实现用户登录、通信录、界面、功能、风格的一致,主要满足应急业务相关单位之间的短信通信。集群是一种专门用于调度、指挥的通信系统,主要用于专业移动通信领域,对位置移动的人员、车辆进行统一调度,可实现组呼、单呼、广播以及短数据和分组数据传输服务。短波通信系统由固定短波电台、车载短波电台以及编写短波电台组成。固定短波电台主要用于省市州应急平台；车载短波电台部署在大中型应急平台中，作为事发现场应急通信系统的有效手段。卫星通信网可以保障在其他通信手段无法正常使用的情况下，实现各部门应急平台或移动应急平台与事件现场之间的现场语音、数据、视频图像的双向传送，特别是在语音通信网络和集群无法覆盖的地方，卫星通信网络是最有效的话音、数据通信工具。卫星通信系统主要包括大中型移动应急平台使用的车载卫星通信系统和小型移动应急平台或单兵使用的便携卫星通信系统。

二 应急管理数据库

应急管理数据库分为数据层和数据访问层。数据层主要用来持久化存储各种类型数据，包括地理信息的空间和属性数据、遥感数据、社会经济数据、卫生统计数据、地震数据、水利数据以及其他与应急相关的各种类型数据。数据库系统主要包括基础信息数据库、空间信息数据库、事件信息数据库、预案库、案例库、模型库、知识库、文档库等8个数据库：

（1）基础信息数据库：包括应急常用的基础信息数据。

（2）空间信息数据库：包括矢量、遥感数据以及地理数据等。

（3）事件信息数据库：包括突发事件信息、预测预警信息、危险源信息、现场监控信息、指挥协调信息等。

（4）预案库：包括各级各类应急预案。

（5）知识库：包括各领域常用专业知识、规范性文件、技术规范和常识经验等。

（6）文档库：包括日常工作中流转的公文、简报等资料文档。

（7）案例库：包括国内外突发事件典型案例。

（8）模型库：包括信息识别与提取模型、预警预测模型、应急决策模型、应急评估模型等。

数据访问层主要采用数据访问模式进行数据的读写操作。采用接口抽象出数据访问逻辑，针对不同的数据载体实现数据访问接口对于不同数据的访问，通过数据适配器实现统一接口，也可以直接使用数据库开发商或第三方厂家提供的数据访问接口对数据进行访问。图9—6是FEMA的应急管理逻辑数据模型。

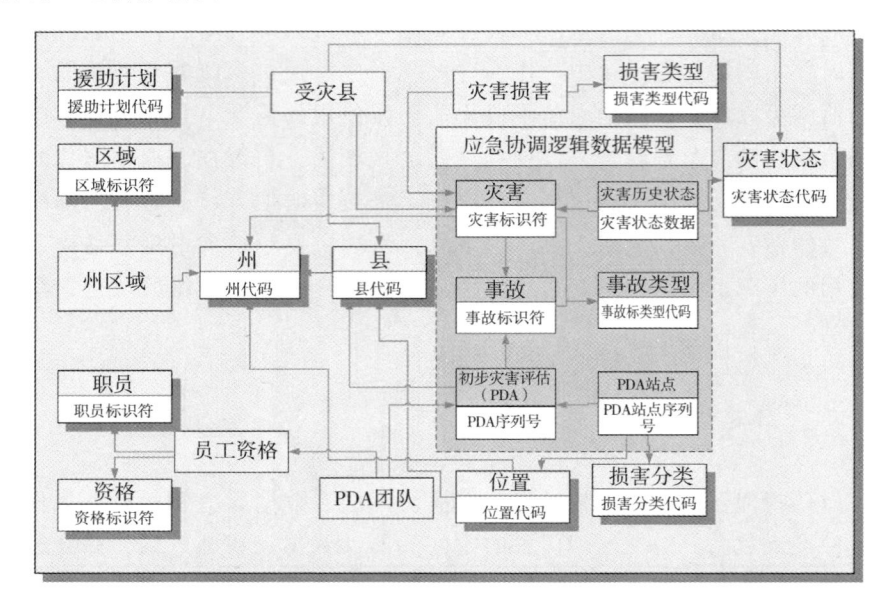

图 9—6 应急管理逻辑数据模型

三 综合应用系统

综合应用系统的设计遵循平台化、组建化的设计思想，采用统一的数据交换、统一的数据接口、统一的安全保障，总体上采用 SOA 架构模型。各种服务按照多层次模式组织，各种多层架构可以搭建松散耦合、易于复用、可扩展性强的应用，除了方便开发和组织实施外，亦便于更好地满足系统的组建化、互操作、模块化、可伸缩性等特性，实现当前或今后应急信息化建设中更多的资产重用，快速响应业务需求变化，SOA 架构具有的规范统一性和高度的开放性可以保证应急信息化建设不断扩展。

综合应用系统的业务层通过数据访问层实现对应急相关数据的存取操作，同时对用户层提供相关业务支持。根据业务层服务的特点，可细分为业务支撑层和业务应用层。

1. 业务支撑层

为业务应用层提供通用查询工具、数据转换、数据分析、日志服务、访问控制、配置管理、空间地理信息服务、上传下达协作等通用应用服务。应急管理业务涉及的工作量很大、种类纷繁复杂，而且大多数是与地理空间位置相关的信息。空间地理信息服务基础业务组件为综合应用系统提供二维和三维空间可视化、空间查询、空间分析等 GIS 操作功能。

（1）通用查询工具。综合应用系统经常需要查询不同条件、不同类别的数据。通用查询工具能为各类查询提供一个统一的基础，有利于系统的实现和简化开发。通用查询工具包含目标数据构造、查询条件和查询分析等功能。

（2）数据转换。应急平台需要与许多应急业务系统互连互通，由于各系统的关注点和实施单位不同，对部分数据的描述和定义存在一定的差异，数据转换根据应急平台的数据要求和定义，实现各种差异性的转换。

（3）数据分析。数据分析是应急管理职能应用的基础，通过对常用数据分析方法的抽象和总结，实现数据分析功能的共享重用。

（4）日志服务。统一日志服务可以对应用系统中出现的问题以及执行效率进行跟踪，并查阅浏览日志内容。同时统一日志服务规范了日志格式和实现方式，突出重用，减少重复开发。日志服务分为功能日志和系统日志。功能日志是系统必须保存的，对系统中一些重要操作进行记录。日志中需要记录操作人员、操作时间、操作功能模块的名称以及用户所执行的操作等信息；记录和跟踪系统状态的变化，如提供对系统故意入侵行为的记录和对系统安全功能的违反记录；实现对各种安全事故的定位，如监控和捕捉各种安全事件，记录发生时间、发生的位置和事件类型；同时，功能日志也必须实现对日志的记录和查询功能。功能日志可以用数据库保存，并提供公共的 API 接口来实现日志的记录和查询功能。系统日志主要用来记录程序的调试信息、启动和初始化状态、出错信息等；系统日志记录可以动态地记录在各种存储介质中，比如日志文件、数据库或者显示在控制台上。

（5）地理信息服务。应急管理平台中涉及的大部分信息都和地理空间位置有关，在综合应用系统中经常会用到二维和三维空间可视化、空间查询、空间分析等 GIS 功能。

（6）其他服务构建。根据应急信息系统的具体需要，可以配备一些常用的业务支撑组件，如规范引擎、工作流、配置管理等组件。

2. 业务应用层

业务应用层封装了应急平台的核心业务逻辑，业务应用层以基础业务组件为基础，实现应急管理的核心业务流程。主要包括以下应用系统：

（1）综合业务管理。主要包括日常业务的处理、系统运行和监控管理的相关组件。

（2）预测预警系统。主要包括突发事件的趋势预测和综合研判以及早期预警等组件。

（3）监测监控系统。主要包括各级部门的监测信息与风险分析结果的汇集，相关信息的抽取等。

（4）模拟演练系统。主要包括突发事件场景设计、事件模拟仿真分析等。

（5）指挥调度系统。主要包括应急处置时情况汇总、任务下达，以及任务调度跟踪所需的相关组件。

（6）应急评估系统。主要包括应急处置过程记录、再现、评价和应急能力评估等组件。

（7）用户层。针对不同的用户类型配置不同的终端。

四　公共危机信息管理平台的标准规范

由于 FEMA 的公共危机管理平台及其信息化建设具有代表性，这里主要介绍 FEMA 的公共危机信息管理平台的信息技术规范。

（一）FEMA 相关关键架构问题

有许多技术和管理问题影响了联邦机构，并且超出了 FEMA 的控制范围。这些问题并没有在整个社区和国家档案馆中被处理。通常情况下，这些问题给 FEMA 与他们的业务合作伙伴实施开放、互操作、标准化带来了困难。

（二）FEMA 高层次技术参考模型中主要的 IT 标准

由于在市场中扮演相对小的角色，FEMA 的 CIO 不能开发自己的标准。FEMA 采取非常有选择性的、利用现有的以及 FEMA 合作伙伴广泛接受的标准。通常情况下，FEMA 会购买和使用认为可以提供全面最好服务的工具。

FEMA 建立了未来设计、建造和获得哪一类信息技术系统标准架构原则，以及哪些传统的系统需要重新设计的基本架构原则。架构原则提供了建造和重新设计 IT 系统的基本规则，目的是在那些 FEMA 项目的开发者、工程师和集成者做出 IT 系统设计和实施的决定上，建立一个稳定的基础。这些原则能够随着 FEMA 任务和业务功能的演进而演进。

表 9—1 所列的架构标准原则是需要强制遵守的。除特别说明外，这些原则应用到了新的系统以及任何新开发、接入、重新设计、重新托管或者是遗留系统的集成中。①

表 9—1　　　　　　　　　　FEMA IT 架构表

架构标准	列入 FEMA IT 架构的理由
最大程度上的可适用性，FEMA IT 系统需要按照国际公认的开放系统设计、开发、实施、接入和集成标准。这个原则应用到新系统开发以及任何系统的重新设计、重新托管、未来集成或者原来系统的接入	为了确保在整个企业级和整个 IT 生命周期上的可操作性和效益
FEMA CIO 认识到所有 IT 系统的开发项目。FEAM CIO 有权利改变、审查、重新传入或者终止违反政策和架构的 FEMA IT 系统项目	根据信息技术管理改革法（ITMRA）和政府绩效与结果法案（GPRA）需要保持充足的控制
IT 系统封闭和专有的方法应该受到取缔和打击，除非 CIO 和信息管理局认为合理的特殊情况。包括但是不限于成本/效益因素以及其他紧迫因素	需要确保整个 IT 系统生命周期的互操作性和成本。提供一个预选方案，也许不开放的系统是有效的
可以接受行业标注的方法（相对于封闭、专有的方法），但是必须完全记录和描绘，满足 CIO 和 IRB 的要求，确保长期的数据可用性和集成	响应国家档案和记录管理局（NARA）以及联邦记录法案
支持特殊的 IT 工具、系统或者应用作为 FEMA 企业级标准的实践，但是不能被看作是一个常规、标准和自动发生的事情。申明一个标准工具必须要考虑其他因素，例如工具、系统、应用对开放系统标准和行业系统标准的遵守。一个重要的因素是工具维护的 FEMA 数据的档案寿命和把数据迁移到新系统、工具和应用的潜力	从档案的角度认识到标准数据要比标准的工具更重要。认识到 FEMA 和其他的联邦机构在定义工具的功能上有很少的控制权。响应国家档案和记录管理局（NARA）和联邦记录法案
所有新的系统和重新设计的系统都应该符合 FEMA 机构的法律、法规文件	必须遵守公共法律、指令、诉讼案件、高层次的计划

---

① Federal Emergency Management Agency, *Information Technology Architecture Version 2.0. The Road To E-Fema Volume 2：Fema It Architectural Principles And Support Rationale*, Washington：Information Technology Services (ITS) Directorate, May 2001.

续表

架构标准	列入 FEMA IT 架构的理由
一个工具、应用或者系统要申明成为 FEMA 的企业级标准，必须要证明是 CIO 和 IRB 满意的、有支付能力的、可依赖的经销商	对于申明一个工具、应用和系统来说这是有必要的。 CIO 和 FEMA IRB 想要确保申明的标准有措施保证数据长期性，并正确考虑是否建议应该被接受。 应该拒绝具有潜在的不能偿债或者是不可靠的供应商提供的标准工具
IT 系统的设计、实施和集成应该考虑到以下问题：安全、互操作性、灵活性、支付能力、可伸缩性、可移植性和扩展性。详细的规定通过 CIO 联合 IRB 来颁布	建立既定的要求作为设计、开发 IT 系统的重要的架构考虑
IT 系统的设计要顺应它支持的操作环境因素的业务功能	意识到操作环境因素在设计 IT 系统支持业务功能中的重要性，提高这些因素对于 CIO 和 IRB 的可见层次
当 CIO 和 IRB 完全联合起来开发和决策，IT 系统就能够符合 FEMA 企业级的数据字典并且提供保持语义和语法完整性的别名机制	在实现互通性方面意识到通用数据字典的重要性。 提供和已有系统接口的灵活性结合
在 FEMA 系统的开发中，应该对 COTS 的实施给予偏好，实施和 FEMA 赞助的开发活动相对立的开放系统、标准的方法	意识到并且需强烈地认清 COTS 实施通常都比完全的开发花费更少。 如果没有可选的有效的 COTS，则提供一个回避机制
在设计和开发 IT 系统时，应当给实施了最智能、可搜索格式、有效管理以及下游最大复用来创建数据的方法强烈的偏好。系统审查阶段，打印或者重新捕获数据的方法应该被取缔或者拒绝	认识到指挥数据和文档中的信息和情报是昂贵的。 认识到扫描、转化和 OCR 活动是耗时的、昂贵的，并且可能引入错误，这种错误的识别和改正是困难的
建立 IT 系统之间的接口。应该考虑使用开放系统的方法实现互操作性	为未来开发活动，尤其是遗留系统的集成驱动需求。 服务移向开放系统的互操作性
任何建议的 IT 开发活动都要考虑对已经存在的 FEMA 网络和通信的影响。同样地，FEMA 的网络和通讯资源应该顺应业务的需求来提供适当的服务层次。CIO 和 IBR 的协商将会成为判决的权利	认识到 IT 系统和网络系统是联系的、不可分割的。为 FEMA 的组织元素提供机制，提高带宽的 IT 需求或改变，例如 VPN、外网的权力下放或者建立。网络维护人员的分析压力的布置……
任何建议的 IT 开发活动应该考虑对 FEMA 合作伙伴的潜在影响，最大化范围可行。应该保证适当的认可、共识和支持	认识到 IT 系统是 FEMA 企业级的中央位置。受影响的业务合作伙伴应该达成共识

续表

架构标准	列入 FEMA IT 架构的理由
任何建议的、已经定义好的 FEMA IT 开发活动应该复用的，除非这个组件被证明不满足 CIO 和 IRB 的需求	为 IT 架构组件的复用建立一个固定的需求可以迎合需求。为认证通用架构组件定义和实施的不足提供一个机制
所有系统的开发活动应该遵守一个已经建立的 FEMA IT 生命周期模型（螺旋、瀑布模型）	声明 IT 系统按照 ITMR 和 GRPA 结构的和有纪律的方式开发的需求
强烈关注 IT 系统生命周期成本/效益分析，尤其是评估开放系统标注的角色。生命周期的分析需要被控制，除了任何成本/效益分析都会被发展成一个特定 IT 系统的项目阶段	效益和成本的节省只有通过适当的生命周期投资分析来实现。认识到生命周期投资决策中标准的重要性
IT 系统应该采用标准化和 FEMA IT 架构兼容的配置管理方法	用标准化的方法对配置管理和控制建立固定的需求
所有系统的决策设计都应该考虑法律和监管的影响，以及系统中的数据和信息被用到法庭或者其他法律程序中的潜在性。这些应该包括保持足够的审计线索来支持法律程序，以满足总法律顾问办公室的需求。将来，这也可能包括数字签名的提供和安全时间戳服务	FEMA IT 系统必须在法律和监管的环境下运行，特别是在最近曝光的法案中
设计和开发 IT 系统时，鼓励和包括 FEMA 业务和伙伴的外部实体建立合作关系	为 FEMA IT 系统的开发者和集成者通过 FEMA 合作伙伴实现节约和互操作性提供机会
符合其他 IT 架构的原则，最大化地利用 Internet 和 Intranet 技术	认识现代 Internet 技术作为国家和全球信息架构（NII/GII）一部分的中心位置。通过各种 Internet 标准委员会，设置阶段性的验收和分析
强制执行 IT 系统的文档标准	在 IT 系统文档上建立纪律要求
在 IT 系统开发中，开发者和工程师应该认识到电子文档和纸质文档是不同的媒体，应该执行不同的 IT 标准，这些标准遵循： 1. 和 NII/GII 的方向保持一致，一个有效的电子文档包含复杂的多媒体对象，不能在纸上显示。电子媒体可能考虑无纸化。 2. 电子文档和纸质文档同步的话，每一种媒体上保存的信息内容是必要的数据完整性标准，不能因为打印纸而没有必要看电子文档	纸质文档和电子文档是不同的媒体，这个概念是一个重要的原则。方便以后系统的开发，例如数字图书馆、文档管理系统和数据仓库。有效地消除了电子文档和纸质文档必须看起来一样，以及保存页面可辨识的争论。为 IT 系统的开发者通过管理电子文档和数据来维护健壮的电子数据提供舞台
强制的（FEMA 信息资源管理程序指令）FIRMPD 政策和程序以及 IT 资本计划和投资指南是 FEMA IT 架构的必需元素	这些文档提供了额外放大的政策、指令、法规，结合它们到更高的 FEMA IT 架构文档

续表

架构标准	列入 FEMA IT 架构的理由
任何架构的元素、组件和标准没有在 FEMA 中明确地保留，支持文件是建议项目的一个范围	为系统开发者和工程师提供了灵活性和权利，便于迎合开发系统的需求。只要指出的原则是不违反需求的

第三节　应急信息管理应用系统

一　综合业务管理系统

综合业务管理主要包括日常应急业务管理和系统监控与运行管理，是综合应用系统对外数据交换的统一接口。其他系统从应急平台和现场获取信息时，先由综合业务管理系统统一获取，然后由综合业务管理系统把信息传递给目标系统；其他系统向应急平台和现场提供信息时，先把信息交给综合业务管理系统，然后由综合业务管理系统根据相关要求，统一把信息发送出去。以省级政府应急平台为例，综合业务管理系统主要包括以下功能：

（一）信息接报服务

1. 信息接收

接收的信息主要来源于各市州政府、省级各部门、各专项指挥部、互联网等。接收的信息类型主要包括突发事件信息和日常值班信息。突发事件信息包括事发时间、事发详细地点、事件类型、事件等级、事件原因、事件情况描述、伤亡人数、经济损失、影响范围、事件受损程度、已采取措施、资源调度请求等。日常值班信息主要指非突发事件信息。

信息接收的主要途径包括网络、传真、电话、电子邮件等。通过网络接收主要是指各市州政府、省级各部门、专项指挥部门通过应急平台的数据交换和共享系统，进行突发事件信息的填报。可通过信息填报方式报送，也可以通过直接导入符合突发事件信息报送协议的格式文件实现上报。各个相关部门可以通过省级政府应急平台数据交换与共享系统，实现突发事件信息的首报、续报、重报、核报等功能。对于市州、省各级部门通过传真、电话、电子邮件等方式上报的突发事件信息，省政府应急办值班人员需要将接收到的信息录入到系统中，以便进行查阅。

2. 审批审核

审批审核主要包括重报退报、信息合并、信息送审、批示录入等。

3. 信息抄送

根据突发事件的信息内容和各部门对信息的需求，将相关接报信息抄送给有关单位，提请相关单位进行核报、关注或办理。

4. 信息上报

对初步研判后确定为重大或特别重大的突发事件，省级应急办需向国务院应急办上报。

5. 信息汇总

事件响应过程中，对多部门、多次上报的同一事件信息进行汇总，反应事件最新态势。事件处置结束后，对各种接报信息进行汇总输出。

（二）突发事件管理

1. 事件信息管理与汇总

新建、编辑、删除事件；实现接报信息和事件的关联管理；建立、取消、修改信息与事件的关联；实现事件信息的动态更新，生成事件态势报告；以事件为索引，查看事件相关报送信息；以事件链形式查看原生事件与次生、衍生事件的关系及处置情况；提供突发事件办毕功能。

2. 事件定位

实现事发地点在 GIS 上的定位。

3. 周围环境分析

根据事发地点及事件影响范围，结合空间地理信息进行周围环境分析，包括事件范围内的目标、危险源信息以及可提供调度的应急资源、受影响的人口经济、可能产生的次生和衍生事件等。

4. 相关信息检索

针对不同事件，快速检索相关案例、知识、法规等应急相关信息，辅助应急人员进行初步研判。自动关联相关预案，并启动相关预案。

5. 态势汇总

为用户提供直观动态展示突发事件的最新态势。在同一地图中显示不同区域多个事件的基本情况、处置情况、存在问题等信息，便于应急管理人员及时了解最新态势。

(三) 值班业务管理

1. 值班管理

值班管理包括值班日志、排班管理。值班日志提供应急平台值班信息的记录、办理、查询等功能,提供应急办日常值班信息特别提醒功能。排班管理包括应急办值班表和下级单位值班表两部分。

2. 文电公文管理

收发登记、录入、编辑、检索、归档、统计、打印等。

3. 信息简报制作

定期生成事件值班信息周刊,根据需要生成值班信息特刊。

4. 信息报送考核

结合信息接报管理模块,对各级部门报送的突发事件信息的状况进行考核管理。

5. 电话管理

电话管理分为电话调度管理、电话录音管理。电话调度管理实现通话号码、通话事件显示与记录。电话录音管理包括通话的实时录音,录音文件检索,录音回放等。

6. 通信录管理

通信录管理包括公共通信录管理和个人通信录管理两部分。公共通信录对相关应急机构信息、人员信息进行统一管理和维护,以便应急过程中能迅速、准确地查询到相关人员的联系方式。系统提供各单位人员维护本单位信息、人员信息的功能,保证通信录信息的及时更新。个人通信录提供用户建立自己的个人通信录功能,每个用户均可以根据自己的业务工作特点建立自己的联系人列表。

7. 传真管理

包括日常值班或事件处置过程中传真的归档、查询检索、浏览、打印等。

8. 刊物管理

9. 日常值班工作

提供其他日常值班的功能,包括电话记录、工作安排等。

(四) 预案管理

1. 综合查询

主要为用户提供快速检索和准确定位所需预案及内容的功能。包括简单查询和高级查询。简单查询即根据用户录入的名称，在所在预案中进行全文检索，按照统一的方式展现给用户。高级查询根据用户设定的预案级别、预案类型，以及查询的具体内容查询所需预案。

2. 预案统计

按照预案的类型和事件分类，以二维表的形式统计各类预案的数量，并以统计图形式展示。同时以列表的形式显示具体级别和类型的预案，点击预案名称可以查看其内容。

3. 预案编制和阶段管理

实现预案新增、初审、复审、征求意见、专家论证、文字审核、审批以及发布等环节的预案编制和审批流程。

4. 备案管理

备案是指下级应急部门把本单位制作发布后的预案向上级单位进行备案，备案管理主要包括预案备案、备案管理、备案统计等。

（五）知识案例管理

1. 应急知识管理

应急知识是应急部门在处理应急事件中与该领域相关的基本概念、理论知识、事实数据，以及所获得的规律、常识性认识、启发式规则和经验教训的集合。系统提供应急知识管理功能，以便在进行应急事件处理时，能够迅速找到相关知识，为事件处理提供辅助参考。应急知识管理主要包括基本信息管理和扩展信息管理。基本信息包括知识名称、主题词、事件类型、知识类型、摘要、来源、知识附件等内容。扩展信息管理提供根据知识类型定制扩展信息的方式，满足应急知识存在不具有普遍共性的特征数据的要求。

2. 典型案例管理

案例库可以为应急事件的处理提供有效的参照系，充分吸取历史事件的经验教训，达到规范处理流程、加快响应速度、提高处置效率的目标。案例管理提供案例录入、修改、查询、检索等功能，亦包括基本信息管理和扩展信息管理。

3. 法律法规管理

主要提供对法律法规数据的添加、修改、删除、查询和浏览等功能。法律法规主要包括：法律法规编号、类别、法律法规名称、主题、关键词、摘要、审议通过时间、颁布机构、颁布时间、施行时间、有效范围、法律法规内容等。

（六）查询分析与报表管理

1. 事件信息统计

包括事件信息查询、接报信息查询、事件统计等功能。

2. 知识、案例查询统计

主要包括应急知识查询统计、典型案例查询统计、法律法规查询统计等。

（七）档案管理

档案管理实现对纸质文档、电子文档、图像、影像资料等档案的分类管理和快速检索调阅。具体功能包括：归档、编目、检索、网上调阅、统计、打印和档案销毁等。

（八）应急动态

应急动态是政府应急平台的内网门户，是应急活动中各部门工作展示的窗口和工作交流的平台。包括信息发布、近期突发事件、工作动态、在线调查、工作月历等。

（九）其他应急资源管理

主要包括对危险源、风险隐患区、防护目标、避难场所和应急资源等的管理。

（十）对外信息协作

政府应急平台的综合应用系统主要与国务院应急平台、市州与部门应急平台发生外部信息协作，协作途径主要有省政务专网、政务外网和互联网，以及电话、传真、卫星、集群等通信方式。

（十一）系统监控与运行管理

1. 数据管理和维护

包括综合应用系统部分基础数据、字典、词表等信息的维护。

2. 监控与运行管理

通过对省级应急平台用户、网络、主机、操作系统、数据库和应用状态及其相应的日志文件的监控，在问题出现时，能够以事件的方式报告给系统管理员。通过对关键数据的采集、分析和存储，对故障进行报警、恢复等自动化处理，并生成分析报告。

二 风险监测系统

风险监测系统主要是实现各级政府、部门监测信息与风险结果的汇集，并根据相关信息进行综合风险分析，把分析结果直观地展现到决策者面前，作为风险预警和事件处置的依据。

以省级政府应急平台为例，风险监测系统主要包括以下功能：

（一）监测数据输入

把各专业监测部门的监测数据、风险分析结果接入汇总到政府应急平台，为应急决策提供支持；获取现场实时监测数据；查询、更新监测数据；监测数据个性化展示等。

监测数据包括实时监测数据和定期更新的监测数据。可通过两种方式实现数据接入：将专业部门的数据通过数据交换与共享系统接入政府应急平台；调用专业部门提供的 Web 服务来直接利用。

（二）防护目标管理

依据应急信息资源分类编码标准，按分级分类的原则将辖区重点防护目标等信息进行集中管理，提供重点防护目标信息的检索、查看、定位等功能。重点防护目标包括辖区内的重要政府部门、金融机构、骨干管线、学校、重点场所、重点工程以及能源储备库、机场等关键基础设施信息。重点防护目标信息的更新和维护由重点防护目标主管部门定期进行。

1. 重点防护目标信息管理

重点防护目标的信息包括属性信息、地理信息、扩展信息等。属性信息包括名称、类型、所属行政区域、所属单位、详细地址、等级、负责人、联系方式等；地理位置信息主要是指所在地的具体经纬度，一般以地理信息图层形式存储。扩展信息指重点防护目标特有的信息。

2. 重点防护目标信息查询

通过重点防护目标属性信息查询和地理信息查询两种方式实现。属性信息查询通过重点防护目标名称、类型、所属部门、所属行政区划进行复合查询；地理信息查询在二维、三维地图上，通过缓冲区查询特定范围内的重点防护目标，并进行查看。

3. 重点防护目标定位

4. 视频监控

将省级政府应急平台图像接入系统接入的实时监控视频与相关重点防护目标关联，实现综合应用系统中对重点防护目标的实时监控功能。

（三）危险源管理

依据应急信息资源分类和编码标准，按分级分类的原则将重大危险源等信息进行集中管理,提供重大危险源信息的检索、查看、定位等功能。

重大危险源是可能导致重大的自然灾害、事故灾难、公共卫生、社会安全的突发事件危险源。危险源信息的更新和维护由重大危险源主管部门定期进行,各单位之间重大危险源信息的共享由系统统一进行资源授权。

接入重大危险源的实时监控信息和实时动态数据,实现对重大危险源的实时信息监控。主要包括重大危险源信息管理、重大危险源信息查询、重大危险源地图定位、视频监控等。

(四) 舆情监测

舆情监测是通过网络爬虫、搜索引擎技术和文本挖掘技术,对网页内容自动采集处理以及进行敏感词过滤、智能聚类分析、主题监测、专题聚焦、统计分析等,分析公众对特定事件的关注程度和态度,以便采取合理有效的控制措施和正确引导舆论的导向。

1. 热点话题、敏感词识别

根据信息出处权威度、发言时间密集程度等参数,识别出给定时间段内的热门话题。利用内容主题词组和回帖数进行综合分析,识别敏感话题。

2. 舆情主题跟踪

分析新发表文章、帖子的话题是否与已有主题相同,对相同主题跟踪汇总。

3. 自动摘要

对各类主题、各类倾向能够形成自动摘要。

4. 舆情趋势分析

分析某个主题在不同时间段内,人们所关注的程度及其变化。

5. 突发事件分析

对突发事件进行跨时间、跨空间综合分析,获知事件发生的全貌并预测事件发展趋势。

6. 舆情警报

对突发事件、涉及内容安全的敏感话题及时发现并警报。

7. 舆情统计报告

根据指定条件对热点话题、倾向性等进行查询,并生成统计报告,供决策参考。

（五）风险分析

风险分析是根据监测信息，实现对重大危险源、关键基础设施、重点防护目标的识别、分析和评估，给出分析评价的结果或综合评价报告，提出风险减缓建议和措施。

1. 基于特定目标的风险分析

根据特定目标的监测监控数据、周边环境情况、风险承受能力等评估目标的风险等级。

2. 基于事件影响范围的风险分析

以事发地点及其可能的影响区域，或专业模型对事件影响区域的预测结果为输入，分析事件影响范围内的重要防护目标、危险源、应急资源、人口经济等信息，并结合该范围及附近的救援力量情况和抗灾承灾能力，给出风险级别或风险评估报告。

3. 基于气象、水文实时数据的风险分析

接入辖区雨、水情信息，在 GIS 地图上直观展示各站点及其雨、水情信息和报警信息，根据报警站点、水情数据及其影响范围，分析站点周边环境和影响区域内的目标、危险源、应急资源、人口经济等信息，并在 GIS 地图上展示，辅助实现事件的早期研判和预警。

三　预测预警系统

预测预警系统主要作用于突发事件早期预警、趋势预测和综合研判。在相关部门协助下，根据当前掌握的信息，运用综合预测分析模型，进行快速计算，对事态发展和后果进行模拟分析，预测可能发生的次生、衍生事件，确定事件可能的影响范围、影响方式、持续时间和危害程度等，并结合预警指标提出预警分级的建议。主要功能包括信息获取、综合预测分析、综合结果管理、预警信息管理、预警分级指标管理、预测预警模型等功能。

（一）信息获取

预测预警系统的主要信息包括各相关部门专业预测分析结果数据、现场信息、历史数据、统计数据等。预测分析结果数据的获取方式主要包括：

1. 通过登录应急平台专业预测预警结果报送页面进行填报。

2. 通过人工复制的方式将信息存入部门数据交换与共享服务器上，预警预测系统通过数据交换与共享方式获取信息。

3. 通过电子邮件、传真等方式实现专业预测预警结果上报。

（二）综合预测分析

对获取数据进行汇总和分析，根据分析结果指导制定处置策略。省级政府应急信息平台应发挥其信息来源丰富和多样的优势，汇总各方信息进行综合性的趋势预测和分析，实现综合预警决策。综合预测分析根据突发事件发生发展的规律，在更大范围和更多领域内，利用综合预测模型，结合各种历史数据、各类统计数据，对事件进行预测分析，对事件结果以及次生、衍生事件发生的可能性等进行综合研判，为预警分级、预警发布提供基础。

综合预测分析主要包括周围环境分析、事件链分析、事件链与预案链综合分析、综合预测与态势分析、综合研判报告等。

（三）预警信息管理

根据综合预测分析结果，结合相关预案关于各级预警指标的规定，给出突发事件的预警级别建议，供领导决策。按照相关预案规定，形成预警发布信息，进入预警发布流程。此外，系统提供对下级单位预警备案信息进行查询浏览的功能。

预警信息管理主要包括预警备案、预警分级核定、预警发布信息准备、预测预警模型、预测结果管理等。

（四）预测预警模型

预测预警模型是系统支持突发事件预测预警的重要工具，以工程模型为主。一般来说，系统应集成的预测预警模型包括：危化品泄漏扩散模型、爆炸影响范围评价模型、江河水域污染扩散评估模型、预警分级模型、地震烈度分析模型、震后道路通行率分析模型、社会风险分析模型、传染病传播扩散模型、城市生命线分析模型等。

（五）预警分级指标管理

不同类型事件的预警分级标准不同，而且预警分级标准一般为文字性描述，因此为了实现突发事件预警分级智能化，需对相关预警分级标准进行维护，并细化为一系列指标，供预警分级模型调用和自动匹配，快速确定事件的预警级别。

预警分级指标的管理实际上就是预警分级标准数字化过程，主要包括：

1. 针对不同的突发事件，对应红、橙、黄、蓝四级预警级别。
2. 针对每类突发事件，建立分级指标元数据库，该元数据库定义了该类型事件分类的关键要素和指标对比标准。
3. 对于每类突发事件的每个预警级别，与元数据关联，将预警分级指标数字化。

四 辅助决策系统

辅助决策系统是体现应急平台智能决策的重要方面，它主要利用智能检索和匹配技术，利用数字预案、预测预警模型分级结果、类似案例和现场等信息，经用户适度参与，生成有针对性的处置方案。辅助决策系统的主要功能包括：

（一）方案生成

主要包括以下功能：（1）获取和查询与事件有关的信息；（2）对预测预警分析结果与获取的有关信息进行综合分析和研判；（3）根据应急处置的不同阶段，选择所需生成的应急方案类型；（4）根据相关预案、事件类型和级别、分析和研判结果、周围环境信息、应急处置力量和其他应急资源等，确定应急方案的要素；（5）根据所确定的应急方案要素，以自动或人机交互的方式生成各项要素内容，组成应急方案；（6）根据不同的优化目标或对比要素，集合专家经验，对所生成的多个方案进行分析和对比，能自动生成或以人机交互的方式给出方案排序，供领导决策时参考使用。

应急方案包括应急指挥协调方案、资源保障方案、救援处置方案、应急工作方案等。

（二）方案推演

方案推演包括虚拟场景构建、方案虚拟执行等功能。场景构建基于地理信息二、三维可视化或虚拟现实技术，对方案执行的现实环境进行建模。通过对方案虚拟执行，动态展示方案实施的效果，并给出各种重要的评估结果，如需要的处置时间、可能的人员伤亡、经济财产损失情况等，指导方案优选或方案调整。

方案调整是根据突发事件现场反馈的信息、专业部门的预测分析和综合预测分析结果、时态发展趋势、应急方案跟踪执行的效果评估结果等，对前面生成的方案进行动态调整。应急方案动态调整时运用虚拟指挥技术，将新调整后的应急方案所对应的应急过程进行虚拟再现，决策人员通过对应急的再现过程和产生结果进行对比和选择，找出方案中的缺陷，修改和制定出相对较优的应急方案。

（三）方案管理

方案管理功能包括对已经生成的方案进行浏览、查询、修改、增加、删除、统计、分析等。

1. 方案预览：数据库中的所有方案可通过索引的形式查询预览。
2. 方案查询：将方案以结构化形式存储在数据库中，根据不同的主题词，可以对其不同的组成部分进行单独查询。
3. 方案修改：对某一专项方案中的某一字段的值进行修改。
4. 方案增加：包括新的专项的增加和某一专项中的字段的增加。
5. 方案删除：包括某一专项的整个删除和专项中某一字段的删除。
6. 方案统计：可以按不同事件、地域、事件类型或登记等进行统计，并以文字、报表、直方图、专题图等形式输出统计结果。
7. 方案分析：根据不同的要求对过去的方案进行分析。

（四）方案要素配置

对方案生成或方案调整中所用到的方案内容要素、方案对比要素进行管理和维护。

方案生成或调整时，需要确定方案的内容要素、对比要素，通过对方案内容要素进行配置，可以定制方案需要包含的内容。方案对比要素则包含了方案执行的代价、效果的评估值，是多方案对比优选的重要依据。方案要素配置对方案内容、方案对比要素进行管理和维护。

（五）数字预案

主要完成文本预案的结构化，包括预案要素的结构化以及预案与其涉及的指标体系、指挥部信息、专家信息、救援力量、应急响应、应急保障、信息发布、恢复重建等信息的关联。提供数字预案的查询检索、浏览和输出等功能。

数字预案包含了以下四个方面：（1）将各类应急预案的共性进行结构化，形成应对事故的策略和流程的备忘录；（2）将各类应急预案对救援队伍、装备设施、医疗急救、现场警戒等应急资源的独特组织形式分门别类独立存储，预存为指挥调度的作战书；(3) 基于公用基础设施地理信息和公共安全信心，为不同级别、不同种类的应急方案建立不同的数据准备，形成快捷的资料包；(4) 基于灾害预测、仿真模型、灾害处置模型等对本类应急预案所针对的事故进行前期模拟和分析，提前了解灾害规律和趋势，形成科学的处置辅助方案。

五 应急联动信息系统

应急联动系统是通过采用统一的号码用于公众报告紧急事件和紧急求助，并整合各种应急救援力量，实现多警种、多部门、多层次、跨地域的统一接警、统一指挥、联合行动，及时、有序、高效地开展紧急救援或抢险救灾行动，从而保障综合救援的集成技术平台。

应急联动系统集成了有线通信调度系统、无线通信调度系统、计算机骨干网络系统、综合接警系统、语音记录系统、无线数据传输系统、视频图像系统、城市地理信息系统、移动目标定位系统、移动通信指挥车系统、机房监控系统、电源系统等，具有指挥调度功能。可以对自然灾害、事故灾难、公共卫生事件、社会安全事件的报警、求助、投诉电话实现统一接警、快速响应、联动处警，对行政管辖区内各具有处置突发公共事件职能的应急联动单位统一指挥调度，为处置行政辖区内的紧急、突发、重大事件提供通信与信息保障。由于应急管理系统安全支撑系统的存在，访问控制主要包括角色识别和权限控制。

应急联动系统的软件结构由业务应用、业务数据、数据服务、接口服务等组成 (图 9—7)。业务应用包括地图维护、信息发布、数据传输、图像综合应用、MIS 应用、运行保障以及接处警系统、有线通信和辅助决策。业务数据包括 GIS 图库、公安消防数据库、GPS 数据库、警力资源数据库以及外部综合数据库等。数据服务包括接处警数据交换子系统中的各种服务，如接处警系统介入服务、处警指挥接入服务、鉴权服务、坐席资源管理服务、数据库后台服务等，所有这些服务实现业务逻辑的处理。接口服务主要包括外部借口服务，实现与政府政务网和公安等业务系统的连接，实现应急联动指挥部与公安等信息系统的数据交换和业务互通，实现接处警指挥调度和重大事件指挥决策过程中的信息获取和传递。应急联动信息系统的功能结构主要包括以下几个方面：

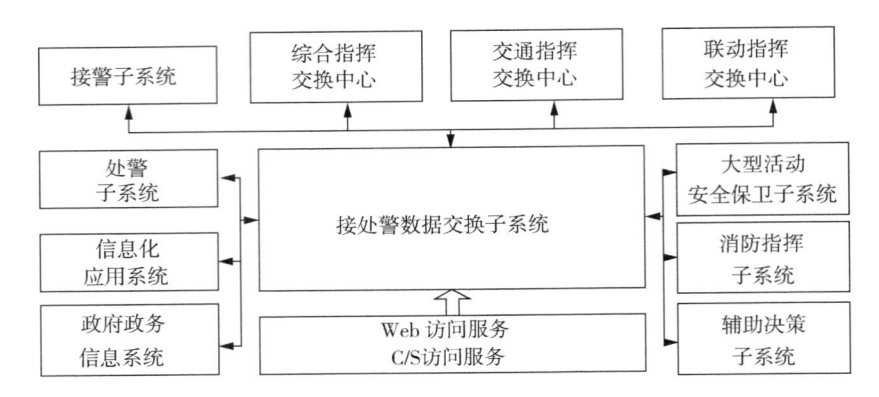

```
┌──────────┐  ┌──────────┐  ┌──────────┐  ┌──────────┐
│ 接警子系统 │  │ 综合指挥  │  │ 交通指挥  │  │ 联动指挥  │
│          │  │ 交换中心  │  │ 交换中心  │  │ 交换中心  │
└──────────┘  └──────────┘  └──────────┘  └──────────┘
┌────────┐                                ┌────────────┐
│ 处警   │                                │ 大型活动   │
│ 子系统 │                                │ 安全保卫子系统│
└────────┘   ┌──────────────────────┐    └────────────┘
┌────────┐   │                      │    ┌────────────┐
│ 信息化 │   │  接处警数据交换子系统 │    │ 消防指挥   │
│ 应用系统│   │                      │    │ 子系统     │
└────────┘   └──────────────────────┘    └────────────┘
┌────────┐       ┌──────────────┐        ┌────────────┐
│ 政府政务│      │ Web访问服务   │        │ 辅助决策   │
│ 信息系统│      │ C/S访问服务   │        │ 子系统     │
└────────┘       └──────────────┘        └────────────┘
```

图9—7 城市应急联动系统软件构成图

(一) 应急指挥调度系统

应急指挥调度系统采用 C/S、B/S 结构，完成警情处理过程中报警单位、各级指挥部、移动指挥部以及现场的业务工作，是一个覆盖指挥业务全过程的系统。该系统具有编制出动方案、下达出动命令、应急处理全过程的语言和数据实时记录、现场图像传输、文字传真以及应急信息的综合管理等功能。系统中主要的模块有调度处警模块、GPS 信息接收模块、通信监控模块、显示控制模块、数字录音模块、现场图像传输控制模块、处置部门信息通信模块、GIS 模块、信息管理及查询模块、模拟演练模块、应急培训模块等。

系统在接到重大灾情之后，通过与电信公司名址库进行交互，自动识别主叫号码和地址；利用电子地图系统快速确定位置，得到周围道路、交通情况信息；根据警力情况为指挥人员提供该位置的预设方案，并根据警力信息数据库系统检索出该位置的详细资料，以便根据实际情况确定相应措施。方案确定以后，指挥系统可以通过计算机网络将出警命令直接下达到各个警点。系统还能够判断和过滤重复报警，避免重复处警。

应急指挥调度系统还包括用于现场的移动指挥系统，其配置的设备主要有无线通信设备、移动警情终端台、现场图像传输设备、现场实况摄像和录像设备、卫星通信设备、GSM 通信设备、文字传真设备、辅助设备等。

(二) 信息维护系统

信息维护系统包含的主要模块有数据管理模块、操作管理模块、网络设备管理模块、有线/无线通信设备管理维护模块。

数据管理模块完成各种数据的增加、修改、删除、查询等基本操作，是信息系统的最基本功能。操作权限管理模块包括用户角色定义、角色权限设置、用户注册管理、用户权限分配与修改、用户使用日志维护等功能。设备管理维护模块包括设备账台管理、设备基本属性维护、设备参数维护、设备分布维护、设备状态维护、设备变动维护。

（三）领导辅助决策系统

领导辅助决策系统包括的主要模块有统计分析模块、事件分析模块和现场图形模块等。

统计分析功能提供关键区域及要害部位的安全监督动态信息，完成数据汇总统计，生成各种统计汇总报表，根据不同的统计分析要求，在电子地图上以不同色块和统计报表两种直观的表达方式，多方位、多角度地显示统计分析结果。事件分析功能可快捷地估算灾情、爆炸等事件造成的破坏区域和影响范围；在平面布置图上标出危险区、隔离区和警戒区，给出各区域危害程度和防护要求等信息。对危害区、隔离区和警戒区进行分析，列出区域内相关设备；给出应急网络图，列出应急响应队伍的联系人、联系电话、主要职责等信息；提供电子白板功能，可在时间模拟图上根据具体情况现场布置车辆，并及时反馈。

（四）应急信息发布系统[①]

应急信息发布系统是基于 WebGIS 的分布式警务信息发布系统，提供统一的浏览器访问界面。该系统可对内外服务。对内服务时，登陆用户按照所属部门、职位享有相应的功能模块操作权限。对外服务时，社会公众可通过浏览官方的警务信息发布网站，了解事件的真相、最新进展以及官方动态和对策，消除可能的误解和谣传，避免恐慌和无序状态，起到稳定人心的作用。

六 应急评估系统

应急评估系统可记录突发事件的应急处置流程，再现应急过程；按照评价模型对应急过程前的应急能力、过程中的及时性、过程后的有效性进

---

① 张佰成、谭伟贤：《城市应急联动系统建设与应用》，科学出版社 2005 年版，第 215—217 页。

行分类和综合评估，生成评估报告。主要功能包括：

（一）应急过程再现

应急过程再现根据应急处置过程的各环节，从综合应用系统的其他系统提取事件关键信息，进行合理的组织存档，在需要时调出，为事件评估提供依据和参考。应急过程需要再现对事件处置过程中信息接报、监测防控、预测预警、应急处置、指挥调度等环节，可根据需要对应急过程中的各关键环节有选择地进行再现。主要包括：再现过程抽取、新增再现过程、再现报告生成及管理、大事记等功能。

（二）事件评估

事件评估包括应急过程事中评估和应急结束后评估。应急过程事中评估是指结合应急预案以及实际的应急处置，对应急部署策略、应急保障能力、应急干预效果等进行效果评估。应急结束后评估是事件处置结束后对整个应急过程进行综合评估，对评估结果进行存储、查询、统计分析。

（三）应急能力评估

应急能力评估是根据评估指标体系和评估模型，对应急队伍、应急物资、应急装备、应急技术等进行综合评价，生成应急能力评估报告。

（四）评估指标体系管理

评估指标体系管理主要是对评估所采用的指标体系进行维护，包括各级评估指标体系的建立和修改。评估指标体系是建立评估模型的基础之一。

七　应急地理信息系统

地理信息系统提供了管理、连接地理数据的功能和地理信息工具。应急管理方案和减灾活动中的重要对象都可以在 GIS 中建立地理参考、索引和搜索。随着网络服务质量和带宽的提高，可以让更多的合作伙伴更方便地介入 GIS，并且使非常复杂庞大的地图具有更好的交换作用。GIS 和仿真模型的结合，可以更好地支持减缓、响应、恢复和准备、演练。

（一）应急地理信息系统组成及其架构

GIS 在 eFEMA 中得到了广泛的应用。例如，GIS 在洪灾地图绘制和保险方面的应用，多种资源都在交互式的 GIS 中管理和表现，能够支持未来危机发展的形式评估和计划。目前地图分析中心的典型例子是：（1）在飓风着陆之前执行风害模型，绘制出风害发生程度的风险地图，帮助决定响应范围。（2）结合遥感系统进行多种灾害评估。（3）编码灾害应用数据，用遥感数据结合已有数据，通过使用 VPN，分布式的 GIS 系统可以用到州政府。有建筑物位置的地图可以结合飓风速度和方向的遥感数据来显示哪些区域必须要撤离。对于大范围的灾害，集成的 GIS 应急管理车辆、避难处、疏散人员和救援物资的位置数据能够给疏散计划、响应和回复的功能实现带来很大的便利。GIS 主要构成如图 9—8 所示。

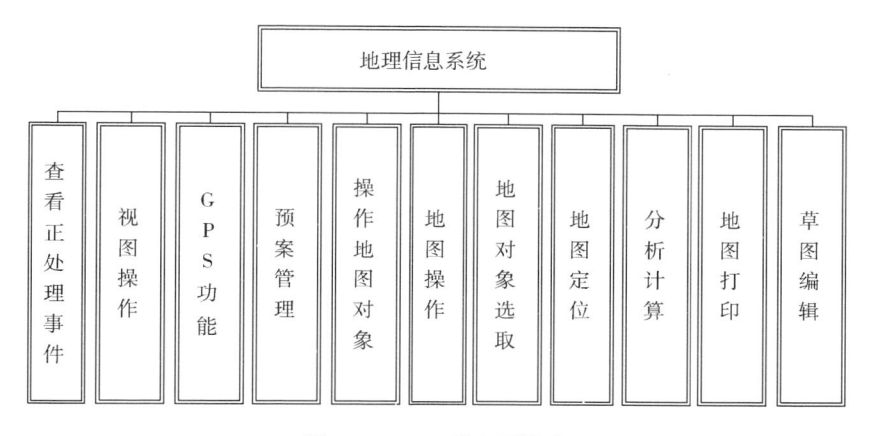

图 9—8　GIS 的主要构成

（二）GIS 在应急管理过程中的应用

GIS 在应急管理的各个阶段发挥着各种不同的作用。GIS 在提高应急管理的整体能力有着重要的意义（图 9—9）。

1. GIS 在减灾中的应用

在加利福尼亚，工作人员为了减少灾害，利用 GIS 严格控制户外火种并对居民地附近的易燃植被进行处理。在佛罗里达，应急人员利用具有 GIS 功能的飓风预警系统，可使当地居民随时得到飓风警报和紧急避难方案。在北卡罗莱纳州的威尔逊市，消防队在消防车上安装 GIS 系统，可以随时判定是否要消防员进入已经被遗弃的建筑，从而避免无辜的伤亡。

灾情的缓解减轻是应急管理的重要目标，GIS 在缓解方面起着重要的作用。GIS 的分析功能可以很容易地确定灾害发生地周边的各种情况，如各类建筑物、人口密度、公共设施、救援设施和避难场所等，能够在短时间内进行危险的评估和分析，可以迅速地标记各种资源和处于危险中的人

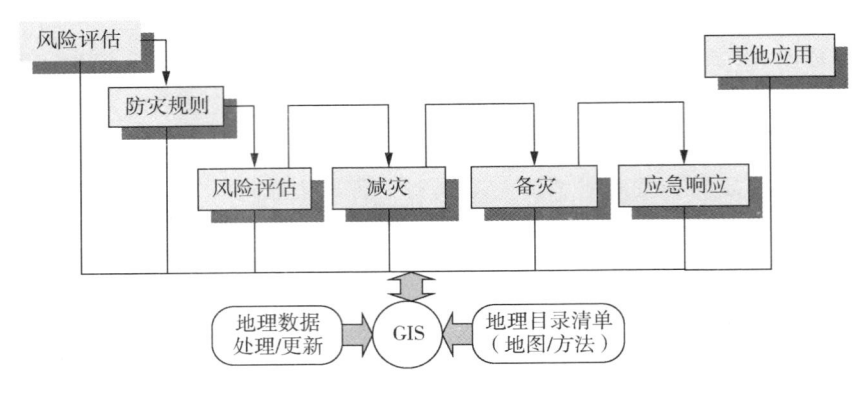

图 9—9　GIS 在应急管理各阶段的作用

员，并采用相应的措施。通过建立可视化的 GIS 图，可以明确地表示出风力、火势蔓延趋势以及海上原油扩散等。GIS 这些独特的功能对于减少伤亡和进一步的灾害有很重要的作用。

2.GIS 在备灾中的应用

在确认灾害即将到来时，GIS 在灾害应对方面发挥了重要的作用。GIS 在制定灾害应对策略和提供决策支持方面能够提供重要帮助。如特定范围中应该配备多少救援力量，部署多少救援物资等。GIS 和紧急疏散系统的结合，可以根据预期撤离的人数，确定如何选择疏散路线，在每一个避难场所部署多少床位。诸如此类的问题可以借助 GIS 得到参考答案。

3.GIS 在应急响应中的应用

应急响应阶段 GIS 发挥着举足轻重的作用。美国"9·11"事件应急过程中，应急人员借助 GIS 提供的制图功能，获得 5000 多幅专用地图，为救援工作提供了极大的便利。应急响应为参与应急管理的指挥人员提供准确和及时信息，确保应急响应的成效。当不同的地点发生不同类型的重大灾害事件时，GIS 可以显示当前事件地点，并使应急指挥中心为不同的营救单元和责任人安排救援任务。通过对 GIS 信息的分析，可以了解事件的影响范围、复杂性、严重性和可能的持续时间，统计损失和伤亡情况。

4.GIS 在灾后恢复中的应用

GIS 在灾后短期回复阶段和长期恢复阶段都起着重要的作用。在短期恢复阶段，首要任务是恢复正常的生活、生产秩序，为灾区人民提供基本的生命生活保障。包括为灾民提供临时避难场所、食物和水，以及为伤残人员提供必要的医疗设施。GIS可以提供供水、供气以及通信等多方面的相关信息，可以促进受损设施的及时恢复。通过GPS和GIS的结合，可以很快地定位受灾场所和受损设施。GIS可以为短期恢复提供全面的决策信息支持。

在长期恢复阶段，GIS主要用于灾区的恢复重建，可以规划灾区重建和动态的跟踪重建过程。由于恢复重建阶段的资金都是专项资金，账目信息需要与具体建设项目和位置相关联，采用GIS辅助资金的预算、分配和记录，可以使重建资金的监管变得高效、方便和快捷。

八 移动应急管理系统

（一）主要功能

移动应急平台是了解和掌握突发事件发展状况，进行应急决策和指挥的重要工具，可单人携带完成全部操作。移动应急平台具有快速采集现场信息（语音、视频、图片、地理信息、环境参数）的能力，具备GPS定位和跟踪功能，能够实现空间导航，满足从有关平台数据库远程加载和调用的要求，具有信息报送、协同标绘、查询统计等综合应用功能。移动应急平台发送现场音视频多媒体等信息，能够获取有关应急平台的分析处理结果数据，供管理人员和决策人员使用；能够与有关应急平台进行可视通话，具有信息加密的能力。移动应急平台配备的摄像机、智能手机或PDA设备可单独使用，由现场应急人员携带，为现场应急人员提供GPS定位导航、地图浏览、信息收发等功能，并可采集现场图像、图片信息传送给有关应急平台。

（二）系统组成

移动应急平台由数据采集、通信传输、主机、综合应用软件、便携数据库、综合电源管理、装载箱7个部分组成。小型移动应急平台体系结构见图9—10。

1. 数据采集

数据采集系统实现现场综合信息采集功能，包括图像、照片、语音、地理信息、环境参数、人工标绘等。采集信息通过标准的USB 2.0接口、IEEE1394接口或RS232串口传输到便携计算机硬盘中，进行分类存储。

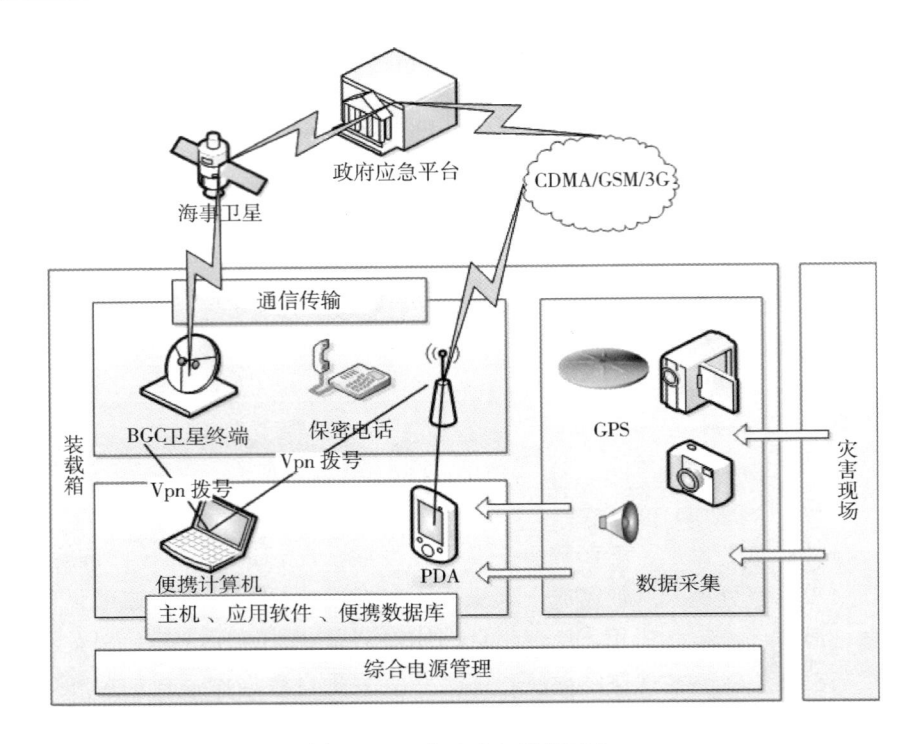

图9—10　移动应急管理平台

2. 主机

移动应急平台的主机存储系统由便携计算机和PDA组成。

便携计算机是综合应用软件和便携数据库的运行平台，要求具备较高的运算处理能力和较大的存储容量。同时考虑到工作人员携带设备深入现场的需要，便携计算机应具备一定环境适应能力，如温湿度变化、灰尘、雨水等。另外，便携计算机还应具备一定的抗震动、抗冲击和抗跌落的能力。便携计算机应具备常用的数据接口，包括以太网接口、调制解调器、USB2.0、IEEE1394、RS232、PCMCIA插槽等。

PDA作为工作人员携带的便携设备，应简单便携。PDA应内置数码相机，可方便地拍摄现场图片，内置GPS定位模块，可随时确定自身位置。PDA应具备较高的处理速度和较大的内存容量，应支持无线上网和电话功能。

3. 通信传输

通信传输系统主要包括语音通信和数据通信。

小型移动应急平台配备加密手机终端和卫星电话保障小型移动应急平台和应急平台之间的语音通信。数据通信包括移动通信和BGAN卫星通信两部分。移动应急平台对外通信优先使用常规通信手段，即通过公众移动网络GPRS、CDMA或3G与应急平台连接。在没有通常通信系统保障的情况下，采用便携海事卫星终端（BGAN）与应急平台连通。

4. 综合应用软件

移动应急平台综合应用软件包括便携计算机上运行的软件和在PDA上运行的软件。其主要功能包括：

（1）在便携计算机运行的软件功能：包括信息报送（时间、地点、人员伤亡等现场信息）。

移动GIS功能；协同标绘；现场信息采集、标绘与上传；专题图制作；查询统计；衍生事件分析；文件上传下载管理；上传下载日志信息管理。

（2）在PDA上运行的软件功能：包括位置标示（实时显示当前PDA位置和目标点位置）；现场拍照；现场地理信息采集；通话功能；通信录查询；移动GPS功能；现场周围环境草图制作；文件上传下载管理。

5. 便携数据库

便携数据库为小型移动应用系统提供数据支撑，内容包括基础信息数据库、空间信息数据库、事件信息数据库、预案库、模型库、案例库、知识库、文档库。

便携数据库内容主要来源于应急平台数据库，因此随着应急平台数据库的更新，需要将更新内容及时同步到移动应急平台数据库。便携数据库需要在统一的信息标准指导下确定需要采集和传输的内容，同时通过对系统所涉及的各种类型的数据来源、数据性质、数据特点、数据规范化程度进行分析归纳，建立稳定的数据库数据模型。

6. 综合电池管理

移动应急平台设备电源电压有多种类型，综合电源管理系统主要完成小型移动应急平台设备的整体供配电控制与管理，满足多种设备统一供电和充电。

主要技术要求：系统所有设备除了由设备自带电池供电外，还应能通过后备电池供电和充电；后备电池能保证平台内所有设备工作6小时以上；具备多种接口，满足平台所有设备充电；具有通过单一外接交流适配器给平台整体充电的功能。

7. 装载箱

小型移动应急平台为机动应急使用，要求单人携带。因此，装载箱设计要求尺寸小、重量轻、强度好、设备固定后不晃动、不损坏，符合人体工程学要求，便于人员长时间携带，满足野外工作要求。

第四节　典型应急管理信息系统介绍

一　美国国土安全信息网（HSIN）

（一）HSIN 简介

美国国土安全信息网（Homeland Security Information Network，HSIN）是联邦、州、地方政府、部落、国土部门以及私人组织合作分享信息的国家安全网络。HSIN 是由不断扩大的网络社区组成的，叫做利益共同体（Communities of Interest，COI）。这些利益共同体是由国家机关、联邦机构或者任务区域来组织的，这些任务区域包括应急管理、法律实施、关键部门以及智能化。用户可以按照需要在社区内或者其他社区之间进行交流。HSIN 提供安全、实时协作工具，包括虚拟会议空间、即时通信和文档分享。HSIN 促使无论在何地的合作伙伴能够一起进行工作、交流、协作和调整，图 9—11 为 HSIN 的主页。

图 9—11　HSIN 首页

HSIN 提供的动态能力包括：7×24 小时可用性、文档库、即时通信工具、网络会议、事故报告、通用作战图像提供的事态感知和分析，综合分析通用浏览器提供的地理可视化、公告、讨论板、任务列表、信息需求、日历、RSS 源以及在线培训资料。

HSIN 的前身为地域联合信息交换系统（The Joint Regional Information Exchange System，JRIES）。JRIES 最初是美国国防部的一个实验性项目，主要目的是使国防部的反恐信息中心和各州以及地方的犯罪信息中心能够实现信息共享。

JRIES 的建设开始于 2002 年 12 月，最初是连接国防情报局、加利福尼亚州反恐信息中心和纽约警察局的"基础实验系统"。这些部门共同设计了 JRIES 系统，并于 2003 年 1 月试运行。系统运行后，使得可疑活动的报告、记录与恐怖活动相关的潜在事件信息的交流变得更加便捷，并且在跨越联邦、州、地方司法机构之间建立了可靠的、进行实时情报交流和执法协作的环境。JRIES 在一次东北部停电事故中发挥了重要的作用，大量的用户通过此系统进行信息的传播和共享，为应急处置提供了很好的决策支持。由于 JRIES 既要扮演支持国内灾害情报活动的角色又要扮演支持军事情报角色，这两大功能必然会产生冲突，所以 2003 年 9 月，国防情报局把 JRIES 移交给了国土安全部（DHS）。由于 JRIES 满足 DHS 的很多必要条件，包括应急先遣人员、应急管理组织和军方之间进行协调沟通、危机管理和规划以及行政人员通信等能力，因此 DHS 获得 JRIES 的使用权后意识到系统不应只局限于反恐情报和威胁获悉任务。2004 年 2 月，DHS 采用了 JRIES，并对 JRIES 进行应用范围和功能扩展，更名为 HSIN。HSIN 扩展到 50 个州、53 个主要城市地区、5 个美国领地、哥伦比亚特区和几个国际合作伙伴，应用范围得到了显著扩展。与此同时，DHS 除了把 HSIN 用于执法机构外，还将其使用权扩展到包括各州的国家安全顾问、州长办公室、应急管理专员、急救人员、美国国民警卫队和一个国际机构[①]。

清晰地传达 HSIN 的信息和观点给相关各方，明确和其他系统之间的关系和响应联邦系统之间的集成。清晰地定义 HSIN 信息数据传播模式，向用户提供清晰的向导，告诉他们什么信息是必需的，DHS 将会用这些信息做什么以及 DHS 会提供什么样的信息。向各种类型的利益共享者提供

---

① 姚国章：《应急管理信息化建设》，北京大学出版社 2009 年版，第 215—217 页。

详细的标准操作程序和用户手册,建立在工作流基础上的培训,来支持国家安全信息共享。建立了区域信息共享系统网络、执法在线、刑事信息共享联盟网[①]。

(二) HSIN 的门户网站构成

HSIN 的门户网站由以下门户构成:

HSIN 反恐门户:所有联邦、州和地方政府部门都能共享反恐和应急管理有关信息的通用门户网站。

HSIN 执法分析门户:面向所有执法情报中心的门户网站。

HSIN 执法门户:面向所有管理执法敏感数据部门的门户网站。

HSIN 关键部门门户:面向全国 17 个关键设施管理的部门,加强其保护、准备和危机通信与协调能力的门户网站。

HSIN 国际门户:在遭遇重大袭击时与国外部门实现信息共享与协调的门户网站。

HSIN 机密层门户:面向各州应急运行中心和指定的警察部门,支持保密信息共享的门户网站。

HSIN 关键基础设施报警网络门户:提供紧急特殊任务和通信生命线的政府网络。

HSIN 关键基础设施门户:面向私营和公共部门,提供各地区以及国家的共享信息和所有风险警告与警报的门户网站。

HSIN 情报门户:国土安全部的内部情报分析网络。

HSIN 应急管理门户:在重大事件发生时,连接联邦、各州、领地和地方政府应急管理中心的门户网站[②]。

(三) HSIN 的主要功能

1. 协同功能

协同功能包括安全的信息传递、信息请求、报警以及每天都进行的信息交换。以 HSIN 为载体,不同层级的政府机构和相关的组织,包括私营部门均可进行通畅快捷的通信联络和信息传递,对实现有效的应急协同提供充分的保障。

---

① "Fixing The Homeland Security Information Network Finding The Way Forword for Better Information Sharing", 2007, U. S. Government Printing Office.

② "Information Sharing for Homeland Security:A Brief Overview", 2005, Congressional Research Service.

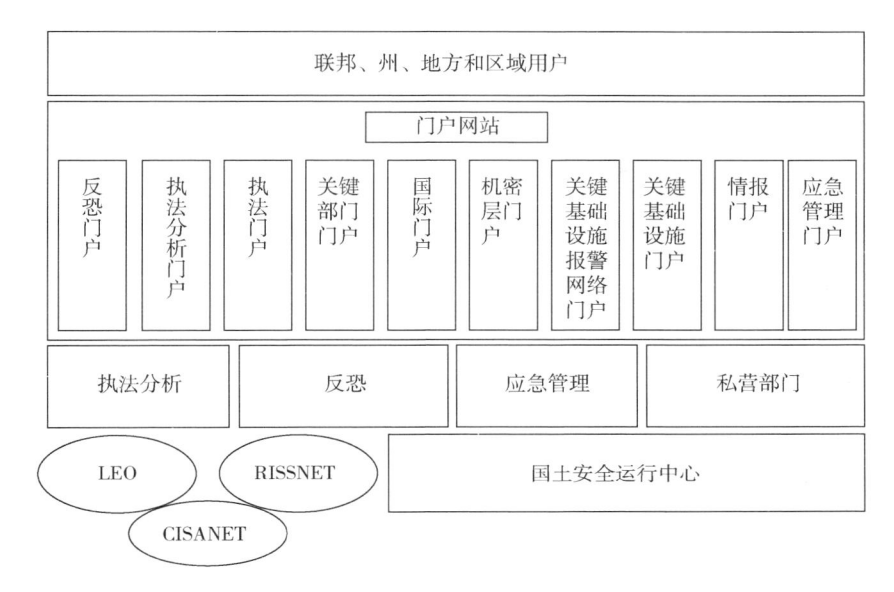

图 9—12　HSIN 的架构

2. 知识和信息共享

知识和信息共享功能源于 HSIN 作为一个门户的角色存在，它能将分散于各层次的政府机构以及各相关部门的知识和信息资源有机地集成。通过门户提供给特定的用户，使原本属于不同所有者的知识和信息的价值得到最大限度的发挥（图 9—13）。

3. 协调和管理功能

作为一个促进信息共享为主要目的而存在的信息通信系统，HSIN 已具备了协调和管理的功能，但总体来说这一功能比较弱，还没得到充分的开发。与正式的协调管理机制相一致，在这一系统中，DHS 是作为事故和危机管理的联邦协调员的角色存在，承担着统筹和指挥的职责。[1]

（四）具体应用

HSIN 具体应用包括：当前威胁级别信息、紧急警报、文档/图片库、搜索引擎、事故报告、用户社区目录、公告、7×24 小时帮助台支持、个人定制链接、讨论板、事件日历、实时通信、司法部门互操作、地理信息系统。

---

[1] *Homeland Security Information Network – Critical Sectors*（HSIN–CS）2012 from http://training.fema.gov/EMIWeb/IS/is860a/CIRC/CIKRresources.htm#item3.

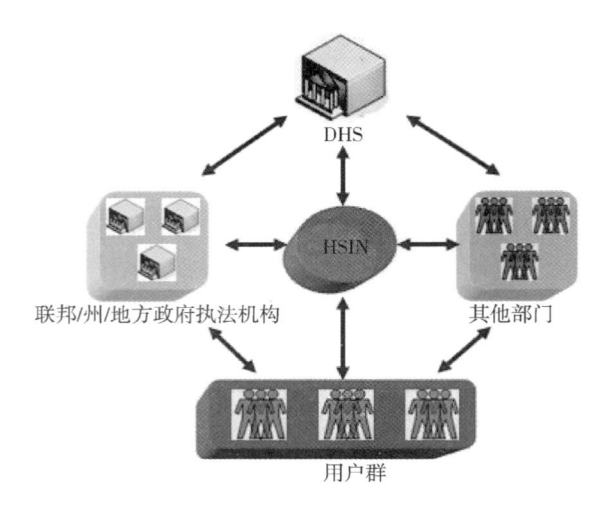

图 9—13 HSIN 与用户的关系

州门户：州门户是根据各种不同的信息共享需求而开放的，致力于促进州级层面的信息共享。一般而言，州门户可以包括一部分或者全部的通用服务。以北卡罗莱纳州为例，该门户提供文档分享、通信事件、风险管理事件、日历、搜索引擎、即时通信等功能（图 9—14）。

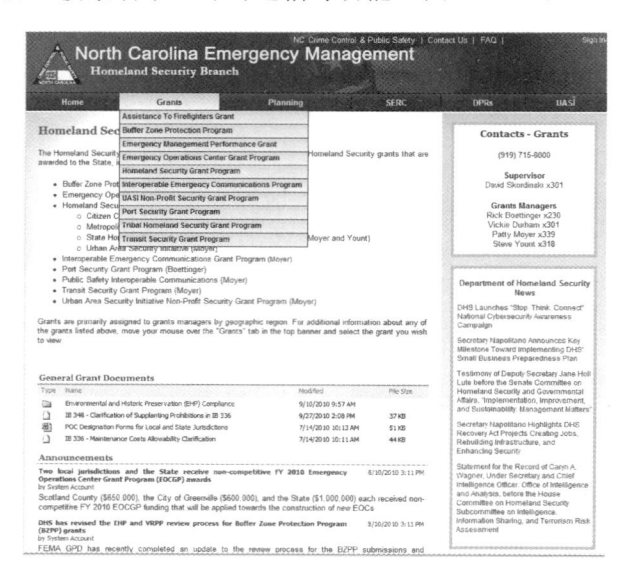

图 9—14 北卡罗莱纳州应急管理主页

一般性协作：一般性协作称为"Jabber"，主要是以信息交流和沟通为目的。一般性协作主要实现形式包括：实时消息传递、聊天室、社区词典、通信历史维护（图9—15）。

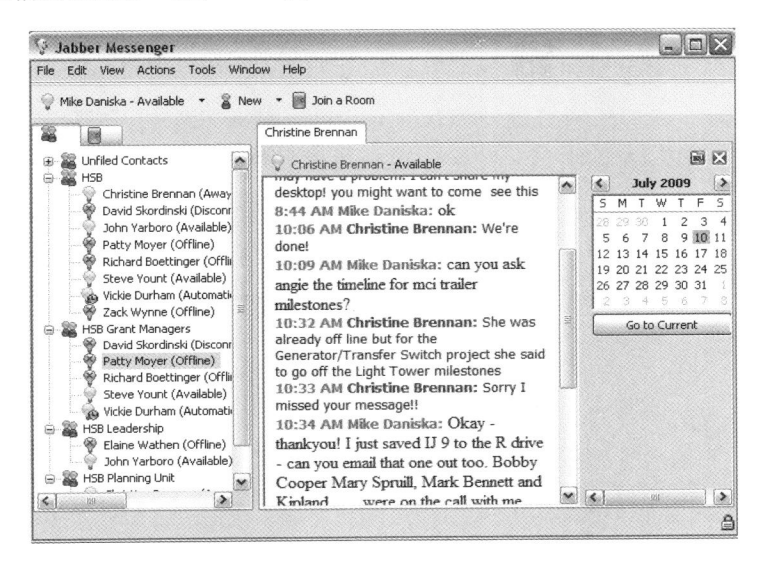

图9—15　Jabber操作示例

二　美国国家应急信息管理系统（NEMIS）

（一）NEMIS 简介

FEMA 主要的职责是在灾难中为个人、企业和国家以及地方政府提供援助。这种援助采用多种形式，减灾、备灾、灾难应对和灾后恢复都是灾难援助的方面。过去这些支持的一部分已经自动化了，但是大部分任务还是通过手工来完成。20世纪80年代初，开发了相关的功能支持，但是已经落后于新技术和功能的需求。因此 FEMA 开发了 NEMIS。

虽然 NEMIS 为 FEMA 员工的日常灾难援助活动自动化支持引入了一个强大的方法，但是同时它也为运行和维护提出了新的需求。FEMA 必须分析运行和维护的需求，并且计划 NEMIS 系统的实施以及相关硬件和软件生命周期的支持。

NEMIS 是一个结合硬件、软件、通信以及应用的 FEMA 级别的系统，为 FEMA 和它的伙伴执行应急管理任务提供了新的技术基础。FEMA 集成了有关工具，并且使工具自动化，从而为以下活动提供运行支持：(1) 事故活动；(2) 初步损失评估；(3) 宣告活动；(4) 其他 FEMA 系统以及其他政府系统的外部接口；(5) 公共信息；(6) 捐赠；(7) 应用程序处理：包括基础设施服务、减灾服务和经济协调；(8) 检查；(9) 热线服务电话；(10) 项目规划和预算；(11) 数据管理；(12) 紧急支援；(13) 接入 FEMA 图书馆、图像、地理位置、管理报告、行动跟踪和联机帮助的 NEMIS 范围的功能。

NEMIS 使 FEMA 把信息当作一种战略资源，提供有效和及时的响应、恢复、减灾和服务。NEMIS 给管理者提供了做出有效计划及决策的数据接入和必要分析的工具。除了为集成的应急管理程序提供全方位的自动化支持，NEMIS 对以下系统接口提供了综合的支持：

- 集成的财务管理系统 IFMIS
- 物流信息管理系统/LIMS 数据库
- 自动部署数据库（Automated Deployment Database，ADD）
- 国家紧急事故协调中心（National Emergency Coordination Center，NECC）
- 人事电脑考勤远程进入系统（Personnel Computer Time and Attendance Remote Entry System，PC-TARE）
- 美国陆军工程师系统（US Army Corps of Engineers system）
- 自然资源保护服务系统（Natural Resource Conservation Service，NRSC）
- 个人家庭补助金系统（Individual Family Grant，IFG）
- 农场服务局系统（Farm Service Agency，FSA）
- 小企业管理局（Small Business Administration）
- 其他机构的系统

NEMIS 企业级数据库是分布式灾害数据和工作流数据库的结合，允许横跨整个 FEMA 企业级的综合信息检索。常规数据格式和命名约定允许现有和未来的程序共享和交换数据。NEMIS 可使应用分享和交换数据，程序和组织机构间的信息交换可以促进 FEMA/国家的应急管理。除此之外，NEMIS 是一个很有价值的工具，可以加强 FEMA 和州之间的伙伴关系；可以通过数据的分享为州提供 FEMA 使用过的相同进程来协调州之间的关系。

NEMSI 为连接 FEMA/州的核心功能提供了自动化的支持：

■ 管理基础设施项目和补助金（Managing infrastructure projects and grants）

■ 个人和家庭补助金（Providing individual and family grants）

■ 指挥掌上电脑（Conducting PDAs）

FEMA/州合作伙伴从需求定义到测试和运作，对于 NEMIS 的所有发展阶段都是很重要的。为了确保 NEMIS 提供的支持集成到州的运作中，全国应急管理协会（NEMS）和州代表都参与了 NEMIS 任务团队。NEMIS 任务团队负责定义 NEMIS 自动化的进程。

除了州之外，FEMA 和一些提供灾害相关服务的联邦机构合作也很密切，NEMIS 可以自动化这些关系的各个方面，如发放和跟踪任务过程、提供短暂住宿补偿、SBA 贷款决定等。此外，FEMA 还从其他的联邦机构中提供和收取信息。NEMIS 通过和其他联邦机构系统建立接口来取代人工或者特设的数据传输。更加协调的信息交流减少了灾害救助的重复努力，利用联邦的努力提供了更好的客户服务（图 9—16）。

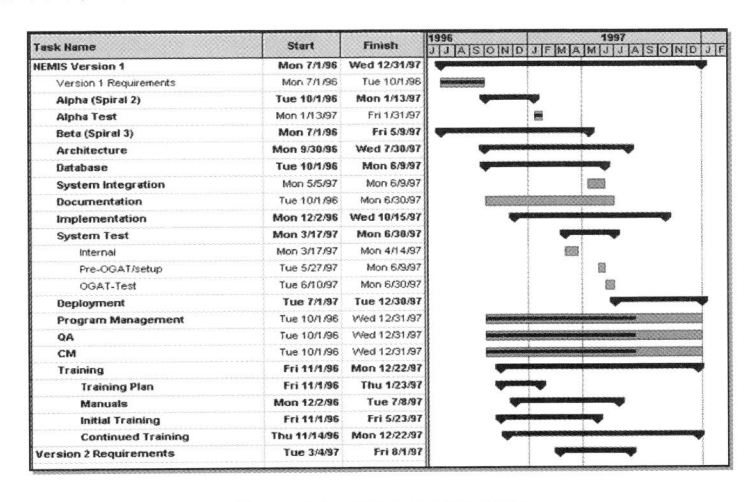

图 9—16　NEMIS 开发进度

（二）NEMIS 功能

1. Oracle 关系数据库管理系统

NEMIS 在所有站点的接入控制、数据操作和数据服务都使用了 Oracle。无论如何，Oracle 使用到了所有的站点中，NEMIS/Oracle 系统提供的支持都依据于各站点提供的功能。例如，FEMA 国家处理中心（NPSC）请求灾民住房援助，因此 NEMIS 的灾难住房支持仅仅由 NPSC 站点提供。灾害现场办公室（DFO）处理来自州政府和地方政府的要求来恢复灾区基础设施（IS），支持灾害的 FEMA 地区也提供这种类型的援助，因此，DFO 和地区 NEMIS 系统都配备来支持基础设施。这种类型的集中访问为 FEMA 雇员、当地政府和灾民提供了最好的环境。无论如何，维护这样的环境需要大量的行政支持，专门了解数据的驻留，数据如何复制、备份和恢复。NEMIS 通过网络 SQL 呼叫微软的 TCP/IP 协议接入数据库。

2. ViewStar 工作流管理

NEMIS 自动执行很多 FEMA 的功能。包括利用 Viewstar 软件使 FEMA 工作环境中的工作流程自动化。原来的 FEMA 业务流程通过 NEMIS 开发者分析，得出了 NEMIS 的业务流程。例如，当受害者联系 FEMA，需要灾难支持时，FEMA 创建一个救灾请求。这个请求利用 ViewStar 队列、处理代理和业务规则分析自动地通过 NEMIS 系统，直到所有个人负责授权的支持审查了请求并且提供了他们的输入为止。

ViewStar 使用 Oracle 数据库来存储和跟踪应用程序文件夹及其他相关的文档。同时在本地网络服务器上对工作包使用平面文件系统。工作包利用 MS 上 ViewStar 的处理代理在 Oracle 和文件系统之间处理和传输。

维持 ViewStar 环境的运行和维护需求与施加给 Oracle 系统的是一样的。虽然系统和配置对于站点和站点是相通的，但是数据和处理需求并不是一致的。ViewStar 强迫管理支持和专门的数据驻留、复制、备份和恢复都有相同的要求。

3. NEMIS 内部服务器

NEMIS 对基于万维网访问特定的 NEMIS 信息使用 Oracle web 服务器。授权用户使用浏览器可以接入 NEMIS 的 Oracle 数据库。这种类型的接入，通常称为"瘦客户端"访问，可能在将来的 NEMIS 系统中更加普遍。这些系统的运维需求直接依赖于数据的性质、Web 服务提供的规模和复杂度。网站的页面、链接和数据库连接越多，需要保持更多的运维。NEMIS 内部服务器要保持和 NIMIS 的 Oracle 数据库直接的连接，因此需要一个具有 Web 服务器工作经验的"网络专家"，具体关系到 Oracle 使用 PL/SQL 历程，以及 NEMIS 的 Oracle 数据库环境。

4. Microsoft NT 服务器

NT 是所有 NEMIS 服务器功能的基础。这些功能都嵌入到网络数据库、工作流和 WWW 应用中，用户不需要直接登陆到 NEMIS NT 服务器。

NT 给 FEMA 引入了一个完整而全新的网络操作系统环境。网络管理员必须在新的环境中培训，并且意识到环境中 Oracle 和 ViewStar 的特殊配置要求。通过域名实现 NT 的"企业网络"的版本。实施和维护 NT 的域是 NEMIS NT 服务器环境运行和维护企业管理的集成部分。管理员必须胜任局域网环境，必须具备维护 TCP/IP、SQL 以及 FEMA 传统 NET 环境的技能。NT 在监测和维护局域网和服务器环境中代表了一个全新的方法。

5. Microsoft Exchange Server

MS 交换服务器用来实施允许 ViewStar 在应用程序文件夹和站点之间交流工作流，并且可以和现场调查的平板电脑进行交流。像 NT 系统一样，MS 交换是 FEMA 的外部系统。如果配置适当，MS 交换系统可以从客户端接受信息，并且自动地转发给它们的接收者。邮件使用数据库存储和转发的方式需要外部邮件路由利用有限的消息从一个站点转到另一个站点。NIMIS 环境中，MS 交换的运行和维护受到了 ViewStar 接口和检查服务通信的限制。

6. EIS 的 InfoBook 和 MapInfo

EIS 是一个商业现成的应用，专为应急人员设计的提供自动化命令和控制功能的应用。InfoBook 是 EIS 的前端，提供 three ring binder 格式的 NEMIS 应急数据。软件看起来像一个三孔活页夹，用户使用鼠标指向所需信息，接入紧急协调信息，例如地图、数据、模块和通信。应急信息系统的 InfoBook 有几个版本，每个都有满足用户需求的一套标签和能力。FEMA 软件的版本已经被修剪迎合了 NEMIS 的需求，并且结合了 MapInfo 地理信息系统。MapInfo 为 NEMIS 用户提供了用地理数据格式简单显示地理危机数据的能力，输入到 MapInfo 的应急数据将会从 NT 的 NEMIS 灾难数据库中直接提取出来，维持 MapInfo 运行和维护角色仅限于提供广大用户的支持和提供新的 MapInfo 数据集和地图。

7. Oracle 发现者

具体的 NEMIS 要求开发 NEMIS 数据即时查询。这些用户将会用到 Oracle 的发现查询软件。使用和支持团队必须具有这个软件的工作知识以及系统 NEMIS 数据的位置，从而产生所需的报告。

8. 配置控制管理

NEMIS 是很多不同应急平台和软件程序的不同组合。系统的所有版本专门的配置都在 FEMA 的环境中进行了彻底的测试来支持 NEMIS。这些硬件和软件配置形成文档并且被维护，这些都是必需的，因此对未来系统版本和运行都有一个标准的环境。这些都是由运维小组使用配置控制软件、软件编程请求系统和标准 NEMIS 环境的发展完成的。

9. 广域网和局域网

NEMIS 的核心功能是给终端用户提供有用的数据，而不用考虑用户和数据的物理位置。NEMIS 利用 FEMA 的局域网/广域网来完成。在 FEMA 交换网络上利用 Oracle 数据库复制工具尽可能地保持当前数据，用户可以通过局域网接入数据。当一个用户请求的数据不源自于本地或者不会被复制到用户的局域网时，用户可以通过 FEMA 交换网络以远程用户的方式接入数据。所有的这些数据接入方法必须被检测和维护。路由器上的 FSN 必须为提供最佳的传播路径和有效地使用广域网而被调整。局域网必须被正确地分割和维持以提供适当的地址、带宽和 NEMIS 数据的无差错传输。

10. 客户端工作站支持

NEMIS 客户端工作站给用户提供了所有 NEMIS 数据的访问和功能。它必须支持 Oracle 以及 ViewStar、TCP/IP、所有的 NEMIS 客户端应用、FEMA 标准软件套件和终端用户应用。运维人员有责任确保所有的这些应用一起工作，必须解决客户端的硬件和软件问题。

11. NEMIS 安全

虽然 NEMIS 不包含机密信息，系统需要符合 1987 年制定的《计算机安全法》和《隐私法》保护其信息。这意味着 NEMIS 系统的接入必须是可控的并且内部的数据不能免费分发。除了 CTOS 提供的软件，开发团队建立了日志和审计功能。NEMIS 内置的安全功能由叫作 PadLock 的产品提供。PadLock 是一个应用安全系统，通过利用基于角色的访问控制（RBAC）分配 NEMIS 用户名，允许或者禁止进入 PowerBuilder 应用、屏幕，或者屏幕上的其他部分。除了 PadLock 的 RBAC 安全，一些 NEMIS 功能将会使用 Oracle 的 RBAC。Oracle RBAC 使用 Oracle 的用户，为 NEMIS 数据使用角色、特权和触发器提供安全的 RBAC。运维人员有责任监视和维护 PadLock 产生的日志和 Oracle 系统的完整性。①

三 美国社区灾害信息系统（CDIS）

（一）CDIS 简介

基于社区的备灾中，很重要的元素是提供物质、信息和人力资源的数据库。基于社区的网络提供了通信工具和信息分享工具。社区灾害数据库中包括了建筑设备、操纵员、医疗设施和个人、运输、食物、住房以及帐篷等信息。社区灾害信息系统（Community Disaster Information System，CDIS）是一个本地的数据库，是为社区的 NGO 组织服务而设计的。

当灾难的范围超过当地资源和承受能力时，会邀请其他红十字会去协助。但每个机构的工作并不是相互熟悉的，他们需要知道哪里可以获得当地社区的服务和物资，例如医药设备提供、避难场所、卫生设施、24 小时药店和公共卫生信息。之前没有这样一个专门的系统来处理这些事情，很多信息是手写的，包括姓名、地址和电话号码。② 这种信息的交换方式是不恰当的，可能造成信息的不完整和重复的工作。为了减少这种情况的出现，迈阿密大学在 2004 年开始使用 CDIS。

CDIS 可以自动地识别和接入本地和国家灾难服务者提供的信息，包括卫生和人性化服务。提供了多种模式的接入，包括离线接入和在线接入。通过 www.rdcmiami.org 接入到迈阿密大学的数据中心服务器和数据库。数据库记录包括了姓名、地址、在线的 Google 地图、电话号码、网址和一般的描述服务、红十字会特定的关系、专用语和其他基于社区的资源信息。这些信息可以用在日常社会服务和特定领域中，描述了提供者和机构怎么能够在灾难中予以协助。

当地的红十字会进入和维护记录，每一个有授权的用户都可以接入。社区的资源可以通过匹配邮政编码来和各社区联系。每一个当地的社区都要在他们的司法管辖区中对认证和进入资源负责。CDIS 系统提供了把他们加起来的一种方式。对于一些有很多分部门组成的机构，例如国家首都区或者部分

---

① *Nemis Concept Of Operation*，Fema Information Technology Services Directorate，1989.
② Turoff M，Chumer M，Van del Walle B，Yao X，"The Design of a Dynamic Emergency Response Management Information System (DERMIS)"，*Journal of Information Technology Theory and Application*，Vol. 5，No. 4，2003，pp. 1—36.

财团、华盛顿都会区联盟，邮政编码可以被分配到总部或者地区管理局。

这么多广泛的信息需要用系统的方法进行分类，以便信息有效的搜索和检索。系统对于所有的数据和信息提供了一个分层结构。CDIS 采用了信息部门和中介部门采用的标准分类系统。这种标准是 1987 年第一次提出的，采用这个标准为不同数据库中的数据分享提供了可能性。这种分类法是一个关于人性化结构化信息的分类系统，包含了超过 8000 条记录，组织成一个层次结构来展示他们的关系。CDIS 包含有 10 种服务范畴：基本需求、消费服务、刑事司法和法律服务、教育、环境质量、医疗保健、收入支持和就业、个人和家庭生活、心理保障和咨询、组织/社区/国际服务。

(二) CDIS 功能

各个分部部门中创建的用户账户为数据库的接入提供了安全保障。个人用户被分配了进入数据库的权力，这些权力只允许对特定数据库进行使用或操作。每个社区管理员可以为本部门的员工和志愿者创建和维护账户，其他的普通用户只有键入、编辑或查询数据的功能。CDIS 的另一个能力是基于用户的分组来创建用户列表。社区的管理员可以利用分组来发送电子邮件，可以通过网络浏览器来输入和维护 CDIS 的信息。CDIS 通过利用灾害信息需求的分类类别、组织名、地区和其他选项，具有了强大的搜索能力。为支持显示和检索信息，即使在灾害情况下，CDIS 也提供三个备选项：基于网络的信息系统、支持个人电脑和手持设备的独立计算机应用、完成可打印的目录报告。

1. 基于网络的信息系统

在登陆 CDIS 系统之后，用户可以选择为自己的数据库添加或者搜索信息。图 9—17 显示了用户搜索"动物"时的界面，点击一个和动物相关的分类可以列出特定社区的资源。图 9—18 显示了"应急动物庇护所"的分类。图 9—19 展示了奥兰治县动物协助联盟的细节，结果有很多经过搜索选项提炼的记录，包括 24 小时服务、部门推荐、术语，或者目标人口。图 9—20 显示了一个典型的资源记录。重要的信息领域例如特定联系信息，都提供给了红十字会；地址栏中的地图链接会自动连接到谷歌地图；灾害信息框允许合作机构来列出准备信息。在灾害的响应阶段，合作机构可以为数据库添加信息。红十字会的工作者和其他灾难响应者被告知来扩大服务或改变合作机构提供的正常服务。另一个可选择的搜索是列表搜索（如图 9—20 左上角的 list 所示）。显示了包含信息的最低水平的分类，对于普通用户浏览资源分类是非常方便的方法。在搜索框中选择应急动物庇护所可以显示与图9—18同样的结果。更多的搜索选项可以在"更多搜索选项"中发现。这种先进的搜索可以允许特定位置的搜索，例如街道地址和邮编。分类向下钻取的搜索允许用户从上到下按照分类来浏览。图9—21显示了相关概念的一部分列表。图9—22显示了灾害服务的相关分类。

图9—17 CDIS搜索页面

图9—18 CDIS资源页面

图 9—19　CDIS 资源页面

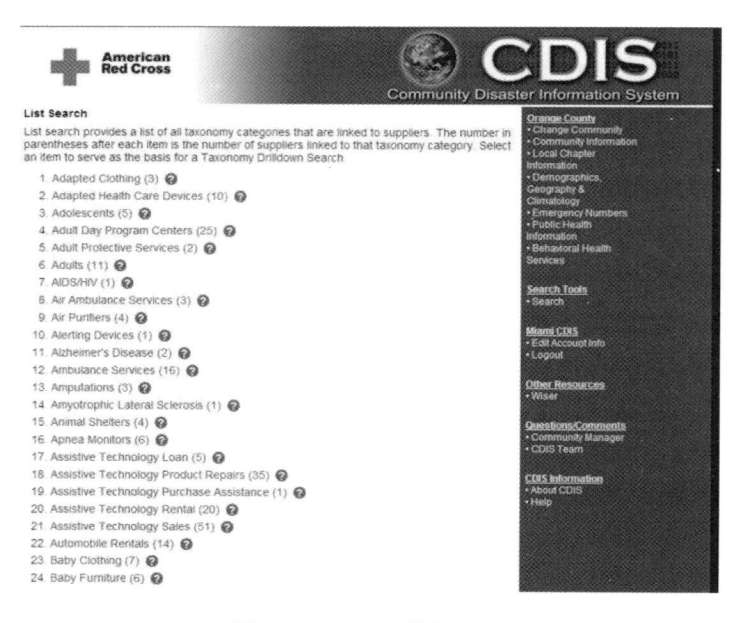

图 9—20　CDIS 搜索页面

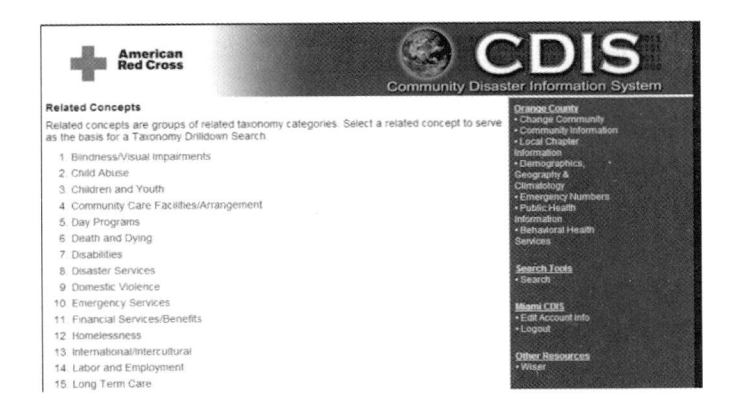

图 9—21　CDIS 搜索结果相关概念页面

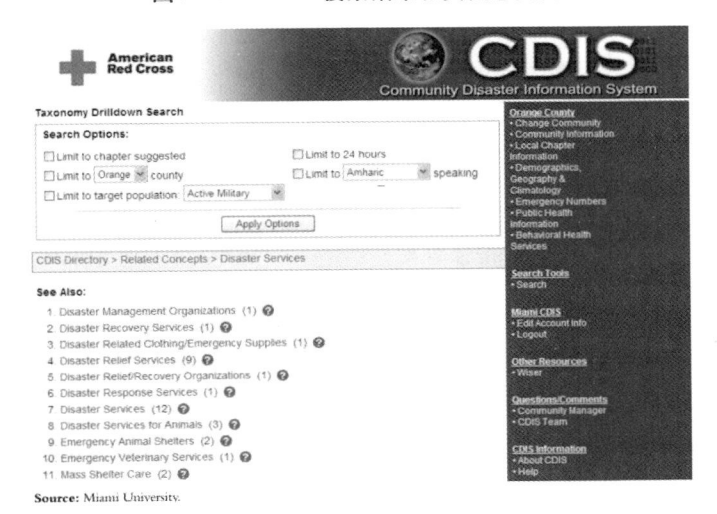

图 9—22　CDIS 灾害服务的相关分类

2. 独立计算机应用

在大规模的灾害中,对大量的移动用户提供可以依赖的网络是不现实的。CDIS 系统提供了两个可选择的软件模块。一个是为个人电脑提供的,一个是为 PDA 提供的。[①] 在两种情况下,CDIS 搜索引擎软件必须安装到

---

① Arnold JL, Levin BN, Manmatha R, Lee F, Shenoy P, Tsai MC, Ibrahim TK, O'Brien DJ, Walsh DA, "Information-Sharing in Out-Of-Hospital Disaster Response: The Future Role of Information Technology", *Prehospital and Disaster Medicine*, Vol. 19, No. 3, 2004, pp. 201—207.

电脑或者 PDA 上。如果网络可用的话，两个平台都可以下载数据库的拷贝，存储到本地或者存储卡（RAM）中。定期运行 CDIS 系统，来确保最新的数据库拷贝运行在当地计算机上。由于电脑或者手持设备都有一个独立的电源，所以一经下载，数据库就可以离线搜索了。通过电脑或者手持设备上的 CDIS，应急工作者可以在灾难环境中搜索数据库，当电力和通信暂时中断时，确保数据可以接入。图 9—23、图 9—24 显示了 PDA 程序。

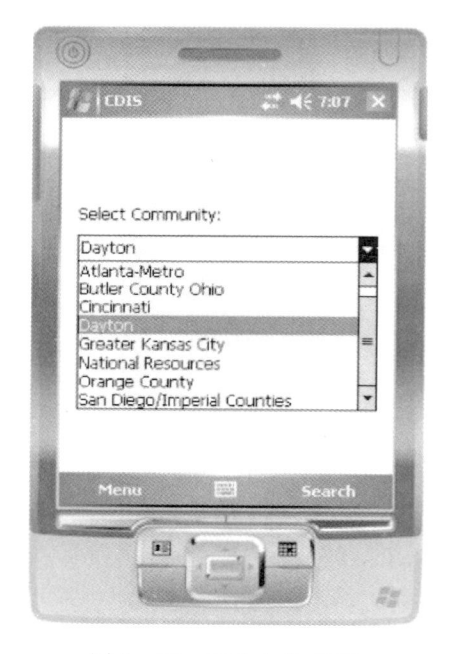

图 9—23　PDA 上的 CDIS　　　　　图 9—24　资源信息

3. 打印报告

基于网络的系统有能力为用户提供标准的报告来生成一个关于提供者目录、统计报告和用户活动报告的硬拷贝。县级部门要求这种报告在社区里是可用的。定期打印目录报告的方式为社区的信息提供了备选的接入方式。

（三）CDIS 的影响

CDIS 有效性的评估在过去两年中已经进行了，包括和红十字会分部主管的个人访谈。其效用主要包括对个人、对组织和对志愿者三个方面。

(1) 对个人的好处

通过不断扩大的数据库提升了信息的覆盖范围，满足了大范围的信息需求。由于 CDIS 扩大了数据库，从而包括了食物、旅馆、避难所和其他社区资源，在线接入的 CDIS 提供了客户端服务（卫生服务、心理健康服务及福利信息服务），志愿者拥有贯穿我们服务区域的所有资源，并且超过了我们客户端所需要满足的需求。[①]

(2) 对于组织的好处

最主要的是提升了服务的转接。职员可以更好地管理和跟踪资源。大多数志愿者，不同的接入水平，可以同时输入数据、搜索资源和编辑存在的条目，鼓励部门和社区合作为数据收集分享责任。

维护 CDIS 数据库的一个很有效的方式是为创建和升级信息来分担责任。分部部门可以通过 CDIS 发送信息来提醒代理们及时验证信息的准确性。在灾难时期，部门可以动态地升级数据，允许红十字会只关注提供应急服务。

(3) 加强志愿者的招聘和保留

众多的救灾志愿者面临着交通不便的问题，可以鼓励通过 CDIS 数据库发展虚拟服务。虚拟的志愿服务在志愿者招募和保留方面扮演者很重要的角色。虚拟的服务为退休的专家提供了机会来发挥他们的才能。

四 日本市町村防灾无线网体系结构

日本在 1995 年经历了造成重大生命财产损失的阪神大地震（7.2 级地震造成 6400 余人死亡或失踪，直接经济损失达 10 万亿日元）后，痛定思痛，亡羊补牢，把提高灾害管理信息化的能力和水平作为一项战略任务予以部署，全力推进灾害管理通信系统的建设。经过十多年的发展，日本已经建成了堪称世界一流的灾害管理通信系统，这一涵盖中央政府以及都道府县和市町村两级地方政府的灾害管理信息化基础设施，成为日本防灾抗灾的强有力的保障。市町村防灾无线网是日本灾害管理通信系统的基本组成部分，也是日本基层政府组织履行灾害管理职责的有力武器。市町村防

---

① Douglas A. Troy, Anne Carson, Jean Vanderbeek, "Enhancing community – based disaster preparedness with information technology" *National Institutes of Health*, Vol. 32, No. 1, Mar 2008, 149—65.

灾无线网的建设坚持以人为本的发展原则，以提升基层政府组织的防灾抗灾能力作为根本任务，取得了非常明显的成效，成为世界各国学习的典范。我国省级以下政府机构灾害管理信息化的建设基本还处在起步的状态，日本的经验对我国无疑有着积极的借鉴意义。

（一）日本市町村防灾无线网的体系架构

市町村防灾无线网是市町村防灾行政无线网（Municipal Disaster Management Radio Communication Network）的简称，是收集和传输当地灾情数据、面向当地居民传播灾害信息、提供灾害管理全方位通信支持和信息服务的综合通信网络。这一套旨在快速而准确地收集、传输灾害信息的无线通信系统，可以促进迅速采取防灾行动、开展防灾准备工作，并通过保护灾时通信线路促进灾后重建，以有效地保护当地人民群众的生命与财产安全，改善社会福利。与此同时，在平时，这一系统也被作为公共关系服务的一种方式，服务于政府管理和当地居民的沟通联络。

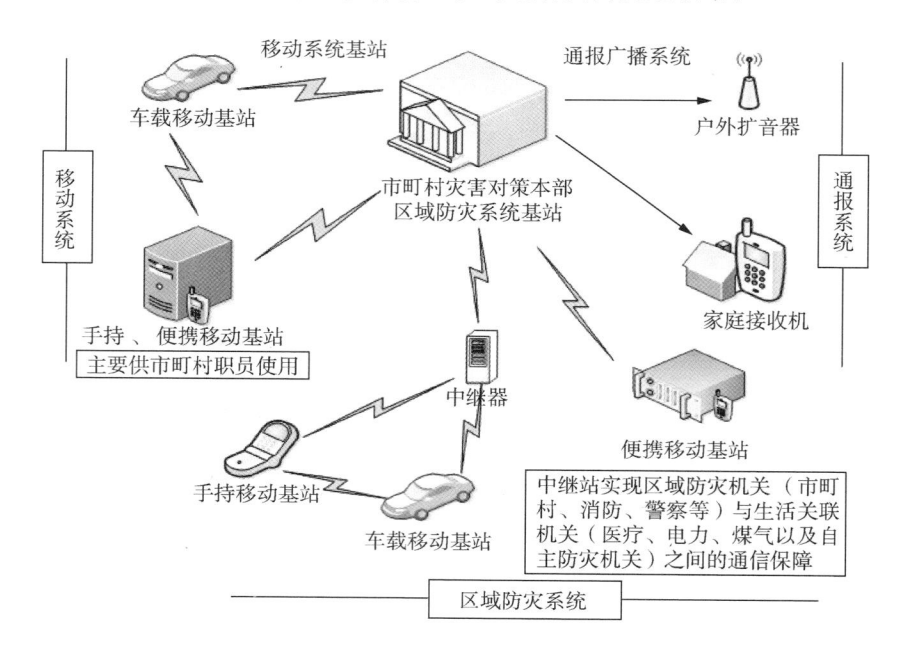

图9—25 市町村防灾行政架构图

如图9—25所示，市町村防灾无线网是连接市町村和当地居民、防灾关系机关以及生活关联机关的通信网络系统，包含通报系统、移动系统和区域防灾系统等多个子系统，是市町村防灾抗灾的重要基础设施，无论在平时还是在灾时均有着多方面的应用。随着防灾业务发展的需要，市町村防灾无线网应用了遥测系统来收集水文、雨情等数据，以更好地发挥灾情监测数据汇集的作用。

（二）市町村防灾无线网的功能与系统组成

市町村防灾行政无线网的主要作用是作为政府与公民的灾害信息共享的纽带，为政府和公民更好地防范和应对各类灾害提供全面的通信和信息支持。

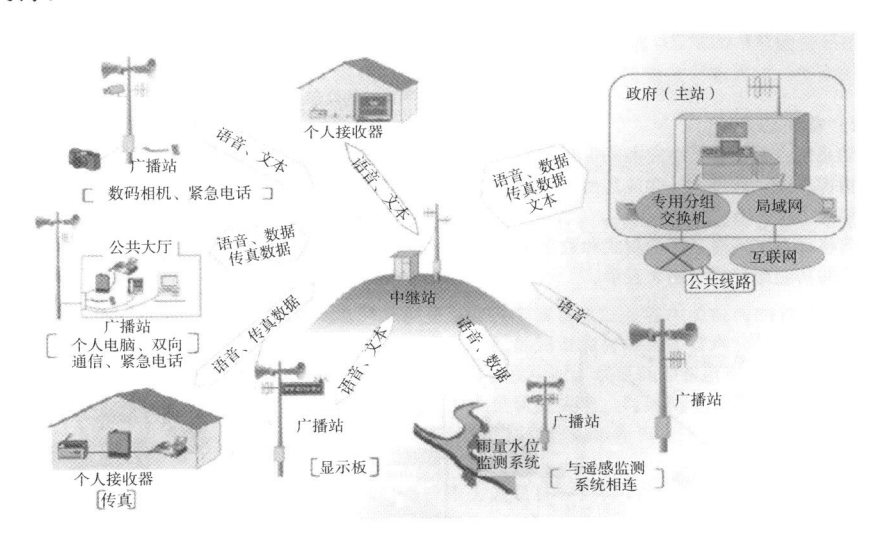

图 9—26　市町村防灾行政无线通信网功能示意图

如图 9—26 所示，市町村防灾行政无线通信网能够实现语音、数据、传真数据以及文本等各种形式的信息传输，可以全方位满足市町村区域范围内灾害信息的传输与共享以及通信联络的需要。经过多年的发展，市町村防灾无线网在降低灾害造成的损失、减少人员伤亡方面正在发挥越来越重要的作用。发生于 2000 年 3 月 31 日的北海道有珠火山喷发虽造成了巨大的破坏，但由于当地政府及时利用防灾无线网向居民发布灾情信息，并迅速有效地组织火山周边万余居民的安全撤离，基本没有造成人员伤亡。在最近几年发生的较为严重的自然灾害中，比如 2007 年的新泻地震（里氏 6.8 级）、2008 年的东北部地震（里氏 7.2 级），市町村的防灾无线网在抗险救灾的各个环节均发挥出不可低估的作用。

1. 市町村防灾无线网的子系统

市町村防灾无线网的主要任务是在发生灾害时保障应急通信需要、及时收集灾情信息，并为当地居民提供全方位的灾害信息服务。为了达到灾害管理通信的各项功能，市町村防灾无线网必须包含通报系统、移动系统和遥测系统三个子系统。

（1）通报系统

通报系统用于实现市町村办公室（灾害对策本部）与当地居民在防灾、救灾中的通信联络和信息交互，市町村办公室通过通报广播系统向当地居民播报灾情信息，当地居民通过各家各户自备的接收系统获取政府的相关信息和指令，以采取相应的应急行动。现阶段通报系统既有模拟制式，也有数字制式的，数字制式所采用的频率为60MHz，在全国范围正在实现模拟制式向数字制式的转型。

（2）移动系统

移动系统主要是为了在灾害发生时实现市町村政府机关与灾害现场的通信而建设的，包括从灾害现场的指挥车辆、救援人员以及其他相关人员中获得灾害信息，以及下达应急指挥指令等。所采用的通信频率为150MHz或400MHz。目前移动系统同样是模拟制式和数字制式共存，并正逐步向数字制式过渡。

（3）遥测系统

遥测系统是为了实现河川的水位、流量以及降雨量等观测数据的远程传输而建设的，需要将各种数据动态及时地从野外的观测站传输到设立在市町村的监控中心，以判断灾情并采取相应的对策。目前遥测系统所采用的基本还是模拟制式，通信频率为70MHz或者400MHz。与通报系统和移动系统相类似，遥测系统同样也在进行从模拟制式向数字制式的转型，实现数字制式后，将会给监测数据准确、快速和大容量的传输带来新的变化。

2. 市町村防灾无线网灾害信息的管理流程

有关灾害信息的流动不但在平时需要做到准确和及时，而且更为重要的是要在发生灾害事件时能够确保灾害信息的及时、准确和稳定可靠的传递。

（1）平时和灾时的信息流管理

在平时，市町村防灾无线网数据收集平台收集来自各个观察点以及各相关机构的各种信息，包括雨量数据、水位数据、天气信息以及图像数据等，数据汇集到市町村的灾害管理部门，经过加工处理后，有针对性地向社会公众发布注意或警报信息。当灾害发生时，系统随即获取灾害现场的相关信息，并向灾害管理部门提供图像数据，供指挥和其他相关人员研究决策。与此同时，系统在灾害发生时成为各类灾情信息的集散中心，及时向相关人员和社会公众提供信息服务和支持。

（2）海啸的信息管理

海啸是日本最常见的自然灾害之一，也是造成重大人员伤亡的罪魁祸首。但海啸往往是伴随地震发生的，在检测到地震波之后、海啸到来之前有一段数分钟到数十分钟的过渡期。市町村防灾行政无线网在海啸预警方面有很好的用武之地，可以显著减少海啸预警发布的时间，图9—27为海啸预警自动发布系统结构。

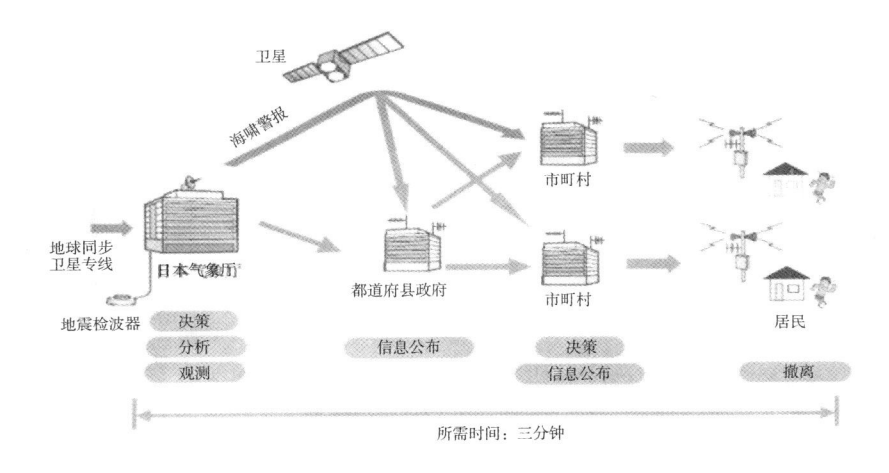

图9—27 海啸预警自动发布系统

（三）市町村防灾无线通信网的主要特点与用途

日本市町村防灾无线网作为一个专门的防灾网络，有其独特的特点和多方面的用途，能够发挥全面的防灾抗灾成效。

1. 市町村防灾无线网的主要特点

市町村防灾无线通信网主要具有以下五个方面的特点：一是双向通信，主站与远程站之间可以及时迅速地进行像打电话那样的通信联络；二是多点同步，通信主站与远程站之间可以发布通告和进行应急通信，反之亦然；三是高速数据通信，高速传输数据与图像信息，以提供灾害现场、危险区域详细情况；四是文本信息显示，安装在广播站的文本信息显示板，和连接个人接收终端的配套显示器，可以在提供语音信息之外，有效地提供文字信息；五是局域网连接，通过 IP 连接接入其他灾害系统，收集并广播大范围的灾害信息。

2. 市町村防灾行政无线通信网的典型应用

市町村防灾行政无线网作为连接政府与公众的防灾基础设施，对全面提升当地政府和公众防灾抗灾的能力有着十分重要的作用。目前，市町村防灾行政无线通信网的主要应用包括以下八个方面：

（1）社区服务。市町村政府部门利用这一系统为当地的居民提供各种形式的社区服务，社区服务的方式较为简单，主要是由政府灾害管理部门向这一系统中的广播站、个人接收器等信息接收设备播发各种服务信息。

（2）远程控制。远程控制用于实现远程的信息发布和监测控制。系统可以向某特定区域或团体增加预定和广播录制的功能，同时执行事件公告同步播放功能等。此外，区域远程控制单元均可对专用线路电话与公用线路电话做出应答。

（3）政府灾害管理部门与警报点之间的通信联络。这一系统可以实现设在户外的各个警报广播站以及公共场所与政府灾害管理部门的直线通信联络，它通过上行链路连接安装在公共场所的局域网，既可平时使用，也可紧急情况下使用，比如火灾报警以及紧急求助等。

（4）区域广播。区域广播可以在一定的区域范围内实现区域负责人面向公众的信息发布，它是通过将远程播放单元与警报广播点相连，实现区域范围内的灾害信息的动态广播。

（5）电话信息自动应答。在政府灾害管理部门无人值守或者电话求助应接不暇的情况下，由系统自动对居民的信息查询和相关问询做出应答。

（6）与地震检波器的连接。系统可以直接与分布在各个检测点的地震检波器实现连接，以实现在第一时间向当地居民播发地震信息的目标。系统中的地震、海啸信息接收器的信息能自动上传到市町村防灾无线通信系统，系统即可自动地开始通过人工语音向居民广播合适的地震、海啸信息，与此同时，系统还具有从部署在政府灾害管理部门的地震检波器向防灾无线通信系统传输信号并同步开始广播的功能。

（7）显示板控制。这一功能可以控制显示在警报显示器上的信息，如海啸警报、洪水警报、气象信息，同时系统与个人接收器相连，显示的信息可以在显示控制终端自由控制。

（8）遥感勘测与远程控制。这一功能是将防灾无线通信系统的上行链路用作遥感勘测/远程通信系统收集雨量数据及水位数据的通信链路，可以很好地解决遥感勘测系统单独铺设通信线路造成重复投资和管理维护困难的问题。而且，遥感勘测系统在灾害检测和防控的全过程有着十分重要的作用，对发挥防灾行政无线通信系统的价值无疑有着重要的意义。[①]

相关链接9—1：下一代应急管理操作系统

过去的半个世纪里，应急指挥中心（Emergency Operations Center，EOC）已经成为应急管理中的核心组成部分。但技术、经济和社会环境的变化给公共、私人和社区部门EOC概念增加了新的压力。研究下一代EOC所需的特性需要重新选择EOC角色和配置。

当前典型的EOC操作原则与"二战"时期的军队控制系统和冷战时期的民防系统是一致的，包括以下四个通用假设：

物理配置：EOC是一个单独的网站，在这里决策者可以收集和分享信息，并且使用共享通信设施来协调活动。

通过隔离来保护：EOC的设计是从一个潜在敌对环境中为它的成员提供保护。

等级权力：EOC的目的是消费信息、产生决策，这绑定了其他位置的资源。

间歇使用：EOC是在特殊事件中使用的具有特殊目的的设施。

当然，EOC不仅是具有一套基础设施的物理设备，EOC还具有协议、人机界面、人力资源和组织架构。实际上EOC是一个非常规情况下的政府、企业组织治理的备用系统。但随着技术和经济的发展，EOC发展应该具有以下趋势：

（1）从中心化到分布式：在很多机构中EOC的功能越来越民主化，同时突发事件指挥所（Incident Command Posts，ICP）变得越来越有能力并且富有经验。导致的结果是，较高层次的EOC经常要与下级的活动保持同步。

---

① 姚国章：《日本市町村防灾无线网的建设与启示》，《北京邮电大学学报》（社会科学版）2008年第5期。

（2）从固定到移动：移动控制系统不仅对于固定的 EOC 是有效率的，也可以部署到传统的不需要这种复杂能力的事件上。移动指挥车可以为公众在网站和媒体上创造出一个更加清晰的展示。

（3）从被动反应到主动反应：恐怖主义的威胁，已经促使很多政府强调预测和预防。其他的机构也被驱动提升预测能力，例如热浪、风暴、民间动乱以及电力不足等预测。

（4）从间歇性到持续性：迅速出现很多灾害，迟钝反应造成的花费增长，以及从正常状态到紧急状态过渡中造成的风险促使系统转向"持续"型系统。

（5）从命令与控制走向合作与协调：政府 EOC 经常需要协调很多没有明确命令的机构、私营企业和服务提供商。同样，社交媒体为正式组织和没有持久权力界限的应急社区建立了新的合作伙伴关系。[1]

---

[1] Art Botterell, Martin Griss. "Toward the Next Generation of Emergency Operations System", *Proceedings of 8th International ISCRAM-Lisbon*, Portugal, May 2011.

第十章 公共危机信息灾备

随着信息基础设施（information infrastructure）成为现代社会的关键基础设施，各种组织也成为德鲁克（Peter Drucker）所谓的"以信息为基础的组织"（information-based organization），使得信息安全、信息灾备等作为重要的概念提了出来。许多公共危机和灾难对信息系统的破坏性很大，可以造成信息系统数据灾难及信息系统灾难，从而导致有关业务、管理等流程的非计划性中断，造成大量的损失。因此，对政府、企业及各类组织来说，公共危机信息灾备是一个需要从理念到行动高度重视的领域。本章重点阐述公共危机信息灾备的内涵、特点、技术及平台，并对国内外信息灾备的相关法规和标准进行介绍。

第一节 公共危机信息灾备概述

一 信息灾备的产生与历史发展

（一）灾难的定义及分类

人类自从诞生就面临各种灾难。人类的历史，就是与灾难发展共存的历史。维基百科中将灾难定义为："灾难是已发生的自然或人为的危害，导致的结果是在很大程度上造成了显著的物理损坏或破坏、人员死亡、剧烈的自然环境变化。灾难事件如地震、水灾、灾难性事故、火灾或爆炸等。在当代学术界，灾难被视为不恰当的风险管理的后果。这些风险是危害和脆弱性的产品。灾难可分为自然灾难或人为灾难。"[①] 我国国家标准

---

① *Disaster*, Retrieved March 2012 from http://encyclopedia.thefreedictionary.com/Disaster.

《信息系统灾难恢复规范》将灾难定义为"由于人为或自然的原因,造成信息系统运行严重故障或瘫痪,使信息系统支持的业务功能停顿或服务水平不可接受、达到特定的时间的突发性事件,通常导致信息系统需要切换到备用场地运行。"[①] 灾难具有极端性和社会秩序破坏性,是一个非常庞大复杂的体系。灾难包括自然灾难、人为灾难和技术灾难三大类型。自然灾难有火灾、洪水、地震、飓风、龙卷风和台风等;技术灾难有设备故障、软件错误、通信网络中断和电力故障等;人为灾难有操作员错误、植入有害代码和恐怖袭击等。各种类型灾难往往互相渗透,有时很难区分开来。

(二) 风险社会灾难对信息系统的破坏及灾备的产生

1986年,德国著名社会学家乌尔里希·贝克(Ulrich Beck)在《风险社会》一书中提出了风险社会理论。指出我们的确面临一个不同于传统的新社会,风险社会的实践性后果——公共危机、灾难在我们的时代更加频繁地发生。我们所处的时代是信息时代,信息技术迅猛发展,信息系统用途越来越大,效率越来越高,受众面越来越广。从个人来看,大部分人的生活和工作都已经对各种信息系统形成严重依赖,从国家社会看,现代化国家设施和社会各种基础秩序的运转,已经基本上实现网络信息化。与此相关联的一个事实是,许多公共危机和灾难对信息系统的破坏性很大,可以造成信息系统数据灾难(数据失真、数据部分丧失、数据完全被毁)及信息系统灾难(系统失灵、系统瘫痪、系统恶变),导致有关业务、管理等流程的非计划性中断,从而对公众的生活、国家的政治、经济产生不可估量的影响。例如,"5·12"汶川大地震不仅夺取了许多人的生命,同时使得四川省的许多信息管理系统、电子政务系统、金融数据系统等遭到破坏,数据丢失,系统瘫痪,造成很大的损失。2008年南方的冰雪灾难,造成大量重要数据丢失,也使得很多电力系统、通信系统损失巨大。美国"9·11"事件导致世贸大楼里面的1200多家企业的信息化系统全部焚毁,本地数据完全丢失。灾难就在我们身边,天灾难以控制,人祸不可避免,而对于有关信息系统来说,其本身具有不可避免的脆弱性,各种不同形式的灾难可以使信息系统的一个或多个因素受到破坏。人类要保障信息安全,应对种种天灾人祸对信息系统的打击,最根本、最有效、最可控的手段,就是灾难备份和恢复技术(简称"灾备")。因此,灾备已经成为信息

---

① 《信息系统灾难恢复规范》,资料号:GB/T 20988—2007。

社会不可缺少的基础安全设施,灾备建设已经成为与信息化建设同等重要的课题。①

(三) 信息灾备的含义

灾备是灾难备份的缩略语。从严格意义上讲,灾备包含两层含义,灾难前的备份与灾难后的恢复,即利用专业技术手段与管理手段,灾前确保关键信息数据等资料的备份,灾后将信息系统从灾难造成的故障或瘫痪状态恢复到可正常运行状态的整体信息安全体系。这两层含义对应着灾备的狭义和广义概念:狭义的灾备主要就是灾难备份,涉及的核心技术是存储,广义的灾备除包含备份外,更重要的是恢复。恢复是目的,备份是手段。因此,灾难恢复比灾难备份的外延要大。现在人们所说的"灾难备份",其实是指既包括技术,也包括业务、管理的周密的系统工程。②人们所说的容灾与广义灾备等价,涵盖了容错领域、存储领域和信息安全领域。

2005年4月我国出台的《重要信息系统灾难恢复规划指南》对灾难备份的定义是:"为了灾难恢复而对数据、数据处理系统、网络系统、基础设施、技术支持能力和运行管理能力进行备份的过程。"对灾难恢复的定义为:"将信息系统从灾难造成的故障或瘫痪状态恢复到可正常运行状态,并将其支持的业务功能从灾难造成的不正常状态恢复到可接受状态,而设计的活动和流程。"③

从灾难备份和灾难恢复的定义可见,灾备除了相关人员、核心资产之外,非常重要的内容就是信息灾备、信息系统灾备。人们使用灾备一词时往往就是指信息灾备、信息系统灾备。上述《重要信息系统灾难恢复规划指南》中的灾难备份、灾难恢复就是指信息(系统)灾难备份、信息(系统)灾难恢复。

本章所指的灾备就是信息(系统)灾备。信息灾备是信息灾害备份与恢复(backup for information disaster recovery)的简称,是为了灾难恢复而对数据、数据处理系统、网络系统、基础设施、专业技术支持能力和运

---

① 李刚:《灾备:守护信息数据"安全底线"(摘要)》,(http://www.itsec.gov.cn/export/sites/xbzz/xbzz/20108-00006/)。
② 杨义先:《灾备技术的现在和未来》,(http://tech.qq.com/a/20090213/000325_1.htm)。
③ 国务院信息化工作办公室:《重要信息系统灾难恢复规划指南》,2011年11月,百度文库(http://wenku.baidu.com/view/7bc3df46783e0912a2162aef.html)。

行管理能力进行备份、恢复的过程。信息灾备的目的在于业务连续管理（Business Continuity Management，BCM），信息灾备是 BCM 的重要组成部分，是为保护组织的利益、声誉、品牌和价值创造活动，找出对组织有潜在影响的威胁，提供建设组织有效反应恢复能力的框架的整体管理过程。包括组织在面临灾难时对恢复或连续性的管理，以及为保证业务连续计划或灾难恢复预案的有效性的培训、演练和检查的全部过程。

（四）信息灾备的历史发展

信息灾备作为信息安全的一个重要领域，最早可以追溯到 20 世纪 50 年代，当时灾备作为容错技术手段被提出。信息灾备真正作为独立的研究方向开始起步源于 20 世纪 70 年代中期，当时美国成立了联邦应急管理署，明确提出了建立灾难指挥系统及信息系统安全保障概念，并在美国中心部地区对电脑设施进行备份工作。1979 年，SunGard 在美国费城建立了全世界第一个专业的商业化灾备中心，并对外提供灾难备份服务业务，标志着灾备行业的揭幕。[①] 灾备刚兴起时关注的主要是企业 IT，如数据备份和系统备份等，后来逐步发展到对业务系统的备份，并从业务系统发展到业务流程和服务本身，业务的连续运营成为企业追求的目标。从灾难恢复和业务连续管理的方法论而言，形成了业务影响分析、风险分析，灾难恢复和业务恢复预案的开发、演练、培训等多种最佳实践等。2001 年美国"9·11"事件之后，灾备再进一步发展，除了面向业务，灾备发展的新阶段是业务的连续性管理，在业务连续性规划的基础上涉及危机处理、供应链的业务连续管理、企业的可持续性发展等管理型问题，业务连续性管理将灾备提升到管理的高度。业务持续管理（BCM）有三个基本要素：事件发生前，为减小风险，应该做些什么准备；事件发生时，为减少损失，应该如何进行响应；事件发生后，为恢复正常，应该采取什么措施。在 BCM 理论中，将业务恢复的整个过程分为六个阶段（6R 模型），分别是减少（Reduce）、响应（Response）、恢复（Recover）、重续（Resume）、重建（Restore）和返回（Return）。信息灾备作为 BCM 的重要内容，主要包括恢复（Recover）、重续（Resume）、重建（Restore）阶段。[②]

[①] 李刚：《灾备：守护信息数据"安全底线"（摘要）》，（http：//www.itsec.gov.cn/export/sites/xbzz/xbzz/20108 - 00006/）。

[②] 陈建新、于天：《消除 BCM 认识上存在的误区》，（http：//cio.chinabyte.com/33/11028033_3.shtml）。

二 公共危机信息灾备的内涵

(一) 信息灾备与公共危机管理的融合

信息灾备的关注重点是在任何情形下都能保持业务的持续运行,解决如何应对那些可能造成业务(尤其是关键业务)中断的事件,以及采取何种策略来恢复这些业务。通常事件发生后,即使这些事件暂时不会使业务受到严重影响,但如果不能及时进行应急响应,则很有可能就会升级为灾难事件而使业务受到严重影响,所以没有有效的公共危机应急响应,就无法对灾难事件进行有效的处置,要想很好地恢复业务是不现实的;反之,仅对事件本身进行处置,而不能有效地恢复业务,则很可能也实现不了最终挽救组织的目的。在组织的信息灾备实践中融合公共危机管理方法势在必行。运用公共危机管理中风险分析方法制订的风险减小计划主要是在事件发生前(常态时)用来进行预防和控制,运用应急管理方法制订的应急响应计划是在事件发生期间进行响应处置,包括生命财产的救援、设立应急指挥中心 (Emergency Operations Center,EOC)、事件状态控制、进行损失评估、启动后续计划、恢复关键业务的运行等。[1]

从工业化与信息化融合的趋势看,灾备、应急已经呈现融合形态,形成了一个统一协调的应对灾难及危机的行动计划。风险管理和安全是组织业务管理中的重要一环;而安防、应急、灾备是组织运营安全由外到内的几道防线,它们相辅相成、互相作用。从另一角度看,今天的企业、政府在考虑生产和危机管理的时候,安全、应急和灾备手段都是必不可少的业务连续管理中的重要组成部分。相关的政策、指引、工作流程、人员培养和资源准备已成为企业、政府日常运营的一部分。[2]

英国突发事件的应急准备包含以下方面:信息共享、风险评估、业务连续性管理(包括信息灾备管理)、应急计划、对公众的警示和通告、培训、演练和持续通信等。业务连续性管理(包括信息灾备管理)已是英国应急准备中的重要环节,英国政府文件《应急准备》第六章对第一类响应

---

[1] 于天:《业务持续管理和应急管理的融合》,2010 年 10 月,百度文库 (http://wenku.baidu.com/view/e0e4c1593b3567ec102d8ab6.html)。

[2] DoSTOR:《中国灾备、应急体制面临变革与创新》,(http://www.dostor.com/article/2008/1204/5925375.shtml)。

者的业务连续性管理进行了规定,业务连续性管理与风险管理被视为英国"综合应急管理"(Integrated Emergency Management)的重要组成部分,是构建英国"抗逆力"的基础。业务连续性管理联系着应急管理中的风险管理与应急响应。[①] 近年来,国际上许多政府机构及信息灾备管理、BCM与应急管理相关组织,都将信息灾备管理、BCM 和应急管理的研究成果和实践经验越来越多地融合到统一的标准和指南中,以使这些标准和指南为政府机构和企业提供更有效的行动指导。例如 2010 版 NFPA1600 标准,已将 BCM 理念与应急管理方法充分地融合在一起了。此外,英国 BS25999、加拿大 CSA Z1600 标准、新加坡 SS540 等标准的内容也充分体现了两者的融合。

(二)公共危机信息灾备的概念

公共危机与灾难密切相关,危害严重的自然或人为公共危机往往就是灾难。而为了应对公共危机与灾难,我们需要公共危机管理,需要信息灾备管理。信息灾备与公共危机管理的交叉融合,使得公共危机信息灾备也作为一个概念提了出来。

公共危机信息灾备指利用有关技术手段与管理手段,在公共危机发生前(公共危机有可能演化为灾难前)、发生过程中(公共危机正在演化为灾难)以及发生后(已成为灾难事件),对相关数据、数据处理系统、网络系统、基础设施、专业技术支持能力和运行管理能力采用全风险管理、全过程管理和全参与管理。事前进行风险分析、信息备份,事中进行响应救援,事后恢复保障,达到业务连续管理的目的。

由此可见:(1)公共危机信息灾备面向公共危机,信息灾备的对象是公共危机事件,其中包括灾难。(2)公共危机管理与灾备管理密不可分。(3)公共危机信息灾备包括信息、信息人员、信息技术、信息基础设施等各种关键信息要素的备份与恢复。公共危机信息灾备平台是整合平台,以公共安全科技为核心,以信息技术为支撑,以公共危机信息要素的备份与恢复为核心,具备日常管理、风险分析、监测监控、预测预警、动态决策、综合协调、应急联动与总结评估等功能。

2008 年 7 月,在清华大学召开的"中国灾备管理战略国际研讨会"会

[①] 《巨灾应对需要强有力的业务连续性管理》,(http://theory.gmw.cn/2012-03/01/content_3682601.htm)。

议上，第一次在中文话语体系里引入了"灾备管理"（Disaster Management）概念，即针对自然灾害和事故灾难等突发事件，组织机构基于灾前预防和准备，以提升灾难减缓、应急响应和恢复重建三阶段能力为目标，所开展的各种资源规划、协调、整合与实施的全程一体化管理，这是从管理学意义上给出的灾备管理概念。而此前中文话语里只有限于信息技术思维下的"数据灾备"（Data Backup）、"灾难备份"（Disaster Backup）、"灾难恢复"（Disaster Recovery）等概念。[①②] 因此，随着信息备灾与公共危机管理的融合，公共危机信息灾备的实质就是在对公共危机事前控制、事中应急与事后恢复的过程中，对信息灾备所进行的全程一体化管理。

三　公共危机信息灾备的特点及意义

（一）公共危机信息灾备的特点

根据公共危机信息灾备的内涵和目标，公共危机信息灾备的主要特点为：

1. 公共危机信息灾备是为高风险、突发性、破坏性强的公共危机事件准备的

公共危机事件具有高风险、突发性、破坏性强的特点，公共危机信息灾备就是为应对公共危机事件爆发可能造成的严重后果，基于事前的预防和准备，以公共危机及灾难的减缓、应急响应和恢复重建为中心环节。正常情况下，公共危机信息灾备资源处于闲置状态，但当公共危机及灾难来临时，若备份恢复中心不能正常发挥作用，将对组织造成损失和影响。

2. 公共危机信息灾备平台系统建设投入大、运行维护成本高

构建第二个数据中心来备份主要数据，需要相关的基础设施、设备、人力等投入，并保证计算机系统的高可用性，投入成本很高。在运行维护期间，涉及设施的维护、设备的更新、运行维护的人员及其管理，其成本也很高，对通信的要求也很高。

3. 公共危机信息灾备人员的专业性要求高

公共危机信息灾备中心职员必须是经过严格培训的技术团队，团队成

---

① 中国灾备管理战略国际研讨会召开（http://politics.people.com.cn/GB/1026/7485724.html）。

② 刘国华：《灾备管理应成为国家战略》，（http://finance.sina.com.cn/review/20080704/03205054338.shtml）。

员须熟悉系统,经常参与公共危机恢复演练,保证在公共危机发生时能够沉着应对。

4. 公共危机信息灾备中心管理规范严格

为了保持公共危机信息灾备中心的正常运行,管理应该具有严格的规范,具有先进的恢复理念和完善的管理模式,以保障平时的安全运行,并在发生灾难或演练时能够及时地接管。

(二) 公共危机信息灾备的战略意义

公共危机信息灾备是一个覆盖组织业务、管理、流程以及组织架构,关注可持续发展战略的长期命题。

1. 企业公共危机信息灾备的战略意义

当前每个企业都处在复杂多变、竞争激烈的外部环境中,面对来自各方面的风险威胁,企业应能做到未雨绸缪,必要的风险意识与完善的灾备管理以及应急预案体系就成了可持续发展不可缺失的部分。IDC 的统计数字表明,美国在 2000 年以前的 10 年间发生过灾难的公司中,有 55% 当时倒闭;在剩下的 45% 中,因为数据丢失,有 29% 也在两年之内倒闭,生存下来的仅占 16%。国际调查机构 Gartner Group 的数据表明,由于经历大型灾难而导致系统停运的公司中,有 40% 再也没有恢复运营,剩下的公司中也有 1/3 在两年内破产。美国得克萨斯州大学的调查显示:只有 6% 的公司可以在数据丢失后生存下来,43% 的公司会彻底关门,51% 的公司会在两年之内消失。据估计,大多数大公司 IT 预算的 2% 到 4% 之间花在灾难恢复计划上,目的是避免更大的损失。美国 "9·11" 事件中,总部设在世贸大楼的 1200 家大型企业因为信息数据库的丧失而无法开展经营导致破产或陷入困境,其中申请破产保护的金融机构不乏纽约银行这样的大型金融机构,同在该大楼里,虽然主数据库亦遭受损害,但事先进行了异地数据灾备的摩根士丹利、德意志银行稍坐片刻即宣布自己的业务不受影响。这些调查数据及案例表明:企业必须对不可中断的关键业务进行灾备管理,才能实现企业的可持续发展。

2. 政府公共危机信息灾备的战略意义

第一,政府是公共危机信息灾备的主体。政府主导灾备管理是其社会管理及 "公共性" 的重要体现。自然灾害、事故灾难等突发事件发生频次越来越多,造成的生命财产损失越来越惨重,但作为极端事件落到每个人头上的概率极低,个人和私人部门不愿意为灾备支付成本,因此灾备管理需有政府主动作为，贯穿灾备管理的全过程。从灾情调查分析到灾备规划，从防灾减灾到应急救援，从灾后评估到恢复重建，从灾备科研到国际合作政府，引导社会平衡眼前利益和长远利益，统筹局部利益和全局利益。国家灾备管理战略和体制的有效运作，需要政府主导以及政府、公民社会、企业三方面良性互动。

第二，政府需要公共危机灾备管理。灾备管理的重要性也体现在政府信息、数据、系统的备份与恢复管理。政府作为社会中枢，维持行政系统顺畅的关键除了财力外，最为重要的就是信息及数据，政府各部门能否提供服务的连续性和数据的完整性、准确性，直接关系到政府部门的办公、服务、发展与决策活动。地震、雷雨、水灾、电力中断、人为错误、服务停顿等危机灾难都有可能对政府信息、信息系统造成破坏。政府信息、信息系统如果没有灾备管理，一旦发生意外，会使依赖这些系统而运转的各级政府和相关企业、组织、个人受到严重影响。灾备管理可以在灾难发生时帮助政府把损失降至最低，还可以帮助政府发现潜在风险，评估风险对业务的影响，制定详细的风险防范措施并持续改进，提高政府长期抗风险能力，灾备管理就是对政府可持续发展能力的管理。①

四　公共危机信息灾备建设的相关内容

（一）公共危机信息灾备的内容

公共危机信息灾备从时间上看，涉及三个阶段：防备阶段、应急阶段、恢复重建阶段；从层次上看，涉及个人、家庭、公共机构或企业、地方政府、中央政府、国际和区域间的政府或非政府组织等。下面从公共危机信息灾备三个阶段角度阐述公共危机信息灾备的内容。

1. 公共危机信息灾备防备阶段②

这是公共危机信息灾备的第一个阶段，关键是要事先制定建立各级危机应对计划与体系，主要是灾难恢复规划计划和业务持续计划。在某种程度上，信息系统危机状态的预防以及危机升级的预防比单纯的公共危机事件导致的信息系统瘫痪破坏后的解决更加重要。

---

① 翟翌：《中国政府信息灾备的法制化及公众参与》，《湖北行政学院学报》2011 年第 5 期。
② 《IT 危机预警管理：以建立灾备体系为重》，（http：//www.xuezhi.cn/show/1208.html）。

(1) 组织与规划准备。实施公共危机信息灾备启动、建立灾难恢复规划组织与灾难恢复规划小组，进行业务连续性管理概念的认知和培训，开展宣传认知活动，分析灾难恢复规划的业务、技术、人文环境等，进行预算管理。

(2) 公共危机信息灾备需求分析。进行风险分析和业务影响分析，通过威胁分析识别信息系统面临的威胁及各种威胁造成的影响，并将威胁赋予不同的等级，对每种可能的威胁判断其发生的概率，认识各种潜在危险，确定公共危机引起的业务中断可能造成的损失，制定公共危机信息灾备的目标，确定公共危机恢复与业务连续性的方向、需求。

(3) 公共危机信息灾备策略的制定。根据公共危机信息灾备需求、技术、人文环境及预算经费确定公共危机信息灾备的策略。

(4) 公共危机信息灾备方案的实施。包括备份中心的建设、IT系统灾难备份的建立等。组织必须及早规划、建立公共危机应急数据高等级的、甚至能够实时转换的备份系统，尤其是长距离异地的灾备。

(5) 制定保障公共危机业务能力连续性的预案。包括应急响应预案、危机公关和通信的流程、IT部门的灾难恢复预案及业务部门的灾难恢复预案等。制定预案时，不仅需要考虑IT系统和数据，还要重视业务、组织架构、营业场所、人员伤亡、供应链影响等问题。

(6) 建立业务连续性日常工作管理制度。建立保障业务连续运营的管理体系，主要包括设立业务连续日常维护的组织架构，明确职责，分工到位，确定涉及IT部门和业务部门的各项管理流程，以便公共危机发生前后迅速全员启动。

(7) 测试演练和培训推广。组织应定期进行不同范围、不同形式的灾难演练，检验所生成的公共危机信息恢复以及持续运营保障能力是否可靠有效。只有经常进行实际切换演练，才能最大限度地验证预案体系的完整性、适用性以及可操作性，整体提升灾备管理能力和业务连续管理水平。

2. 公共危机信息灾备应急阶段

公共危机信息灾备应急阶段主要是针对已经发生的公共危机事件对信息系统造成的破坏，公共危机信息灾备管理的主体，根据事先制定的应急预案，采取应急行动，最大限度地减少危机带来的损失，保证业务持续性。公共危机信息灾备应急管理是整个公共危机信息灾备管理过程中非常复杂的阶段，应急响应阶段包含了以下部分：

（1）事件通告。在信息系统发生紧急事件后，应建立应急指挥中心，统一领导、协调和指挥所有应急响应工作，加强信息沟通和跨部门协调，提高机构整体的应急响应和应急处置能力。事件通告部分包括信息通报、信息上报和信息披露三部分。

（2）事件分类与定级。事件发生后要实施应急响应计划，就要对信息系统损害性质和程度进行评估。损害评估规程对于不同的系统是不同的，一般应包括以下内容：造成紧急情况或系统中断的原因；受到紧急情况影响的区域；物理构架的状况；系统设备的总量和功能状态；系统设备及其存货的损失类型；被更换的项目；估计恢复正常服务所需的时间等。完成损害评估后，应急响应日常运行小组应确定信息安全事件的类别与级别，将最新信息和对此情况的应急响应计划通知给应急响应领导小组。

（3）应急启动。对于导致业务中断、系统宕机、网络瘫痪等突发重大公共危机信息灾备事件，应根据情况立即启动应急响应计划。启动条件可以基于以下几方面考虑：人员的安全和/或设施损失的程度；系统损失的程度；系统对于组织使命的影响程度；预期的中断持续时间等。只有当损害评估的结果显示一个或多个系统启动条件被满足时，应急响应计划才应被启动。由应急响应领导小组发布应急响应启动指令。应急启动具体操作遵循如下规则：启动要快速、有序。

（4）应急处置。启动应急响应计划后应立即采取相关措施抑制事件影响、避免造成更大损失。恢复阶段的行动集中于建立临时业务处理能力、修复原系统损害、在原系统或新设施中恢复运行业务能力等应急措施。国内外制定信息灾备标准中对应急处置部分恢复顺序和恢复规程做出了一些规范性要求，特定的信息安全事件可以参考特定的标准。当恢复复杂系统时，恢复进程应该反映出业务影响分析（Business Impact Analysis，BIA）中确定的系统优先顺序。

3. 公共危机信息灾备恢复阶段

（1）信息系统重建。评估灾难造成的损失。根据损失评估情况，结合灾难备份系统运行可接受的最长时间，确定修复或者重新建设方案，执行信息系统的重新建设和功能恢复。将灾难备份系统的功能转移到新建或恢复的信息系统，各项业务恢复到正常运行状态的过程。

（2）事后总结、评估、改进。信息系统灾难恢复之后，应及时组织相关人员进行事后汇报总结，包括应急响应总结，梳理人们在灾难中得到的教训。事后评估用以灾后确定灾难恢复计划和程序中哪些需要改动和完善，评估报告完成后，需要修订灾难恢复策略和灾难恢复预案。

（二）衡量指标

衡量信息系统灾难恢复的能力需要有量化的指标。信息灾备常用的两个关键衡量指标是恢复时间目标（Recovery Time Objective，RTO）和恢复点目标（Recovery Point Objective，RPO）。RTO 指的是灾难发生后，信息系统从业务受影响停止之时开始，到信息系统恢复至可以支持关键业务恢复运营之时为止，这两点之间的时间段。RPO 是指灾难发生后，信息系统数据恢复到灾难发生前具体的时间点。这两个指标还不能完全反映业务连续性系统的好坏，还有两个辅助指标：恢复可靠性指标（Recovery Reliability Object，RRO）与恢复完整性指标（Recovery Integrity Object，RIO）。RRO 是指在系统切换或者恢复过程中成功的可靠性。如果一个业务连续性系统在 10 次恢复/切换中会有两次失败，则其可靠性只有 80%。RIO 是指当系统因为逻辑因素出现脱机或数据丢失时，即使系统恢复到最新的时间点，系统仍然可能处于逻辑上不正确或者不完整的状态。

（三）等级划分

按照国际灾难备份行业的通行标准，灾难备份系统从最低等级的备份介质异地存放到最高等级的零数据备份，可以分为以下七个等级：无异地备份（等级零）、备份介质异地存放（等级一）、备份介质异地存放和灾难备份中心（等级二）、电子传输定期备份（等级三）、流水记录数据在线传输（等级四）、数据实时备份（等级五）、零数据丢失（等级六）。其划分的原则是依据灾难备份范围、数据备份方式、恢复速度和能力、数据实时性、数据完整性和一致性、备份 IT 系统的规模和日常的工作状态等。

（四）灾难备份中心的建设

灾难备份中心的建设，以数据容灾为核心，以业务连续性为重点，保障实现安全生产和运营。灾难备份中心建设模式包括同城灾难备份中心、异地灾难备份中心以及两地三中心模式：（1）同城灾难备份中心：在同城或相近区域内建立两个数据中心，一个为生产中心，负责日常生产运行，另一个为灾难备份中心，负责灾难发生后的计算机系统运行。同城灾难备份方案一般用于防范火灾、建筑物破坏、供电故障、计算机系统故障以及人为破坏引起的灾难。（2）异地灾难备份中心：在两个较远的（100 公里以上）的城市分别建立生产中心和灾备中心，实现远距离的灾难备份。异地灾备不仅可以防范火灾、建筑物破坏等可能遇到的风险隐患，还能够防范战争、地震、水灾等风险。（3）两地三中心：一般指的是一个生产中心、一个同城灾难备份中心、一个异地灾难备份中心。通常生产中心的数据同步地复制到同城灾难备份中心，同时，生产中心的数据异步复制到异地灾难备份中心，即实现同城灾难备份中心的零数据丢失。

第二节　公共危机信息灾备技术

一　信息灾备技术的发展历程

（一）信息灾备技术发展阶段

公共危机信息灾备技术的发展大致经历了以下三个发展阶段：

第一个阶段是在 20 世纪 90 年代之前，人们最关注的是如何恢复自己的数据和信息系统，也就是 IT 的灾难备份。灾难备份于 20 世纪 70 年代中期在美国起步，其历史性标志是 1979 年在美国宾夕法尼亚州的费城（Philadelphia）建立的 SunGard Recovery Services。在这以后的数十年里，美国的灾难备份行业得到了迅猛发展，并形成了系列相关的制度和准则。

信息灾备技术可以分为三个方面来介绍：灾备技术的衍生，灾备技术的提出和灾备技术的发展演化。灾备技术是从容错计算中衍生出来的，而容错计算是提高系统可靠性的有效手段，它通过自动检测、自动甄别、隔离、排除等技术手段，来保证系统完成预期的目标。容错计算的结构主体是功能子系统，此外还包括故障检测子系统、备份子系统以及系统恢复与重构子系统（图 10—1）。

早期灾备主要是集中在企业的信息化方面，专注于对数据和系统的备份，后来随着信息系统的规模的扩大，又进行了扩展，提出了灾备的恢复计划，也就是说在灾备中加入了灾难的恢复预案。

第二个阶段是从 20 世纪 90 年代到 2000 年左右，人们逐步从恢复灾后后台的 IT 系统发展到恢复支撑业务，并从业务的角度评估业务的关键程度，以及业务恢复的范围和恢复指标。

第三个阶段是从 2000 年后，人们以保障机构长期、持续、稳定地运行为目的，从管理的角度来看待灾难恢复和业务连续。把灾难的恢复从专注

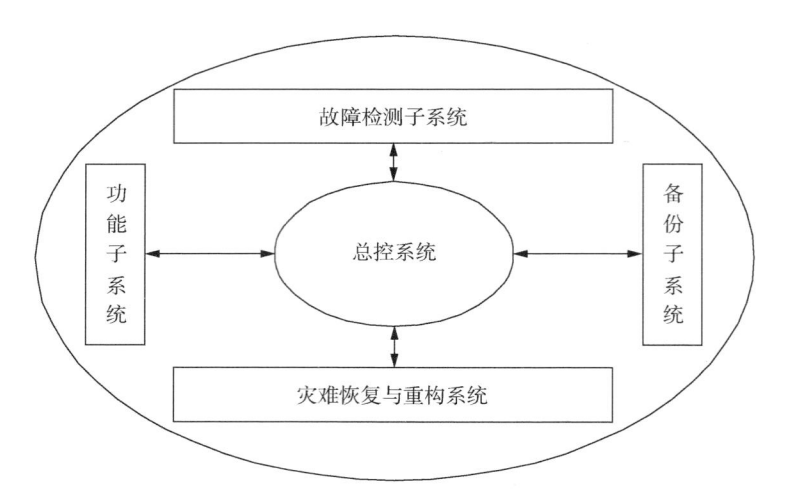

```
              ┌─────────────────┐
              │  故障检测子系统  │
              └─────────────────┘
                      ↕
┌──────┐          ╭───────╮          ┌──────┐
│ 功能 │          │ 总控  │          │ 备份 │
│ 子   │ ←——————→ │ 系统  │ ←——————→ │ 子   │
│ 系统 │          ╰───────╯          │ 系统 │
└──────┘              ↕              └──────┘
              ┌───────────────────┐
              │ 灾难恢复与重构系统 │
              └───────────────────┘
```

图 10—1　灾难容错系统

于系统转向了专注于业务，提出了用业务来衡量灾备的目标。除了信息化系统以外，灾备系统还增加了信息化的辅助与决策支持，包括业务影响分析、业务恢复预案、策略制定、人员的架构、通信保障和第三方的合作机构等。特别是"9·11"事件以后，灾备又引入了管理方面的一些支持，包括紧急事件的响应、危机公关和供应链危机的管理等。

随着存储技术的不断发展，其可靠性、可扩展性、连接性及可管理性日臻完善，诸如 EMC、IBM、H3C、BakBone、Symantec（VERITAS）等高端的存储系统，已被广泛用于企业的核心业务系统，各行业应对灾难的能力进一步提高。

（二）信息灾备技术的发展趋势

信息灾备就是包括容错计算、信息安全和系统管理三个领域的一个综合的系统。[①] 除此之外，灾备还有其他一些相关领域的支持技术，如应急救援与指挥就和灾备密不可分，涉及无线传感器网络、移动通信连接等无线连接技术，穿戴机技术和 RFID 技术等人机接口技术，WebGIS 技术以及决策辅助支持技术等。

信息灾备的核心技术主要包括数据存储技术、体系结构技术、信息

---

① 杨义先、姚文斌、陈钊：《信息系统灾备技术综论》，《北京邮电大学学报》2010 年第 2 期。

安全技术和系统管理技术：（1）数据存储技术。主要有虚拟化的存储技术；删除重复数据技术，即容量优化技术；高效能的存储技术，也可以形象地说叫绿色存储技术。绿色存储技术的存储效率高，设备利用率高，能耗和运营成本低。（2）灾备体系结构技术。灾备体系结构技术的关键，第一是容错系统的结构，就是怎么样建立多级容错的设计，故障诊断与评估，系统动态重构等。第二是数据的恢复技术，即怎么样能够保证数据的完整性，部分丢失的数据如何尽可能的恢复。第三是系统的恢复技术，也就是系统的应急恢复和系统平台的重建。第四是业务的连续性技术，其将容错系统结构、数据恢复技术和系统恢复技术综合起来，避免服务中断，提供连续性的服务。（3）信息安全技术。灾备信息安全技术主要用于保障数据在存储与传输过程中的安全性问题、网络系统的可靠和安全连接问题、计算机系统的安全性问题、用户的身份安全问题和系统操作的不可抵赖性问题等。其核心包括：数据安全性技术、网络安全技术、系统安全技术、身份安全技术、安全审计技术。（4）系统管理技术。灾备系统管理技术是灾备的关键支撑技术，它包括如下内容：数据信息管理、灾难应急管理、系统恢复管理、灾难影响评估与决策支持。

信息灾备技术的发展方向具体来讲有以下三个方面：

1. 从围绕着数据存储向围绕着应用服务转变

保障业务连续性发展，要求：数据完整而可用、系统快速重建、应用快速部署。

2. 存储技术由集中式向分布式、虚拟化发展

（1）虚拟化灾备存储技术：目标是提高存储的利用率。

（2）分布式灾备存储技术：目标是利用大量的、分布式的廉价存储资源构建一个安全的海量灾备存储系统。

（3）基于信息的灾备存储技术：目标是将海量数据信息转化为基于内容的信息存储，降低存储数据量。

3. 从孤立专用系统向综合服务系统转变

因为专用系统建设成本高，运营费用成为负担，所以需要第三方中立机构形式的外包灾备系统。现在应该来说外包方式是当前国际上灾备市场的主流形式，据统计，国外采用灾难备份外包服务的比例已经达到71%，灾备系统外包得到国际上的广泛认可（表10—1）。

表 10—1　　　　　　　　信息灾备技术的发展趋势

围绕服务的灾备技术	灾备存储关键技术的发展	灾备综合服务系统
开始逐渐向保证业务连续性目标发展 当前的研究重点包括灾备系统快速重建、快速部署应用以及保证数据的完整性和可用性	重复数据删除与压缩技术	第三方服务已经成为数据容灾领域的一个非常重要的发展趋势 第三方灾备已经成为各种中小型企业的首选
	虚拟化灾备存储技术	
	分布式灾备存储技术	
	基于信息的灾备存储技术	

二　数据备份技术

数据备份技术的含义是：为防止系统出现操作失误或系统故障导致数据丢失，而将整个系统数据或部分重要数据集合打包，从应用主机的硬盘或阵列中复制到其他的存储介质的过程。目前，数据备份大致可以分为三种方式，即完全备份、增量备份和差异备份。完全备份是对整个计算机系统进行完全备份，包括系统和数据。当发生数据丢失的灾难时，将灾难发生之前的备份还原就可以恢复丢失的数据。增量备份是对上一次备份后增加的和修改过的数据进行备份。差异备份是对上一次标准备份之后新增加和修改过的数据进行备份。

（一）数据备份方式

1. 完全备份（full backup）

每次备份，都需要备份完整的数据。备份系统不会检查自上次备份后数据是否变动过，它只是机械性地将数据读写，备份全部选中的文件及文件夹，并不依赖文件的存盘属性来确定备份哪些文件。这种备份方式的优点是数据恢复的速度快，缺点是备份数据量大，备份时间长，数据量大时做一次完全备份需要很长时间，服务器运行速度将受到一定影响。

2. 增量备份（incremental backup）

与完全备份不同，增量备份只备份自上一次备份以来更新的所有数据。增量备份在做数据备份前会先判断，数据的最后修改时间是否比上次备份的时间晚，如果不是的话，那表示自上次备份后，数据并没有被更动过，所以这次不需要备份，反之则需要备份。

增量备份最大的优点在于备份速度，由于每次备份的数据量少，它的速度比完全备份快许多，同时由于增量备份在做备份前会自动判断备份时间点及文件是否已作改动，所以相对于完全备份其对于节省存储空间也大有益处，可提高备份效率。增量备份的不足之处在于数据还原的时间较长，恢复时需要完全备份及多份增量备份，效率相对较低。例如，如果要还原一个备份，就必须把所有增量备份的磁盘都找一遍，直到找到为止。如果要复原整个系统，那就得先复原最近一次的完整备份，然后复原一个又一个的增量备份。

3. 差异备份（differential backup）

差异备份针对自上一次完全备份以来更新的所有数据。差异备份与增量备份一样都只备份变动过的数据。但前者的备份是"累积（cumulative）"的——数据只要自上次完整备份后，曾被更新过，那么接下来每次做差异备份时，这个档案都会被备份（当然直到下一次完整备份为止）。如果要复原整个系统，那么只要先复原完全备份再复原最后一次的差异备份即可。增量备份是针对上一次备份（无论是哪种备份），备份上一次备份后所有发生变化的文件。与增量备份所使用的策略一样，平时只要定期做一次完全备份再定时做差异备份即可。所以差异备份的大小会随着时间过去而不断增加（假设在完全备份间每天修改的数据都不一样）。这种方式的优点在于对网络的占用较小，缺点是恢复时间长并且较复杂。因为在恢复时，必须先恢复初始备份时的全备份版本，然后将相应的差异备份版本叠加上去。

以上是三种最基本的数据备份方式，现实应用当中会有多种组合，我们可以结合这三种方式，灵活应用。比如，数据量少时，我们可以每次都用完全备份来备份数据，这样，恢复时只需要指定一个数据源即可；数据量大时，如果每天做完全备份，效率会很低，我们可以结合完全备份和增量备份方式；数据量特别大时，每星期做完全备份对系统的压力也会很大，这时我们可以结合完全备份、累计增量备份、增量备份三种方式，提供相对效率高、恢复快的备份手段。增量备份常常跟完全备份合用（例如每个星期做完全备份，每天做增量备份）。以备份空间与速度来说，差异备份介于增量备份与完全备份之间，但不管是复原一个档案或是整个系统，速度通常比完全备份、增量备份快，因为要搜寻/复原的磁盘数目比较少。

目前，国内外大型企业对资源数据的备份都是每天进行一次的，并且采用完全备份和差异备份结合的方式，给数据恢复带来便利。

(二) 主流数据备份技术

信息系统灾难备份技术是指通过建立远程数据备份中心，将主中心数据实时或分批次地复制到备份中心。当主中心由于断电、火灾甚至地震等灾难无法工作时，则立即采取一系列相关措施，将网络、数据线路切换至备份中心，并且利用备份中心计算机系统重新启动应用系统。这里最关键的问题就是保证切换过程时间满足业务连续性要求，同时尽可能保持主中心和备份中心数据的连续性和完整性。

信息灾备技术可恢复灾难发生前任何时间的完整数据，解决数据库瘫痪或者人为因素造成数据损坏所带来的威胁。对数据的保护有多种方法，包括备份和数据容灾。目前用得最多、最有效的手段是数据备份。而备份的方法有手工备份、自动备份等。不同的备份方法在性能、自动化程度、对现有的系统应用的影响程度、管理、可扩展性等方面，都有所不同。①

结合应用系统的相关特点（实时性要求、运行中断敏感性等）、数据更新频度、数据量大小、相关条件等因素，实际的灾难恢复系统可能是多种技术方案的组合。目前主流的集中数据备份技术主要有：

1. 基于磁带的数据备份

利用磁带拷贝进行数据备份和恢复是常见的传统灾难备份方式。这些磁带拷贝通常都是按天、按周或按月进行组合保存的。使用这种方式的数据拷贝通常是存储在盘式磁带或盒式磁带上，并存放在远离基本处理系统的某个安全地点。磁带通常是在夜间存储数据，然后被送到储藏地点。而在灾难或各种故障出现，系统需要立即恢复时，将磁带提取出来，并运送到恢复地点，数据恢复到磁盘上，然后再恢复应用程序。

2. 基于软件的数据备份

基于应用软件的数据备份是指由应用软件来实现数据的远程复制和同步。当主中心失效时，灾难备份中心的应用软件系统恢复运行，接管主中心的业务。这种技术是通过在应用软件内部，连接两个异地数据库，每次的业务处理数据分别存入主中心和备份中心的数据库中。

3. 远程数据库复制

远程数据库复制是由数据库系统软件来实现数据库的远程复制和同

---

① 甘振韬：《基于远程镜像的医院容灾系统的设计与实现》，重庆大学硕士学位论文，2008年，第4—10页。

步。在复制过程中，使用自动冲突检测和解决的手段保证数据一致性不受破坏（图 10—2）。

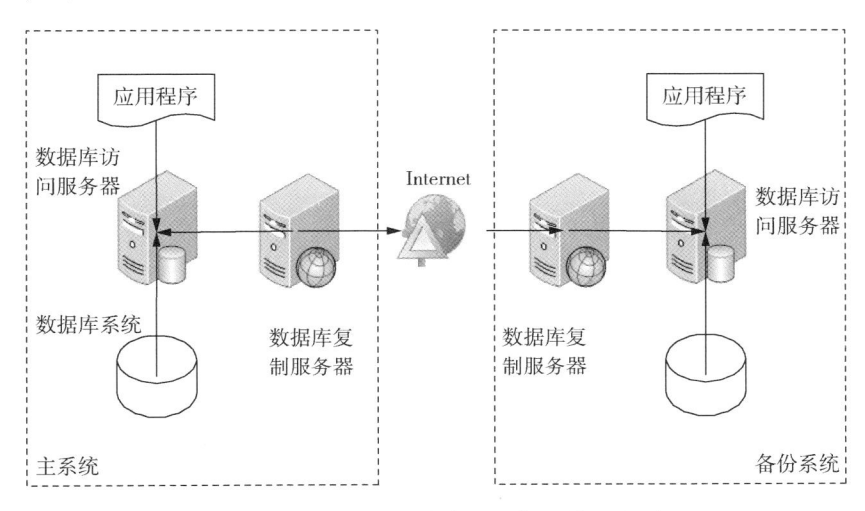

图 10—2　远程数据库复制逻辑结构示意图

4. 基于逻辑磁盘卷的远程数据复制

将物理存储设备划分为一个或者多个逻辑磁盘卷（volume），便于数据的存储规划和管理。逻辑磁盘卷可以理解为在物理存储设备和操作系统之间增加一个逻辑存储管理层。基于逻辑磁盘卷的远程数据复制是指根据需要将一个或者多个卷进行远程同步（或者异步）复制。该方案的实现通常通过软件来实现，基本配置包括卷管理软件和远程复制控制管理软件。

5. 基于智能存储系统的远程数据复制

磁盘阵列将磁盘镜像功能的处理负荷从主机转移到智能磁盘控制器——智能存储系统上。基于智能存储的数据复制由智能存储系统自身实现数据的远程复制和同步，即智能存储系统将对本系统中的存储器 I/O 操作请求复制到远端的存储系统中并执行，保证数据的一致性。由于在这种方式下，数据复制软件运行在存储系统内，因此较容易实现主中心和备份中心的操作系统、数据库、系统库和目录的实时拷贝维护能力，一般不会影响主中心主机系统的性能。如果在系统恢复场所具备了实时数据，那么就可能做到在灾难发生的同时及时开始应用处理过程的恢复。

6. 远程集群主机切换

远程集群（cluster）主机切换技术并非是一种数据复制技术，但该技术能和上述的数据复制技术相结合，对分布在多个节点的主机系统进行集群化管理控制。当主节点系统发生故障无法正常运行时，控制系统对相应应用系统的运行在主机间进行切换（检测到故障后人工干预切换或者自动切换）。

比较以上各种数据备份技术发现：磁带备份方式虽然不受距离的限制，对主机系统无太大影响，但无法实时复制。灾难发生时，数据丢失概率大，并且备份中心的数据不能快速恢复到主中心，因此这种方式通常适用于业务量较小、用户对于业务的中断时间不太敏感的情形。通过应用软件来实现远程数据复制和同步的方式需要对现有业务系统软件做大量修改，实现起来比较困难，并且这种方式对业务系统性能的影响较大。基于数据库和主机系统的方案较少受距离的限制，能较好地保证数据的完整性和一致性，实现起来比较容易，但这两种方式对主机系统的资源消耗会相应增大。基于智能存储系统的方案具有高效快速的特点，能较好地保证数据的完整性和一致性，数据的复制备份过程不占用主机资源，操作控制比较简单，但这种方案数据传输距离比较短，一般要求在几十公里至一百公里的范围内，开放性差（一般要求同厂商的智能存储设备），对于主、备中心之间的网络条件要求也较苛刻。[1]

三 容灾恢复技术

数据恢复技术是数据备份技术的补充，因为数据备份的成功依赖于备份媒介的完好和可用。数据备份是数据高可用的最后一道防线，其目的是为了系统数据崩溃时能够快速地恢复数据。容灾不是简单备份，真正的数据容灾就是要避免传统冷备份所具有的先天不足，它能在灾难发生时，全面、及时地恢复整个系统。从定义上看，备份是指用户为应用系统产生的重要数据制作一份或者多份拷贝，以增强数据的安全性。因此，备份与容灾所关注的对象有所不同，备份关系数据的安全，容灾关心业务应用的安

---

[1] 王渝次主编：《信息系统灾难恢复的规划及实施》，北京交通大学出版社2006年版，第52—58页。

全。我们可以把备份称作是"数据保护",而容灾称作"业务应用保护"。

数据备份归根结底只是保护数据而已,对处理数据的信息系统来说则没有任何保护功能。保护系统需要的是系统容灾技术,而这些技术的组合使用构建出可靠性更高的系统保护技术——灾难恢复技术。灾难恢复技术已经不单单考虑信息系统的恢复,而是包括系统和数据的同时恢复,即提供所谓的业务持续性能力。根据美国劳工部的一份报告:在遭受了一次严重数据丢失的公司中,93%会在5年内破产。现实的灾难恢复更强调及时性和数据可用性,而不仅仅是可靠性。建立容灾备份系统时会涉及多种技术,如:SAN(Storage Area Network)或 NAS(Network-Attached Storage)技术、远程镜像技术、基于 IP 的 SAN 的互连技术、快照技术等。[1]

(一)数据恢复技术

容灾可以分为部分容灾和广义容灾。部分容灾是指对信息系统的一部分或者只对一部分灾难类型提供容灾。例如,分布式系统容灾将节点分布在遥远的地方时能有效容忍各种自然灾难,但却对病毒等束手无策。广义容灾则指容忍各种类型的灾难,包括天灾人祸等,目前尚未成功。这里主要介绍部分容灾中的对自然灾难所引致的数据/系统损失的灾备。

通过在异地建立和维护一个数据备份,利用地理分散性保证系统对于灾难事件抵御能力的技术称为数据容灾(disaster tolerance)。数据容灾的目的是尽可能减少灾难带来的损失。主要研究灾前存储与备份数据,灾后及时、准确地恢复数据,保持应用的正常运行。

容灾备份系统是通过特定的容灾机制,在各种灾难损害发生后,仍然能够最大限度地保障提供正常应用服务的信息系统。一个完整的容灾备份系统包括本地数据备份、远程数据复制和异地备份中心。当然并不是所有的企业都需要这样一个系统,只有对不可中断的关键业务才有必要建立容灾备份中心。而小型企业通过建立 NAS 或 SAN 的离线数据备份和人为的数据转移就可以达到很好的容灾备份效果。[2]

1. 远程镜像技术

远程镜像技术是在主数据中心和备援中心之间的数据备份时用到的技

---

[1] 韩德志、汪洋、李怀阳:《远程备份及关键技术研究》,《计算机工程》2004 年第 22 期。
[2] 杨晓红、李健、杨卫国:《信息系统容灾技术的分析与研究》,《计算机工程与设计》2005 年第 10 期。

术。镜像是在两个或多个磁盘或磁盘子系统上产生同一个数据的镜像视图的信息存储过程，一个叫主镜像系统，另一个叫从镜像系统。按主从镜像存储系统所处的位置可分为本地镜像和远程镜像。远程镜像又叫远程复制，是容灾备份的核心技术，同时也是保持远程数据同步和实现灾难恢复的基础。远程镜像按请求镜像的主机是否需要远程镜像站点的确认信息，又可分为同步远程镜像和异步远程镜像。

同步远程镜像（同步复制技术）是指通过远程镜像软件，将本地数据以完全同步的方式复制到异地，每一本地的 I/O 事务均需等待远程复制的完成确认信息，方予以释放。异步远程镜像（异步复制技术）保证在更新远程存储视图前完成向本地存储系统的基本 I/O 操作，而由本地存储系统提供给请求镜像主机的 I/O 操作完成确认信息。远程的数据复制是以后台同步的方式进行的，这使本地系统性能受到的影响小，传输距离长（可达 1000 公里以上），对网络带宽要求小。但是，许多远程的从属存储子系统的写没有得到确认，当某种因素造成数据传输失败，可能出现数据一致性问题。为了解决这个问题，目前大多采用延迟复制的技术（本地数据复制均在后台日志区进行），即在确保本地数据完好无损后进行远程数据更新。

2. 快照技术

远程镜像技术往往同快照技术结合起来实现远程备份，即通过镜像把数据备份到远程存储系统中，再用快照技术把远程存储系统中的信息备份到远程的磁带库、光盘库中。

快照是通过软件对要备份的磁盘子系统的数据快速扫描，建立一个要备份数据的快照逻辑单元号 LUN 和快照 cache。在快速扫描时，把备份过程中即将要修改的数据块同时快速拷贝到快照 cache 中。快照 LUN 是一组指针，它指向快照 cache 和磁盘子系统中不变的数据块（在备份过程中）。在正常业务进行的同时，利用快照 LUN 实现对原数据的一个完全备份。快照是通过内存作为缓冲区（快照 cache），由快照软件提供系统磁盘存储的即时数据映像，它存在缓冲区调度的问题。

3. 互连技术

早期的主数据中心和备援数据中心之间的数据备份，主要是基于 SAN 的远程复制（镜像），即通过光纤通道 FC，把两个 SAN 连接起来，进行远程镜像（复制）。当灾难发生时，由备援数据中心替代主数据中心保证系统工作的连续性。这种远程容灾备份方式存在一些缺陷，如实现成本高、设备的互操作性差、跨越的地理距离短（10公里）等，这些因素阻碍了它的进一步推广和应用。

目前，出现了多种基于IP的SAN的远程数据容灾备份技术。它们是利用基于IP的SAN的互连协议，将主数据中心SAN中的信息通过现有的TCP/IP网络，远程复制到备援中心SAN中。当备援中心存储的数据量过大时，可利用快照技术将其备份到磁带库或光盘库中。这种基于IP的SAN的远程容灾备份，可以跨越LAN、MAN和WAN，成本低、可扩展性好，具有广阔的发展前景。基于IP的互连协议包括：FCIP、iFCP、Infiniband、iSCSI等。

4. 虚拟存储技术

虚拟化容灾方式是一种网络存储型远程容灾架构，是在前端应用服务器与后端存储系统之间的存储区域网络，加入一层存储网关，结合IPStor专用管理器，前端连接服务器主机，后端连接存储设备，所有的I/O都交由它来控制管理，对IO流量进行旁路监控和分流，实现异地数据复制。

公认的观点是，虚拟化技术指的是在一台计算机上安全地运行多个操作系统和应用软件，或将运行于不同计算机上的系统或设备虚拟成一个大的系统或设备，包括系统虚拟化、存储虚拟化、输入/输出虚拟化、应用虚拟化。虚拟化技术的初衷不是为了系统容灾，但随着虚拟化技术的演变，人们发现虚拟化技术可用来进行不同程度的系统容灾。如在存储虚拟化下，由于构成虚拟存储系统的组件遍布各地，一处的灾难如地震、火灾等，并不影响整个虚拟存储器的工作，其造成的损害只不过使虚拟存储空间减小，这对于大容量的虚拟存储来说是微不足道的。

虚拟化远程容灾的优点是功能强大。由于数据复制是通过存储网关来运行，服务器只需数据库执行代理程序，相对于主机型远程容灾来说，它的性能影响十分低。另外，通过存储网关的虚拟化技术，可以整合前端异构平台的服务器和后端不同品牌的存储设备，本地端和灾备端的设备无须成对配置，用户可以根据RTO和RPO，在远端建立完整的热备份中心，当本地端发生灾难时可以立即接管业务运行；首先保护数据的完整性和安全性，然后在本地端修复完成后再进行恢复。[①]

[①] 魏肖飞：《信息灾备技术在公安业务系统中的应用》，上海交通大学硕士学位论文，2008年，第43—46页。

(二)系统容灾技术

很多人认为容灾就是数据保护,似乎只要数据保住了,容灾就成功了,其实不然,因为数据容灾只能保护数据,而处理数据的系统就无能为力了。尤其对于关键业务来说,即使数据保存了,没有系统,业务仍然无法进行的。系统容灾技术包括:时空冗余技术、分布式处理技术、系统防卫技术(防病毒等)、设备保护策略、系统复制技术等。

时空冗余技术是通过提供空间或时间,或同时提供二者来容错。分为时间冗余和空间冗余。时间冗余是通过重复某个操作来达到容错/容灾的目的,空间冗余则是通过物理部件的重复来容错,如服务器集群、分布式处理、系统复制等。

分布式处理技术是空间冗余的一种,它将处理工作分散到多个服务器或地点,每个服务器或地点只处理一部分数据或提供一部分功能,在这种模式下,一处的灾难通常不影响另一处的运转,这样就具备了部分容灾的能力。典型的分布式处理系统有分布式数据库、企业资源管理系统等。

系统级容灾技术保证系统的可用性,避免计划外停机。系统级容灾技术包括冗余技术、集群技术、网络恢复等技术。其中,冗余技术主要对磁盘系统(RAID:廉价磁盘冗余阵列,数据容灾技术之一,但是限于磁盘技术,与自然灾难的联系不大)、电源系统和网络进行备份,在系统的主部件发生故障时,冗余部件能代替主部件继续工作,避免系统停机;集群技术可以利用分散的主机保证操作系统的高可用性;网络恢复技术可以在交换机网络层实现动态网络路由重选,在不中断用户操作的情况下转入灾备中心。

系统复制技术(system replication)的复制根本上是使用冗余技术,运行两套或者多套相同或类似的系统。在这个系统中,每套系统提供相同或相近的服务,其复制模式可分为主动复制、被动复制和复合复制技术三种。

需要强调指出的是近年来正在兴起的云存储与云灾备技术,云存储是在云计算(cloud computing)概念上延伸和发展出来的一个新的概念,是指通过集群应用、网格技术或分布式文件系统等功能,将网络中大量各种不同类型的存储设备通过应用软件集合起来协同工作,共同对外提供数据存储和业务访问功能的一个系统。目前,国内外存储厂商提供的云存储服务,都只是简单地为用户提供在线数据备份,将企业的数据直接备份到云存储数据中心去。对此,结合了云存储的技术,UIT认为,磁盘—磁盘—

云（D2D2C）的客户端应用模式，即数据从本地磁盘到云存储本地客户端系统（简称 D2D2C 设备）再到云存储数据中心的模式，将成为云存储时代企业业务安全的新模式。

四 国内外信息灾备技术提供商

目前灾备系统的研究和产品还主要集中在国外，如 IBM、Symantec（VERITAS）、CA、EMC、BakBone、BMCsoftware、CommVault System、Computer Associates、Quest Software 等国际知名的大公司都有自己研制的灾备系统产品，其中融合了 SAN、NAS、远程镜像、集群等技术，功能强大。但是建立这些灾备系统通常非常昂贵，并且维护费用高，对于中小企事业单位来说，根本承受不起。因此，费用低廉、安全可靠的灾备系统有较广阔的发展空间和市场。

灾备产品研发方面国际上有很多巨型的公司，包括 SunGuard、IBM、EMC、富士通等。如 EMC 公司创建于 1979 年，总部在马萨诸塞州霍普金顿市，是全球第六大企业软件公司以及全球信息基础架构技术与解决方案的领先开发商与提供商，致力于帮助客户加速迈上私有云之旅。在信息存储领域，多年来 EMC 一直保持着全球第一的领先优势。EMC、IBM、SUN 等主流厂商均推出了虚拟化技术实现灾难恢复，赛门铁克提供 Exec System Recovery 等第三方软件实施灾难恢复。

随着国家对灾备的重视，中国一些厂商开始关注灾备，并研制出一些灾备相关产品。主要灾备产品有：中科院计算所蓝鲸公司研发的蓝鲸系列产品（包括蓝鲸集群存储系统 BWStor、蓝鲸数据备份系统 YOM、蓝鲸网络存储系统 BWStor 等）；北京同友飞骥科技有限公司推出的 NetStor 系列产品（包括存储系统、备份系统和数据安全系统等）；创新科存储技术有限公司推出的灾备存储系统；西安三茗科技有限公司推出的三茗快速恢复平台、数据备份专家 MagicBox 等软件产品；杭州华三通信技术有限公司推出的 IP 存储系列产品等。但从总的情况看，中国灾备自主产权产品在中国市场占有份额严重不足，中国灾备产品市场还主要为 IBM、HP、Symantec、EMC 等国外厂商所垄断。[①]

---

① 姚文斌、伍淳华：《中国灾备标准和产业发展现状》，《中兴通讯技术》2010 年第 5 期。

第三节 公共危机信息灾备系统与应用

一 信息灾备中心建设

公共危机信息灾备作为信息系统安全保障体系的一道防线，越来越体现出其重要性和迫切性。采用何种建设模式，快速地、低成本地进行灾备中心建设是各企业、事业单位必须面对的课题。

（一）灾备中心建设原则

信息灾备中心建设是一项周密的系统工程，涉及灾难备份中心选址、基础设施建设、运营管理和专业队伍建设、灾难恢复预案等一系列工作，不仅需要投入大量人力、物力和财力，而且需要考虑灾难恢复系统实施所面临的技术难度和经验不足所带来的风险，还需要考虑今后长期运营管理方面的资金投入。灾备中心建设和互连是数据灾备建设的重点。而信息灾备中心投资较大、维护成本高、技术要求高。出于对信息保密、安全和可靠等方面的考虑，需要建设统一的灾备服务中心，利用灾备服务外包来实现重要信息系统的灾备。真正的灾难备份必须满足三个要素：一是系统中的部件、数据都具有冗余性，即一个系统发生故障，另一个系统能够保持数据传送的顺畅；二是具有长距离性，因为灾害总是在一定范围内发生，因而保持足够长的距离才能保证数据不会被同一个灾害全部破坏；三是灾难备份系统追求全方位的数据复制。上述三要素也被称为"3R"（Redundancy，Remoteness，Replication）。[①]

每次灾难事件发生都会对灾后恢复提出新的要求。IT专家们强烈要求实现"信息互通、资源共享、协同配合、反应敏捷、组织有力、科学施救"的信息系统灾备管理模式，将灾难恢复提升到管理层面，以保障业务连续。目前国有大型银行及多数股份制商业银行都是以自建灾备中心为主，运用数据远程复制技术，基本实现"两地三中心"灾备建设。多数

[①] 罗怡、梁春丽：《灾备建设筑起金融信息系统的终极防线——日本金融界应对地震灾害的启示》，《金融科技时代》2011年第5期。

银行的同城灾备系统来承担主中心业务运营仍然是银行界专家的研究热点。[①] 数据大集中是信息化建设的主要趋势之一,大集中可以提高管理水平、降低运营成本、提高效率、优化资源、提升竞争力等,然而大集中也带来了风险的集中。

信息灾备中心选址要考虑的要素有七点,按重要性排序为自然地理条件、配套设施、周边环境、成本因素、政策环境、高科技人才资源环境、社会经济人文环境。

(二) 信息灾备中心建设模式

公共危机信息灾备中心按照建设方的不同可分为"自建灾备"、"互助灾备"、"共享灾备"和"灾备外包"4种形式(表10—2)[②]。我国的《重要信息系统灾难恢复指南》只提出了自建、联合共建和社会化第三方服务(即通常所说的外包)三种模式。[③] 自建方式的投入较大,一般多为特大型信息系统或有特殊需求的信息系统采用;联合共建就是两方组织(部门)或几方组织(部门)共同分担建设、运维管理的投入;外包,也就是由专业的服务公司承担企业、行业的灾备服务、设施、保障等。《重要信息系统灾难恢复指南》并没有对灾备系统的建设模式、运维模式做硬性的规定,鼓励采取共建或外包的模式开展灾备建设。至于具体选择何种模式,《重要信息系统灾难恢复指南》认为一切都需要市场化的选择和理性判断,从灾备业务出发综合考虑基于范围的灾备模式和基于建设方的灾备模式两个维度,来构建灾备模式(表10—2)。

表10—2　　　　　　　　　　灾备模式划分

基于范围的灾备模式分类	基于建设方的灾备模式分类
本地灾备	自建灾备
异地灾备	共享灾备
区域灾备	互助灾备
分布式灾备	灾备外包(第三方灾备)

1. 灾备自建模式

自建灾备中心对于组织的资金和技术的要求高。一次性投资巨大,灾

[①] 王景熠、黄文宇:《远程灾备新技术追踪》,《金融电子化》2009年第7期。
[②] 赵生辉、侯希文:《政府信息资源灾备体系建设模式综述》,《电子政务》2011年第7期。
[③] 《信息系统灾难恢复规范》,资料号:GB/T 20988—2007。

难备份中心的资金投入涉及建筑工程、机房配套工程、IT系统、通信网络设备投入。而这笔投入是为小概率的事件准备的，平时都处于闲置状态，导致总体投入成本（TCO）和投资回报率（ROI）不对称，灾备中心资源利用率低。因此，自建灾备中心并不是每个组织都愿意或者都有能力去承担的。

自身建设灾备中心通常考虑的因素有两个：（1）数据存储的位置。数据使用地与数据备份存放地之间的距离的确定，一般来说，数据存储距离与应用地越远，容灾性也就越强，但是为了提高容灾性，有时需要增加备份地点的数量。（2）多长时间内恢复数据。越短的恢复时间要求也就意味着越高的投入成本。

2. 灾备外包模式

随着灾难备份的社会化服务的发展，多种形式的灾难备份应运而生，如灾难备份服务整体外包、投资参与灾难备份设施建设、租用第三方灾难备份设施、利用社会专业技术力量运营管理和应急支援等。这几种方式中，外包模式最突出的特点是客户和IT企业各自能够充分发挥自己的专业化分工，同时外包可以降低灾备成本、获得专业化服务、缩短灾备上线时间、降低灾备建设风险，更重要的是，客户能够将主要力量投放在提高核心竞争力的主业上。因此，外包的模式比较适合风险控制要求高、资产规模中等或偏小、技术与管理实力较弱的企业或组织，如大型商业银行大多考虑自建灾备中心，中小型银行则考虑采用外包模式建设灾备中心，长沙市商业银行就将灾难备份外包给湖南电信（表10—3）。

表10—3　　　　　　　　灾备自建与外包模式对比

比较项	客户自建	电信提供
维护	企业专人维护，耗费大量的人力物力	电信维护，专业的维护水平确保灾备运行
安全	灾备环境的安全隐患以及为安全保障投入的人力物力	严格制度管理，高可靠的环境
成本	一次性建设投入高，运行维护成本高	业内专业的服务提供商，具有规模效益，达到客户成本节省和控制要求
服务	基础设施与网络由运行商负责，系统设备、业务连续性服务等自己负责，在故障处理中需要做大量协调工作，并且不容易进行故障定位	中国电信提供一站式服务，充分保障系统的整体协调

续表

比较项	客户自建	电信提供
建设周期	灾难恢复中心涉及建筑工程、机房配套工程、IT系统建设、通信网络建设、建设周期长	中国电信提供完整解决方案的服务，客户可很快入驻

即使在发达国家，超过半数的数据灾备外包业务也是集中于金融领域。问题仍旧集中于一些次级行业以及规模较小的企业，这些企业是否需要信息灾备？

不同的行业对时效性的要求各有不同。可能对一般的企业来说只要数据能够在一个工作日内被恢复就是可以接受的，但是对于要求高时效性的行业（例如电信行业）来说，一个小时的时间可能就意味着数百万元的经济损失。

灾备外包在发达国家早已经过实践检验，成为普遍惯例，在欧美等发达国家，超过70%以上的企业采用第三方服务外包模式，而我国在一两年前的情况则正好相反，超过70%以上的企业均采用自建模式。

2008年，中国灾备外包接受程度有所提高：国家开发银行、华夏银行、国投瑞银等在内的一大批金融企业选择了灾备外包；2008年年底，针对中国灾备市场进行的调研报告显示，考虑全部系统灾备外包的比例为9.9%，考虑部分外包的比例高达55.8%。2009年，受金融危机影响，将有更多的政府、企业开始关注成本，关注投资回报率，关注服务质量。灾备外包由于投资成本低，投资回报率高，服务更专业，将受到越来越多的政府、企业用户欢迎。

（三）我国信息灾备中心建设存在的问题

目前，我国数据灾备建设存在以下三个方面的问题：

一是从各地区、各部门对于灾备概念的认识方面看，对其内涵的了解还不深刻。灾备就是备份与恢复，不少地区过于强调前期备份工作，即便是备份工作也是简单地理解为"用几块儿硬盘、几台服务器就可以搞定"的问题，没有考虑到灾难过后的信息系统恢复与运维问题。对灾难备份与恢复没有总体性构想，只凭着热情上项目，难免会出现低水平、重复建设问题。目前，一些大的服务提供商与地方高科技企业合作，通过制定前期的总体的、科学完善的数据灾备方案，进行灾备中心建设运营，大大提升了灾备中心的建设水平。

二是从灾备中心布局方面看，全国布局未进行科学的论证，选址存在很大问题，主要侧重于北京、上海等东部沿海地区，集中于全国的大城市，而这些发达的东部重镇恰恰是被重点攻击的对象，所以应充分考虑灾备中心的东西部布局分布。

三是从灾备方式上看，同城灾备建设水平高，受重视也相应更高，而异地灾备水平较低，重视不够。这是由第二个问题所导致的。2010年12月投入运营的万国成都数据灾备中心，预示着灾备建设向西部倾斜，是个很好的趋势。

二　政府信息灾备系统

在现代信息社会，作为社会系统中枢的政府信息，对政府机构履行职能、社会有效运转发挥着至关重要的作用，这些信息包括金融机构在央行的存款准备金和交易备案情况、央行清算系统信息、军事信息、武器部署、国防技术、指挥系统、国家机密、社会管理所需的各种政府信息等。各种原因的天灾、人祸都可能危及政府信息的安全，因此确保政府信息安全的重要性不言而喻。信息系统已经成为政府机构、企事业单位业务发展的重要基础设施。业务数据的安全对信息系统的运行起着至关重要的作用。

对政府信息而言的灾难不仅是地震，还包括雷雨、网络故障、水灾、硬件故障、人为错误、服务停顿、系统错误、电力中断、水管破裂、炸弹袭击、员工蓄意破坏、电线短路、飓风、火灾等自然和人为因素导致的信息灾难，有必要对政府信息保护进行多方面的准备。

政府是灾备管理的主体。国际防灾界有个"怪圈理论"：地震造成惨重损失，震后人们积极预防，但地震"重复发生周期"要比人们"耐心等待时间"长得多，这样一来，人们的预防逐渐松懈下来，等到地震再次来临时，又已回到"无准备"状态，再次造成惨重损失。其实，无防备的灾难所造成的损失，要比人们为灾备所支付的成本高得多，要打破"怪圈"，引导社会平衡眼前利益和长远利益。

在国外，美国已经发布了强化金融容灾能力的一个白皮书。这个白皮书规定容灾能力到位的具体时间表，而且美国政府还制定专项计划（CO-OP计划），确定了政府容灾能力的下限，对保护重要数据资产提出了明确要求，即启动恢复的时间要小于 12 小时，维持能力要大于 30 天。此外，其他国家也启动重新评估银行系统的容灾能力，提出了一些相应的监管的要求和指标，比如说英国的 FSA、德国的 HKMA 和新加坡的 MAS。现在发达国家已经有 70％的公司开始启动容灾的机制。

我国《2006—2020 年国家信息化发展战略》中就明确提出"重视灾难备份建设，增强重要信息系统的抗毁能力和灾难恢复能力"，国家信息化办公室也发布《重要信息系统灾难恢复指南》，将灾备建设推到新的高度。事实上，早在 2003 年 8 月中办颁发的 27 号文件中就要求：各基础信息网络和重要系统建设要充分考虑抗毁性与灾难恢复，制定和不断完善信息安全应急处置预案。中国灾难备份事业尚在起步阶段，按照国务院信息化办公室网络与信息安全小组组长王渝次司长的话来说，既要重视又要理性，要从实际出发，切忌一哄而上。

我国重要信息系统的灾难备份系统集中部署在长三角、珠三角和环渤海三大经济区，在西部地区缺乏战略备份。2011 年 5 月，国家电网公司信息系统灾备中心投入运行。2008 年建成了万国数据成都数据中心，这是西部通信枢纽建设工程重大项目之一，也是地震灾后重建的重要基础设施项目之一，是成都打造"国家级数据存储中心"和"国家级信息灾备基地"的重要基础工程。万国数据成都数据中心的落成，将承载成都市数据存储与容灾系统项目，并为企事业单位提供生产中心、灾备中心、存储中心以及互联网基础设施服务，有助于推动西部地区信息化及灾备建设。

2004 年 8 月 23 日，由《计算机世界》报社和中国 CSO 俱乐部在新疆联合举办了"中国首届灾难备份和应急响应高峰论坛"，来自金融、电力、铁路、民航、海关、税务等国家重点行业的顶级信息安全主管，北京、上海等重要省份的信息化主管官员，国务院信息化工作办公室主管网络与信息安全的领导以及 IT 专家等近 40 人，首次就在中国开展灾难备份与应急响应的话题开展了一次尖峰对话，会议争论激烈，某些话题甚至是针锋相对的，对推动我国信息灾备的理论研究和实践发展产生了积极作用。

总体来讲，目前我国政府信息灾备的工作推进较为缓慢。在中央政府层级，进展较为迅速的是国家税务总局在广东南海建设的数据灾备中心、中国人民银行清算总中心的异地灾备中心、海关总署等的异地信息灾备中心等；在地方政府层级，主要是一些东部发达地区的地方政府考虑进行政府信息灾备，而自然灾害相对频发、风险较大的西部地区地方政府由于财力的限制，推进政府信息灾备的步伐相对迟缓。①

三　企业信息灾备系统

据 IDC 的一项调查显示，遭受灾变事件的企业只有 50% 能够从灾难中重整旗鼓，而这些能够继续运行的企业，在接下来数年时间里的生存概率也远低于没有发生灾变的企业，从这一数字我们可以充分理解信息灾备对于现代企业的重要性。

（一）IBM 的异地容灾备份方案

1. 数据级灾备——PPRC

IBM 的 PPRC（Peer to Peer Remote Copy，点对点远程复制技术）是基于 ESS 企业级数据存储服务器，通过 ESCON（Enterprise Systems Conncetion，企业管理系统连接，是一种光纤通道）通道建立配对的逻辑卷容灾技术。这是 IBM 的最高级别容灾方案，主要适用于大、中型和电信企业选用，既可以单独把某个数据中心的数据备份到另一个远程数据中心，也可以实现相互远程备份。PPRC 实现较为简单，纯粹基于硬件，是无数据丢失且具有完全恢复功能的灾难恢复解决方案，需要两个中心均配置 IBM 的 ESS 存储服务器。

2. 应用级灾备——HAGEO

IBM 的 HAGEO（High Availability Geography）是 IBM AIX 平台最优秀的实时灾难备份软件。前面介绍的 PPRC 方案主要是通过硬件来实现的，而 HAGEO 方案则主要是通过软件实现的，相对来说比较经济，但对硬件的配置也比较苛刻。

这种备份方案理论上对备份中心距离没有限制，利用 IP 网络，不需要专用光纤；对应用程序、数据库类型和存储设备类型都是透明的，即在 HAGEO 下应用程序不需修改。但性能较 PPRC 方案差些，适用于中型企业选用。

3. NAS 容灾方案

NAS 方案的廉价特性（它是采用传统的 IP 技术）在目前来说还是无法比拟的，特别是对于中小型企业。针对全国性机构数据集中实时数据复

---

① 翟翌：《中国政府信息灾备的法制化及公众参与》，《湖北行政学院学报》2011 年第 5 期。

制与灾害备援需求，IBM采用NAS、LTO技术及NSI Software Double - Take数据同步方案，为全国性机构地市级节点以及省级中心节点提供基于NAS存储平台的数据同步解决方案，以最经济的方式达到备援的目的，并保证系统的高可用性。

(二) 惠普的容灾备份方案

惠普灾难恢复方案由主数据中心和备份中心组成。备份数据中心与主中心通过光纤或电信网相连接。主中心系统配置主机包括两台或多台HP Unix服务器以及其他相关服务器，通过安装惠普公司的MCI Service Guard软件组成多机高可靠性环境。主、备中心距离少于43公里时，通过惠普提供的灾难恢复软件HP Continuous AccessXP可以自动实现主中心存储数据与备份中心数据实时完全备份。在主数据中心，按照用户要求，还可以配置磁带备份服务器，用来安装惠普备份软件omniback II以及磁带库。备份服务器直接连接到存储阵列和磁带库，控制系统的日常数据的磁带备份。

(三) 康柏的容灾备份方案

针对企业用户对信息系统异地容灾的应用需求，康柏提供了先进的异地容灾系统。康柏异地容灾系统以存储区域网络（SAN）为基础，以数据复制管理器、光纤通道企业存储系统为组件；以光纤通道为传输手段，在数十公里到数千公里范围内可以建立一个具有完整数据同步性的容灾解决方案。为那些需要不间断服务、可靠数据恢复和远程站点实时备份的公司提供帮助。在康柏的第二代企业网络存储架构（ENSA - 2）方案中还采用虚拟存储技术，使得整个异地存储方案性能更高、适用面更广。[①]

企业数据中心系统的灾备技术手段根据IT系统的构成有很大的差异，各类手段在适合系统的程度上主要取决于系统本身的组成和建设要求。如果数据中心系统由多操作系统组成，并且灾备系统不能更改生产系统原有的格局，则可行的技术手段就极为严格，需要相当慎重的选择。目前，较新的技术手段，是运用具有更强能力的存储网络型的虚拟化容灾方式，使得容灾的技术手段开始丰富起来。特别是CDP连续备份技术更是使容灾和备份两大不同的体系开始走向融合。主机型远程是通过安装在服务器的数据复制软件，或应用程序提供的数据复制/灾难恢复工具，利用TCP/IP网

[①] 汤泳、吕英杰：《数据容灾技术介绍》，《邮电设计技术》2002年第10期。

络连接远端的灾备服务器，实现异地数据复制。主机型远程容灾的优点是在服务器较少的环境下，所需的成本较低，用户不需更换太多现有的系统架构，也不必考虑存储系统的兼容性问题，只需开支灾备端的硬件设备费用。较常用的存储系统型远程容灾方案有 SRDF、TrueCopy、PPRC 等。

在国内来讲，典型的企业信息灾备应用有以下成果：

1.2010 年 1 月，中国航信中央企业（嘉兴）公用信息（灾备）服务中心项目奠基，是国资委批准建设的中央企业公用信息服务基地，它面向长三角乃至全国提供中心化、标准化、规范化的信息服务。

2.2009 年，中国城市商业银行信息系统灾备工程建设技术研讨会召开，中国的金融业虽然逐渐走向商业化，但一个很小的数据震动也许将直接影响国民经济，因此，金融业是最关心灾难备份、也是走在最前面的行业。会议探讨了目前城市商业银行信息化发展最热点的话题——"中国城市商业银行信息系统灾备工程建设"，按照灾备工程建设主线"技术发展趋势"—"工程建设规划"—"数据复制系统建设"—"应用集成支撑系统建设"—"网络集成支撑系统建设"—"综合布线系统建设"—"基础设施建设"的思路，将中国城市商业银行信息系统灾备工程建设的总体建设思路较清晰地呈现出来。

3.2006 年，由中国电信、中信控股联手建设的"中信金融信息统一平台灾难备份中心"建立，系统灾难恢复水平符合数据丢失容忍时间为秒至分钟级，最短系统恢复时间为小时级，整体达到《灾备系统评审国际标准》第五等级的容灾标准。

4.2007 年，云南检验检疫局建成远程灾备（大理）中心，可以有效应对来自业务系统、软硬件设备、机房等故障造成的灾难风险。

5.2008 年，中国规模最大、设施等级最高的专业数据中心——中金北京数据中心建成并正式投入使用。该中心按照国际最高设施等级（容错级）标准建设，主要面向银行、保险、证券和公共服务部门等客户提供信息系统场地资源服务、生产中心运营托管服务、灾难备援和业务持续管理服务。

总体来看，我国的信息灾备系统建设还处于起步阶段，存在一系列亟待解决的问题。例如：对灾难备份工作的重要性、紧迫性认识还不到位；许多重要应用系统甚至还没有建立基本的数据级灾难备份措施，不具备灾难恢复能力；灾难备份建设缺乏统一的规划和部署，存在盲目建设和发展的倾向等。

第四节 公共危机信息灾备政策法规与标准

一 国外信息灾备标准与法律法规

随着过去 20 年信息技术领域的发展，信息灾备管理与危机管理不断融合，各种相关法规也开始颁布，相关标准开始爆炸性增长。

（一）国际信息灾备标准

1. ISO/IEC 27001：2005[①]

该标准英文名称为《Information technology—Security techniques—Information security management systems—Requirements》，中文名称为《信息技术—安全技术—信息安全管理系统—要求》，该标准源于英国标准 BS 7799 - 2《信息安全管理体系规范》。

1995 年英国标准机构（British Standards Institution，BSI）首次出版 BS 7799 - 1《信息安全管理实施细则》，1998 年英国公布标准的第二部分 BS7799 - 2《信息安全管理体系规范》。2002 年 9 月 BS 7799 - 2：2002 正式发布，2002 版标准主要在结构上做了修订，引入了 PDCA（Plan - Do - Check - Act）的过程管理模式，建立了与 ISO 9001、ISO 14001 和 OHSAS 18000 等管理体系标准相同的结构和运行模式。2005 年 10 月，BS 7799 - 2：2002 正式转换为国际标准 ISO/IEC27001：2005。

该标准为如何建立、推行、维持及改善信息安全管理系统（ISMS）提供帮助，信息安全管理系统是高层管理人员用以监察及控制信息安全、减少商业风险和确保保安系统持续符合企业、客户及法律要求的一个体系。该标准的宗旨是确保机构信息的机密性、完整性及可用性，为达成上述宗旨，该标准共提出了 39 个控制目标及 134 项控制措施。

2. ISO/IEC 27002：2005[②]

2000 年 12 月，BS 7799 - 1：1999《信息安全管理实施细则》通过了

---

① *ISO/IEC* 27001：2005 Retrieved March 2012 from http：//www.iso.org/iso/catalogue_detail？csnumber=50297.

② *ISO/IEC* 27002：2005 Retrieved March 2012 from http：//www.iso.org/iso/catalogue_detail？csnumber=50297.

国际标准化组织（ISO）的认可，正式成为国际标准 ISO/IEC17799：2000《信息技术——信息安全管理实施细则》，后来该标准升版为 ISO/IEC17799：2005。2007 年 7 月，为了和 27000 系列保持统一，ISO 组织将 ISO/IEC17799：2005 正式更改编号为 ISO/IEC27002：2005。

该标准英文名称为《Information technology—Security techniques—Code of practice for information security management》，中文名称为《信息技术—安全技术—信息安全管理实用规则》。ISOS/IEC27002 标准是一个通用的信息安全控制措施集，这些控制措施涵盖了信息安全的方方面面，是解决信息安全问题的最佳实践。标准从什么是信息安全、为什么需要信息安全、如何建立安全要求和选择控制等问题入手，循序渐进，从 11 个方面提出了 39 个信息安全控制目标和 133 个控制措施。

3. ISO/PAS 22399：2007[①]

该标准英文名称为《Societal security—Guideline for incident preparedness and operational continuity management》，中文名称为《社会安全—事故预防和运营连续性管理指南》。这是 2007 年 12 月国际标准化组织出版的第一份国际性的有关突发性事件预防和连续性管理的规范。该标准确定了相应的程序、原则以及术语，指导人们面对有意、无意或自然产生的事件（中断、紧急情况、危机或灾害）时应该考虑的必要因素和步骤，帮助组织采取适当行动免于事故及提高生存能力。

4. ISO/IEC 24762：2008[②]

该标准英文名称为《Information technology—Security techniques—Guidelines for information and communications technology disaster recovery》，中文名称为《信息技术—安全技术—信息和通信技术灾难恢复指南》。该指南的目的是为信息通信技术和恢复措施提供指引。在发生危机时，该标准通过解决信息安全和业务连续性管理的可用性来支持信息安全管理系统的运作，指导组织对他们主要业务活动至关重要的信息通信技术基础设施进行复原，强化组织的业务连续性管理措施。

---

① *ISO/PAS* 22399：2007 Retrieved March 2012 from http：//www.iso.org/iso/catalogue_detail? csnumber=50295.

② *ISO/IEC* 24762：2008 Retrieved March 2012 from http：//www.iso.org/iso/catalogue_detail? csnumber=41532.

(二) 典型国家信息灾备标准与法规

1. 美国信息灾备标准与法规

美国国家标准学会（American National Standards Institute，NIST）是负责制定美国国家标准的非营利组织。NIST 发布了多项指南，包括 SP 800-34《信息技术系统的应急计划指南》，该指南为制订和维护 IT 应急计划提供了基本的计划原则和实务；SP 800-30《信息技术系统风险管理指南》，该指南为制定有效的风险管理项目提供了基础信息，包括评估和消减 IT 系统风险所需的定义和实务指导；SP 800-18《信息系统安全计划制定指南》，该指南提供了与制定安全计划相关的知识，其中包括计划中可能涉及的各种管理、运作和技术性控制措施的介绍。这些指南从信息技术的角度提出应急风险管理和灾难恢复。

1988 年国际灾难恢复协会（DRI International，DRII）成立。其使命是通过提供教育和帮助，以及发布标准的基础资源来推广业务持续规划和灾难恢复行业的通用知识体系，协助建立公共和私营机构之间的合作来推广相关行业标准。DRII 于 1993 年 9 月发表了最初的"通用知识体系"文件。文件中提供了一个标准的基础资源来概括该领域专业人员所需的经验。1997 年，DRII 建立了业务持续行业的国际标准，发布了业务持续专业人员所需的专业惯例。这一国际行业标准每年都通过严格的流程进行修改更新。

美国国家消防协会（NFPA）标准委员会于 1991 年成立了"应急管理技术委员会"（Technical Committee on Emergency Management）来制定应对灾难的预案、响应和恢复指南。1995 年发表了 NFPA 1600 第一版《用于灾难管理的推荐惯例》。后来，NFPA 组织一直在与来自美国联邦应急管理署、美国国家应急管理协会以及国际应急管理者协会的代表协调合作进行该标准的修改和完善，2007 版的 NFPA1600 标准，英文名称为《Standard on Disaster/Emergency Management and Business Continuity Programs》，中文名称为《关于灾难/应急管理与业务持续规划的标准》，是关于全面规划灾难恢复、应急管理以及业务持续的基本标准，是公认的公共机构和私营机构的应急管理和业务持续规划者的最佳参考标准。该标准在以前版本的四个方面内容的基础上，将预防作为一个独立的内容增加进来，从而使业务连续性管理（BCM）的指导思想充分地融合到这一应急管理标准中，并扩充了灾难/应急管理与业务持续规划的概念性框架。①

在政府公共危机信息灾备方面，1979年美国成立了联邦应急管理署（FEMA），作为灾备管理主体，它的使命是：在任何危险面前，领导和支持全国范围内抵抗风险的应急管理综合程序，通过实施减缓、准备、响应和恢复，减少生命财产损失，维护社会稳定。"9·11"事件之后，美国政府制定了持续运作（COOP）和政府持续管理（COG）通告，明确要求需要保护的重要数据资产的启动恢复时间和维持能力，确定了政府容灾能力的下限，对于受保护的重要信息资产，启动恢复时间小于12小时，维持能力大于30天。2002年美国《联邦信息安全管理法案》对信息安全做出了界定，即信息安全指保护信息和信息系统，防止未经授权的访问、使用、泄露、中断、修改或破坏，以提供完整性、保密性、可用性。强调数据安全而不仅仅是灾备和业务连续，并且提出在危机中政府需要开放和运转。

在银行和金融部门信息灾备监管方面，1983年，美国金融管理局首次要求银行制订灾难恢复计划，并每隔18个月对金融机构的灾难备份情况进行审查。1989年，美国货币监理署发出BC177银行通告，要求美国所有金融机构都要按照美国联邦金融机构监督委员会公布的灾难恢复计划的指引，制定并维护企业的业务持续发展计划。1996年联邦金融机构检查委员会要求为银行提供服务的部门或公司要有业务连续性运作计划。联邦金融机构检查委员会在1997年突破性地规定金融机构的董事会和高层管理人员将直接对灾难恢复预案负责，2003年3月经修订形成《联邦金融机构检查委员会业务连续计划手册》，为检查者在评估金融机构和服务提供者风险管理过程时，提供了指导和检查程序，从而确保能够获得紧急金融服务。美联储、美国货币监理署、美国证券交易委员会于2003年5月28日联合发布了《关于增强美国金融系统灾难恢复能力的可靠措施跨部门白皮书》，对金融机构在遭遇灾难打击后的恢复能力提出了明确要求，并限定了恢复能力到位的时间表。②

美国对其他行业的信息灾备也进行有效的监管，例如对医疗行业。1994年医疗机构评审联合委员会对信息安全、备份及恢复计划等做了相关

---

① NFPA 1600: *Standard on Disaster/Emergency Management and Business Continuity Programs* Retrieved March 2012 from http://www.nfpa.org/aboutthecodes/AboutTheCodes.asp?DocNum=1600&cookie%5Ftest=1.

② 中国信息安全测评中心：《信息系统灾难恢复基础》，航空工业出版社2009年版。

规定。美国卫生部在1996年对1986年制定的健康保险可行性和可信性法集HIPAA进行了修订,对数据的交换、记录的保存和保护病人的隐私做出了的规定。1999年美国食品和药物管理局联邦法规代码要求建立电子记录及电子签名。①

2. 英国信息灾备标准与法规

英国标准机构BSI在1995年首次出版了标准BS 7799-1:1995,后来发展为ISO/IEC 27002:2005。1998年英国公布标准的第二部分BS 7799-2《信息安全管理体系规范》,后来发展为ISO/IEC 27001:2005。BS7799标准得到了很多国家的认可,是国际上具有代表性的信息安全管理体系标准。

BSI于2006年11月发布了BS 25999-1:2006业务连续性管理第一部分:实用规则,2007年发布了BS 25999-2:2007业务连续性管理第二部分:规范。BS25999是全球第一个业务持续管理的框架标准,而且作为一个灾难恢复的国际标准,意味着这个行业更加成熟,并且得到了广泛重视。BS25999提供了一种整体管理流程,该流程的目标在于及早确定可能发生的冲击对组织运作造成的威胁,并提供合理的架构有效阻止或抵消不确定事件造成的威胁,协助组织进行业务冲击分析及风险分析,并将其量化,继而开发制定各种相应应急及恢复计划、方法和流程,减轻灾难事件对组织造成的不利影响,使业务连续性管理有章可循。②

美国"9·11"事件后,鉴于公共危机信息灾备的重要性,英国的金融监管部门——英国金融服务局(FSA)对行业抵抗灾难及业务连续性管理能力重新做了评估,2002年对全国40余个主要的金融机构的灾难备份情况进行了调查,并认为它们在防范"9·11"类型灾难危机或者区域性灾难危机的能力方面有了显著的提高,FSA要求关键机构的CEO级别主管向FSA报告其业务连续管理措施。FSA发布的相关文献主要制定了新的规范和引导文件,例如:文件《金融服务管理局事件管理:一个通用的指南》(The Financial Services Authority Incident management:A generic

---

① Kristen Noakes-Fry, Christopher H. Baum, Barry Runyon, *Laws Influence Business Continuity and Disaster Recovery Planning Among Industries*, Retrieved March 2012 from http://www.gartner.com/id=483265.

② BS 25999 Business continuity, Retrieved March 2012 from http://www.bsigroup.com/en/Assessment-and-certification-services/management-systems/Standards-and-Schemes/BS-25999/.

guide),概括了金融服务管理局制定业务连续性管理计划的方法,确定了金融服务管理局处理事故时采用的框架。文件《高级管理安排、系统和控制》(Senior Management Arrangements、Systems and Controls)对金融机构的业务连续性做出了规定:一个公司应该事先有合理的安排,充分考虑到业务的性质、规模和复杂程度,确保在发生不可预测的中断事件的情况下,能够继续运作并符合相关法规。

英国突发事件的应急准备包含以下方面:信息共享、风险评估、业务连续性管理(包括信息灾备)、应急计划、对公众的警示和通告、培训、演练和持续通信。业务连续性管理及信息灾备是英国应急准备中的重要环节,英国政府文件《应急准备》第六章对第一类响应者的业务连续性管理进行了规定。业务连续性管理(包括信息灾备)与风险管理都是英国"综合应急管理"的重要组成部分,业务连续性管理联系着应急管理中的风险管理与应急响应。

3. 日本信息灾备标准与法规

日本有健全的灾备管理法制、完善的财政金融保障措施。在政策制定方面,日本很早就开始制定以信息灾备、业务连续性计划为主导的应急预案与恢复预案。政府的防灾备灾建设真正以业务连续性计划体系开展是从2005年开始的。2005年4月,日本经济产业省信息安全政策室制定了《业务持续计划制定指导方针》;日本内阁府的中央防灾会议在"用民间和市场的力量提高防灾能力的专门调查会"中设置了企业评价和业务持续工作组,从防灾减灾角度推进政府和企业的业务连续性建设。2005年8月,日本制定了《业务持续计划指导方针》。中小企业厅在2006年2月以中小企业的防灾为对象,制定了《中小企业BCP制定运用方针》等。日本银行制定了《日本银行防灾业务计划》,对应建立的防灾机制及采取的措施做出了具体规定。日本银行还发布了《日本银行业务可持续计划》(Business Continuity Planning at the Bank of Japan),以推动金融机构实施有效的灾害管理,可以视作是当前日本银行灾害应急管理的框架。

4. 新加坡信息灾备标准与法规

2004年,新加坡信息技术标准委员会第一次出版SS 507:2004标准,英文名称为《Business continuity/disaster recovery (BC/DR) service providers》,中文名称为《业务连续性/灾难恢复(BC/DR)服务提供商评定标准》,这个标准对灾难恢复服务商提出了认证和区分标准,并能促进灾难恢复服务商不断提高服务水平以保持良好的竞争优势，从基础设施、系统环境、技术能力到专业服务水平方面，规范了灾难恢复服务商的整体服务能力，帮助终端用户选择最适合的服务提供商以降低外包风险。2005 年出台了《技术参考 19：业务持续性管理》，2008 年 10 月将其上升为国家标准，即 SS 540：2008，英文名称为《Business Continuity Management》(BCM)，中文名称为《业务持续性管理》。该标准适用于所有组织，提供了一个框架来分析可能会破坏组织关键业务功能的一些威胁，强调保护和恢复关键资产、人力、环境等问题。

新加坡金融管理局对金融机构在灾难恢复方面的要求制定了指导，2001 年 7 月在《网上银行技术风险管理指南》中对使用在线交易的银行做出了业务连续性的规定。2003 年发布了正式的《业务连续性管理指南》，在该指南中，金融管理局将一部分金融机构定义为极为重要机构，认为这些机构是金融产业的依靠，它们不能从经营中断中恢复可能会导致系统风险的放大，金融管理局在业务连续管理指南中提出了 7 项原则。

5. 澳大利亚信息灾备标准与法规

2004 年，澳大利亚金融管理委员会发布了针对信贷行业和保险行业的灾难恢复和业务连续管理标准草案，要求这两个行业内的公司必须有能力预见、评估和管理在灾难或突发事件发生后可能产生的业务连续性运作危机。

澳大利亚国家审计署（Australian National Audit Office，ANAO）在"9·11"事件后，发布了《更佳业务连续管理实践指南》（Business Continuity Management Better Practice），还发布了《业务连续性审计》（Business Continuity Management Follow – on Audit），这两个指南成为"9·11"之后的最佳实践指南。

20 世纪 90 年代，澳大利亚非常注重风险管理，后来风险管理和业务持续管理都被等同起来。目前，澳大利亚标准化组织涉及信息灾备和业务连续性的标准主要有 HB221：2003，中文名称为《业务连续性管理手册》，英文名称为 Business Continuity Management Handbook，以及《标准信息安全管理工作》，英文名称为 Australia AS4444 Standard Information Security Management 等。

(三) 国外相关法规与标准的发展

通过梳理相关法规标准，可以看出：随着信息技术的发展及人类社会灾难的频繁爆发，公共信息灾备的重要性越来越被认可，国际标准化组织发布了相关标准，目前已经有十几个国家也都颁发了各自的标准和实践指南及相关法律法规，其中美国、英国、澳大利亚、新西兰以及新加坡等，标准和实践草案的增长速度非常快。实际上，目前公共危机信息灾备领域已经有了非常多而且杂的标准和实践草案。

高风险的社会、不断发生的危机和灾难，不仅使公共危机信息灾备成为信息技术行业中的热点问题，更让世界各国政府和企业深切体会到灾难事件对组织正常秩序造成的严重影响，突如其来的灾难事件甚至会给一些组织带来灭顶之灾。今天，公共危机信息灾备已经融合了 BCM 理念，全面超越了信息系统的灾备计划，提供了一个整体的管理过程，通过识别威胁组织的潜在冲击，构建有恢复力的管理架构，保护各方的利益、自身的声誉、品牌和创造价值的活动。

近年来，随着 BCM 和危机管理理论和方法的不断成熟，国际上许多政府机构、BCM 与危机管理相关组织将 BCM、信息灾备和危机管理的研究成果和实践经验越来越多地融合到统一的标准和指南中，以使这些标准和指南为政府机构和企业提供更有效的行动指导。如美国应用很广的 NFPA1600 标准、英国的 BS25999 标准、新加坡的 SS540 标准、澳大利亚的 HB221/292/293 标准等，虽然着重于为组织提供 BCM 规划的指南，但其内容充分体现了 BCM、信息灾备与危机管理的融合。

众多的信息灾备相关标准和指南可以看做是针对业务连续性管理、危机管理过程中的一些问题提出的方法论。目前信息灾备发展中越来越面临着一些严峻的挑战，其中的一个挑战就是法规不完善，另一个挑战就是很多信息灾备标准的存在，多项标准的重叠，缺乏统一的协作机制，这会对信息灾备行业的发展、容灾、业务可持续性发展都带来一定的障碍，只有统一的标准、统一的协作机制才能统合业内的各方力量朝同一个方向努力，才有利于容灾以及业务可持续发展项目的进行。①

二 中国公共危机信息灾备政策法规与标准

（一）中国公共危机信息灾备政策

进入新世纪以来，我国在公共危机信息灾备政策支持方面不断推进，

---

① 《国际灾难恢复协会 CEO Copenhaver 演讲》，（http://tech.sina.com.cn/it/2009-04-17/11233012866.shtml）。

具体表现在：

2003年7月，温家宝总理在国家信息化小组第三次会议上提出：各基础信息网络和重要信息系统建设要充分考虑抗毁性与灾难备份，制定和完善信息安全应急处置预案。①

2003年9月，中央办公厅颁布《国家信息化领导小组关于加强信息安全保障工作的意见》（中办发[2003]27号），文件提出要重点保护基础信息网络和关系国家安全、经济命脉、社会稳定等方面的重要信息系统，抓紧建立信息安全等级保护制度，制定信息安全等级保护的管理办法和技术指南。要重视信息安全风险评估工作，重视信息安全应急处理工作。各基础信息网络和重要信息系统建设要充分考虑抗毁性与灾难恢复，制定并不断完善信息安全应急处置预案。灾难备份建设要从实际出发，提倡资源共享，互为备份。鼓励社会力量参与灾难备份设施建设和提供技术服务，提高信息安全应急响应能力。

2004年9月，国家网络与信息安全协调小组办公室出台《关于做好重要信息系统灾难备份工作的通知》（信安通[2004]11号）。文件提出要提高抵御灾难和重大事故的能力，加速推进对国计民生有重大影响的机构、行业的灾备建设，要在灾难出现时认真做好应急预案与灾难备份，将重点行业的灾难备份问题提到了更高的层次。国家重要信息系统灾难备份要坚持"统筹规划、资源共享、平战结合"三大原则。同时，灾难备份建设要从实际出发，提倡资源共享，可以采用自建、共建和利用社会化服务等模式，鼓励社会力量参与灾难备份设施建设，提倡使用社会化灾难备份服务，走专业化服务道路。

2005年，国务院印发《国家金融突发事件应急预案》，要求保障金融机构预警和应变防范工作的实施。

2005年4月，国务院信息工作办公室下发《关于印发"重要信息系统灾难恢复指南"的通知》。指南包括了灾难恢复工作的流程、灾备中心的等级划分（6个等级）及灾难恢复预案的制定框架。《指南》的出台有着划时代的意义，对国内重点行业及相关行业的灾难备份与恢复工作的开展和实施有着积极的指导意义。

2006年3月，中共中央办公厅、国务院办公厅发布《2006—2020年国

---

① 姚文斌、伍淳华：《中国灾备标准和产业发展现状》，《中兴通讯技术》2010年第10期。

家信息化发展战略》。提出建立和完善信息安全等级保护制度，重点保护基础信息网络和关系国家安全、经济命脉、社会稳定的重要信息系统，增强信息基础设施和重要信息系统的抗毁能力和灾难恢复能力。

2006年5月，信息产业部发布《信息产业科技发展"十一五"规划和2020年中长期规划（纲要）》（信部科［2006］209号）。提出了今后的发展重点是应急响应和灾难恢复技术。

2008年3月，国家发展和改革委员会下发了《国家发展改革委办公厅关于请组织申报2008年第一批国家工程研究中心及国家工程实验室项目的通知》（发改办高技［2008］622号），"灾备技术国家工程实验室"项目名列其中，这表明我国推进信息系统灾难备份战略，促进灾备技术标准体系、关键技术研究和人才培养，为建设中国自主可控的灾备体系提供技术支持。

2008年11月，国家发展和改革委员会在《国家发展改革委办公厅关于组织实施2009年信息安全专项有关事项的通知》（发改办高技［2008］2494号）中，首次将"应急与灾备标准"作为重点支持项目，标志着国家进一步完善灾难备份相关关键标准的策略。

2009年度信息安全专项中还对"容灾备份软件产业化项目"和"基于介质的数据恢复、容灾备份信息安全专业化服务"进行了重点支持，这表明国家开始对灾难备份产业进行全方位推进。

2009年5月，国家发展和改革委员会正式发文《国家发展改革委办公厅关于灾备技术国家工程实验室项目的复函》（发改办高技［2009］1160号），批准由北京邮电大学作为法人单位，联合清华大学、中科院计算所和中国邮政集团公司共同参与，建设中国唯一的专门从事灾备相关标准制定、关键技术研发、产业化服务和人才培养重任的"灾备技术国家工程实验室"，这标志着我国全面启动灾备产业发展战略。

（二）中国相关标准进展情况

1. 国家标准[①]

我国一直在积极推进公共危机信息灾备相关标准的建设，在国家标准层面上，相关标准的制定情况如下：

（1）1999年发布了《安全保护等级划分准则》（GB17859—1999）。这

[①] 姚文斌、伍淳华：《中国灾备标准和产业发展现状》，《中兴通讯技术》2010年第5期。

是我国计算机信息系统安全等级保护系列标准的核心，是实行计算机信息系统安全等级保护制度建设的重要基础。该标准将信息系统划分为五个安全等级。标准中提到了对数据完整性和可信恢复的要求，其中一个重要的概念是可信计算基（Trusted Computing Base，TCB）。

（2）2007年11月，中国灾难备份与恢复行业的第一个国家标准《信息系统灾难恢复规范》（GB/T20988—2007）正式发布。规范规定了信息系统灾难恢复应遵循的基本要求，适用于信息系统灾难恢复的规划、审批、实施和管理。规范对灾难恢复行业相应的术语和定义、灾难恢复概述、灾难恢复需求的确定、灾难恢复策略的制定和灾难恢复策略的实现等内容做了具体描述。同时，附录A对灾难恢复能力做了等级划分，共分为6级。

（3）2009年9月，国家发展和改革委员会发文《国家发展改革委办公厅关于2009年信息安全标准专项项目的复函》（发改办高技［2009］1883号），批准由灾备技术国家工程实验室牵头，负责"灾备标准体系建设"项目研究工作。该项目将灾备相关标准划分为基础类和应用类。项目一期分别从上述分类中选取12个当前急需制定的标准加以研究。到目前为止，项目进展顺利。

（4）2010年3月，由灾备技术国家工程实验室申请的"网络存储设备安全技术规范"标准获得全国信息安全标准化技术委员会批准立项。目前该标准正在制定过程中。

2. 相关行业标准

在积极制定国家标准的同时，相关重点行业，尤其是银行、电力、铁路、民航、证券、保险、海关、税务八大行业，也纷纷加快了标准的制定。其中，银行业、保险业和证券业在相关标准制定过程中进展较为迅速。

（1）银行业

2002年8月，中国人民银行发布《中国人民银行关于加强银行数据集中安全工作的指导意见》，要求为保障银行业务的连续性，实施数据集中的银行必须建立相应的灾难备份中心。要制订业务连续性计划并报中国人民银行备案，业务连续性计划要定期演练。

2006年4月，中国人民银行发布了《关于进一步加强银行业金融机构信息安全保障工作的指导意见》（银发［2006］123号文），要求全国性大型银行，原则上应同时采用同城和异地灾难备份和恢复策略；区域性银行可采用同城或异地灾难备份和恢复策略；对于核心业务系统，应实施应用级备份，对于其他应用系统，可实施系统级或数据级备份；已建立灾备系统的，原则上备份与生产系统的切换至少每年演练一次。

2006年8月，银监会发布了《银行业金融机构信息系统风险管理指引》（银监发［2006］63号），内容包括：总则、机构职责、总体风险控制、研发风险控制、运行维护风险控制、外包风险控制等，要求银行业金融机构采取措施防范自然灾害、运行环境变化等产生的安全威胁，防止各类突发事故和恶意攻击。银行业金融机构应制定信息系统应急预案，并定期演练、评审和修订。省域以下数据中心至少实现数据备份异地保存，省域数据中心至少实现异地数据实时备份，全国性数据中心实现异地灾备。

2007年，银监会发布的《关于开展信息科技风险自我评估系统数据填报工作的通知》（银监办通［2007］15号）中，明确提出的业务连续性建设责任要求是"被监管机构的董事会和高级管理层对业务连续性规划及其实施效果负最终责任"。

2008年2月，中国人民银行正式发布和实施《银行业信息系统灾难恢复管理规范》（JR/T0044—2008）。提出了对银行业信息系统灾难恢复管理要求，其中明确了灾难需求等级的确定，并根据不同的灾难需求等级来确定最低恢复的要求。在布局上，建议各单位应该根据成本风险平衡原则以及运行管理要求，可以采用一主一备、一主多备、互为备份、多主一备、混合方式等多种布局模式。

2008年北京奥运会期间，银监会关于应对奥运风险也连续下发了几个文件，其中有两个显著的特点，一是从关注于全国性大型金融机构，延伸到区域性地方商业银行；二是从关注灾难恢复体系建设，延伸到突发事件管理、风险控制、内部控制。

2009年6月，银监会发布了新的《商业银行信息科技风险管理指引》，进一步加强商业银行信息科技风险管理。将信息科技治理作为首要内容提出，充实并细化了对商业银行在治理层面的具体要求；重点阐述了信息科技风险管理和内外部审计要求；对商业银行信息科技整个生命周期内的信息安全、业务连续性管理和外包等方面提出了高标准、高要求。

（2）保险业

2004年10月，保监会发布了《关于做好重要信息系统灾难备份工作的通知》。通知要求保险企业需要确定本单位的灾难恢复目标和建设模式，制订完善的灾难恢复计划。

2008年3月，保监会发布了《保险业信息系统灾难恢复管理指引》，第一次对保险机构信息系统灾备建设进度和灾难恢复能力进行了明确，要求保险机构应统筹规划信息系统灾难恢复工作，自《指引》生效起5年内至少达到《指引》规定的最低灾难恢复能力等级要求。《指引》对最低的灾难恢复能力等级进行了详细描述和规定。

（3）证券业

2005年4月，证监会下发了《关于印发"证券期货业信息安全保障管理暂行办法"通知》。要求证券期货业需提高信息系统的可用性和灾难恢复能力，为业务的可持续运行提供保障。2006年8月发布《证券公司集中交易安全管理技术指引》，要求证券公司应建立灾难备份系统，并在第七章中专门对灾难备份进行了比较详细的规定。2009年，中国证券业协会先后发布了《证券公司网上证券信息系统技术指引》、《期货公司信息技术管理指引》、《证券营业部信息技术指引》等多个指引，强调了信息系统灾难恢复、应急预案以及进行应急演练的重要性。在2009年9月颁布的《证券营业部信息技术指引》中，还明确要求，证券营业部应每年至少进行两次应急演练，并留存演练记录。

（4）综合

由财政部、证监会、审计署、银监会、保监会共同发布，2009年7月1日起正式实施的《企业内部控制基本规范》中指出，对于上市企业要实施企业内部控制规范，其中有很多与业务连续和灾难恢复相关的内容。

通过梳理国内公共危机信息灾备相关法规标准，可以看出，近年来我国高度重视公共危机信息灾备建设，公共危机信息灾备建设规划已经被提升到国家信息安全战略高度予以重视。总体来看，我国在公共危机信息灾备政策以及标准方面发展较为迅速，专门的法律方面则较为滞后，例如，我国尚未出台有关信息安全、信息灾备的专项法律。从发展趋势上看，应根据公共危机信息灾备的最新需求和实践进展，借鉴国际上的先进经验，不断完善相关的政策法规和标准，并形成科学的政策法规体系和标准体系，为我国公共危机信息灾备的发展提供保障。

参考文献

《IT危机预警管理：以建立灾备体系为重》，（http：//www.xuezhi.cn/show/1208.html）。

《甘肃省政府应急平台建设（一期工程）可行性研究报告》，2010年，甘肃省人民政府办公厅。

《构筑信息系统灾备防线》，（http：//www.soft6.com/v9/2007/pldj_0810/17392.html）。

《国际灾难恢复协会CEO Copenhaver演讲》，（http：//tech.sina.com.cn/it/2009-04-17/11233012866.shtml）。

《巨灾应对需要强有力的业务连续性管理》，（http：//theory.gmw.cn/2012-03/01/content_3682601.htm）。

《普列汉诺夫哲学著作选集》第2卷，生活·读书·新知三联书店1962年版。

《汶川地震前后大对比　成大解析福卫二号影像》，2010年，（http：//www.zhgpl.com/doc/1013/2/0/2/101320205_2.html？coluid=156&kindid=5781&docid=101320205&mdate=0513002522）。

《信息系统灾难恢复规范》，资料号：GB/T20988—2007。

DoSTOR：《中国灾备、应急体制面临变革与创新》，2008年，（http：//www.dostor.com/article/2008/1204/5925375.shtml）。

Slate Labs：《经济危机中的就业/失业率》，2010年，（http：//www.vizinsight.com/2011/03/％E7％BB％8F％E6％B5％8E％E5％8D％B1％E6％9C％BA％E4％B8％AD％E7％9A％84％E5％B0％B1％E4％B8％9A％E5％A4％B1％E4％B8％9A％E7％8E％87）。

毕宏音：《重大突发公共事件中新媒体传播》，《重庆社会科学》2013年第4期。

蔡自兴、徐光祐：《人工智能及应用》，清华大学出版社2010年版。

曹惠娟：《灾害风险信息地图绘制及其在应急管理中的应用》，兰州大学硕士学位论文，2010年。

曾庆苗、徐建华、李桂华：《基于小组访谈法的青少年信息需求分析》，《四川图书馆学报》2009年。

曾润喜、徐晓林：《网络舆情突发事件预警系统，指标与机制》，《情报杂志》2009年第11期。

[美]查尔斯·E.贝克：《管理沟通——理论与实践的交融》，康青等译，中国人民大学出版社2003年版。

[美]查伦巴：《组织沟通：商务与管理的基石》，魏江等译，电子工业出版社2004年版。

陈国权、马萌：《组织学习的过程模型研究》，《管理科学学报》2000年第3期。

陈建新、于天：《消除BCM认识上存在的误区》，(http://cio.chinabyte.com/33/11028033_3.shtml)。

陈世瑞：《公共危机管理中的沟通研究》，上海人民出版社2011年版。

陈涛、宋妍、谢阳群：《基于IIG和LSI组合特征提取方法的文本聚类研究》，《情报学报》2005年第2期。

陈伟良：《决策支持系统讲义》，复旦大学出版社1988年版。

陈文伟、黄金才：《数据仓库与数据挖掘》，人民邮电出版社2004年版。

陈忆金等：《网络舆情信息监测研究进展》，《图书情报知识》2011年第6期。

陈振明：《公共管理学》，中国人民大学出版社2005年版。

程传超：《危机管理视角的网络舆情监管研究》，兰州大学硕士学位论文，2008年。

程时伟、石元伍、孙守迁：《移动计算用户界面可用性评估的眼动方法》，《电子学报》2009年第S1期。

迟文学、孙刚、武峥：《基于GIS民航应急救援与辅助决策支持系统研究》，《交通与计算机》2005年第6期。

代六玲、黄河燕、陈肇雄：《中文文本分类中特征抽取方法的比较研究》，《中文信息学报》2004年第1期。

[美]戴维·奥斯本，特德·盖布勒：《改革政府——企业家精神如何

改革着公共部门》，周敦仁等译，上海译文出版社 1996 年版。

［美］丹尼·L. 乔金森：《参与观察法》，龙筱红、张小山等译，重庆大学出版社 2009 年版。

邓仕仑：《美国应急管理体系及其启示》，《国家行政学院学报》2008 年第 3 期。

丁菊玲等：《一种面向网络舆情危机预警的观点柔性挖掘模型》，《情报杂志》2009 年第 10 期。

丁晟春、李岳盟、甘利人：《基于顶层本体的领域本体综合构建方法研究》，《情报理论与实践》2007 年第 2 期。

董坚峰、胡凤：《基于 OWL 本体的知识表示研究》，《情报理论与实践》2010 年第 9 期。

费爱国、王新辉：《一种基于 Web 日志文件的信息挖掘方法》，《计算机应用》2004 年第 6 期。

冯艺东、汪国平、董士海：《信息可视化》，《中国图像图形学会第十届全国图像国形学术会议（CIG'2001）和第一届全国虚拟现实技术研讨会（CVR'2001）论文集》，2001 年。

冯雨林等：《3D 遥感影像模型在古乡沟泥石流地质灾害预警中的应用》，《地质灾害与环境保护》2009 年第 3 期。

［法］弗朗索瓦丝·勒莫：《黑寡妇：谣言的示意及传播》，商务印书馆 1999 年版。

甘振韬：《基于远程镜像的医院容灾系统的设计与实现》，重庆大学硕士学位论文，2008 年。

高金辉、陈玉珠、汪晓晨：《多传感器信息融合技术在智能火灾报警系统中的应用》，《传感器世界》2008 年第 6 期。

高小平：《中国特色应急管理体系建设的成就和发展》，《中国行政管理》2008 年第 11 期。

葛全胜等：《中国自然灾害风险综合评估初步研究》，科学出版社 2008 年版。

郭瑞鹏：《基于预案的危机决策方法研究》，《科技进步与对策》2006 年第 2 期。

国务院信息化工作办公室：《重要信息系统灾难恢复规划指南》，2011 年 11 月，百度文库（http：//wenku.baidu.com/view/7bc3df64783e0912a

2162aef. html)。

韩德志、汪洋、李怀阳：《远程备份及关键技术研究》，《计算机工程》2004年第22期。

韩培友：《可视化交互数据语言 IDL（interactive data language）可视化分析与应用》，西北工业大学出版社2006年版。

贺文发、李烨辉：《突发事件与信息公开——危机传播中的政府、媒体与公众》，中国传媒大学出版社2010年版。

胡百精：《危机传播管理——流派、范式与路径》，中国人民大学出版社2009年版。

胡昌平、乔欢：《信息服务与用户》，武汉大学出版社2001年版。

胡代平、雷爱中、王琪、李宗明：《政府危机管理的信息需求及获取》，《科学技术与工程》2007年第9期。

胡凯：《我国地级市政府网站应急管理功能研究》，郑州大学硕士学位论文，2012年。

黄丽珺：《危机管理的信息流程及其优化》，兰州大学硕士学位论文，2009年。

黄微、辛丽艳、曾明明：《面向政府危机决策的公共危机信息管理模式研究》，《图书情报工作》2012年第17期。

黄志澄：《给数据以形象　给信息以智能　数据可视化技术及其应用展望》，《电子展望与决策》1999年第6期。

贾丽娜、李博：《公共危机管理中政府危机沟通策略分析》，《湖北经济学院学报》（人文社会科学版）2011年第8卷第8期。

姜安鹏、沙勇忠：《应急管理实务——理念与策略指导》，兰州大学出版社2010年版。

解瑞谦、阚坚力：《公众对传染病突发公共卫生事件的信息需求特征分析》，《中国健康教育》2010年第1期。

金希茜：《基于语义相似度的中文文本相似度算法研究》，浙江工业大学硕士学位论文，2009年。

金勇：《网络信息内容监控技术及应用研究》，四川大学硕士学位毕业论文，2005年。

［美］科塞：《社会冲突的功能》，孙利平译，华夏出版社1989年版。

蓝志勇、陈国权：《当代西方公共管理前沿理论述评》，《公共管理学报》2007年第3期。

李弼程等:《网络舆情态势分析模式研究》,《情报科学》2010年第7期。

李昌祖、张洪生:《网络舆情的概念解析》,《现代传播》2010年第9期。

李刚:《灾备:守护信息数据"安全底线"(摘要)》,(http://www.itsec.gov.cn/export/sites/xbzz/xbzz/20108-00006/)。

李湖生、刘铁民:《突发事件应急准备体系研究进展及关键科学问题》,《中国安全生产科学技术》2009年第6期。

李华等:《基于SUMO的应急预案本体》,《情报学报》2009年第3期。

李慧佳:《基于情景分析的群体性突发事件预警研究》,兰州大学硕士学位论文,2012年。

李玲娟、汤文宇、王汝传:《基于XML的案例表示和案例库构造方法》,《计算机应用研究》2007年。

李凌、谢丽莎:《论全数字摄影测量系统的发展》,《测绘标准化》2002年第2期。

李胜广:《感知城市——物联网在城市应急预警系统中的应用》,《中国安防》2010年第7期。

李文峰等:《现代应急通信技术》,西安电子科技大学出版社2007年版。

李喜童:《政府应对突发事件的信息发布机制研究》,《中国应急救援》2011年第2期。

李志宏、何济乐、吴鹏飞:《突发性公共危机信息传播模式的时段性特征及管理对策》,《图书情报工作》2007第10期。

梁贤艳、吴淑娴:《中美政府应急咨询机构比较研究》,《武汉理工大学学报》(社会科学版)2010年第2期。

刘芳、姚莉、王长缨、张维明:《基于语义Web的案例表示和CBR系统结构研究》,《计算机应用》2004年第1期。

刘芳:《我国政府网站应急服务功能研究》,郑州大学硕士学位论文,2010年。

刘国华:《灾备管理应成为国家战略》,(http://finance.sina.com.cn/review/20080704/03205054338.shtml)。

刘恒等:《政府信息公开制度》,中国社会科学出版社2004年版。

刘恒文:《基于网络语义挖掘的舆情监测预警研究》,武汉理工大学硕士学位论文,2010年。

刘红芹、沙勇忠、刘强：《应急管理协调联动机制构建：三种视角的分析》，《情报杂志》2011年第4期。

刘红芹：《公共危机管理的协调联动机制研究》，兰州大学硕士学位论文，2009年。

刘娇蛟、贺前华：《基于内容标记的网络信息内容监管方法及实现》，《计算机工程与科学》2006年第3期。

刘珺、贾明：《浅谈遥感技术在地质灾害调查中的应用》，《科技情报开发与经济》2005年第5期。

刘琦、李建华：《网络内容安全监管系统的框架及其关键技术》，《计算机工程》2003年第2期。

刘群、李素建：《基于〈知网〉的词汇语义相似度计算》，《计算语言学及中文信息处理》2002年第2期。

刘铁民：《玉树地震灾害再次凸显应急准备重要性》，《中国安全生产科学技术》2010年第2期。

刘拓：《公共危机伪信息复杂性管理研究》，哈尔滨工业大学博士学位论文，2009年。

刘炜、陈俊杰：《一种基于Agent的智能元搜索引擎框架》，《维普资讯》2005年第3期。

刘毅：《网络舆情研究概论》，天津人民出版社2007年版。

刘勇、巫锡勇：《浅谈GIS在地质灾害中的几点应用》，《四川建筑》2004年第5期。

娄成武、谭羚雁：《西方公共治理理论研究综述》，《甘肃理论学刊》2012年第2期。

卢涛：《危机管理》，人民出版社2008年版。

卢雪聪：《公共危机中的政府沟通能力和沟通效率研究》，上海交通大学硕士学位论文，2009年。

［美］罗伯特·希斯：《危机管理》，王成等译，中信出版社2003年版。

罗怡、梁春丽：《灾备建设筑起金融信息系统的终极防线——日本金融界应对地震灾害的启示》，《金融科技时代》2011年第5期。

吕巾娇等：《活动理论的发展脉络与应用探析》，《现代教育技术》2007年第1期。

马丹妮：《关于公共部门危机学习的研究初探》，《中国集体经济》

2010年第28期。

美国应急管理署发布的信息技术架构2.0版：The Road To e-FEMA。

苗天宝：《面向城市应急管理的风险地图研究》，兰州大学硕士学位论文，2010年。

明晓东等：《多灾种风险评估研究进展》，《灾害学》2013年第1期。

年志刚等：《知识表示方法研究与应用》，《计算机应用研究》2007年第5期。

彭宇：《公共危机条件下的信息博弈与管理》，《经济师》2008年第6期。

乔治·D.哈岛、琼·A.布洛克、达蒙·P.科波拉：《应急管理概论》，龚晶等译，知识产权出版社2012年版。

钦晖：《基于社区的灾害预警合作优化研究》，兰州大学硕士学位论文，2012年。

邱均平、沙勇忠编：《信息资源管理学》，科学出版社2011年版。

屈宝强、董小燕：《政府信息公开制度探析》，《图书情报工作》2005年第4期。

沙勇忠、史忠贤：《公共危机伪信息传播影响因素仿真研究》，《图书情报工作》2010年第5期。

沙勇忠、刘红芹：《公共危机的利益相关者分析模型》，《科学·经济·社会》2009年第1期。

沙勇忠、罗吉：《危机管理中网络媒体角色的三种分析模型》，《兰州大学学报》（社会科学版）2009年第37卷第2期。

沙勇忠、牛春华：《信息分析》，科学出版社2009年版。

沙勇忠、徐瑞霞：《基于元搜索引擎的危机信息监测系统》，《情报科学》2009年第10期。

沙勇忠：《信息伦理学》，北京图书馆出版社2004年版。

闪淳昌、薛澜主编：《应急管理概论——理论与实践》，高等教育出版社2012年版。

闪淳昌主编：《应急管理：中国特色的运行模式与实践》，北京师范大学出版社2011年版。

申霞：《应急产业发展的制约因素与突破途径》，《北京行政学院学报》2012年第3期。

沈惠璋：《突发危机事件应急序贯群决策与支持系统》，科学出版社

2011年版。

史培军：《三论灾害系统研究的理论与实践》，《自然灾害学报》2002年第3期。

史培军：《灾害研究的理论与实践》，《南京大学学报》（自然科学版）1991年第6期。

宋林飞：《社会风险指标与社会波动机制》，《社会学研究》1995年第6期。

宋绍成、毕强、杨达：《信息可视化的基本过程与主要研究领域》，《情报科学》2004年第1期。

汤文宇、李玲娟：《CBR方法中的案例表示和案例库的构造》，《西安邮电学院学报》2006年第5期。

汤泳、吕英杰：《数据容灾技术介绍》，《邮电设计技术》2002年第10期。

汪季玉、王金桃：《基于案例推理的应急决策支持系统研究》，《管理科学》2003年第6期。

王栋：《可视化关键技术的研究》，山东大学硕士学位论文，2010年。

王飞跃：《基于平行系统的非常规突发事件计算实验平台研究》，《复杂系统与复杂性科学》2010年第4期。

王飞跃：《计算实验方法与复杂系统行为分析和决策评估》，《系统仿真学报》2004年第5期。

王根生：《面向群体极化的网络舆情演化研究》，江西财经大学博士学位论文，2011年。

王宏伟：《应急管理理论与实践》，社会科学文献出版社2010年版。

王景熠、黄文宇：《远程灾备新技术追踪》，《金融电子化》2009年第7期。

王珏等：《关于知识表示的讨论》，《计算机学报》1995年第3期。

王来华：《论舆情研究的两个需要》，《天津社会科学》2010年第4期。

王乐夫、蔡立辉主编：《公共管理学》，中国人民大学出版社2008年版。

王琪等：《地图概论》，中国地质大学出版社2009年版。

王少辉：《迈向阳光政府——我国政府信息公开制度研究》，武汉大学出版社2010年版。

王岁花、张晓丹、王越：《OWL本体关系数据库构建方法》，《计算机工程与科学》2011年第12期。

王万良：《人工智能及其应用》，高等教育出版社2008年版。

王伟：《公共危机信息管理体系构建与运行机制研究》，吉林大学博士学位论文，2007年。

王渝次主编：《信息系统灾难恢复的规划及实施》，北京交通大学出版社2006年版。

韦友霞：《试论公共危机中的三个信息公开策略》，《辽宁行政学院学报》2012年第7期。

魏玖长、赵定涛：《基于元搜索引擎的危机信息监控系统的研究与实现》，《管理科学》2005年第5期。

魏玖长、赵定涛：《危机信息的传播模式与影响因素研究》，《情报科学》2006年第12期。

魏肖飞：《信息灾备技术在公安业务系统中的应用》，上海交通大学硕士学位论文，2008年。

温立：《基于本体的应急决策知识模型研究》，大连理工大学硕士学位论文，2008年。

温志强：《社会转型期中国公共危机管理预防准备机制研究》，天津师范大学博士学位论文，2009年。

［美］沃纳·赛佛林、小詹姆斯·坦卡德：《传播理论：起源、方法与应用》，郭镇之等译，华夏出版社2002年版。

吴丹、邱瑾：《国外协同信息检索行为研究述评》，《中国图书馆学报》2012年第6期。

吴飞：《当代舆论形成与发展的途径和模式》，《杭州大学学报》1999年第4期。

吴建华：《试论公共危机信息收集的范围与渠道》，《情报科学》2007年第3期。

吴信才：《地理信息系统的基本技术与发展动态》，《地球科学》1998年第4期。

伍力宇：《政府公共危机信息公开的问题与对策——以三鹿奶粉事件为例》，中南大学硕士学位论文，2009年。

夏保成、张平吾：《公共安全管理概论》，当代中国出版社2011年版。

向阳申请专利：一种基于语义本体的案例表示方法，中国，201010104649.X，2011-08-03。

徐宝文、张卫丰：《搜索引擎与信息获取技术》，清华大学出版社2003年版。

徐燕、李锦涛、王斌、孙春明：《基于区分类别能力的高性能特征选择方法》，《软件学报》2008年第1期。

许君宁：《基于知网语义相似度的中文文本聚类方法研究》，西安电子科技大学硕士学位论文，2010年。

许莉：《可视化技术的发展及应用》，《中国教育技术装备》2008年第24期。

许天亮、王义峰、曾平：《个性化元搜索引擎技术研究》，《电子科技》2008年第1期。

薛华成：《管理信息系统》，清华大学出版社1993年版。

薛澜：《危机管理（转型期中国面临的挑战）》，清华大学出版社2003年版。

薛澜等：《危机管理》，清华大学出版社2003年版。

晏燕：《网络传播中的自媒体报道研究》，《新闻传播》2011年第6期。

杨健、赵秦怡：《基于案例的推理技术研究进展及应用》，《计算机工程与设计》2008年第3期。

杨魁、刘晓程：《政府·媒体·公众：突发事件信息传播应急机制研究》，中国社会科学出版社2010年版。

杨频、李涛、赵奎：《一种网络舆情的定量分析方法》，《计算机应用研究》2009年第3期。

杨善林、倪志伟：《机器学习与智能决策支持系统》，科学出版社2004年版。

杨晓红、李健、杨卫国：《信息系统容灾技术的分析与研究》，《计算机工程与设计》2005年第10期。

杨兴、朱大奇、桑庆兵：《专家系统研究现状与展望》，《计算机应用研究》2007年第5期。

杨义先、姚文斌、陈钊：《信息系统灾备技术综论》，《北京邮电大学学报》2010年第2期。

杨义先：《灾备技术的现在和未来》，(http://tech.qq.com/a/20090213/000325_1.htm)。

杨志国、樊磊：《数据库系统概论本体设计及实现》，《中央民族大学学报》（自然科学版）2009年第S1期。

姚国章：《日本市町村防灾无线网的建设与启示》，《北京邮电大学学报》(社会科学版) 2008 年第 5 期。

姚国章:《应急管理信息化建设》,北京大学出版社 2009 年版。

姚文斌、伍淳华:《中国灾备标准和产业发展现状》,《中兴通讯技术》2010 年第 5 期。

尹建军:《社会风险及其治理研究》,中共中央党校博士学位论文,2008 年。

于天:《业务持续管理和应急管理的融合》,2010 年 10 月,百度文库(http://wenku.baidu.com/view/e0e4c1593b3567ec102d8ab6.html)。

喻国明等:《微博:一种新传播形态的考察——影响力模型和社会性应用》,人民日报出版社 2011 年版。

袁明旭:《公共危机沟通:危机管理的生命线》,《曲靖师范学院学报》2007 年第 26 卷第 2 期。

袁明旭:《论公共危机沟通的特点和功能》,《内蒙古民族大学学报》2007 年第 13 卷第 6 期。

袁强:《公共危机信息公开研究》,西南政法大学硕士学位论文,2012 年。

袁晓芳:《基于情景分析与 CBR 的非常规突发事件应急决策关键技术研究》,西安电子科技大学博士学位论文,2011 年。

翟翌:《中国政府信息灾备的法制化及公众参与》,《湖北行政学院学报》2011 年第 5 期。

詹中原:《危机管理之理论、模式与研究途径》,《公共管理高层论坛》2006 年第 2 期。

詹中原:《危机管理——理论架构》,(台北)联经出版社 2004 年版。

张佰成、谭伟贤:《城市应急联动系统建设与应用》,科学出版社 2005 年版。

张晨:《基于 CBR 和 RBR 的物流应急处理系统设计与实现》,天津大学硕士学位论文,2010 年。

张春曙:《大城市社会发展预警研究及应用初探》,《预测》1995 年第 1 期。

张芳、司光亚、罗批:《谣言传播模型研究综述》,《复杂系统与复杂性科学》2009 年第 4 期。

张欢:《应急管理评估》,中国劳动社会保障出版社 2010 年版。

张玉芳、彭时名、吕佳:《基于文本分类 TFIDF 方法的改进与应用》,

《计算机工程》2006年第19期。

张玉峰等:《智能信息系统》,武汉大学出版社2008年版。

张祖勋、张剑清、张力:《数字摄影测量发展的机遇与挑战》,《武汉测绘科技大学学报》2000年第1期。

章张:《基于层次分类的网络内容监管系统中串匹配算法的设计与实现》,南京理工大学硕士学位论文,2004年。

赵生辉、侯希文:《政府信息资源灾备体系建设模式综述》,《电子政务》2011年第7期。

《中国物联网世界物联网技术基础》,(http://www.iotworld.com.cn/Library/,2012-6-27)。

中国信息安全测评中心:《信息系统灾难恢复基础》,航空工业出版社2009年版。

《中国灾备管理战略国际研讨会召开》,(http://politics.people.com.cn/GB/1026/7485724.html)。

中华人民共和国民政局发〔2011〕文件《国家自然灾害救助应急预案》。

钟开斌:《回顾与前瞻:中国应急管理体系建设》,《政治学研究》2009年第1期。

钟开斌:《信息与应急决策:一个解释框架》,《中国行政管理》2013年第8期。

周涛等:《社会网络分析及其在舆情和疫情防控中的应用》,《系统工程学报》2010年第26期。

周战超:《当代西方风险社会理论引述》,《马克思主义与现实》2003年第3期。

朱福喜、朱三元、伍春香:《人工智能基础教程》,清华大学出版社2006年版。

朱姬凤、马宗民、吕艳辉:《OWL本体到关系数据库模式的映射》,《计算机科学》2008年第8期。

朱茂盛、王斌、程学旗:《元搜索引擎及其实现》,《计算机工程》2002年第11期。

朱庆芳:《社会指标的应用》,中国统计出版社1992年版。

兹·布热津斯基:《大失败》,军事科学出版社1991年版。

左玮娜:《网络谣言传播研究》,中国社会科学院研究生院硕士学位论文,2006 年。

Critical Success Factor, Wikipedia, 2008.

Fixing The Homeland Security Information Network Finding The Way Forword for Better Information Sharing, 2007, U. S. Government Printing Office.

Information Sharing for Homeland Security: A Brief Overview, 2005, Congressional Research Service.

A. Aamodt, E. Plaza, "Case–Based Reasoning: Foundational Issues, Methodological Variations, and System Approaches" *ArtificialIntelligence Communications*, Vol. 7, No. 1, 1994.

A. Carpignano, E. Golia and C. Di Mauro, "A Methodological Approach for the Definition of Multi–Risk Maps at Regional Level: First Application" *Journal of Risk Research*, Vol. 12, 2009.

A. E. Gunes, "Modified Crgs (M–Crgs) Using Gis in Emergency Management Operations" *Journal of Urban Planning and Development–Asce*, Vol. 68, 2000.

A. M. Maceachren, et al, "Geocollaborative Crisis Management: Designing Technologies To Meet Real–World Needs, In Proceedings" *7th Annual National Conference On Digital Government Research*, San Diego, Ca, 2005.

Aedo Ignacio, Diaz Paloma and Carroll John M, "End–User Oriented Strategies To Facilitate Multi–Organizational Adoption Of Emergency Management Information Systems" *Information Processing & Management*, Vol. 46, No. 1, 2011.

Amin, S. and M. P. Goldstein, *Data against natural disasters: establishing effective systems for relief, recovery, and reconstruction*, Washington: The World Bank, 2008.

Ana Maria Cruz and Norio Okada, "Methodology For Preliminary Assessment of Natech Risk In Urban Areas" *Nat Hazards*, Vol. 46, 2008.

Andrea E, *Automatic Generation of Lexical Resources for Opinion Mining: Models, Algorithm sand Applications*, University of Pisa, Italy, 2008.

Arjen Boin and Allan Mcconnell, "Preparing for Critical Infrastructure Breakdowns: The Limits of Crisis Management and the Need for Resilience" *Contingencies and crisis Management*, No. 1, 2007.

Arnold JL, et al, "Information – Sharing in Out – Of – Hospital Disaster Response: The Future Role of Information Technology" *Prehospital and Disaster Medicine*, Vol. 19, No. 3, 2004.

Art Botterell, Martin Griss, "Toward the Next Generation of Emergency Operations System" *Proceedings of 8th International ISCRAM – Lisbon, Portugal*, May 2011.

Auf der Heide, E., *Disaster Response: Principles of Preparedness and Coordination*, St. Louis: CV Mosby, 1989.

Austin, et al, "How Audiences Seek Out Crisis Information: Exploring the Social – Mediated Crisis Communication Model" *Journal of Applied Communication Research*, Vol. 40, No. 2, 2012.

B. Reynolds and M. W. Seeger, "Crisis and Emergency Risk Communication as an Integrative Model" *Journal of Health Communication*, Vol. 10, 2005.

Barrientos Francisco, "Interpretable Knowledge Extraction From Emergency Call Data Based On Fuzzy Unsupervised Decision Tree" *Knowledge – Based Systems*, Vol. 25, No. 1, 2012.

Based Society and Economy, Oxford: Butterworth – Heinemann, Ltd., 1992.

Beaumont John R and Sutherland Ewan, "Management in our knowledge" *Information Resources Management*, 1992.

Billings, R. S., T. W. Milburn and M. L. Schaalman, "A model of crisis perception: A theoreticaland empirical analysis" *Administrative Science Quarterly*, 1980.

Birkmann J, *Measuring Vulnerability to Hazards of National Origin*, Tokyo: UNU Press, 2006.

Boyd, *The Essence of Winning and Losing* Retrieved 2012 from http://www.danford.net/boyd/essence.htm.

Bruee G, Buehanan, Edward H, Shortliffe, "The Myein Experiments of the Stanford Heuristie Programming Projet" *Addsion Wesley*, Vol. 6, 1984.

BS 25999 *Business continuity* Retrieved March 2012 from http://www.bsigroup.com/en/Assessment-and-certification-services/management-systems/Standards-and-Schemes/BS-25999/.

C. Huang, E. Chan and A. A. Hyder, "Web 2.0 and Internet Social Networking: a New Tool For Disaster Management? Lessons from Taiwan" *Bmc Medical Informatics and Decision Making*, Vol. 10, 2010.

C. Lagoze, J. Hunter, "The ABC Ontology and Model" *Journal of Digital Information*, Vol 2, No 2, 2002.

C. Zarcadoolas, "GIS Maps to Communicate Emergency Preparedness: How Useable Are They For Inner City Residents?" *Journal of Homeland Security and Emergency Management*, Vol. 4, 2007.

C.-C. Huang and T.-L. Tseng, "Rough set approach to case-based reasoning application" *Expert Systems with Applications*, Vol. 26, 2004.

C. K. Riesbeck, R. Schank, *Inside Case-based Reasoning*, Erlbaum, Northvale, NJ, 1989.

CDC, *Crisis and Emergency Risk Communication*, Barbara Reynolds, M. A. 2002.

Center For Hazard Research And Policy Development University Of Louisville, *Indicator Issues And Proposed Framework For A Disaster Preparedness Index (Dpi) Draft Report To The: Fritz Institute. Disaster Preparedness Assessment Project* Retrieved July 2009 from http://www.Fritzinstitute.Org/PdFs/White Paper/Davesimpson%20indicatorsrepor.Pdf.

Committee on Using Information Technology to Enhance Disaster Management, National Research Council, *Improving Disaster Management: The Role of IT in Mitigation, Preparedness, Response, and Recovery*, Washington, D. C.: The National Academies Press, 2007.

Cook, T., D. Campbell and L. Peracchio, "Quasi experimentation. MD Dunnette, LM Hough, eds." *Handbook of Industrial & Organizational Psychology*, 1990.

Currion Paul, De Silva Chamindra and Van De Walle Bartel, "Open Source Software For Disaster Management – Evaluating How The Sahana Disaster Information System Coordinates Disparate Institutional And Technical Resources In The Wake Of The Indian Ocean Tsunami" *Communications of The Acm*, 2007, Vol. 50, No. 3.

Curtis Andrew, Mills Jacqueline W, "Spatial Video Data Collection in a Post – Disaster Landscape: the Tuscaloosa Tornado of April 27th 2011" *Applied Geography*, Vol. 32, No. 2, 2012.

C. A. Troy and A. Carson, "Enhancing Community – Based Disaster Preparedness With Information Technology" *Disasters*, Vol. 32, 2008.

C. Glik, "Risk Communication for Public Health Emergencies" *Annual Review of Public Healt*, Vol. 28, 2007.

C. Glik, A. Drury and C. Cavanaugh, "What Not To Say: Risk Communication For Botulism, Biosecurity and Bioterrorism – Biodefense Strategy" *Practice and Science*, Vol. 6, 2008.

Coursey and D. F. Norris, "Models of E – Government: Are They Correct? An Empirical Assessment" *Public Administration Review*, Vol. 68, 2008.

D. Tiede and S. Lang, *Analytical 3D views and virtual globes——scientific results in a familiar spatial context* Retrieved October 2012 from http://www.geovisualisierung.net/isprs2007/docs/26_Tiede.pdf.

David A. McEntire, "Disaster Response and Recovery: Strategies and Tactics for Resilience" *John Wiley & Sonsm Inc.*, 2007.

David B Leake, *Case – based Reasoning*, AAAI Press/The MIT Press, 1996.

David Maxwell et al, *Real – Time Monitoring of Social Media Streams to Support Crisis Management* Retrieved October 2012 from http://www.dcs.gla.ac.uk/access/crisees.

David Mendonça, *National Research Council. Information Technology Research For Crisis Management*, National Academy Press, 1999.

De Maio and G Fenza, "Knowledge – Based Framework For Emergency Dss" *Knowledge – Based Systems*, Vol. 24, No. 8, 2011.

Dearstyne and Bruce W, "Big Data's Management Revolution" *Harvard Business Review*, Vol. 90, No. 12, 2012.

Denis Smith and Dominic Elliott, *Key Reading in Crisis Management*, Routledge, 2006.

Devadason, F. J., Lingam, P. P., "A Methodology for the identification of information needs of users" *IFLA Journal*, Vol. 1, No. 23, 1997.

DHS, *National Incident Management System* Retrieved 2009 from http://www.fema.gov/pdf/emergency/nims/NIMS_core.pdf.

DHS, *National Incident Management System (NIMS) Overview* Retrieved July 2013 from http://www.fema.gov/national-incident-management-system.

DHS, *National Preparedness System* Retrieved July 2013 from https://www.fema.gov/national-prepareprepa/national-preparedness-system.

DHS, *National Prevention Framework* Retrieved August 2013 from http://www.fema.gov/library/viewRecord.do?id=7371.

Disaster Retrieved March 2012 from http://encyclopedia.thefreedictionary.com/Disaster.

Douglas A. Troy, Anne Carson, Jean Vanderbeek, "Enhancing community-based disaster preparedness with information technology" *National Institutes of Health*, Vol. 32, No. 1, Mar 2008, 149—65.

Duggan F, Banwell L, "Constructing a model of effective information dissemination in a crisis" *Information Research*, Vol. 5, No. 3, 2004.

Dynes, R. R., E. L. Quarantelli and G. A. Kreps, *A perspective on disaster planning*, Fort Belvoir: DTIC Document, 1972.

E. Tate, S. L. Cutter and M. Berry, "Integrated Multihazard Mapping" *Environment and Planning B - Planning & Design*, Vol. 37, 2010.

Elsubbaugh, S., R. Fildes and M. B. Rose, "Preparation for Crisis Management: A ProposedModel and Empirical Evidence" *Journal of Contingencies and Crisis Management*, Vol. 12, No. 3, 2004.

EMI, *IS-7: A Citizen'Guide To Disaster Assistance* Retrieved 2013 from https://training.fema.gov/EMIWeb/IS/courseOverview.aspx?code=is-7.

Erharuyi N and Fairbairn D, "Mobile Geographic Information Handling Technologies To Support Disaster Management" *Geography*, Vol. 88, 2003.

Eric J. Glover, Steve Lawrence, William P. Birmingham, etal, *Architecture of a Metasearch Engine that SupportsUser Information Needs, Conference on Information and Knowledge Management, Proceedings of the eighth international conference on Information and knowledge management*, Kansas City, Missouri, United States, 1999.

F. H. Norris, "Community Resilience As A Metaphor, Theory, Set Of Capacities, and Strategy for Disaster Readiness" *American Journal of Community Psychology*, Vol. 41, 2008.

F. Marincioni. "Information Technologies and the Sharing of Disaster Knowledge: the Critical Role of Professional Culture" *Disasters*, Vol. 31, 2007.

Faupel, C. E., T. F. James and D. E. Wenger, *Disaster beliefs and emergency planning*, Newark: Disaster Research Center, 1980.

Federal Emergency Management Agency, *Information Technology Architecture Version 2.0. The Road To E-Fema Volume 2: Fema It Architectural Principles And Support Rationale*, Washington: Information Technology Services (ITS) Directorate, May 2001.

Federal Emergency Management Agency Risk Mapping, Assessment, And Planning (Riskmap) Draft Statement Of Objectives (Program Management) Retrieved June 2009 from Http://www.Fema.Gov/Pdf/Plan/Program_Management.Draft_Soo_02202008.Pdf.

Fink, S., *Crisis management: Planning for the inevitable*, New York: American Management Association, 1986.

Fisher, B. & Horsley, J. S., "From propagandists to professionals: Modeling public relations in the public relations in the public secter" *the Association for Education in Journalism and Mass Communication's Southeast Colloquium*, Athens, Ga, March 2005.

Fredrik Johansson, Joel Brynielsson, "Estimating Citizen Alertness in Crises using Social Media Monitoring and Analysis" *European Intelligence* and Security Informatics Conference, 2012.

G. W. Breakwell, "Risk Communication: Factors Affecting Impact" British Medical Bulletin, Vol. 56, 2000.

Garnett, J. L, Communicating for results in government: A strategic approach for public managers, San Francisco: Jossey – Bass Publishers, 1992.

George D. Haddow, Jane A. Bullock, Damon P. Coppola, Introduction to Emergency Management, Burlington: Butterworth – Heinemann, 2010.

Gguoray Cai, A. M. Maceachren and I. Brewer, "Map – Mediated Geocollaborative Crisis Management" Intelligence and Security Informatics, Proceedings, Vol. 3495, 2005.

Graber, D. A, The power of communication: managing information in public organizations, Washington, DC: CQ Press, 2003.

Hang Cui, Osmar R. Zaiane, Hierarchical Structural Approach to Improving the Browsability of Web Search Engine Results, Proceedings of the 12th International Workshop on Database and Expert Systems Applications, United States, 2001.

Harmony Retrieved 2010 from http://metadata.Net/harmony/Results.htm.

Hermann Charles F., ed, International Crisies: Insights From Behavioral Research, New York: Free Press, 1972.

Homeland Security Information Network – Critical Sectors (HSIN – CS) Retrieved 2012 from http://training.fema.gov/EMIWeb/IS/is860a/CIRC/CIKRresources.htm#item3.

Horton Jr and Forest Woody, Information Resources Management, Englewood Cliffs (New Iersey): Prentice – Hall, Inc., 1985.

Huotari, M. – L., Wilson, T. D., "Determining organizational information needs: the Critical Success Factors approach" Information Research, Vol. 6, No. 3, July, 2002.

Irving Lester Janis, Groupthink: Psychological Studies of Policy Decisions and Fiascoes, Houghton MifflinCompany, 1982.

ISO/IEC 24762: 2008 Retrieved March 2012 from http://www.

iso. org/iso/catalogue_detail? csnumber=41532.

ISO/IEC 27001：2005 Retrieved March 2012 from http：//www. iso. org/iso/catalogue_detail? csnumber=50297.

ISO/IEC 27002：2005 Retrieved March 2012 from http：//www. iso. org/iso/catalogue_detail? csnumber=50297.

ISO/PAS 22399：2007 Retrieved March 2012 from http：//www. iso. org/iso/catalogue_detail? csnumber=50295.

J. L. Kolodner, *Case - based Reasoning*, San Mateo, CA：Morgan Kaufman, 1993.

J. Sanyal and X. Lu, "GIS - based Flood Hazard Mapping at Different Administrative Scales：a Case Study in Gangetic West Bengal, India, Singapore" *Journal of Tropical Geography*, Vol. 27, 2006.

Janis Irving L, *Crucial Decision：Leadership In Policymaking And Crisis Management*, New York：Freepress, 1989.

Jeffrey B and Bumgarner, *Emergency Management*, Santa Barbara：ABC - CLIO, Inc., 2008.

Jo FoAnnell, "The National Incident Management System：a Multi - agency approach to emergency response in the United States of American" *Rev. scitech. off. int. Epiz*, Vol. 25, No. 1, 2006.

John C. pine, *Technology in emergency management*, Library of Congress Cataloging in publication Data.

Jürgen Dorn, Tabbasum Naz, "Structuring Meta - search Research by Design Patterns" *Proceedings of the International Computer Science and Technology Conference*, San Diego, California, USA, 2008.

Kaladevi Ramar, T. T Mirnalinee, "An Ontological Representation for Tsunami Early Warning System" *IEEE - International Conference On Advances In Engineering*, Science And Management (ICAESM - 2012), 2012.

Kartez, J. D. and M. K. Lindell, "Planning for uncertainty：The case of local disaster planning" *Journal of the American Planning Association*, Vol. 53, No. 4, 1987.

Kartez, J. D. and M. Lindell, "Adaptive planning for community disaster response" *Cities and disaster: North American studies in emergency management*, 1990.

Kim Sung – Duk, Lee Ho – Jin and Park Jae – Sung, "Simulation Of Seawater Intrusion Range In Coastal Aquifer Using The Femwater Model For Disaster Information" *Marine Georesources & Geotechnology*, Vol. 30, No. 3, 2012.

King – Lup Liu, Weiyi Meng, Jing Qiu, etal, "AllInOneNews: Development and Evaluation of a Large – Scale News Metasearch Engine", *26th ACM SIGMOD International Conference on Management of Data ACM, Industrial track*, 2007.

Kovel, J. P., "Planning construction for disaster response" *Civil and environmental engineering Civil engineering*, 1996.

Krikelas, J., "Information Seeking Behavior: Patterns and Concepts" *Drexel Library*, No. 19, 1983.

Kristen Noakes – Fry, Christopher H. Baum, Barry Runyon, *Laws Influence Business Continuity and Disaster Recovery Planning Among Industries* Retrieved March 2012 from http://www.gartner.com/id = 483265.

3. Kruke Bjorn Ivar and Olsen Odd, "Einarknowledge Creation and Reliable Decision – Making In Complex Emergencies" *Disasters*, Vol. 36, No. 2, 2012.

Kunz Melanie, Gret – Regamey Adrienne and Hurni Lorenz, "Visualization Of Uncertainty In Natural Hazards Assessments Using An Interactive Cartographic Information System" *Natural Hazards*, Vol. 59, No. 3, 2011.

L. Frewer, "the Public and Effective Risk Communication" *Toxicology Letters*, Vol. 149, 2004.

L. K. Comfort, K. Ko and A. Zagorecki, "Coordination in Rapidly Evolving Disaster Response Systems: the Role of Information" *American Behavioral Scientist*, Vol. 48, 2004.

L. Carver and M. Turoff, "Human – Computer Interaction: The Human and Computer as a Team in Emergency Management Information Systems" *Communications of the ACM*, Vol. 50, 2007.

L. McGinty and D. C. Wilson, "Case – based reasoning research and development" *8th International Conference on Case – Based Reasoning*, Springer, Seattle, WA, 2009.

Laudon Kenneth C and Laudon Jane P, "Management Information Systems: Organization And Technology In The Networked Enterprise" *6th Ed. Prentice – Hall Inc.*, 1999.

Leake D B, "Case – based reasoning: experience, lessons and future directions" *2nd. cambrige: AAA press/MIT. Press*, 2000.

Lee, J. E., "Establishing the Partnership for Critical Infrastructure Protection: Typology, Property, and Programs" *Journal of Safety and Crisis Management*, Vol. 2, No. 1, 2012.

Llinas, J., F. E. White and A. Steinberg, *State of the Art: Data Fusion Infrastructure Needs*, San Diego: Space and Naval Warfare Systems Center, 1998.

Lynn T. Drennan and Allan McConnel, "Risk and Crisis Management in the Public Sector" *Routledge*, 2007.

M. Laituri and K. Kodrich, "On Line Disaster Response Community: People as Sensors of High Magnitude Disasters Using Internet Gis" *Sensors*, Vol. 8, 2008.

M. Turoff, "Past and Future Emergency Response Information Systems" *Communications of the Acm*, Vol. 45, 2002.

Martin W John, *The Information Society*, London: Aslib, Information House, 1988.

Mitroff and Pearson, *Crisis Management*, San Francisco: Jossey – Bass Publishers, 1993.

Mitroff, I. I. and C. M. Pearson, *Crisis management: A diagnostic guide for improving your organization's crisis – preparedness*, San Francisco: Jossey – Bass Publishers, 1993.

Mitroff, I. I., T. Pauchant, M. Finney and C. Pearson, "Do (some) organizations cause their own crises? The cultural profiles of crisis – prone vs. crisis – prepared organizations" *Organization & Environment*, Vol. 3,

No. 4, 1989.

N. Bharosa, J. Lee and M. Anssen, "Challenges and Obstacles in Sharing and Coordinating Information During Multi‐Agency Disaster Response: Propositions From Field Exercises" *Information Systems Frontiers*, Vol. 12, 2010.

Nahum D. Gershon, Stephen G. Eick, "Information Visualization" *IEEE Computer Graphics and Applications*, No. 7, 1997.

Nemis Concept Of Operation, Fema Information Technology Services Directorate, 1989.

Networked Enterprise (6th ed.), Prentice‐Hall Inc, 1999.

NFPA 1600: Standard on Disaster/Emergency Management and Business Continuity Programs Retrieved March 2012 from http://www.nfpa.org/aboutthecodes/AboutTheCodes.asp?DocNum=1600&cookie%5Ftest=1.

Nick Collin, "Information Management In Crisis: Getting Value For Money From It Investments By Rethinking The Management Of Information And Technology" *Computer Audit Update*, Vol. 2, 1995.

Nunamaker, J. "Organizational Crisis Management Systems: Planning for Intelligent Action" *Journal of Management Information Systems*, Vol. 5, No. 4, 1989.

Oh, M. Agrawal and H. Raghav Rao, "Information Control an Terrorism: Tracking the Mumbai Terrorist Attack Through Twitter" *Inormation Systems Frontiers*, Vol. 13, 2010.

Otto Lerbinger, *The Crisis Manager: Facing Risk And Responsibility*, New Jersey: Lawrence Erlubaum Associates, 1997.

P. T. Jaeger, "Community Response Grids: Using Information Technology to Help Communities Respond to Bioterror Emergencies, Biosecurity and Bioterrorism‐Biodefense" *Strategy Practice and Science*, Vol. 5, 2007.

Pearson, C. M. and I. I. Mitroff, "From crisis prone to crisis prepared: A framework for crisis management" *The academy of management executive*, Vol. 7, No. 1, 1993.

R. Burns, P. Robinson and P. Smith, "From Hypothetical Scenario to Tragic Reality: a Salutary Lesson in Risk Communication and the Victorian 2009 Bushfires" *Australian and New Zealand Journal of Public Health*, Vol. 34, 2010.

R. E. Lundgren and A. H. McMakin (eds.), *Risk Communication: a Handbook for Communicating Environmental Safety, and Health Risks*, Ohio: Battelle Press, 2004.

R. Kent, *Disaster Preparedness*, New York/Geneva: UNDP/DHA Disaster Training Programme, 1994.

R. Nave, R. Isaia and G. Vilardo, "Re-Assessing Volcanic Hazard Maps for Improving Volcanic Risk Communication: Application to Stromboli Island, Italy" *Journal of Maps*, 2010.

R. R. Rao, J. Eisenberg and T. Schmitt (eds.), *Improving Disaster Management: the Role of IT in Mitigation, Preparedness, Response, and Recovery*, Washington: the National Academies Press, 2007.

Regester M, *Crisis Management: What To Do When The Unthinkable Happens*, London: Business Books, 1989.

Reilly, A. H., "Preparing for the worst: the process of effective crisis management" *Organization & Environment*, Vol. 7, No. 2, 1993

Reynolds, B, *Crisis and emergency risk communication*, Atlanta: Centers for Disease Control, 2002.

Rhona Fun, "Decision Making in Crises: The Piper Alpha Disaster, from Managing Crises: Threats, Dilemmas, Opportunities" *Charles CThomas Publisher*, 2001.

Robert R. Ulmer, Timothy L. Sellnow, Matthew W. Seeger, *Effective Crisis Communication: Moving From Crisis to Opportunity*, Thousand Oaks: Sage Publications, 2007.

Roberto G. Aldunate, Feniosky Pena-Mora and Genee. Robinson, "Collaborative Distributed Decision Making For Large Scale Disaster Relief Operations: Drawing Analogies From Robust Natural Systems" *Wiley Periodicals, Inc*, 2005.

Ronald J Burke and Cary L Cooper, *The Organization in Crisis: Downsizing, Restructuring and Privatization*, Malden, Ma: Blackwell

Publishers, 2000.

Rosenthal Uriel and Charles Michael T., ed. *Coping with Crises: The Management of Disasters, Riots and Terrorism*, Springfield: Charles C. Thomas, 1989.

S. Deng and P. Zhang, "Trust Model Based on M – Crgs in Emergency Response" *Web Information Systems and Mining, Proceedings*, Vol. 5854, 2009.

S. Zlatanova, P. V. Oosterom and E. Verbree, "Geo – information Support in Management of Urban Disasters" *Open House Internationa*, Vol. 31.

Scammell Alison, *Handbook Of Information Management*, 8th Ed. Aslib – Imi, 2001.

Schmitt, N. and R. Klimoski. "Understanding the organization through qualitative research" *Research Method in Human Resource Management*, Mason: South – Western Pub. Co, 1991.

Shrivastava, P., I. I. Mitroff, D. Miller and A. Miclani, "Understanding industrial crises" *Journal of ManagementStudies*, Vol. 25, No. 4, 1988.

Slovic, P. E, *The perception of risk*, London: Earthscan Publications, 2000.

Song Xiaolong, "Influencing Factors of Emergency Information Spreading in Online Social Networks: a Simulation Approach" *Journal of Homeland Security and Emergency Management*, Vol. 9, No. 1, 2012.

Spinsanti, L., Ostermann, F, *Retrieve Volunteered Geographic Information for Forest Fire* Retrieved October 2012 from http: //ceur – ws. org/Vol – 704/4. pdf.

Starbuck, W. H., A. Greve and B. Hedberg, *Responding to crises*, Stockholm: Arbetslivscentrum, 1978.

Steven Fink, *Crisis Management: Planning for the Invisible*, New York: American Management Association, 1986.

T. Gruber and R. Olsen, "An Ontology for engineering mathematiocs" *Knowledge systems laboratory*, Stanford university, tech rep: KSL –

94-18, 1994.

T. Horlick-Jones and A. Prades, "On Interpretative Risk Perception Research: Some Reflections on Its Origins; Its Nature; and Its Possible Applications in Risk Communication Practice" *Health Risk & Society*, Vol. 11, 2009.

T. Martens, H. Garrelts and H. Grunenberg, "Taking the Heterogeneity of Citizens Into Account: Flood Risk Communication in Coastal Cities - A Case Study of Bremen" *Natural Hazards and Earth System Sciences*, Vol. 9, 2009.

Turoff M, Chumer M, Van del Walle B, Yao X., "The Design of a Dynamic Emergency Response Management Information System (DERMIS)" *Journal of Information Technology Theory and Application*, Vol. 5, No. 4, 2003.

United States. Dept. of Homeland Security, *US Department of Homeland Security. list of DHS prime contractors (prepared February 3, 2004)*, Washington: US Dept. of Homeland Security.

V. Meyer, S. Scheuer and D. Haase, "A Multicriteria Approach for Flood Risk Mapping Exemplified at the Mulde River, Germany" *Natural Hazards*, Vol. 48, 2009.

W. Timothy Coombs, *Ongoing Crisis Communication: Planning, Management, and Responding*, Thousand Oaks: SAGE Publication, 1999.

W3C Rrcommendation 29 Dec 1997 Retrieved October 2012 from http://www.w3.org/IR/REC-PICSRules.

Watson, "CBR is a methodology not a technology" *the knowledge based systems journal*, Vol. 12, No. (5—6), 1999.

White, F., "*Joint directors of laboratories -technical panel for C3I*" Data Fusion Subpanel, SanDiego: Naval Ocean Systems Center, 1987.

William L. Waugh, *Living with Hazards Dealing With Disasters. An Introduction to Emergency Management*, New York: w. E. Sharpe, Inc. 2000.

Wilson, M. L., Alhodaithi, B. and Hurst M., "A Diary Study of Information Needs Produced in Casual - Leisure Reading Situations" *In*: *Search4Fun Workshop at ECIR*, April 2012.

Wilson, T. D., Streatfield, D. R., "Structured Observation in the Investigation of Information Needs" *Social Science Information Studies*, Vol. 1, 1981.

Y. Atoji and T. Koiso, "An Information Filtering Method For Emergency Management" *Electrical Engineering in Japan*, Vol. 147, 2004.